Charlotte von Stein

Supplemente zu den PROPYLÄEN. Forschungsplattform zu Goethes Biographica

Herausgegeben von
der Klassik Stiftung Weimar / Goethe- und Schiller-Archiv,
der Sächsischen Akademie der Wissenschaften zu Leipzig
und der Akademie der Wissenschaften und der Literatur, Mainz

Band 1

PROPYLÄEN
Goethes Biographica

Charlotte von Stein

Schriftstellerin, Freundin und Mentorin

Herausgegeben von
Elke Richter und Alexander Rosenbaum

De Gruyter

Die Reihe »Supplemente zu den PROPYLÄEN. Forschungsplattform zu Goethes Biographica« ist Teil des Vorhabens »PROPYLÄEN. Forschungsplattform zu Goethes Biographica«, eines Kooperationsprojekts der Klassik Stiftung Weimar/Goethe- und Schiller-Archiv, der Sächsischen Akademie der Wissenschaften zu Leipzig sowie der Akademie der Wissenschaften und der Literatur Mainz. Dieses Kooperationsprojekt wird von der Bundesrepublik Deutschland, den Freistaaten Sachsen und Thüringen sowie dem Bundesland Rheinland-Pfalz gefördert und ist Bestandteil des Akademienprogramms der Bundesrepublik Deutschland, das von der Union der deutschen Akademien der Wissenschaften koordiniert wird.

Redaktion: Wolfgang Ritschel

MIX
Papier aus verantwortungsvollen Quellen
FSC® C016439

ISBN 978-3-11-053772-7
e-ISBN (PDF) 978-3-11-053809-0
e-ISBN (EPUB) 978-3-11-053781-9

Library of Congress Control Number: 2018011502

Bibliografische Information der Deutschen Nationalbibliothek
Die Deutsche Nationalbibliothek verzeichnet diese Publikation in der Deutschen Nationalbibliografie; detaillierte bibliografische Daten sind im Internet über http://dnb.dnb.de abrufbar.

Einbandgestaltung: deblik, Berlin, unter Verwendung einer Silberstiftzeichnung von unbekannter Hand (Klassik Stiftung Weimar, Museen)
Satz: Dörlemann Satz, Lemförde
Druck und Bindung: Hubert & Co. GmbH & Co. KG, Göttingen

www.degruyter.com

Zum Geleit

Seit seiner Gründung ist das Goethe- und Schiller-Archiv ein Zentrum gleichermaßen der Editionsphilologie wie der biographischen Forschung. Diese Perspektiven sprechen sich in der von der Großherzogin Sophie von Sachsen-Weimar-Eisenach gehegten Idee einer autoritativen Goethe-Biographie als Seitenstück zur Gesamtausgabe des Goetheschen Werks aus und bestimmen erst recht die PROPYLÄEN, die sich als digitale Forschungsplattform der integrierten Präsentation und Erschließung von Goethes Biographica verschrieben haben.

Die Erhellung und detaillierte Erläuterung thematischer Kontexte, die der Entstehung und Entwicklung von Goethes immer weiter ausgreifenden Interessen und Arbeitsgebieten folgen, führen jeweils auch in biographische Konstellationen. So treffen alle Arbeiten des Goethe- und Schiller-Archivs in der Ausarbeitung und Exploration eines biographischen Fundus zusammen, dessen Schwerpunkte die Nachlassgebirge der Goethezeit und des weiteren 19. Jahrhunderts bilden. Im Zuge der Erläuterung namentlich der geschriebenen und erhaltenen Briefe, der Tagebücher, der Begegnungen und Gespräche entsteht ein hochdifferenziertes Tableau der einige tausend Akteure umfassenden Goetheschen Welt – angefangen von den gekrönten Häuptern über die Geistesfürsten bis hin zu ihren Dienstmägden, ihrer Interaktion und ihrer gesellschaftlichen Verkehrsstrukturen. Dieses erarbeitete biographische Wissen, das unmittelbar in die Sozial- und Kulturgeschichte ausgreift, ist ein elementarer, wenngleich meist unterschätzter und doch gern genutzter Beitrag für die historische Forschung.

Dass die Stellenerläuterungen, selbst die biographischen und thematischen Überblickskommentare der verschiedenen Editionen rein aus ökonomischen Gründen in der Goetheschen Perspektive befangen bleiben müssen, liegt auf der Hand. Opfer der editorischen Ökonomie sind oftmals ›Umgebungsfiguren‹, die im Zuge der Ermittlungen für sich und in ihrer Zeit ein überraschendes Format, eine prägnante Gestalt, eine Individualität mit erstaunlichen Facetten gewonnen haben. Solche bislang unterbelichtete ›Bindestrich-Figuren‹ in ihrem Eigenleben zu zeigen, damit auch zu entdecken, was sie für Goethes Leben und die sich entwickelnde Goethesche Welt interessant machte, was sie gaben, was nur sie geben konnten, war der Impuls, neben die Propyläen eine eigene Schriftenreihe treten zu lassen, die kaum treffender als mit einem Band zu Charlotte von Stein zu eröffnen ist.

Weimar, im April 2018 Bernhard Fischer

Inhaltsverzeichnis

Kunst und Wissenschaft

Anhang

Verzeichnisse

Vorwort

> Reines, richtiges Gefühl bei natürlicher, leidenschaftsloser, leichter Disposition haben sie bei eigenem Fleiß und durch Umgang mit vorzüglichen Menschen, der ihrer äußerst feinen Wißbegierde zu Statten kam, zu einem Wesen gebildet, dessen Dasein und Art in Deutschland schwerlich oft wieder zu Stande kommen dürfte.
>
> *(Carl Ludwig von Knebel über Charlotte von Stein, 1788)*[1]

Obgleich ihr Name in zahlreichen Publikationen Erwähnung findet, obwohl ihr Lexikonartikel und Biographien gewidmet sind, wird Charlotte von Stein noch immer meist nur im Bezug zu Goethes Leben und Werk wahrgenommen. Auch wenn die Freundschaft mit ihm ihre geistige und künstlerische Entwicklung nachhaltig prägte und sie ohne diese Beziehung heute wohl nur noch wenigen bekannt wäre, führte sie kein Leben ›aus zweiter Hand‹ und ist nicht zu reduzieren auf ein Dasein als ›Goethes Muse‹ oder ›Goethes Bildungserlebnis‹. Neben ihren Repräsentationspflichten als Angehörige des Hofadels und Frau des herzoglichen (Ober-) Stallmeisters oblagen Charlotte von Stein die Organisation und Planung des Haushalts in Weimar und Kochberg und die Sorge für die Erziehung der Kinder, das Wohlergehen ihres Ehemanns sowie weiterer Familienmitglieder und Freunde. In keiner Phase ihres Lebens aber beschränkte sich ihr Betätigungsfeld auf diese traditionell weiblichen Rollen. Literarisch gebildet und geistig eigenständig, trat sie selbst als Autorin hervor, verfasste Dramen, Erzählungen und Gedichte, zeichnete und musizierte, trieb botanische Studien, interessierte sich für Gesteinskunde, Astronomie, Philosophie und das Zeitgeschehen. Als Hofdame der Herzoginmutter Anna Amalia (bis 1764), als enge Vertraute der jungen Herzogin Louise, befreundet mit Herzog Carl August, Christoph Martin Wieland, Caroline und Johann Gottfried Herder, Charlotte und Friedrich (von) Schiller sowie lebenslang verbunden mit dem Prinzenerzieher, Übersetzer, Dichter und

[1] Aus Karl Ludwig von Knebels Briefwechsel mit seiner Schwester Henriette (1774–1813). Ein Beitrag zur deutschen Hof- und Litteraturgeschichte. Hrsg. von Heinrich Düntzer. Jena 1858, S. 81.

Goethe-Freund Carl Ludwig von Knebel war Charlotte von Stein eine der zentralen Figuren im Weimar des ausgehenden 18. und beginnenden 19. Jahrhunderts. Bezeichnenderweise ist sie im Unterschied zu anderen Freundinnen Goethes nicht mit ihrem Vornamen, etwa als ›Lotte‹ oder gar ›Lottchen‹, in die Literatur eingegangen, sondern als ›Frau von Stein‹. Dieser zwar einen gewissen Respekt bezeugende, zugleich aber Distanz wahrende Name erscheint symptomatisch für das Verhältnis der Nachwelt zu ihrer Person. Als eine der »widersprüchlichsten Erscheinungen« in der deutschen Literaturgeschichte hat Susanne Kord sie in der Einleitung zur Neuausgabe der Steinschen Werke bezeichnet.[2] Ein stärkeres Bemühen, Charlotte von Stein als eigenständige, von ihrer Beziehung zu Goethe unabhängige Persönlichkeit zu würdigen, setzte erst in den 1990er Jahren ein. Dies ging einher mit der Wiederentdeckung ihrer literarischen Werke, die man bis dahin entweder gar nicht oder allenfalls als Schlüsseltexte und Goethe-Persiflagen zur Kenntnis genommen hatte.

Anlässlich des 275. Geburtstages von Charlotte von Stein im Jahr 2017 präsentierte das Goethe- und Schiller-Archiv in Weimar in einer Kabinettausstellung Erinnerungsstücke, Werkmanuskripte, Briefe und Bildnisse aus den Beständen der Klassik Stiftung Weimar, des Freien Deutschen Hochstifts / Frankfurter Goethe-Museum und des Deutschen Literaturarchivs Marbach. Begleitend zur Ausstellung widmete sich eine internationale Tagung der Persönlichkeit und dem Werk Charlotte von Steins im zeithistorischen Kontext. Ausstellung und Tagung stehen im Zusammenhang mit der Arbeit an der historisch-kritischen Gesamtausgabe von Goethes Briefen, zu der der vorliegende Band ein Supplement bildet. Insgesamt haben sich mehr als 1.700 Briefe Goethes an Charlotte von Stein erhalten, so viele wie an keine andere Person. Die Briefe erscheinen nach und nach im Rahmen der Gesamtausgabe, neu ediert nach den Handschriften und erstmals umfassend wissenschaftlich erläutert. Für den Kommentar werden neben der Sekundärliteratur auch bislang ungedruckte handschriftliche Quellen herangezogen, was zur Neubewertung der Persönlichkeit der Adressatin und ihres Verhältnisses zu Goethe führt. Die Ergebnisse der bisherigen Recherchen sind u.a. in die einleitende Erläuterung zur Korrespondenz Goethes mit Charlotte von Stein aus den Jahren 1776 bis 1779 eingeflossen; auf dieser Einführung beruht der den vorliegenden Band eröffnende Beitrag von Elke Richter. Grundlage für die wissenschaftliche

[2] Charlotte von Stein: Dramen (Gesamtausgabe). Hrsg. und eingeleitet von Susanne Kord (Frühe Frauenliteratur in Deutschland. Hrsg. von Anita Runge. Bd. 15). Hildesheim, Zürich, New York 1998, S. V.

Beschäftigung mit der Person und dem Werk Charlotte von Steins ist ihr Nachlass, von dem sich größere Teile in öffentlichen Archiven und Bibliotheken befinden, darunter im Goethe- und Schiller-Archiv. Vor allem dieser Nachlassteil wird im nachfolgenden Beitrag vorgestellt, an den sich die Faksimile-Edition von Charlotte von Steins frühem Dramolett *Rino* anschließt, dessen lange verschollene Handschrift im Frühjahr 2017 für das Archiv erworben werden konnte.

Im zweiten Teil folgen die Tagungsbeiträge und ergänzende Aufsätze zu den thematischen Schwerpunkten. Den Auftakt bilden drei Beiträge zur »Schriftstellerin Charlotte von Stein«, die sich jeweils einem ihrer Dramen zuwenden. Gaby Pailer stellt am Beispiel der *Zwey Emilien* (1803), der originellen dramatischen Adaption einer englischen Romanvorlage, Fragen nach den Strategien weiblicher Autorschaft und geht auf die ungewöhnliche Publikationsgeschichte dieses einzigen zu Lebzeiten Steins gedruckten Werkes ein. Die Transformation eines antiken Stoffes untersucht Ariane Ludwig anhand der Tragödie *Dido* (1794/95), die sich durch den souveränen Umgang mit den literarischen Quellen und deren produktive Aneignung auszeichnet. Ausgehend vom vieldeutigen Titel des Lustspiels *Neues Freiheits-System oder die Verschwörung gegen die Liebe* (1798/1799) weist Linda Dietrick die (komischen) Bezüge zum Freiheitsbegriff der Französischen Revolution, zum botanischen System Carl von Linnés und der Fichteschen Wissenschaftslehre nach.

Der Schwerpunkt »Weibliche Briefkultur« ist nicht allein der Briefschreiberin Charlotte von Stein gewidmet, sondern stellt diese in das Umfeld der zeitgenössischen Epistolografie. Der Verflochtenheit verschiedener Ebenen epistolärer Netzwerke spürt Jörg Paulus am Beispiel einiger Briefe Charlotte von Steins an Knebel nach, die als Teil der erst im späteren 19. Jahrhundert entstandenen »Sammlung Culemann« im Stadtarchiv Hannover neue »Assemblagen« konstituieren. *Versuch über die Liebe im ständischen Zeitalter* überschreibt Ulrike Leuschner ihre vergleichende Analyse zweier ›empfindsamer‹ Liebesbriefwechsel, die auf unterschiedliche Weise Gattungsgrenzen sprengen und den Funktionswechsel des Mediums im ausgehenden 18. Jahrhundert veranschaulichen. Anhand der Briefe Charlotte von Steins an Charlotte von Schiller geb. von Lengefeld untersucht Helga Meise Lektüregewohnheiten und mediale Funktionszusammenhänge von Buch und Brief sowie die Möglichkeiten und Paradoxien weiblichen Schreibens. Neben den Ausleihjournalen der Herzoglichen Bibliothek in Weimar sind es vor allem die Briefe an Knebel, aus denen Annette Mönnich Aufschlüsse über die Art und den Umfang der *Lektüren* Charlotte von Steins gewinnt. Beeindruckend ist die Spannweite ihrer literarischen Interessen, die sich keineswegs auf deutsche Autoren oder bestimmte Genres beschränken, sondern die französischen Aufklärer, philosophische, naturkundliche und historisch-politische Schriften ebenso umfassen wie die antike Literatur.

Unterschiedliche wissenschaftliche Fragestellungen kennzeichnen auch die Beiträge zum Thema »Soziale Handlungsräume«. Ausgehend von der Differenz zwischen ›Hofdame‹ und ›Dame am Hof‹ charakterisiert Stefanie Freyer die Rolle Charlotte von Steins am Weimarer Hof zwischen 1760 und 1820 als die einer »machtvolle[n] Maklerin fürstlicher Gunst«, der es auf ungewöhnliche Art gelingt, beide Handlungsspielräume zu verknüpfen. Anja Stehfest stellt Charlotte von Steins 1803 unternommene Schlesienreise in den sozialhistorischen Kontext der Frauenreisen um 1800 als Ausdruck weiblicher Selbstbehauptung und Form der Emanzipation. Die Rollen als Ehefrau und Mutter untersucht Yvonne Pietsch auf Grundlage der mehr als 300 im Goethe- und Schiller-Archiv überlieferten Briefe Charlotte von Steins an ihren jüngsten Sohn Friedrich. Während das Verhältnis zu Josias von Stein im Wesentlichen den in adligen Konvenienzehen üblichen Beziehungen entsprach, bestand zumindest zum jüngsten Sohn eine besondere Nähe und emotionale Bindung, die über das gesellschaftlich zugedachte Maß einer Mutter-Kind-Beziehung weit hinausgingen und den Einfluss Rousseauscher Erziehungsideale wie den Perspektivwechsel im sozialen Rollenverständnis bezeugen.

Die Vielfalt der geistigen und musischen Interessen Charlotte von Steins spiegeln die Beiträge zum letzten Themenfeld »Kunst und Wissenschaft«. In der Forschung kaum Beachtung fand die Zeichnerin Charlotte von Stein, mit der sich Alexander Rosenbaums Beitrag beschäftigt. Er bietet nicht nur eine Reihe bisher unbekannter Details zur Ausbildung Charlotte von Steins in der Herzoglichen Freyen Zeichenschule und zu ihrer Beteiligung an den jährlich stattfindenden Ausstellungen, sondern ebenso neue Erkenntnisse zu ihren wenigen überlieferten Zeichnungen und (Selbst-) Porträts. Ein verwandtes Thema behandelt Héctor Canal, der Charlotte von Stein als Porträtierte in Lavaters *Physiognomischen Fragmenten* in den Blick nimmt. Vor allem die 1783 in der französischen Ausgabe erschienene Ganzkörpersilhouette von Steins und deren enthusiastisch-idealisierende Beschreibung prägten das seit Mitte des 19. Jahrhunderts tradierte Bild der hochgesinnten, alle Affekte beherrschenden Goethe-Freundin und -Muse. Einen weiten Bogen zu Philosophie und Naturwissenschaft schlägt der den Sammelband beschließende Beitrag von Jutta Eckle. Eingangs wird ein bisher kaum beachteter Aspekt in Charlotte von Steins Biographie beleuchtet, ihre im Austausch mit Herder ausgeübte Vermittler-Rolle bei Goethes Spinoza-Lektüre sowie ihr Anteil an der Entstehung seiner erst postum erschienenen *Studie nach Spinoza*. Der zweite Teil des Beitrags widmet sich

Steins naturkundlich-anthropologischen Interessen und ihrer Teilnahme an Goethes Mittwochsvorträgen zur Naturlehre.

Begleitend zu den Beiträgen werden im Anhang 25 Briefe Charlotte von Steins aus den Jahren 1776 bis 1825 an wichtige Korrespondenzpartner und -partnerinnen mitgeteilt, darunter an ihren Sohn Friedrich, den Freund Carl Ludwig von Knebel, die Schwägerin Sophie von Schardt und die Freundin Charlotte von Schiller. Die Texte sind bislang unveröffentlicht oder nur ungenau und in Auszügen gedruckt. Sie werden hier erstmals vollständig nach den Handschriften wiedergegeben. Der zweite Teil des Anhangs dokumentiert als Katalog die 2017 im historischen Mittelsaal des Goethe- und Schiller-Archivs veranstaltete Ausstellung *Charlotte von Stein – Schriftstellerin, Freundin und Mentorin*. Sie wurde am 19. Januar 2017 mit einer von Hanns Zischler gestalteten Lesung eröffnet und lief zunächst bis Mai. Aufgrund des großen Interesses wurde sie von September bis Dezember 2017 in leicht veränderter Form noch einmal gezeigt, nicht zuletzt deshalb, um die kurz zuvor für das Goethe- und Schiller-Archiv erworbene Handschrift *Rino* erstmals der Öffentlichkeit zu präsentieren. Nicht in der Ausstellung zu sehen war der im Landesarchiv Thüringen – Staatsarchiv Rudolstadt überlieferte Brief von Josias von Stein an seine Frau, der im vorliegenden Katalog erstmals veröffentlicht wird.

Anliegen des Bandes ist es, einen Überblick zum derzeitigen Stand der Forschung zu geben und in Abgrenzung zu populärwissenschaftlichen und fiktiven Darstellungen die historische Person Charlotte von Stein aus dem ›Schatten‹ Goethes heraustreten zu lassen, ihre Eigenständigkeit zu betonen und die verschiedenen Facetten ihrer Persönlichkeit sichtbar zu machen. Anknüpfend an neuere literatur- und sozialwissenschaftliche Erkenntnisse wird der Blick auf den Alltag Charlotte von Steins gelenkt, auf ihre Beziehungen zu Familie und Freunden, die Vielfalt ihrer geistigen Interessen und künstlerischen Begabungen, ihr literarisches Werk sowie ihre sozialen Rollen als Ehefrau, Mutter und Angehörige des Weimarer Hofadels um 1800. Unterschiedlich in ihren Fragestellungen und wissenschaftlichen Methoden, basieren alle Beiträge auf Primärquellen, darunter Briefe, Tagebücher und im Hauptstaatsarchiv Weimar überlieferte Aktenbestände. Im Zusammenspiel mit den im Briefanhang und im Katalogteil veröffentlichten Dokumenten zeigen sie Charlotte von Stein als eine Frau, die durch ihre Belesenheit, ihre Allgemeinbildung, Beobachtungsgabe und Intelligenz weit mehr war als nur eine ›gelehrige Schülerin‹ Goethes oder der ›Resonanzboden‹ für seine Ideen. Scharfsichtig und originell verarbeitete sie in ihren Dramen und Briefen die gewaltsamen Umbrüche und kriegerischen Auseinandersetzungen der Epoche und reflektierte die sozialen

Zwänge und Ungerechtigkeiten, denen auch Frauen ihres Standes ausgesetzt waren. Der Band versteht sich als Baustein zu einem wissenschaftlich fundierten, von den Klischees und Ressentiments des 19. Jahrhunderts befreiten Charlotte von Stein-Bild und als Beitrag zur literatur- und sozialwissenschaftlichen Forschung wie auch zur Goethe-Philologie.

Weimar, im Januar 2018 Elke Richter und Alexander Rosenbaum

Einführung

Elke Richter

»Wie kann ich seyn ohne Ihnen zu schreiben.«

Goethes frühe Briefe an Charlotte von Stein

»Wie kann ich seyn ohne Ihnen zu schreiben.«[1] – mit diesem für sein Verhältnis zur Adressatin so bezeichnenden Satz beginnt Goethe am 7. Juni 1776 einen Brief an Charlotte von Stein. Er ist Teil einer Korrespondenz, die in Goethes Briefwerk von ihrem Umfang her und in ihrer Intensität eine Sonderstellung einnimmt: An keine andere Person hat er jemals häufiger und – zumindest für die Zeit bis zum Ende der italienischen Reise im Juni 1788 – in dichterer Folge geschrieben. Die briefliche Verbindung zu Charlotte von Stein bestand, wenngleich mit mehrjähriger Unterbrechung und nachlassender Intensität, nahezu bis zu deren Lebensende im Januar 1827. Nach dem 8. Juni 1789 stellte Goethe den Briefwechsel zu ihr zunächst ganz ein.[2] Erst seit 1796 schrieb er wieder an sie, allerdings nur sehr sporadisch. Insgesamt sind mehr als 1.770 Briefe Goethes an Charlotte von Stein überliefert, etwa 1.600 davon stammen aus der Zeit von Januar 1776 bis zum Antritt der italienischen Reise im September 1786. Die Briefe gehören zu den schönsten, aber auch ungewöhnlichsten Liebesbriefen der Weltliteratur. Noch immer geben sie Rätsel auf, nicht zuletzt weil die Gegenbriefe aus der frühen Zeit nicht überliefert sind. Da Goethe im ersten Weimarer Jahrzehnt nicht kontinuierlich Tagebuch führte,[3] der Kreis seiner Korrespondenzpartner vergleichsweise klein war und der Zeitraum in seinen autobiographischen Schriften ausgespart blieb, stellen die Briefe an Charlotte von Stein »auf weiten Strecken die einzigen schriftlichen Zeugnisse«[4] dar. Allerdings ist etwa ein Drittel der ›voritalienischen‹ Briefe nicht oder nur unvollständig datiert. Um sie als biographische Quelle

---

1 GB, Bd. 3 I, S. 74,10.

2 Vgl. GB, Bd. 8 I, S. 121–124, Nr. 117.

3 Die Tagebuchaufzeichnungen von März 1776 bis Juni 1782 sind meist sehr knapp und beziehen sich oftmals summarisch auf mehrere Tage oder Wochen. Ab Juli 1782 bis zum Antritt der italienischen Reise am 3. September 1786 fehlen die Tagebücher ganz, mit Ausnahme der Zeit der Harzreise vom 8. August bis zum 10. September 1784; vgl. GT, Bd. I 1, S. 17–155.

4 Jonas Fränkel: Marginalien zu Goethes Briefen an Charlotte von Stein. Jena 1909, S. 1.

›verwerten‹ zu können, erschien es früheren Herausgebern daher unumgänglich, sie »im Zusammenhang, am richtigen Ort«[5] einzureihen. Die immer neuen Datierungsversuche, die seit dem Erstdruck des Großteils der Briefe durch Adolf Schöll Mitte des 19. Jahrhunderts[6] und danach bei jeder neuen Auflage unternommen wurden, sind vor allem dem Bemühen geschuldet, die Briefe an Charlotte von Stein zu Goethes ›Autobiographie von 1776 bis 1786‹ umzudeuten.

Im Rahmen der neuen Gesamtausgabe von Goethes Briefen werden auch die Briefe an Charlotte von Stein neu ediert und erstmals umfassend wissenschaftlich kommentiert. Bisher erschienen sind die Briefe an Charlotte von Stein aus den Jahren 1776 bis 1779 und von 1785 bis Ende 1790.[7] Der einleitende Kommentar zum Beginn des Briefwechsels mit Charlotte von Stein ist Grundlage des folgenden Aufsatzes,[8] dessen Schwerpunkt zwar auf den Briefen des Zeitraums 1776 bis 1779 liegt, die aber exemplarisch für das gesamte erste Weimarer Jahrzehnt stehen. Sämtliche Handschriften der im Goethe- und Schiller-Archiv überlieferten Briefe Goethes an Charlotte von Stein sind als Digitalisate über das *Repertorium sämtlicher Goethe-Briefe* frei im Internet zugänglich.[9] Im Rahmen der *Propyläen. Forschungsplattform zu Goethes Biographica*[10] werden die Briefe samt erschließender Kommentare nach und nach frei über das Internet zugänglich sein.

[5] Ebd.

[6] Vgl. Anm 18.

[7] Vgl. GB, Bd. 3 I–IIA/B: 8. November 1775–Ende 1779; Bd. 6 I–II: Anfang 1785–3. September 1786; Bd. 7 I–II: 18. September 1786–10. Juni 1788; Bd. 8 I–II: Juni 1788–Ende 1790.

[8] Vgl. GB, Bd. 3 IIA, S. IX–XIV, 64–85.

[9] Johann Wolfgang Goethe: Repertorium sämtlicher Briefe. 1764–1832. Hrsg. von der Klassik Stiftung Weimar / Goethe- und Schiller-Archiv. Bearbeitet von Elke Richter unter Mitarbeit von Andrea Ehlert, Susanne Fenske, Eike Küstner und Katharina Mittendorf. Begründet von Paul Raabe an der Herzog August Bibliothek Wolfenbüttel. Gefördert von der Alfried Krupp von Bohlen und Halbach-Stiftung mit Unterstützung der Deutschen Forschungsgemeinschaft. Internetveröffentlichung (http://ora-web.weimar-klassik.de/swk-db/goerep/index.html).

[10] Kooperationsprojekt der Klassik Stiftung Weimar / Goethe- und Schiller-Archiv, der Sächsischen Akademie der Wissenschaften zu Leipzig und der Akademie der Wissenschaften und der Literatur, Mainz; Laufzeit des Projektes: 2015 bis 2039; vgl. http://www.goethe-biographica.de/.

I. Zur Überlieferung von Goethes Briefen an Charlotte von Stein

Die mehr als 1.770 Briefe Goethes an Charlotte von Stein aus den Jahren 1776 bis 1826 werden nahezu vollständig im GSA in Weimar aufbewahrt. Der größte Teil ist in sieben gebundenen Foliobänden überliefert, in denen die Briefe jahrgangsweise geordnet auf Trägerblätter geklebt sind, wobei die undatierten und unvollständig datierten Briefe entweder zwischen die datierten eingeordnet oder ganz an das Ende der Bände gestellt wurden.[11] Die Bände befanden sich bis zum Ende des 19. Jahrhunderts im Besitz der Nachkommen Charlotte von Steins. Darin nicht enthalten sind die Briefe aus Italien von September 1786 bis Juni 1788, die sich Goethe als Material für die *Italiänische Reise* von der Empfängerin zurückerbeten und dann behalten hatte.[12] Sie waren bereits 1885 aus dem Nachlass des Dichters ins Goethe-Archiv (seit 1889 Goethe- und Schiller-Archiv) gelangt. Die bei Charlotte von Stein verbliebenen Briefe vermachte sie ihrem jüngsten Sohn Friedrich, der sie 1842 an seinen Neffen Karl und dessen Frau Louise weitergab. Auf das Paar geht die Anlage der gebundenen Konvolute zurück, wie der Dankbrief Karl von Steins vom 30. Oktober 1842 an seinen Onkel belegt:

> Deine Briefe vom 15. d. M. und der mit den Goetheschen Briefen sind richtig in meine Hände gekommen […]. Zur bessern Conservation habe ich vor, einige gut gebundene Bücher mit weißen Blättern anfertigen zu lassen, und werde dann auf jedes Blatt nur eines der kleinen Briefchen dergestalt befestigen, daß solches beim künftigen Lesen nicht berührt zu werden braucht.[13]

Schon am 5. Februar 1843 konnte Louise von Stein, eine enthusiastische Verehrerin Goethes und eine der ersten nicht unmittelbar zur Familie gehörenden Leserinnen der Briefe, Friedrich von Stein berichten:

> Was hast Du uns gegeben, indem Du uns die Goetheschen Briefe gabst! […] Mein Mann und ich sind beschäftigt, die Briefe, die, so wie sie jetzt geheftet sind, durch öfteres Lesen und Erfassen sehr leiden würden, auf weiße Bogen zu kleben, wo sie dann in Bücher gelegt und bestens verwahrt werden sollen […].[14]

11 GSA 29/486–492; im Einzelnen vgl. GB, Bd. 3 IIA, S. 65–67.
12 Vgl. GB, Bd. 7 II, S. VII.
13 Briefe an Fritz von Stein. Hrsg. von Ludwig Rohmann. Leipzig 1907, S. 291.
14 Ebd., S. 292f.

Demnach befanden sich die Briefe schon vor der Aufnahme in die Foliobände in chronologisch geordneten, gehefteten Faszikeln. Auf frühere Ordnungsversuche deuten die Nummern auf den Handschriften, zumeist über dem Brieftext oben rechts mit Tinte geschrieben und z. T. korrigiert. Sie stimmen nicht immer mit der Bleistiftnummerierung auf den Trägerblättern überein.[15] Wahrscheinlich wurde – entgegen der Ankündigung Louise von Steins – auch die von Friedrich von Stein übernommene Anordnung der Briefe bei der Anlage der Bände leicht revidiert. Die Einordnung in die Konvolute geht also nicht unmittelbar auf die Empfängerin zurück. Für die Datierung der Briefe kommt der in den Konvoluten hergestellten Chronologie mithin keine »autoritative Bedeutung«[16] zu, doch ist anzunehmen, dass zwar die Reihenfolge innerhalb eines Jahrgangs im Laufe der Zeit absichtlichen und unabsichtlichen Veränderungen unterworfen war, der Bestand der einzelnen Jahrgänge aber ein verhältnismäßig alter ist, der wahrscheinlich auf die Empfängerin selbst zurückgeht.

Der letzte private Besitzer der Briefe, Felix von Stein, der auf Schloss Großkochberg lebende Sohn Karl und Louise von Steins und Urenkel Charlotte von Steins, deponierte die Bände gegen Ende seines Lebens als kostbarsten Familienbesitz im Großherzoglichen Archiv zu Weimar. Nach seinem Tod im Jahr 1891 standen sie mit anderen Goethe-Autographen aus dem Nachlass Charlotte von Steins zum Verkauf und wurden mit Hilfe der Goethe-Gesellschaft und privater Spender für 70.000 Mark für das Goethe- und Schiller-Archiv erworben. Die Übergabe der Briefe erfolgte zur Einweihung des Archivgebäudes im Juni 1896.

II. Zur Editionsgeschichte von Goethes Briefen an Charlotte von Stein

Vor allem Louise von Stein zog schon kurz nach der Übernahme der Briefe Goethes an Charlotte von Stein in ihre und ihres Mannes Obhut zumindest eine private Publikation in Erwägung. Am 5. Februar 1843 fragte sie bei Friedrich von Stein an, ob er gestatten würde, zumindest »einzelne Briefchen, in denen seines [Goethes] Verhältnisses zu Deiner Mutter gar nicht Erwähnung geschieht, abzuschreiben, um sie einigen Freunden

[15] Eine mit Tinte geschriebene Nummer von fremder Hand befindet sich jeweils auf der Handschrift selbst, zumeist auf der Vorder- oder der ersten Seite oben rechts. Eine zweite, erst nach dem Einordnen in die Bände vergebene Nummer von fremder Hand mit Bleistift steht jeweils rechts neben den Briefen auf dem Trägerpapier.
[16] Fränkel: Marginalien (Anm. 4), S. 3.

vorzulesen.«[17] Offenbar gab der Adressat selbst dazu nicht seine Zustimmung, so dass jede auch noch so begrenzte Veröffentlichung zu seinen Lebzeiten unterblieb und nur der engste Steinsche Familienkreis überhaupt Kenntnis von den Briefen hatte.

Erst nach dem Tod Friedrich von Steins 1844 erhielt Adolf Schöll, damals Direktor der Großherzoglichen Kunstsammlungen und der Zeichenschule in Weimar, die Erlaubnis zur Publikation. Die von ihm herausgegebene erste Ausgabe von *Göthe's Briefen an Frau von Stein*[18] erschien von 1848 bis 1851 und enthält in drei Bänden die in den sieben gebundenen Konvoluten verwahrten Briefe aus dem Nachlass Charlotte von Steins. Allerdings werden die Briefe aus der Zeit nach 1796, als nach etwa siebenjähriger Pause der Briefwechsel zwischen Goethe und Charlotte von Stein wieder aufgenommen wurde, nur in Auswahl mitgeteilt.[19] Nicht zugänglich waren damals die Briefe Goethes aus der Zeit der italienischen Reise von September 1786 bis Juni 1788, die folglich im Erstdruck ebenfalls nicht enthalten sind. Dennoch blieb die Ausgabe Schölls grundlegend für alle nachfolgenden Editionen. Ein Hauptaugenmerk legte er auf die Ermittlung der Datierungen der unvollständig datierten oder undatierten Briefe und somit die Rekonstruktion der »ursprünglichen Folge«, die er als »die erste Aufgabe des Herausgebers« begriff.[20] Schölls Ausgabe enthält als Fußnoten zum Text knappe Sacherläuterungen, für die zeitgenössische Quellen herangezogen wurden, darunter die Fourierbücher der Hofhaltung des Herzogs Carl August[21] sowie die Aufzeichnungen Friedrich von Steins.[22] Jedem Jahrgang ist einleitend eine zusammenfassende Darstellung zum Verhältnis zwischen Goethe und der Adressatin, zu Goethes Biographie sowie den inhaltlichen und thematischen Schwerpunkten der Korrespondenz vorangestellt.

Unter dem Titel *Goethes Briefe an Frau von Stein* erschien von 1883 bis 1885 eine zweite Auflage. Adolf Schöll, der 1882 gestorben war, wird zwar noch als Herausgeber genannt, besorgt wurde die Ausgabe aber von Wilhelm Fielitz, damals Gymnasiallehrer in Wittenberg, später Gymnasialprofessor im oberschlesischen Pless (heute Pszczyna, Polen).[23] Er nutzte

[17] Rohmann (Hrsg.): Briefe an Fritz von Stein (Anm. 13), S. 292.

[18] Göthe's Briefe an Frau von Stein aus den Jahren 1776 bis 1826. Zum erstenmal hrsg. durch A[dolf] Schöll. 3 Bde. Weimar 1848–1851.

[19] Vgl. ebd., Bd. 1, S. VI.

[20] Ebd., S. VII.

[21] Heute LATh – HStA Weimar, Hofmarschallamt.

[22] Näheres dazu bei Fielitz: Goethe-Stein (Anm. 23), Bd. 1, S. IXf.

[23] Goethes Briefe an Frau von Stein. Hrsg. von Adolf Schöll. Zweite vervollständigte Auflage bearbeitet von Wilhelm Fielitz. 2 Bde. Frankfurt a. M. 1883–1885.

das Handexemplar Schölls.[24] Die Handschriften der Briefe wurden für die Neuausgabe mit Zustimmung Felix von Steins in der Großherzoglichen Bibliothek in Weimar vom Herausgeber und weiteren Redaktoren noch einmal kollationiert. Fielitz' Ausgabe enthält etwa 60 Briefe mehr als der Erstdruck, die Briefe aus Italien allerdings fehlen, da sie noch immer nicht zugänglich waren. Für die Revision der Chronologie der Briefe wertete Fielitz zeitgenössische Quellen und die Sekundärliteratur aus, darunter vor allem Heinrich Düntzers Biographie Charlotte von Steins aus dem Jahr 1874.[25] Fielitz beschrieb als Erster Anlage und Inhalt der Foliobände, deren Anordnung er bei den Datierungen stärker respektierte als Schöll.[26] Für die im Vergleich zur Erstausgabe etwas umfangreicheren Erläuterungen zog Fielitz ebenfalls Friedrich von Steins *Erläuterungen zu einer Sammlung von Briefen von Göthe, von 1776 bis 1821*[27] heran, die entgegen ihrem Titel aber nicht über das Jahr 1789 hinausreichen und nicht frei von Irrtümern waren. Ausgiebiger als Schöll nutzte er auch die Fourierbücher der Hofhaltung Herzog Carl Augusts, Carl Ludwig von Knebels Tagebücher von 1780 bis 1786,[28] handschriftliches Material der *Sammlung Hirzel* in Leipzig, eine *Materialsammlung* Schölls, Papiere aus Knebels Nachlass sowie ungedruckte Briefe Catharina Elisabeth Goethes an die Herzoginmutter Anna Amalia.[29]

Düntzers einbändige Auswahlausgabe von 1886 beschränkt sich auf *Goethes Liebesbriefe an Frau von Stein 1776 bis 1789*,[30] scheidet aber fast 200 Briefe selbst dieses Zeitraums als »unbedeutend«[31] aus. Zudem druckt Düntzer die Texte der Briefe nach der Ausgabe von Fielitz, verbessert aber »unbedenklich die vernachlässigte Schreibung der Worte« und modernisiert »veraltete Formen, die den Leser nur stören«.[32] Von späteren Herausgebern rezipiert wurden vor allem Düntzers oft spekulative biographische Erläu-

---

[24] Vgl. ebd., Bd. 1, S. Vf.

[25] Charlotte von Stein, Goethe's Freundin. Ein Lebensbild, mit Benutzung der Familienpapiere entworfen von Heinrich Düntzer. 2 Bde. Stuttgart 1874.

[26] Vgl. Fielitz: Goethe-Stein (Anm. 23), Bd. 1, S. VIf.

[27] LATh – StA Rudolstadt, Archiv Großkochberg Nr. F 851 (20 Blatt, Folioformat, geheftet, 38 S. halbbrüchig beschrieben, Friedrich von Steins Hand, Einbandblatt mit Titel von Felix von Steins Hand). In GB, Bd. 3 IIA, S. 133, Anm. zu 30,5 irrtümlich als nicht überliefert angegeben.

[28] Heute: GSA 54/357–363.

[29] Vgl. Fielitz: Goethe-Stein (Anm. 23), Bd. 1, S. Xf.

[30] Goethes Liebesbriefe an Frau von Stein 1776 bis 1789. Hrsg. mit Uebersichten und Anmerkungen von Heinrich Düntzer. Leipzig 1886.

[31] Ebd., S. X.

[32] Ebd., S. XIII.

terungen wie auch seine im Vergleich zu den Ausgaben von Schöll und Fielitz revidierte Chronologie.

Für die *Weimarer Ausgabe* wurden die Texte der Briefe von den jeweiligen Bandherausgebern nach den Handschriften neu verglichen und die Chronologie für die Zeit bis 1786 in Teilen revidiert, hauptsächlich zu nennen sind Friedrich Strehlke,[33] Eduard von der Hellen,[34] Erich Schmidt/Bernhard Suphan,[35] Albert Leitzmann[36] und Carl Schüddekopf.[37]

Von 1899 bis 1900 erschien die dritte *umgearbeitete Auflage* von *Goethes Briefen an Frau von Stein.*[38] Besorgt wurde sie von Julius Wahle, einem Schüler Erich Schmidts, seit 1886 wissenschaftlicher Archivar am Goethe- und Schiller-Archiv und Mitarbeiter der *Weimarer Ausgabe*, der sich sowohl für die Chronologie der Briefe wie auch bei seinen knappen Erläuterungen wesentlich auf Fielitz stützte. Wahles auf den Handschriften des Goethe- und Schiller-Archivs basierende Ausgabe enthält auch die Briefe aus der italienischen Zeit, die seit 1885 zugänglich waren.[39]

Jonas Fränkel hat für seine Ausgabe von *Goethes Briefen an Charlotte von Stein*[40] von 1908 die Texte der *Weimarer Ausgabe* übernommen. Eine – freilich »allzu kurz bemessene« – Autopsie der Handschriften veranlasste ihn zu gelegentlichen Emendationen.[41] Für die Neuausgabe hat Renate Fischer-Lamberg die Texte nach den Handschriften im Goethe- und Schiller-Archiv neu kollationiert.[42] In beiden Ausgaben fehlt jedoch ein textkritischer Apparat, wie ihn die *Weimarer Ausgabe* zumindest ansatzweise in ihren *Lesarten* mitteilt. Auch Fränkel sah in der »Bestimmung und Anordnung der großen Masse undatierter Billetts« seine »wichtigste Aufgabe« als Herausgeber. Für seine auf den Vorarbeiten von Schöll, Fielitz und den Herausgebern der *Weimarer Ausgabe* basierende, dennoch aber »neue,

33 WA IV, Bd. 3 (1888).

34 WA IV, Bde. 4–7, 9, 11, 15 (1889–1892, 1894).

35 WA IV, Bd. 8 (1890).

36 WA IV, Bde. 17–21 (1895–1896).

37 WA IV, Bde. 22–24 (1900–1901).

38 Goethes Briefe an Frau von Stein. Hrsg. von Adolf Schöll. Dritte umgearbeitete Auflage besorgt von Julius Wahle. 2 Bde. Frankfurt a. M. 1899–1900.

39 Erstdruck: Tagebücher und Briefe Goethes aus Italien an Frau von Stein und Herder. Mit Beilagen. Hrsg. von Erich Schmidt (Schriften der Goethe-Gesellschaft. Bd. 2). Weimar 1885.

40 Goethes Briefe an Charlotte von Stein. Hrsg. von Jonas Fränkel. Kritische Gesamtausgabe. 3 Bde. Jena 1908.

41 Goethes Briefe an Charlotte von Stein. Hrsg. von Jonas Fränkel. Umgearbeitete Neuausgabe. 3 Bde. Berlin 1960–1962; hier: Bd. 3, S. 9.

42 Vgl. ebd.

selbständige Einordnung der undatierten Briefe« maß er der Überlieferung weniger Bedeutung bei als z.B. Fielitz.[43] Stattdessen zog er für die Datierungen »neben Erwägungen über inhaltliche Verknüpfungen vorzugsweise sprachlich-stilistische Kriterien und solche psychologischer Natur«[44] heran, ein Verfahren, das vielfach zu unbelegten, rein spekulativen und für den Leser nicht nachvollziehbaren Entscheidungen führte und bei dem Unsicherheiten nicht hinlänglich kenntlich gemacht werden. Gleichwohl gilt Fränkels Chronologie von 1908, die in der Neuausgabe nahezu unverändert übernommen wurde, bis heute als verbindlich. Sie ist ungeachtet ihres Mangels an Zuverlässigkeit Grundlage neuer Studienausgaben und der meisten seit 1962 erschienenen Literatur zu Goethe und Charlotte von Stein.

1923 gab Julius Petersen eine neue Ausgabe von *Goethes Briefen an Charlotte von Stein*[45] heraus, für die Julius Wahle die Handschriften im Goethe- und Schiller-Archiv neu kollationierte. Petersen datiert viele Briefe neu und abweichend von seinen Vorgängern. Auch wenn er sich dabei stark von der »überlieferten Reihenfolge« der Konvolute löst, schenkt er ihr »mit Rücksicht auf ihre ursprünglich zuverlässige Grundlage eine gewisse Beachtung«.[46]

Neben den genannten Editionen sind seit dem Erstdruck der Briefe weitere Ausgaben erschienen, die die Texte und Datierungen von früheren Ausgaben, zumeist der von Fielitz herausgegebenen, übernahmen und häufig nur eine Auswahl bieten. Die größte Verbreitung fanden Julius Petersens einbändige Insel-Ausgabe *Goethes Briefe an Frau von Stein* mit den Briefen von 1776 bis 1789[47] und die 1894 zuerst erschienene Ausgabe *Goethes Briefe an Frau von Stein* als Teil der *Cotta'schen Bibliothek der Weltliteratur* mit einer Einleitung von Karl Heinemann.[48]

[43] Fränkel: Goethe-Stein (Anm. 40), Bd. 1, S. 377.

[44] Ebd., S. 378.

[45] Goethes Briefe an Charlotte von Stein. Neue, vollständige Ausgabe auf Grund der Handschriften im Goethe- und Schiller-Archiv. Hrsg. von Julius Petersen. 3 Bde. Leipzig 1923.

[46] Ebd., Bd. 1, S. 552.

[47] Leipzig 1909; 2. revidierte Auflage 1911.

[48] Goethes Briefe an Frau von Stein nebst dem Tagebuch aus Italien und Briefen der Frau von Stein. Mit einer Einleitung von Karl Heinemann. 4 Bde. Stuttgart 1894 u. ö.

III. Die Briefe Charlotte von Steins an Goethe

Von Charlotte von Stein haben sich aus den Jahren 1794 bis 1826 insgesamt 92 Briefe an Goethe erhalten,[49] der früheste überlieferte Brief stammt vom 25. August 1794. Briefe von ihr aus dem ersten Weimarer Jahrzehnt sind nicht überliefert. Dass sie spätestens seit März 1776 regelmäßig an Goethe geschrieben hat, belegen dessen Briefe an sie. Für die immer wieder aufgestellte Behauptung, Charlotte von Stein habe ihre Briefe von Goethe zurückgefordert und selbst vernichtet, gibt es keinen überzeugenden Beleg.[50] Als ein Indiz für eine Rückforderung lässt sich allenfalls folgende Bemerkung Goethes in seinem Brief an Charlotte von Stein vom 13. Dezember 1786 aus Rom verstehen: »Dein Zettelchen hat mich geschmerzt aber am meisten dadrum daß ich dir Schmerzen verursacht habe. Du willst mir schweigen? du willst die Zeugniße deiner Liebe zurücknehmen?«[51] Dass damit die Steinschen Briefe gemeint sind, die die Schreiberin nach Goethes heimlicher Abreise und seinem langen Schweigen zurückverlangt, erscheint naheliegend. Damals befanden sich die Briefe mit weiteren persönlichen Papieren Goethes, darunter seinen Tagebüchern seit 1776 und Abschriften seiner Werke, in zwei Kästen im herzoglichen Geheimen Archiv in Weimar. Vor seinem Aufbruch nach Italien hatte Goethe seinem Diener und Vertrauten Philipp Seidel am 23. Juli 1786 neben anderen Geschäften aufgetragen: »2. Kasten und 1 Packet gegen Schein auf das Archiv.«[52] Im GSA hat sich ein eigenhändi-

[49] 66 Briefe erstmals gedruckt bei Wahle: Goethes Briefe an Frau von Stein (Anm. 38), Bd. 2 (1900), S. 340–463; zuerst vollständig bei Fränkel: Goethes Briefe an Charlotte von Stein (Anm. 41), Bd. 2 (1960), S. 389–479. – In GB, Bd. 3 IIA, S. 67 sind irrtümlich 94 erhaltene Briefe angegeben.

[50] Nach Fielitz geht die Behauptung auf mündliche Berichte zurück: »Immer schwächer und hinfälliger wurde sie [Charlotte von Stein] 1826. Indem nun ihre Leiden zunahmen, erzählt Schöll, ordnete sie ihre Papiere. Einen Theil, darunter Gedichte von Goethe, für welche Frau v. Ahlefeld vergeblich Vorbitte einlegte, übergab sie dem Feuer mit ihren eigenen an Goethe gerichteten Briefen, die sie zurückverlangt hatte. Diese Erzählung giebt Schöll jedenfalls nach mündlicher Tradition, vielleicht nach dem eigenen Bericht der Frau v. Ahlefeld, die 1849 zu Teplitz gestorben ist. Ein schriftliches Zeugniß, daß sie von Goethe ihre Briefe zurückerhalten – das müßte doch wohl 1789 gewesen sein – und später verbrannt habe, kenne ich nicht.« (Goethes Briefe an Frau von Stein [Anm. 23], Bd. 2, S. 482) Die »Erzählung« Schölls findet sich in: Göthe's Briefe an Frau von Stein (Anm. 18), Bd. 3, S. 459.

[51] GB, Bd. 7 I, S. 57,1–3.

[52] GB, Bd. 6 I, S. 221,13.

ger Entwurf des Inhaltsverzeichnisses der Kästen erhalten, der belegt, dass sich in dem zunächst offenbar mit »No 2«, dann mit »No I.« bezeichneten Kasten auch die »Briefe von ⊙ [Charlotte von Stein]«[53] befanden. Wie aus Goethes Brief vom 8. und 9. Dezember 1786 an Charlotte von Stein hervorgeht, waren die Kästen für diese bestimmt, allerdings nur für den Fall, dass der Besitzer nicht mehr zurückkehren würde: »Die Kasten auf dem Archive gehören dein, liebst du mich noch ein wenig; so eröffne sie nicht eher als biß du Nachricht von meinem Todte hast, so lang ich lebe laß mir die Hoffnung sie in deiner Gegenwart zu eröffnen.«[54] Nachdem Goethe in Rom der lang ersehnte erste Brief Charlotte von Steins erreicht hatte, der zwar »schmerzliches«[55] enthielt, aber doch die Hoffnung auf Versöhnung und Wiederannäherung aufkommen ließ, bat er die Freundin am 23. Dezember 1786: »Eröffne die Kasten nicht, ich bitte und sey ohne Sorgen.«[56] Charlotte von Stein hielt sich offenbar an diese Aufforderung, denn einige Wochen nach Goethes Rückkehr aus Italien, am 22. Juli 1788, bat er die Freundin, die im Begriff stand, nach Kochberg abzureisen: »Laß mir die Archiv Scheine zurück und Lebe wohl.«[57] Demnach gingen die beiden Kästen und damit auch Charlotte von Steins Briefe, wie von Anfang an vorgesehen, wieder an ihren ursprünglichen Besitzer zurück. Soweit sich dies aus den wenigen bis zum vorläufigen Abbruch der Beziehung im Juni 1789 noch folgenden Briefen Goethes an Charlotte von Stein schließen lässt, hat sie die Rückforderung ihrer eigenen Briefe nicht wiederholt. Hätte sie diese in späterer Zeit zurückgefordert, wäre zu vermuten, dass auch Goethe seinerseits eine solche Forderung erhoben hätte. Seine Briefe an sie sind jedoch in ihrem Besitz verblieben und an ihre Nachkommen weitergegeben worden.

Die lückenhafte Überlieferung eingegangener Briefe stellt für die frühe Zeit der Goetheschen Korrespondenz durchaus keinen Sonderfall dar, veranstaltete der Dichter doch mehrfach Autodafés, bei denen neben Werkmanuskripten auch Briefe vernichtet wurden.[58] Die Briefe, die Goethe in Italien von Charlotte von Stein erhalten hatte, waren möglicherweise schon dort von ihm selbst verbrannt worden, und zwar auf ausdrücklichen Wunsch der Absenderin. Am 17. Februar 1787 hatte Goethe aus Rom an

53 GSA 25/W 2514; vgl. GB, Bd. 6 II, S. 538, Anm. zu 221,13, Abdruck ohne Varianten, daher missverständlich.

54 GB, Bd. 7 I, S. 47,6–9.

55 Goethe an Ch. von Stein, 23. Dezember 1786; ebd., S. 63,16.

56 Ebd., S. 63,25 f.

57 GB, Bd. 8 I, S. 16,27.

58 Vgl. GB, Bd. 1 II, S. V.

Charlotte von Stein geschrieben: »Deine Briefe werden alle gleich verbrannt, wie wohl ungern. Doch dein Wille geschehe.«[59] Vor seiner geplanten dritten Italienreise vermerkte Goethe am 9. Juli 1797 im Tagebuch: »Briefe verbrannt. Schöne grüne Farbe der Flamme wenn das Papier nahe am Drathgitter brennt.«[60] Ergänzend dazu heißt es in den *Tag- und Jahres-Heften* für das Jahr 1797: »Vor meiner Abreise verbrenn' ich alle an mich gesendeten Briefe seit 1772, aus entschiedener Abneigung gegen Publication des stillen Gangs freundschaftlicher Mittheilung.«[61] Charlotte von Steins Briefe aus den Jahren von 1776 bis 1789, die sich wahrscheinlich noch immer im Besitz Goethes befanden, könnten unter jenen »freundschaftlichen Mittheilungen« gewesen sein, deren Veröffentlichung durch das Autodafé verhindert werden sollte. Einen Beleg allerdings gibt es auch dafür nicht.

IV. Zur Person der Adressatin

Sowohl in der Forschungsliteratur wie auch in populären Darstellungen fand Charlotte von Stein bis weit ins 20. Jahrhundert hinein fast nur wegen ihrer ›Bedeutung‹ für Goethes Leben und Werk Beachtung.[62] Damit verschwand sie als historische Person fast gänzlich hinter den literarischen Gestalten der Goetheschen Werke. Die Empfängerin von Goethes Briefen wurde zu Iphigenie, Prinzessin Leonore oder Lida, der Goethe im späten Gedicht *Zwischen beiden Welten*[63] neben Shakespeare ein literarisches Denkmal setzt. Insbesondere das Fehlen der Briefe Charlotte von Steins an Goethe aus dem ersten Weimarer Jahrzehnt gab Anlass zu vielerlei Spekulationen über ihre Person und förderte das Entstehen von vereinfachenden, teils idealisierenden, teils »entstellende[n] Klischees«,[64] die bis heute nachwirken. Ihr wurden Eigenschaften wie ›empfindsam‹, ›zart‹ und ›anmutig‹, aber auch

59 GB, Bd. 7 I, S. 125.

60 GT, Bd. II 1, S. 120,8–10.

61 WA I, Bd. 35, S. 73.

62 Als exemplarisch und wirkungsmächtig erwies sich vor allem Friedrich Gundolfs Urteil, wonach ausschließlich zähle, »was sie für Goethe gewesen und als was Goethe sie verewigt hat«, ihr ›wirkliches‹ Leben dagegen habe nicht zu interessieren, denn es »ist eingegangen in das seine und aufgehoben in dem seinen« (Friedrich Gundolf: Goethe. Berlin 1916, S. 274).

63 Zuerst 1820 erschienen in *Über Kunst und Alterthum* (Bd. 2. Heft 3, S. 31).

64 Walter Hof: Wo sich der Weg im Kreise schließt. Goethe und Charlotte von Stein. Stuttgart 1957, S. 16.

›weltabgewandt‹, ›sinnenfeindlich‹, ›blutleer‹ oder gar ›prüde‹ zugeschrieben. Im Unterschied zu anderen Freundinnen Goethes ist sie nicht mit ihrem Vornamen, etwa als ›Lotte‹ oder gar ›Lottchen‹,[65] in die Literatur eingegangen, sondern eben als ›Frau von Stein‹. Dieser zwar einen gewissen Respekt bezeugende, zugleich aber Distanz wahrende Name erscheint charakteristisch für das Verhältnis der ›Nachwelt‹ zu ihrer Person.[66]

Die überlieferten Quellen zu Charlotte von Stein, insbesondere ihre zum Großteil im Goethe- und Schiller-Archiv aufbewahrten umfangreichen Korrespondenzen mit Carl Ludwig von Knebel, Charlotte Schiller und ihrem Sohn Friedrich, sowie Briefe der Zeitgenossen, die sie aus persönlichem Umgang kannten, lassen ein anderes Bild entstehen. Sie zeigen eine mitfühlend-kluge, an Kunst und Literatur interessierte Frau, begabt für Freundschaften, doch ohne Überspanntheit und jene schwärmerische Empfindsamkeit, die bei vielen ihrer Zeitgenossinnen begegnet. Dafür beständig in ihrem Charakter und frei von Scheu auch vor den natürlichen Dingen des Lebens, in ihrer Diktion vor allem in späten Briefen lakonisch, zuweilen fast trocken und mit Sinn für Ironie.

In den 1990er Jahren setzte ein verstärktes Bemühen ein, Charlotte von Stein als eigenständige Persönlichkeit wahrzunehmen, einhergehend mit der Wiederentdeckung ihrer literarischen Werke.[67] Die nach wie vor umfassendsten Biographien, auf denen alle nachfolgenden Darstellungen beruhen, stammen von Heinrich Düntzer und Wilhelm Bode, die auch viele heute nicht mehr zugängliche Quellen zum ersten Mal gedruckt haben, allerdings zumeist ohne sie genau nachzuweisen und kritisch zu bewerten.[68]

---

[65] So wird z.B. Charlotte Kestner, die als ›Vorlage‹ für die Figur der Lotte in den *Leiden des jungen Werthers* galt, in der älteren Goethe-Literatur erwähnt.

[66] Sie selbst unterschrieb sich ein Leben lang mit »Von Stein geb. von Schardt«, seltener »Charlotte von Stein geb. von Schardt«. Ihr Taufname lautet: »Charlotta Ernestina Bernhardina von Schard« (Landeskirchenarchiv Eisenach, Kirchenbuch-Sign.: K 1/1–15, S. 670). Abweichend dazu in der »Eheberedung«: Charlotte Ernestine Albertine von Schardt« (vgl. im vorliegenden Band S. 54).

[67] Vgl. bes. Susanne Kord: Einleitung. In: Charlotte von Stein: Dramen (vgl. im vorliegenden Band S. XII, Anm. 2), S. I–XXXIV; Markus Wallenborn: Frauen. Dichten. Goethe. Die produktive Goethe-Rezeption bei Charlotte von Stein, Marianne von Willemer und Bettina von Arnim. Tübingen 2006, S. 14–172.

[68] Vgl. Düntzer: Charlotte von Stein, Goethe's Freundin (Anm. 25); Wilhelm Bode: Charlotte von Stein. Berlin 1910. – Zu Goethe und Charlotte von Stein vgl. u.a. Hof: Goethe und Charlotte von Stein (Anm. 64); Helmut Koopmann: Goethe und Frau von Stein. Geschichte einer Liebe. München 2002; Sigrid Damm: Sommerregen der Liebe. Goethe und Frau von Stein. Berlin 2015.

Als Goethe Charlotte Ernestine Albertine von Stein (1742–1827) kennen lernte, war diese nicht ganz 33 Jahre alt und seit mehr als 11 Jahren mit dem sieben Jahre älteren herzoglichen Stallmeister (seit 1775 Oberstallmeister) Josias von Stein verheiratet. Durch ihre Herkunft und die Stellung ihres Mannes gehörte sie zum engeren Kreis des Weimarer Hofadels. Sie wurde am 25. Dezember 1742 in Eisenach geboren, wo ihr Vater Johann Wilhelm Christian von Schardt in den Diensten Herzog Ernst Augusts I. von Sachsen-Weimar und Eisenach stand. Ihre Mutter Concordia Elisabeth geb. Irving of Drum kam aus einer seit dem 15. Jahrhundert in Deutschland ansässigen Familie mit schottischen Wurzeln. Bereits 1743, nach der Ernennung Christian von Schardts zum Hofmarschall, siedelte die Familie nach Weimar über, wo sie das ehemalige Schwarzenfelsische Haus in der Scherfgasse (heute Nr. 3) nahe dem Erfurter Tor bezog. Das Anwesen befand sich damals im herzoglichen Besitz, Mitte der 1750er Jahre erwarb es Concordia von Schardt aus Mitteln ihres Erbes. Von den elf Kindern der Familie von Schardt starben sechs im Säuglings- oder frühen Kindesalter. Nach dem frühen Tod der erstgeborenen Tochter wuchs Charlotte als ältestes Kind auf. Der Vater wurde durch den Hofdienst, zu dem auch die Erziehung des Erbprinzen Ernst August Constantin gehörte, stark in Anspruch genommen und war während Charlottes Kindheit und früher Jugend nur selten zu Hause. Auch wenn sich die jährlichen Bezüge Schardts im Laufe der Zeit von anfangs 600 auf 1.800 Reichstaler bei freier Equipage und Hoftafel erhöhten, reichten sie doch nie, um die Aufwendungen für die aristokratische Lebensführung der Familie, die Erhaltung des großen Hauses und die Repräsentationspflichten eines Hofbeamten zu decken. Zur Begleichung von Schulden musste daher immer wieder das mütterliche Erbe angegriffen werden, das für die Ausbildung der Söhne und die Mitgift der Töchter bestimmt war.

Charlotte von Schardt wurde von Hauslehrern unterrichtet; namentlich bekannt als Lehrer der Familie ist nur der Theologe Wilhelm Heinrich Schulze. Neben den Grundfächern Lesen, Schreiben, Rechnen und Religion gehörten Französisch, Tanz und Musik zum Lehrprogramm adliger Töchter. Wie aus ihrer späteren Korrespondenz hervorgeht, spielte Charlotte gerne und gut Klavier, vor allem aber überschritten ihre literarischen Interessen das sonst in ihren Kreisen übliche Maß. Großen Einfluss auf ihre Entwicklung scheint vor allem die Mutter genommen zu haben, eine ungewöhnlich ernste, literarisch gebildete und tief religiöse Frau, die im Unterschied zu ihrem Mann weit weniger Wert auf Repräsentation und höfische Gesellschaft legte. 1758, nach dem frühen Tod Herzog Ernst August Constantins, übernahm nach kurzer Interimszeit dessen Witwe Anna Amalia die Obervormundschaft über die Prinzen Carl August und Constantin sowie die Landesadministration. Unter der neuen Regentin behielt Schardt zwar den Titel eines Hofmarschalls und seine Bezüge, wurde de facto aber mit knapp 47 Jahren in den Ruhestand versetzt. Zur selben Zeit trat seine 16-jährige Tochter Charlotte in den Hofdienst. Im *Hof-Etat* erscheint ihr Name unter den vier, in manchen Jahren auch nur drei »HofDames« der regierenden Herzogin.[69] Die Jahre ihres Hofdienstes fielen in die Zeit des Siebenjährigen Krieges (1756–1763), unter dessen wirtschaftlichen Folgen auch das Herzogtum Sachsen-Weimar und Eisenach und auch der Hof zu leiden hatten.

Als Hofdame stand Charlotte von Schardt freies Logis im herzoglichen Schloss, der Wilhelmsburg, zu. Während der Sommermonate übersiedelte sie mit dem Hof nach Belvedere, der herzoglichen Sommerresidenz. Zu ihren Obliegenheiten gehörte nicht nur die Teilnahme an den regelmäßig stattfindenden Gesellschaften, an Konzerten und Theateraufführungen, sondern gelegentlich auch die Beaufsichtigung der Prinzen.[70] Das durch die Etikette zwar reglementierte, insgesamt aber abwechslungsreich-gesellige und im Vergleich zum Leben im Elternhaus unbeschwerte Dasein als Hofdame endete für die 21-Jährige mit ihrer Heirat am 8. Mai 1764. Gemäß den Konventionen der Zeit war für adlige Töchter die Wahl des Ehemanns Sache der Eltern, Standes- und Vermögensverhältnisse spielten dabei die ausschlaggebende Rolle, während die Liebe zwischen den Ehepartnern keine notwendige Bedingung war. Dennoch sollte nicht angenommen werden, die Ehe Charlotte von Schardts mit Josias von Stein sei ohne gegenseitige Zuneigung geschlossen worden. Der Bräutigam zumindest, der nach dem frühen Tod seines Vaters 1739 das Familiengut und Schloss Kochberg geerbt und als herzoglicher Stallmeister Anna Amalias gute Aussichten auf eine Laufbahn am Hof hatte, war unabhängig genug, seine Braut selbst auszuwählen. Von den Zeitgenossen wird er als stattlicher, ja schöner Mann beschrieben, er soll zudem ein ausgezeichneter Reiter,[71] angenehmer

69 Vgl. u.a. Hochfürstl. Sachsen Weimar- und Eisenachischer Hof- und Adress-Calender auf das Jahr Christi 1762. Weimar, S. 69.

70 Vgl. Joachim Berger: Anna Amalia von Sachsen-Weimar-Eisenach (1739–1807). Denk- und Handlungsräume einer ›aufgeklärten‹ Herzogin. Heidelberg 2003, S. 181 f.

71 Zeitgenössischen Erinnerungen zufolge war der »Oberstallmeister [Josias] von Stein […] einer der galantesten Reiter seiner Zeit; ja er gab sich sogar mit der Kunstreiterei ab. Es wurden auch noch in der folgenden Zeit [nach 1775] de jeunérs in der geschlossenen Reitbahn [zwischen Schloss und Reithaus im Ilmpark] gegeben, wo man seinen Kunstsprüngen und geschickten Wendungen auf den Pferden großen Beifall zollte.« (Carl Wilhelm Heinrich Freiherr von Lyncker: Ich diente am

Gesellschafter und guter Tänzer gewesen sein.[72] Eine Verbindung mit ihm war für die Braut nicht nur standesgemäß, sie versprach auch wirtschaftliche Sicherheit und ein Leben in der Nähe der Eltern und Geschwister. Dass Charlotte von Stein die guten Eigenschaften ihres Mannes durchaus zu schätzen wusste und ihre Ehe keineswegs als unglücklich betrachtete, belegt eine Äußerung in einem Brief an ihre jüngere Freundin Charlotte von Lengefeld (seit 1790 verheiratete Schiller) vom 28. Dezember 1787:

> Heute ist mein Mann wieder von Gotha zurück und hat mir viel schöne Sachen zum Hl. Christ beschert, und ist so artig gegen mich daß ich allen guten Frauens ein gleiches Betragen von ihren Männern wünschte: Die arme Imhofen[73] ist desto unglücklicher es würde Sie selbst betrüben wen ich Ihnen alles erzählen wolte wie schlecht sich jetz ihr Mann gegen sie beträgt, und wie er seiner Frau die Ehre vor allen Menschen sucht abzuschneiden und sie hülflos sitzen läßt, mein Hertz blutet offt ihrendwegen und meine arme Mutter schmertzt mich, eins von ihren liebsten Kindern so unglücklich zu sehen.[74]

Nach der Hochzeit bezog das Paar eine Stadtwohnung in der Kleinen Teichgasse am Kasseturm, deren Garten an den des Schardtschen Hauses grenzte; der Umzug in das Haus an der Ackerwand erfolgte erst im November 1777. Der zweite Wohnsitz der Familie, zumeist nur im Sommer und Herbst genutzt, war Schloss Kochberg, dessen zum Gut gehörende Ländereien verpachtet waren und unter Aufsicht eines Verwalters standen. Von 1765 bis 1774 brachte Charlotte von Stein sieben Kinder zur Welt, vier Mädchen und drei Jungen. Das Erwachsenenalter erreichten nur die Söhne, die vier Töchter starben noch als Säuglinge.[75] Eine besonders enge Beziehung bestand zu dem jüngsten Sohn Friedrich. Er selbst führt dies in seiner Lebensbeschreibung vor allem auf eine Ursache zurück:

Weimarer Hof. Aufzeichnungen aus der Goethezeit. Zum ersten Mal vollständig hrsg. […] von Jürgen Lauchner. Köln, Weimar, Wien 1997, S. 34f.) Wenn Goethe am 17. Juli 1776 an Charlotte von Stein schreibt: »Dein Mann hat heut Reuter Künste getrieben« (GB, Bd. 3 I, S. 87), dann ist dies also nicht herablassend ironisch gemeint, sondern durchaus anerkennend.

72 Zu seiner Person vgl. GB, Bd. 3 IIB, S. 920–923 (einleitende Erläuterung zu Nr. 503) sowie den Beitrag von Yvonne Pietsch im vorliegenden Band.

73 Charlotte von Steins jüngere Schwester Louise von Imhoff geb. von Schardt.

74 GSA 83/1856,1, Bl. 19f.

75 Gottlobe Constantine Louise Friederike (11. März 1766–7. August 1766); Gottlobe Friederica Johanna Augusta (5. März 1769–17. April 1769); Gottlobe Friederica Sophie (15. April 1770–1. Juli 1770); Gottlobe Henriette Sophie Louise Concordia (13. April 1774–7. Mai 1774) (Namen und Lebensdaten nach den Weimarer Kirchenbüchern, nach Recherchen von Eva Beck, Weimar).

> Obgleich das sechste Kind meiner Eltern, war ich doch das einzige, welches meine Mutter selbst stillte. Eine vorzügliche Liebe meiner Mutter war die Folge davon und sie ist mir immer, nachdem vier Schwestern, alle unter dem Alter eines Jahres gestorben, vor meinen Brüdern geblieben.[76]

Für Mütter aus der aristokratischen Oberschicht galt es damals geradezu als unschicklich, selbst zu stillen. Wohl unter dem Einfluss Jean-Jacques Rousseaus, der u.a. in seinem Roman *Émile, ou de l'éducation* (Paris 1762) für das mütterliche Stillen eintrat, begannen Anfang der 1770er Jahre auch in Weimar einige wenige adlige Frauen damit, darunter offenbar auch Charlotte von Stein.[77] Wie sie selbst die Zeit ihrer rasch aufeinander folgenden Schwangerschaften und Geburten erlebte, beschreibt sie in einem Brief an Charlotte Schiller vom 22. Mai 1796:

> Niemand kan beßer Ihre Leiden fühlen als ich, den mir war dieses Geschäffte[78] auch auf eine schwere Art auferlegt, von Thränen ermüdet schlief ich nur ein, und schlepte mich wieder beym Erwachen ein Tag, und schwer lag der Gedancke auf mich warum die Natur ihr halbes Geschlecht zu dieser Pein bestimt habe; man solte den Weibern deswegen viele andere Vorzüge des Lebens laßen, aber auch darinn hat man sie verkürtz, und man glaubt nicht wie zu so viel tausend kleinen Geschäfften des Lebens, die wir besorgen müßen mehr Geistes Kraft muß aufgewendet werden, die uns vor nichts angerechnet wird, als die eines genies der Ehre, und Ruhm, einärndet.[79]

Das Zitat belegt auch einen Wesenszug Charlotte von Steins, der vor allem in den Briefen aus der Zeit ihrer Witwenschaft hervortritt: ihren ausgeprägten Sinn für die zwar durch die Natur bedingte, gesellschaftlich aber sanktionierte und daher als ungerecht empfundene Ungleichheit der Geschlechter.

Seit 1773 reiste Charlotte von Stein in den Sommermonaten regelmäßig nach Pyrmont, einen damals viel besuchten Badeort und Treffpunkt des europäischen Adels, wo sie u.a. die Bekanntschaft des Schweizer Arztes und Schriftstellers Johann Georg Zimmermann machte, seit 1768 königlicher Leibarzt in Hannover. Als persönlicher Freund von Johann Caspar Lavater sammelte er für dessen *Physiognomische Fragmente*[80] Silhouetten und

---

[76] Rohmann (Hrsg.): Briefe an Fritz von Stein (Anm. 13), S. 3.

[77] Vgl. Berger: Anna Amalia von Sachsen-Weimar-Eisenach (Anm. 70), S. 110.

[78] Schwangerschaft und Geburt.

[79] GSA 83/1856,3, Bl. 27 (vgl. Anhang, Briefe, Nr. 10).

[80] Johann Caspar Lavater: Physiognomische Fragmente, zur Beförderung der Menschenkenntniß und Menschenliebe. Erster bis Vierter Versuch. Leipzig und Winterthur 1775–1778.

schrieb selbst auch physiognomische Charakterstudien.[81] Mit Zimmermann verband Charlotte von Stein in den folgenden Jahren ein intensiver Briefwechsel. Ob es auf seinen ärztlichen Rat zurückzuführen ist, dass die so schwer unter den Schwangerschaften und Geburten Leidende nach April 1774 keine weiteren Kinder mehr bekam, kann nur vermutet werden.

1775 lernte Charlotte von Stein Goethe kennen, zu dem sich ab Anfang 1776 eine enge persönliche Beziehung entwickelte, in die auch Charlottes Familie einbezogen war. Eine Zäsur bildete die Reise nach Italien, zu der Goethe im September 1786 aufgebrochen war, ohne die Freundin in seine Pläne einzuweihen. Nachdem sich Charlottes Verärgerung über Goethes heimlichen Aufbruch und das lange Ausbleiben seiner Briefe gelegt hatte, wurde der freundschaftliche briefliche Austausch jedoch bis zum Ende von Goethes fast zweijährigem Aufenthalt in Italien fortgesetzt.[82] Nach seiner Rückkehr im Juni 1788 allerdings stellte sich das frühere enge Verhältnis nicht wieder her, im Frühsommer 1789 kam es zum Bruch zwischen Charlotte von Stein und Goethe, der um diese Zeit schon mit Christiana Vulpius zusammenlebte.

Bereits am 14. Juni 1787 war nach fast zweijähriger Krankheit Charlotte von Steins mittlerer Sohn Ernst gestorben. Ende 1793 starb Josias von Stein, gleichfalls nach längerer Krankheit. Der älteste Sohn Carl übernahm Schloss und Gut Kochberg. Der jüngste Sohn Friedrich, vorübergehend sachsen-weimarischer Kammerherr, trat 1798 in preußische Dienste und lebte fortan in Schlesien, wo ihn die Mutter 1803 auf seinem Gut Strachwitz bei Breslau besuchte. Nach dem Tod ihres Mannes und dem Weggang der Söhne wandte sich Charlotte von Stein wieder stärker ihren literarischen Interessen zu. Ihre Briefe aus diesen Jahren zeugen von einem regen Interesse an Neuerscheinungen vor allem der deutschen Literatur. 1794/95 entstand ihr Trauerspiel *Dido*, 1798/99 das Lustspiel *Neues Freiheits-System oder die Verschwörung gegen die Liebe*. Sie pflegte ihre alten Freundschaften, insbesondere mit Christoph Martin Wieland, dem Ehepaar Caroline und Johann Gottfried Herder, Herzogin Louise von Sachsen-Weimar und Eisenach, Carl Ludwig von Knebel und Charlotte Schiller geb. von Lengefeld. Durch diese lernte sie auch Friedrich Schiller kennen, der 1803 die Veröffentlichung ihres Dramas *Die zwey Emilien* bei Cotta in Stuttgart vermittelte. Lange Zeit galt das anonym erschienene Stück als ein Werk Schillers. Etwa seit dem Frühjahr 1796 kam es durch Vermittlung des Ehepaars Schiller auch zu einer vorsichtigen Wiederannäherung zwischen Charlotte

[81] Vgl. GB, Bd. 2 II, S. 483f. (einleitende Erläuterung zu Nr. 236).
[82] Vgl. GB, Bd. 7 II, S. 3f.

von Stein und Goethe. Herzlicher wurde das Verhältnis aber erst nach Goethes schwerer Erkrankung im Jahr 1801, auf die Charlotte von Stein mit großer Anteilnahme reagierte. Seit 1804 nahm sie regelmäßig an den Gesellschaften in Goethes Haus teil, nach 1810 entwickelte sich allmählich eine Altersfreundschaft, die bis zum Tod Charlotte von Steins am 6. Januar 1827 bestehen blieb.

V. Goethes Briefe an Charlotte von Stein (1776–1779)

Die erste Begegnung zwischen Goethe und Charlotte von Stein, deren genaue Umstände unbekannt sind, war auf beiden Seiten durch mündliche Berichte sowie durch Briefe und Bilder vorbereitet worden. Josias von Stein hatte Carl August auf dessen Kavalierstour sowie zur Hochzeit an den Darmstädter Hof begleitet. Dass er Goethe bei einer dieser Gelegenheiten getroffen hat, kann als sicher gelten, ebenso dass er seiner Frau davon erzählte. Wie gespannt diese war, den berühmten Autor des *Clavigo* (1774) und der *Leiden des jungen Werthers* (1774) kennen zu lernen, geht aus ihrer Korrespondenz mit Zimmermann hervor. Der *Werther* muss sie so beeindruckt haben, dass sie nach der Lektüre »acht Tage zur Freude unfähig« gewesen und deswegen »*ausgelacht* und *ausgeschmelt*« worden sei.[83] Zimmermann verstand es, das Interesse seiner Briefpartnerin an dem Frankfurter Dichter noch zu steigern:

> Vous voulés que je vous parle de *Göthe*; vous *desirés* de le voir? [...] Mais *pauvre* amie, vous n'y pensés pas, vous *desirés* de *le voir*, et vous ne savés / pas à quel point cet homme *aimable* et *charmant* pourroit vous devenir *dangereux*! – Je coupe une planche de la Physiognomique de Lavater, pour vous faire present de cette Physionomie d'Aigle. [...] Une Femme du monde qui l'a vû souvent, m'a dit que Göthe etoit l'homme le plus beau, le plus vif, le plus original, le plus ardent, le plus impetueux, le plus doux, le plus séduisant, et le plus dangereux pour le coeur d'une Femme qu'elle avoit vû en sa vie.[84]

---

83 Zitat in Johann Georg Zimmermanns Brief an Charlotte von Stein, 19. Januar 1775; Archiv der Berlin-Brandenburgischen Akademie der Wissenschaften (BBAW).

84 Ebd. – Übersetzung: Sie möchten, dass ich Ihnen von Goethe erzähle; wünschen Sie, ihn zu sehen? [...] Aber, arme Freundin, Sie denken nicht daran, Sie sehnen sich, ihn zu sehen, und Sie wissen nicht, in welchem Ausmaß dieser liebenswürdige und charmante Mensch Ihnen gefährlich werden könnte! – Ich schneide einen Stich aus der Physiognomik Lavaters aus, um Ihnen dieses Adlergesicht zu vergegenwärtigen. [...] Eine Dame von Welt, die ihn oft gesehen hat, sagte mir, Goethe sei der schönste, lebhafteste, originellste, feurigste, stürmischste, sanfteste,

Auch bei Goethe darf eine gewisse Neugier auf die Bekanntschaft mit der Frau des Oberstallmeisters vorausgesetzt werden, die gleichfalls durch Zimmermann geweckt worden war. Als dieser Goethe im Juli 1775 in Straßburg traf, zeigte er ihm u.a. eine Silhouette Charlotte von Steins. Sie soll den Dichter zu einem spontanen, überaus schmeichelhaften Urteil über die Dargestellte veranlasst haben, welches Zimmermann am 22. Oktober 1775 Charlotte von Stein mitteilte.[85] Überdies hatte die Silhouette Goethe zu einer Charakteristik der Weimarer Baronin im Stil der *Physiognomischen Fragmente*[86] inspiriert, die er am 24. Juli 1775 an Lavater nach Zürich schickte:

> Hier über die Silhouetten der Fr. v. Stein und Marches. Brankoni.[87] such sie gleich auf, und leg sie hierüber.

Stein.	Brankoni.
Festigkeit	unternehmende Stärcke
Gefälliges unverändertes Wohnen des Gegenstands	Scharf nicht tiefsinn
Behagen in sich selbst.	Reine Eitelkeit
Liebevolle Gefälligkeit	Feine verlangende Gefälligk.
Naivetät und Güte, selbst- fliesende Rede	Wiz, ausgebildete Sprache Wahl im Ausdruck.
Nachgiebige Festigkeit.	Widerstand
Wohlwollen.	Gefühl ihrer selbst.
Treubleibend	Fassend u. haltend
Siegt mit Nezzen	Siegt mit Pfeilen.[88]

Am 7. November 1775, dem Tag der Ankunft Goethes in Weimar,[89] fiel die abendliche Hoftafel aus. Stattdessen wurden im »Hauptmannischen Hause« an der Esplanade (heute Schillerstraße) »Pickenick« und Ball veranstaltet.[90]

verführerischste und gefährlichste Mann für das Herz einer Frau, den sie je in ihrem Leben gesehen hätte. (Transkription und Übersetzung Wolf-Dieter Lange, Bonn)

85 Vgl. GB, Bd. 2 II, S. 500, Anm. zu 196,9.

86 Vgl. Anm. 80.

87 Maria Antonia von Branconi geb. Elsener, Witwe des neapolitanischen Beamten Francesco Pessina de Branconi, nach dem Tod ihres Mannes 1766 bis 1777 Geliebte des Erbprinzen Carl Wilhelm Ferdinand von Braunschweig-Lüneburg-Wolfenbüttel, des Bruders von Herzogin Anna Amalia; seit 1779 persönliche Bekanntschaft mit Goethe.

88 GB, Bd. 2 I, S. 196,11–22.

89 Vgl. GB, Bd. 3 IIA, S. 419, erste Anm. zu 116,10.

90 Fourier-Buch / Auf das Jahr 1775. dermahlen geführet von Christian Martini Fürstl. HofFourier (Hofhaltung des Herzogs Carl August von Sachsen-Weimar und Eisenach); LATh – HStA Weimar, Hofmarschallamt Nr. 4524, S. 262.

Ob Goethe dazu eingeladen war, ist nicht belegt. Falls sich Charlotte von Stein zu dieser Zeit in Weimar aufhielt, befand sie sich wahrscheinlich unter den Gästen der Gesellschaft, es ist also nicht ausgeschlossen, dass Goethe sie schon am 7. November 1775 zum ersten Mal gesehen hat. Nach den Erinnerungen des ältesten Sohnes Carl von Stein sollen sich seine Mutter und der Frankfurter Dichter zuerst in der Stadtwohnung der Familie in der Kleinen Teichgasse begegnet sein:

> Ich war ohngefähr 10 Jahr alt, als eines Nachmittags, es war schon dämmericht, und wo ich mich recht erinnere, im Herbst Anno 1773 oder 74 [recte: 1775], in meiner Eltern Wohnung, der junge Herzog (Carl August) von Weimar […] und der junge Doctor Göthe hereintraten. Letzterer war eben angekommen und erregte Neugier durch seine bekannt gewordenen Werthers Leiden und Götz von Berlichingen. Es waren außer meinen Eltern noch mehrere im Zimmer […].[91]

Da also das erste Treffen in Weimar wahrscheinlich in größerer Gesellschaft stattgefunden hat, erinnert sich Goethe zehn Jahre später nicht daran, sondern glaubt, er sei der Freundin zuerst bei seinem Besuch auf Schloss Kochberg Anfang Dezember 1775 begegnet,[92] der durch eine Gravur auf dem Schreibtisch Charlotte von Steins belegt ist: »Goethe d. 6. Dcbr. 75.«[93]

Seinen ersten persönlichen Eindruck von Charlotte von Stein hat Goethe nirgendwo festgehalten, ebenso erfährt man auch aus seinen späteren Briefen an sie oder an Dritte wenig darüber, was sie für ihn so ungemein anziehend erscheinen ließ. Welche Wirkung sie damals auf andere ausübte, vermittelt eine Charakteristik Zimmermanns vom 12. Dezember 1774, die von Johann Caspar Lavater, für den sie bestimmt war, später teilweise in die *Physiognomischen Fragmente* aufgenommen wurde.[94]

> Die Kammerherrin und Baronesse von Stein […] hat überaus große schwarze Augen von der höchsten Schönheit. Ihre Stimme ist sanft und bedrückt. Ernst, Sanftmuth, Gefälligkeit, leidende Tugend und feine tiefgegründete Empfindsamkeit sieht jeder Mensch beym ersten Anblick auf ihrem Gesichte. Die Hofmanieren, die Sie vollkommen an sich hat, sind bey ihr zu einer sehr seltenen hohen Simplicität veredelt. Sie ist sehr fromm, und zwar mit einem rührend

[91] Goethe. Aufzeichnungen des Freiherrn Carl von Stein-Kochberg. Hrsg. von Hans Wahl. Leipzig 1924, S. 2.

[92] Vgl. Goethe an Ch. von Stein, 22. September 1785; GB, Bd. 6 I, S. 97,19–21; zur Sache vgl. GB, Bd. 3 IIA, S. 97, Anm. zu 21,11.

[93] Der Schreibtisch befindet sich noch heute im Schloss Kochberg (KSW, Museen, Inv.-Nr. Kg-2017/163).

[94] Vgl. Lavater: Physiognomische Fragmente (Anm. 80), Bd. 3, S. 314f.

> schwärmerischen Schwung der Seele. Aus ihrem leichten Zephirgang und aus ihrer theatralischen Fertigkeit in künstlerischen Tänzen würdest Du sicher nicht schließen, was doch sehr wahr ist, daß stilles Mondenlicht und Mitternacht ihr Hertz mit Gottesruhe füllt. Sie ist einige und dreißig Jahre alt, hat sehr viele Kinder und schwache nerven. Ihre Wangen sind sehr rot, ihre Haare schwarz, ihre Haut italienisch wie ihre Augen. Der Körper mager, ihr ganzes Wesen elegant mit Simplicität.[95]

Bisher wurde angenommen, dass der Briefwechsel zwischen Goethe und Charlotte von Stein schon wenige Tage nach ihrer ersten persönlichen Begegnung Ende November/Anfang Dezember 1775 einsetzte. Als einziger Beleg dafür galt ein Brief Goethes an Carl Ludwig von Knebel, dessen Anfangssatz lautet: »Frau v Stein hat jetzt schon Antwort von mir.«[96] Dieser bisher auf die Tage zwischen dem 27. November und dem 3. Dezember 1775 datierte Brief stammt jedoch aus sehr viel späterer Zeit, nämlich von Anfang Dezember 1807.[97] Mithin gibt es keinen konkreten Hinweis auf den Beginn der Korrespondenz schon im Jahr 1775. Den überlieferten Briefen zufolge begann Goethe im Januar 1776 an Charlotte von Stein zu schreiben, und zwar mit rasch sich steigernder Intensität. Wahrscheinlich am 7. Januar 1776 schrieb Goethe an Charlotte von Stein den folgenden Brief (Abb. 1):

> Ich muss Ihnen noch einen Danck für das Wurst Andencken und eine Gute Nacht sagen. Mein Peitschen Hieb übers Aug ist nur ***allegorisch*** wies der *Brand* an meinem Billet von heut früh auch ist. Wenn man künftig die Fidibus[98] hier zu Lande so galant kneipen wird wie ein *süss Zettelgen*, wirds ein trefflich leben werden.

[95] Zitiert nach Fränkel: Goethe-Stein (Anm. 41), Bd. 1, S. 3, Nr. 1.

[96] Vgl. den vollständigen Abdruck des Briefes in GB, Bd. 3 IIA, S. 21 (einleitende Erläuterung zu Nr. 5).

[97] Vgl. ebd.

[98] Begriff aus der Studentensprache, Herkunft unsicher, möglicherweise scherzhafte Umdeutung der Horaz-Stelle »ture et fidibus« (mit Weihrauch und Saiten[spiel]; Carmina I, 36,1). Im zeitgenössischen Verständnis »ein zusammen gerolltes oder zusammen gelegtes längliches Stück Papier, eine Pfeife Tabak damit an[zu]zünden«; Johann Christoph Adelung: Grammatisch-kritisches Wörterbuch der Hochdeutschen Mundart, mit beständiger Vergleichung der übrigen Mundarten, besonders aber der Oberdeutschen. Zweyte vermehrte und verbesserte Ausgabe. 4 Tle. Leipzig 1793–1801, T. 2, S. 145.

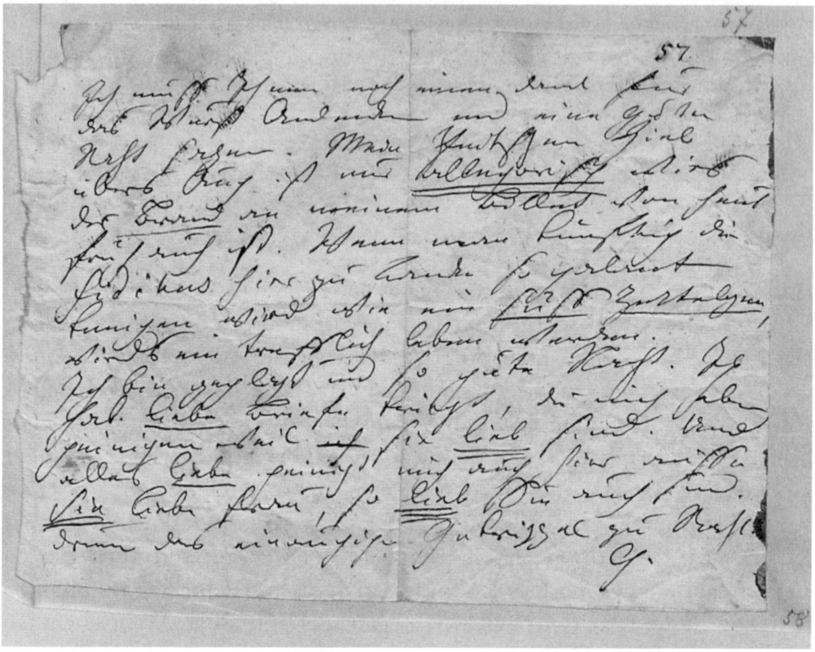

Abb. 1: Johann Wolfgang Goethe an Charlotte von Stein, 7. Januar 1776

Ich bin geplagt und so gute Nacht. Ich hab *liebe* Briefe kriegt, die mich aber peinigen, weil sie ***lieb*** sind. Und alles *liebe* peinigt mich auch hier ausser ***Sie*** liebe Frau, so ***lieb*** Sie auch sind. Drum das einaugige Gekrizzel zu Nacht.

G.[99]

Der Text ist undatiert. Die Erwähnung des »Peitschen Hieb[s] übers Aug« korrespondiert mit einem Brief Goethes an Johann Gottfried Herder vom 7. Januar, in dem es heißt: »ich hab mir bey der Schlittenfahrt mit der Peitsche hollisch Ubers Aug gehauen drum schreib ich so quir.«[100] Hauptsächlich deshalb ist anzunehmen, dass der vorliegende Brief vom selben Tag stammt.[101] Damit wäre er der früheste überlieferte Brief Goethes an Charlotte von Stein. Auffallend ist schon sein Äußeres. Nicht nur das Datum fehlt, auch eine Anrede gibt es nicht, unterschrieben ist er lediglich mit der Paraphe »G«. Der Text ist zudem auffallend flüchtig geschrieben und

[99] GB, Bd. 3 I, S. 18, Nr. 18.

[100] Ebd., S. 18,13f.

[101] Zur Datierung vgl. GB, Bd. 3 IIA, S. 65.

steht auf einem nachlässig abgerissenen Blättchen einfachen Papiers. Bereits in seinem ersten überlieferten Brief an Charlotte von Stein, eigentlich ja nur einem *»Zettelgen«*, lässt Goethe sämtliche Schreibkonventionen der Zeit außer Acht. Gefaltet ist das Blatt nicht wie üblich zu einem Kuvert, sondern – der Schreiber weist selber darauf hin – wie ein »Fidibus«. Damit wurde der Brief schon in dem Augenblick, als ihn seine Empfängerin erhielt, zu einem *»süss Zettelgen«*, einem ›billet doux‹, womit im Fanzösischen ein Liebesbrief gemeint ist. Unzählige der kleinformatigen Briefblättchen, die Goethe in den folgenden Jahren von Haus zu Haus an Charlotte von Stein schickte, waren in der Art eines Fidibus gerollt und anschließend mit den Fingern mehrfach eingedrückt. Das beim Auseinanderfalten entstehende netzartige Muster des Papiers ist noch gut zu erkennen. Die Faltung enthielt nicht nur für die Empfängerin eine Botschaft, sondern war ebenso für die Überbringer der Briefe ein Signal, Diskretion zu wahren.

Diesem wahrscheinlich frühesten Brief vom 7. Januar folgen in diesem Monat noch zwölf weitere Briefe. Ab dem 27. Januar wird Goethe von einer wahren »Billets Kranckheit«[102] befallen und schreibt täglich, am 29. und 30. Januar sogar zweimal an einem Tag. Nicht nur die Häufigkeit, mit der er an eine Frau schreibt, die er erst einige Wochen zuvor kennen gelernt hatte, fällt auf, fast noch bemerkenswerter ist der von Anfang an vertraute Ton. Schon Ende Januar spricht Goethe ganz offen von seiner ›Liebe‹.[103] Er bittet die Adressatin: »Sollst mich auch ein Bissgen liebhaben«,[104] nennt sie »Engel«[105] und »Gold«.[106] Im Brief vom 27. Januar wechselt er das erste Mal vom respektvoll Distanz wahrenden ›Sie‹ zum vertraulichen ›Du‹.[107] Bereits am folgenden Tag gebraucht er durchgängig das ›Du‹ (Abb. 2):

> Lieber Engel, ich komme nicht ins Conzert. denn ich bin so wohl, dass ich nicht sehen kann das Volck! lieber Engel Ich lies meine Briefe holen und es verdross mich dass kein Wort drinn war von dir, kein Wort mit Bleystifft, kein guter Abend. Liebe Frau, leide dass ich dich so lieb habe. Wenn ich iemand lieber haben kann, will ich dir's sagen. Will dich ungeplagt lassen. Adieu Gold. Du begreiffst nicht ***wie*** ich dich lieb hab. G. dℓ. 28. Jan
> 76.[108]

[102] Goethe an Ch. von Stein, 29. Januar 1776; GB, Bd. 3 I, S. 26,9.

[103] Vgl. Goethe an Ch. von Stein, 28. Januar 1776; ebd., S. 25,17–19.

[104] Goethe an Ch. von Stein, 29. Januar 1776; ebd., S. 26,4f.

[105] Goethe an Ch. von Stein, 28. Januar 1776; ebd., S. 25,14.

[106] Ebd., S. 25,19.

[107] Vgl. Goethe an Ch. von Stein, 27. Januar 1776; ebd., S. 25,13.

[108] Goethe an Ch. von Stein, 28. Januar 1776; ebd., S. 25, Nr. 31.

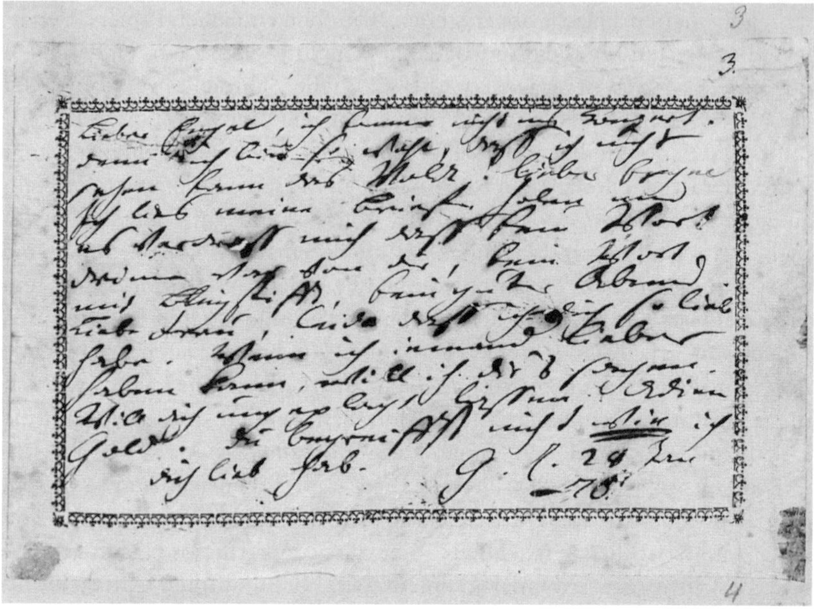

Abb. 2: Johann Wolfgang Goethe an Charlotte von Stein, 28. Januar 1776

Bis zum März wechselt er zwischen ›Sie‹ und ›Du‹, geht aber mehr und mehr zum ›Du‹ über.[109] In den datierten Briefen vom 23. Februar bis zum 4. März 1776[110] verwendet er durchgängig die Anrede ›Du‹. Wie ein Brief Charlotte von Steins an Johann Georg Zimmermann nahelegt, gebrauchte Goethe die vertrauliche Anrede wahrscheinlich nur in den Briefen, während er im persönlichen Gespräch noch vorsichtiger damit umging. Am 6. März 1776 scheint ihm Charlotte von Stein das ›Du‹ verwiesen zu haben, was offenbar zu einer vorübergehenden Verstimmung Goethes geführt hat (Abb. 3):

> Ich war den Abend im concert Göthe nicht, vor einigen Stunden war er bey mir gab mir vor Sie das beygeschloßne billet und war toll über Ihren Brief den er mir auch vorlas, ich vertheitigte Sie, gestund ihm ich wünschte selbst er mögte etwas von seinen wilden Wesen darum ihn die Leute hier so schieff beurtheilen, ablegen, daß im Grund zwar nichts ist als daß er jagd, scharff reit, mit der grosen Peitsche klatscht, alles in Geselschaft des Herzogs. Gewiß sind dies seine Nei-

109 Vgl. GB, Bd. 3 IIA, S. 113f., Anm. zu 25,13.

110 Vgl. GB, Bd. 3 I, S. 36–39, Nr. 50–54.

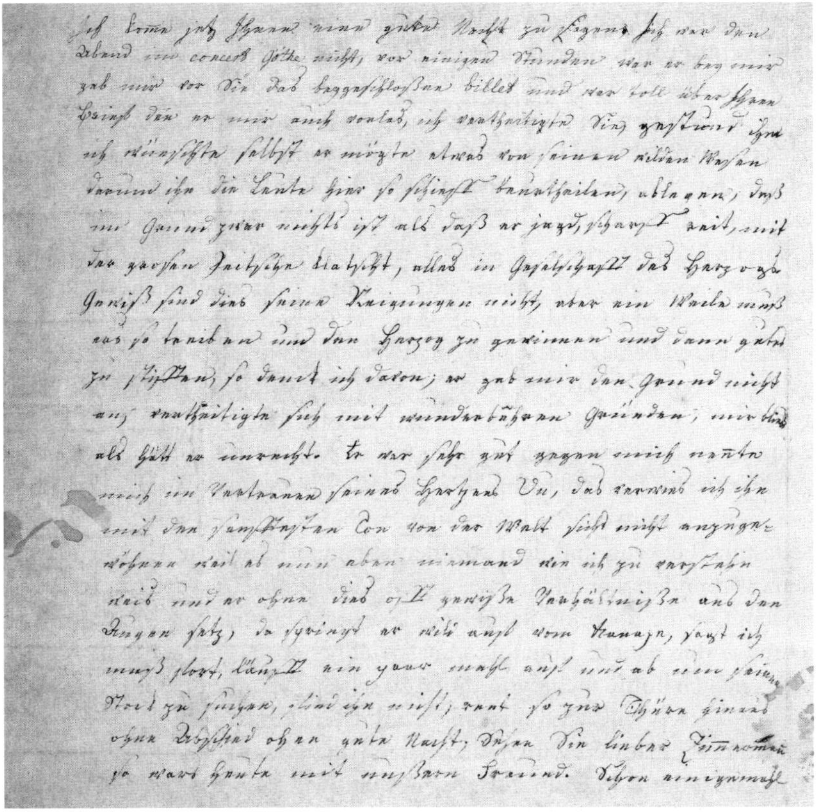

Abb. 3: Charlotte von Stein an Johann Georg Zimmermann, 6. März 1776

gungen nicht, aber ein Weile muß ers so treiben um den Herzog zu gewinnen und dann gutes zu stifften, so denck ich davon; er gab mir den Grund nicht an, vertheitigte sich mit wunderbahren Gründen, mir bliebs als hätt er unrecht. Er war sehr gut gegen mich nennte mich im Vertrauen seines Hertzens Du, das verwies ich ihn mit den sanfftesten Ton von der Welt sichs nicht anzugewöhnen weil es nun eben niemand wie ich zu verstehn weis und er ohne dies offt gewiße Verhältniße aus den Augen setz, da springt er wild auf vom Kanape, sagt ich muß fort, läufft ein paar mahl auf und ab um seinen Stock zu suchen, find ihn nicht, rent so zur Thüre hinaus ohne Abschied ohne gute Nacht; Sehen Sie lieber Zimmermann so wars heute mit unßern Freund. Schon einigemahl habe ich bittern Verdruß um ihn gehabt das weis er nicht und sols nie wißen.[111]

[111] Ch. von Stein an Johann Georg Zimmermann, 6. März 1776; FDH, Hs-7182.

Ungeachtet aller ostentativen Vertraulichkeit und der kalkulierten Außerachtsetzung von Konventionen hatte Goethe 1776 Ton und Gestus seiner Briefe noch nicht gefunden, wie nicht nur die Unsicherheit in der Anrede zeigt. In den Briefen wechselt stürmisches Sich-Mitteilen mit dem Ausdruck der Verstimmtheit, das Bekenntnis, von der Adressatin angezogen zu sein, mit dem des Sich-Zurückgesetzt-Fühlens. Im Kontrast zu Goethes wechselnden Stimmungen stehen Ausgeglichenheit und gleichbleibende Freundlichkeit Charlotte von Steins, wie sich aus den Briefen an sie schließen lässt: »Sie sind sich immer gleich, immer die unendliche Lieb und Güte«,[112] schreibt Goethe am 25. Mai 1776. Nur einen Tag zuvor hatte er sich bitter beklagt, dass nun auch sein Verhältnis zu ihr, »das reinste, schönste, wahrste, das ich ausser meiner Schwester ie zu einem Weibe gehabt«,[113] gestört sei. Dieser ersten ernsthaften Verstimmung, deren Gründe im Dunkeln liegen, gingen schon Anfang März kleinere Störungen voraus. Im Laufe der Jahre 1776 bis 1779 treten diese für das Verhältnis so typischen zeitweiligen Irritationen immer wieder auf, die auf Goethes Seite mit Rückzug und dem vorübergehenden Einstellen der Korrespondenz verbunden waren. Aus der ersten Junihälfte 1776 stammt ein Brief, in dem Goethe noch im Nachklang des ersten ernsthafteren Zerwürfnisses schreibt: »Ich dancke Ihnen dass Sie soviel besser gegen mich sind als ich's verdiene, ich hoffte nichts von Ihnen zu sehen. Wenn ich mein Herz gegen Sie zuschliesen will, wird mir's nie wohl dabey!«[114]

Häufig thematisiert wird in den ersten Jahren des Briefwechsels auch der ›Unglaube‹ der Adressatin in Bezug auf die Ernsthaftigkeit und Beständigkeit von Goethes Gefühlen ihr gegenüber. Ihre Zweifel gesteht Charlotte von Stein im Brief an Zimmermann vom 17. Juni 1776:

> Um Ihnen, lieber Zimmermann, etwas neues zu erzehlen so wißen Sie daß Goethe endlich hier fest ist; vor einigen Tagen ist er zum Geheimen Legations Rath ernent worden, und sitz im conseil, ich habe aber doch noch einen Unglauben an seinen unstäten Sinn, wenn ich ihm gleich hertzlich wünsche an irgend einen Eckgen der Welt Ruhe zu finden.[115]

Aufschlussreich erscheint in dieser Hinsicht auch das Dramolett *Rino* aus dem Frühsommer 1776, die früheste überlieferte literarische Arbeit Charlotte von Steins, die durch Figurenkonstellation und Personenverzeichnis

112 GB, Bd. 3 I, S. 70,22.
113 Goethe an Ch. von Stein, 24. Mai 1776; ebd., S. 70,8f.
114 Ebd., S. 75,15–17.
115 FDH, Hs-7184.

deutliche autobiographische Bezüge aufweist.[116] Nicht ohne Selbstironie verspottet die Autorin darin den blinden weiblichen Enthusiasmus für den Titelhelden, im Stück der Verfasser des *Werther*, und die naive Gleichsetzung von Dichter und literarischer Figur, ebenso aber auch die Launenhaftigkeit und ›Koketterie‹ Rinos, der »auf aller Frauen Spuhr«[117] geht. Dennoch scheint sie in der zweiten Hälfte des Jahres 1776 zumindest zeitweise ihre Zurückhaltung aufgegeben zu haben. Auf der Rückreise von Pyrmont machte sie am 5. August Station in Ilmenau, wo sich Goethe im Gefolge des Herzogs aufhielt. Am 6. August besuchten sie gemeinsam den Hermannstein im Thüringer Wald. Wie sehr Goethe das unverhoffte Beisammensein fernab der Weimarer Gesellschaft beglückte und wie stark ihn die Gegenwart der Freundin auch künstlerisch inspirierte, belegen seine Briefe vom Juli und August. Unmittelbar nach einem Besuch des Hermannsteins bekennt er am 22. Juli 1776: »Die Liebe giebt mir alles und wo die nicht ist, dresch ich Stroh. Das mahlerischte Fleck geräth mir nicht, und ein ganz gemeines wird freundlich und lieblich […]. Wenn du nur einmal hier seyn könntest es ist über alle Beschreibung und Zeichnung.«[118] Nach dem gemeinsamen Besuch heißt es im Brief vom 8. August: »Deine Gegenwart hat auf mein Herz eine wunderbaare Würckung gehabt, ich kann nicht sagen wie mir ist!«[119] Er sagt es ihr dann aber doch, nämlich in den im Brieftext eingeschobenen Versen:

Ach wie bist du mir,
Wie bin ich dir geblieben!
Nein an der Wahrheit
Verzweifl ich nicht mehr.
Ach wenn du da bist
Fühl ich, ich soll dich nicht lieben
Ach wenn du fern bist
Fühl ich, ich lieb dich so sehr.[120]

Noch im Hochgefühl des unverhofften Wiedersehens schickte Goethe mit seinem Brief vom 10. August zwei Zeichnungen aus der Umgebung

[116] Rino / Ein Schauspiel in drey Abtheilungen. / 1776. / von Frau von Stein (GSA 122/3a; siehe S. 75–85).
[117] Ebd., S. 79 und 84.
[118] GB, Bd. 3 I, S. 87,21–25.
[119] Ebd., S. 92,7 f.
[120] Ebd., S. 92,12–19.

Abb. 4: Johann Wolfgang Goethe, »Stützerbacher Grund«, Bleistift und Pinsel in Grau, August 1776

Ilmenaus an Charlotte, den *Stützerbacher Grund*[121] und die *Höhle am Hermannstein*[122] (Abb. 4 und 5).

Dass sich danach auch für die Adressatin das Verhältnis intensivierte und sie zunehmend in seelische Konflikte geriet, legen Verse von ihrer Hand nahe, überliefert auf der Rückseite eines Briefes von Goethe vom 7. Oktober 1776:

> Obs unrecht ist was ich empfinde – –
> und ob ich büßen muß die mir so liebe Sünde
> will mein Gewißen mir nicht sagen;
> vernicht' es Himmel du! wenn michs je könt anklagen[123]

Doch schon das erste Jahr der Bekanntschaft endet mit einer kleinen ›Flucht‹ Goethes, einer dreiwöchigen Reise mit dem Herzog nach Leipzig, Wörlitz und Dessau, die Goethe »aus der tiefsten Verwirrung«[124] heraus-

121 KSW, Museen, Inv.-Nr. GGz/1930; vgl. Corpus, Bd. I, S. 62, Nr. 147.
122 KSW, Museen, Inv.-Nr. GGz/0947; vgl. Corpus, Bd. I, S. 62, Nr. 148.
123 GB, Bd. 3 IIA, S. 409 (Überlieferung zu Nr. 178).
124 Goethe an Ch. von Stein, 1. Dezember 1776; GB, Bd. 3 I, S. 120,13.

Abb. 5: Johann Wolfgang Goethe, »Höhle am Hermannstein«, schwarze Kreide, grau laviert, August 1776

gerissen habe. Unmittelbar vorausgegangen war die bis heute ungeklärte »Eseley«[125] von Goethes Dichterfreund Jacob Michael Reinhold Lenz, die Ende November zu dessen Ausweisung aus Weimar geführt hatte.[126] Doch schon die Monate zuvor hatte Goethe sich zurückgezogen und den September wie den Oktober in achtwöchiger selbstauferlegter Trennung von Charlotte von Stein verbracht. Bevor sie auf das Kochberger Gut der Familie fuhr, kündigte Goethe am 8. September 1776 an: »Adieu, ich werde nicht nach Kochberg kommen denn ich verstund Wort und Blick.«[127] Mit Goethes Rückzug korrespondiert die merklich geringere Zahl der überlieferten Briefe an die Freundin vor allem im Oktober und November 1776.

Das Jahr 1777 beginnt versöhnlich. Die Briefe Goethes, deren Anzahl von Februar bis Juni wieder deutlich zunimmt, sind im Vergleich zur Anfangszeit in einem schlichteren, ruhigeren Ton gehalten. Der Briefschreiber scheint sich der Verbundenheit der Adressatin sicherer zu sein. Das Bewusstsein des ›Glücks‹ stellt sich ein und zugleich das Wissen, dass es

125 Tagebucheintrag vom 26. November 1776; GT, Bd. I 1, S. 30,2.
126 Näheres vgl. GB, Bd. 3 IIA, S. 315.
127 GB Bd. 3 I, S. 103,1 f.

einen Preis hat. So schreibt Goethe am 10. März 1777 an Charlotte: »Das Glück des Lebens liegt dunckel auf mir.«[128] Sehr viel häufiger als früher werden nun auch die Kinder der Steins erwähnt. Im Juli 1777, während sich die Mutter in Pyrmont aufhält, besucht Goethe die Söhne zweimal in Kochberg und unternimmt mit ihnen und dem Hauslehrer Johann Friedrich Kästner Zeichenausflüge in die Umgebung. Im Tagebuch vom 5. Juli 1777 vermerkt Goethe: »um 5 nach Kochberg geritten fand die Kleinen[129] beym Essen.«[130] Überhaupt spielt die Familie in der Korrespondenz zunehmend eine Rolle. Seit dem Frühsommer 1777 kümmerte sich Goethe um die Renovierung und Einrichtung der neuen Wohnung der Familie Stein im so genannten Stiedenvorwerk an der Ackerwand, im November bereitete er auch den Umzug vor. Am 12. November schreibt er gleichsam als ›pater familias‹ an die Freundin:

> Liebste Frau heut Kommt Schuhmann[131] aus dem neuen Haus, morgen Mittag ist alles gescheuert, hoff ich. Der Windofen wird in der Kinder Stube in wenigen Stunden stehn und das Küchelgen also zum Einräumen bereit seyn. Den Heerd lass ich stehn er hindert wenig. Machen Sie sich also zum Aufbruch bereit. Ich dächte sie fingen gleich heute an eben den Vorrath und so weiter einzuräumen. Liessen heute Nacht Wenden[132] drinne schlafen dass er die Schlüssel zu sich nähme, und was transportirt wird in Empfang nähme, führen morgen mit Einräumen in die Stuben wie sie sauber werden fort, und könnten also auf den Freytag selbst einziehen. Ist dies ihr Wille so schreiben Sie mir, oder was Sie wollen. So will ich noch heut früh zu Ihnen kommen und wir wollen alles abreden. Einen Windofen in Ihr grün Zimmergen konnen Sie immer
> noch haben. dℓ. 12 Nov. 77.[133]

---

[128] Ebd., S. 133,3.

[129] Die Söhne Charlotte und Josias von Steins: Gottlob *Carl* Wilhelm Friedrich (1765–1837); Gottlob *Ernst* (1767–1787); Gottlob Friedrich (*Fritz*) (1772–1844).

[130] GT, Bd. I 1, 44,24f.

[131] Der Dekorateur, Hof- und Theatermaler Johann Ehrenfried Schumann, der mit der Ausgestaltung der Steinschen Wohnung beauftragt worden war. Dies belegen zwei Rechnungen über Maler- und Dekorateurarbeiten Schumanns, deren Bezahlung er Goethe am 5. und 7. Februar 1778 quittierte. Daraus geht u.a. hervor, dass zwei Zimmer im oberen Geschoss grün und zwei grau gestrichen worden waren, ebenso die Decken, der Saal, die Treppe und das untere Treppenhaus; ein Zimmer im Erdgeschoss war gelb gestrichen, zwei Spiegel waren vergoldet sowie 12 Wandleuchter angestrichen und lackiert und zwei Fenster am Haus blind gemalt worden; vgl. Goethe. Rechnungen. Belege zur Einnahme- und Ausgabe-Rechnung Januar–Juni 1778; GSA 34/II,2,1, Bl. 9 und 7.

[132] Christian Benjamin Wende (auch Wencke), Diener der Familie von Stein.

[133] GB, Bd. 3 I, S. 175f., Nr. 304.

Goethes Briefe an Charlotte von Stein allerdings werden schon seit Mitte September, als sie sich in Kochberg aufhält, wieder seltener. Falls die Überlieferung keine Lücken aufweist, hat er entgegen seiner Gewohnheit nach seinem langen Reisebrief von der Wartburg bei Eisenach vom 13. bis 16. September 1777[134] etwa drei Wochen überhaupt nicht an die Freundin geschrieben. Auch nach dem nächsten kurzen Brief aus Weimar nach Kochberg vom 10. Oktober[135] vergehen etwa drei Wochen, bis er wieder schreibt, worauf Charlotte von Stein offenbar empfindlich reagierte. Das »Hauptingrediens Ihrer Empfindungen« sei »neuerdings Zweifel und Unglaube«,[136] klagt Goethe am 31. Oktober. Auch das Jahr 1777 endet mit einer Reise. Am 29. November 1777 brach Goethe allein und inkognito in den Harz auf. Über das Ziel ließ er seine Umgebung, darunter Charlotte von Stein, zunächst im Ungewissen, wenn auch davon auszugehen ist, dass Goethe die Reise auch in ›amtlicher‹ Funktion und mit Erlaubnis Herzog Carl Augusts antrat. Seit Februar 1777 gehörte Goethe zu den leitenden Mitgliedern der herzoglichen Kommission zur Wiederaufnahme des Kupferschiefer-Bergbaus in Ilmenau. Wie er später in der *Campagne in Frankreich 1792* schrieb, habe er seine Reise in den Harz angetreten, um »das Bergwesen in seinem ganzen Complex […] mit Augen zu sehen und mit dem Geiste zu fassen«.[137] Die Möglichkeiten, das Harzer Berg- und Hüttenwesen zu studieren, bestimmten daher den Reiseverlauf vor allem des ersten Teils der Reise bis nach Clausthal. Geplant war sicher von vornherein auch der Besuch bei Friedrich Victor Leberecht Plessing (1749–1806) in Wernigerode, der sich 1777 mehrfach Rat suchend an den ihm persönlich unbekannten »*Werther*«-Dichter in Weimar gewandt hatte. Doch neben diesen äußeren Anlässen gab es noch andere, offenbar weitaus gewichtigere Gründe, die Goethe zu seinem winterlichen Ausflug ins Gebirge trieben. Neben der Zunahme seiner Amtsgeschäfte war es vor allem das Verhältnis zu Charlotte von Stein, das ihn einerseits beglückte und fest an seinen neuen Wohnort band, ihm andererseits aber immer wieder trübe Stunden bereitete und ihn in einen Zustand »stiller Traurigkeit«[138] versetzte. Wie zuletzt im Frühjahr und Sommer 1775 vor seinem endgültigen Abschied aus Frankfurt befand sich Goethe gegen Ende seines zweiten Weimarer Jahres in einer existenziellen Krise. In der Einsamkeit der winterlichen Berge suchte er Abstand zu gewinnen und sich Klarheit über seinen künf-

134 Ebd., S. 166–168, Nr. 289.
135 Ebd., S. 170, Nr. 291.
136 Ebd., S. 172,5 f.
137 WA I, Bd. 33, S. 214,12–14.
138 Goethe an Ch. von Stein, 21. Mai 1777; GB, Bd. 3 I, S. 146,16 f.

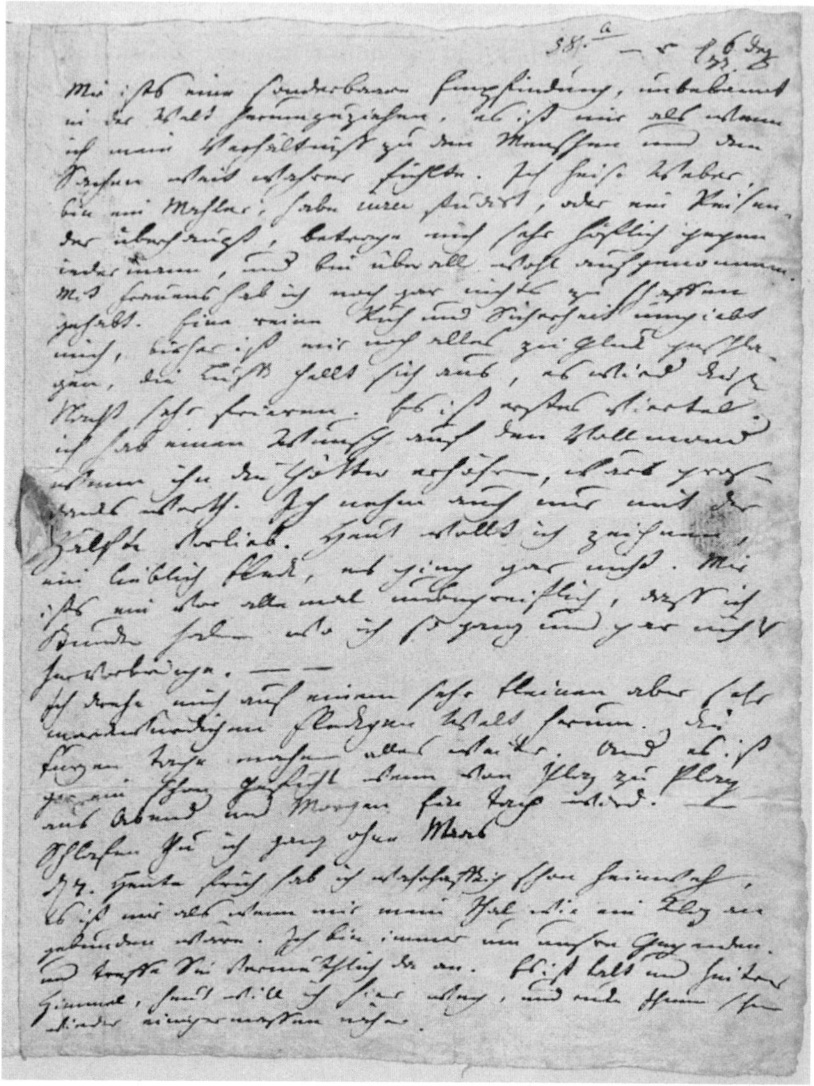

Abb. 6: Johann Wolfgang Goethe an Charlotte von Stein, 6. Dezember 1777

tigen Lebensweg zu verschaffen. Sämtliche von der Harzreise überlieferten Briefe sind an Charlotte von Stein gerichtet. In der Art eines Tagebuches reflektiert er darin sein ›Abenteuer‹, vor allem aber seine Empfindungen auf dem Weg zum Brocken. Die Briefe gehören zu den inhaltlich vielschichtigsten und sprachlich schönsten aus der voritalienischen Zeit.[139]

Am 6. Dezember 1777 schreibt Goethe aus Goslar, noch immer ohne seinen Aufenthaltsort zu nennen (Abb. 6):

> Mir ists eine sonderbaare Empfindung, unbekannt in der Welt herumzuziehen, es ist mir als wenn ich mein Verhältniss zu den Menschen und den Sachen weit wahrer fühlte. Ich heise Weber, bin ein Mahler, habe iura studirt, oder ein Reisender überhaupt, betrage mich sehr höflich gegen iedermann, und bin überall wohl aufgenommen. Mit Frauens hab ich noch gar nichts zu schaffen gehabt. Eine reine Ruh und Sicherheit umgiebt mich, bisher ist mir noch alles zu Glück geschlagen, die Lufft hellt sich aus, es wird diese Nacht sehr frieren. Es ist erstes viertel. ich hab einen Wunsch auf den Vollmond wenn ihn die Götter erhöhren, wärs grosen dancks werth.[140]

Am 10. Dezember endlich lüftet er sein Geheimnis:

> d*ℓ* 10 Vor Tag. eh ich wieder hier aufbreche noch einen guten Morgen.
>
> Nachts gegen 7. Was soll ich vom Herren sagen mit Federspulen, was für ein Lied soll ich von ihm singen? [...] Es ist schon nicht möglich mit der Lippe zu sagen was mir widerfahren ist wie soll ichs mit dem spizzen Ding hervorbringen. Liebe Frau. Mit mir verfährt Gott wie mit seinen alten Heiligen, und ich weis nicht woher mir's kommt. Wenn ich zum Befestigungs Zeichen bitte dass möge das Fell Trocken seyn und die Tenne nass so ists so, und umgekehrt auch, und mehr als alles die übermütterliche Leitung zu meinen Wünschen. Das Ziel meines Verlangens ist erreicht, es hängt an vielen Fäden, und viele Fäden hingen davon, Sie wissen wie simbolisch mein Daseyn ist – – [...]
>
> Ich will Ihnen entdecken |:sagen Sie s niemand:| dass meine Reise auf den Harz war, dass ich wünschte den Brocken zu besteigen, und nun liebste bin ich heut oben gewesen, ganz natürlich, ob mir's schon seit 8 Tagen alle Menschen als unmöglich versichern. [...]
>
> Ich sagte: ich hab einen Wunsch auf den Vollmond! – Nun Liebste tret ich vor die Thüre hinaus da liegt der Brocken im hohen herrlichen Mondschein über den Fichten vor mir und ich war oben heut und habe auf dem Teufels Altar meinem Gott den liebsten Danck geopfert.[141]

---

139 Vgl. ebd., S. 178–187, Nr. 309–312.

140 Ebd., S. 180,19–28.

141 Ebd., S. 184,1–26.

Wahrscheinlich noch am Abend des 10. Dezember, als Goethe den Brocken im »hohen herrlichen Mondschein über den Fichten« vor sich sah, entstand die Zeichnung *Brocken im Mondlicht, vom Torfhaus gesehen*,[142] die er später an Charlotte schickte. Dass Goethe die »Wallfahrt«[143] zum Brocken im Winter unternahm, einer Jahreszeit, die in den klimatisch ohnehin raueren Gebirgsgegenden des Harzes das Reisen besonders erschwerte und eine Bergbesteigung als äußerst schwierig erscheinen ließ, unterstreicht ihre außerordentliche persönliche Bedeutung. Die Brocken-Besteigung wurde für Goethe zu einem ›Orakel‹, »welches ihm die höhere Zustimmung verbürgte für das, was in Weimar vor ihm lag«.[144] In den Briefen zeigt sich dies auch auf sprachlich-stilistischer Ebene in der Vielzahl metaphorischer Vergleiche und Anspielungen sowohl auf die Bibel wie auch die antike Mythologie, wobei beide Bereiche in auffallender Weise verschmelzen. Wenn Goethe schreibt: »Mit mir verfährt Gott wie mit seinen alten Heiligen [...]. Wenn ich zum Befestigungs Zeichen bitte dass möge das Fell Trocken seyn und die Tenne nass so ists so, und umgekehrt auch«, so spielt er einmal auf die doppelte Anrufung des Herrn durch Gideon im alttestamentarischen Buch der Richter (6,36–40) an, doch ebenso auf die ›auguria impetrativa‹, die ›erbetenen Zeichen‹ der Römer bei Deutung der Auspizien, die auf das gute Gelingen eines Vorhabens vorausweisen.

Vielfältige Bezüge bestehen auch zwischen den Briefen und dem wahrscheinlich ganz oder zu Teilen auf der Reise entstandenen Gedicht *Auf dem Harz im Dezember. 1778* [recte 1777],[145] zuerst 1789 unter dem Titel *Harzreise im Winter*[146] veröffentlicht:

Dem Geier gleich
Der auf Morgenschlossen Wolken
Mit sanftem Fittich ruhend
Nach Beute schaut,
Schwebe mein Lied![147]

[142] KSW, Museen, Inv.-Nr. GGz/0964; vgl. Corpus, Bd. I, S. 74, Nr. 190.

[143] Goethe an Ch. von Stein, 7. Dezmber 1777; GB, Bd. 3 I, S. 181,21.

[144] Albrecht Schöne: Harzreise im Winter. In: Ders.: Götterzeichen, Liebeszauber, Satanskult: Neue Einblicke in alte Goethetexte. 3., ergänzte Aufl. München 1993, S. 44.

[145] GB, Bd. 3 I, S. 222–224 (Beilage zu Nr. 388).

[146] Goethe's Schriften. Bd. 8. Leipzig 1789, S. 193–197.

[147] GB, Bd. 3 I, S. 222,7–11.

Noch in der *Campagne in Frankreich 1792* erinnert sich Goethe an die Entstehung der Anfangsverse im Zusammenhang mit der Beschreibung seines Aufbruchs in den Harz, als im »düstern und von Norden her sich heranwälzenden Schneegewölk [...] hoch ein Geier über mir« schwebte.[148]

Die Harzreise hatte ganz offenbar die erhoffte Wirkung und bestätigte Goethe auf seiner eingeschlagenen Lebensbahn. Nach seiner Rückkehr festigte sich die Beziehung zu Charlotte von Stein und wird in den Briefen des ersten Halbjahres 1778 weniger in Frage gestellt. Die grundlegende Ambivalenz aber bleibt bestehen: Je fester sich die Bande knüpfen, desto größer ist zwar das Gefühl des Glücks, aber auch das Bewusstsein des schmerzhaften Gebundenseins. »Ich bin leider an Ihre Liebe zu fest geknüpft wenn ich manchmal versuche mich los zu machen thut mirs zu weh da lass ich's lieber seyn«,[149] schreibt er am 17. Juni 1778 an die Freundin.

Am 10. Mai brach Goethe mit Herzog Carl August und dessen Gefolge zu einer Reise über Dessau und Wörlitz nach Berlin und Potsdam auf. Es war dies Goethes einzige Reise in die preußischen Residenzen. Sie dauerte vom 15. bis zum 23. Mai und diente vor allem der Erkundung der politischen Lage angesichts des preußisch-österreichischen Konfliktes über die bayerische Erbfolge, der einen Krieg zwischen den Großmächten auszulösen drohte.[150] Herzog Carl August gab sich in Berlin als sachsen-weimarischer Kammerherr von Ahlefeld aus. Dies verlieh der Reise den Charakter einer Geheimmission, was sich auch in Goethes Briefen niederschlägt. Aus dem Zeitraum vom 10. bis 30. Mai 1778 haben sich vier Briefe an Charlotte von Stein erhalten,[151] die im Unterschied zu den sonst üblichen Reisebriefen Goethes zwar wesentlich kürzer ausfallen, gleichwohl aber erkennen lassen, wie sehr sich der Schreiber trotz aller Bewunderung für die »Pracht der Konigstadt«[152] von den Ränkespielen und »Hanswurstiaden«[153] der ›großen

148 WA I, Bd. 33, S. 215,4–6.

149 GB, Bd. 3 I, S. 215,18–20.

150 Die deutschen Territorialfürsten, darunter auch der Herzog von Sachsen-Weimar und Eisenach, fürchteten, in die Auseinandersetzung der Großmächte hineingezogen zu werden. Wie die Weimarer Geheimen Räte Jacob Friedrich von Fritsch und Christian Friedrich Schnauß riet auch Goethe in einem Votum vom 18. März 1778 dem Herzog in der Auseinandersetzung zwischen den Großmächten zur Zurückhaltung; vgl. Goethes amtliche Schriften. Hrsg. von Willy Flach. Bd. 1: 1776–1786. Weimar 1950, S. 36–38. Die monatelangen Verhandlungen führten nicht zum Erfolg; am 3. Juli erklärte Preußen Österreich den Krieg, am 5. Juli marschierten preußische Truppen in Böhmen ein und der Bayerische Erbfolgekrieg begann.

151 Vgl. GB, Bd. 3 I, S. 207–211, Nr. 359, 360, 363, 364.

152 Goethe an Ch. von Stein, 17. Mai 1778; ebd., S. 209,15f.

153 Goethe an Ch. von Stein, 19. Mai 1778; ebd., S. 210,2.

Welt‹ abgestoßen fühlte und wie beklemmend die Atmosphäre in Berlin, das sich im Ausnahmezustand der allgemeinen Mobilmachung befand, auf ihn gewirkt haben muss.[154] In Anspielung auf die unbegrenzte Macht des preußischen Königs Friedrich II.,[155] der den Zeitgenossen als Muster und Ideal des aufgeklärten Monarchen galt, schreibt Goethe am 17. Mai 1778 an Charlotte von Stein:

> Wenn ich nur gut erzählen kan von dem grosen Uhrwerck das sich vor einem treibt, von der Bewegung der Puppen kan man auf die verborgenen Räder besonders auf die grose alte Walze FR gezeichnet mit tausend Stiften schliesen die diese Melodieen eine nach der andern hervorbringt.[156]

Die Ligatur aus den Initialen ›F‹ und ›R‹ für ›Fridericus Rex‹, König Friedrich, wurde wie auch der Absendeort des Briefes »Berlin«[157] erst später ergänzt, wahrscheinlich erst kurz vor Absenden des Briefes in Dessau. Dies zeigt Goethes Vorsicht beim Abfassen und Versenden seiner Briefe auf preußischem Gebiet.

Ähnlich wie schon 1776 und 1777 tritt in der zweiten Jahreshälfte 1778 nach fast zehnwöchiger Trennung im September und Oktober, währenddessen Charlotte von Stein sich in Kochberg aufhält, eine gewisse Entfremdung ein, was sich in der deutlich geringeren Anzahl von Briefen Goethes niederschlägt. Erst am Ende des Jahres findet er zu dem zuversichtlich-unbeschwerten Ton der ersten Monate zurück.[158]

Der Ton der Briefe aus den ersten Monaten des Jahres 1779 erinnert an den der Anfangszeit der Bekanntschaft. Wieder nimmt die Intensität des Briefwechsels zu, obwohl Goethe in dieser Zeit stark von seinen Amtsgeschäften in Anspruch genommen wurde. Am 19. Januar 1779 war er zum Leiter der Wegebaukommission ernannt, zwei Wochen zuvor, am 5. Januar, in die Kriegskommission berufen worden. Als Geheimer Legationsrat mit Sitz und Stimme im Geheimen Consilium war er ranghöchstes Mitglied und damit auch für die ungeliebte Pflicht der Musterung von Rekruten

[154] Hierzu und zur Reise insgesamt vgl. GB, Bd. 3 IIB, S. 701 f. (einleitende Erläuterung zu Nr. 559).

[155] Friedrich II. hielt sich seit April 1778 im Hauptquartier der Schlesischen Armee in Schönewalde (heute Budzów, Polen) auf, weshalb ihm Goethe in Berlin und Potsdam nicht persönlich begegnete.

[156] GB, Bd. 3 I, S. 209,19–23.

[157] Ebd., S. 209,1.

[158] Vgl. GB, Bd. 3 I, S. 242 f., Nr. 423–425.

zuständig. Am 6. März 1779 schreibt er aus Apolda an die Freundin in Weimar (Abb. 7):

> Den ganzen Tag war ich in Versuchung nach Weimar zu kommen, es wäre recht schön gewesen wenn Sie gekommen wären. Aber so ein lebhafft Unternehmen ist nicht im Blute der Menschen die um den Hof wohnen. Grüsen Sie den Herzog und sagen ihm dass ich ihn vorläufig bitte mit den Rekrouten säuberlich zu verfahren wenn sie zur Schule kommen. Kein sonderlich Vergnügen ist bey der Ausnehmung,[159] da die Krüpels gerne dienten und die schönen Leute meist Ehehafften haben wollen.
>
> [...]
>
> Hier will das Drama gar nicht fort, es ist verflucht, der König von Tauris soll reden als wenn kein Strumpfwürcker in Apolde hungerte.
>
> Gute Nacht liebes Wesen. Es geht noch eben ein Husar.
>
> G.[160]

Die Musterungen, von denen hier die Rede ist, fanden turnusmäßig alle drei Jahre statt und waren 1779 nicht unmittelbar durch die angespannte politische Lage während des Bayerischen Erbfolgekrieges zwischen Preußen und Österreich veranlasst. Die Musterung im Frühjahr 1779 war Goethes »erstes bedeutenderes Geschäft in der Kriegskommission«.[161] Im März 1779 entstand auch eine Zeichnung Goethes, wahrscheinlich eine Musterung in Buttstädt darstellend.[162] »Ehehafften«, die die »schönen Leute«, also die körperlich Unversehrten, Gesunden vorbrachten, waren rechtsgültige Freistellungsgründe vom Militärdienst. Mit dem »Drama«, das »gar nicht fort« will, ist die frühe Prosafassung der *Iphigenie* gemeint, mit deren Niederschrift Goethe im Februar begonnen hatte und die er zum ersten Mal überhaupt in einem Brief an Charlotte von Stein erwähnt.[163] – Apolda, wo damals die »Strumpfwürcker« Not litten, war schon im 18. Jahrhundert eine Textilstadt. Die ersten Strumpfwirkmanufakturen waren zu Beginn

---

159 Auch ›Auslesung‹, zeitgenössisch für ›Musterung‹ von Rekruten; die ›Aushebung‹ dagegen gehörte nicht in das Aufgabengebiet der Kriegskommission.

160 GB, Bd. 3 I, S. 263, Nr. 471.

161 Hans Bürgin: Der Minister Goethe vor der römischen Reise. Seine Tätigkeit in der Wegebau- und Kriegskommission. Weimar 1933, S. 159. – Goethe beaufsichtigte auch die folgende ›Auslesung‹ im Frühjahr 1782, die fällige Musterung im Jahr 1785 fand nicht mehr statt, da sie durch die bis dahin auf Goethes Betreiben erfolgte Reduzierung der sachsen-weimarischen Truppen überflüssig wurde; vgl. ebd., 160f.

162 KSW, Museen, Inv.-Nr. GGz 0123; vgl. Corpus, Bd. I, S. 107, Nr. 307.

163 Vgl. Goethe an Ch. von Stein, 14. Februar 1779; GB, Bd. 3 I, S. 258,3–5.

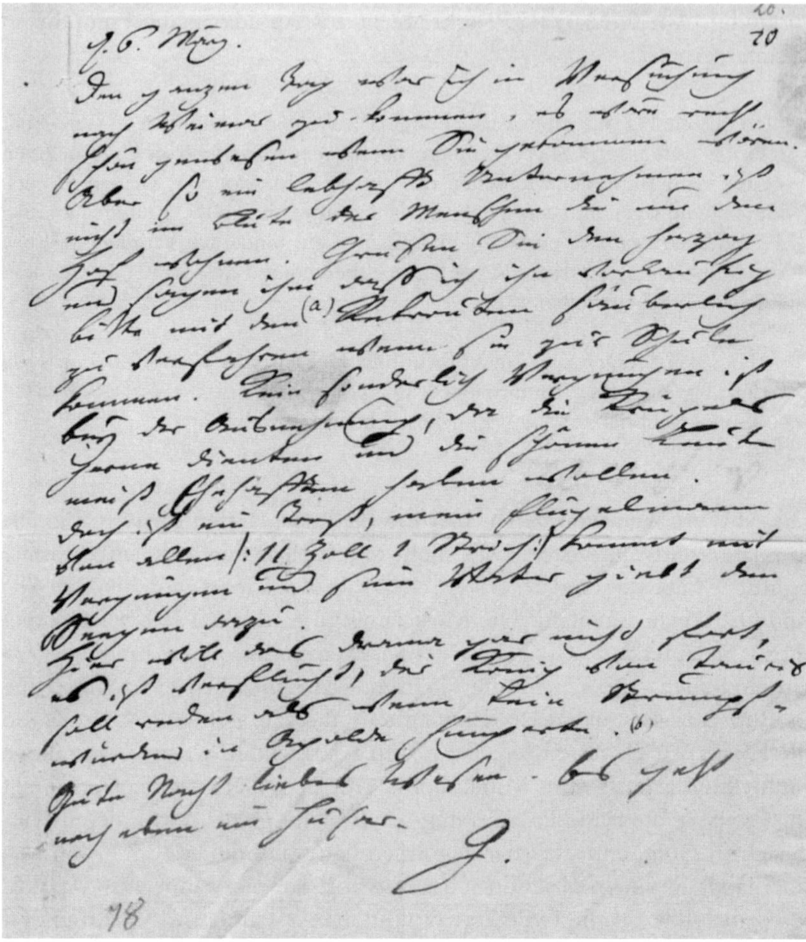

Abb. 7: Johann Wolfgang Goethe an Charlotte von Stein, 6. März 1779

des Jahrhunderts gegründet worden. 1779 gab es in der Stadt bei etwa 3500 Einwohnern 780 Wirkstühle, von denen laut Goethes Tagebuch vom 6. März »an 100 Stühle […] seit der neujahrs messe«[164] stillgelegen haben. Eine Ursache dieses zeitweisen Niedergangs war der Krieg, der den Absatz vor allem nach Österreich behinderte.

164 GT, Bd. I 1, S. 77,1 f.

Bis in den Juli hinein bleibt das Verhältnis zu Charlotte von Stein weitestgehend ungetrübt. Nach dem 11. Juli aber stockt der briefliche Austausch für mehrere Wochen. Goethe zog sich häufiger zurück und reflektierte über sein Weimarer Leben. Am 11. August ging Charlotte von Stein nach Kochberg, wo Goethe sie erst zwei Wochen später besuchte; auch den Briefwechsel mit ihr intensivierte er nicht. Die »Ideen einer Reise«,[165] über die er schon am 2. August mit Herzog Carl August gesprochen hatte, verschwieg er der Freundin. Erst mehr als einen Monat später setzte er sie ganz allgemein über »eine gewünschte und gehoffte Reise«[166] in Kenntnis, allerdings ohne deren Ziel und Zweck näher zu erklären. Am 12. September 1779 brachen Goethe und der Herzog über Kassel nach Frankfurt auf, von wo es ursprünglich weiter an den Rhein bis nach Düsseldorf gehen sollte. Der Entschluss, statt dessen in die Schweiz zu reisen, fiel offenbar in Frankfurt.[167] Charlotte von Stein wurde erst unterrichtet, als das Ziel schon vor den Reisenden lag. Am 24. September 1779 schrieb Goethe aus der Gegend bei Speyer: »Die Schweiz liegt vor uns und wir hoffen mit Beystand des Himm in den grosen Gestalten der Welt uns um zutreiben, und unsre Geister im Erhabnen der Natur zu baden.«[168] Den Brief mit dieser Nachricht dürfte Charlotte von Stein erst Anfang Oktober erhalten haben. Die Reise war die längste, die Goethe seit seiner Ankunft in Weimar unternahm. Sie dauerte insgesamt vier Monate bis zum 14. Januar 1780. Mehr als ein Dutzend, oft viele Seiten lange Briefe hat er in dieser Zeit an die Weimarer Freundin geschrieben. Zum ersten Mal sind auch diktierte Briefe darunter. Der Brief vom 28. Oktober 1779 aus Genf z.B. besteht aus 5 ¼ eng beschriebenen Seiten von der Hand Philipp Seidels, Goethes Hausgenossen, Dieners und Sekretärs.[169] Das Schreiben hebt sich nicht nur äußerlich, sondern auch in der Diktion deutlich von den übrigen Briefen ab, wie schon der Anfang erkennen lässt:

> Wir haben diese Tage her einen sehr glüklichen Seitenweeg auf die höchsten Gipfel des Jura gemacht, davon ich eine eilige Beschreibung zusammen diktiren will.
>
> Die grosse Bergkette, die von Basel biss Genf, Schweiz und Frankreich scheidet, wird, wie ihnen bekannt, der Jura genannt; die grössten Höhen davon ziehen sich über Lausanne biss ohngefehr über Rolle und Nion. Auf diesen höchsten Rüken ist ein merkwürdiges Thal von der Natur eingegraben, ich mögte sagen,

165 Ebd., S. 85,13.

166 Goethe an Ch. von Stein, 7. September 1779; GB, Bd. 3 I, S. 295,4f.

167 Vgl. GB, Bd. 3 IIB, S. 966–981 (einleitende Erläuterung zu Nr. 530).

168 GB, Bd. 3 I, S. 299,9–11.

169 Ebd., S. 329–337, Nr. 543.

eingeschwemmt, da auf allen diesen Kalchhöhen die Würkungen der uralten Gewässer sichtbar sind, das la vallée de Joux genannt wird, welcher Nahme, da Joux in der Landsprache einen Felsen oder Berg bedeutet, Teutsch das Bergthal hiesse [...].

Den 24 Okt. ritten wir, in Begleitung eines Hauptmanns und Oberforstmeisters dieser Gegenden [...] durch die Weinberge und Landhäuser hinan. Das Wetter war sehr hell, wir hatten, wenn wir uns umkehrten, die Aussicht auf den Genfersee, die Savoier und Wallisgebürge, konnten Lausanne erkennen und durch einen leichten Nebel auch die Gegend von Genf. Der mont blanc <...> kam immermehr hervor. Die Sonne ging klar unter, es war so ein grosser Anblik, dass ein menschlich Auge nicht dazu hinreicht.[170]

VI. Resümee

Insgesamt sind aus der Zeit von 1775 bis Ende 1779 561 Briefe Goethes überliefert, fast zwei Drittel davon (346) sind an Charlotte von Stein gerichtet. In den Jahren bis zur italienischen Reise bleibt der Anteil jeweils ähnlich groß. Die Briefe verteilen sich ungleichmäßig über diesen Zeitraum, wobei ein ganz bestimmtes Muster erkennbar wird: Nach Monaten intensiven Briefeschreibens – meist in der ersten Hälfte eines Jahres – kommt es immer wieder zu wochenlangen Phasen, in denen der Briefwechsel ganz ruhte. In Form und Inhalt sind die Briefe sehr unterschiedlich. Neben kurzen, oft nur nachlässig auf von einem größeren Blatt abgetrennte Zettel geschriebenen und nur wenige Zeilen umfassenden Mitteilungen von Haus zu Haus, in denen Goethe der Freundin einen guten Morgen, eine gute Nacht wünscht, nach ihrem Befinden fragt und immer wieder seine Zuneigung versichert, stehen kalligraphisch gestaltete Gedichtbriefe und lange tagebuchartige Reisebriefe, die sich durch ihren Umfang deutlich von den in Weimar geschriebenen Briefen abheben und deren Thematik erweitern. Doch sind auch die Reisen für Goethe vorwiegend Anlass, der Freundin in Weimar oder Kochberg mitzuteilen, was ihn innerlich bewegt, wie besonders die Briefe von der Harzreise im Dezember 1777 belegen.[171] Eine Ausnahme bilden die Briefe aus der Schweiz, die offenbar nicht für Charlotte von Stein allein bestimmt waren und im unpersönlichen Stil eines Reiseführers gehalten sind. Gemeinsamer Grundzug fast aller übrigen frühen Briefe an Charlotte von Stein ist die emotionale Verbundenheit des Verfassers mit der Adressatin, sein Werben um ihr Vertrauen und ihre

170 Ebd., S. 329,7–18, 330,14–22.

171 Vgl. Anm. 139.

Zuneigung, das auch dann noch spürbar ist, wenn er sich verletzt und zurückgewiesen fühlt. Auf den ›intimen‹ Charakter der Briefe, die mit Ausnahme der Schweizer Briefe nicht, wie im 18. Jahrhundert durchaus üblich, zur Weitergabe an Dritte bestimmt waren, deutet neben dem Inhalt bereits der Umstand hin, dass viele davon, die ohne Kuvert und zumeist unversiegelt durch Boten überbracht wurden, Spuren einer besonderen Art der Faltung als ›Fidibus‹[172] aufweisen, ein Hinweis für die Überbringer der Briefe, Diskretion zu wahren.

Schon bald nach Aufnahme der Korrespondenz hatten sich im Umgang der beiden miteinander, zumindest wenn sie sich in Weimar aufhielten, bestimmte Formen herausgebildet, die sich im Laufe der Jahre immer mehr verfestigten: Am Morgen erkundigt sich Goethe brieflich nach dem Befinden der Freundin; den Tag verbringen sie meist getrennt, Goethe widmet sich seinen verschiedenen Beschäftigungen, seit Juni 1776 zunehmend den Amtsgeschäften; zuweilen isst er bei Charlotte zu Mittag. Wenn nicht Verpflichtungen bei Hofe dies verhindern, verbringen sie die Abende gemeinsam, entweder bei Charlotte von Stein oder in Goethes Gartenhaus. Häufig schreibt Goethe am Abend noch einmal an die Freundin, um ihr »Gute Nacht«[173] zu sagen. Ein solch enger persönlicher Umgang mit einer verheirateten Frau verstieß gleichwohl nicht zwangsläufig gegen die Konventionen der Zeit, in der die Ehe vor allem in adligen Kreisen meist keine enge Gemeinschaft darstellte und das Leben der Partner in getrennten Räumen und unterschiedlichen gesellschaftlichen Sphären durchaus üblich war. Wie sehr dies prinzipiell auch auf das Zusammenleben von Charlotte und Josias von Stein zutraf, belegen die Erinnerungen ihres jüngsten Sohnes Friedrich:

> Mein Vater […] war theils durch seine Dienst-Abhaltungen und Reisen, theils durch seine Neigung für die Gesellschaft, nicht viel zu Hause und also nicht von großem Einfluß auf seine Kinder. Er besaß sehr strenge Rechtschaffenheit und fast ängstliche Frömmigkeit, er verstand vollkommen die Landwirtschaft, und hatte eine Liebhaberei für alles Technische, hatte den Ton der feinen Welt bei angenehmem Äußeren […]. Meine zwei ältesten Brüder hatten einen Hofmeister, Namens Kästner, dem ich auch in meinem fünften Jahre übergeben wurde, und wir brachten gewöhnlich mit unserer Mutter den Sommer in Kochberg und den Winter in Weimar zu. Mein Vater kam auch, jedoch nur wochenweise, auf das Land, und in der Stadt pflegte er Mittags am Hofe des Herzogs und Abends gar nicht zu speisen, sodaß er wenig zu sehen war. Meine Mutter dagegen war

172 Vgl. Anm. 98.

173 Goethe an Ch. von Stein, Nacht vom 29. zum 30. Januar 1776; GB, Bd. 3 I, S. 26,22.

> fast immer zu Hause und versammelte heitere Gesellschaft um sich, wobei es für uns drei Kinder auch nicht an Unterhaltung fehlte. [...] Mit vollem Herzen hing ich [...] an meiner Mutter, und fast noch mehr an Goethe, der zu jener Zeit fast täglich meiner Eltern Haus besuchte, und mir mit Liebe, Ernst und Scherz, sowie es nötig war, begegnete [...].[174]

Die auffallende Intensität, mit der Goethe den Briefwechsel mit Charlotte von Stein beginnt, zeigt, in welchem Maße die Briefe die Beziehung von Anfang an konstituieren. Goethe schreibt auch, wenn er die Freundin gerade erst gesehen hat, ja zuweilen selbst dann, wenn er sich mit ihr »unter Einem Dache«[175] befindet. Offenbar gelingt es ihm nur aus der Distanz des Schreibens, das in unmittelbarer Gegenwart der Adressatin Unsagbare zu artikulieren. Seine Unfähigkeit zum mündlichen ›Liebesdiskurs‹ thematisiert er selbst wiederholt in den Briefen: »Und wie ich Ihnen meine Liebe nie sagen kann, kann ich Ihnen auch meine Freude nicht sagen«,[176] bekennt er z.B. im Mai 1776. Er schreibt an gegen den tiefen Unglauben Charlottes an der Aufrichtigkeit und Ernsthaftigkeit seiner Gefühle für sie. In ihrer scheinbaren Monotonie und sprachlichen Redundanz wollen die Briefe gleichsam als eine nicht endende ›Liebesbeschwörung‹ auf eine Frau einwirken, die für Goethe schon wenige Monate nach der ersten Begegnung unentbehrlich, ja geradezu lebensnotwendig geworden war. Der so häufig begegnende Begriff der ›Liebe‹ ist dabei umfassend und existenziell zu verstehen, im erotischen wie im platonischen Sinne, auf die Exklusivität einer beglückenden persönlichen Verbundenheit zielend.

Doch nicht allein mit Worten sucht Goethe die Adressatin an sich zu binden, auffallend oft werden mit den Briefen auch Geschenke übersandt. Insgesamt enthielten 135 der Briefe an Charlotte von Stein aus den Jahren 1776 bis 1779 Beilagen. Häufig schickt Goethe Lebensmittel, Früchte und Gemüse aus seinem Garten, zeitweise liegen fast jedem Brief Blumen bei, wie z.B. im Frühjahr 1777, außerdem Zeichnungen und Manuskripte, so am 25. Mai 1777 »allerley Schreibereyen« seiner »ersten Jahre«,[177] zuweilen auch Exemplare gerade erschienener Werke, wie z.B. *Stella. Ein Schauspiel für Liebende*,[178] *Erwin und Elmire*[179] oder der Supplementband der Himbur-

[174] Rohmann (Hrsg.): Briefe an Fritz von Stein (Anm. 13), S. 3–5.

[175] Goethe an Ch. von Stein, 29. Januar 1776; GB, Bd. 3 I, S. 26,8.

[176] Ebd., S. 66,2f.

[177] Ebd., S. 147,9.

[178] Vgl. GB, Bd. 3 IIA, S. 122 (Beilage zu Nr. 35).

[179] Vgl. ebd., S. 290 (Beilage zu Nr. 125).

gischen Ausgabe von *J. W. Goethens Schriften*.[180] Mehrmals erwägt er sogar, der Freundin seine Haare zu schicken.[181] So vielfältig die Beilagen sein mögen, immer stehen sie mit Goethes Person in enger Verbindung, sind gleichsam ein Teil von ihm selbst. Zudem verlangen sie per se nach ähnlich persönlichen Gegengaben, die Charlotte offenbar bereitwillig und großzügig überschickte. Nicht nur Lebensmittel, wie das »Wurst Andencken«,[182] für das sich Goethe im wahrscheinlich frühesten Brief vom 7. Januar 1776 bedankt, auch Kleidung, Zeichnungen und Manuskripte erhält er von der Freundin.[183]

Auch wenn Goethe nicht müde wird, immer aufs Neue seine ›Liebe‹ zu gestehen, ist die Thematik der Briefe doch von erstaunlicher thematischer Vielfalt und weitaus umfassender, als es die Gattung des empfindsamen ›Liebesbriefes‹ erwarten lässt. Die Briefe an Charlotte von Stein berühren nahezu alle Lebensbereiche und vermitteln einen Eindruck von der Komplexität seiner Beziehung zur Adressatin. Themen sind häusliche und familiäre Angelegenheiten ebenso wie gemeinsame Lektüre, botanische und mineralogische Interessen, die Mitwirkung am Liebhabertheater oder an der Umgestaltung der Parkanlagen am Ilmufer. Auch die amtliche Tätigkeit Goethes und selbst weltpolitische Ereignisse bleiben nicht ausgespart und finden vor allem in den Briefen Erwähnung, die auf den Reisen durch die verschiedenen Teile des Herzogtums, nach Sachsen, Anhalt-Dessau und Preußen geschrieben wurden.

Eines der häufig wiederkehrenden Themen dieser ersten vier Jahre ist das Zeichnen, für Goethe ein Grundbedürfnis und Mittel der ›Weltaneignung‹. Sich darin zu üben, fordert er auch Charlotte immer wieder auf. »Zeichnen Sie brav ich will auch heut an Sie dencken«,[184] schreibt er schon am 13. April 1776 und überschickt ihr am 24. Juni »allerley Zeichnungen vergangener Zeiten«.[185] Ganz gleich, ob sich Goethe in der dörflichen Umgebung von Weimar,[186] auf der Wartburg,[187] im Thüringer Wald[188]

[180] Vgl. GB, Bd. 3 IIB, S. 913 (Beilage zu Nr. 497).

[181] So am 6. September 1777 und am 1. Januar 1778; vgl. GB, Bd. 3 I, S. 164,15 f. und 188,11 f.

[182] GB, Bd. 3 I, S. 18,15.

[183] Vgl. u.a. GB, Bd. 3 IIA, S. 518, erste Anm. zu 144,13, S. 610, erste Anm. zu 179,1.

[184] GB, Bd. 3 I, S. 52,10.

[185] Ebd., S. 78,14 f.

[186] Vgl. GB, Bd. 3 IIA, S. 284 f., Anm. zu 72,13.

[187] Vgl. ebd., S. 571 f., Anm. zu 167,17.

[188] Vgl. ebd., S. 341 f., Anm. zu 88,12–13.

oder auf der Reise in die Schweiz[189] befindet, immer zeichnet er für die Freundin, die mit seinen Augen sehen soll, was er sieht, mehr noch, wie er es sieht. Vice versa schickt sie ihm gezeichnete Ansichten von der Reise nach Pyrmont[190] oder von ihrem Landsitz in Kochberg.[191]

Eine wichtige Gesprächspartnerin war Charlotte von Stein auch auf literarischem Gebiet. Obgleich Goethe in der Zeit von 1775/76 bis 1786 kaum etwas veröffentlichte, hat er doch eine Reihe von Dichtungen konzipiert oder begonnen. Sein literarisches Publikum bestand damals vorwiegend aus einigen Freunden, darunter an erster Stelle wohl Charlotte von Stein. Er weihte sie in seine Projekte ein, so 1776 in die geplante, aber nicht überlieferte *Falken*-Dichtung,[192] 1777 berichtet er über den Fortgang von *Wilhelm Meisters theatralischer Sendung*,[193] 1779 erwähnt er die Arbeit an der *Iphigenie* zum ersten Mal in einem Brief an Charlotte von Stein.[194] Unter den Briefen an sie sind mehr als ein Dutzend Gedichte überliefert, die zu Goethes Lebzeiten nicht oder nur in abgewandelter Fassung veröffentlicht wurden, wie z.B. *Wandrers Nachtlied*,[195] *An den Geist des Johannes Sekundus*[196] und *An den Mond* in der frühesten bekannten Fassung und mit den Noten zum Text der ersten Strophe.[197] Einige der Gedichte sind eng mit der Person der Adressatin verbunden, insbesondere »Warum gabst du uns die Tiefen Blicke […]« vom 14. April 1776.[198] Die sprachlich-inhaltlichen Parallelen zu den kurz davor oder danach geschriebenen Briefen belegen, wie fließend die Übergänge zwischen Dichtung und Brief sind. Auch wenn sich der Text ganz ohne biographischen Bezug als literarisches Kunstwerk verstehen lässt, so erfüllte er doch – wie sämtliche in den Briefkonvoluten überlieferten Gedichte – zugleich die Funktion eines Briefes, dem durch die gebundene lyrische Sprache besondere Intensität und Eindringlichkeit verliehen wurde.

---

189 Vgl. GB, Bd. 3 I, S. 300 (Abb. 15).

190 Vgl. GB, Bd. 3 IIA, S. 327, Anm. zu 82,7–8.

191 Vgl. ebd., S. 401, Anm. zu 109,1.

192 Vgl. ebd., S. 354, Anm. zu 92,27.

193 Vgl. ebd., S. 586f., Anm. zu 172,10.

194 Vgl. GB, Bd. 3 IIB, S. 854f., Anm. zu 258,3.

195 Goethe an Ch. von Stein, 12. Februar 1776; GB, Bd. 3 I, S. 30, Nr. 42.

196 Goethe an Ch. von Stein, 2. November 1776; ebd., S. 114, Nr. 181.

197 Goethe an Ch. von Stein, zwischen Oktober/November 1777 und Ende Januar 1778?; ebd., S. 194f., Nr. 326. – Die Komposition stammt von Goethes Frankfurter Freund Philipp Christoph Kayser.

198 Vgl. ebd., S. 52–54, Nr. 82.

Außer in den Gedichten bedient sich Goethe in seinen Briefen an Charlotte von Stein keiner kunstvollen Liebessprache und vermeidet jede Art von sprachlicher Exaltiertheit. Die ›Sprache der Liebe‹ ist nicht mehr die des bekenntnishaften Gefühlsüberschwangs, des Sich-Ausströmens und Spiegelns in der Person der Adressatin, die noch in den Briefen an die ihm persönlich unbekannte Augusta Louise Gräfin zu Stolberg begegnet, in der ersten Jahreshälfte 1775 eine von Goethes wichtigsten Briefpartnerinnen. Bezeichnenderweise erlischt das Bedürfnis, an diese zu schreiben, zu der Zeit, als sich Goethe auch als Briefschreiber Charlotte von Stein zuwendet.[199] In der Einfachheit und Unmittelbarkeit, mit der Goethe Charlotte von Stein seine Gefühle bekennt und von sich und seinem Leben Mitteilung macht, sind die Briefe so eindringlich und prägnant wie die keiner anderen Korrespondenz. Trotz des betont unartifiziellen sprachlichen Gestus und der sich ständig wiederholenden Liebesbekenntnisse sind sie von großer stilistischer Varianz, ungewöhnlich reich an okkasionellen Wortbildungen und Metaphern[200] sowie voller literarischer, zuweilen auch ikonographischer Bezüge und Anspielungen. Besonders häufig finden sich Anklänge an die Sprache der Bibel, aus der Goethe auch wörtlich oder sinngemäß zitiert. Zu den biblischen Bezügen kommen Anspielungen auf die antike Mythologie, wobei beide Bereiche gelegentlich verschmelzen.

Trotz stets wiederkehrender Irritationen und kleinerer Zerwürfnisse bleibt Goethes Verhältnis zu Charlotte von Stein bis Ende 1779, soweit sich dies aus den Tagebuchaufzeichnungen und Briefen schließen lässt, merkwürdig konstant und scheint nur wenig durch äußere Ereignisse beeinflusst worden zu sein. Auch an der grundlegenden Ambivalenz, durch die es von Anfang an geprägt ist, ändert sich im Laufe der Jahre kaum etwas: Immer wieder wechseln Phasen der Nähe und des intensiven persönlichen Umgangs mit solchen der Distanz und des zeitweiligen Rückzugs. Obgleich sich von Seiten Charlotte von Steins die Beziehung schon seit etwa Mitte 1776 intensiviert, bleibt Goethe doch über den gesamten Zeitraum der ersten vier Jahre der Korrespondenz in der Rolle eines ›Werbenden‹, der seine ›Liebe‹, Treue und Anhänglichkeit immer aufs Neue zu beweisen sucht. Wie seine Briefe an Charlotte von Stein belegen, wurde diese ab 1776 zur wichtigsten Bezugsperson und gleichsam zu seiner ›Mentorin‹, wenn auch in einem weit umfassenderen Sinn und für einen ungleich längeren Zeitraum als alle ihre Vorgänger, an die sich Goethe seit seiner Leipziger

199 Vgl. GB, Bd. 3 IIA, S. 4–6 (einleitende Erläuterung zu Nr. 2).

200 Vgl. u.a. »Kaufmanns Diener Aufmercksamkeit« (GB, Bd. 3 I, S. 179,4), »Landunlust« (ebd., S. 235,4), »Dichter Hippogryphs« (ebd., S. 258,6).

Studentenzeit vor allem in Krisen- und Umbruchsituationen angeschlossen hatte. Als er Ende Oktober 1775 Frankfurt verließ, war er ohne feste Profession und ohne Einkommen, hatte sich gerade von Anna Elisabeth Schönemann getrennt, innerlich aber noch nicht von ihr gelöst. Er befand sich in einer existenziellen Krise, die er durch die Annahme der Einladung Herzog Carl Augusts zu überwinden suchte. Nach Weimar kam er zunächst nur als Besucher, die Entscheidung, dauerhaft zu bleiben, fiel erst etwa Mitte März 1776. Auch danach war der Widerstand der etablierten Hofbeamten gegen seine Berufung ins Geheime Consilium noch groß. Goethes Existenz war also vor allem in der Anfangszeit seiner Bekanntschaft mit Charlotte von Stein alles andere als sicher. Am Hof eines absolutistischen Fürsten kam er mit einer ihm bis dahin fremden sozialen Sphäre und Kultur nicht nur oberflächlich in Kontakt, sondern musste sich darin bewähren. Als Bürgerlicher wurde er von den Aristokraten argwöhnisch beobachtet und ob seiner Freundschaft zum jungen Herzog beneidet, ja im Verborgenen angefeindet. In dieser Situation schloss er sich einer Frau an, die ihm durch ihre Zugehörigkeit zum Hofadel, ihren Status als verheiratete Frau und Mutter, nicht zuletzt auch durch ihr Alter überlegen war.

Nach allem, was über die Vorgeschichte der Beziehung bekannt ist, sowie angesichts der Intensität und Vertraulichkeit, mit der Goethe im Januar 1776 seine Korrespondenz beginnt, muss er von Anfang an das Interesse Charlotte von Steins an seiner Person und ihre ernste und aufrichtige Anteilnahme an seinem Leben gespürt haben. Der vertraute Umgang mit ihr, die durch ihre Herkunft, Erziehung und gesellschaftliche Stellung im Milieu des Hofes ganz zu Hause war, vermittelte Goethe die Sicherheit, die ihm fehlte und die ihm auch die Freundschaft des jungen Herzogs nicht geben konnte, bei dem er selbst gewissermaßen die Rolle eines ›Mentors‹ einnahm. Insbesondere Äußerungen in Charlotte von Steins Briefen an Zimmermann sprechen aber dafür, dass sie zumindest in der ersten Zeit ihrer Bekanntschaft mit dem Dichter auf dessen eindringliche und wiederholte Liebeswerbungen mit Zurückhaltung und Skepsis reagierte. Wie sehr sich aber schon im Laufe des ersten Jahres das Verhältnis zu Goethe intensivierte, belegen dessen Briefe aus dem Juli und August 1776 und die seltenen Selbstzeugnisse Charlotte von Steins. Die freundschaftlich offene Art, in der Goethe im Steinschen Haus verkehrte, wie auch die häufigen Erwähnungen von Ehemann und Söhnen in seinen Briefen an Charlotte deuten darauf hin, dass er von Anfang an auch deren Familie in sein Verhältnis mit einschloss. Häufig waren die Söhne mit der Mutter gemeinsam oder auch allein zu Gast im Gartenhaus, und zwar lange bevor Goethe den jüngsten Sohn Friedrich im Mai 1783 für einige Zeit bei sich aufnahm. Selbst wenn Charlotte auf Reisen war, besuchte Goethe deren Kinder und den Hauslehrer in Kochberg. Die Beschäftigung mit den Söhnen war für den Dichter also durchaus keine lästige Pflichterfüllung, sondern wichtiger Teil seiner Beziehung zu Charlotte von Stein. Ihre Familie wurde gleichsam zu seiner Familie, für die er sich auch verantwortlich fühlte. Allerdings bestand in dieser besonderen Konstellation stets die Möglichkeit des Rückzugs, von der Goethe häufig auch Gebrauch machte.

Nur unter diesen besonderen Voraussetzungen konnte sich – freilich auch nur für eine gewisse Zeit – jenes bei allen inneren und äußeren Anfechtungen fast schon ideale Verhältnis entwickeln, das aus heutiger Sicht geradezu ›modern‹ anmutet, da es auf Gegenseitigkeit beruhte und keiner der Partner in materieller Abhängigkeit vom anderen stand. Charlotte von Steins Einfluss auf Goethe war weitaus indirekter, ambivalenter und viel weniger vordergründig ›erzieherisch‹ als vielfach dargestellt. Ihre vor allem mit Hilfe der Briefe imaginierte Allgegenwart wirkte als Inspiration und Antrieb für Goethes künstlerisches Schaffen. Umgekehrt wurde Charlotte von Stein durch ihre Freundschaft mit dem Dichter, Zeichner, Universalgelehrten und hohen Weimarer Staatsbeamten in vielfältiger Weise beeinflusst und gefördert, zur Beschäftigung mit Kunst, Literatur und den verschiedensten Wissensgebieten angeregt. Ihre vor allem seit Mitte der 1790er Jahre enstandenen literarischen Werke gründen nicht zuletzt auch in den langen Jahren des produktiven Zusammenlebens mit Goethe.

Elke Richter

Charlotte von Steins Nachlass im Goethe- und Schiller-Archiv

Das Bild Charlotte von Steins in der Literatur wurde lange Zeit durch Goethes Briefe an sie bestimmt. Sie waren erstmals Mitte des 19. Jahrhunderts erschienen.[1] Charlotte von Steins Gegenbriefe aus dem ersten Jahrzehnt ihrer Bekanntschaft mit Goethe fehlen, da sie nicht überliefert sind.[2] Vor allem dieser Umstand bot Anlass für vielerlei Spekulationen. So wurde ohne stichhaltigen Beleg behauptet, die Adressatin habe ihre Briefe von Goethe zurückverlangt und verbrannt. Vieles spricht aber dafür, dass ihre Briefe nach der Rückkehr Goethes aus Italien 1788 in seinem Besitz geblieben sind und er selbst es war, der sie – wahrscheinlich 1797 – gemeinsam mit anderen an ihn gerichteten Briefen vernichtete.[3] Wie auch immer es gewesen sein mag, die einseitige Überlieferung der Korrespondenz mit Goethe in den Jahren 1776 bis 1788 hatte für das ›Nachleben‹ Charlotte von Steins in der Literatur die ungünstigsten Folgen. Vorurteile und Klischees verstellten den Blick auf die historische Person. Nicht selten sprach man ihr sogar körperliche Attraktivität ab, sich dabei zumeist auf den aus dem Zusammenhang gerissenen Satz Friedrich Schillers berufend, »[s]chön kann sie nie gewesen seyn«. Die Bemerkung aus einem Brief vom 12. und 13. August 1787 an den Freund Christian Gottfried Körner erhält im Kontext ein vollkommen anderes Gewicht: »Dieser Tage habe ich in großer adlicher Gesellschaft einen höchst langweilig Spaziergang machen müssen. […] wieviel flache Creaturen kommen einem da vor. Die beste unter allen war Frau von Stein, eine wahrhaftig eigene interessante Person, und von der ich begreife, daß Göthe sich so ganz an sie attachiert hat. Schön kann sie nie gewesen seyn aber ihr Gesicht hat einen sanften Ernst und eine ganz eigene Offenheit. Ein gesunder Verstand, Gefühl und

---

1 Göthe's Briefe an Frau von Stein aus den Jahren 1776 bis 1826. Zum erstenmal hrsg. durch A[dolf] Schöll. 3 Bde. Weimar 1848–1851; zur Editionsgeschichte vgl. im vorliegenden Band S. 6–10.

2 Erst aus den Jahren 1794 bis 1826 sind im GSA 92 Briefe Charlotte von Steins an Goethe überliefert, die in einer Auswahl erstmals 1900 gedruckt wurden; vgl. im vorliegenden Band S. 11, Anm. 49.

3 Vgl. im vorliegenden Band S. 11, Anm. 50 und S. 11–13.

Wahrheit liegen in ihrem Wesen.«[4] Schillers Charakteristik ist alles andere als herabwürdigend, ja sie fordert geradezu auf, sich mit dieser »wahrhaftig eigenen interessanten Person« näher zu beschäftigen.

Grundlage dafür ist ihr Nachlass, von dem sich größere Teile in öffentlichen Archiven und Bibliotheken befinden. In der Forschung fanden sie jedoch bisher nur wenig Beachtung. Schwerpunkt der folgenden Ausführungen ist der Nachlassteil im Goethe- und Schiller-Archiv. Auf die an anderen Orten aufbewahrten Teile kann nur summarisch und ohne Anspruch auf Vollständigkeit hingewiesen werden.

I. Der Bestand »Stein-Schardt«

Der Nachlass Charlotte von Steins im Goethe- und Schiller-Archiv ist eingegangen in den heutigen Bestand »Stein-Schardt«. Im Unterschied zu anderen Beständen handelt es sich dabei nicht um einen geschlossen ins Archiv gelangten Nachlass der Familien Stein und Schardt, wie man aufgrund des Namens annehmen könnte. Vielmehr wurde er aus größeren und kleineren Nachlassteilen verschiedener Familienmitglieder erst Mitte der 1970er Jahre gebildet. In der heutigen Struktur liegt er seit 1990 vor, als er in einem eigenen Findbuch erschlossen wurde. Die Nachlassteile sind meist direkt aus dem Familienbesitz ins Archiv gelangt, und zwar von Beginn des vorigen Jahrhunderts an in mehreren Etappen bis etwa 1975. Angereichert wurde der Bestand durch den Ankauf einzelner Stücke im Autographenhandel. Inzwischen umfasst er 10 Archivkästen mit insgesamt mehr als 5.000 Blatt.[5]

1) Bestandsübersicht

Zentralfigur und Hauptnamensgeberin des Bestandes ist Charlotte von Stein. Alle anderen darin vertretenen Personen sind direkte Nachkommen von ihr, mit ihr verwandt oder durch Heirat verwandtschaftlich verbunden. Ein Blick auf die Zusammensetzung des Bestandes lohnt, da für die Beschäftigung mit der historischen Person Steins und ihrem Weimarer Umfeld auch die Familienüberlieferung bedeutsam ist.

[4] NA, Bd. 24, S. 131.

[5] Er besteht aus 233 Archiveinheiten mit 5101 Blatt und 1751 Stück.

Teilbestandsbildner	**Umfang in Blatt**
Charlotte Ernestine Albertine von Stein geb. von Schardt (1742–1827)	188
Gottlob Ernst *Josias* Friedrich von Stein (1735–1793), Ehemann Charlotte von Steins	2
Louise Franziska Sophie von Imhoff geb. von Schardt (1750–1803), Schwester Charlotte von Steins	10
Friederike *Sophie* Eleonore von Schardt geb. von Bernstorff (1755–1819), Schwägerin Charlotte von Steins	1009
Gottlob *Carl* Wilhelm Friedrich von Stein (1765–1837), Sohn Charlotte und Josias von Steins, Gutsherr von Kochberg	56
Gottlob *Ernst* von Stein (1767–1787), Sohn Charlotte und Josias von Steins	2
Gottlob *Friedrich (Fritz)* Constantin von Stein (1772–1844), Sohn Charlotte und Josias von Steins	1208
Amalie (Amélie) Konstantine Luise Henriette von Stein geb. von Seebach (1775–1860), Frau Carl von Steins, Schwiegertochter Charlotte von Steins	198
August *Karl* von Stein (1800–1871), Sohn Carl und Amalie von Steins, Enkel Charlotte von Steins, Gutsherr von Kochberg	51
Louise Karoline von Stein geb. von Altenstein (1804–1864), Frau Karl von Steins	1227
Amalie Karoline *Luise* von Parry geb. von Stein (1804–1864), Schwester Karl von Steins, Enkelin Charlotte von Steins, Gutsherrin von Schloss Hirschhügel	874
Karl Wilhelm Ludwig *Felix* von Stein d. Ä. (1828–1891), Sohn Karl und Louise von Steins, Urenkel Charlotte von Steins, Gutsherr von Kochberg	177
Eva von Stein geb. Koch, Witwe von *Felix* von Stein d. J. (1862–1938), Sohn von Charlotte von Steins Urenkel Felix von Stein d. Ä., Gutsherr von Kochberg	43
Verschiedene Familienangehörige	49

2) Die Generation Charlotte von Steins

Die Generation Charlotte von Steins ist im Bestand durch Teilnachlässe des Ehemanns, der Schwester und der Schwägerin von sehr unterschiedlichem Umfang vertreten.

Von Charlotte von Steins Ehemann Josias,[6] dem herzoglichen Stallmeister (seit 1775 Oberstallmeister), »Erb- Lehn- und GerichtsHerr auf Kochberg«,[7] sind lediglich die Abschrift des Ehevertrages seiner Eltern sowie ein Geburtstagsgruß der Prinzen Carl August und Constantin überliefert. Das Blatt war ein Geschenk zum 32. Geburtstag Steins am 14. März 1767.[8] Als Stallmeister der Herzogin Anna Amalia erfreute er sich bei deren Söhnen, namentlich dem Erbprinzen, großer Beliebtheit und genoss als vollkommener Kavalier und integrer Charakter auch in der Hofgesellschaft Ansehen. Als sich Carl August 1774 einen eigenen Kammerjunker wählen durfte, fiel die Wahl auf Josias von Stein. Nach dem Regierungsantritt im darauf folgenden Jahr ernannte der junge Herzog ihn zu seinem Oberstallmeister. – Der persönliche Nachlass Josias von Steins, sofern erhalten, befindet sich im Familien- und Gutsarchiv Großkochberg.[9] Überliefert ist unter anderem die »Eheberedung zwischen Gottlob Ernst Josias Friedrich von Stein und Charlotte Ernestine Albertine von Schardt« vom 17. Mai 1764[10] sowie verschiedene private und geschäftliche Briefe von und an Stein.[11]

Charlotte von Steins jüngere Schwester Louise lebte zwar seit ihrer Heirat 1775 mit dem Maler und ehemaligen britischen Kolonialoffizier in Ostindien Carl von Imhoff auf dem Gut ihres Mannes in Mörlach bei Nürnberg, blieb aber eng mit ihrer Familie in Weimar verbunden, wohin sie später auch zurückkehrte. Die Ehe der Imhoffs war unglücklich; 1788, bevor die Scheidung vollzogen werden konnte, starb Carl von Imhoff. Von Louise von Imhoff geb. von Schardt haben sich im Bestand nur wenige

[6] Zur Person Josias von Steins vgl. im Beitrag von Yvonne Pietsch S. 265–276.

[7] Vgl. ebd., S. 266, Anm. 4.

[8] GSA 122/15d; erworben bei Stargardt, Auktion vom 11. und 12. Juni 2002, Katalog 676, Nr. 110.

[9] LATh – StA Rudolstadt, Archiv Großkochberg; erschlossen in: Archiv Großkochberg. Bestandsverzeichnis, bearbeitet von Peter Langhof und Jens Beger. Repertorien des Thüringischen Staatsarchivs Rudolstadt. Bd. 3. Rudolstadt 1997.

[10] LATh – StA Rudolstadt, Archiv Großkochberg Nr. F 717. – Im Goethe-Museum Düsseldorf sind dazu ein zweites Exemplar der Ausfertigung, ein Konzept und eine spätere Abschrift überliefert, Sign. O.

[11] LATh – StA Rudolstadt, Archiv Großkochberg Nr. F 825–827; Nr. F 832 (derzeit nicht zugänglich).

Blätter mit Gedichtreinschriften sowie ein Brief ihres Mannes an Unbekannt erhalten.[12]

Dagegen ist der Teilnachlass Sophie von Schardts, der Schwägerin Charlotte von Steins, einer der umfangreichsten im Bestand. Sophie, eine geborene von Bernstorff, war die Nichte und Pflegetochter des dänischen Staatsministers Johann Hartwig Ernst Graf von Bernstorff und seiner Frau Charitas Emilie. Seit ihrer Jugend mit Klopstock bekannt und eine enge Vertraute Augusta zu Stolbergs, der Brieffreundin Goethes, gehörte sie nach der Heirat mit Carl von Schardt 1778 zum engsten Weimarer Freundeskreis um Charlotte von Stein. Goethe ließ die »kleine gute Schardt«,[13] wie er sie nennt, in vielen seiner Briefe grüßen. Ihre Liebenswürdigkeit, ihre Talente als Übersetzerin, sicher auch Herkunft und Verbindungen machten sie in der Weimarer Hofgesellschaft zu einem willkommenen Gast. In ihrem Teilnachlass sind eigene Gedichte und Übersetzungen vor allem der Werke Byrons sowie die Zeugnisse ihrer Mitarbeit am *Tiefurter Journal* überliefert,[14] außerdem mehr als 360 eingegangene Briefe, darunter 147 von Knebel meist aus den Jahren 1780 bis 1793,[15] 25 von Herzog Carl August,[16] mehr als ein Dutzend von Friedrich Leopold Graf zu Stolberg-Stolberg[17] und etwa 40 von Caroline Herder, z. T. auch vom Ehepaar Herder.[18] Zum wertvollsten Teil gehören 23 Briefe, die von Johann Gottfried Herder allein stammen.[19] Er war nicht nur Sophie von Schardts Lehrer im Griechischen, sondern hat sie – wie die Briefe belegen – zeitweise auch leidenschaftlich geliebt.[20]

3) Die Generation der Söhne

Aus der Ehe Charlotte und Josias von Steins stammen insgesamt sieben Kinder, vier Mädchen und drei Jungen. Das Erwachsenenalter erlebten nur die Söhne Carl, Ernst und Friedrich von Stein. Alle vier Töchter starben noch als Säuglinge.[21] Im Goethe- und Schiller-Archiv sind Teile aus den

---

12 GSA 122/115–116.

13 Goethe an Augusta Louise Gräfin zu Stolberg-Stolberg, 3. Juni 1780; WA IV, Bd. 4, S. 226.

14 GSA 122/117–122a,8.

15 GSA 122/130–142.

16 GSA 122/143a.

17 GSA 122/146.

18 GSA 122/128b.

19 GSA 122/128a.

20 Vgl. u. a. HB, Bd. 4, S. 263 f., Nr. 263; S. 265, Nr. 264; S. 266, Nr. 266 und 267.

21 Vgl. im vorliegenden Band S. 17, Anm. 75.

Nachlässen der Söhne überliefert, allerdings in sehr unterschiedlichem Umfang.

Aus dem Nachlass des ältesten Sohnes Carl liegen nur wenige Blätter vor, 25 eingegangene Briefe,[22] darunter zwei Charlotte von Steins, sowie persönliche Erinnerungsstücke. Carl von Stein, der am Collegium Carolinum in Braunschweig, in Göttingen und Helmstedt studiert hatte, war seit 1787 Kammerjunker, später Kammerherr am herzoglichen Hof von Mecklenburg-Schwerin, lebte aber schon seit 1793 nach dem Tod seines Vaters vorwiegend in Kochberg und schied 1796 aus mecklenburgischen Diensten aus, um das Familiengut in Kochberg zu übernehmen. Am interessantesten sind seine Erinnerungen an Goethe, überliefert in einer eigenhändigen Handschrift mit dem Titel *Göthe*.[23] Obwohl die Aufzeichnungen nicht frei von Irrtümern sind, enthalten sie doch anschaulich beschriebene Episoden aus der Zeit der frühesten Bekanntschaft Goethes mit der Familie von Stein und liefern eine Fülle an Details über Goethes Einfluss auf die Weimarer Hofgesellschaft. Auch über Goethes Begegnung mit Napoleon in Erfurt 1808 wird berichtet. Gleich zu Beginn findet sich der einzige zeitgenössische Bericht über die erste Begegnung Goethes mit Charlotte von Stein. Carls Erinnerungen enden mit der Schilderung einer Begebenheit, die den Nachlass Charlotte von Steins betrifft:

> Als meine Mutter einige 80 Jahr alt starb, mit der er [Goethe] ziemlich v. einem Alter war, […] erhielt [ich] von ihm ein langes Schreiben was er nur unterschrieben u dictirt hatte […] u worin er mir erzählte, wie meine Mutter eine Menge Handzeichnungen von ihm besäß über welche sie sich verabredet hätten, daß sie dem ueberlebenden Theile zufallen sollten, u bat mich ihm diese Zeichnungen zukommen zu laßen. Diese Zeichnungen, meistens Skitzen von Gedanken, u von Landschafften mit schwarzer Kreide oder Tusche und Bleystifft […] waren einige in Kochberg zurückgebliebene abgerechnet, wohl an 300 Stück in 3 großen Schubfächern einer Kommode enthalten, und Göthe mochte wohl fürchten, daß sie mit möchten veraucktionirt werden. Mein Bruder [Friedrich von Stein] hatte wie sich nachher fand, die meisten ja fast alle, bey seinen verschiedenen Anwesenheiten in Weimar, mit nach Breslau genommen. Doch was in Weimar ubrig war, sendete ich Göthen, der mir bey einen Besuch […] versprach, eine vollendete Handzeichnung zur Entschädigung u zum Andenken für meine Kinder zu geben. Er starb jedoch ohne sein Versprechen erfüllt zu haben […].[24]

---

[22] GSA 122/16–21.

[23] GSA 122/22b (mit eigenhändigen Korrekturen und einer vorangestellten Bemerkung des Enkelsohnes Felix von Stein).

[24] Ebd., Bl. 6.

Auch wenn sich Carl von Stein möglicherweise irrt, was den Umfang der Sammlung von Goethe-Zeichnungen angeht, so erfahren wir doch, dass nach dem Tod Charlotte von Steins ihr Weimarer Nachlass ›verauktioniert‹, also verkauft und somit zerstreut werden sollte, zugleich aber auch, dass offenbar die wertvollsten Stücke zuvor schon in Sicherheit gebracht worden waren. Carl von Steins Erinnerungen wurden bislang nur einmal, nämlich 1924 von Hans Wahl, herausgegeben, und zwar als Privatdruck der Leipziger Bibliophilen-Gesellschaft in einer Auflage von nur 170 Exemplaren.[25]

Das Goethe- und Schiller-Archiv verwahrt außerdem fünf Briefe Carl von Steins aus den Jahren 1822 bis 1829 an den sachsen-weimarischen Hofbankier Julius Elkan (1777–1839). Sie waren ursprünglich dem Nachlass Stein zugeordnet, befinden sich heute aber unter den eingegangenen Briefen des Empfängers.[26]

Größere Teile der Korrespondenzen Carl von Steins mit anderen Familienmitgliedern sind im »Archiv Großkochberg« im Thüringischen Staatsarchiv Rudolstadt überliefert, darunter Briefe von und an Charlotte und Josias von Stein, die Tante Sophie von Schardt, die Brüder Ernst und Friedrich.[27] Etwa 220 Briefe Carl von Steins, zumeist an seinen Bruder Friedrich, befinden sich heute im Freien Deutschen Hochstift / Frankfurter Goethe-Museum. Eine Auswahl dieser Briefe wurde 1907 veröffentlicht.[28]

Der Weimarer Nachlass von Carls Frau Amalie von Stein geb. von Seebach ist etwas umfangreicher, vor allem weil sich darunter – neben ihren Sammlungs- und Erinnerungsstücken – mehr als 40 Briefe Sophie von Schardts befinden, zumeist auch an Carl gerichtet.[29] Über ihre Schwiegertochter Amalie lernte Charlotte von Stein auch deren Schwester, die Schriftstellerin Charlotte von Ahlefeld (1777–1849), kennen. Diese lebte seit 1821 in Weimar und war in den letzten Lebensjahren Steins eine der wenigen vertrauten Freundinnen in ihrer Nähe.

Vom mittleren Sohn Gottlob Ernst von Stein, dem Sorgenkind seiner Mutter, ist einzig das Taufprotokoll der Weimarer Hofkirche von 1767 und eine Quittung für die Besoldung als herzoglicher Jagdpage aus dem

---

25 In der Klassik Stiftung Weimar / Herzogin Anna Amalia Bibliothek sind fünf Exemplare überliefert.

26 GSA 151/63.

27 Teilweise gedruckt bei Horst Fleischer: Vertrauliche Mitteilungen aus Mecklenburg-Schwerin und Sachsen-Weimar. Rudolstadt 1999.

28 Briefe an Fritz von Stein. Hrsg. von Ludwig Rohmann. Leipzig 1907.

29 GSA 122/26.

Jahr 1780 erhalten.[30] Zeitlebens kränklich, musste Ernst von Stein seinen Dienst als Jagdpage schon 1785 wieder aufgeben. Am 14. Juni 1787 starb er kaum zwanzigjährig auf einer Reise zur Kur nach Karlsbad, die er in Begleitung seiner Mutter angetreten hatte, in dem kleinen erzgebirgischen Dorf Wildenthal in der Nähe von Eibenstock, wo er begraben wurde.[31]

Einer der größeren Teilnachlässe im Bestand ist der von Charlottes jüngstem Sohn Gottlob Friedrich Constantin von Stein (1772–1844), in der älteren Literatur meist ›Fritz‹ genannt. Er war das sechste der sieben Kinder der Familie. Ganz im Gegensatz zum älteren Bruder Ernst galt er in seiner Kindheit als von der Natur bevorzugt und vom Glück begünstigt. Er soll das Lieblingskind seiner Eltern gewesen sein.[32] Im Mai 1783 nahm ihn Goethe in sein Haus auf und kümmerte sich bis zum Antritt der italienischen Reise 1786 um dessen Erziehung. Die väterlich-freundschaftliche Verbindung blieb auch in der Zeit des Italienaufenthaltes und noch danach bestehen. Ab 1795 lebte Friedrich von Stein in Breslau, wurde Kriegs- und Domänenrat, war zeitweise Leiter der Bau- und Kunstschule, Präses der Schlesischen Gesellschaft für Kultur und übernahm 1820 die Direktion der Schlesischen Blindenunterrichtsanstalt. Gut Strachwitz bei Breslau, wo er mit seiner ersten Frau Helene geb. von Stosch und den drei Kindern lebte, hatte er schon 1803 erworben. Finanzielle Sorgen und private Verluste überschatteten sein Leben. Als Erwachsener war er alles andere als vom Glück begünstigt. Seine beiden 1806 und 1808 geborenen Söhne Lothar und Guido starben 1827, also im selben Jahr wie ihre Großmutter Charlotte von Stein. Die erstgeborene Tochter Marie (1805–1877) heiratete einen preußischen Offizier, Karl von Zobeltitz. Marie von Zobeltitz und ihre Nachkommen spielen für die Überlieferung des Nachlasses Friedrich von Steins eine große Rolle. Im Bestand »Stein-Schardt« allerdings ist diese Enkelgeneration nicht vertreten.

Friedrich von Stein, der über all die Jahre, die er in Schlesien lebte, mit Familie und Freunden in Weimar und Kochberg, besonders mit seiner Mutter, in Verbindung blieb, war der Erbe ihrer mehr als 1.600 Briefe Goethes, die aus dem Steinschen Familienbesitz 1896 ins Goethe- und Schiller-Archiv gelangten.[33] Wie in Carl von Steins Erinnerungen erwähnt, soll er auch andere wertvolle Stücke aus dem Weimarer Nachlass der Mutter vor der ›Verauktionierung‹ gerettet haben. Über dieses Erbe

30 GSA 122/98 und 98a.

31 Zur Person Ernst von Steins vgl. im Beitrag von Yvonne Pietsch S. 282–284.

32 Zur Person Friedrich von Steins und dem Verhältnis zu seiner Mutter vgl. ebd. S. 284–288.

33 Vgl. im vorliegenden Band S. 6.

wachte er mit großer Sorgfalt und traf Vorkehrungen für dessen Sicherung als Familienbesitz, während ihm sein eigener Nachlass offenbar weniger wertvoll erschien. Zunächst ging er an seine Tochter Marie von Zobeltitz, die schon kurz nach dem Tod ihres Vaters dessen Arzt Johann Jakob Ebers und dem Breslauer Literarhistoriker und Schriftsteller August Kahler Einblick in den Nachlass gewährte. Beide gaben 1846 aus dem Nachlass Friedrich von Steins eine Auswahl eingegangener Briefe heraus. Das besondere Interesse lag, wie zu erwarten, auf Goethes Briefen und denen von Goethes Mutter.[34] In der Folge wurde der Nachlass zerstreut. Ein Teil gelangte nach Berlin, ein weiterer, darunter die schon erwähnten 220 Briefe Carl von Steins, persönliche Papiere und Reisetagebücher u.a. von der Englandreise Friedrich von Steins 1794/95 sowie etwa 50 Briefe Charlotte von Steins, wurde 1928 vom Freien Deutschen Hochstift in Frankfurt erworben.[35] Die Briefe Goethes und Catharina Elisabeth Goethes an Friedrich von Stein waren allerdings nicht darunter. Sie sind bis heute verschollen und nur durch den Erstdruck von 1846 überhaupt bekannt geworden.

Nur ein vergleichsweise geringer Teil des Nachlasses gelangte nach Weimar. Im Bestand »Stein-Schardt« sind neben ganz wenigen Tagebuchaufzeichnungen Friedrich von Steins fast ausschließlich eingegangene Briefe enthalten, darunter mehr als 80 Briefe Charlotte (von) Schillers geb. von Lengefeld aus den Jahren 1784 bis 1823,[36] von denen Auszüge als *Beilagen* zu den *Briefen von Goethe und dessen Mutter* schon 1846 veröffentlicht worden waren.[37] Den größten und bedeutendsten Teil des Nachlasses im Goethe- und Schiller-Archiv bilden etwa 330 Briefe Charlotte von Steins aus den Jahren 1783 bis 1826.[38] Aus den Heftspuren, die sowohl die Briefe im Goethe- und Schiller-Archiv wie auch im Freien Deutschen Hochstift / Frankfurter Goethe-Museum aufweisen, lässt sich schließen, dass

[34] Briefe von Goethe und dessen Mutter an Friedrich Freiherrn von Stein. Nebst einigen Beilagen. Hrsg. von J[ohann] J[akob] H. Ebers und August Kahlert. Leipzig 1846.

[35] Dieser Teil war im Besitz der Nachkommen von Marie von Zobeltitz verblieben und wurde 1928 an das Freie Deutsche Hochstift / Frankfurter Goethe-Museum verkauft; vgl. Briefe Marie von Rappards an das Hochstift vom Mai und Juni 1928, FDH, Inventaranlage zu Hs-5631.

[36] GSA 122/99a,1–99a,4.

[37] Vgl. Ebers u.a. (Hrsg.): Briefe von Goethe und dessen Mutter (Anm. 34), S. 121–163. – Auch in Ludwig Urlichs Ausgabe *Charlotte Schiller und ihre Freunde*, in der der Briefwechsel mit Friedrich von Stein enthalten ist, sind dessen Briefe nur in Auszügen gedruckt und ohne dies zu kennzeichnen; vgl. Bd. 1. Stuttgart 1860, S. 412–534.

[38] GSA 122/100–111.

sie ursprünglich gemeinsam verwahrt und später auseinandergenommen wurden. 1846 befanden sie sich mit dem heute in Frankfurt liegenden Teil noch im Besitz von Marie von Zobeltitz. Neben Auszügen aus den Briefen Charlotte von Schillers erschienen im Erstdruck der *Briefe von Goethe und dessen Mutter* einige Briefe der *Baronin von Stein an ihren Sohn*.[39] Das Interesse lag auch hier auf den Mitteilungen über Goethe. Der zuerst mitgeteilte Brief vom 12. bis 15. Januar 1801 berichtet von Goethes schwerer Erkrankung und der Wiederannäherung zwischen ihm und Charlotte von Stein nach seiner Genesung. Nach der Handschrift wiedergegeben beginnt er wie folgt:

> den 12ten Jan: 1801
>
> Ich wuste nicht daß unßer ehmaliger Freund Goethe mir noch so theuer wäre daß eine schwere Kranckheit an der er seit 9 Tagen liegt mich so innig angreifen würde. Es ist ein Krampf-Husten und zugleich die Blatterrose er kan in kein Bett und muß in einer immer stehenden Stellung erhalten werden sonst will er ersticken der Hals ist verschwollen so wie das Gesicht, und voller ~~Blattern~~ ⌈blasen⌉ inwendig sein linckes Auge ist ihm wie eine grose Nuß heraus getreten und läuft Bluth und Materie heraus, offt phantasiert er, man furchte vor eine Entzündung im / Gehirn, lies ihn starck zur Ader gab ihn senf Fußbäder […]; entwededer [sic!] meldet dir mein Brief seine Beßrung oder seinen Tod ehe laß ich ihn nicht abgehen.[40]

Am 14. gibt sie vorsichtige Entwarnung, am 15. schließlich kann sie erleichtert melden:

> Goethe schickte heute zu mir lies mir dancken für meine Theilnahme und er hoffte er würde bald wieder ausgehen können […].[41]

Die große Mehrzahl der Briefe Charlotte von Steins an ihren Sohn Friedrich aber ist bis heute unbekannt, weil ungedruckt. Dabei enthalten sie weit mehr als Goetheana oder Mitteilungen über Familienangelegenheiten. Dies belegen eindrucksvoll die Briefe aus der Zeit nach der Schlacht bei Jena und Auerstedt vom 14. Oktober 1806, nachdem die siegreiche Armee Napoleons auch Weimar geplündert hatte und sich Hunderte von Bewohnern, darunter auch Charlotte von Stein, zeitweise im Schloss in Sicherheit bringen mussten.[42]

---

39 Vgl. Ebers u.a. (Hrsg.): Briefe von Goethe und dessen Mutter (Anm. 34), S. 165–171.

40 GSA 122/103.

41 Ebd.

42 Bisher wurden einzelne Briefe in Auszügen gedruckt.

4) Die Enkel- und Urenkelgeneration

Einen großen Anteil am Bestand haben Nachlässe der Enkel- und Urenkelgeneration, allerdings nur die der Kochberger Linie.

Aus dem Nachlass Louise Karoline von Steins geb. von Altenstein, der Frau von Charlottes Enkel Karl, haben sich mehr als 520 eingegangene Briefe erhalten, die meisten davon stammen von ihrem Mann.[43] Auch sein Teilnachlass besteht fast nur aus Briefen, allerdings ist er sehr viel kleiner und enthält nur etwa 20 Briefe an ihn, vier Briefe von ihm selbst. Das persönlichste und anrührendste Stück ist die letztwillige Verfügung Karl von Steins. Er hat sie offenbar kurz vor seinem Tod geschrieben, und zwar in großer zittriger Schrift mit Kreide auf schwarzem Pappkarton.[44] Sie ist nur mit dem Namen seines Sohnes »Felix« überschrieben, für den sie bestimmt war. Der letzte Teil betrifft die »original Göthe Briefe«, die dem Sohn »mit der Bedingung« übergeben wurden, »daß sie so lange Kochberg in der Steinschen Familie bleibt in Händen des jedesweiligen Besitzers« verbleiben sollen. Zumindest Felix von Stein hat das Vermächtnis seines Vaters eingehalten, erst nach seinem Tod wurden die Briefe verkauft.[45]

Während von Karl von Stein nur wenig im Bestand erhalten ist, bildet der Nachlass seiner Schwester Luise, seit 1827 Frau von James Patrick von Parry, dem Erbauer des Jagdschlosses Hirschhügel in Kuhfraß nahe Kochberg, einen vergleichsweise großen Teilbestand. Dazu gehören drei umfangreiche Reisetagbücher aus England aus der Zeit von 1828 bis 1839, Tage- und Notizbücher, persönliche Papiere ihres Mannes und Tagebücher ihrer Schwiegermutter Harriet Parry. Auch ein Brief ihrer Großmutter Charlotte von Stein aus dem Jahr 1822 ist erhalten geblieben.[46]

Von Felix von Stein haben sich etwa 30 eingegangene Briefe erhalten, darunter 17 von dem im 19. Jahrhundert berühmten Novellendichter Paul Heyse[47] sowie Briefe von Adolf Schöll, Heinrich Düntzer und Wilhelm Fielitz, die als Herausgeber der Briefe Goethes an Charlotte von Stein auf die Genehmigung des Kochberger Gutsherrn zur Einsichtnahme in die Handschriften angewiesen waren. Außerdem erhalten hat sich Felix von Steins Lustspiel *Ein neues Freiheitssystem*,[48] die Bühnenbearbeitung einer

43 GSA 122/48–62.

44 GSA 122/43.

45 Vgl. im vorliegenden Band S. 5f.

46 GSA 122/96. – Aus Schloss Hirschhügel, wo die Nachfahren der Parrys lebten, konnten 1947 größere Nachlassteile für das GSA erworben werden.

47 GSA 122/70.

48 GSA 122/65.

Komödie seiner Urgroßmutter, deren Handschrift in ihrem Nachlassteil überliefert ist.[49]

Felix von Steins Sohn, der ebenfalls den Namen Felix trug, ist im Bestand nicht vertreten, dagegen aber dessen Witwe Eva von Stein geb. Koch, die bis 1947 auf Schloss Kochberg wohnte. Von ihr haben sich etwa 30 eingegangene und zwei ausgegangene Briefe sowie Familienpapiere erhalten.[50] Sammlungen von Privatbriefen und Erinnerungsstücken der Steinschen Enkel- und Urenkelgeneration befinden sich im Familien- und Gutsarchiv Großkochberg, heute Teil des Staatsarchivs Rudolstadt.[51]

II. Charlotte von Steins Nachlass als Grundstock des Bestandes »Stein-Schardt«

1) Briefe

Grundstock des gesamten Bestandes »Stein-Schardt« sind die etwa 330 Briefe Charlotte von Steins an ihren Sohn Friedrich. Im Verzeichnis des GSA von 1961 bilden sie und drei eigenhändige Gedichte den damaligen »Teilbestand Charlotte von Stein«.[52] Im Zuge der Zusammenführung aller Nachlassteile der Familie und deren Erschließung in einem Findbuch wurden die Briefe an den Sohn entsprechend den Ordnungs- und Verzeichnungsgrundsätzen des GSA dem Nachlass des Empfängers zugeordnet. In den 1970er Jahren gelangten weitere Nachlassteile aus Schloss Kochberg ins Goethe- und Schiller-Archiv. Nach 1990, als sich das Archiv wieder regelmäßig an Auktionen beteiligen konnte, wurde der Bestand durch Ankäufe angereichert.

Der Nachlassteil Charlotte von Steins enthält inzwischen 32 eingegangene Briefe, darunter einen von Herder, drei von Knebel und 26 von Herzogin Louise von Sachsen-Weimar und Eisenach aus den Jahren 1777 bis 1809, als das Verhältnis zur Adressatin besonders eng war.[53] In späterer

---

49 Vgl. im vorliegenden Band S. 69f.

50 Eva von Stein besaß in Kochberg nur Nießbrauchrecht, nach ihrer Ausweisung aus dem Kreis Rudolstadt durch die damaligen Behörden lebte sie ab 1947 in Weimar und verließ 1955 die DDR, wie aus den Unterlagen des Institutsarchivs hervorgeht, auf legalem Weg. Erbe des Kochberger Besitzes war Woldemar Graf Schwerin (geb. 1896), ein Neffe Felix von Steins, Sohn seiner Schwester Anna.

51 Vgl. Anm. 9.

52 Karl-Heinz Hahn: Goethe- und Schiller-Archiv. Bestandsverzeichnis. Weimar 1961, S. 275.

53 GSA 122/5a–9.

Zeit war eine Entfremdung eingetreten, über die Charlotte von Stein wiederholt in Briefen an ihren Sohn Friedrich klagt.

Briefe Charlotte von Steins finden sich im Goethe- und Schiller-Archiv außer im Nachlass des Sohnes Friedrich in den Beständen der jeweiligen Empfänger. Neben einzelnen Briefen an unterschiedliche Adressaten sind dies mehr als 160 an Charlotte (von) Schiller geb. von Lengefeld aus den Jahren 1783 bis 1825,[54] mehr als 90 an Goethe aus den Jahren 1794 bis 1826[55] und etwa 550 Briefe an Carl Ludwig von Knebel aus den Jahren 1776 bis 1826.[56]

Einer der Ersten, der sich mit der Briefschreiberin Charlotte von Stein beschäftigte und ausgewählte Briefe edierte, war Wilhelm Bode. Ihm verdanken wir die nach wie vor umfassendste Biographie Charlotte von Steins, auf der alle nachfolgenden beruhen.[57] 1910 schrieb er über die bis dahin unbekannten Briefe Charlotte von Steins an Knebel:

> Schon längst war mir das Gerücht bekannt, daß im großherzoglichen Archive Briefe von Frau v. Stein an Knebel aufbewahrt würden; aber, so fuhr Frau Fama fort, der Inhalt dieser Briefe sei abscheulich, sei entehrend für Goethe oder für die Briefschreiberin oder für andere hochachtbare Personen jener Zeit; deshalb habe der stets wohlwollende Großherzog Karl Alexander diese Briefe versiegeln lassen und angeordnet, daß sie für alle Zeiten geheim gehalten würden. Als ich Das zuerst hörte, glaubte ich es auch; denn ich stellte mir damals die von Goethe verlassene Dame als eine Verbitterte oder Rasende vor, die mit Haß- und Rachegedanken herumging und deshalb bereit war, ihren gewesenen Verehrer bloßzustellen und ihn wenigstens im engeren Kreise zu verhöhnen. [...] Je besser ich aber diese Frau kennen lernte, zumal als ich ihre Lebensgeschichte zu schreiben begann, desto klarer wurde mir, daß häßliche Briefe von ihr nicht da sein können.[58]

Mit Knebel, dem ehemaligen preußischen Offizier, Weimarer Prinzenerzieher, Dichter und Übersetzer verband Charlotte von Stein seit Mitte der 1770er Jahre eine enge Freundschaft. Sie war getragen von einer tiefen Wesensverwandtschaft und beruhte auf gemeinsamen Interessen, vor allem literarischen. Die Beziehung war keineswegs frei von Schwankungen, hielt aber bis zum Lebensende Steins. So konnte sie z. B. Knebels Euphorie, mit

[54] GSA 83/1856,1–6.

[55] Vgl. im vorliegenden Band S. 11.

[56] GSA 54/274,1–6; 54/275.

[57] Vgl. im vorliegenden Band S. 14, Anm. 68.

[58] Wilhelm Bode (Hrsg.): Stunden mit Goethe. Für die Freunde seiner Kunst und Wissenschaft. Bd. 6. Berlin 1910, S. 153f.

der er die Französische Revolution zunächst begrüßt hatte, nicht teilen: »Knebel ist ganz toll, wir haben uns über die Franzosen so entzweyt daß er in 8 Tagen nicht wieder zu mir kommen will«, schrieb sie am 6. März 1790 an Charlotte Schiller.[59] Die Verstimmung war – wie frühere und spätere auch – nicht von Dauer, zumal Knebels anfängliche Begeisterung sehr bald schon der Ernüchterung wich. – Bode veröffentlichte ab 1910 in den *Stunden mit Goethe* Auszüge aus den Briefen Charlotte von Steins an Carl Ludwig von Knebel, die heute zum Knebel-Bestand des Goethe- und Schiller-Archivs gehören.[60] Wie schon der Titel seiner Ausgabe erkennen lässt, lag das Interesse dabei auf Goethe, was nicht nur zu einer begrenzten Auswahl führte, sondern auch zu zahlreichen Auslassungen in den Texten selbst.

Die Briefe an Charlotte von Schiller, die zu den persönlich aufschlussreichsten und literarisch interessantesten gehören, wurden 1860 von Ludwig Urlichs in der Ausgabe *Charlotte Schiller und ihre Freunde* gedruckt, wiederum mit Eingriffen und Kürzungen und ohne dies überhaupt zu vermerken.[61] Bode immerhin markierte die Auslassungen gewissenhaft. Als wissenschaftliche Quellen freilich sind beide Ausgaben nicht geeignet, werden aber aus Mangel an Alternativen immer wieder zitiert.

2) Werke

a) Gedichte

Im Weimarer Nachlass Charlotte von Steins sind drei ihrer Gedichte überliefert, die beiden eigenhändigen Reinschriften »Wie die goldne Zeit mich sah« und »Ihr Gedancken fliehet mich«,[62] außerdem das Konzept zum Gedicht »Wen<n> alle Thränen der Liebe verweint«.[63] Im Unterschied zu den größeren Werken, die allesamt erst nach 1793 entstanden sind, stammen die Gedichte wahrscheinlich auch aus früherer Zeit. Einigermaßen gesichert ist dies aber nur für das Gedicht »Ihr Gedancken fliehet mich« (Abb. 1 und 2), denn auf der Rückseite der Reinschrift findet sich ein Hinweis auf das Jahr 1790. Interessanterweise ist zu diesem Gedicht noch eine zweite Handschrift Charlotte von Steins überliefert, und zwar im

59 GSA 83/1856,2, Bl. 1.

60 Vgl. Bode (Hrsg.): Stunden mit Goethe (Anm. 58), Bd. 6 (1910), S. 157–199, 233–259, Bd. 7 (Berlin 1911), S. 57–63, 81–97, Bd. 8 (Berlin 1912), S. 9–30, S. 280–301.

61 Vgl. Bd. 2. Stuttgart 1860, S. 253–360.

62 GSA 122/2.

63 GSA 122/3.

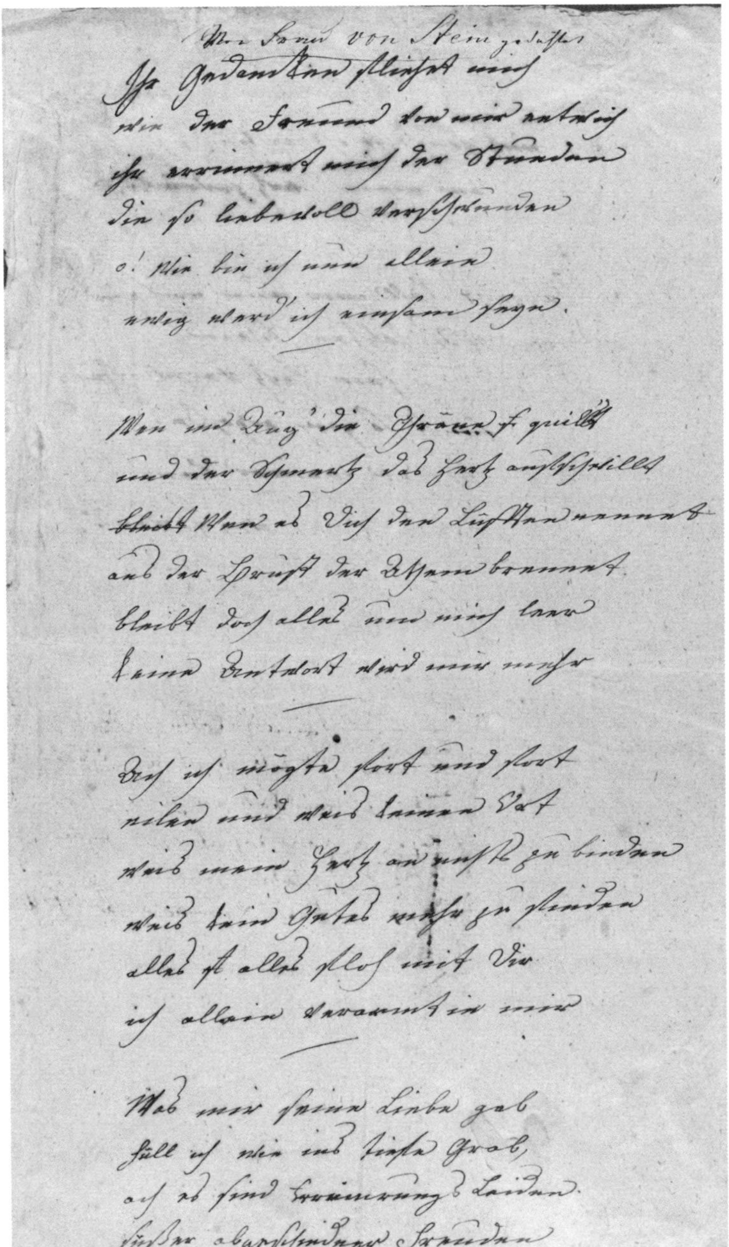

Abb. 1: Charlotte von Stein, »Ihr Gedancken fliehet mich« (Gedicht), Seite 1, Reinschrift

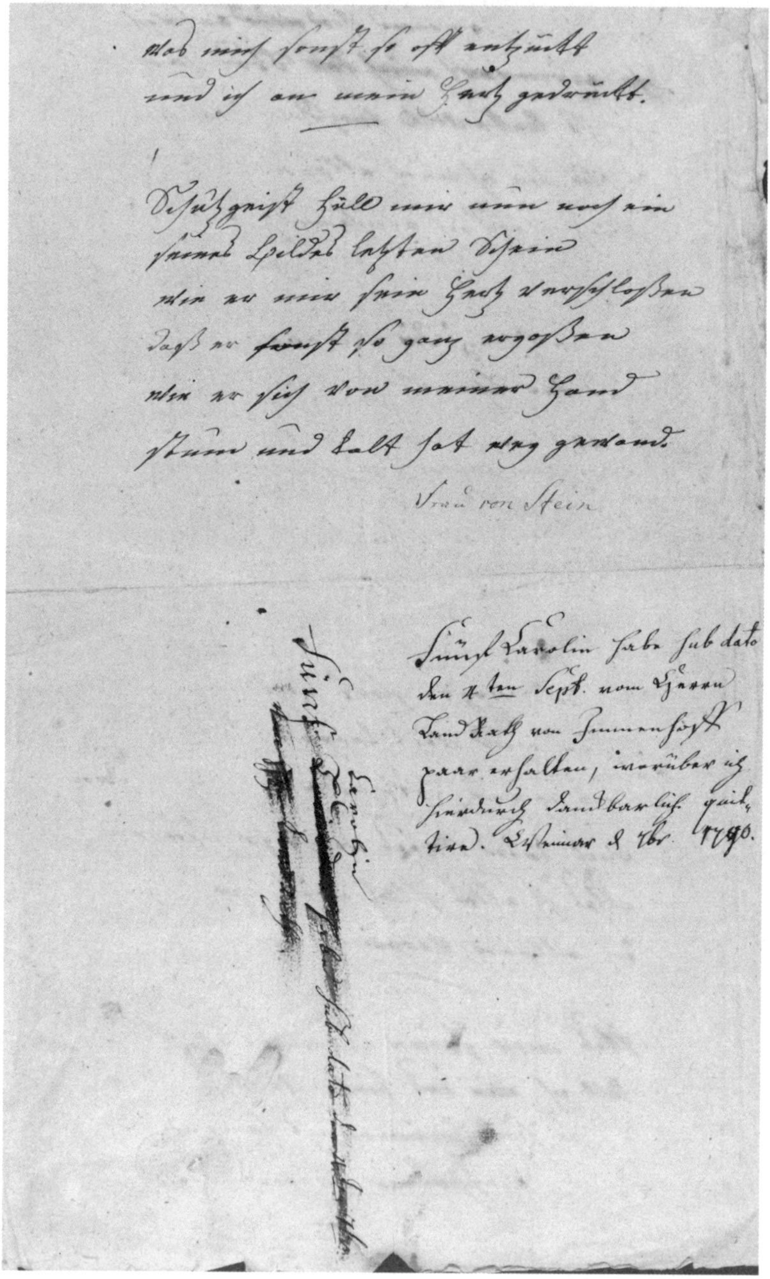

Abb. 2: Charlotte von Stein, »Ihr Gedancken fliehet mich« (Gedicht), Seite 2, Reinschrift

Goethe-Museum Düsseldorf. Hier trägt es eine Art Überschrift, nämlich »In Kochberg im Sept 1786 zu einer Melodie eines Volkslied[s] das die Cantern auf der Zitter spielte«.[64] Auf demselben Blatt befindet sich übrigens auch noch Charlotte von Steins Gedicht *An den Mond nach meiner Manier*, eine Paraphrase zu Goethes Mondgedicht.

b) Dramen

Die produktivste Phase in Charlotte von Steins Lebens fällt in das Jahrzehnt von 1794 bis etwa 1805, als ihre persönlichen Verhältnisse es erlaubten, sich wieder stärker literarischen Interessen zuzuwenden. Nach langer Krankheit war 1793 Josias von Stein gestorben, die beiden Söhne hatten das Haus verlassen. Durch die Freundschaft mit Charlotte von Lengefeld verh. Schiller lernte Charlotte von Stein auch Friedrich Schiller kennen, was sich offenbar sehr anregend auf ihre literarische Produktivität auswirkte. Von den vier überlieferten Dramen Steins sind drei in dieser Zeit entstanden.

Vermutlich im Winter 1794/95 vollendete sie *Dido, ein Trauerspiel in 5. Aufzügen*. Die im Goethe- und Schiller-Archiv überlieferte Reinschrift von Schreiberhand wurde von der Autorin noch einmal durchgesehen und eigenhändig korrigiert.[65] Wie das literarische Werk Charlotte von Steins insgesamt wurde auch dieses Stück von der Forschung lange Zeit als ephemer angesehen, gleichsam nur als »Fußnote der Literaturgeschichte«.[66] Immerhin fand es als ›Goethepersiflage‹ eine gewisse Aufmerksamkeit, allerdings »keine Gnade«[67] in den Augen der Forscher.[68] Obgleich *Dido* zu Lebzeiten der Autorin nicht veröffentlicht wurde – einen entsprechenden Vorschlag Schillers hat sie offenbar abgelehnt –, trug das Stück doch nicht wenig zum negativen Bild Charlotte von Steins in der Literatur des 19. und 20. Jahrhunderts bei. In der Figur des Dichters Ogon, einem von drei Gelehrten am Hof der karthagischen Königin Dido, karikiert die Autorin Goethe unverkennbar und auf wenig schmeichelhafte Weise. In einem seiner ersten Auftritte lässt sie Ogon zum Beispiel das folgende Bekenntnis ablegen:

[64] Goethe-Museum Düsseldorf, Sign. 1482/1976.

[65] GSA 122/4.

[66] Markus Wallenborn: Frauen. Dichten. Goethe. Die produktive Goethe-Rezeption bei Charlotte von Stein, Marianne von Willemer und Bettina von Arnim. Tübingen 2006, S. 15.

[67] Ebd.

[68] Vgl. im Beitrag von Ariane Ludwig S. 113, Anm. 1.

> [I]ch war einmal ganz im Ernst an die Tugend in die Höhe geklettert, ich glaubte, oder wollte das erlesene Wesen der Götter seyn, aber es bekam meiner Natur nicht, ich wurde so mager dabey: iezt, seht mein Unterkinn, meinen wohlgerundeten Bauch, meine Waden, sieh ich will dir freimüthig ein Geheimniß offenbahren! erhabene Empfindungen kommen von einem zusammengeschrumpften Magen; also was ich dir vorher sagte, paßt nicht auf mich, ich zähle mich iezt auch unters Gewürme, lebe auch am liebsten mit ihnen, und bin ein rechter guter Narr; […].[69]

Generationen von Germanisten haben Charlotte von Stein derartige ›Respektlosigkeiten‹ nicht verziehen und dem Drama kurzerhand jeden poetischen Wert abgesprochen. Man glaubte darin mangelnde Souveränität, Rachsucht, ja Hass aus persönlicher Verletztheit zu erkennen. Immerhin war das Stück nur fünf Jahre nach dem Bruch mit Goethe entstanden. Interessant erschienen also ausschließlich die biographischen Bezüge. Dass im Mittelpunkt der Tragödie aber nicht die Figur des Dichter-Gelehrten Ogon steht, sondern Dido, die Titelheldin, wurde dabei geflissentlich übersehen. Die ebenso kluge wie standhafte weibliche Heldin widersetzt sich aus Treue zu ihrem verstorbenen Gemahl zunächst einer dynastischen Heirat. Um ihr Land vor einem Krieg zu bewahren und ihre Freunde zu retten, gibt sie schließlich nach, wählt nach vollzogener Trauung aber den Freitod.[70] Erst in jüngster Zeit gab es Versuche, sich dem Text weniger voreingenommen zu nähern, etwa indem man *Dido* zu Goethes *Iphigenie* in Beziehung setzte und geradezu einen Gegenentwurf darin erkennt.[71]

Eine zweite Reinschrift der *Dido* von Schreiberhand und mit eigenhändigen Korrekturen ist im Frankfurter Hochstift überliefert.[72] Wie aus ihrer Provenienz hervorgeht, handelt es sich dabei um die für Schiller bestimmte Abschrift. Sie war ein Geschenk von Schillers Tochter Emilie von Gleichen-Rußwurm an das Hochstift.

[69] GSA 122/4, Bl. 6f.

[70] Zum Stück, seinem stofflichen Hintergrund und dessen literarische Transformation durch Charlotte von Stein vgl. den Beitrag von Ariane Ludwig im vorliegenden Band.

[71] Vgl. Ortrud Gutjahr: Charlotte von Steins *Dido* – eine Anti-Iphigenie? In: Dies. und Harro Segeberg (Hrsg.): Klassik und Anti-Klassik. Goethe und seine Epoche. Würzburg 2001, S. 219–245.

[72] FDH, Hs-594.

Auch das zweite im Goethe- und Schiller-Archiv überlieferte Stück *Neues Freiheits-System oder die Verschwörung gegen die Liebe. Ein Lustspiel in fünf Aufzügen*[73] von 1798/99 erschien zu Lebzeiten der Autorin nicht. An den Sohn Friedrich schrieb sie am 28. Juni 1798:

> Genug ich schreibe eine Comedie, den je älter man wird je lustiger muß man sich das Leben laßen vorkommen; Ich glaube beynahe sie wird nicht schlecht [...], dieses Stück soll aber ins publicum kommen doch ohne meinen Namen.[74]

In diesem Fall hoffte sie also – anders als bei *Dido* – auf Schillers Unterstützung bei der Veröffentlichung. Im August 1799 schrieb sie an Charlotte Schiller:

> Indeßen da ich bloß auf Schillers Befehl eine Comedie geschrieben habe, so muß er sich ein bisgen ihrer annehmen, ich schreibe den letzten act ab, und denn soll es ein correcter Abschreiber ins reine bringen, und einen breiten Rand dran laßen; was mir im Vorlesen noch eingefallen ist, und Schiller, das man wegen der Entwickelung irre geführt würde, errinnerte, ändere ich halbweg.[75]

Im Nachwort zur Neuausgabe des Stückes im Jahr 2006 wird vermutet, dass es sich bei der im Brief an Charlotte Schiller in Aussicht gestellten Abschrift um die im GSA überlieferte Reinschrift von Schreiberhand mit eigenhändigen Korrekturen Charlotte von Steins handeln könnte.[76] – Im Freien Deutschen Hochstift in Frankfurt hat sich allerdings eine weitere Abschrift des Stückes von Schreiberhand erhalten, die ähnlich aussieht und ebenfalls eigenhändige Korrekturen aufweist.[77]

Das Stück ist eine der »wenigen echten Komödien [...] aus dem Umfeld der Weimarer Klassik«[78] und verbindet Elemente der italienischen Commedia dell'arte mit dem aufklärerischen Erziehungskonzept. Es enthält, wie schon der Titel verrät, Anspielungen auf die Französische Revolution, die aktuelle Literatur und den zeitgenössischen Wissenschaftsdiskurs. Wohl nicht ganz zufällig ist der komische Held ein Herr von Linné in Anleh-

[73] GSA 122/5.
[74] GSA 122/102 (vgl. Anhang, Briefe, Nr. 11).
[75] GSA 83/1856,3, Bl. 118.
[76] Charlotte von Stein: Neues Freiheits-System oder die Verschwörung gegen die Liebe. Ein Lustspiel in fünf Aufzügen. Mit einem Nachwort hrsg. von Linda Dietrick und Gaby Pailer. Hannover 2006, S. 106.
[77] FDH, Hs-11732.
[78] Dietrick u.a. (Hrsg.): Neues Freiheits-System (Anm. 76), S. 109.

nung an den Namen des berühmten schwedischen Naturforschers Carl von Linné.[79] Trotz der literarischen Qualitäten kam ein Druck bei Cotta oder einem anderen Verlag zu Lebzeiten der Autorin nicht zustande, die Gründe dafür sind unbekannt. Aufgeführt wurde das Stück zum ersten Mal am 21. März 1874 am Rudolstädter Hoftheater, und zwar in der im Bestand »Stein-Schardt« überlieferten Bearbeitung des Urenkels Felix von Stein.[80] Er hatte es 1867 erstmals auch drucken lassen, allerdings mit erheblichen Eingriffen.[81]

Zu Lebzeiten Charlotte von Steins wurde nur ein einziges ihrer Dramen gedruckt, nämlich *Die zwey Emilien* nach einem englischen Roman von Sophia Lee. Es erschien, nun tatsächlich durch Schillers Vermittlung, 1803 bei Cotta, zunächst anonym und dann 1805 noch einmal unter Schillers Namen.[82] Eine Handschrift zu den *Zwey Emilien* ist im Goethe- und Schiller-Archiv nicht überliefert und, soweit sich das bisher feststellen ließ, auch nicht in einem der anderen Archive und Bibliotheken mit Nachlassteilen Charlotte von Steins. Möglicherweise wurde die handschriftliche Druckvorlage nach der Veröffentlichung vernichtet. Bezeichnend für den Umgang mit Charlotte von Steins Werk erscheint, dass sowohl das *Neue Freiheits-System* wie auch *Die zwey Emilien* von 1800, die keinen Bezug zu Goethe oder einem seiner Werke aufweisen, in der älteren Literatur so gut wie unbeachtet geblieben sind. Erst in neuerer Zeit wird ihnen mehr Aufmerksamkeit zuteil, 1998 hat Susanne Kord mit ihrer Reprintausgabe der Dramen Steins dafür die Grundlage geschaffen.[83]

Zum Dramolett *Rino*, der frühesten bekannten literarischen Arbeit Charlotte von Steins, war die Handschrift seit mehr als 100 Jahren verschollen. Es erschien zuerst 1883 im Anhang der zweiten Auflage von *Goethes Briefen an Frau von Stein*.[84] Dem Druck liegt die damals im Steinschen Fami-

---

[79] Zum Stück vgl. den Beitrag von Linda Dietrick im vorliegenden Band.

[80] GSA 122/65.

[81] Ein neues Freiheits-System. Lustspiel in vier Akten nach e. Lustspiel gleichen Namens aus dem Nachlaß der Charlotte von Stein neu bearb. von Felix von Stein-Kochberg. o. O. 1867.

[82] Zum Stück vgl. den Beitrag von Gaby Pailer im vorliegenden Band.

[83] Charlotte von Stein: Dramen (Gesamtausgabe). Hrsg. und eingeleitet von Susanne Kord (Frühe Frauenliteratur in Deutschland. Hrsg. von Anita Runge. Bd. 15). Hildesheim, Zürich, New York 1998.

[84] Goethes Briefe an Frau von Stein. Hrsg. von Adolf Schöll. Zweite vervollständigte Auflage bearbeitet von Wilhelm Fielitz. Bd. 1. Frankfurt a.M. 1883, S. 397–400.

lienbesitz auf Schloss Kochberg befindliche Handschrift zugrunde, die der Herausgeber Wilhelm Fielitz im Kommentar beschreibt.[85] Ihm zufolge stamme das »ganze Manuscript [...] von Frau v. Steins eigner Hand«.[86] Julius Wahle, der 1899/1900 eine Neuauflage von *Goethes Briefen an Frau von Stein* herausgab, konnte wie alle nachfolgenden Herausgeber die Handschrift in Kochberg schon nicht mehr einsehen und druckte das Stück ebenfalls im Anhang nach der Ausgabe von Fielitz.[87]

Im Frühjahr 2017 wurde eine *Rino*-Handschrift im Auktionshaus Stargardt in Berlin zum Verkauf angeboten und für das GSA erworben.[88] Ein Vergleich des Abdrucks von 1883 mit der Handschrift belegt, dass es sich bei der Neuerwerbung um die Druckvorlage und damit den einzigen authentischen Zeugen für dieses Stück handelt. Sämtliche Korrekturen und Zusätze, die die Handschrift aufweist, sind im Druck von 1883 wiedergegeben. Allerdings hat sich Fielitz in einer Hinsicht geirrt: die Handschrift stammt nicht, zumindest nicht überwiegend, von Charlotte von Stein. Lediglich die Autorenangabe auf dem Titelblatt »Von Frau von Stein« und das Jahr »1776.« sind von ihrer Hand, ebenso das Personenverzeichnis, das in dieser Form möglicherweise erst nachträglich hinzugefügt wurde. Der Text selbst wurde von Louise von Göchhausen (ab)geschrieben und von der Autorin korrigiert.[89] Die Fußnote »Luise im Westindier« zum Vers »Wie könnte ich denn sonst so gut Luise spielen« stammt ebenfalls von der Hand Charlotte von Steins.[90] Im Untertitel wird der *Rino* zwar als *Ein Schauspiel in drey Abtheilungen* bezeichnet. Besser passen würde wohl ›Matinee‹, womit ›scherzhafte Gedichte‹, ›Dialoge in Knittelversen‹ gemeint sind. In dieser Bedeutung wurde der Begriff damals wahrscheinlich nur in der Weimarer Hofgesellschaft gebraucht, wie ein Brief von Lenz an Merck vom 8. März 1776 nahelegt: »Von Goethen hab' ich allerley hübsche u. gute Sachen. [...] Sie schreiben jezt dort Farcen (sub Rosa) die sie Matinées nennen, haben

85 Vgl. ebd., S. 507, Anm. 1 und 2 zu S. 397.

86 Ebd., Anm. 1 zu S. 397.

87 Vgl. Goethes Briefe an Frau von Stein. Hrsg. von Adolf Schöll. Dritte umgearbeitete Auflage besorgt von Julius Wahle. Bd. 1. Frankfurt a. M. 1899, S. 471–474; 631 f., Anm. 1 und 2 zu S. 471. – Jonas Fränkel druckte wahrscheinlich ebenfalls nach Fielitz, allerdings ohne dies anzugeben; vgl. Goethes Briefe an Charlotte von Stein. Hrsg. von Jonas Fränkel. Kritische Gesamtausgabe. Bd. 1. Jena 1908, S. 433–439.

88 GSA 122/3a. – Faksimile der Handschrift und Transkription im vorliegenden Band, S. 75–85.

89 Vgl. Faksimile, S. 75, 76, 77–82.

90 Vgl. Faksimile, S. 80 und S. 88, Anm. 11.

Sie nichts davon?«[91] Das Weimarer Liebhabertheater, gegründet nach dem Schlossbrand von 1774 und dem Verlust des Hoftheaters, führte in den 1770er und -80er Jahren auch Stücke von Angehörigen des Hofes auf, darunter solche von Goethe und Wieland, aber ebenso von den Kammerherren Friedrich Hildebrand von Einsiedel oder Sigmund von Seckendorff. Diese eigens für das Weimarer Publikum geschriebenen satirischen ›Matinees‹ steckten voller ironischer, mitunter boshafter Anspielungen auf die Hofgesellschaft, wobei Rangunterschiede keine Rolle spielten und selbst der Herzog, die Herzoginmutter Anna Amalia oder Prinz Constantin nicht verschont wurden. *Rino* weist durch Figurenkonstellation und Personenverzeichnis deutliche Züge einer solchen Personalsatire auf. Die Autorin konnte sicher sein, dass die Anspielungen verstanden wurden. So ist der Titelheld nach dem Barden Ryno aus Ossians[92] *Songs of Selma* benannt, die Goethe übersetzt und in den zweiten Teil des *Werther* aufgenommen hatte.[93] Nicht ohne Selbstironie verspottet die Autorin den blinden weiblichen Enthusiasmus für Rino, im Stück der Verfasser des *Werther*, und die naive Gleichsetzung von Dichter und literarischer Figur, ebenso aber die Launenhaftigkeit und ›Koketterie‹ Rinos.[94]

Ob Charlotte von Steins ›Matinee‹ tatsächlich aufgeführt wurde, ist nicht bekannt, das Personenverzeichnis verweist darauf, dass es zumindest eine Lesung mit verteilten Rollen gegeben haben könnte. Goethe las das Manuskript des *Rino*, erkannte sich selbst in der Titelfigur und zeigte sich keineswegs verärgert, sondern konzedierte den literarisch-fiktiven Charakter der Darstellung: »Für Ihre Matinees danck ich herzlich, ich habe mich herzlich drüber gefreut, ich bin weidlich geschunden, und doch freut mich s dass es nicht so ist«, schrieb er am 24. Juni 1776 an die Verfasserin.[95]

---

[91] Johann Heinrich Merck: Briefwechsel. Hrsg. von Ulrike Leuschner. Bd. 1. Göttingen 2007, S. 628. – Julius Petersen vermutet, dass »solche Gelegenheitsdichtungen bei den Vormittagsgesellschaften des Herzogs vorgelesen wurden« oder »daß das ursprüngliche Thema die satirische Darstellung der intimen Morgenstunden des Verspotteten war, etwa in der Art wie später Schiller ›Körners Vormittag‹ schilderte«. (Petersen: Goethes Briefe an Charlotte von Stein. Bd. 1. Leipzig 1923, S. 557, Anm. zu Nr. 16)

[92] James Macpherson.

[93] Zu Goethes Ossian-Übersetzungen vgl. GB, Bd. 1 II, S. 383–385 (einleitende Erläuterung zu Nr. 90).

[94] Vgl. die Charakteristik des Rino durch Gerthrude, das Alter Ego der Autorin, S. 79 und 84.

[95] GB, Bd. 3 I, S. 78,5–8.

III. Zusammenfassung und Ausblick

Der Nachlassteil »Charlotte von Stein« innerhalb des Bestandes »Stein-Schardt« umfasst heute 21 Archivalieneinheiten mit 197 Blatt. Neben ›Werken‹ und ›eingegangenen Briefen‹ enthält er ›Sammlungs- und Erinnerungsstücke‹ sowie ›Familienpapiere‹, darunter fünf Briefe von verschiedenen Adressaten an die Eltern Johann Christian und Concordia Elisabeth von Schardt. Außerdem befinden sich im GSA mehr als 1.100 Briefe von Charlotte von Stein in den Beständen der jeweiligen Empfänger.

Bekannt sind weitere Handschriften Charlotte von Steins sowie Briefe von ihr und an sie in öffentlichem Besitz. Der »Nachlass Charlotte von Stein« im Freien Deutschen Hochstift / Frankfurter Goethe-Museum umfasst weit mehr als 100 Stück einschließlich etwa 25 ein- und etwa 70 ausgegangener Briefe. Überliefert sind in Frankfurt auch Gedichte, Übersetzungen, die erwähnte Reinschrift des *Neuen Freiheits-Systems* und die Abschrift der *Dido* für Schiller, außerdem das Fragment einer Erzählung, ein *Gedancken Büchlein*, Lektüre-Exzerpte und Abschriften.[96] Lebenszeugnisse und Gedichthandschriften sowie mehr als 40 Briefe befinden sich im Düsseldorfer Goethe-Museum, darunter etwa 25 Briefe an Sophie von Schardt. Mehr als 130 Briefe an den Sohn Carl von Stein und dessen Familie sowie einzelne Briefe an weitere Familienmitglieder[97] sowie Briefe von verschiedenen Absendern an Charlotte von Stein, darunter Briefe von Caroline Herder, Louise von Göchhausen, Herzog Carl August, Charlotte Schiller, Carl Ludwig von Knebel und Friedrich von Stein, sind im Familien- und Gutsarchiv Großkochberg überliefert.[98] Einzelne Briefe Charlotte von Steins werden im Deutschen Literaturarchiv in Marbach, im Stadtarchiv Hannover, in der Handschriftenabteilung der Universitätsbib-

---

96 Ein Teil des Frankfurter Bestandes stammt aus der Sammlung Rappard, die 1928 erworben worden war. Seitdem kaufte das Hochstift im Autographenhandel und von Privatbesitzern kontinuierlich Werke und Briefe Charlotte von Steins, meist Einzelstücke, in zwei Fällen auch kleinere Sammlungen. So wurden 1955 Gedichte Steins sowie Briefe Knebels, Herders und Lavaters an sie vom Auktionshaus Stargardt erworben, das in einem Lagerkatalog *Autographen aus dem Nachlass Fritz von Steins, Charlottes Sohn und Goethes Zögling* angeboten hatte. 1958 kaufte das Hochstift vom Auktionshaus Erich Nolte in Hannover das *Gedancken Büchlein*, Übersetzungen und ein Heft mit Gedichten Charlotte von Steins. Es ist anzunehmen, dass diese Stücke gleichfalls aus Friedrich von Steins Nachlass stammen.

97 LATh – StA Rudolstadt, Archiv Großkochberg Nr. F 842, 828 u.a.; vgl. Bestandsverzeichnis, Anm. 9.

98 Ebd., Nr. F 826, 831, 832, 837 u.a.

liothek Leipzig, in der Sächsischen Landes-, Staats- und Universitätsbibliothek Dresden und der Universitätsbibliothek Basel aufbewahrt. Im Archiv der Berlin-Brandenburgischen Akademie der Wissenschaften befinden sich Briefe von Johann Georg Zimmermann an Charlotte von Stein. – Es wäre heute also durchaus möglich, all diese verstreut aufbewahrten Teile zumindest virtuell wieder zusammenzuführen und so den »Nachlass Charlotte von Steins« zu rekonstruieren.

Während vor allem die Dramen Charlotte von Steins etwa seit Mitte der 1990er Jahre in der Forschung neue Beachtung fanden und ihnen differenzierte Analysen gewidmet wurden,[99] sind ihre Briefe in weiten Teilen noch unerschlossen. Nach wie vor werden sie auf der Grundlage älterer unzulänglicher Ausgaben nur auszugsweise und fast immer aus ihren Kontexten gerissen rezipiert. Dabei bilden sie für die literaturgeschichtliche Forschung und die Kultur- und Geistesgeschichte des ausgehenden 18. und beginnenden 19. Jahrhunderts einen wichtigen Quellenfundus. Als einzigartige Dokumente aus dem klassischen Weimar, geschrieben von einer mit Goethe und seinem Umfeld eng verbundenen Frau, die ihre ganz eigene Sicht auf Personen und Ereignisse besitzt, vermitteln sie ein nüchternes, unsentimentales Bild der Zeit, lassen zugleich die literarische Begabung der Verfasserin erkennen, ihren Hang zur Lakonie und ihr Talent für ungewöhnliche Metaphern.

Erst aus der umfassenden Kenntnis ihrer Werke, Briefe, Notizen und Exzerpte ließe sich eine geistige Biographie Charlotte von Steins erschließen, die über das Anekdotische hinausgeht, sie als eigenständige Person sichtbar werden lässt und nicht länger auf ihre ›Bedeutung‹ für Goethes Leben und Werk reduziert. Von einem wissenschaftlich fundierten, von den Klischees und Ressentiments des 19. und 20. Jahrhunderts befreiten Charlotte von Stein-Bild würde nicht zuletzt auch die Goetheforschung und -philologie profitieren.

---

[99] Vgl. u.a. Anne Fleig: »... je älter man wird, je lustiger soll man sich das Leben lassen vorkommen«. Weimar und das dramatische Werk Charlotte von Steins: In: Iris Bebenik-Bauer und Ute Schalz-Laurenze (Hrsg.): Frauen in der Aufklärung. Frankfurt a.M. 1995, S. 214–230; Gutjahr: Charlotte von Steins *Dido* – eine Anti-Iphigenie? (Anm. 71); Wallenborn: Goethe-Rezeption (Anm. 66).

Rino

Ein Schauspiel

in drey Abtheilungen.

1776.

Von Frau von Stein

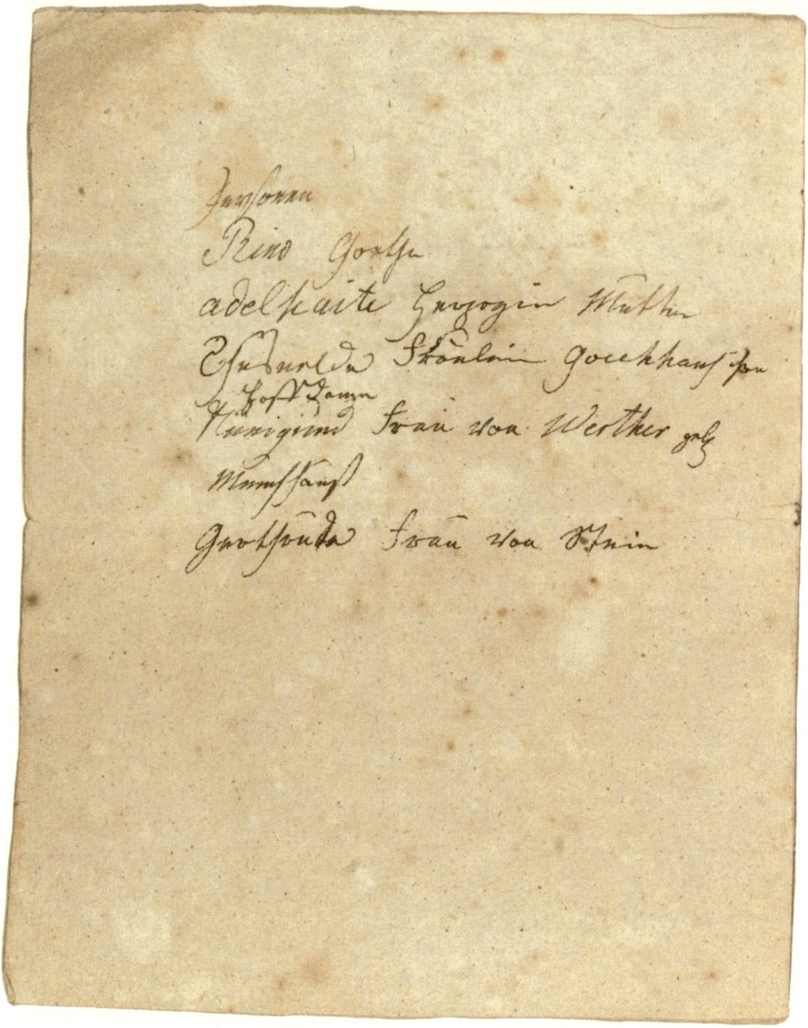

Personen
Rino Goethe
Adelheide Herzogin Mutter
Thusnelde Fräulein Goechhausen Hof Dame
Kunigunde Frau von Werther geb. Münchhausen
Gertrude Frau von Stein

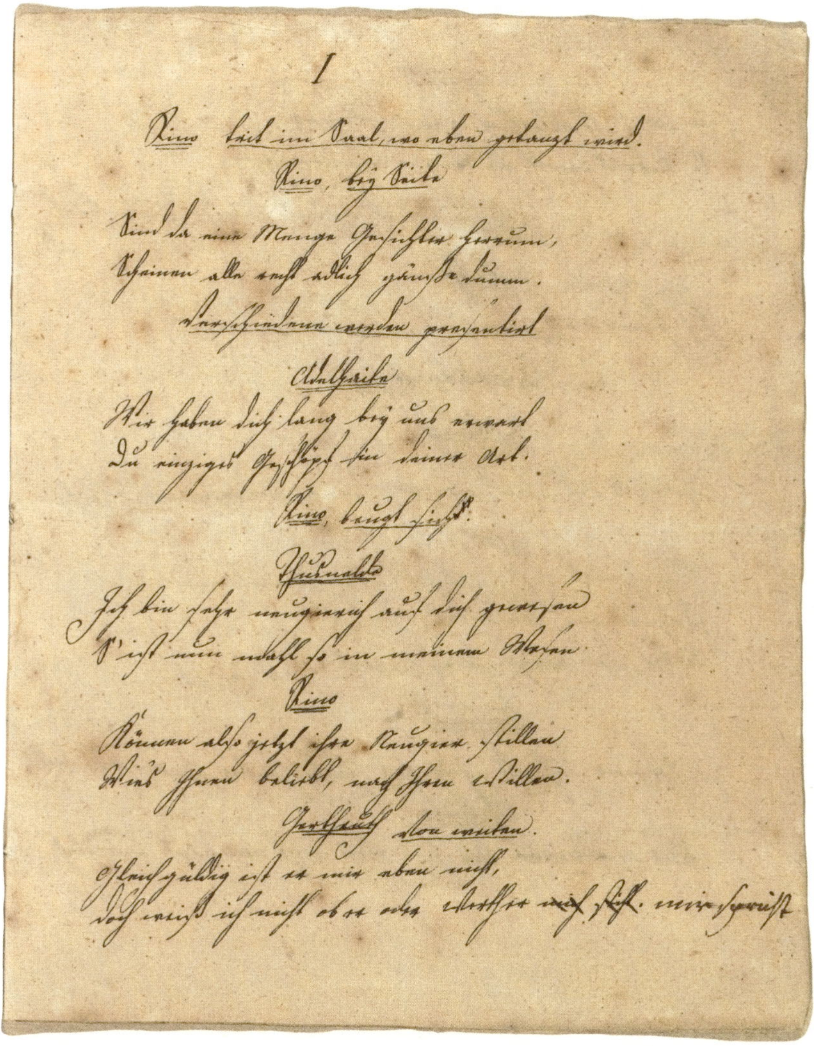

I

Rino tritt im Saal, wo eben getanzt wird.

Rino, bey Seite

Sind da eine Menge Gesichter herum,
Scheinen alle recht adlich gänsedumm.

Verschiedene werden presentirt

Adelheide

Wir haben dich lang bey uns erwart
Du einziges Geschöpf in deiner Art.

Rino, beugt sich.

Thusnalde

Ich bin sehr neugierig auf dich gewesen
S'ist nun wohl so in meinem Wesen.

Rino

Können also jetzt ihre Neugier stillen
Wird Ihnen beliebt, nach Ihrem Willen.

Gertraud von weiten.

Gleichgültig ist er mir eben nicht,
doch weiß ich nicht ob er oder [illegible] ~~mich~~ ~~sich~~ mir gewiß

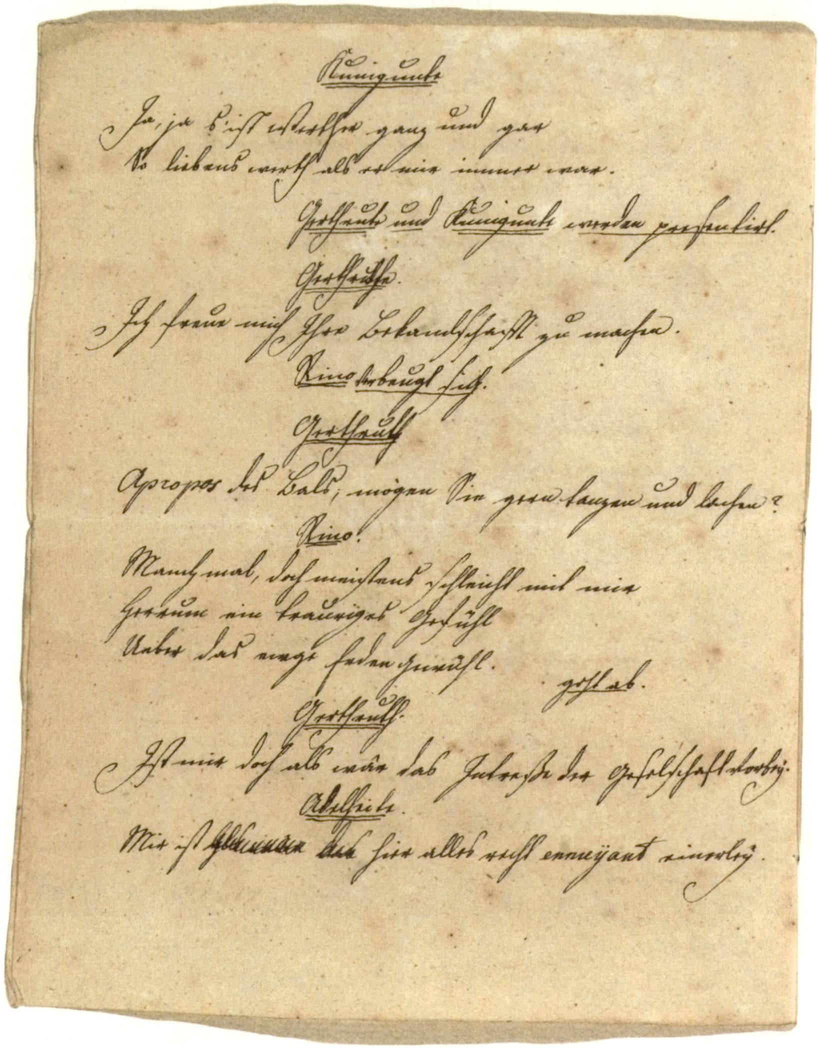
Kunigunde
Ja, ja du bist derselbe ganz und gar
So liebenswerth als er mir immer war.
Gerhardt und Kunigunde werden präsentirt.
Gerhardt.
Ich freue mich Ihre Bekanntschaft zu machen.
Rino verbeugt sich.
Gerhardt
Apropos des Balls, mögen Sie gern tanzen und laufen?
Rino.
Manchmal, doch meistens schleicht mit mir
Herum ein trauriges Gefühl
Aber das mag jeder fühlen. geht ab.
Gerhardt.
Ist mir doch als wär das Interesse der Gesellschaft vorbey.
Adelheit.
Mir ist ~~[illegible]~~ hier alles recht ennuyant einerley.

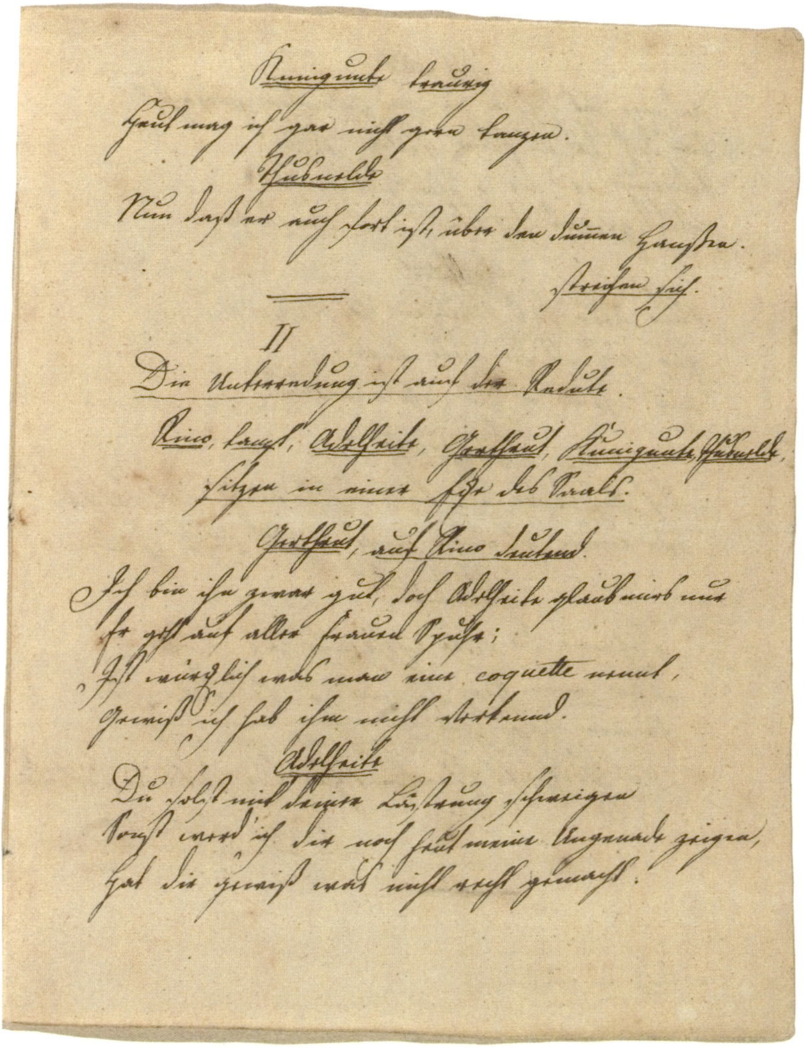

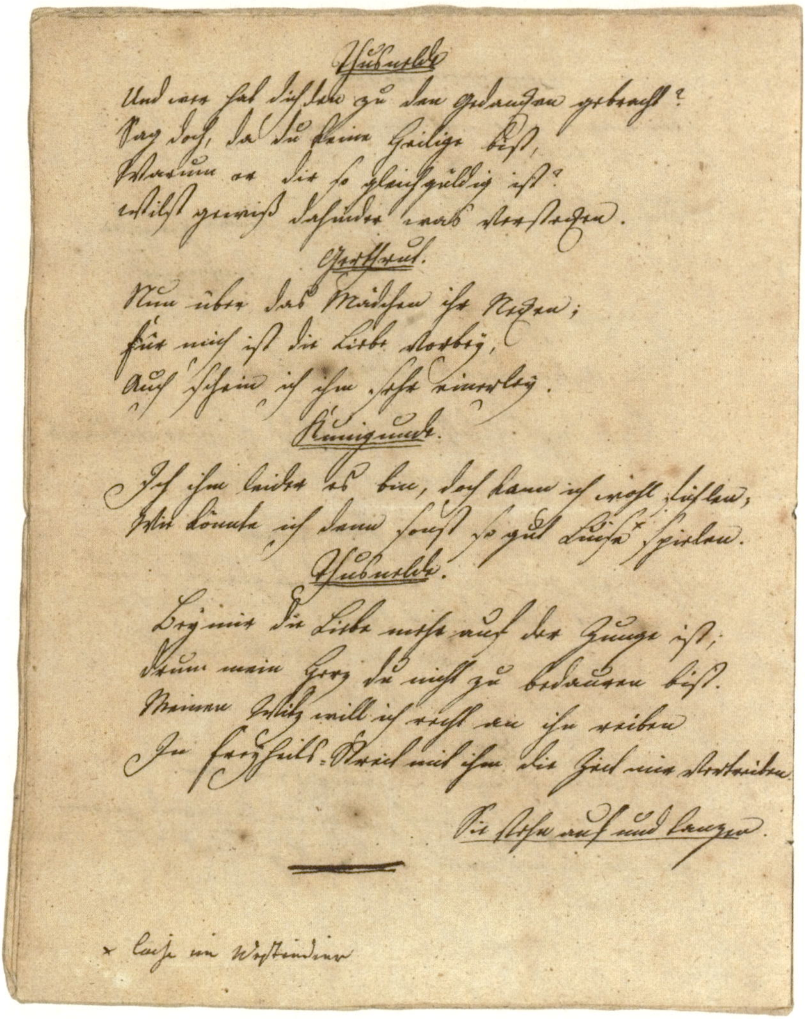

Wunibald.
Und wer hat dich denn zu den Gedanken gebracht?
Sag doch, da du keine Heilige bist,
Warum er dir so gleichgültig ist?
Willst gewiss dahinter nach verstehen.

Gertraud.
Nun über das Mädchen ist Rettung;
Für mich ist die Liebe vorbey,
Auch scheint es ihm sehr einerley.

Kunigunde.
Ich thu leider es bin, doch kann ich nicht fühlen,
Wie könnte ich dann sonst so gut Lucie[×] spielen.

Wunibald.
Bey mir die Liebe mehr auf der Zunge ist;
Drum mein Herz du nicht zu bedauern bist.
Meinen Witz will ich recht an ihm reiben
Im Faschings-Spiel mit ihm die Zeit mir vertreiben

Sie stehen auf und lachen.

× Lucie im Westindier

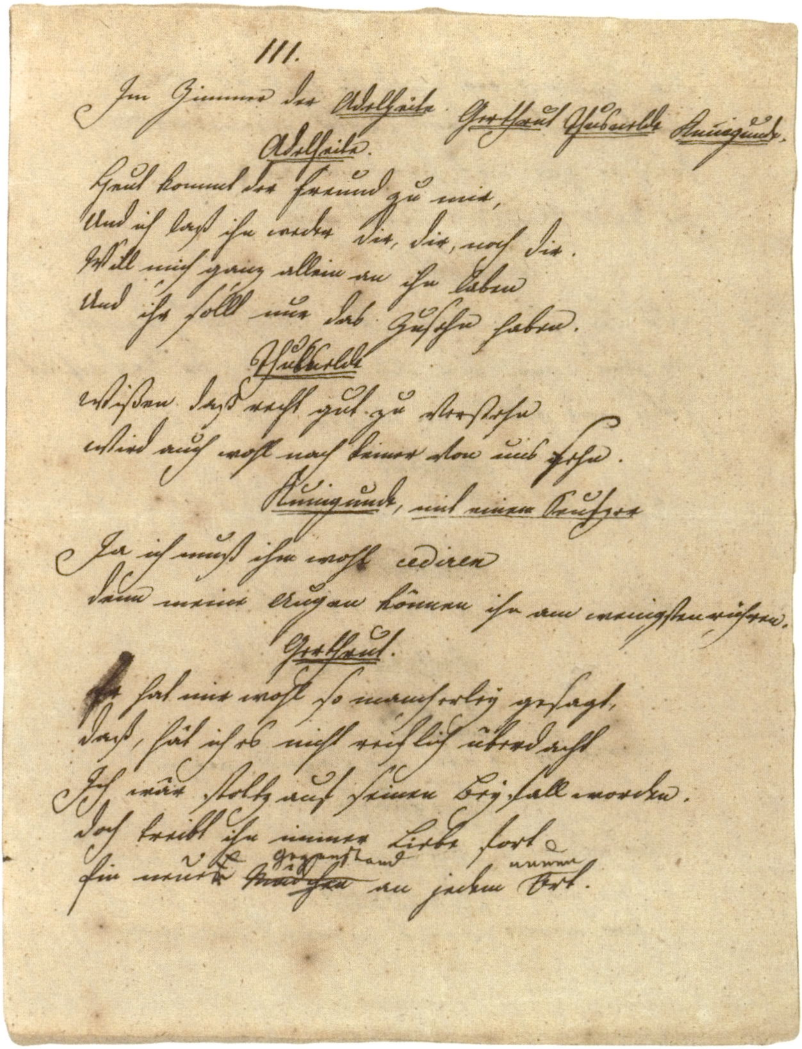
III.

Im Zimmer der Adelheite. Gertraud Hubertilde Kunigunde.

Adelheite.

Heut kommt der Freund zu mir,
Und ich laß ihn weder dir, dir, noch dir.
Will mich ganz allein an ihn laben
Und ihr sollt nur das Zusehn haben.

Hubertilde

Wissen doch recht gut zu verstehn
Wird auch noch nach keiner von euch gehn.

Kunigunde, mit einem Seufzer

Ja ich muß ihn wohl cediren
Denn meine Augen können ihn am wenigsten rühren.

Gertraud.

Er hat mir auch so mancherley gesagt,
Daß, hätt ichs nicht recht überdacht
Ich wär stolz auf seinen Beyfall worden.
Doch treibt ihn immer Liebe fort
Ein neuer Gegenstand an jedem Orte.

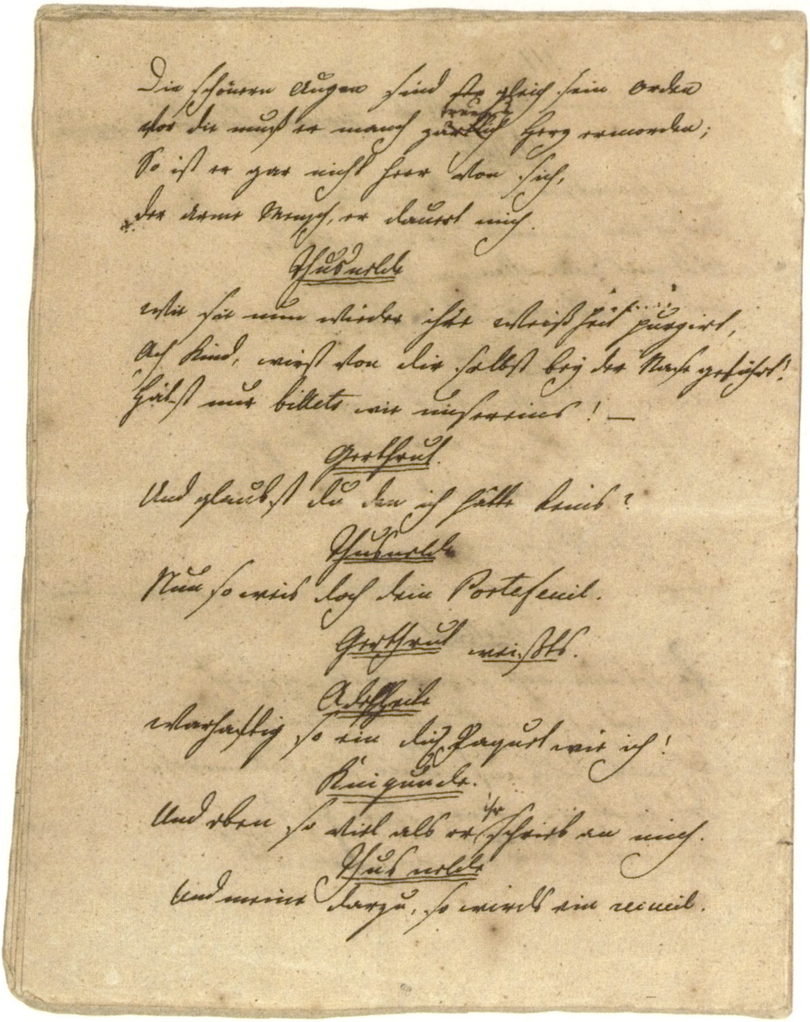

Rino[1]
Ein Schauspiel
in drey Abtheilungen.

1776.
von Frau von Stein [Bl. 1r]/

Personen
Rino Goethe
adelhaite Herzogin Mutter[2]
Thusnelde Fräulein Goechhaus ihre Hoffdame[3]
Kunigund Frau von Werther gebℓ Munchhauß[4]
Gerthrude Frau von Stein [Bl. 1v]/

I

Rino trit im Saal, wo eben getanzt wird.
Rino, bey Seite
Sind da eine Menge Gesichter herrum,
Scheinen alle recht adlich gänße dumm.
Verschiedene werden presentirt
Adelhaite
Wir haben dich lang bey uns erwart[5]
Du einziges Geschöpf in deiner Art.
Rino, beugt sich~~t~~.
Thusnelde
Ich bin sehr neugierich auf dich gewesen
S'ist nun mahl so in meinem Wesen
Rino
Können also jetzt ihre Neugier stillen
Wie's Ihnen beliebt, nach Ihren Willen.
Gerthruth von weiten.
Gleichgüldig ist er mir eben nicht,
Doch weiß ich nicht ob er oder Werther ~~mich sticht~~. mir spricht[6] [Bl. 2r]/
Kunigunte
Ja, ja s' ist Werther ganz und gar
So liebens werth als er mir immer war.
Gerthrute und **Kunigunte** werden presentirt.
Gerthruthe.
Ich freue mich Ihre Bekandschafft zu machen.
Rino verbeugt sich.
Gerthruth
Apropos des Bals; mögen Sie gern tanzen und lachen?
Rino.
Manch mal, doch meistens schleicht mit mir
Herrum ein trauriges Gefühl

Ueber das ewge Erden gewühl.

geht ab.

Gerthruth.

Ist mir doch als wär das Intreße der Geselschaft vorbey.

Adelheite.

Mir ist ~~xals wär das~~ hier alles recht ennuyant[7] einerley. [Bl. 2v]/

Kunigunte traurig

Heut mag ich gar nicht gern tanzen.

Thusnelde

Nun daß er auch fort ist, über den dummen Hanßen.

streichen sich.[8]

═

II

Die Unterredung ist auf der Redute.[9]

Rino, tanzt, **Adelheite**, **Gerthrut**, **Kunigunte**, **Thusnelde**, sitzen in einer Ecke des Saals.

Gerthrut, auf Rino deutend.

Ich bin ihn zwar gut, doch Adelheite glaub mirs nur
Er geht auf aller Frauen Spuhr;
Ist würcklich was man eine coquette[10] nennt,
Gewiß ich hab ihm nicht verkennd.

Adelheite

Du solst mit deiner Lästrung schweigen
Sonst werd' ich dir noch heut meine Ungenade zeigen,
Hat dir gewiß was nicht recht gemacht. [Bl. 3r]/

Thusnelde

Und wer hat dich den zu den Gedancken gebracht?
Sag doch, da du keine Heilige bist,
Warum er dir so gleichgüldig ist?
Wilst gewiß dahinder was verstecken.

Gerthrut.

Nun über das Mädchen ihr Necken;
Für mich ist die Liebe vorbey,
Auch schein ich ihm sehr einerley.

Kunigunde.

Ich ihm leider es bin, doch kann ich wohl fühlen;
Wie könnte ich denn sonst so gut Luise×[11] spielen.

Thusnelde.

Bey mir die Liebe mehr auf der Zunge ist;
Drum mein Herz du nicht zu bedauren bist.
Meinen Witz will ich recht an ihn reiben
In Freyheits-Streit mit ihm die Zeit mir vertreiben.

Sie stehn auf und tanzen.

═

× Luise im Westindier [Bl. 3v]/

III.

Im Zimmer der **Adelheite. Gerthrut Thusnelde Kunigunde,**

Adelheite.

Heut kommt der Freund zu mir,
Und ich laß ihn weder dir, dir, noch dir.
Will mich ganz allein an ihn laben
Und ihr sollt nur das Zusehn haben.

Thusnelde

Wißen daß recht gut zu verstehn
Wird auch wohl nach keiner von uns ~~g~~sehn.

Kunigunde, mit einem Seufzer

Ja ich muß ihm wohl cediren[12]
Denn meine Augen können ihn am wenigsten rühren.

Gerthrut.

Er hat mir wohl so mancherley gesagt,
Daß, hät ich es nicht reiflich überdacht
Ich wär stoltz auf seinen Beyfall worden.
Doch treibt ihn immer Liebe fort
Ein neuesr ⌈~~Mädchen~~⌉ Gegenstand an jedem ⌈neuen⌉ Ort. [Bl. 4r]/
Die schönern Augen sind ~~ste~~ gleich sein Orden
Vor die muß er manch ~~zärtlich~~ ⌈treues⌉ Herz ermorden;
So ist er gar nicht herr von sich,
Der arme Mensch, er dauert mich.

Thusnelde

Wie sie nun wieder ihre Weißheit purgirt,[13]
Ach Kind, wirst von dir selbst bey der Nase geführt!
Hätst nur billets wie unsereins! –

Gerthrut.

Und glaubst du den ich hätte keins?

Thusnelde

Nun so weis doch dein Portefeuil.[14]

Gerthrut weißts.

Adelheite

Wahrhaftig so ein dick Paquet wie ich!

Kunigunde.

Und eben so viel als er ⌈ihr⌉ schrieb an mich.

Thusnelde

Und meine darzu, so wirds ein recueil.[15] [Bl. 4v]

Kommentar

Überlieferung

H: GSA, 122/3a. – 4 Bl. (2 ineinandergelegte Doppelblätter) 15,9(–16,4) × 19,9 cm, 8 S. beschrieben, Schreiberhand (Louise von Göchhausen) mit eigenhändigen Ergänzungen: »1776. / von Frau von Stein« (Bl. 1r), Personenverzeichnis (Bl. 1v), »× Luise im Westindier« (Bl. 3v), eigenhändige Korrekturen: »~~mich sticht~~. mir spricht« (Bl. 2r), ⌈~~Mädchen~~⌉ Gegenstand, ⌈neuen⌉ (Bl. 4r), ~~zärtlich~~ ⌈treues⌉, ⌈ihr⌉ (Bl. 4v).

Erläuterungen zum Text

1 Der Titel *Rino* ist eine Übernahme des Bardennamens Ryno aus Ossians (James Macphersons) *Songs of Selma*, deren Übersetzung aus dem Herbst 1771 Goethe in überarbeiteter Form in den zweiten Teil des *Werther* aufgenommen hatte (vgl. Der junge Goethe. Hrsg. von Hanna Fischer-Lamberg. 5 Bde. und Registerband. Berlin 1963–1974, Bd. 4, S. 175–179; zu Goethes Ossian-Übersetzungen vgl. GB, Bd. 1 II, S. 383–385 (einleitende Erläuterung zu Nr. 90). Auf diesen Ursprung des Namens der Titelfigur verweist auch die Schreibweise in Goethes Tagebucheintrag vom 23. Juni 1776: »In wielands Garten *Ryno* herrlicher Abend mit W. und Lenz, von Vergangenheiten. Silhouetten« (GT, Bd. I 1, S. 19).

2 Anna Amalia Herzogin von Sachsen-Weimar und Eisenach geb. Prinzessin von Braunschweig und Lüneburg-Wolfenbüttel (1739–1807), seit 1756 verheiratet mit Herzog Ernst August II. Constantin, Mutter Carl Augusts, von 1758 bis 1775 obervormundschaftliche Regentin von Sachsen-Weimar und Eisenach.

3 Louise Ernestine Christiane Juliane von Göchhausen (1752–1807), seit 1768 Hofdame der Markgräfin Caroline Louise von Baden in Karlsruhe, seit 1775 Gesellschafterin der Herzoginmutter Anna Amalia, seit 1783 erste Hofdame, auch ›Thusnelda‹ genannt. – Das Personenverzeichnis wurde vermutlich erst später ergänzt, als Louise von Göchhausen zur Hofdame ernannt worden war.

4 Amalie Christine Philippine von Werthern-Beichlingen auf Frohndorf geb. von Münchhausen (1757–1844), die 1776 erst 19-jährige Frau des fast zwanzig Jahre älteren Weimarer Kammerherrn und Stallmeisters Christian Ferdinand Georg Freiherr von Werthern-Beichlingen, seit 1785 Geliebte Johann August von Einsiedels, seit 1788 Einsiedels Frau.

5 Anspielung auf Goethes Ankunft in Weimar. Infolge der verspätet in Frankfurt angekommenen herzoglichen Kutsche traf Goethe nicht schon wie ursprünglich geplant im Oktober, sondern erst am 7. November 1775 in Weimar ein. Wie der Brief von Wieland an Lavater vom 27. Oktober

1775 belegt, waren in Weimar Zweifel an Goethes Besuchsabsichten aufgekommen: »Auf Göthen warten wir hier sehnlich seit 8–10 Tagen von Tag zu Tag, von Stunde zu Stunde. Noch ist er nicht angelangt, und wir besorgen nun, er komme gar nicht.« (Wielands Briefwechsel. Hrsg. von der Berlin-Brandenburgischen Akademie der Wissenschaften durch Siegfried Scheibe. 20 Bde. Berlin 1963–2007, Bd. 5, S. 430)

[6] Als Verfasser der *Leiden des jungen Werthers* (1774) war Goethe einer großen, vor allem auch weiblichen Leserschaft in ganz Deutschland und Europa bekannt geworden. Schon kurz nach der Veröffentlichung des Romans hatte er aber auch die negativen Folgen der Identifikation des Autors mit seinem literarischen Helden zu spüren bekommen. Recht bald war er deshalb »das ausgraben, und seziren« seines »armen Werthers so satt«, wie er im Brief vom 7. und 10. März 1775 an Augusta zu Stolberg klagte (GB, Bd. 2 I, 175,4 f.). Dass Goethe sich in Weimar in der so genannten ›Werther-Tracht‹, also im blauen Rock (Jacke) mit gelber Weste und Hose, gezeigt habe, wie immer wieder kolportiert wird, ist unwahrscheinlich. Dagegen scheint das Porträt von Georg Melchior Kraus, das den Dichter kurz nach seiner Übersiedlung nach Weimar im grauen ›Biber-Frack‹, weißer Weste, offenem weißen Hemd und schwarzer Hose zeigt, viel Ähnlichkeit mit dem Porträtierten zu besitzen (Original von 1775/76: KSW, Museen, Inv.-Nr. DGe/00045; zu *Rino* als Zeugnis einer persönlich-kontroversen Werther/Goethe-Rezeption vgl. Markus Wallenborn: Frauen. Dichten. Goethe. Die produktive Goethe-Rezeption bei Charlotte von Stein, Marianne von Willemer und Bettina von Arnim. Tübingen 2006, S. 15–48.

[7] Franz.: langweilig, lästig.

[8] Sich streichen: schnell gehen, laufen (vgl. Johann Christoph Adelung: Grammatisch-kritisches Wörterbuch der Hochdeutschen Mundart, mit beständiger Vergleichung der übrigen Mundarten, besonders aber der Oberdeutschen. Zweyte vermehrte und verbesserte Ausgabe. 4 Tle. Leipzig 1793–1801, T. 4, S. 434); hier: sich davonmachen; offenbar ein damals in der Weimarer Gesellschaft beliebter Ausdruck.

[9] Maskenball; an den Redouten, zu denen man sich im Herbst und Winter traf, nahm die Hofgesellschaft und auch das bürgerliche Publikum teil. Seit November 1775 wurden sie im Redoutenhaus an der Esplanade (heute Schillerstraße) abgehalten. Sie begannen abends gegen 19 Uhr und dauerten bis in die Morgenstunden, wobei die Hofgesellschaft erst später hinzukam (vgl. Leonhard Schrickel: Geschichte des Weimarer Theaters von seinen Anfängen bis heute. Weimar 1928, S. 59).

[10] Franz.: gefallsüchtig; hier für franz. cocotte: eigentlich: Huhn, Hühnchen; dann übertragen ›Kokotte‹. Als ›coquet‹ charakterisierte Charlotte

von Stein Goethe auch in ihrem Brief an Zimmermann vom 6. März 1776: »Ich fühls Göthe und ich werden niemahls Freunde; auch seine Art mit unßern Geschlecht umzugehn gefält mir nicht er ist eigendlich was man coquet nent es ist nicht Achtung genug in seinen Umgang.« (H: FDH, Hs-7182)

[11] Luise Dudly, die Geliebte des Westindiers, die Emilie von Werthern-Beichlingen, die Darstellerin der Kunigunde im *Rino*, in der Liebhaberaufführung des Stückes gespielt hatte. – *Der Westindier*, ein Lustspiel von Richard Cumberland (The West Indien. A Comedy. London 1771), wurde im Februar 1776 vom Weimarer Liebhabertheater einstudiert, und zwar in der Übersetzung von Johann Joachim Christoph Bode (Der Westindier. 2. Auflage. Hamburg, Frankfurt a. M. 1775). Neben Goethe, der die Titelrolle des ›Westindiers‹ Belcour verkörperte, und Charlotte von Stein in der Rolle der Miss Charlotte Russport sollen Herzog Carl August, Prinz Constantin, Louise von Göchhausen, die Kammerherren Friedrich Hildebrand von Einsiedel und Carl Friedrich Sigmund von Seckendorff, Emilie von Werthern-Beichlingen, Josias von Stein und Knebel mitgespielt haben (vgl. Gisela Sichardt: Das Weimarer Liebhabertheater unter Goethes Leitung. Weimar 1957, S. 135 f.). Dass Angehörige des Hofes und der herzoglichen Familie, ja der regierende Herzog selbst zu den Schauspielern des Liebhabertheaters gehörten, dürfte für die damalige Zeit ungewöhnlich gewesen sein, wie u. a. ein Brief Carl von Steins vom 7. Dezember 1782 an seinen Vater belegt: »Man hält sich hier [in Braunschweig] darüber auf, daß in Weimar keine Truppe ist und daß der Hof das Publikum belustigt, indem er selbst mitagiert. Ich habe mein liebes Weimar verteidigt, soviel in meinen Kräften steht. Es behält doch immer den Vorzug, daß niemand durch Etiquette bekümmert wird wie hier.« (Horst Fleischer: Vertrauliche Mitteilungen aus Mecklenburg-Schwerin und Sachsen-Weimar. Rudolstadt 1999, S. 28)

[12] Zedieren (von lat. cedere): überlassen, abtreten.

[13] Purgieren (von lat. purgare: reinigen, abführen), hier wohl: ›vorführen‹.

[14] Franz.: Brieftasche, Mappe.

[15] Franz.: Sammelband.

ER

Die Schriftstellerin Charlotte von Stein

Gaby Pailer

»Mein Betrug war gerechte Rache ...«

Identitätsschwindel als *female empowerment* in Charlotte von Steins *Die zwey Emilien* (1803)

> Mein Betrug war gerechte Rache. – Ja, es bleibt wahr und gewiß. Nie standen die Frauen an ihrem gehörigen Platze, weder nach der Ordnung der Natur, noch nach dem Vertrag der gesellschaftlichen Einrichtung. Was der einen gelingt, stürzt die andere herab. Vorzügliche Eigenschaften schaden ihnen oft, oft nutzen ihnen ihre Fehler und tragen sie aus einer unbekannten Sphäre zu einer höhern Rolle empor. Einmal sind wir alles und bald darauf nichts –[1]

Was wie eine frühfeministische programmatische Äußerung anmutet, bildet die Schlüsselstelle in Charlotte von Steins Drama *Die zwey Emilien*, das Friedrich Schiller 1803 unter gleichermaßen anonymisierter Autor- wie Herausgeberschaft beim Tübinger Verlagshaus Cotta in Druck gibt. Postuliert wird sie von der ›bösen‹, dämonischen und ihrer Herkunft unkundigen Emilie Fitzallan, welche die ›gute‹, adelige und tugendhafte Emilie Lenox um Identität, Vermögen und Gatten zu bringen sucht. Steins Drama beruht auf einem englischsprachigen Roman der Autorin Sophia Lee, *The Young Lady's Tale. The Two Emilys* (1798),[2] weicht aber von deren melodramatischer, dem Prinzip der poetischen Gerechtigkeit folgender Konzeption radikal ab: Fitzallan wird am Ende nicht durch Siechtum und frühen Tod abgestraft, sondern darf ihr betrügerisches Handeln effektvoll legitimieren,

---

[1] [Charlotte von Stein]: Die zwey Emilien. Drama in vier Aufzügen. Nach dem Englischen. Stuttgart 1803, S. 129. Hier verwendete Ausgabe: Charlotte von Stein: Dramen (Gesamtausgabe). Hrsg. und eingeleitet von Susanne Kord (Frühe Frauenliteratur in Deutschland. Hrsg. von Anita Runge. Bd. 15). Hildesheim, Zürich, New York 1998 (Faksimile-Ausgabe mit Seitenzählung der früheren Drucke). Eine Neuausgabe des Stückes ist in Vorbereitung: Charlotte von Stein: Die zwey Emilien. Hrsg. von Gaby Pailer und Laura Isakov. Hannover 2018.

[2] Sophia Lee: The Young Lady's Tale. The Two Emilys. In: Harriett Lee and Sophia Lee: The Canterbury Tales. 5 Bde. London 1797–1805, Bd. 2, 1798. Hier verwendete Neuausgabe mit ausführlicher Einleitung und Kommentierung: Sophia Lee: The Two Emilys (1798). Ed. with an introduction and notes by Julie Shaffer. London 2009 (Druck- und Kindle-Edition).

bevor sie sich der von ihrem just wiedergefundenen natürlichen Vater angedrohten Verbannung hinter Klostermauern resolut entzieht.

Im folgenden Beitrag möchte ich zunächst über Autorschaft- und Werkdiskurse im Rahmen der deutschsprachigen Literaturgeschichtsschreibung reflektieren, zweitens die recht merkwürdige Veröffentlichungsgeschichte von Steins *Die zwey Emilien* anreißen, drittens das Drama mit besonderem Blick auf die von Stein geänderte Wirkungsästhetik im Verhältnis zur englischen Romanvorlage analysieren und abschließend erwägen, inwiefern Maskerade und Betrug in diesem Stück als Strategien eines *female empowerment* und Entwurf weiblicher Autorschaft zu lesen sind.

I. Autorschafts- und Werkdiskurse im Rahmen der Literaturgeschichtsschreibung

Das Leitmotiv des legitimen Betrugs lässt sich aus archiv- und editionswissenschaftlicher Perspektive betrachten, gewissermaßen als Spiel der Autorin mit Autorschafts- und Werkdiskursen, die sich seit je an einer Norm männlichen Schreibens orientieren und bis in die Gegenwart auf Überlieferungs-, Erschließungs-, Katalogisierungs-, Herausgabe- und Veröffentlichungspraktiken auswirken. Schaut man sich das literarische Werk Charlotte von Steins an, so wird schnell ersichtlich, dass dem Interpretationswillen durch mangelnde Verfügbarkeit Schranken gesetzt sind.[3] Zugleich öffnet uns dies die Augen für den gerade in der neueren deutschen Literaturwissenschaft gerne übersehenen Umstand, dass alle Texte, selbst jene der unmittelbaren Gegenwart, seien es materielle oder immaterielle Formen, verlegerisch ›hergestellt‹ sind, dass wir keine Originale ›letzter Hand‹ vor uns liegen haben, sondern edierte Texte, die einerseits die Aura des autorisierten Werks zu vermitteln versuchen, andererseits auf eine je nachdem kürzere oder längere kulturgeschichtliche Vita vorgängiger Fassungen und Einrichtungen zurückblicken können.

Literarische Produktionsprozesse bilden einen bedeutenden Faktor für die Diskussion der deutschsprachigen literaturgeschichtlichen Entwicklung, insbesondere im Zusammenhang nationalkultureller Werthaltungen. Im frühen 19. Jahrhundert erfolgt die Umstellung von einer enzyklopä-

[3] Die von Kord herausgegebene Gesamtausgabe (Anm. 1) versammelt ältere Drucke der Dramen *Dido* und *Rino* aus: Goethes Briefe an Frau von Stein. Hrsg. von Adolf Schöll. Frankfurt/Main 1883; *Neues Freiheits-System*, veröffentlicht als: Die Verschwörung gegen die Liebe. Lustspiel in vier Bildern. Hrsg. von Frank Ulbrich. Braunschweig [1948]; sowie den Erstdruck von *Die zwey Emilien*.

disch angelegten ›Litterärgeschichtsschreibung‹ auf eine zielorientierte Literaturgeschichtsschreibung, die mit Blick auf die (zunächst ersehnte) deutsche Nationalstaatsbildung die ›schöne Literatur‹ historisch selektiert und zu einem modernen Schulkanon arrangiert. Dies vollzieht sich in zunehmender Autonomisierung gegenüber ›ausländischen‹, insbesondere französischen Einflüssen[4] und wirkt sich auf das literaturwissenschaftliche Verständnis von Vorgängen der Übersetzung, Übertragung, Adaption und Anverwandlung im Verhältnis zur Vorstellung eines Literaturwerks als autonomem Gebilde aus.[5] Verhandlungen der Autoren selbst innerhalb solcher Prozesse der Herausbildung eines modernen Kanons kulturell wertvoller Literaturerzeugnisse lassen sich als Vorgänge der ›Werkpolitik‹ deuten.[6] Die Position von Autorinnen scheint indes eine prinzipiell andere zu sein, was mit den Herstellungsprozessen kultureller Geschlechterbilder und -rollen zu tun hat. Ihre werkpolitischen Verhandlungen müssen sich immer zugleich an der für ihre Geschlechtszuschreibung spezifischen sozial- und kulturpolitischen Umgebung orientieren sowie an der Art und Weise, wie Männlichkeit als Norm, Weiblichkeit als Abweichung oder Komplement definiert werden.

Literaturgeschichtliche Auswahlkriterien von ›Nation‹ und ›Gender‹ müssen daher immer in Wechselbeziehung gesehen werden, will man ermitteln, wie Autorschafts- und Werkkonzepte über die Art der kulturellen Überlieferung, über Kanonisierung oder Dekanonisierung von Autoren und Autorinnen bestimmen. In ihrem Beitrag *How to Suppress Women's Writing* skizziert Joanna Russ typische Wertungsstrategien, die Renate von Heydebrand und Simone Winko auf den deutschsprachigen Literaturraum beziehen:

[4] Diese Entwicklung behandelt grundlegend aus systemtheoretischer Perspektive Jürgen Fohrmann: Das Projekt der deutschen Literaturgeschichte. Entstehung und Scheitern einer nationalen Poesiegeschichtsschreibung zwischen Humanismus und Deutschem Kaiserreich. Stuttgart 1989.

[5] Zu Diskursen um Kreativität und Autorschaft und insbesondere Übersetzung als kulturellem Transfer vgl. Brunhilde Wehinger und Hilary Brown (Hrsg.): Übersetzungskultur im 18. Jahrhundert. Übersetzerinnen in Deutschland, Frankreich und der Schweiz. Hannover 2008; Linda Dietrick und Birte Giesler (Hrsg.): Weibliche Kreativität um 1800. Hannover 2015.

[6] Diesen neuen Terminus prägt Steffen Martus: Werkpolitik. Zur Literaturgeschichte kritischer Kommunikation vom 17. bis ins 20. Jahrhundert mit Studien zu Klopstock, Tieck, Goethe und George. Berlin 2007.

1. Im Fokus ist die Biographie der Autorin, nicht das Werk, dabei insbesondere ihre historisch-gesellschaftliche Stellung im Bezug auf die Idee der Nation.
2. Was das Werk betrifft, richtet sich der Blick auf einzelne Gattungen, besonders jene, die mit (Auto-)Biographischem direkt verknüpft scheinen, wie etwa Briefe, Selbstzeugnisse, Kurzformen, Lyrik.
3. Statt Einzelwerke zu würdigen, wird eine Gesamtschau von Leben und Werk präsentiert.[7]

Auch für männliche Autoren lassen sich zuweilen ähnliche Wertungsstrategien erkennen, signifikantes Beispiel einer Negativ-Kanonisierung ist der Weimarer Erfolgsschriftsteller August von Kotzebue, dem bereits im zeitgenössischen Diskurs eine fragwürdige Haltung zur Idee der Nation unterstellt wird, verbunden mit dem Vorwurf serieller und kunstloser Literaturproduktion.[8] Im Falle von Schriftsteller*innen* scheint eine spezifische Kanonisierung als Abweichung oder Ausnahme von der gesellschaftlichen Norm männlicher Autorschaft indes kulturgeschichtliches System zu haben, wofür Charlotte von Stein ein Paradebeispiel bildet.

II. Veröffentlichungszusammenhang von Steins *Die zwey Emilien*

Die Dauerausstellung auf Schloss Kochberg macht es sinnfällig: Für lange Zeit war an Charlotte von Stein das biographische Interesse vorherrschend, und zwar in strikter Relation zu Johann Wolfgang von Goethe. Erst seit den 1990er Jahren wurde sie auch als Autorin literarischer Schriften entdeckt, wobei die Beschäftigung mit ihrem Antikendrama *Dido* (entstanden um 1794) im Vergleich zu Goethes *Iphigenie auf Tauris* im Zentrum der Aufmerksamkeit stand.[9] Eine Werkausgabe, die Faksimiles der bisherigen

[7] Joanna Russ: How to Suppress Women's Writing. Austin, Texas 1983; Renate von Heydebrand und Simone Winko: Einführung in die Wertung von Literatur. Systematik – Geschichte – Legitimation. Paderborn, München 1996.

[8] Vgl. Simone Winko: Negativkanonisierung. August von Kotzebue in der Literaturgeschichtsschreibung des 19. Jahrhunderts. In: Kanon Macht Kultur. Theoretische, historische und soziale Aspekte ästhetischer Kanonbildung. Hrsg. von Renate von Heydebrand. Stuttgart 1998, S. 341–364.

[9] Frühe Beiträge zu Steins *Dido*: Arnd Bohm: Charlotte von Stein's *Dido, Ein Trauerspiel*. In: Colloquia Germanica 22 (1989), S. 38–52; Linda Dietrick: Woman's State. Charlotte von Stein's ›Dido. Ein Trauerspiel‹ and the Aesthetics of Weimar Classicism. In: Verleiblichungen. Literatur- und kulturgeschichtliche Studien über

Erstdrucke versammelt, besorgte Susanne Kord.[10] Nicht unproblematisch daran ist, dass die meisten dieser Drucke nicht von Stein selbst autorisiert waren und sowohl *Dido* als auch die Komödie *Neues Freiheits-System oder die Verschwörung gegen die Liebe* (um 1798) erst posthum in gravierend emendierter und interpolierter Gestalt erschienen.[11]

Der einzige Text, der zu Steins Lebzeiten (anonym) erschien, ist *Die zwey Emilien*. Allerdings widerfuhr diesem in der Forschung weit weniger Aufmerksamkeit als *Dido* und *Neues Freiheits-System*, zum einen wohl, weil keine Handschrift erhalten ist, zum zweiten, weil der Untertitel »Nach dem Englischen«[12] das Stück als Adaption ausweist. In der Weimarer Herzogin Anna Amalia Bibliothek sind zwei Exemplare erhalten (vgl. Anhang, Katalog, Nr. 16).[13] Ein weiteres Exemplar erwähnt die Nationalausgabe im Verzeichnis von Friedrich und Charlotte Schillers Bibliothek:

Strategien, Formen und Funktionen der Verleiblichung in Texten von der Frühzeit bis zum Cyberspace. Hrsg. von Burkhardt Krause und Ulrich Scheck. St. Ingbert 1996, S. 111–131; Susanne Kord: Not in Goethe's Image. The Playwright Charlotte von Stein. In: Thalia's Daughters. German Women Dramatists from the Eighteenth Century to the Present. Ed. by Susan L. Cocalis and Ferrel Rose. Tübingen 1996, S. 53–75; Sarah Colvin: Bitter Comedy: The Dramatic Writing of Charlotte von Stein. In: Harmony in Discord: German Women Writers in the Eighteenth and Nineteenth Centuries. Ed. by Laura Martin. Oxford, New York 2001, S. 145–160.

[10] Vgl. Anm. 1.

[11] Eine Neuausgabe existiert bislang nur von: Charlotte von Stein: Neues Freiheits-System oder die Verschwörung gegen die Liebe. Mit einem Nachwort hrsg. von Linda Dietrick und Gaby Pailer. Hannover 2006, basierend auf der Handschrift im Goethe- und Schiller-Archiv (GSA 122/5). Eine zweisprachige Neuausgabe des Dramas *Dido* planen Gaby Pailer und Laura Isakov. Für beide Dramen sollen die Handschriftenbestände sowohl des Goethe- und Schiller-Archivs als auch des Freien Deutschen Hochstifts berücksichtigt werden.

[12] Vgl. Anm. 1.

[13] Exemplar 1: Die zwey Emilien / Drama in vier Aufzügen. / Nach dem Englischen. / Tübingen, / in der J. G. Cotta'schen Buchhandlung / 1803 (Sign.: Dd 3:891 b; Stempel: G. H. Bibliothek Weimar; Einband: Papier, schwarz, grünes hss. Etikett auf dem Rücken; Buchblock beschnitten, keine Anstreichungen, Marginalien o. ä.). Exemplar 2: Die zwey Emilien / Drama in vier Aufzügen. / Nach dem Englischen. / Tübingen, / in der J. G. Cotta'schen Buchhandlung / 1803 (Sign. mit Bleistift: N 21.892; Stempel: Nationale Forschungs- und Gedenkstätten; blauer Pappeinband, Interimsbroschur, Rand gerissen, Eigentumsvermerk auf dem Titel oben re. »Seidel«; keine Anstreichungen, Marginalien, o. ä.).

Vermutlich erhalten von Johann Gottfried Göpferdt; Schiller hatte Druck und Verlag vermittelt (vgl. Schillers Brief an Cotta vom 14. Oktober 1803; NA, Bd. 32, S. 79). Im Nachlaß Charlotte von Schillers im GSA ist ein Exemplar erhalten, doch erscheint es zweifelhaft, ob es zu Charlotte von Schillers Besitz gehörte, denn es trägt den Vermerk: Übersetzer: Friedr. v. Schiller und den Stempel: ›Kaufmänn. Casino Stuttgart‹. – Verbleib unbekannt.[14]

Charlotte von Steins Schauspiel *Die zwey Emilien* erscheint, von Friedrich Schiller herausgegeben, bei Cotta 1803, wie bereits aus einem Brief von Schiller an Cotta vom 9. Juli 1802 hervorgeht:

Sie haben mir in Ihrem lezten nicht geschrieben, ob Sie die Scenen aus dem Schauspiel Dido, wovon ich Ihnen gesagt, noch zu dem Damen Calender wünschen oder ob dieser schon sein gehöriges Maaß von Beiträgen enthält. Indeß werde ich solche parat halten, daß sie Ihnen gleich können verabfolgt werden.

Auch das *ganze Stück* von derselben Dame, worüber wir überein gekommen sind, soll diesen Monat noch folgen.[15]

Erneut erscheint das Stück im dritten Band der *Neuesten deutschen Schaubühne für 1805,* nun unter dem Autornamen ›Friedrich Schiller‹, eine bemerkenswerte Verwechslung von Urheberin und Herausgeber des Erstdrucks (Abb. 1).[16] Beachtung verdient zudem, dass das Drama *Die zwey Emilien* eine Anthologie anführt, in der fast alle weiteren Stücke von August von Kotzebue stammen (Abb. 2).[17] Dieser Kontext allein lässt darauf schlie-

[14] NA, Bd. 41 I, S. 680.

[15] NA, Bd. 31, S. 149; vgl. auch S. 519 (Kommentar). Hervorhebung im Original durch Sperrdruck.

[16] Die zwey Emilien. Ein Drama in vier Aufzügen. Nach dem Englischen, von Friedrich Schiller. In: Neueste deutsche Schaubühne für 1805, Bd. 3, Augsburg 1805, S. 1–208. Verwendet wurde das Exemplar im Privatbesitz von Gaby Pailer. Eine weitere Neuausgabe des Erstdrucks erfolgte im Jahrbuch der Sammlung Kippenberg, Bd. 3, 1923, S. 132–232. Schließlich erwähnt Julie Shaffer in ihrer Edition von Lees Roman die beiden Drucke des Dramas von Charlotte von Stein (1803, 1805) sowie eine zeitgenössische Übertragung ins Niederländische: The Twee Emilia's, of De Ontwerpen der Wraakzucht: tooneelspiel in 4 bedrifven. Amsterdam 1805; vgl. Shaffer (Ed.): The Two Emilys (Anm. 2), S. 276f.

[17] Es handelt sich um folgende Stücke: Friedrich Laun: Das Hochzeitgeschenk; August von Kotzebue: Kleine dramatische Stücke (1. Die hübsche kleine Putzmacherin; 2. Der Gimpel auf der Messe; 3. Die Sparbüchse, oder der arme Candidat; 4. Hygea; 5. Mädchenfreundschaft, oder der türkische Gesandte; 6. Der Trunkenbold).

ßen, dass es sich um einen unautorisierten Raubdruck handelt, der nach Schillers Tod am 9. Mai 1805 veranlasst wurde. Darüber hinaus wurde auch eine Reihe Gedichte Steins bis weit ins 19. Jahrhundert der Feder Friedrich Schillers zugeschrieben, unter anderem das Schlussgedicht des Klosterbruders in Steins Drama.[18]

III. Analyse des Dramas im Vergleich zur Romanvorlage

Das Stück stellt, wie einleitend erwähnt, die kreative Adaption des Romans *The Young Lady's Tale. The Two Emilys* von Sophia Lee dar.[19] Eine erstmalige kurze Analyse im Vergleich zur Vorlage unternimmt Susanne Kord in der Einleitung ihrer Gesamtausgabe von Steins Dramen. Im Rahmen eines Beitrags zu Charlotte Schiller als Dramatikerin (Schillertage Weimar 2015) befasst sich Gaby Pailer gleichfalls kursorisch mit dem Stück.[20] Im Folgenden soll es zunächst als eigenständiges Werk in seiner impliziten Dramaturgie analysiert werden. Das Schaubild der Auftritte und Figuren[21] soll eine Vorstellung des Aufbaus und dramatischen Ablaufs ermöglichen (Abb. 3).

---

18 Alexander Rosenbaum entdeckte im Rahmen der Kuration der Charlotte von Stein-Ausstellung, dass die Veröffentlichung: Schillers sämmtliche Schriften. Historisch-kritische Ausgabe. Hrsg. von Karl Goedecke. Stuttgart 1867–1876, Gedichte Steins, u.a. das Schlussgedicht des Dramas unter dem Titel *Der Klosterbruder*, enthält; vgl. ebd., Bd. 11, S. 422.

19 Der vorliegende Beitrag ist parallel zu einem Beitrag für den Band: Kreative Praktiken des literarischen Übersetzens um 1800. Gattungstypologien und Theorieversuche. Hrsg. von Alexander Nebrig und Daniele Vecchiato. Berlin 2018, entstanden. Liegt hier der Schwerpunkt auf einer erstmaligen Erschließung und Analyse von Steins Drama, so widmet sich der dortige Beitrag dem Thema »Übersetzung, Adaption und Genretransfer um 1800. Charlotte von Steins Drama *Die zwey Emilien* (1803) und Sophia Lees Roman *The Two Emilys* (1798)«.

20 Susanne Kord: Einleitung. In: Stein: Dramen (Gesamtausgabe) (Anm. 1), S. I–XXXIV, hier S. XVII–XXII; Gaby Pailer: Geliebte Schwestern, getäuschte Bräute: Charlotte Schiller als Dramatikerin. In: Charlotte von Schiller als Dramatikerin, Übersetzerin und Leserin Goethes. Hrsg. von Silke Henke und Nikolas Immer. Weimar 2016, S. 11–34.

21 Erwähnt sei hierzu, dass im Personenverzeichnis des Dramas nur der Kutscher Fitzallens aufgeführt wird; der Kutscher Sir Eduards, der im zweiten Aufzug auftritt, fehlt hingegen. Im vierten Aufzug auftretende Gerichtspersonen fehlen ebenfalls im Personenverzeichnis. Beides wurde in eckiger Klammer eingefügt. Was die Nummerierung der Auftritte betrifft, erscheint die Ziffer IV.11 zweimal. Dies wurde im Schaubild entsprechend beibehalten. Figurennamen wurden wie im Personenverzeichnis übernommen.

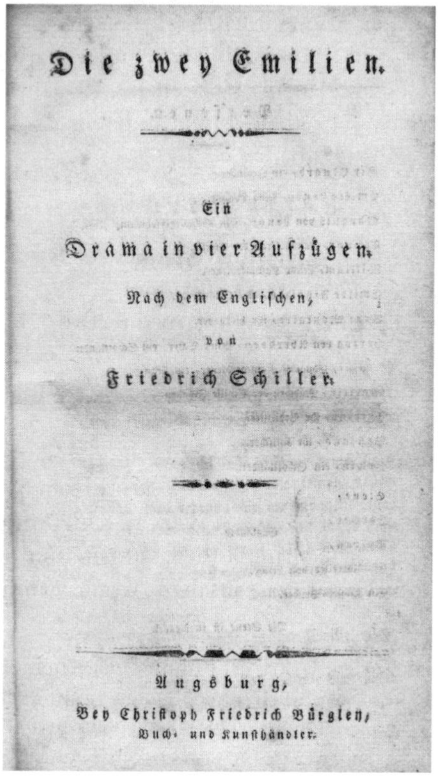

Die zwey Emilien.

Ein

Drama in vier Aufzügen.

Nach dem Englischen,

von

Friedrich Schiller.

Augsburg,

Bey Christoph Friedrich Bürglen,

Buch- und Kunsthändler.

Abb. 1: »Die zwey Emilien. Ein Drama in vier Aufzügen. Nach dem Englischen von Friedrich Schiller«, Titelblatt aus »Neueste deutsche Schaubühne für 1805. Dritter Band«

Im Zentrum des ersten Aufzugs steht das jung vermählte Ehepaar, der Marquis von Lenox und seine Frau Emilie. Sie befinden sich in Neapel in Begleitung von Emilies Vater, Sir Eduard Arden. Aus ihren Dialogen und Monologen erhellen wesentliche Aspekte der Vorgeschichte: Beide waren durch ihre miteinander verschwiegerten Väter schon in der Kindheit als Brautpaar versprochen worden, doch der Marquis vermied tunlichst, die in Irland bei einer Verwandten aufwachsende Emilie kennenzulernen. So bediente sich diese einer List und verkleidete sich als ein einfaches Landmädchen, in das er sich bei einer Festivität verliebte. In die Harmonie drängte sich indessen die zweite Emilie, die dem Marquis, als der junge Maler Hypolith verkleidet, auf seiner Kavalierstour folgte, sich als Emilie Arden ausgab und ihn so in eine rasche eheliche Verbindung locken

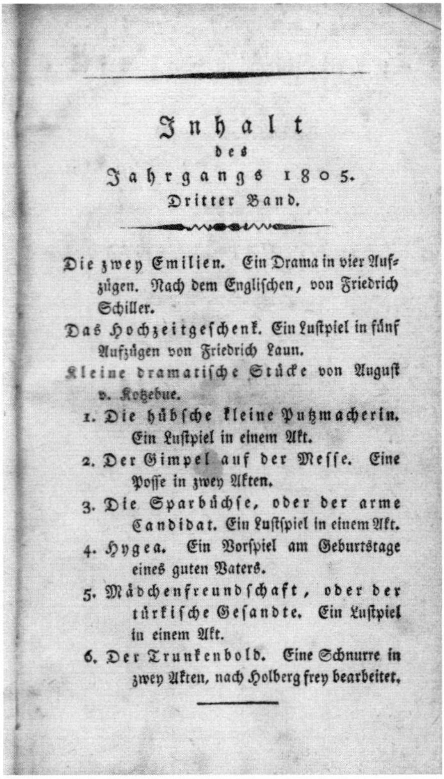

Inhalt
des
Jahrgangs 1805.
Dritter Band.

Die zwey Emilien. Ein Drama in vier Aufzügen. Nach dem Englischen, von Friedrich Schiller.

Das Hochzeitgeschenk. Ein Lustspiel in fünf Aufzügen von Friedrich Laun.

Kleine dramatische Stücke von August v. Kotzebue.

1. Die hübsche kleine Putzmacherin. Ein Lustspiel in einem Akt.
2. Der Gimpel auf der Messe. Eine Posse in zwey Akten.
3. Die Sparbüchse, oder der arme Candidat. Ein Lustspiel in einem Akt.
4. Hygea. Ein Vorspiel am Geburtstage eines guten Vaters.
5. Mädchenfreundschaft, oder der türkische Gesandte. Ein Lustspiel in einem Akt.
6. Der Trunkenbold. Eine Schnurre in zwey Akten, nach Holberg frey bearbeitet.

Abb. 2: Inhaltsverzeichnis aus »Neueste deutsche Schaubühne für 1805. Dritter Band«

konnte – unmittelbar gefolgt von einer Erderschütterung (dem historischen Erdbeben von Kalabrien und Sizilien von 1783). Erst in der letzten Szene des ersten Aufzugs tritt diese Antagonistin, Emilie Fitzallen, in Erscheinung, begleitet vom Grafen Montalto, und beginnt Ansprüche auf Lenox, die Brautjuwelen und die Prachtequipage der Emilie Lenox geltend zu machen.

Im zweiten und dritten Aufzug gewinnt Fitzallen zunehmend an Handlungsmacht, insbesondere gelingt es ihr, Sir Eduard gegen seinen Schwiegersohn Lenox aufzubringen, so dass er ihn im Klostergarten zum Duell fordert und, wie er meint, tötet. Auf Bedientenebene werden Sympathien und Antipathien verhandelt. Der Höhe- und Wendepunkt erfolgt im zunehmend personalreicheren vierten Aufzug, bei dem Emilie Lenox

Abb. 3: Charlotte von Stein, »Die zwey Emilien« (1803): Auftritte und Figuren

ERSTER AUFZUG	**I,1**	**I,2**	**I,3**	**I,4**	**I,5**	**I,6**	**I,7**
Sir Eduard, ein Irländer.		x	x	x	x	x	
Emilie Lenox, seine Tochter.	x	x	x	x		x	
Marquis von Lenox, sein Schwiegersohn und Neffe.	x						
Connor, Kammerfrau der Emilie.			x	x			
William, Lenox Kammerdiener.				x	x	x	
Emilie Fitzallen, eine Irländerin.							x
Graf Montalto, ihr Liebhaber.							x
Herzog von Aberdeen, Lenox Vater, ein Schottländer.							
Plusur, Eduards Kammerdiener, ein Franzos.							
Marille, Mädchen der Emilie Fitzallen.							x
Petrino, ihr Bedienter.							x
Bastiano, ihr Kutscher.							
Irwin, ein Schottländer.							
Stone, Farmer, Bukran. Engländer.							
Ein Vorreiter von Lenox.							
Ein Kloster=Bruder.							

ZWEYTER AUFZUG	**II,1**	**II,2**	**II,3**	**II,4**	**II,5**	**II,6**	**II,7**	**II,8**	**II,9**	**II,10**	**II,11**	**II,12**	**II,13**	**II,14**
Sir Eduard, ein Irländer.		x				x				x		x		x
Emilie Lenox, seine Tochter.		x		x	x	x				x				
Marquis von Lenox, sein Schwiegersohn und Neffe.		x	x	x										
Connor, Kammerfrau der Emilie.	x				x									
William, Lenox Kammerdiener.	x						x	x						
Emilie Fitzallen, eine Irländerin.									x				x	x
Graf Montalto, ihr Liebhaber.									x				x	x
Herzog von Aberdeen, Lenox Vater, ein Schottländer.														
Plusur, Eduards Kammerdiener, ein Franzos.							x	x						
Marille, Mädchen der Emilie Fitzallen.														
Petrino, ihr Bedienter.														
Bastiano, ihr Kutscher.														
[Sir Eduards Kutscher]								x						
Irwin, ein Schottländer.											x	x		
Stone, Farmer, Bukran. Engländer.											x	x		x
Ein Vorreiter von Lenox.											x	x		x
Ein Kloster=Bruder.														

DRITTER AUFZUG	III,1	III,2	III,3	III,4	III,5	III,6	III,7	III,8	III,9	III,10	III,11	III,12	III,13	III,14	III,15
Sir Eduard, ein Irländer.		x	x										x	x	
Emilie Lenox, seine Tochter.								x	x						
Marquis von Lenox, sein Schwiegersohn und Neffe.												x	x		
Connor, Kammerfrau der Emilie.									x		x				
William, Lenox Kammerdiener.										x	x				
Emilie Fitzallen, eine Irländerin.	x		x	x											
Graf Montalto, ihr Liebhaber.															
Herzog von Aberdeen, Lenox Vater, ein Schottländer.															
Plusur, Eduards Kammerdiener, ein Franzos.										x	x			x	
Marille, Mädchen der Emilie Fitzallen.				x		x	x								
Petrino, ihr Bedienter.	x	x			x		x								

DRITTER AUFZUG	III,1	III,2	III,3	III,4	III,5	III,6	III,7	III,8	III,9	III,10	III,11	III,12	III,13	III,14	III,15
Bastiano, ihr Kutscher.					x		x								
Irwin, ein Schottländer.															
Stone, Farmer, Bukran. Engländer.															
Ein Vorreiter von Lenox.															
Ein Kloster=Bruder.												x			x

VIERTER AUFZUG	IV,1	IV,2	IV,3	IV,4	IV,5	IV,6	IV,7	IV,8	IV,9	IV,10	IV,11	IV,11 [sic!]	IV,12	IV,13	IV,14	IV,15
Sir Eduard, ein Irländer.						x	x	x			x				x	x
Emilie Lenox, seine Tochter.					x	x	x	x				x	x			x
Marquis von Lenox, sein Schwiegersohn und Neffe.													x			
Connor, Kammerfrau der Emilie.					x	x	x	x				x	x	x	x	x
William, Lenox Kammerdiener.																

VIERTER AUFZUG	**IV,1**	**IV,2**	**IV,3**	**IV,4**	**IV,5**	**IV,6**	**IV,7**	**IV,8**	**IV,9**	**IV,10**	**IV,11**	**IV,11** [sic!]	**IV,12**	**IV,13**	**IV,14**	**IV,15**
Emilie Fitzallen, eine Irländerin.			x							x	x					
Graf Montalto, ihr Liebhaber.	x	x														
Herzog von Aberdeen, Lenox Vater, ein Schott-länder.		x						x	x	x	x				x	x
Plusur, Eduards Kam-merdiener, ein Franzos.				x	x	x	x	x	x						x	x
Marille, Mädchen der Emilie Fitzallen.			x													
Petrino, ihr Bedienter.																
Bastiano, ihr Kutscher.																
Irwin, ein Schottländer.	x	x						x			x				x	x
Stone, Farmer, Bukran. Engländer.																
Ein Vorreiter von Lenox.																
Ein Kloster=Bruder.														x	x	x
[Gerichtspersonen]							x				x					

entdeckt, dass ihr Mann von ihrem Vater nicht getötet, nur verwundet wurde; zweitens enthüllt sich nun, dass Emilie Fitzallen die Tochter des Herzogs von Aberdeen ist aus dessen einstiger Affäre mit Miss Archer, der Haushälterin seiner Frau; mithin ist sie die Halbschwester des Marquis von Lenox – das Erdbeben hatte also einen Inzest verhindert.

Bemerkenswert für die Figurenzeichnung ist, dass Emilie Fitzallen am Ende tatsächlich erreicht, worauf sie am meisten aus ist: einen legitimen Adelsnamen und -titel zu erhalten. Durchweg erscheint sie als gewitzte Figur, neben der Graf Montalto eine recht schwächliche und lächerliche Gestalt abgibt. Wie bereits aus I.7 hervorgeht, hält sie ihn sich gewogen: »Weil sie mir gefallen, und weil sie einen schönern Namen haben«.[22] Sie erzählt ihm von ihrer Maskerade als Hypolith, der raschen Heirat und der Erdbebenkatastrophe. Seither, so erfährt man, nachdem Montalto die Szene verlassen hat, sucht sie den Marquis von Lenox heim, wie ein Dämon, um sich seinen Adelsnamen zu sichern:

> FITZALLEN. *(allein)* Mein guter Montalto! du bist noch nicht ins Freye, so lange du dich nicht allein zu beschäftigen weißt, und so lange mirs noch nicht langweilig ist, dir einen Zeitvertreib in meinem Hause zu geben – *(sie sinnt nach)* Ob ich ihr nur entdecke, durch welche List, und warum ich Lenox zu dieser Heirath mit mir bewog? Ja ich will ganz aufrichtig seyn. Ein volles Vertrauen wiegt manchmal eine böse That auf. Gräfin Montalto ist ein ehrenvoller Name; doch Lady Lenox, *den* Namen soll die stolze Emilie mir theuer bezahlen! *(ruft)* Petrino! Petrino![23]

In der nächsten Dialogszene mit Montalto (II.9) hat sie ihre Pläne weiterentwickelt und will nun einerseits Sir Eduard »die Schreckenspost [bringen], daß seiner Tochter Ehe ungültig sey«, und andererseits zum Herzog von Aberdeen nach Schottland, »meine Beweise dort niederzulegen«.[24] Im Umgang mit Montalto verkehrt sie dabei die traditionellen Geschlechterrollen bzw. zitiert die traditionell weibliche Rolle, indem sie ihn fragt: »soll ich jetzt demüthig bitten mir zu folgen, oder muß ich Ohnmachten und Krämpfe bekommen, um sie zu interessiren?«[25] Im dritten Aufzug droht Fitzallen, den Kutscher zu entlassen, weil er die Emilie Lenox entwendete Kutsche »gegen meinen ausdrücklichen Befehl zu rennen wie im Wettlauf, wenn er jemand von Eduards Livree sähe, so langsam gefahren [habe],

---

[22] Stein: Die zwey Emilien (Anm. 1), S. 24.
[23] Ebd., S. 27.
[24] Ebd., S. 47.
[25] Ebd., S. 48.

als säß ich in einem Schneckenhaus.«[26] Das resolute Auftreten Fitzallens erinnert hier gar an erlittene Unbilden mit Fuhrmann und Pferdegespann auf Charlotte von Steins Reise zu Sohn Fritz nach Strachwitz bei Breslau, wovon sie Charlotte von Schiller am 20. April 1803 ausführlich berichtet:

> Da mich die Vorspann unendlich Geld kostete und ich doch nicht geschwinder kam weil er nicht litt daß die Vorspann zufahren durfte so schlug ich ihm vor seine Pferde auszuspannen und sie sachte hinterdrein zu führen und ich wolte die Vorspann allein vor den Wagen nehmen das wolte er wieder nicht den das geschwinde fahren schade seinen Wagen; Nun wuste ich ihm weiter nichts zu sagen noch zu helfen als ob er sich nicht mit samt den Pferden im Wagen setzen wolte und mich vorspannen, dies nahm er sehr übel [...][27]

Im vierten Aufzug kommt es schließlich zur Enthüllung der Verwandtschaft Fitzallens mit dem Herzog von Aberdeen und dem (einstweilen noch totgeglaubten) Marquis von Lenox sowie zu ihrem eingangs zitierten entschiedenen Postulat des völlig legitimen Betrugs:

> HERZOG. [...] Diese Fitzallen versorge ich in einem Kloster.
> FITZALLEN. Wie Milord! Mich in ein Kloster, in diese mir verhaßten Mauern, wer giebt Ihnen diese Gewalt über mich?
> HERZOG. Es ist die mildeste Strafe, ja eine nur zu ehrenhafte Vergeltung Ihres Betrugs.
> FITZALLEN. Mein Betrug war gerechte Rache. [...] Aber ich habe eine Männerseele und will auf keine Art Fesseln tragen *(sie geht ab)*.
> IRWIN. Das ist ja eine wahre Amazone!
> HERZOG. Gut, daß sie fort ist! Lassen Sie uns die arme Emilie aufsuchen.
> EDUARD. O möchte mich ihre Unschuld, wie ein Feuer von jedem Flecken läutern *(alle ab)*.[28]

Aufmerken lässt hier das Stichwort ›Amazone‹, denn tatsächlich ist Fitzallen nicht als böse, dämonische Gegenspielerin inszeniert, sondern als gewitzte Aktivistin, die traditionelle Geschlechter-Entwürfe, im doppelten Verständnis von Gender und Genealogie, spielerisch überschreitet. Dies erweist sich umso klarer, je genauer man das Stück mit der Romanvorlage vergleicht. Der Roman entfaltet sich entlang folgender Handlungsteile:

---

26 Ebd., S. 65.
27 GSA 83/1856,4, Bl. 8. Vgl. zu diesem Brief auch den Beitrag von Anja Stehfest im vorliegenden Band und Anhang, Briefe, Nr. 13.
28 Stein: Die zwey Emilien (Anm. 1), S. 128f.

1. Vorgeschichte: Geburt, Aufwachsen und eheliche Verbindungen des Sir Edward Arden und des Duke of Aberdeen werden entwickelt. Letzterer unterhält eine Affäre mit der Haushälterin Miss Archer, aus der ein Kind hervorgeht, das als Findling bei Sir Edwards Tante, Emily Fitzallen, Countess of Bellarney, aufwächst und deren Namen erhält. Um dieselbe Zeit bringt die Gattin des Duke of Aberdeen einen Sohn zur Welt, der den Titel Marquis of Lenox erhält. Auch Sir Edwards Tochter Emily Arden verbringt den größten Teil ihrer Jugend auf dem irischen Landsitz Bellarney. Während es Emily Fitzallen gelingt, sich bei ihrer Gönnerin als Favoritin und Haupterbin einzuschmeicheln, begibt sie sich eines Abends auf eine Tanzveranstaltung, wodurch Emily Arden zur Pflegerin und Vertrauten ihrer Tante avanciert und das Testament auf sie umgeschrieben wird.
2. Die beiden Väter, Sir Edward Arden und der mit dessen Schwester verheiratete Duke of Aberdeen, bestimmen ihre Kinder, Marquis of Lenox und Emily Arden, zum künftigen Brautpaar. Da der Marquis jedoch an einer arrangierten Heirat nicht interessiert ist und jede Begegnung mit der Cousine zu vermeiden sucht, ersinnt Emily Arden eine Maskerade: Auf einem Landfest auf Bellarney, das er schließlich zu besuchen einwilligt, gibt sie sich als das italienische Landmädchen Marian aus, in das sich der Marquis auch prompt verliebt.
3. Doch zunächst begibt sich der Marquis of Lenox auf seine lange geplante Kavalierstour nach Italien, auf der sich ihm, vermittelt durch Sir Edward, der junge italienische Maler Hypolito zugesellt. In Messina entdeckt der Marquis, dass sein Weggefährte eine verkleidete Frau ist, und nicht nur dies: Sie gibt sich als Emily Arden aus, die sich dieser Maskerade bedient habe, um den versprochenen Gatten für sich zu gewinnen. Sie überzeugt den Marquis von einer raschen Heirat, doch kaum ist die priesterliche Verbindung vollzogen, bricht das (historische) kalabrisch-sizilianische Erdbeben aus, bei dem die junge Frau umzukommen scheint, während der Marquis aus stürmischer See gerettet wird.
4. Kurze Zeit später findet der ihm nachgereiste Sir Edward den Marquis wieder. Auch die rechtmäßige Emily Arden kommt nach Neapel, und beide vermählen sich. Das Glück währt jedoch nur kurz, denn alsbald tritt Hypolito, respektive Emily Fitzallen, auf den Plan und erpresst den Marquis mit Forderungen nach den Juwelen und der Kutsche seiner Frau. Ihre Enthüllung gegenüber Sir Edward löst dessen Argwohn gegen seinen Schwiegersohn aus, so dass es zu einem Duell im Klostergarten kommt, bei dem Sir Edward den Marquis getötet zu haben vermeint.

5. Der nur Verletzte erscheint aber seiner Emily einige Zeit später im Garten einer Villa bei Rom, als Marmorstatue eines Fauns verkleidet. Beide ersinnen gemeinsam mit einem Arzt die List, Emily an den Pocken sterben zu lassen, damit beide unter den bürgerlichen Decknamen Mr. und Mrs. Irwin nach Irland zurückreisen können. Allerdings ereilen Emily auf dem Heimweg tatsächlich die Pocken, was ihre schönen Züge derart entstellt, dass nicht einmal Emily Fitzallen, die mit ihrem Geliebten Count Montalto just in der Gegend mit ihrer Equipage unterwegs ist, sie wiedererkennt.
6. Als Familie Irwin mieten sich die beiden mit ihren drei seit der Flucht aus Italien geborenen Söhnen im Bootshaus des Gutes Bellarney ein; eines Tages wird ihr erstes Kind, die Tochter Emily, die in Sir Edwards Obhut in Italien zurückbleiben musste, nach Bellarney gebracht. Es kommt zur glücklichen Wiederbegegnung und Versöhnung zwischen Emily, Lenox und ihren beiden Vätern.
7. Am Ende aber erscheint einmal mehr Emily Fitzallen, krank und siech, und lässt als letzten Gefallen um einen auf Bellarney deponierten Koffer bitten. Aus diesem geht die Geschichte ihrer Herkunft hervor, zum einen durch einen Schal der Miss Archer, den beide, der Duke of Aberdeen und Sir Edward Arden, mühelos wiedererkennen, zum zweiten durch einen Brief der Lady of Bellarney. Emily Fitzallen stirbt, und ihren Vater, den Duke, dessen leichtsinnige Lebensweise alles Unglück ausgelöst hatte, ereilt der Tod fast zur nämlichen Stunde, nachdem er zuvor noch einen bizarren Traum hatte, in dem sich Miss Archer in eine überdimensionale Schwarze verwandelt.

Im Roman, der chronologisch fortschreitend erzählt wird, sind die beiden Emilien von Anfang an als Gegensätze angelegt, die eine engelhaft blond, blauäugig, voll Anstand und Zartgefühl, die andere schwarzäugig, von rosenfarbenem Teint und hochmütiger Haltung:

> Miss Arden had blue eyes, long fair hair, and an air of the most exquisite feminine delicacy: the eyes of Miss Fitzallen were dark, penetrating, and impressive. Her complexion was of the white rose teint; and she strove to blend with a haughtiness of countenance, that sweetness which was foreign to her nature, though the genuine expression of her fair companion's.[29]

[29] Lee: The Young Lady's Tale (Anm. 2), S. 20.

Entsprechend ernten beide für ihre je harmlose oder diabolische Maskerade, ihren guten oder bösen Betrug am Ende – gemeinsam mit ihren Vätern – Segen oder Fluch. Im Unterschied dazu konturiert Steins Dramatisierung die beiden Frauen als zwei Möglichkeiten weiblicher Entwicklung und Selbstbehauptung. Emily Fitzallen wird ab Mitte des zweiten Aufzugs zur Hauptakteurin und am Ende in ihrem Anspruch auf adelige Abkunft bestätigt. Doch auch Emily Lenox besteht auf ihrer Liebe zum Marquis, die sie durch ihren »unschuldigen Betrug«[30] errungen hat, auch noch nachdem sich ihr Vater mit diesem duelliert und von ihr verlangt hatte, ihren Geburtsnamen wieder anzunehmen; und auch sie wird für ihr selbstbewusstes Handeln am Ende durch die Wiedervereinigung mit dem Geliebten belohnt.

IV. Identitätsschwindel als Legitimierung weiblicher Autorschaft

Und noch aus einem weiteren Grund lässt das Stichwort ›Amazone‹ aufhorchen, erinnert der Name Hypolith bei Stein (bzw. Hypolito bei Lee) sicher nicht zufällig an Racines Tragödie *Phèdre et Hippolyte* (1677).[31] Hippolyte, Sohn des Thésée (Theseus) und der Amazonenkönigin Antiope, ist als Figur selbst amazonisch-androgyn gezeichnet. Er lebt priesterlich-zölibatär, verwahrt sich gegen Nachstellungen seiner Stiefmutter Phèdre, liebt derweilen die von seinem Vater verfolgte Prinzessin Aricie und kommt am Ende tragisch, im Kampf gegen ein Seeungeheuer, um. Verschiedene motivische Elemente finden bei Lee und Stein Modulationen: der amazonisch-androgyne Hypolito/Hypolith alias Fitzallen als vermeintliches Erdbebenopfer, das wie eine Geistererscheinung auf Arden und die Familie wirkt. Weitere Scheintote sind Thésée im Drama Racines, der Marquis bei Lee und Stein; in der Romanversion kommt Emily Lenox hinzu, die durch ihren vorgetäuschten Tod an den Pocken der Situation in Italien entfliehen kann, dann aber von derselben Epidemie tatsächlich heimgesucht wird. Auf weiterer Ebene wäre die Rolle der Bedienten zu vergleichen, z.B.

30 Stein: Die zwey Emilien (Anm. 1), S. 11.

31 [Jean de] Racine: Phèdre et Hippolyte. In: Œuvres complètes. I. Théâtre – Poésie. Ed. par Georges Forestier. Paris 1999, S. 815–904. Lees Roman spielt zudem im doppelten Titel *The Young Lady's Tale. The Two Emilys* auf die *Canterbury Tales* (14. Jh.) von Geoffrey Chaucer an, deren erste, *The Knight's Tale*, von Theseus, seiner Amazonenbraut Ypolita und deren schöner Schwester Emelye handelt. Vgl. The Complete Works of Geoffrey Chaucer. Ed. by F. N. Robinson, Boston u.a. 1933, S. 29.

die bedingungslose und geradezu kongeniale Loyalität Connors gegenüber Emily im Unterschied zur Amme Phèdres, die gegenüber dem zurückkehrenden Thésée deren Liebesbegehren in den Vorwurf der sexuellen Nachstellungen Hippolytes verkehrt. Bei Lee/Stein fungiert die Maskerade als Hypolito/Hypolith gleichermaßen, um den Marquis in eine rasche eheliche Verbindung zu locken, die der Himmel dann durch das Erdbeben auflöst, bei Lee in narrativ-melodramatischer Modulation und mit poetisch gerechtem Ausgang, bei Stein mit der ironischen Wende zum guten Ausgang für alle Figuren. Im Roman ist Emily Fitzallen eine schuldhaft-tragische Figur, die sich eher mit Phèdre als mit Hippolyte vergleichen lässt; da ihr Vater, der Duke of Aberdeen, in Wahnvorstellungen und Tod endet, ist hier das antike Motiv des Geschlechterfluchs eingewoben. Im Drama dagegen wird ihr Maskenspiel durchschaut, da der Schotte Irwin – Stein transponiert hier den bürgerlichen Decknamen des Marquis und der Marquise von Lenox im Roman auf eine andere Figur –, der zusammen mit ihr nach der Katastrophe in einem Keller verschüttet war, ihre Lebensbeichte vernommen hatte (II.11).

Zwar hat Friedrich Schiller Racines Tragödie bekanntermaßen ins Deutsche übertragen,[32] allerdings erst 1805, so dass seine Übersetzung als Anregung für Stein ausscheidet. Gleichwohl ist interessant, dass seine Version erst posthum erschien, was möglicherweise auch dem Herausgeber der *Neuesten Deutschen Schaubühne* den Gedanken eingab, dass die *Zwey Emilien* von ihm anonym übertragen worden sein mochten. Ein anderes Drama Friedrich Schillers verdient indessen als mögliche Anregung für Stein durchaus Beachtung, seine *Maria Stuart*.[33] Eine direkte Namensreferenz gibt es hier zu Darnleys Vater Lennox, wie überhaupt das Motiv der zwei um legitime Titel und Herrschaftsansprüche konkurrierenden Frauenfiguren im Zentrum steht. Schiller entwirft eine *alternate history,* indem er als Höhe- und Wendepunkt das Gipfeltreffen der beiden Königinnen setzt, die sich historisch nie begegnet sind. In ihrem Drama *Die zwey Emilien* verdichtet Stein die Vorgänge des Romans auf eine kurze Zeitspanne in Neapel, bei der sich eine ganz ähnliche Fragestellung entfaltet: Wer ist hier Bastard, wer die wahre Königin? Von Interesse ist der Vergleich mit dem Maria Stuart-Stoff auch deshalb, weil von Sophia Lee ein weiterer Roman

32 NA, Bd. 15 II, S. 274–387 (Text) und S. 576–707 (Kommentar). Der Erstdruck erschien mit einer kurzen Einleitung Cottas als: Phädra / Trauerspiel / von / Racine. / Uebersezt / von / Schiller. / Tübingen / in der J. G. Cotta'schen Buchhandlung / 1805.

33 NA, Bd. 9 I.

existiert, *The Recess, or a tale of other times* (1785),[34] in welchem Zwillingstöchter der schottischen Maria Stuart von der englischen Elisabeth verfolgt werden. Auch hier könnte nach Vergleichspunkten in der Kontrahenz beider Königinnen zwischen Lees Roman und Schillers Drama gefragt werden, nicht nur für die Mortimer-Figur, sondern mehr noch für die zwielichtige Rolle des Grafen Leicester.[35]

Was ich herausarbeiten wollte, ist Charlotte von Steins literarische Praxis der Adaption und Umwandlung von Sophia Lees Roman in ein Drama, das Maskerade und Betrug *beider* Emilien als valide ausweist, da bei ihr beide Figuren – in deutlicher Umwidmung der kontrastiven Melodramatik des Romans – letztlich Szenarien eines *female empowerment* darstellen und über die Figurenebene hinaus den Griff von Schriftstellerinnen zur Autorschaft als ›legitimen Betrug‹ ausweisen.

---

34 [Sophia Lee]: The Recess, or a tale of other times. London 1785. Neuausgabe: Sophia Lee, The Recess. Ed. by April Alliston. Lexington, Kentucky, 2000.
35 Siehe hierzu: Jennifer Driscoll-Colosimo: Mortimers ›Gothic‹ Vorgänger. Eine potenzielle Quelle für Schillers »Maria Stuart« in der englischen Schauerliteratur. In: Zeitschrift für deutsche Philologie 129 (2010), S. 151–171.

Ariane Ludwig

Dido, ein Trauerspiel in 5. Aufzügen

Transformation eines antiken Stoffes

Charlotte von Steins Dido-Tragödie entstand vermutlich im Winter 1794/95,[1] also nach *Rino* (1776) und vor dem *Neuen Freiheitssystem* (1798) sowie den *Zwey Emilien* (1800). *Dido* ist ihr erstes größeres dramatisches Werk, ihr einziges Trauerspiel und ihre einzige umfangreichere Auseinandersetzung mit einem antiken Stoff in einer Zeit, die zu den Blütezeiten der Rezeption antiker Kunst gehört. Bereits Heinrich Düntzer hat die wichtigsten antiken Quellen identifiziert,[2] wobei er hinsichtlich der Bedeutung dieser Vorlagen eine andere Gewichtung vornahm, als ich sie vorschlagen

---

[1] Vgl. Markus Wallenborn: Frauen. Dichten. Goethe. Die produktive Goethe-Rezeption bei Charlotte von Stein, Marianne von Willemer und Bettina von Arnim. Tübingen 2006, S. 114. – Von Steins *Dido* sind heute zwei Handschriften von Schreiberhand – jeweils mit eigenhändigen Korrekturen der Autorin – bekannt, deren eine im Goethe- und Schiller-Archiv in Weimar (GSA 122/4), deren andere im Freien Deutschen Hochstift in Frankfurt am Main (Sign. Hs-594) aufbewahrt wird. Die letztgenannte Handschrift edierte Heinrich Düntzer 1867 in einer eigenständigen, in Frankfurt erschienenen Edition, die erstgenannte Wilhelm Fielitz in: Goethes Briefe an Frau von Stein. Hrsg. von Adolf Schöll. Zweite vervollständigte Auflage bearbeitet von Wilhelm Fielitz. Zweiter Band. Frankfurt am Main 1885, S. 489–534. Nach Fielitz' Ausgabe wird das Stück im Folgenden unter Angabe der Seitenzahlen im Text zitiert. Die im Katalogteil des vorliegenden Bandes vorgestellte Ergänzung findet sich nur in der Handschrift des GSA; vgl. Anhang, Katalog, Nr. 14. – In einem Brief an Gustav Adolf Schöll vom 15. Januar 1868, für dessen Mitteilung ich Alexander Rosenbaum herzlich danke, bezieht Emilie von Gleichen-Rußwurm Stellung zur Erstveröffentlichung der *Dido*: »Gewiß stimme ich Ihren Ansichten über das Erscheinen der ›Dido‹ bei. Mein historischer Sinn, die Ansicht daß ›Dido‹ in vielfacher Beziehung höchst interessant ist, rissen mich hin dieses ›eigenthümliche Denkmal der Stein‹ wie Sie es nennen, zur Veröffentlichung zu bringen. Ihrer Ansicht war ich gewiß, wußte mich von Ihnen verstanden. [...] Die Einführung dieses Trauerspiels hat auch mich unangenehm berührt, u. hätte ich dieß nur ahnen können, so hätte ich gewiß einen andern Weg ergriffen. Ich hatte den großen Wunsch, es durch Ihre Hand zur Veröffentlichung zu bringen [...].« (GSA 113/108) – Herzlich danke ich Peter Haischer und Johannes Korngiebel für wichtige Hinweise und Kritik an meinem Beitrag.

[2] Vgl. seine in Anm. 1 genannte Edition.

möchte: Vergils *Aeneis* scheint mir für Steins *Dido* eine markantere Rolle zu spielen, als es die Ausführungen von Düntzer nahelegen. Vor allem der Klassische Philologe Hans Jürgen Tschiedel hat die Aufmerksamkeit auf vergilische Motivstrukturen in Steins Tragödie gelenkt.[3]

Auf Steins Transformationen des Dido-Stoffes konzentriert sich mein Beitrag im Wesentlichen. Nach einem Blick auf die antiken Hauptquellen und einer kurzen Vorstellung von Steins Tragödie stehen am Ende kursorische Überlegungen zum ›Umgang‹ der Autorin mit Göttern, zu einem Umgang, der vielleicht als Reaktion auf die geschichtlichen Umstände der Entstehungszeit interpretiert werden kann.

Dido wurde durch Vergils *Aeneis* zu einer der berühmtesten literarischen Frauengestalten. Indem der römische Dichter die Gründerin und Königin Karthagos als Frau darstellt, die sich selbst den Tod gab, nachdem der von ihr geliebte Trojaner Aeneas sie, Göttern und Geschick gehorchend, verließ, um seine Bestimmung zu erfüllen, der Stammvater der Römer zu werden, gestaltet Vergil im ersten Jahrhundert vor Christus Konfigurationen und Konstellationen, die Dichter, Maler und Komponisten wie Ovid, Claude Lorrain, Henry Purcell und Hector Berlioz über die Jahrhunderte hinweg inspirierten. Dido und Aeneas könnte man zu den Liebespaaren zählen, von denen Goethe möglicherweise sagen würde, sie seien »[m]usterhaft in Freud' und Qual«.[4]

Auch in Charlotte von Steins Weimarer Freundeskreis beschäftigte man sich mit Vergils *Aeneis* und dabei vor allem mit der Figur der Dido: Friedrich Schiller veröffentlichte im Jahr 1792 unter dem Titel *Dido* seine Übersetzung des vierten Buches der *Aeneis*, das die Liebesgeschichte von Dido und Aeneas bis zum Tod der Königin schildert. Mit Sicherheit kannte Charlotte von Stein diese Übertragung. Ihre enge Freundin Charlotte von Schiller las bereits als junge Frau in der *Aeneis*[5] und übersetzte 1813, im Jahr der Befreiungskriege, aus der 1804 erstmals erschienenen französischen Übertragung des Dichters Jacques Delille (*Énéide, traduite en vers français, avec des remarques sur les principales beautés du texte*) die Episode aus dem sechsten Buch, in der sich Dido und der zwecks Erforschung seiner Zukunft in die Unterwelt hinabgestiegene Aeneas wiederbegegnen.

---

[3] Vgl. Hans Jürgen Tschiedel: Die *Dido* der Charlotte von Stein. In: Thorsten Burkard, Markus Schauer und Claudia Wiener (Hrsg.): Vestigia Vergiliana. Vergil-Rezeption in der Neuzeit. Berlin, New York 2010, S. 299–313.

[4] WA I, Bd. 6, S. 189.

[5] Vgl. Charlotte von Lengefeld an Friedrich Schiller, 9.–10. Dezember 1788; NA, Bd. 33 I, S. 263.

Beide Schillers, Friedrich und Charlotte, gehören mit Eliza Gore zu den ersten und wenigen, die Steins *Dido* zu Lebzeiten der Autorin lesen dürfen.[6] Resultat dieser Lektüren ist u.a. ein Brief Friedrich Schillers an Charlotte von Stein vom 2. Januar 1797, in dem er das Stück als »*poetisch*« bezeichnet, »weil es wirklich eine productive Kraft, nehmlich eine Macht beweißt, sein eigenes Empfinden zum Gegenstand eines heitern und ruhigen Spiels zu machen und ihm einen äußern Körper zu geben.«[7] Schillers im genannten Brief artikulierten Wunsch, *Dido* zu veröffentlichen, entsprach Charlotte von Stein nicht. Allerdings, so schrieb sie ihrem Sohn Friedrich im April 1798 nach Breslau, »wäre« es ihr »ein rechter Spaß«, *Dido* »spielen zu sehen, wen nur eine hübsche intreßante actrice zur Königin auf euren Theater ist, übrigens sind alle Rollen leicht.«[8]

Das Ehepaar Schiller beschritt in der Wahl der Vorlage seiner Dido-Übersetzungen die Bahn, in welcher die Rezeption des Dido-Stoffes sich so gut wie immer zu bewegen pflegte: Fast alle Dido-Rezeption ist Vergil-Transformation, gestaltet die Tragödie einer Frau, die in den Tod geht, nachdem der Geliebte sie verlassen hat.

Betrachtet man vor dem Hintergrund der Rezeptionsgeschichte nur das Personenverzeichnis von Charlotte von Steins *Dido*, stellt man erstaunt fest, dass Aeneas gar nicht vorkommt – dafür treten einige Figuren auf, die es in antiken Dido-Quellen nicht gibt. Die Absenz des Aeneas erklärt sich damit, dass Charlotte von Stein sich in der Anlage der Grundstrukturen der Handlung nicht an der Fassung Vergils orientiert, sondern, ungewöhnlich und eigenwillig, vor allem auf das zurückgreift, was als Darstellung fassbar ist in der vermutlich zwei bis drei Jahrhunderte nach Vergil entstandenen *Epitoma historiarum Philippicarum Pompei Trogi* des römischen Historiographen Marcus Iunianus Iustinus. (Die Version, die dieser in seinem auf Auszügen basierenden Geschichtswerk festhält, ist älter als Vergils Erzählung.)[9]

[6] Die Lektüre der Schillers spielt bis in die Überlieferung einer der beiden erhaltenen *Dido*-Handschriften hinein: Sowohl auf dem Titelblatt als auch auf dem letzten Blatt des heute im Freien Deutschen Hochstift befindlichen Manuskripts (Sign. Hs-594) finden sich Notizen von der Hand Charlotte von Schillers. Besonders das Notat auf der Rückseite des letzten Blattes – »von einer ungenannt seyn wollenden Freundin nicht zum Druck bestimmt« – zeigt das Bemühen Charlotte von Schillers, dem Wunsch eines ihr nahestehenden Menschen Rechnung zu tragen. – Konrad Heumann danke ich herzlich für die Zusendung von Abbildungen aus dem Manuskript.

[7] NA, Bd. 29, S. 33.

[8] Charlotte von Stein an Friedrich von Stein, 18.–28. April 1798; GSA 122/102 (nicht foliiert), Bl. 3 Rs. dieses Briefes.

[9] Vgl. Tschiedel: Dido (Anm. 3), S. 299.

Ein genauer Blick auf die Motivstrukturen der Steinschen *Dido* entdeckt, wie bereits angedeutet, in dem aus der justinischen Stofftradition übernommenen Handlungsgerüst auch vergilische Spuren. Diese Spuren verleihen dem Drama an entscheidenden Punkten einen eigenen Charakter.[10] Steins *Dido* amalgamiert also zwei verschiedene antike Stofftraditionen.

Die justinische, in der Geschichte der Dido-Rezeption selten begegnende Variante setzt ganz andere Akzente als die vergilische. Zwar stirbt Dido auch bei Justin, aber nicht, weil der Geliebte sie verlässt, sondern weil sie dem von ihrem Bruder ermordeten Gatten die Treue hält und kurz vor der aus politischen Gründen notwendigen Ehe mit dem afrikanischen König Hiarbas (Jarbes) den Tod dieser Verbindung vorzieht.

Woher kannte Charlotte die im Vergleich zur vergilischen in der abendländischen Tradition kaum präsente justinische Variante? Arnd Bohm vermutet, sie habe die entsprechenden Kenntnisse aus Benjamin Hederichs (z.B. von Goethe viel benutztem) mythologischem Lexikon.[11] Darin heißt es im Eintrag zu Dido im Unterpunkt »Eigentliche Historie«:

> Allein, was von ihrer [Didos] und des Aeneas Zusammenkunft, Liebe und daher gekommenen Tode Virgilius vorgiebt, ist ein Gedicht, das so fern der guten Dido allerdings nachtheilig ist, weil Karthago erst 299 Jahre nach Zerstörung der Stadt Troja erbauet, und Aeneas lange todt gewesen, ehe sie gebohren worden.[12]

Dido sei – so fährt Hederich fort – »ihrem erstem Gemahle« immer »getreu geblieben«: »Ehe sie auch den Hiarbas […] heurahten wollte […], so stieg sie unter dem Vorwande, als ob sie den Geist ihres ersten Mannes zu versöhnen, ein besonderes Opfer thun wollte, selbst auf den Scheiterhaufen, und erstach sich daselbst im Gesichte ihres Volkes.«[13] Als Quelle für diesen Aspekt der Überlieferungen zu Dido führt Hederich Justin an.

Das in dessen *Epitoma* vorgebildete Handlungsgerüst übernehmend, setzt Charlotte von Stein in ihrer *Dido* eigene Akzente, indem sie Figuren

---

[10] Vgl. ebd., S. 299–313.

[11] Vgl. Arnd Bohm: Charlotte von Stein's *Dido, Ein Trauerspiel.* In: Colloquia Germanica 1989, S. 39–52, hier S. 45.

[12] Benjamin Hederich: Gründliches mythologisches Lexicon, worinnen so wohl die fabelhafte, als wahrscheinliche und eigentliche Geschichte der alten römischen, griechischen und ägyptischen Götter und Göttinnen, und was dahin gehöret, nebst ihren eigentlichen Bildungen bey den Alten, physikalischen und moralischen Deutungen zusammen getragen, und mit einem Anhange dazu dienlicher genalogischer Tabellen versehen worden. […] Leipzig 1770, Sp. 920–926, hier Sp. 925.

[13] Ebd., Sp. 926.

hinzuerfindet. Hervorzuheben ist unter den personellen Hinzudichtungen zunächst Elissa. Didos Verhältnis zu ihrer Freundin Elissa ist in Steins Tragödie in den Grundkonfigurationen dem der vergilischen Dido zu ihrer Schwester Anna nachempfunden und zeigt Dido in einer der engsten menschlichen Bindungen, die sie nach dem Tod ihres Gatten hat. Elissa ist der phoinikische Name der Dido. Justin benutzt ihn ausschließlich, Vergil bezeichnet die Gründerin Karthagos mit beiden Namen, die ihr die Tradition zuweist. Wenn Stein der Freundin ihrer Dido also den phoinikischen Namen der karthagischen Königin gibt, deutet sie allein im Akt dieser Benennung eine große Nähe der beiden einzigen Frauenfiguren in ihrem Drama zueinander an.[14]

Die justinischen Figurenkonstellationen erweitert Charlotte von Stein ferner um ein Gelehrtentriumvirat, das aus dem Poeten Ogon, dem Philosophen Dodus und dem Geschichtsschreiber Aratus besteht.[15] Ogon ist die Figur, derentwegen das Stück über Jahrzehnte hinweg vor allem rezipiert wurde: Ist in Steins *Rino* die Titelfigur – ebenfalls ein Dichter – auf Goethe bezogen, so verwendet in *Dido* die Nebenfigur des Ogon ›Goethe-typische‹ Formulierungen; in seinen Äußerungen finden sich »zum Teil wörtliche […] Anklänge«[16] an Briefe, die Goethe Frau von Stein geschrieben hatte. Diese Goethe-Spuren weist vor allem Heinrich Düntzer in seiner Edition nach, Markus Wallenborn analysiert sie in seinem Buch zur Goethe-Rezeption u.a. Charlotte von Steins.[17] Wallenborns Studie sind, ebenso wie z.B. Ortrud Gutjahrs Vorschlag, Dido als »Anti-Iphigenie«[18] zu verstehen, nach einer längeren Phase, in der Steins Tragödie vor allem als

[14] Detailliertere Vorschläge, die Konstellationen von Dido und Elissa in Steins *Dido* zu interpretieren, machen u.a. Wallenborn: Goethe-Rezeption (Anm. 1) und Anne Fleig: »… je älter man wird, je lustiger soll man sich das Leben lassen vorkommen«. Weimar und das dramatische Werk von Charlotte von Stein. In: Iris Bubenik-Bauer und Ute Schalz-Laurenze (Hrsg.): Frauen in der Aufklärung. »… ihr werten Frauenzimmer, auf!«. Frankfurt am Main 1995, S. 214–230.

[15] Vgl. Ortrud Gutjahr: Charlotte von Steins *Dido* – eine Anti-Iphigenie? In: Dies. und Harro Segeberg (Hrsg.): Klassik und Anti-Klassik. Goethe und seine Epoche. Würzburg 2001, S. 219–246, hier S. 228.

[16] Wallenborn: Goethe-Rezeption (Anm. 1), S. 117.

[17] Vgl. Düntzer: Dido (Anm. 1) und Wallenborn: Goethe-Rezeption (Anm. 1). Düntzer, dies sei der Vollständigkeit halber hinzugefügt, setzt auch weitere Figuren des Stücks in Bezug zu Freunden Charlotte von Steins: So bringt er z.B. Dodus in Verbindung mit Knebel und den Priester Albicerio mit Johann Gottfried Herder; vgl. dort S. LX und S. LXIII.

[18] Vgl. Gutjahr: Dido (Anm. 15).

gegen Goethe gerichteter Racheakt entwertet wurde,[19] Interpretationen zu verdanken, die das Stück in bestimmte literaturgeschichtliche Kontexte rücken, ohne dabei die vielfältigen Goethe-Bezüge einseitig zu betrachten bzw. sie zu marginalisieren.

Indem Charlotte von Stein außer den genannten Figuren noch weitere, wie z.B. einen Einsiedler – er tritt im vierten Akt kurz auf, um sofort zu sterben, erfüllt aber dennoch eine wichtige Funktion –, hinzuerfindet, konfiguriert sie die Handlung ihrer fünfaktigen, in kurze Szenen gegliederten und bis auf zwei Stellen in Prosa verfassten Tragödie wie folgt:

In Karthago treffen nicht nur aus Jarbes' Königreich zurückgekehrte Gesandte ein, darunter die drei Gelehrten, sondern, verkleidet, auch der König selbst und sein Feldherr. Jarbes, dessen Inkognito rasch gelüftet wird, versucht die Getreuen der Königin, die Freundin Elissa und den Priester Albicerio (auch er eine Hinzudichtung Charlotte von Steins[20]), ohne Erfolg für seine machtkalkulatorischen Pläne zu gewinnen, Dido gegen ihren Willen doch noch zu heiraten. Latent in Didos Reich schwelende Unzufriedenheiten drohen zu offenen Konflikten emporzulodern, geschürt durch Intrigen der drei Gelehrten. Dido versucht die Eskalation erst dadurch einzudämmen, dass sie sich in die Einsamkeit zurückzieht und die Macht einem weiteren Bruder (nicht dem Mörder ihres Gatten) zu übergeben wünscht: »mein einsamer Aufenthalt soll meinem Volke und mir den Frieden erhalten« und: »Mit der morgen aufgehenden Sonne gehe ich für mein Land unter.« (S. 509) Vergeblich – um Verderben von ihren Getreuen abzuwenden, ist Dido gezwungen, nach Karthago zurückzukehren. Es scheint, als habe sich ihr Sinn in Bezug auf Jarbes' Heiratspläne gewendet. Doch da sie die Treue zu ihrem toten Gatten nicht zu opfern bereit ist, bleibt ihr nur der Weg der Opferung ihres Lebens: Sie springt auf den Scheiterhaufen und ersticht sich. Die düstere Zukunft Karthagos hat Albicerio kurz vor Didos Tod vorausgesagt: »Ein blutiger Krieg wird beginnen […] – welcher Zerstörung zu zu sehen bin ich aufbehalten!« (S. 532)

Eine Stelle aus der Dido-Tragödie legt die Vermutung nahe, dass die Verfasserin ihre Kenntnis des in Justins Geschichtswerk geschilderten Handlungsverlaufs nicht nur Hederichs damals vielgelesenem Lexikon verdanken dürfte, sondern dass sie auch auf Justins Werk zurückgreift bzw. auf einen Text, der sich eng an dessen *Epitoma* orientiert: Im ersten Akt von Steins Drama berichtet der aus Jarbes' Reich zurückgekehrte Dodus, dass der König wünsche, einige Gelehrte aus Didos Volk kämen in sein Land, »um

[19] Vgl. den Überblick bei Wallenborn: Goethe-Rezeption (Anm. 1), S. 115–117.
[20] Vgl. Tschiedel: Dido (Anm. 3), S. 306.

den Seinigen Aufklärung zu lehren« (S. 492). Diese Stelle folgt offenbar einer Passage aus der *Epitoma*, derzufolge zu Dido abgesandte Legaten des Königs vorgeben, ihr Herrscher wünsche, dass Männer aus Didos Volk ihm und den Seinen einen kultivierteren Lebensstil nahebrächten.[21] Natürlich ist um 1800 die Idee, ›Aufklärung‹ zu vermitteln, keine so fernliegende, dass man sie in antiken Texten suchen müsste. Aber der Umstand, dass bei Justin wie bei Stein diese Bitte an den Bericht von Personen, die aus Jarbes' Landen zu Dido kommen, geknüpft ist, rückt zumindest die Frage nach Steins Quellen etwas mehr in den Vordergrund.

Nachdem man also ein Indiz dafür hat, dass Charlotte Justins Darstellung der Dido-Geschichte gekannt haben könnte, ist es der Forschung nun aufgegeben zu fragen, ob sich Justin-Lektüren der belesenen Frau konkreter nachweisen lassen. In den Jahren, die der Niederschrift der *Dido* unmittelbar vorangehen, ist keine Entleihung der *Epitoma* in den Ausleihjournalen der heutigen Anna Amalia Bibliothek in Weimar durch Charlotte verzeichnet. Von den Korrespondenzen Charlotte von Steins könnte am ehesten ihr noch vollständig zu edierender Briefwechsel mit Carl Ludwig von Knebel darüber Auskunft geben, ob und wie die Autorin Kenntnis von der zu ihrer Zeit als historisch bewerteten justinischen Fassung erlangt hat.

Von Interesse für die Betrachtung der *Dido* ist auf jeden Fall ein Brief von Charlotte an Knebel aus dem August 1784, den sie wohl versehentlich auf einem bereits mit Lektürenotizen beschriebenen Blatt begonnen hatte;[22] unter diesen Exzerpten findet sich folgender Satz: »Auf erwache süßes Mädchen und bringe unßren morgen Tranck in deinen weiten Becher und leide nicht daß die reichen Weine von Enderein länger gehäuft werden.«[23] Bei dieser Stelle handelt es sich um ein Exzerpt bzw. um eine Übersetzung aus den *Mu'allakat*, der ältesten Sammlung altarabischer Dichtung aus vorislamischer Zeit, die aus Texten mehrerer Dichter besteht. Goethe, der sich bereits 1783 mit dieser Sammlung beschäftigt hat,[24] bezeichnet sie

---

21 »Quod legati reginae referre metuentes Punico eum ea ingenio egerunt, nuntiantes regem aliquem poscere, qui cultiores victus eum Afrosque perdoceat; sed quem inveniri posse, qui ad barbaros et ferarum more viventes transire a consanguineis velit?« (Marcus Iunianus Iustinus: Epitoma Historiarum Philippicarum Pompei Trogi. Hrsg. von Franz Rühl. Leipzig 1886, S. 134 f.)

22 Vgl. Steins Notiz am Ende der ersten Briefseite: »Verzeihen Sie, da ich das Blat will umwenden sehe ich daß ich ein beschriebnes Papier ergriffen habe« (GSA 54/274,1, Bl. 34 f., hier Bl. 34).

23 Ebd., Bl. 35.

24 Vgl. Goethe an Carl Ludwig von Knebel, 14. November 1783; WA IV, Bd. 6, S. 212.

in den *Noten und Abhandlungen zum Divan* als »herrliche Schätze«.[25] Auf dem Bogen von Charlottes Brief an Knebel ist der Beginn der Dichtungen Amr ibn Kulthum ibn Maliks (6. Jahrhundert) notiert.[26] Die ersten Zeilen dieses Exzerpts integriert Charlotte mit kleineren Änderungen in ihre ca. zehn Jahre nach dem genannten Brief niedergeschriebene *Dido*.[27] Weitere Funde dieser Art in bisher unpublizierten Archivalien könnten detaillierte Aufschlüsse über Steins Arbeitsweise geben, so dass man gespannt sein darf, welche Quellen aus welchen Literaturen und Kulturkreisen im Laufe der Erschließung auch von Charlottes Korrespondenzen noch entdeckt werden.

Unabhängig von der Beantwortung der justinischen Quellenfrage lässt sich der Umstand, dass dessen Dido-Erzählung diejenige ist, die für die Handlungsstruktur von Steins Drama prägend ist, aus verschiedenen Perspektiven reflektieren: Entkräftet wird die These der älteren Sekundärliteratur, *Dido* sei vor allem ein fünfaktiger Rachefeldzug gegen Goethe. Hätte Charlotte von Stein für eine dergestalte literarische Rache nicht gerade die *Aeneis* mit dem zu seiner italienischen Reise aufbrechenden Aeneas, der eine ihn liebende Frau zurücklässt, eine wesentlich geeignetere Vorlage geboten?[28] Mit Blick auf die politischen Hintergründe der Entstehungszeit scheint es bedeutsam zu sein, dass Charlotte von Stein während der Französischen Revolution, in Zeiten, in denen das Bewusstsein von Geschichte eine besondere Relevanz hat, die Variante der – nach Hederich – ›eigentlichen Historie‹ als Vorlage für die Handlungsstrukturen wählt. Diese Entscheidung bringt es mit sich, dass in ihrer *Dido* den bei Vergil

---

[25] WA I, Bd. 7, S. 10.

[26] Vgl. William Jones: The Moallakát, or seven Arabian poems, which were suspended on the temple at Mecca; with a translation, a prelominary discourse, and notes critical, philological, explanatory. London 1783, S. 75. Aufgrund einer Äußerung von Goethe in einem Brief an Knebel (Anm. 24) ist anzunehmen, dass Charlotte von Stein aus dieser Ausgabe übersetzt hat: »Wir haben uns vorgenommen sie [die Gedichte aus Jones' *Moallakát*-Ausgabe] in Gesellschafft zu übersezen […].« (WA IV, Bd. 6, S. 213) Falls in dem ›wir‹ auch Charlotte von Stein eingeschlossen ist, könnte die in ihre *Dido* integrierte Stelle aus den *Moallakát* ein Resultat des gemeinsamen Übersetzens mit Goethe sein. Umso bemerkenswerter wäre es dann, dass sie Ogon, die ›Goethe‹-Figur ihres Stücks, aus der Sammlung arabischer Dichtung zitieren lässt. – Von Goethes Übertragungen aus den *Moallakát* ist ein eigenhändiges Manuskript überliefert (gedruckt in: WA I, Bd. 6, S. 460–462).

[27] Im Drama lautet die Stelle: »Auf süsses Mädchen! erwache und bring uns den Morgentrank in einem weiten Becher! und leide nicht, daß die reichen thracischen Weine länger gehäuft werden.« (S. 493) – Vgl. Anhang, Katalog, Nr. 14.

[28] Vgl. z.B. Gutjahr: Dido (Anm. 15), S. 225.

sehr mächtigen, die Protagonisten beeinflussenden Göttern keine wesentliche Rolle zukommt. Götter sind in Steins Drama zwar sprachlich präsent, aber nur in einem sehr allgemeinen, pluralen Sinne. Es wird niemals ein bestimmter Gott angerufen, kein Jupiter, keine Juno, keine Venus;[29] mehr als Bilder denn als Sinnträger werden einmal Phöbus, einmal der bei Vergil so handlungsgestaltende Amor erwähnt (vgl. S. 520 und S. 525). Jarbes äußert gegen Ende des Stücks: »Nichts doch von Göttern! ich hätte eben vergessen, daß ich an keine mehr glaube.« (S. 529) Elissa hält es für nicht unwahrscheinlich, dass es zu einem Göttersturz kommen könne, und denkt für diesen Fall die Poesie als Ersatz: »übrigens glaube ich so an die Dichtkunst, daß, sollten die Götter einmal herabgestürzt werden, so ahnde ich, sie werde an ihrer Statt der Welt bleiben, dem armen, nach etwas höheren sich sehnenden Gemüthe zum Stab der Wanderschaft gegeben.« (S. 506) Selbst dem Priester Albicerio sind die Götter »unbegreiflich[ ]« geworden; er sieht »nichts als daß ihr [die Götter] selbst gelassen denen widrigen Gesetzen böser Kräfte gehorcht, welchen die Menschheit noch wiederstrebt.« (S. 505) Das Einzige, was ihn, den zum Selbstmord Bereiten, noch am Leben hält, ist nicht ein Gottvertrauen, das einem Priester aufgrund von Beruf und Berufung Halt geben und ihn verpflichten sollte, sondern die in seiner »Brust ewig bleibende Liebe« (ebd.) zu Dido.

Doch auch in Steins Transformation des Stoffes werden Götter (man möchte fast sagen: noch) ›angerufen‹, unter anderem in einer der beiden einzigen und dadurch formal und inhaltlich exponierten Versstellen. In der sechsten Szene des zweiten Aufzugs, als zum ersten Mal ein – auf den Schluss vorausdeutendes – Opferfeuer zu sehen ist, lautet der Beginn einer verschiedenen Stimmen bzw. dem Chor zugeordneten Verspartie wie folgt:

> Wer durch die Hülle der Zukunft
> In Aussicht verwirrt,
> Im Weg sich verirrt
> Sucht sehnend dann Zeichen vom Himmel herab.
> Es geben's die Götter
> Doch fassen wir sie nach menschlichem Sinn,
> Und deuten sie anders:
> Wir stürzen im Schlusse des Schicksals dahin! (S. 503)

[29] Beispielsweise wird der Tempel, vor dem Dido sich das Leben nimmt, keiner bestimmten Gottheit zugeordnet, es ist »[e]in [beliebiger] Tempel« (S. 503). Vgl. im Zusammenhang mit dem tendenziellen Verschwinden von Göttern in der *Dido* auch den Hinweis von Wallenborn: Goethe-Rezeption (Anm. 1): »In Charlotte von Steins *Dido* kann niemand die Verantwortung für sein Tun auf die Götter abwälzen, sämtliche Figuren handeln aus eigenem Antrieb heraus« (S. 130 f.).

In klassisch-antiker Manier fällt es dem Chor in diesen Versen zu, eine kommentierende, verallgemeinernde Deutung zu geben: Selbst die Götter, so heißt es weiter, »beugen« sich »dem alten Geschicke« (ebd.), sind dem Schicksal also untertan. Diese Verse scheinen mir ein wichtiges gedankliches (Vor-)Zeichen einer Molltonart, eines Fatalismus, der die gesamte Tragödie grundiert. Insofern ist die Aussage dieser Zeilen als gedanklicher Bezugspunkt im ganzen Stück gegenwärtig, wird aber ›diskutiert‹, indem zumindest eine andere Möglichkeit, sich zu existenziellen Fragen zu positionieren, angeboten wird – vor allem in der Einsiedlerszene, auf die später einzugehen sein wird.

Sind die Götter in der chorischen Betrachtung präsent, wenngleich, was durchaus antik gedacht ist, als dem Schicksal untergeordnete Wesenheiten, hat das Schicksal in der Tragödie in den Schlussworten des Jarbes das letzte Wort: »Verdammtes Schiksal! ich erkenne deine Gewalt und bin doch nicht dein Liebling.« (S. 534)

An zwei Stellen, in denen Charlotte subtil Vergil-Motive einsetzt und transformiert, spielen Götter in ihrer *Dido* im Gegensatz zur *Aeneis* gar keine Rolle mehr:[30] Ein von Vergil ›übernommener‹ Traum, in dem der tote Acerbas – so (und nicht Sychäus wie bei Vergil) heißt der ermordete Gatte bei Stein – Dido erscheint, offenbart der Witwe, dass ihr Bruder der Mörder des Acerbas ist. Bei Vergil berichtet die Göttin Venus ihrem Sohn Aeneas von der Traumerscheinung, durch die Dido die Hintergründe des Mordes erfährt. In Steins Tragödie ist der Traum Teil eines Monologs der Dido (vgl. S. 522), er wird nicht ›beglaubigt‹ durch die Instanz einer Göttin, die ihn erzählt. Gelöst aus einer metaphysischen Anbindung, wird der Traum entallegorisiert und ausschließlich an die Psyche eines Menschen gebunden.[31]

Rückt man Fragen nach Göttern beziehungsweise nach menschlicher Entscheidungsfreiheit und Autonomie ins Zentrum der Aufmerksamkeit, kommt einer kleinen Geste, die offenbar bisher nicht als Vergil-Bezug interpretiert wurde, mir aber eines der wichtigsten Vergil-›Zitate‹ und eine der Antike-Transformationen von der bemerkenswertesten Tragweite in Steins Drama zu sein scheint, eine besonders große Bedeutung zu:

Unmittelbar bevor Steins Dido sich tötet, schneidet sie sich »eine von ihren Haarlocken ab« (S. 533) und gibt diese Locke dem treuen Freund

---

[30] Diese zwei Stellen sind nicht die einzigen Vergil-Transformationen in Steins *Dido*, aber die relevantesten im Kontext der Überlegungen des vorliegenden Beitrags.

[31] Düntzer (Anm. 1) weist als Erster darauf hin, dass Charlotte von Stein den Inhalt des Traums aus der *Aeneis* (I, 353 ff.) übernimmt (S. LVII).

Albicerio; dann springt sie mit den Worten »und nun mein Acerbas zu dir!« (S. 534) auf den Scheiterhaufen. Das Lockenmotiv erinnert an den Schluss des vierten Buches von Vergils *Aeneis*, wo die Göttin Iris die in den Armen ihrer Schwester Anna sterbende Dido auf Geheiß der Göttin Juno erlöst. Friedrich Schiller übersetzte diese Stelle wie folgt:

> Jetzt also kam, in tausendfarbem Bogen
> Der Sonne gegenüber, feucht von Thau,
> Die Goldbeschwingte durch der Lüfte Grau
> Herab aufs Haupt der Sterbenden geflogen;
> Dieß weih ich auf Befehl der Gottheit dem Kozyt,
> Ruft sie, vom Leibe frei mag sich dein Geist erheben.
> Sie sagts und löst die Locke, schnell entflieht
> Der Wärme Rest, und in die Lüfte rinnt das Leben.[32]

Die Steinsche Dido stirbt weder im erlösenden Mitleid der Götter noch in den Armen einer engen Gefährtin. Nicht mehr eine Göttin schneidet ihr die Locke ab – wie im Zusammenhang mit dem oben erwähnten Traum verzichtet Stein hier auf die Darstellung einer Interaktion zwischen Gottheit und Mensch –, in dieser Geste für die in aller Tragik bestehende metaphysische Gewissheit bürgend, dass überhaupt Götter sind. Man könnte darüber reflektieren, wie nah das Drama, wenngleich dort noch Götter genannt sind, der von Schiller in seinem Gedicht *Die Götter Griechenlandes* gestellten Zeitdiagnose von der »entgötterte[n] Natur«[33] ist bzw. ob es in der *Dido* etwas gibt, was dem Verblassen des Göttlichen in der Welt entgegenstellt wird, ob alternative Formen eines Einklangs mit einem dem Menschen (metaphysisch) Übergeordneten angedeutet werden.

Annäherungen an Antworten auf diese Fragen bietet das Motiv von Didos Einsamkeit, ein Motiv, das die ganze Tragödie durchzieht. Dido selbst spricht von ihrem »einsamen Gemüthe«. (S. 500) Elissa fasst Didos existenzielles Alleinsein einmal ins Bild des Abendsterns: »Der einsame Abendstern schimmert auch schön.« (S. 501) So einsam wie Dido stirbt, ist sie schon zu Beginn des Stücks – bereits ihr erster Monolog zeigt sie als Einsame:

> Es blühet alles um mich herum, alles ist im Wohlstand, mein Volk, meine Seemacht, alle Handthierungen; es dringt keine Stimme des Mangels mehr zu meinem Ohr! Anbieten muß ich meine Hülfe, es ist nirgends eine dringende Noth, auch Künste und Wissenschaften aus meinem geliebten phönizischen

32 NA, Bd. 15 I, S. 183.
33 NA, Bd. 1, S. 194.

> Vaterland, schlagen hier Wurzel […]. Es ist alles glüklich – – – *(sie geht einige Schritte in Gedanken)* So weit also kann es die menschliche Natur nicht bringen, ein fremdes Glük sich im Gefühl zu zu eignen? – – – o mein Acerbas! mein Gemahl! mit dir ward mir ein Welt-All geraubt. (S. 491)

Diese Introspektionen zu Beginn des Stücks könnten Didos Abschiedsworte sein. Es sind Aussagen einer Herrscherin, die pflichtbewusst ihre Aufgaben erfüllt hat. Und es sind Worte einer Einsamen, die mit todeswundem Herzen in der Vergangenheit lebt.

Linda Dietrick weist darauf hin, dass sich in Steins *Dido* eigentlich keine wirkliche Entwicklung der Charaktere beobachten lasse.[34] Das gilt besonders für Dido, deren Einsamkeit im vierten Akt intensiviert wird durch eine bestimmte Form von Einsamkeitserfahrung: Wenn Dido sich in eine »Einöde mit Felsen« (S. 512), zu einer Grabeshöhle begibt, tritt zu ihrer inneren Einsamkeit eine äußere Einsamkeit hinzu bzw. wird ihre innere im Bild der äußeren vergegenwärtigt und ›verräumlicht‹. Dido sucht also nicht den ›Dialog‹ mit Göttern, sondern geht sinnbildlich in ihr eigenes Innere. Nicht zuletzt deshalb kommt den in der Einöde spielenden Szenen, denen Tschiedel einen »herausragenden poetischen Reiz nicht absprechen mag«,[35] entscheidende Bedeutung zu. Interessant sind diese Stellen in vielerlei Hinsicht: in Bezug auf die Vergil-Rezeption, im Hinblick auf Steins Umgang mit der literarischen Tradition, Protagonisten in der Begegnung mit poetisch-prophetisch sprechenden Einsiedlern Einkehr in sich und Selbstbesinnung zu ermöglichen, in der Art, wie ein Ort außerhalb der Zeit in einem historischen Drama im vierten, im retardierenden Akt wichtig wird, also Zeitlichkeiten verhandelt werden, und im Blick auf die an vielen Stellen des Dramas in ihrer Substanz götterlose Welt. Ich möchte mich hier auf wenige Bemerkungen zu dem ersten und letzten Punkt beschränken.

Hans Jürgen Tschiedel sieht im Gang der Dido in die Grabeshöhle und in ihrem Gespräch mit dem »vergeistigten Einsiedler« eine »kontradiktorische[ ] Bezugnahme«[36] auf die erotische Begegnung von Dido und Aeneas in einer Höhle, wie Vergil sie im vierten Buch schildert.

---

[34] Vgl. Linda Dietrick: Woman's State: Charlotte von Stein's *Dido. Ein Trauerspiel* and the Aesthetics of Weimar Classicism. In: Burkhardt Krause und Ulrich Scheck (Hrsg.): Verleiblichungen. Literatur- und kulturgeschichtliche Studien über Strategien, Formen und Funktionen der Verleiblichung in Texten von der Frühzeit bis zum *Cyberspace*. St. Ingbert 1996, S. 111–131, hier S. 121.

[35] Tschiedel: Dido (Anm. 3), S. 307.

[36] Ebd., S. 308.

Ohne diese Lesart anzweifeln zu wollen, scheint mir noch eine andere Möglichkeit gegeben, die Einsiedler-Szene mit der *Aeneis* in Verbindung zu bringen, und zwar mit dem sechsten Buch, in dem Aeneas in der Unterwelt auf seinen Vater Anchises trifft, der ihm die große Zukunft Roms und der Römer voraussagt. Wenn Steins Dido in die Grabeshöhle des kurz danach sterbenden Einsiedlers geht, wird sie – so könnte man die Stelle lesen – nicht nur mit ihrem eigenen nahen Tod konfrontiert.[37] Ihr Gang in ein Grab lässt auch an die Unterweltsfahrt des Aeneas denken. Vor der Grabeshöhle trifft Steins Dido auf den Einsiedler, der, wie Anchises, von zukünftigen Ereignissen kündet – allerdings prophezeit er nicht wie Aeneas' Vater die Größe des römischen Imperiums, sondern den Untergang von Didos Reich. Die Erinnerung an dessen tugendreiche Regentin bleibe jedoch »durch Jahrtausende« (S. 514) unberührt. Der Einsiedler, der keine eigene Geschichte hat – die Blätter vom Buch seines Lebens sind »unbeschrieben geblieben« (S. 514) –, der ebenso geschichts- wie namenlos ist, der sich »in das Unendliche der Ordnung ohne den Übergang vom Dunkeln einzuweben« (S. 513) wünscht, eröffnet in seinen letzten Worten eine Perspektive auf das menschliche Dasein, auf weite, in Jahrtausenden sich erstreckende Dimensionen gleichsam über der Historie – eine Perspektive, die zwar die ›Götterlosigkeit‹ des Schlusses von Steins *Dido* nicht aufhebt, aber andere Möglichkeiten anbietet, individuelle und politische Geschichte zu denken und in übergeordnete Sinneinheiten einzuordnen: Des Einsiedlers Ankündigung, nach seinem Tod »in andere Sphären« weiterzugehen, erklärt er auf der Königin Bitte mit dem Hinweis auf Bildungen, die sich »durch Jahrtausende« machen (S. 515). Als Abschiedsworte lässt Stein ihren Einsiedler Verse aus Johann Gottfried Herders *Zerstreuten Blättern* zitieren, genauer: den *Abschied des Einsiedlers*, das Schlussgedicht von *Gedanken einiger Bramanen*:[38]

> Erde! du meine Mutter! und
> du mein Vater der Lufthauch;
> und du Feuer, mein Freund! du
> mein Verwandter, der Strom!
> und mein Bruder, der Himmel! – ich
> sag' euch allen mit Ehrfurcht,

[37] Vgl. ebd.

[38] Vgl. Johann Gottfried Herder: Sämmtliche poetische Werke. Vierter Band. Morgenländische Blumenlese. Wien 1818, S. 143. Der Hinweis darauf, dass Charlotte von Stein hier Herder zitiert, stammt von Heinrich Düntzer: Charlotte von Stein, Goethe's Freundin. Ein Lebensbild, mit Benutzung der Familienpapiere entworfen. Zweiter Band. 1794–1827. Stuttgart 1874, S. 22.

freundlichen Dank! Mit euch hab' ich
hienieden gelebt,
und gehe iezt zur anderen Welt
euch gerne verlassend.
Lebt wohl, Bruder und Freund, Vater und
Mutter, lebt wohl!! (S. 515)

Es ist sicher kein Zufall, dass diese vom Geist des Pantheismus[39] durchwehten Verse zusammen mit der dunklen, chorischen Stelle aus dem zweiten Akt die einzigen nicht in Prosa verfassten Stellen innerhalb der ganzen Tragödie sind. Die beiden formal herausgehobenen Versstellen lassen sich auch inhaltlich aufeinander beziehen – als Möglichkeiten, sich zu großen Menschheitsfragen zu positionieren. Keiner der Denkweisen, sich zu diesen Daseinsfragen zu verhalten – weder der (besonders) vom Chor verkündeten Idee, das Schicksal stehe über den Göttern, noch dem pantheistischen Glaubensbekenntnis des Einsiedlers –, wird im Drama Priorität zugewiesen; sie bestehen gleichberechtigt nebeneinander. Um sie gruppieren sich verwandte ›Perspektiven‹ wie Jarbes' ›götterfreies‹ Schicksalsdenken und Didos in einer letzten Geste – dem eigenhändigen Abschneiden der Locke – mehr der Stabilität und Autonomie ihres Inneren als göttlicher Erlösung vertrauende Haltung. Gerade dass Steins *Dido*, im Rückgriff auf die ›historische‹ justinische Fassung und in der Übernahme vergilischer Motive, die in der Transformation ›entgöttert‹ werden, keine eindeutigen, der Moderne inadäquaten Lösungen anbietet, scheint mir eine Qualität dieses Stücks zu sein – eines Stücks, das in einer Zeit entstand, in der, bedingt durch gewaltige historische Umbrüche, die Reflexion politischer und metaphysischer Fragen, ja Unsicherheiten eine besondere Relevanz und Tragweite hat.

[39] Zu Charlotte von Steins Auseinandersetzung mit Spinoza vgl. den Beitrag von Jutta Eckle im vorliegenden Band.

Linda Dietrick

Charlotte von Steins Lustspiel *Neues Freiheits-System oder die Verschwörung gegen die Liebe*

Zum Titelbegriff ›Freiheits-System‹ im kulturhistorischen Kontext

Was hat Charlotte von Stein wohl im Sinn, als sie ihr 1798/1799 entstandenes Lustspiel mit dem Titel *Neues Freiheits-System* versieht? Welche Resonanzen hat für sie der besondere Begriff eines Systems der Freiheit, und warum bezeichnet sie es als ›neu‹? Der Begriff ist im Rahmen einer Komödie sicherlich ironisch gemeint, aber im Bezug worauf? Welche Ideen und Gesprächsstoffe in ihrer kulturhistorischen Situation ruft Charlotte von Stein auf, um mit Strategien der Komisierung zum Ver- bzw. Mitlachen einzuladen? In diesem Beitrag möchte ich einige mögliche Antworten auf diese Fragen entfalten. Textgrundlage bildet die 2006 von Gaby Pailer und mir herausgegebene Neuausgabe, die auf der Handschrift im Goethe- und Schiller-Archiv basiert.[1]

Lassen wir zunächst den Begriff ›System‹ beiseite, um uns auf das Wort ›Freiheit‹ zu fokussieren. Schauplatz der Handlung ist die damalige Gegenwart, d. h. die letzten Jahre des 18. Jahrhunderts, und Hinweise auf die Revolution in Frankreich sind unübersehbar. Der komische Schurke des Stückes ist ein rheinischer Adliger namens von Linné, der sich jetzt, wie wir aus seinem Brief an den alten Freund Avelos wissen, »nicht mehr von« unterschreibt und »wegen dem Sinn der Zeit« den bürgerlichen Namen Daval angenommen hat (S. 6; vgl. auch S. 81). Das sogenannte Freiheits-System ist seine Erfindung. Davals Freund, der ehemalige Soldat Avelos, erklärt, er habe in Feldzügen gedient, »welche der Rausch der Freiheit und Gleichheit veranlaßt hat, und meine lezten in Italien« (S. 10). Das heißt, er hat wohl im Ersten Koalitionskrieg gekämpft. Es bleibt unklar, ob Davals bzw. von Linnés bürgerlicher Deckname ein Bekenntnis zur Revolution darstellt oder aber ein Versuch ist, sich als Adliger vor den möglichen Folgen der Revolution zu schützen. Zahlreiche Hinweise im Text legen

[1] Charlotte von Stein: Neues Freiheits-System oder die Verschwörung gegen die Liebe. Ein Lustspiel in fünf Aufzügen. Mit einem Nachwort hrsg. von Linda Dietrick und Gaby Pailer. Hannover 2006.

jedenfalls nahe, dass die im Titel angesprochene Idee der Freiheit etwas mit dem Revolutionspostulat der »liberté« zu tun hat.

Allerdings hat die Freiheit hier auf den ersten Blick eher mit privatem Selbstverständnis als mit öffentlichem Politikverständnis zu tun. Es geht um Freiheit im persönlichen Bereich, vor allem in der Liebe. So behauptet die junge, temperamentvolle Theodore: »In dieser Freiheitszeit kann sich ein Mädchen wohl entführen lassen, wenns ihr so einfällt!« (S. 66), und der verliebte Vetter Monrose, der aus dem Treiben der Frauen nicht klug wird, räsoniert: »Hm! – in dieser Freiheitszeit kann man alles erwarten.« (S. 67) Aber es handelt sich nicht nur um Freiheit *in* der Liebe, sondern auch um Freiheit *von* der Liebe, die aus einer anderen Perspektive als Unfreiheit und Quelle des Unglücks erscheint. So sieht es jedenfalls der exzentrische Drahtzieher Daval, dessen Bemühungen, die Welt zu *seiner* sogenannten Freiheitslehre (vgl. S. 82) zu bekehren, alle Konflikte auslösen. Davals Lehre besagt, »daß man, um recht *frei* zu seyn, erst die *Liebe* ausrotten muß« (S. 81). Das wird stichpunktartig auf einem Zettel ausgeführt, den die zwei Schauspielerinnen Florine und Luitgarde vor ihrer Tür finden und sogleich deklamieren:

> 1., Liebe wohnt nicht auf dieser Erde. 2., Mitleiden und Wohlgefallen an einander wird dafür genommen. 3., Sie ist eine Eigenschaft höherer Naturen und etwas Geistiges, wo sich zwei Wesen vereinen, um etwas Überirdisches zu werden. 4., Ansprüche an etwas, das nicht zu erlangen ist, macht den Menschen unglüklich, 5., Darum muß man diesen Irrthum ausrotten, und Freiheit der Herzen sey die Loosung! (S. 17)

Anders gesagt: die Liebe ist etwas Unerreichbares und somit Illusionäres, deshalb sollten die Menschen von diesem Irrtum ›befreit‹ werden. »Ich denke eben so,« betont die Schauspielerin Luitgarde, nachdem sie ihr selbst verfasstes Lied von der freien Liebe gesungen hat:

> Ich spiele des Lebens
> bethörendes Spiel.
> Der glüklichen Tage
> hat keiner zu viel.
> Bringt Liebe dem Herzen
> auch ächtern Gewinn:
> So spottet der Schmerzen
> ein freierer Sinn!
> Auch hat mich der Beßte,
> der alles beseelt,
> aus Weltlust vergessen,

aus Leichtsinn gequält,
drum spiel ich des Lebens
bethörendes Spiel
und achte die Schwüre
der Liebe nicht viel! (S. 16)

Weltgewandt das Leben genießen, Bindungen frei wählen oder ablehnen: nach eben diesen Prinzipien scheinen beide Schauspielerinnen auch im weiteren Verlauf des Stücks zu handeln.

Daval glaubt aber, dass die Menschen gezwungen werden müssen, den vermeintlichen Zwang der Liebe abzulegen. Er hat seinen Freund Avelos beauftragt, die beiden Schauspielerinnen zwecks Bekehrung zu seiner Doktrin auf sein Gut zu bringen. Avelos hofft den Auftrag »ohne Gewalt« (S. 5) auszuführen, wie er sagt, und gibt vor, er würde seine Kutsche für die Fahrt zurück ins Hotel anbieten. Doch leider geraten die falschen Damen in die Kutsche, nämlich die Adels-Fräulein Theodore und ihre etwas ältere Cousine Menonda. Da beide verschleiert sind, kann Avelos nicht wissen, dass die eine, Menonda, seine ehemalige Geliebte ist. Vor Jahren hatte ihr eigner Bruder die beiden durch einen gefälschten Brief entzweit, und der Bruder, so will es der Zufall in Steins Komödie, ist kein anderer als der ›Liebesfeind‹ Daval. Dessen Vorstellung, man müsse andere Menschen zur Freiheit zwingen, findet ihr Pendant in einem berühmten Ausspruch Jean-Paul Marats vom 6. April 1793:

> Die Freiheit muß mit Gewalt geschaffen werden, und jetzt ist der Augenblick gekommen, um auf eine gewisse Zeit den Despotismus der Freiheit zu organisieren, um den Despotismus der Könige zu zerschmettern![2]

Wie viele ihrer Zeitgenossen und -genossinnen äußert sich Charlotte von Stein sehr kritisch zu den revolutionären Vorgängen in Paris. In ihren Briefen an Charlotte Schiller nennt sie die Revolutionären »Banditten[ ]« und »Räuber«.[3] Der Widerspruch im Freiheitspostulat bildet das zentrale Thema ihrer Komödie. Sie kritisiert mit dramatischen Mitteln den Widersinn einer Freiheit, die erzwungen werden muss, indem sie die Handlungen des Antagonisten Daval dem Lachen preisgibt und schließlich rückgängig macht. Am Ende finden nicht nur die entzweiten Liebhaber zueinander,

---

[2] Zitiert nach François Furet und Denis Richet: Die Französische Revolution. Übers. von Ulrich Friedrich Müller. München 1981, S. 258.

[3] Charlotte von Stein an Charlotte Schiller, 15. Oktober 1792, April 1793 und 6. Dezember 1793; GSA 83/1856, 2, Bl. 61, 66, 74.

sondern auch Daval selbst kommt, ohne es zuzugeben, unter das Joch der Liebe, indem Luitgarde ihn um den Finger wickelt.

Gleichzeitig handelt Charlotte von Steins Stück von der Freiheit im positiven Sinne, vor allem im Hinblick auf die weiblichen Figuren. Wie Gaby Pailer gezeigt hat, wird Davals trügerischer und widersprüchlicher Entwurf von Autonomie durch die pragmatischen Rollenentwürfe der Frauen konterkariert.[4] So reisen Luitgarde und Florine ganz selbstbewusst in den Kostümen der männlichen Commedia dell'arte-Figuren Harlekin und Scapin, um beim Reisen unbehelligt zu bleiben. Als die adligen Cousinen erkennen, dass man sie ins Haus eines Fremden gebracht hat, zeigen sie überhaupt keine Furcht, sondern werfen sich gegenseitig vor, die Entführung arrangiert zu haben. Theodore freut sich sogar über die Rolle, die sie spielen soll: »ich muß doch darüber lachen; eine Enfführung [*sic*]! was ich mir schon lang so lustig vorgestellt habe; – wenn *ich* nur die Heldin dieses Abenteuers wäre!« (S. 23) Dagegen machen ihre männlichen Beschützer – Monrose, der Major und der Medicus – trotz Beteuerungen ihrer militärischen Leistungsfähigkeit einen eher hilflosen Eindruck. Während sie sich verfahren, übernimmt das Kammermädchen Susette in einer weiteren Inszenierung von cross-dressing die Rettungsaktion: Sie zieht sich Monroses Uniform an und findet den Weg allein zu Davals Schloss, wo ihre Herrschaften Menonda und Theodore sie freudig wiedererkennen. Als der wirkliche Monrose vermisst wird, sagt Susette: »Und ich habe freilich dem Herrn Fähndrich allerlei Hindernisse in den Weg gelegt, weil ich die Ehre haben wollte Sie zuerst zu befreien.« (S. 35) Durch Rollenspiel und Verkleidung wird also »ein Spiel mit Möglichkeiten der Transgression heterosexueller Rollenzuschreibungen eröffnet […], so dass am Ende sogar die Damen eine spielerische Lust an einer anderen ›Freiheitszeit‹ entwickeln, als vom männlichen Eiferer Daval diktiert.«[5]

Als Monrose endlich auftaucht, erblickt er bei den Damen den eigenen, von Susette hinterlassenen Offiziershut und empört sich. In dieser Szene fällt das bereits zitierte Wort von der »Freiheitszeit«, in der »man alles erwarten« kann, so Monrose (S. 67), oder in der sich ein Mädchen entführen lassen kann, »wenns ihr so einfällt«, so Theodore (S. 66). Diese Zitate finden eine verblüffende Parallele im 1797 erschienenen Drama einer anderen

[4] Vgl. Gaby Pailer: Literaturbeziehungen und Geschlechterentwürfe um 1800: Autorinnen um Schiller. In: Lenz-Jahrbuch 13/14 (2004–2007), S. 68–78.

[5] Gaby Pailer: Verkleidungskunst, Komik und Gender. 1748 – 1798 – 1876. Beitrag zur Tagung Geschlechtertausch, Geschlechterrollenwechsel und Komik, Kloster Bronnbach, 29. Mai 2004.

Autorin, den *Zwillingsschwestern* von Wilhelmine von Gersdorf.[6] In Gersdorfs Stück ist die eine Zwillingsschwester, Flora, die Erbin eines beträchtlichen Vermögens. Durch ihre bevorstehende finanzielle Unabhängigkeit ermutigt, hat sie vor, mit einem Mitgiftjäger, Graf Wertheim, durchzubrennen, um einer arrangierten Heirat zu entfliehen. Zu diesem Vorhaben wird sie durch ihr Kammermädchen Lilli angespornt, die ihr Folgendes sagt:

> wer reich ist, ist unabhängig, wer von niemand abhängt, braucht niemand um Rath zu fragen, ergo wenn der Großpapa Sie Ihrem Geliebten nicht geben will [...], so sind Sie berechtigt sich von ihm entführen zu lassen, und ihn aus eigner Wahl zu heirathen. Urtheilen Sie selbst, ob die nagelneuen Freiheits Systeme, die jetzt überall von Paris als die erste Mode ankommen, Ihnen nicht Recht sprechen werden? (S. 265)

Charlotte von Stein hat nachweislich großes Interesse an den literarischen Werken von Frauen wie Gersdorf gezeigt. In ihren Briefen an Charlotte Schiller gibt es positive Erwähnungen von mindestens zehn verschiedenen Autorinnen. In ihrem Stück selbst tauchen in der Bibliotheksszene auch zwei jüngst erschienene Bücher von Frauen auf, ebenfalls positiv kommentiert: Madame de Staels *De l'influence des passions sur le bonheur des individus et des nations* (1797) und Caroline von Wolzogens Roman *Agnes von Lilien* (1798; Teildruck in den *Horen* 1797). Es ist also durchaus möglich, dass Charlotte von Stein Wilhelmine von Gersdorfs Stück kannte und sich inspirieren ließ von der ironisch gebrauchten Idee der »nagelneuen Freiheits Systeme«, die eine Frau zur freien Partnerwahl berechtigen.

Damit komme ich zum zusammengesetzten Begriff ›Freiheits-*System*‹. Ohne Zweifel wurde in den 1790er Jahren das Wort ›Freiheitssystem‹ sowohl ernsthaft als auch ironisch als Synonym für die Französische Revolution gebraucht oder genauer gesagt für die politischen Vorstellungen der Revolutionären und die Regierungsform, die sie befürworteten. Dafür gibt es, abgesehen von Gersdorfs Stück *Die Zwillingsschwestern*, mehrere Belege. Als die Kurpfalz im Dezember 1792 unter die Herrschaft der Franzosen kommt, erscheint ein öffentliches Schreiben der Bürger mit folgenden Sätzen:

---

[6] Wilhelmine von Gersdorf: Die Zwillingsschwestern oder die Verschiedenheit des Glücks. Ein Familiengemälde in drei Aufzügen. In: Mnemosyne oder meine Erinnerungen. Teil 2. Von der Verfasserin der Familie Wahlberg und der Situationen. Oschatz 1797; Neudruck in: Karin A. Wurst (Hrsg.): Frauen und Drama im achtzehnten Jahrhundert. Köln 1991, S. 252–291. Vgl. auch Wursts Interpretation, S. 86–95.

> Vielleicht wissen Sie schon die Nachricht, daß Billigheim und mehrere unter das Germersheimer Oberamt gehörige Ortschaften von dem Freiheitssystem der Neufranken Gebrauch gemacht und sich in deren Schutz begeben haben. Auch die Mühlhofener Einwohner freuen sich, nach so lange erlittenem Druck von Amtleuten, Steuereinnehmern und Anwälten jetzt etwas freier atmen zu können.[7]

Etwas betrübter schreibt Heinrich Zschokke Folgendes im Vorwort zu seinem 1794 erschienenen Drama *Charlotte Corday oder die Rebellion von Calvados*:

> Kann ich dem Leser nur *eine* frohe Stunde, *einigen* Enthusiasmus für die Tugend jeder Art und einigen lebhaften Widerwillen gegen das unglükseelige Freiheitssystem mit seinem anarchischen, verheerenden Gefolge geben, so bin ich zufrieden, nicht daß ich das Trauerspiel schrieb, sondern publicirte.[8]

Besonders einflussreich als deutsche Nachrichtenquelle zu den revolutionären Ereignissen waren die Aufsätze von Johann Wilhelm von Archenholz in seiner ab 1792 in hohen Auflagen erscheinenden Zeitschrift *Minerva*. In einem Aufsatz vom November 1793 gebraucht auch er den Begriff ›Freiheits-System‹ bzw. ›System‹ in Verbindung mit verschiedenen Deskriptoren als Bezeichnung für die Regierungsvorstellungen der miteinander konkurrierenden Parteien in Frankreich.[9] So habe er als Augenzeuge schon 1792 dort unter dem Einfluss der Jakobiner eine »um sich greifende Anarchie« festgestellt, aber auch »die unerschütterliche Anhänglichkeit der Franzosen an ihr Freiheits-System« (S. 324 f.). Relativ neutral schreibt er von dem »Gleichheits-System« oder dem »Republikanischen System« (S. 337 f.), dem die Girondisten seiner Ansicht nach noch anhingen. Doch

---

[7] Zitiert nach Erich Schneider (Hrsg.): »Triumph, die Freiheitsfahne weht …«. Die Pfalz im Banne der Französischen Revolution (1789–1814). Eine Sammlung zeitgenössischer Stimmen. Landau 1988, S. 91 f.

[8] Anonym [Johann Heinrich Daniel Zschokke]: Einige Worte an meinen Leser. Vorwort zu: Charlotte Corday oder die Rebellion von Calvados. Ein republikanisches Trauerspiel in vier Akten. Stettin 1794, S. 1 f., hier S. 2.

[9] Johann Wilhelm von Archenholz: Historische Bemerkungen über die neuesten Begebenheiten in Frankreich. In: Minerva 8, Nov. 1793, S. 321–376. Vgl. Birgit Tautz: Revolution, Abolition, Aesthetic Sublimation: German Responses to News from France in the 1790s. In: Maike Oergel (Hrsg.): (Re-)Writing the Radical: Enlightenment, Revolution and Cultural Transfer in 1790s Germany, Britain and France. Berlin 2013, S. 75–78.

jetzt sei es ganz anders mit dem »Mord- und Raub-System« von Robespierre (S. 337, 350–370 passim). Dessen Grausamkeit seien zwei begabte Frauen, Madame Roland und Olympe de Gouges, zum Opfer gefallen (vgl. S. 369). Ob Charlotte von Stein diesen Beitrag von Archenholz kannte, ist bisher nicht nachgewiesen, jedoch gehörten seine Ideen und der offenbar gängige Begriff des französischen ›Freiheitssystems‹ zum Gesprächsstoff der Weimarer Elite.

Ihr Stück ist ebenso wie das Wilhelmine von Gersdorfs ein Beleg dafür, dass die Freiheitsideale der Revolution mit der Freiheit und den Rechten der Frauen in Verbindung gebracht wurden. Die freiheitlichen Tendenzen der Zeit eröffneten die Chance, eine Erweiterung der Rechte und Handlungsspielräume für Frauen vorstellbar zu machen. Dafür zeugen auch die bekannten Schriften von Olympe de Gouges, Mary Wollstonecraft und Theodor Gottlieb von Hippel.[10] Ein weniger bekanntes, aber radikaleres und ausdrücklich als ›System‹ bezeichnetes Argument für Frauenrechte, mit Hinweisen auf Wollstonecraft und Hippel, war übrigens in Weimar erschienen: der 1793 in Wielands *Neuem Teutschen Merkur* gedruckte Aufsatz *Ueber die Vortheile des Systems der Galanterie und Erbfolge bey den Nayren* von James Henry Lawrence.[11] Unter Berufung auf das Sozialsystem der Nayars, eines Volkes in Indien, fordert Lawrence eine bessere Erziehung und freie Partnerwahl für Frauen, die Abschaffung der Ehe sowie matrilineares Erbrecht:

> Die Schwäche und der Mangel an Standhaftigkeit, den man bey dem weiblichen Geschlechte bemerkt, entspringt vorzüglich aus der Einschränkung, der es sich, um seinen guten Namen zu erhalten, unterwerfen muß. Gestände man aber dem Frauenzimmer seine natürliche Freyheit zu: so würde dieser Zwang nicht länger nothwendig seyn, und es würde sich der ihm gehörigen Achtung würdig zeigen; [...] Es würde nun nicht mehr nöthig seyn, daß eine Duenna jede geringe Bewegung der Mädchen beobachtete, weil sie, wenn dies neue System eingeführt würde, in allem was die Liebe betrift vollkommne Freyheit genießen dürften, und auch jede Mißheyrath unmöglich seyn würde. (S. 189)

[10] Olympe de Gouges: Déclaration des droits de la femme et de la citoyenne (1791); Mary Wollstonecraft: A Vindication of the Rights of Women (1792); Theodor Gottlieb von Hippel: Über die bürgerliche Verbesserung der Weiber (1792).

[11] Anonym [James Henry Lawrence]: Ueber die Vortheile des Systems der Galanterie und Erbfolge bey den Nayren. In: Der Neue Teutsche Merkur 2, Juni und Juli 1793, S. 160–199 und S. 242–257. Vgl. auch Stephan Meder: Forderungen von Friedrich D. E. Schleiermacher zur Verbesserung der Rechtsstellung von Frauen in einem ungedruckten Fragment aus dem Jahre 1797. In: Stephan Meder u. a. (Hrsg.): Frauenrecht und Rechtsgeschichte. Die Rechtskämpfe der deutschen Frauenbewegung. Köln 2006, S. 67–88, bes. S. 77.

Postuliert wird also ein neues System der Freiheit für Frauen in nuce. Es ist sehr wahrscheinlich, dass der Aufsatz Charlotte von Stein beeinflusst hat. Sie las natürlich Wielands Zeitschrift und kannte den Engländer Lawrence möglicherweise persönlich, denn ab 1793 hielt sich dieser zeitweilig in Weimar auf, wo er bei Caroline und Wilhelm von Wolzogen logierte.[12] Einräumen müssen wir allerdings, dass es nach 1793, mit dem Anbruch der Schreckensherrschaft in Frankreich, viel schwieriger wurde, jedwede mit Revolution assoziierte emanzipatorische Idee, wie sie bei Wollstonecraft, de Gouges und Lawrence zur Sprache kam, öffentlich zu befürworten. So erscheint in Gersdorfs und Steins Dramen der Gedanke einer Freiheitszeit für Frauen scheinbar scherzhaft und unverbindlich. Doch bei genauem Hinsehen erweist sich: Das Private ist auch hier politisch.

Aus einer breiteren Perspektive gesehen war das späte 18. Jahrhundert das große Zeitalter der Systeme. Das sieht man am Eintrag ›System‹ im Grimmschen Wörterbuch, wo Belege für das Wort aus vielen verschiedenen Bereichen herangezogen werden. Ein wichtiger Bereich für Systeme war natürlich der deutsche Idealismus. 1800 schreibt etwa ein anonymer Beobachter: »So folgen sich seit Erscheinung der Kritik der reinen Vernunft Systeme über Systeme in der Philosophie, die wie Pilze aus der Erde hervorschießen.«[13] Bekanntlich bezeichnet Johann Gottlieb Fichte 1795 seine Wissenschaftslehre als »das erste System der Freiheit« und zieht den direkten Vergleich zur Französischen Revolution:

> Mein System ist das erste System der Freiheit; wie jene Nation [d.h. Frankreich] von den äußeren Ketten den Menschen losreißt, reißt mein System ihn von den Fesseln der Dinge an sich, des äußeren Einflusses los, und stellt ihn in seinem ersten Grundsatze als selbstständiges Wesen hin.[14]

Das oft zitierte Wort verlautete zwar in einem Privatbrief Fichtes, doch der Hauptinhalt seiner Philosophie wurde in Weimar und Jena rasch bekannt. Mit dem Ruf eines Sympathisanten der Revolution hatte Fichte im Mai

[12] Vgl. die Erläuterungen in NA, Bd. 39 II, S. 78 und Bd. 40 II, S. 360.

[13] [Anonym]: Schilderung des Zustands der Philosophie. In: Monatsschrift für Deutsche 1800, Bd. 2, S. 3–43, hier S. 19.

[14] Zitiert nach Christoph Binkelmann: Einleitung zu: Theorie der praktischen Freiheit: Fichte – Hegel. Berlin 2007, S. 1–14, hier S. 10. Vgl. auch Günter Zöller: Das »erste System der Freiheit.« Fichtes neue Darstellung der Wissenschaftslehre (1795–1801). In: Christian Danz und Jürgen Stolzenberg (Hrsg.): System und Systemkritik um 1800. System der Vernunft. Kant und der deutsche Idealismus. Hamburg 2011, S. 13–28.

1794 die Professur an der Universität Jena angetreten, wo seine Vorlesungen bald großen Zulauf hatten. Wer auch nur flüchtig davon Kenntnis nahm, wird wohl gewusst haben, dass er seine Philosophie als ein mit dem Kantischen konkurrierendes System darstellte und dass die Begründung der Freiheit zu seinen zentralsten Anliegen gehörte. Aus einem Brief Charlotte von Steins vom 20. August 1794 an ihre Jenaer Freundin Charlotte Schiller geht hervor, dass auch sie damals schon über Fichtes Vorlesungen informiert waren:

> Ich würde Sie liebe Lolo, die Woche noch besuchen [...], aber mein älster Sohn ist angekomen, und geht erst künfftige Woche nach Kochb[erg]: alsden kom ich wohl, um auch etwas von den *ich*, und nicht *ich*, zu hören.[15]

In den folgenden Jahren wird Charlotte von Stein bestimmt mehr über Fichte und sein System erfahren haben. Also ist es möglich, dass sie an ihn denkt, wenn sie in ihrer Komödie den Systematiker Daval zu einer weltfremden Professorenfigur stilisiert. »Was treibt Sein Herr?«, fragt Menonda dessen Diener Friedrich und bekommt die Antwort: »Er philosopht, so hört ich sagen.« (S. 24) Die beiden Damen nennen ihn dann den Herrn Philosophen, während sie seine Bibliothek durchstöbern (vgl. S. 37–39). Friedrich berichtet, dass sein Herr nachts mit der Lorgnette vor dem Auge von einem Stuhl herab ins Nachthemd springt, einfach um anders zu sein (vgl. S. 36). Der Professor hat auch »eine weitläuftige Abhandlung« über den Irrtum der Liebe geschrieben und empfiehlt diese Lektüre Avelos, um zu erklären, warum er ihn und die Geliebte betrogen und entzweit hat (S. 45). Die Frage, ob dieses *neue* Freiheits-System von Daval eine ironische Anspielung auf Fichtes System der Freiheit darstellt, ist nicht mit völliger Sicherheit zu beantworten, aber es liegt auf jeden Fall nahe, dass Charlotte von Stein in ihrem Stück das für sie unsinnige Systemdenken der Gelehrten parodiert und kritisiert.

In diesem Zusammenhang möchte ich auf einen letzten Aspekt des Begriffs ›System‹ im Kontext der Zeit eingehen. Ich glaube, es ist kein Zufall, dass der adelige Herkunftsname der Hauptfigur von Linné ist. Der schwedische Naturforscher Carl von Linné war der wichtigste Systematiker des 18. Jahrhunderts auf dem Gebiet der Botanik. Er schuf die Grundlage für das erste einheitliche Klassifizierungssystem der Pflanzen. Sein bewusst künstliches System teilte die Pflanzen in 24 Klassen anhand von Merkmalen der Staubblätter auf, weiter dann in verschiedene Ordnungen anhand von

[15] GSA 83/1856, 2, Bl. 84.

Merkmalen der Stempel. Das heißt, die Definition der Klassen und Ordnungen, denen prinzipiell jede Pflanze zugeordnet werden konnte, basierte auf der Zahl und der Lage der männlichen und weiblichen Fortpflanzungsorgane. So gehörte zum Beispiel die Pflanzengattung Ahorn zur Klasse Octandria und zur Ordnung Monogynia, d.h. »mit acht Männern« und »einem Weib«. Bei jeder Pflanze handelte es sich also um eine bemerkenswerte Form von Liebesbeziehung, und man sprach auch von der Begattung der Pflanzen.[16]

Aufgrund der zentralen Rolle der Reproduktion in Linnés Taxonomie hieß es das Sexualsystem der Pflanzen. Bis in die ersten Jahre des neunzehnten Jahrhunderts war es die in Deutschland anerkannte Methode, Pflanzen zu klassifizieren und zu identifizieren, und es war Charlotte von Stein bestens bekannt. In der Zeit ihrer nahen Freundschaft mit Goethe hat sie nämlich an seinen botanischen Studien teilgenommen, vor allem im Sommer 1785, als die beiden zusammen in Karlsbad weilten. Dort erteilte der junge Botaniker Friedrich Gottlieb Dietrich, den Goethe aus Jena mitgebracht hatte, Unterricht über das Erkennen und Klassifizieren der Pflanzen.[17] Eine Beschreibung davon ist überliefert:

> Schon mit Tagesanbruch muß Dietrich die Flora des Karlsbades durchsuchen, die im Gebirge gesammelten Pflanzen in großen Bündeln an den Brunnen bringen und ihre Namen laut ausrufen, bevor noch Goethe seine Anzahl Becher geleert hat. Alle Pflanzen werden mit Unterstützung eines in der Botanik erfahrenen jungen Arztes sorgfältig eingelegt, die richtigen Namen zugeschrieben, bis sie sich im Gedächtnis eingeprägt [...]. Alle Mitgäste nahmen teil an diesen Lektionen [...].[18]

Interessanterweise ist der Schauplatz der ersten Szenen in Charlotte von Steins Stück ein dem Karlsbad ähnlicher Kurort. Und: auch hier praktiziert ein Arzt, der als Experte auf dem Gebiet der Pflanzenliebe ausgewiesen ist. Auf Davals Behauptung, es gebe keine Liebe, erwidert der Doctor:

---

[16] Vgl. meinen Aufsatz: Vegetable Genius and the Loves of the Plants: Botany in German Poetry around 1800. In: John L. Plews und Diana Spokiene (Hrsg.): Translation and Translating in German Studies. A Festschrift for Raleigh Whitinger. Waterloo (Kanada) 2016, S. 45–61; Londa Schiebinger: The Private Lives of Plants. In: Nature's Body. Gender and the Making of Modern Science. Boston 1993, S. 11–39.

[17] Vgl. LA I, Bd. 9, S. 17f.; LA I, Bd. 10, S. 324f.; LA II, Bd. 9A, S. 320–323.

[18] LA II, Bd. 9A, S. 323. Zitiert wird dort nach Ferdinand Cohn: Die Pflanze, Berlin 1895; Cohn zitierte seinerseits einen verschollenen autobiographischen Bericht Dietrichs; vgl. ebd., S. 321.

> O! warum nicht gar! es giebt ihrer gar vielerlei Arten! bei manchen schlägt sie in die Wurzel, die ist nicht übel; bei manchen in die Krone, die ist ein Spiel der Einbildungskraft; bei manchen in die Blüthe, die zerstreut der Wind; bei manchen in die Frucht, die frißt die Zeit, und so weiter. (S. 77)

Ganz gemäß damaliger Theoriebildung vertritt er die Denkvorstellung, dass auch Pflanzen lieben können; sie gedeihen oder leiden je nach der Art, wie die Liebe konkret auf sie wirkt.[19]

Im Kontext seiner späteren botanischen Studien interessiert sich Goethe besonders für Linnés 24. Klasse, Cryptogamia, d.h. die Pflanzen, die sich »heimlich begatten«. So wurden die Pflanzen bezeichnet, die keine Blüten hatten, deren Befruchtungsorgane und -vorgänge also nicht sichtbar waren; darunter zählte man die Moose, Flechten, Farne und Pilze oder Schwämme. Goethes Interesse gründet wohl nicht darin, dass er sich selbst in einer Art kryptogamischer Beziehung befand, sondern dass diese Organismen damals Gegenstände der avanciertesten Botanikforschung waren. So schreibt er an Charlotte von Stein am 7. November 1785 aus Ilmenau: »Hier schicke ich Dir vom allerschönsten Moos das artigste und beste Stückchen.« Und: »Gute eßbare Schwämme bringe ich getrocknet mit, Du siehst in welchen Klassen der Vegetation ich hier lebe.«[20] Offenbar kann er voraussetzen, dass ihr das System von Linné geläufig ist.

Nun wissen wir, dass Goethe im Hinblick auf Linné eine gewisse Ambivalenz empfand. Mit Charlotte von Stein teilte er seine Kenntnisse von dessen System, aber sicher auch seine Bedenken. Darüber schreibt er beispielsweise in *Geschichte meines botanischen Studiums* im ersten Heft zur Morphologie (1817):

---

19 Auch Daval ist der Name eines Botanikers. Edmund Daval (1762–1798), auch Davall geschrieben, war ein Freund des Berner Naturforschers Samuel Wyttenbach, den Goethe 1779 auf der zweiten Schweizerreise besuchte. 1788 zum Mitglied der Linnean Society in London ernannt, baute Daval mit Albrecht von Haller junior eine angesehene Pflanzensammlung auf und hinterließ bei seinem frühen Tod eine unvollendete Schweizer Flora. Vielleicht hat Charlotte von Stein durch mündliche Berichte von ihm gehört. Vgl. die Seite Edmund Davall. In: Wikipédia, l'encyclopédie libre. http://fr.wikipedia.org/w/index.php?title=Edmund_Davall&oldid=117918335 (17. März 2017); G. R. de Beer: Edmund Davall, F.L.S., An Unwritten English Chapter in the History of Swiss Botany. In: Journal of the Linnean Society of London 159 (1947), S. 42–65. Ein Nekrolog für Davall erschien im Journal für die Botanik 1799, 1. St., S. 524.

20 LA II, Bd. 9A, S. 327.

> vorläufig aber will ich bekennen, daß nach *Shakespeare* und *Spinoza* auf mich die größte Wirkung von *Linné* ausgegangen und zwar gerade durch den Widerstreit zu welchem er mich aufforderte. Denn indem ich sein scharfes, geistreiches Absondern, seine treffenden, zweckmäßigen, oft aber willkürlichen Gesetze in mich aufzunehmen versuchte, ging in meinem Innern ein Zwiespalt vor: das was er mit Gewalt auseinander zu halten suchte, mußte, nach dem innersten Bedürfnis meines Wesens, zur Vereinigung anstreben.[21]

Nach Goethe wurde dieses Problem auch schon 1785 in Karlsbad von der ganzen Gesellschaft diskutiert:

> Wir mußten öfters hören: die ganze Botanik, deren Studium wir so emsig verfolgten, sei nichts weiter als eine Nomenklatur, und ein ganzes auf Zahlen, und das nicht einmal durchaus, gegründetes System; sie könne weder dem Verstand noch der Einbildungskraft genügen [...].[22]

Charlotte von Stein, die schon so oft bezichtigt worden ist, in ihren literarischen Werken nichts als Gram und Bitternis gegen Goethe verarbeitet zu haben, zeigt in ihrer Komödie eine ausgesprochene Affinität zu ihrem alten Freund. Denn für das starre System ihres Pseudo-Linné hat auch sie nicht viel übrig. Der zusammengesetzte Begriff ›Freiheits-System‹ erweist sich als ironischer Widerspruch, denn es handelt sich um ein mit Gewalt erwirktes Trennen nach Regeln, die nichts mit der freien, natürlichen Entfaltung des Individuums als Teil eines größeren gesellschaftlichen Ganzen zu tun haben, wie man es im Motiv der ›Liebe‹ für Mensch wie Pflanze geltend machen kann.

Es zeigt sich also, dass der Begriff ›Freiheits-System‹ in Charlotte von Steins Lustspieltitel eine ganze Bandbreite an Assoziationen mitschwingen lässt. Er verweist offenbar auf die Französische Revolution, jedoch nicht in einem einfachen Sinn. Im Kontext des damaligen literarischen Feldes vernimmt man auch Echos aus der Frauenliteratur, aus den frühfeministischen Schriften der Spätaufklärung, aus Fichtes philosophischen Texten und aus Linnés botanischem System und dessen Rezeption durch Goethe. *Neues Freiheits-System oder die Verschwörung gegen die Liebe* ist daher nicht nur ein komischer Text, der dringend eine moderne Aufführung verdiente, sondern auch ein bedeutendes Zeitdokument.

---

21 LA I, Bd. 9, S. 16.

22 LA I, Bd. 10, S. 325.

Weibliche Briefkultur

Jörg Paulus

»alle Gute Gedancken gewitmend«

Vernetzung von aktiver und passiver epistolärer Handlungsmacht in Briefen Charlotte von Steins an Carl Ludwig von Knebel

I. Interventionen des Partiellen

Die rund fünfzig Jahre währende Briefbeziehung zwischen Charlotte von Stein und Carl Ludwig von Knebel ist in einem weiten Feld situiert, in dem sehr viele verschiedene Bezugspersonen auftreten, unter anderen der Herzog (später Großherzog) Carl August von Sachsen-Weimar und Eisenach, die Schriftstellerin Charlotte von Ahlefeld geb. von Seebach (1777–1849) sowie Knebels Jugendfreundin Karoline von Bose (»Boschen«, 1749–1832) – um exemplarisch nur solche zu nennen, die im Folgenden Erwähnung finden werden. Sie und viele weitere Menschen bilden jedoch nur einen (wenn auch zentralen) Teil des Netzwerks, in das die Korrespondenz eingelassen ist.[1] Operational gesehen wird dieses Netz auf mehreren Ebenen und in unterschiedlichen Modi konstituiert. Zum einen in Gestalt einer aktiven, praktisch durchgeführten Verknüpfung von Briefen mit Beilagen und in Gestalt des Weitergebens und der gemeinsamen Lektüre von Manuskripten und Büchern etc. Zum anderen in der – stärker reaktiven beziehungsweise interaktiven – Einbettung dieser Handlungen nicht nur in das, was man den Materialitäts-Aspekt der Briefkultur nennt, also das verwendete Papier, dessen Farbe und Faltung,[2] sondern insgesamt in die

1 Zur Erschließung der vielfältigen zwischenmenschlichen Vernetzungen der Stein-Knebel-Korrespondenz vgl. – exemplarisch – Bernhard Fischer: Seelenverwandte Freunde: Charlotte von Stein und Karl Ludwig von Knebel. In: »Damit doch jemand im Hause die Feder führt«. Charlotte von Schiller. Eine Biographie in Büchern, ein Leben in Lektüren. Bearbeitet von Silke Henke und Ariane Ludwig. Weimar 2015, S. 35–46.

2 Zur Materialität von Briefkulturen vgl. Anne Bohnenkamp und Waltraud Wiethölter (Hrsg.): Der Brief – Ereignis & Objekt. Ausstellungskatalog Frankfurt a. M. 2008, sowie die dazugehörige Tagungsdokumentation: Der Brief – Ereignis & Objekt: Frankfurter Tagung, hrsg. von Anne Bohnenkamp und Waltraud Wiethölter. Frankfurt a. M. 2010; der Materialitätsfrage in editorischer Perspektive widmet sich Martin Schubert: Materialität in der Editionswissenschaft. Beihefte zu editio. Berlin 2010; zum Materialitätsaspekt insgesamt vgl. grundlegend: Hans Ulrich Gumbrecht und K. Ludwig Pfeiffer (Hrsg.): Materialität der Kommunikation. Frankfurt a. M.

kulturtechnisch-kontextuellen Umstände des Briefverkehrs samt seiner Überlieferung in privaten und öffentlichen Sammlungen. Ziel der nachfolgenden Überlegungen ist es, die Verflochtenheit all dieser Phänomene herauszustellen, und zwar ausgehend von einigen wenigen Briefen Charlotte von Steins an Knebel, die heute gleichsam versprengt und herausgelöst aus dem Hauptbestand der überlieferten Briefe Charlotte von Steins an Knebel existieren. Allein schon in ihrer sammlungsspezifischen Disparatheit stehen sie für eine partielle Netzwerk-Konstellation. Im Lichte der möglichen Assemblierungen, die sich aus solchen Konstellationen (die immer auch Konstellierungen sind) ergeben,[3] soll somit auch die Produktivität des Partiellen und Disparaten in epistolären Netzwerken (als Fragmenten von sozialen und kulturellen Netzen) kenntlich gemacht werden. Eine solche Lektüre versucht Konsequenzen aus dem Faktum zu ziehen, dass soziale Netzwerke generell sich niemals vollständig und abgeschlossen darstellen und somit auch nicht auf bestimmte Strukturen – die häufig genug zentralistisch gedacht werden – festgeschrieben werden können. Man kann die betrachteten Dokumente somit auch als Interventionen lesen, die Einsprüche formulieren gegen zentralisierende Betrachtungsformen des Netzwerks (hinsichtlich des Geschlechts, der kulturellen und sozialen Rollen, des Alters und des Stiles) und dabei zugleich die grammatikalische Fiktion des Aktiven und des Passiven in Frage stellen.

II. Assemblagen

Materialgrundlage meiner Annährung an die produktiven Vernetzungen der Stein-Knebel-Korrespondenz ist ein Bestand von drei kurzen Briefen Charlotte von Steins an Knebel, die im Stadtarchiv Hannover verwahrt werden. Sie sind dort Teil der sogenannten ›Sammlung Culemann‹. Datiert

---

1988. Vgl. weiterhin u.a. Sigrid G. Köhler u.a. (Hrsg.): Prima Materia. Beiträge zur transdisziplinären Materialitätsdebatte. Königstein/Taunus 2004; Barbara Naumann, Thomas Strässle und Carolina Torra-Mattenklott (Hrsg.): Stoffe. Zur Geschichte der Materialität in Künsten und Wissenschaften. Zürich 2006; kritisch diskutiert wird die Konzentration auf Materialität in: Christian Benne: Die Erfindung des Manuskripts. Berlin 2015, S. 45–153.

[3] Der hier verfolgte Ansatz, variable Assemblierungen von menschlichen und nichtmenschlichen Akteuren als aktiv-passive Figurationen des Sozialen zu verstehen, folgt wesentlich Bruno Latour: Eine neue Soziologie für eine neue Gesellschaft. Einführung in die Akteur-Netzwerk-Theorie. Frankfurt a.M. 2007.

sind sie auf den »4^{t} Märtz 1826«, den »11 Sept: 1824« und den »18ten Dec: 13«. Der chronologisch ›mittlere‹ Brief der Trias lautet (Abb. 1–3):[4]

> 11 Sept: 1824
>
> Tausend Danck verehrtester Freund für abermahlige Geistes Gabe, mit angenehmer Umkleidung. Ich habe gestern durch Frau von Hochgebℓ von der Tann, die mich gestern besuchte, an Boschen, auch ein paar Worte geschrieben, die mir von meinen Enkel, den Archivar der jetz mit der Altensteinschen Famille in Kochberg ist auch viel Gutes / sagte. Den besten Danck daß Sie mir von Breßlauer Sohn auch was liebes wieder mittheilen; Aus der rußischen Reise wird nichts dies Jahr. Die gute Hopffgard wird wohl ihr Leben durch fort kräncklen.
>
> Einsiedel befand sich gestern wieder beßer. Möge es Ihnen immer wohl seyn, da treten die Leiden der Welt ins Hinderlicht und unßer / Gefühl überwindet den Gedancken. Stäfchen und ⌈ich⌉ Ihre Verehrin empfelen sich herzlich. Das gestrige Bad hat mich so gestärck daß ich ohne Zittern heute schreiben kan, doch muß ich mir das weitern schreiben verwehren, ~~doch~~ ⌈aber es⌉ sind Ihnen alle Gute Gedancken gewitmend V. Stein.[5]

Ganz offensichtlich *war* dieser Brief einmal in ein vielschichtiges kulturelles Netzwerk eingebunden, dessen primäre gesellschaftlichen Operatoren der Brief, das Gespräch und die Lektüre waren. Als Instanzen dieser auf den ersten Blick sehr stark sprachlich organisierten Vernetzungskultur erkennen wir – entsprechend unseren epistemischen Sehgewohnheiten – zunächst Personen, also die im Brief erwähnten gemeinsamen Freunde und die jeweiligen Familienangehörigen, die Bediensteten und gemeinsamen Bekannten. Das epistoläre Ich tritt zunächst nur als relationale Größe, nämlich in *Bezug* auf diese Instanzen, auf. Im Falle dieses Briefes objektiviert es sich sogar so stark, dass es sich an der Stelle, wo es dann doch auf sich selbst Bezug nimmt, gleichsam selbst übersieht und sich daher grammatikalisch und schreibprozessual mit einer Einfügungsschlaufe in den Brieftext zurückgleiten lassen muss (»Stäfchen und ⌈ich⌉ Ihre Verehrin empfelen sich herzlich«), um dann die äußeren, konstitutiven Bedingungen seiner aktuellen Existenz als schreibendes Subjekt (sein ›Gestärkt-Sein‹) auf den Schreibakt und den Körper – die Abwesenheit des ›Zitterns‹ – zurückzubeziehen.

---

4 Die Wiedergabe der Texte erfolgt in Annäherung – jedoch ohne Anspruch auf textkritische Vollständigkeit – den Editionsgrundsätzen der Historisch-kritischen Ausgabe von Goethes Briefen; siehe: http://www.klassik-stiftung.de/uploads/pics/141208_Editionsgrundsaetze_01.pdf.

5 Stadtarchiv Hannover, Sammlung Culemann, Sign. 2140.

Diese von einem Zeichen (dem Einfügungszeichen), das am Rande des etablierten Schriftsystems zu situieren ist,[6] gesteuerte Restitution im Namen des Körpers ermöglicht dann eine weitere schreibprozessuale Intervention, die stilistisch gebotene Ersetzung des redundanten »doch« durch »aber es«. Der damit formulierte und eingeleitete momentane Rückzug vom Schreiben läuft in die Hybrid-Konstruktion »gewitmend« der Schlussformel aus: Die gegen den Widerstand des Körpers statuierte Zueignung »alle[r] Gute[n] Gedancken«, imaginäre Fortsetzung des Kommunizierens über die aktuelle Schreibszene hinaus,[7] wird als ein zugleich aktiver und passiver Vorgang (widmend und gewidmet) vollzogen, der gleichfalls an die Ränder des Sprachlichen (verstanden als ein Netzwerk von Sprachspielen im Sinne Wittgensteins) reicht wie zuvor das Einfügungszeichen.

Dass der Brief mit dieser Verabschiedung ins Imaginäre nicht aufhörte, Teil von Netzwerken zu sein, ist selbstverständlich: Er wird beantwortet werden, vielleicht auch weitergegeben, jedenfalls aber aufbewahrt und schließlich archiviert und dabei mit anderen Dokumenten assoziiert – weit über den Lebenshorizont der beteiligten menschlichen Akteure hinaus. Er war also nicht nur Teil von Netzwerken, er *ist* es. Diese Einbindung manifestiert sich in Phänomenen wie der Archiv-Notiz am unteren Rand von Blatt 1r (»Frau v. Stein, Göthes Freundin, an Karl v. Knebel«) sowie in älteren und neueren Archivstempeln und Vermerken.[8] Solche Spuren zeugen von der Sammlungsumgebung und -politik der Dokumente: in diesem Falle der bereits erwähnten Sammlung Culemann. Sie gründete sich auf die Kollektion kultureller Objekte im weitesten Sinne, die der hannoversche Druckereibesitzer und Politiker Friedrich Georg Culemann (1811–1886) in der zweiten Hälfte des 19. Jahrhunderts zusammengetragen hat, und gliedert sich in zwei Corpora: einerseits Dokumente aus der Geschichte des europäischen Adels in einem recht weiten historischen und geographischen Sinne, andererseits Dokumente der kulturellen Überlieferung mit einem goethezeitlichen Schwerpunkt. Die dem archivalischen

[6] Zu Übergangsphänomenen am Rande des Schriftlichen vgl. Bettine Menke: Ornament, Konstellation, Gestöber. In: Susi Kotzinger und Gabriele Rippl (Hrsg.): Zeichen zwischen Klartext und Arabeske, Amsterdam u.a. 1994, S. 307–326.

[7] Zur Theorie und Philologie der (von Rüdiger Campe inaugurierten) Schreibszene vgl. Martin Stingelin (Hrsg.): »Mir ekelt vor diesem tintenklecksenden Säkulum«. Schreibszenen im Zeitalter der Manuskripte. München 2004.

[8] Die Frankfurter Ausstellung *Der Brief. Ereignis & Objekt* hat unter der Überschrift »Archivierungsspuren« Beispiele für die Handlungsmacht solcher Praktiken in eindrucksvollen Beispielen zusammengestellt. Vgl. Ausstellungskatalog Frankfurt (Anm. 2), S. 263–315.

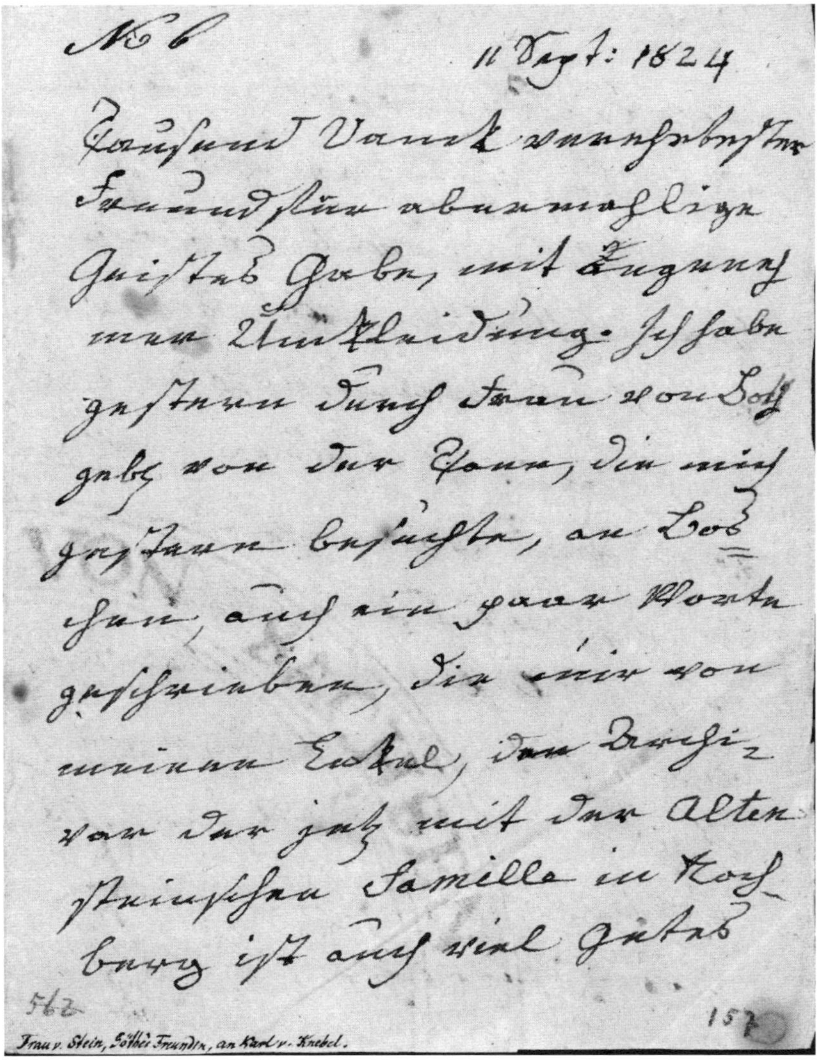

Abb. 1: Charlotte von Stein an Carl Ludwig von Knebel, 11. September 1824, Seite 1

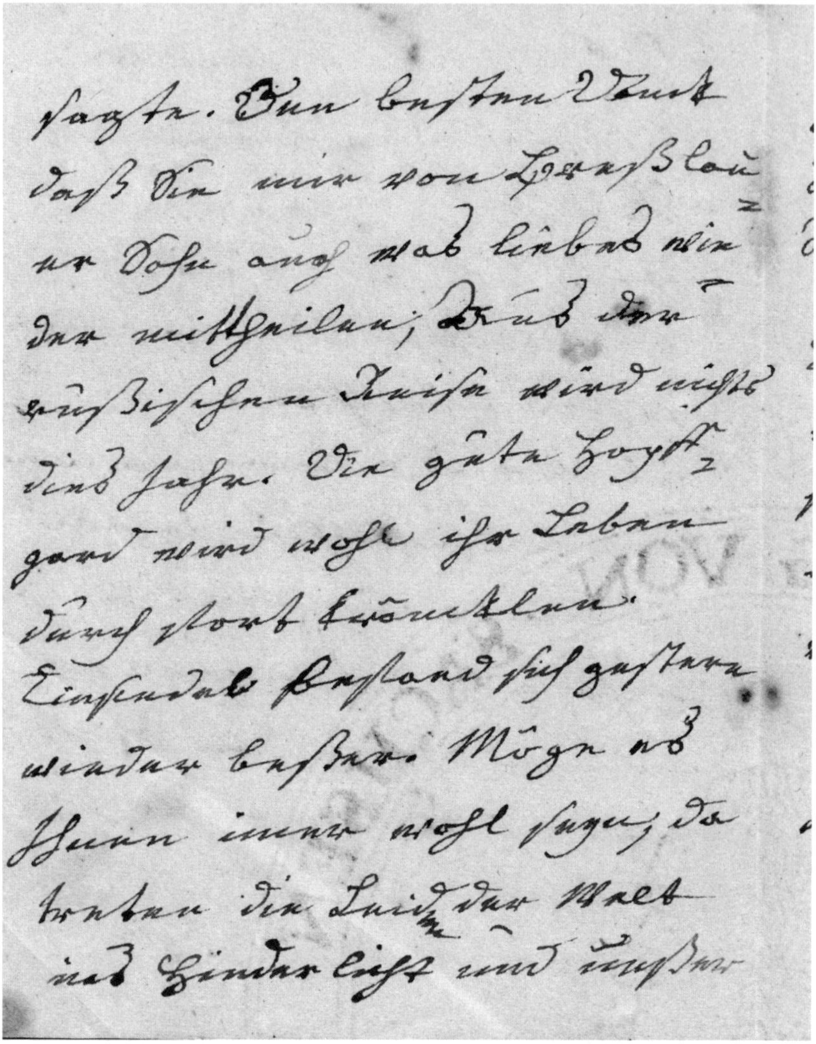

Abb. 2: Charlotte von Stein an Carl Ludwig von Knebel, 11. September 1824, Seite 2

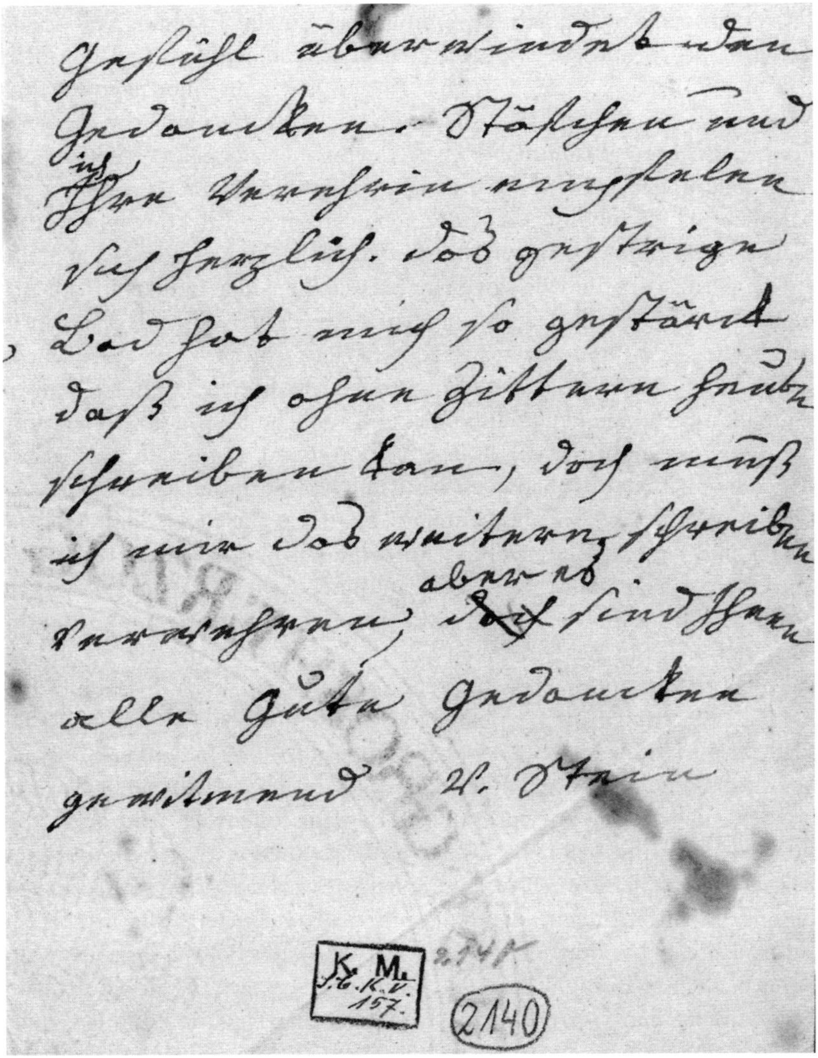
gefühl überwindende den
Gedancken. Stärcken und
ich Ihre Wünsche [illegible]
sich herzlich. das gestrige
Bad hat mich so gestärckt
daß ich ohne Zittern heute
schreiben kan, doch muß
ich mir das weitere schreiben
versparen, aber es ~~doch~~ sind Ihre
alle Gute Gedancken
gewitmend v. Stein

Abb. 3: Charlotte von Stein an Carl Ludwig von Knebel, 11. September 1824, Seite 3

Provenienzprinzip verpflichtete sammlungspolitische Trennung verkörpert sich vor Ort in und auf zwei Karteiebenen, bestehend aus jeweils einem Paar übereinanderliegender eiserner Karteikästen.[9] In einer netzwerktheoretischen Betrachtung legen solche physischen Körper symbolische Ordnungen an, ermöglichen dabei aber gleichwohl diagonale Vernetzungen, Assemblierungen, in denen die soziale Dimension variabel rekonfigurierbar bleibt. Die symbolischen Ordnungen generieren Effekte wie den, dass Knebel, geschuldet der Asymmetrie des Alphabets, an vorderster Stelle auf dem Ausweisschild des zweiten Karteikastens der oberen Ebene firmiert (mit Zwingli als seinem Konterpart am anderen Ende des Alphabets und Kastens), während der erste Kasten Handschriften von einem nicht näher spezifizierten »A« bis zu »Klopstock« enthält. Die Assemblierungen können unter anderem auf räumliche und zeitliche Kontiguitäten gegründet sein – und aufgrund der Anlage der Sammlung ergeben sich dabei auf der ›oberen‹ Ebene Kohärenzen im Kräftefeld der goethezeitlichen kulturellen Netzwerke, auf der ›unteren‹ Ebene solche der Adelsherrschaft älterer und neuerer Zeit, wobei natürlich auch, wie erwähnt, ›diagonale‹ Verschränkungen möglich sind. Die Sammlung steuert Kohärenzbildungen dieser Art, ohne sie doch vollständig determinieren zu können. Hierfür zwei Beispiele: In zeitlicher Nähe zum eingangs zitieren Brief (und in ›karteikastendiagonaler‹ Assemblierung mit diesem) ist zum Beispiel ein Brief des Prinzen Karl Bernhard von Sachsen-Weimar (1792–1862) an Prinz Friedrich zur Lippe (1797–1854) entstanden, der in der Person seines Schreibers zugleich an der kulturellen Sphäre der Stein-Knebel-Korrespondenz teilhat. Die Autopsie des Dokuments offenbart dann aber, wie sich das Spektrum der Lebenswelt von Carl Augusts zweitem Sohn hier bereits in die Sphäre jener Weltläufigkeit verschoben hat, die den vielfach reisenden Prinzen auch in den Folgejahren auszeichnete.[10] Geschrieben in Bushy Park in London, dem Aufenthaltsort seiner Schwägerin, der späteren britischen Königin Adelaide, und adressiert an »Se. Hochfürstliche Durchlaucht, den Herrn Prinzen Friedrich zur Lippe in London«, steht das Schreiben nur noch in einem höchst lose gekoppelten Verhältnis zur zeitgleichen Korrespondenz Knebels und Charlotte von Steins:

---

[9] Zur Wissensorganisation und ›Agency‹ von Karteikästen vgl. Markus Krajewski: Zettelwirtschaft. Die Geburt der Kartei aus dem Geiste der Bibliothek. Berlin 2002.

[10] Vgl. die Edition des Tagebuchs der Amerika-Reise: Herzog Bernhard von Sachsen-Weimar-Eisenach. Das Tagebuch der Reise durch Nord-Amerika in den Jahren 1825 und 1826. Hrsg. von Alexander Rosenbaum und Walter Hinderer. Würzburg 2016.

Bushy Park am 13ten August 1823

Ew. Durchlaucht
habe ich die Ehre im Auftrag des Herzogs von Clarence zu sagen, daß Sie sowohl als der Herr General von Ahrenschildt Sich schriftlich an Lord Melville, ersten Lord der Admiralität, wenden möchten, um die Autorisation zu**de**r Besichtigung der Marine-Etablissements in Portsmouth und Plymouth zu bekommen, welches alsdann durchaus keine Schwierigkeit finden würde.

Genehmigen Ew. Durchlaucht die Versicherung meiner ausgezeichnetsten Hochachtung

Bernhard Herzog zu Sachsen-Weimar.[11]

In der äußeren wie in der inneren Form hält sich diese Kurzmitteilung strikt an die briefstellerische Etikette. Von der stilistisch exotischen binneneuropäischen Welt, wie sie in Charlotte von Steins Brief ihren Ausdruck findet, scheint die weltstädtisch-maritime Korrespondenz der beiden Prinzen denkbar weit entfernt zu sein. Und doch sind auch solch scheinbar weit voneinander entfernte Dokumente miteinander vernetzt, nicht nur aufgrund ihrer ungefähren Gleichzeitigkeit und ihrer Verbundenheit in einer Sammlung, sondern auch durch feine Fäden unterschiedlicher Substanz wie solchen, die bestimmte soziale Praktiken konstituieren (in diesem Falle: das Sondieren politisch-geographischer Reise- und Besichtigungs-Optionen), und solchen, die stilistische Schreibwege determinieren, zum Beispiel die Ausweichbewegung gegenüber einer rein aktiven Schlussformel: im Falle des Herzogs bleibt sie im Rahmen des regulären Sprachspiels (durch das »Genehmigen Ew. Durchlaucht« wird die »Versicherung« auch grammatisch hinreichend versichert), wohingegen sie bei Charlotte von Stein eigenwillig und ohne Rückversicherung in der Grammatik ausfällt.

Im Falle des noch späteren Briefes Charlotte von Steins aus der Sammlung Culemann lassen sich wieder andere Affiliationen ausmachen. Auch dieser Brief verzichtet auf vollständige grammatikalische Kohärenz und räumt dem Ausdrucksaspekt Priorität ein:

Den 4t Martz 1826

Man kan doch von der Erbsünde nicht laßen, da fühl ich mich doch einen kleinen Neid auf die artigen Briefe, die Sie geehrter Freund an Frau v. Alfeld schreiben, ob schon ich sie veranlaßt habe, von meinen alten und neuen Sünden / bin ich nun bestimt, bey meinen Hohen Alter desto mehr Reue zu fühlen und dencke, s**S**ie verdancken mirs doch daß ich Ihnen ~~daß ich~~ diese liebe Briefstellerin zugewiesen. Es freut mich daß Sie des schönen / Frühlings geniesen werden; mir nimt

[11] Stadtarchiv Hannover, Sammlung Culemann, Sign. 2825.

der beständige Schmerz alle Lebenslust hinweg; gern sagte ich Ihnen mehreres aber die Kräfte verlaßen mich. Leben Sie wohl

Ihre treue Verehrerin v. Stein.[12]

Die grammatische Unvollständigkeit der Eingangspassage bis »[…] v. Alfeld schreiben« mag der Affiziertheit der Schreiberin durch das, wovon sie schreibt, geschuldet sein, zugleich aber auch von der Tatsache herrühren, dass sie, um den Satz zu vervollständigen, auf die stilistisch fragwürdige, Aktiv und Passiv zwar nicht grammatikalisch, aber inhaltlich verschränkende Wendung »da fühl ich mich … fühlen« hätte zurückgreifen müssen. Das Personen-Netzwerk ist in diesem Brief ganz reduziert auf eine gleichsam abstrakte Drei-Personen-Konstellation. Diese ist aber über das Relais vielfach kodierter Gefühle und Denkweisen wie Neid und Erbsünde, Reue und Eifersucht sowie über das zyklische Medium der Jahreszeit mit äußeren Konditionen verknüpft. Das zuvor ausgelassene Wort ›fühlen‹ taucht dabei als Operator der aktiv-passiven-Verschränkung auf: Die Affekte ›bestimmen‹ die Schreiberin dazu, »Reue« für das zu »fühlen«, was sie (die Reue) selbst »veranlaßt« hat: die aktive Ausweitung des Briefnetzwerkes. In der schreibprozessualen Handlung, das Wort »sie« mit einem Kleinbuchstaben zunächst beginnen zu lassen, um diesen dann mit der den Empfänger des Briefes adressierenden Majuskel zu überschreiben, wird die von der Briefschreiberin bereute Netzwerkerweiterung indes noch einmal nachvollzogen – denn mit dem getilgten »sie« dürfte zunächst (bis zum angefangenen Wort »verdancken«) an Charlotte von Ahlefeld gedacht sein, die dadurch in der Überschreibung zugleich mit Knebel verbunden wird. Das »[V]erdancken« wird so zum Relais einer doppelten Adressierung des Gedankens.

In der Sammlung Culemann lässt sich der Brief mit einem Schreiben Charlotte von Ahlefelds selbst assemblieren, das auf den 6. März 1826 datiert ist und somit chronologisch in unmittelbarer Nähe zu demjenigen Charlotte von Steins an Knebel steht. Aus dem Inhalt geht hervor, dass es sich um einen Brief an die mit Charlotte von Ahlefeld befreundete und mit ihr gleichaltrige Schriftstellerin Louise Brachmann (1777–1822) handelt:

Weimar den 6ten März 26

Als ich vorhin gerade dachte, wann wohl Ihr liebliches Geheimnis keines mehr für das Publicum seyn werde, meine gute theure Freundninn, brachte mir der Briefträger das Paket, in dem ich mit Vergnügen die Kinder Ihres Geistes begrüßte. Ich sage: mit Vergnügen – aber auch mit Verdruß, denn ich hatte gehofft, H. Baße würde von seinen Verlagsartikeln noch etwas hinzugefügt haben, um Sie eini-

[12] Stadtarchiv Hannover, Sammlung Culemann, Sign. 2141.

germaßen für das Honorar zu entschädigen – aber siehe da, es war nichts, und zur Beglaubigung lege ich Ihnen seinen Brief bei. Baße der Sohn, setzt, wie Sie wohl aus öffentlichen Blättern schon erfahren haben, die Geschäfte seines Vaters fort. Mir thut es innig leid, daß ich, eingedenk der alten Erfahrung, daß ich kein / Glück habe, mich dem Geschäft, Ihre hübsche Arbeit für ein Spottgeld hinzugeben unterzog. Hätten Sie sich an Laufer gewandt, so würde dieser, ob er gleich ebenfalls etwas filziger Natur seyn mag, doch gewiß mehr gegeben haben, und auch der Druck scheint mir nicht splendide. Vergeben Sie mir, theuerste Freundinn daß mein Misgeschick das Ihre in dieser Hinsicht nach sich zog.

Lange habe ich Ihnen nicht geschrieben, aber Gott weiß wie es zu geht, meine Zeit ist oft der Raub zahlloser Störungen, die Geschäfte, die mir oblagen, waren dringend, und meine Gesundheit nicht immer die best[e.] In der Ostermesse wird eine kleine Sammlung von Gedichten von mir erscheinen – dies hat mich sehr in / Activität gesetzt, und dazu nun Unterbrechungen ohne Zahl – es war wirklich, um manchmal alle Geduld zu verlieren. Gedacht hab ich Ihrer sehr, sehr oft, und mit der ganzen Herzlichkeit der nun schon eine lange Reihe von Jahren geprüften Gesinnung – aber zum Schreiben kam es immer nicht; auch erwartete ich mit Ungeduld Ihre Freiexemplare und hoffte diese würden bereits viel früher kommen.

Daß ich Ihnen diese Exemplare alle acht sende ohne wie Sie mir erlaubten eines davon als ein Andenken Ihrer Freundschaft zurück zu behalten, verzeihen Sie mir wohl, wenn ich Ihnen sage, daß ich noch eine kleine Foderung an Büchern an den Verleger zu machen habe, wo ich mir 2 bestellen werde, indes ich künftigen / Monat einer Freundin, die gute Lectüre liebt, ein Geburtstagsgeschenk zu machen habe, wo ich ihr keine angenehmere Neuigkeit geben kann, als dieses so eben von Ihrer lieben Hand erschienene. Auch besteht Baßes Verlag so aus Geister Ritter und Teufelromanen, daß ich verlegen wäre, meine schon seit Jahr und Tag an ihn restirende Forderung geltend zu machen, wenn nicht der Kampf mit dem Herzen wie ein guter Geist aus diesen Gespenstern hervor ragte, und mir winkte. Die Kokette habe ich Ihnen nicht schicken können da Herr Max nicht für gut fand, mir fr. Ex. zu senden. Ich hatte auch an der Probe genug, denn sie wimmelt von Druckfehlern, die den wenigen Sinn oft in Unsinn verwandeln.

Die Hermann hat mir auf den Brief, den ich in meinen letzten an Sie, geliebte Freundin, einschloß, noch gar nicht geantwortet. Ich hoffe sie ist wohl, und vergißt mich nicht ganz. Da sich Ihre an sich liebenswürdige hier aber übertriebene Ordnungsliebe immer um das Porto quält, und ich die kleinen Besor-/ [*alR, Papier um 90° gedreht*] gungen womit ich Freunde beehre mir mit in mein Rechnungsbuch notire, so will ich, um Sie zu beruhigen, dies Packet unfrankirt abschicken. [*alR von Bl. 1r, Papier um 90° gedreht*] Dem verehrten Gemahl und der Mama meine schönsten Empfehlungen. Schreiben Sie bald Ihre treue Charlotte. Sehr eilig.[13]

[13] Stadtarchiv Hannover, Sammlung Culemann, Sign. 18.

Der Brief ist in ein Netzwerk weiblicher Autorschaft und in ein selbstbewusstes Gespräch über Grenzen und Möglichkeiten einer solchen Autorschaft eingebunden. Nicht Admiralitäten und Flottenstützpunkte wie im Netzwerkbrief der beiden Fürsten, sondern Verleger sind hier die (mehr oder weniger gut) kooperierenden Akteure im Netzwerk der beiden Frauen. In erster Linie betrifft dies den Verleger Gottfried Basse (1778–1825) in Quedlinburg und dessen Sohn, in deren Verlag 1826 der Roman Louise Brachmanns *Das Geheimnis oder der Kampf mit dem Herzen* erschienen war. Nur ganz unscheinbar wird auch der gerade erschienene Roman der Briefschreiberin selbst – *Die Kokette. Ein Roman von der Verfasserin der Erna, Felicitas u.s.w.* – erwähnt, der 1826 im Verlag von Joseph Max in Breslau, dem deutschen Verleger der Märchen aus 1001 Nacht, herausgekommen war. Stilistisch kennzeichnend ist vor allem die durch Unterstreichungen hervorgehobene, ambiguisierende Einbettung von Buchtiteln in den narrativen Gestus des Briefes: der Romantitel »Geheimnis« lässt sich zugleich als Figuration eines geteilten Briefgeheimnisses lesen, der Buchtitel »Kampf mit dem Herzen« wird brief-szenisch als die Erscheinung eines guten Geistes gegen Gespenster zitiert, die das zunehmend kommerzialisierte Verlagswesen der Zeit auf den Plan gerufen hat.

Zu den materiellen und schreibprozessualen Auffälligkeiten des Briefes zählen das Fehlen von Sofortkorrekturen sowie das Auftreten der in Briefen häufig anzutreffenden Ergänzungszeilen an den Rändern. Daneben finden sich aber auch Besonderheiten, die auf den ersten Blick unsichtbar bleiben. Zu Letzteren gehört die passiv-aktive schreibprozessuale Handlungsmacht des Papiers, das Charlotte von Ahlefeld benutzt – genauer gesagt: des in das Papier eingearbeiteten Wasserzeichens.[14] Es besteht aus einem klassizistisch gestalteten Rahmen mit floralem Ornament im Format des Briefpapiers sowie aus achtzehn in diesen Rahmen eingefügten Wasserzeichenlinien, die die Briefschreiberin konsequent zur Formatierung ihrer Schriftlinien verwendet: Wie in einem Schulheft fügt sie ihre Sätze genau in das Spatium dieses Rasters ein. Schreibprozessual ergibt sich damit eine fast paradoxe Szene des Schreibens und der Schrift: indem die Linien im Akt des Schreibens so gut wie unerkennbar sind, ermöglichen sie zugleich ein Schreiben am Leitfaden einer unsichtbaren Wasserlinie, steuern in aktiv-passiver Verschränkung das Schrift-Bild.[15]

---

[14] Zur poietischen Funktion von Wasserzeichen vgl. den entsprechenden Abschnitt bei Davide Giuriato: Briefpapier. In: Der Brief – Ereignis & Objekt (2008) (Anm. 2), S. 1–18.

[15] Zur Denkfigur des Briefes als Bild vgl. Andrea Hübener: Epistolar-Dramaturgien. Zeigen und Sagen im Brief als Bild. In: Schreibprozesse im Zwischenraum.

Diese Auffälligkeit lenkt den Blick auf die chronologisch benachbarten Dokumente zurück. Der fast genau zeitgleiche Brief Charlotte von Steins ist, gegen das Licht besehen, unauffällig, jedenfalls, wenn man den Blick auf die mögliche Spur eines Wasserzeichens fokussiert. Bemerkenswert ist hingegen eine symmetrische Perforierung des Papiers in Gestalt von vier nadelstichgroßen Löchern, zu denen sich weder auf dem Ahlefeld- noch auf dem Herzog-Bernhard-Brief Pendants finden. Nahezu identisch sind sie aber auf dem älteren Brief Charlotte von Steins aus dem Jahr 1824 nachweisbar. Und dieser Brief offenbart gegen das Licht besehen nun in der Tat auch ein weiteres ungewöhnliches Wasserzeichen, das auf dem zum Billett zugeschnittenen Briefpapier allerdings nur fragmentarisch erhalten ist: ein in der Tradition antiker Herrscherportraits stehendes Bildnis mit dem Versalienschriftzug »[…]gust Grossherzog von Sachsen«. Das großherzogliche Autoritätszeichen *in effigie* grundiert hier mithin ein Sprechen bzw. ein Schreiben, das sich auf Orte und Personen innerhalb wie außerhalb seiner Herrschaft bezieht. Ob und in welcher Weise dabei aktive und passive Handlungsmacht vollzogen wird, bleibt auch hier ambivalent: Der Brief nimmt auf seinen ikonischen Hintergrund keinen Bezug. Immerhin aber wird eine Sicht auf die Welt exponiert, die deren »Leiden« (und damit vielleicht doch auch ihr Walten insgesamt) ins »Hinderlicht« treten lässt. Der (passive) diaphane Charakter des Briefes als eines Statthalters der »Welt« ist ihm also in Gestalt der Lichtquelle, die diesen Charakter erkennbar macht, aktiv eingeschrieben.

Bleibt noch der dritte Brief Charlotte von Steins aus dem Culemann-Bestand. Er lautet:

> den 18ten Dec: 13
>
> Verzeihen Sie daß ich auf Ihren vorigen lieben Brief nicht geantwortet habe, aber ich hatte auch allerhand Haußkreutz, Schan bekam das Nervenfieber, und ich war in Verzweiflung daß ich die ersten Tage weder Wärter noch Doctor vor ihm bekommen konnte weil alles krank ist, da ich kaum 2 Tage den Doctor Schluitter bekam, wurde der selbst kranck, es**r** er**sch**ick[t] einen andern Arzt, aber er konnte ihn nicht helfen, und heute früh ist er gestorben; es hat mir leid gethan aber wen man schon so alt ist wie ich hat man leider diese Erfahrungen sich oft müßen gefallen laßen. Hiebey / f.lgt ein Brief von Boschen der an mich eingeschloßen war, mit Bitte mir ihn doch mitzutheilen, indem sie mich drauf verwiesen hat. Es freut mich daß unßre Mecklenburger Freundninnen wieder nunmehr in Ludwigslust sind müßen sich also doch in der Gegend sicher ~~fühlen~~

Zur Ästhetik von Textbewegungen. Hrsg. von Susanne Knaller, Rita Rieger, Jennifer Clare, Renate Stauf und Toni Tholen. Heidelberg 2018, S. 129–153.

wißen, Leben Sie wohl! grüßen Ihre Lieben im Hauß; wie immer die alte Freundin V. Stein
nach die Castanien will ich fragen laßen[16]

Erneut ein komplex vernetztes Schreiben. Wasserzeichenlos und ohne die Stigmata der vierfachen Perforation fällt das Dokument in seiner überlieferten materiellen Gestalt aus dem Rahmen der Brieftrias in Hannover. Auch die Knappheit des Ausdrucks ist zu diesem Zeitpunkt noch stärker eingebunden in briefstellerische Konventionen. Schreibprozessuale Ambiguitäten ergeben sich jedoch auch hier schon an Aktiv/Passiv-Schaltstellen: der kranke Doktor schickt aktiv seinen Ersatzmann, so lautet die Mitteilung in der korrigierten Version. Vermutlich trat sie an die Stelle der – im Ansatz vorhandenen und durch Sofortkorrektur unterdrückten – unpersönlichen Konstruktion »es erschien ein anderer Arzt«. Und der zentrale Satz »wen man schon so alt ist wie ich hat man leider diese Erfahrungen sich oft müßen gefallen laßen« zollt bereits dem impliziten Passiv als dem Grundmodus des Alters Tribut – ein Modus, den dann wiederum die beiden späteren Briefe ihrerseits aktiv modulieren und modifizieren.

III. Erweiterungsoptionen

Die hannoverische Aktenlage lässt somit mikrohistoriographische und mikrophilologische Differenzierungen ebenso zu wie sie Muster einer *relationalen* Stilistik zu erkennen gibt, die entlang den experimentellen Achsen der Assemblierung aufgerufen werden können.[17] Vielfältig sind die Anschlussoptionen, mit denen sich ein solch fragmentiertes Dispositiv archivierter und archivierender Ereignisse seinerseits vernetzen ließe:[18] Die Gegenbriefe und Briefbeigaben, die erwähnten Publikationen, die biographischen Verflechtungen der Personen und die materiellen Verflechtungen der Gegenstände ließen sich – unter anderem – editorisch, archivalisch und

[16] Stadtarchiv Hannover, Sammlung Culemann, Sign. 2139.

[17] Das Projekt einer solchen relationalen Stilistik folgt theoretischen Prinzipien, wie sie im Forschungsprojekt Medienanthropologie der Bauhaus-Universität Weimar entwickelt werden. Vgl. https://www.uni-weimar.de/de/medien/institute/koma/forschungsprogramm/ (zuletzt aufgerufen am 15.10.2017).

[18] Jacques Derrida begreift Phänomene dieser Art als archivierende Ereignisse im Unterschied zu archivierten Ereignissen (Jacques Derrida: Mal d'Archive. Une Impression Freudienne. Paris 1995 [in deutscher Übersetzung: Dem Archiv verschrieben. Eine Freudsche Impression. Berlin 1997]).

historiographisch vielfach weiter erhellen. Exemplarisch sollen im Folgenden drei Erweiterungsoptionen des internen Netzwerks der Brief-Trias mit Blick auf eine mögliche Transitivität der aktiv-passiven Handlungsmacht in anderen kontextuellen Umgebungen skizziert werden: Die im zuerst zitierten Brief Charlotte von Steins erwähnte »Geistes Gabe« Knebels könnte man als intertextuelle Instanz im Netzwerk betrachten, doch würde man dann sowohl die »Gabe« selbst wie auch deren Adressaten-Ensemble auf eine rein *textuelle* Existenzweise reduzieren, weshalb in einer netzwerkorientierten Perspektive eher von einem interobjektiven Zusammenhang auszugehen wäre; ebenso mag man Wilhelm Bodes partiell gebliebene Edition der Stein/Knebel-Korrespondenz zwar in ihrer philologischen Unzulänglichkeit thematisieren, fruchtbarer ist es aber vielleicht, zu reflektieren, in welcher Form eine solche Edition mit dem gesamten Handlungsgefüge verflochten ist, das in Teilen Gegenstand dieser Edition ist; diese setzt sich primär aus jenen Briefen Charlotte von Steins an Knebel zusammen, die sich heute im Goethe- und Schiller-Archiv befinden und die ihrerseits Optionen bieten für spezifische Forschungsfragen wie zum Beispiel diejenige zum Altersstil in Briefen.

1) Mit den am 11. September 1824 erwähnten »Geistes Gaben« verweist Charlotte von Stein vermutlich unter anderem auf ein Produkt aus Knebels Übersetzerwerkstatt: Im Jahr 1824 erschien bei Schreiber in Jena dessen Übersetzung des berühmten *Hymnus*,[19] mit dem James Thomsons Versgedicht *The Seasons* (1744) endet – jenes Gedicht, das in Joseph Haydns Oratorium *Die Jahreszeiten* (1801) eine berühmte musikalische Resonanz gefunden hat. Thomsons Gedicht und mit ihm Knebels Übersetzung hatten dabei die Interaktion zwischen dem Integral aller aktiven Kräfte (Gott) und dem Netzwerk von aktiv-passiven Sub-/Objekten (Mensch und Natur) im »Rund« der Jahreszeiten und im Wechselspiel von Naturphänomenen (den Bächen, dem Meer, den Wäldern, dem Donner, den Wolken, dem Licht) thematisiert und diesen Zusammenhang als »weis' gemischt« und »lieblich durchgewebt« beschrieben.[20] Die Metaphorik der Mischung und des Verwobenseins ist also dem Brief, mit dem Charlotte von Stein auf diese

[19] [C. L. von Knebel]: Hymnus, zum Schlusse der Jahreszeiten, von Thomson. Jena: Schreiber 1824, S. 8; vgl. K. L. von Knebel's literarischer Nachlaß und Briefwechsel. Hrsg. von K. A. Varnhagen von Ense und Th. Mundt. Bd. 1. Leipzig 1835, S. 12–16. Die beiden Drucke unterscheiden sich u.a. durch die Verwendung einer Antiquaschrift in der früheren, einer Frakturschrift in der späteren Ausgabe.

[20] Hymnus (Anm. 19), S. 2; vgl. K. L. von Knebel's literarischer Nachlaß (Anm. 19), S. 12f.

»Gabe« reagiert, von seinem Anlass her eingeschrieben – samt der Einbindung des Individuums in postume Netzwerke, die jenseits der Grenze individuellen Verstummens, auf die der Hymnus sich zuletzt zubewegt, situiert werden: »Doch mein Geist | Verlieret sich im Glanze seiner Grösse, | Des Unaussprechlichen. Drum schweige, Lied! | Und sinne schweigend würdiger sein Lob! – | v. Knebel.«[21] Natürlich sind die Verse in der – ansonsten textidentischen – Ausgabe von 1835 nicht mit dem Namen des Verfassers kontrasigniert. Als Teil der übermittelten »Geistes Gaben« sind sie damit grundlegend anders disponiert, womit denn das Original-Objekt (oder zumindest die Originalausgabe) sowohl nach gängigen editionsphilologischen Prinzipien als auch in netzwerktheoretischer Sicht sein Recht behauptet.[22]

2) Unter den gedruckten Mitteilungen, in denen Wilhelm Bode vor und nach dem Ersten Weltkrieg die Leser seines Periodikums *Stunden mit Goethe* mit Charlotte von Steins Briefen an Knebel aus der Zeit zwischen 1776 und 1813 bekannt gemacht hat, sind die Stein-Briefe aus Hannover nicht enthalten. Da Bode 1922 starb, sind spätere Briefe in dieser Sammlung naturgemäß nicht mehr repräsentiert und somit liegen auch die beiden Hannover-Billetts von 1824 und 1826 außerhalb der Reichweite dieser Publikation. Aber auch der Brief von 1813 fehlt dort. Bodes Einleitung gibt deutlich zu erkennen, worauf er seine Veröffentlichung gründete. Die erste Lieferung von Briefen Charlotte von Steins an Knebel findet sich im 3. Heft des sechsten Jahrgangs der *Stunden mit Goethe* (1910) und beginnt mit den Sätzen:

> Se. Kgl. Hoheit der Großherzog von Sachsen vergönnt uns einen Einblick in alte Briefe, die in seinem Besitze sind; deshalb möge diese Mitteilung mit einem untertänigen Danke, der gewiß im Namen Vieler ausgesprochen wird, beginnen. Freuen wir uns, daß der Nachfolger Karl Augusts, Karl Friedrichs und Karl Alexanders gütig und freigebig auch das besondere alt-weimarische und zugleich alt-deutsche Erbe verwaltet, das wir Freunde der Wissenschaften und Künste, die wir in den verschiedensten Staaten zerstreut wohnen, mitzugenießen wünschen![23]

[21] Hymnus (Anm. 19), S. 8; vgl. K. L. von Knebel's literarischer Nachlaß (Anm. 19), S. 16.

[22] Den Versuch, netzwerktheoretische und editionsphilologische Perspektiven miteinander zu korrelieren, habe ich auch unternommen in: Jörg Paulus: Philologie der Intimität. Liebeskorrespondenz im Jean-Paul-Kreis. Berlin, Boston 2013.

[23] Wilhelm Bode (Hrsg.): Stunden mit Goethe. Für die Freunde seiner Kunst und Wissenschaft. Bd. 6. Berlin 1910, S. 153.

Der Dreh- und Angelpunkt des internationalen, über die »verschiedensten Staaten« reichenden Netzwerkes von Kunst- und Wissenschaftsfreunden, das hier postuliert wird, ist der durch Sperrdruck hervorgehobene Titel des Großherzogs Wilhelm Ernst von Sachsen-Weimar-Eisenach. Der Antagonist dieser Königlichen Hoheit ist ein unpersönlicher, gleichsam allegorischer Akteur. Bode fährt nämlich fort:

> Schon längst war mir das Gerücht bekannt, daß im großherzoglichen Archive Briefe von Frau v. Stein an Knebel aufbewahrt würden; aber, so fuhr Frau Fama fort, der Inhalt dieser Briefe sei abscheulich, sei entehrend für Goethe oder für die Briefschreiberin oder für andere hochachtbare Personen jener Zeit; deshalb habe der stets wohlwollende Großherzog Karl Alexander diese Briefe versiegeln lassen und angeordnet, daß sie für alle Zeiten geheim gehalten würden.[24]

Die solcherart beglaubigte Versiegelung restituiert die Korrespondenz also gleichsam ad integrum, versetzt sie in jenen Zustand, den jeder einzelne Brief hat, solange er sich im Zustand der Postierung befindet, also zwischen dem Versiegelt-Werden und dem Erbrechen des Siegels durch den Empfänger. Worum es Bode geht, ist (so könnte man sagen), das benannte Netzwerk der Kunst- und Wissenschaftsfreunde als sekundäre Adressaten dieser zweiten Postierung zu legitimieren. Das Dilemma dieser Strategie ist, dass eine solche Legitimierung nur aus der Kenntnis der Dokumente heraus geschehen kann, deren Unbedenklichkeit vorausgesetzt werden muss. Die Lösung Bodes, des Zeitgenossen der Neukantianer, ließe sich als transzendentalphilologischer Salto mortale bezeichnen: »Briefe der Stein, die versteckt werden müßten, kann es so wenig geben, als es bösartige Briefe von Goethe geben kann.«[25] Zur Verifizierung dieses Postulats wird freilich – nun doch wieder ganz empirisch – eine Instanz zwischengeschaltet, die aktiviert werden muss, ehe die Dokumente dem Netzwerk der Wissenschafts- und Kunstfreunde überantwortet werden, die Prüfungsinstanz des Archivs:

> [...] es waren fünf Bände solcher zusammengehefteter Briefe da. Die Briefe wurden auf meine Bitte geprüft, und danach gewährte Se. Königliche Hoheit der Großherzog meine weitere Bitte um ihre Benutzung. In der ganzen Angelegenheit hat der Großherzogliche Archivdirektor Dr. Johannes Trefftz nicht geringe Mühe für mich, für uns, auf sich genommen, so daß ich ihm nicht geringen Dank schuldig bin.[26]

---

24 Ebd., S. 153f.
25 Ebd., S. 155.
26 Ebd.

Der Archivar wird zwar nicht wie sein Fürst im Titel, aber immerhin in seinem Nachnamen durch Sperrdruck geadelt und so als Mediator der Netzwerk-Relation ausgezeichnet. Philologie erscheint hier als Politik einer klugen Aktivierung passivierter Akteure.

3) Spuren der großherzoglichen Archivierung in Gestalt der »fünf Bände [...] zusammengehefteter Briefe« sind in dem Briefbestand (heute im Goethe- und Schiller-Archiv) durchaus noch vorhanden, darunter finden sich auch zahlreiche Dokumente, an denen sich auch die Vier-Punkt-Heftung erkennen lässt. Da es aber auch Briefe gibt, die diese Heftung nicht aufweisen, und zwar genau die, die nicht eingebunden sind, ist mit einiger Wahrscheinlichkeit davon auszugehen, dass diese Heftung auf die Archivpraxis im Großherzoglich Sächsischen Hausarchiv zurückgeht (und nicht etwa auf eine Archivierungspraxis des Empfängers Knebel bzw. seiner Familie). Zugleich finden sich aber auch Verknüpfungen der Bestände in Weimar und in Hannover auf anderer, vor-archivarischer Ebene. Erinnern wir uns zum Beispiel an den Brief vom März 1826, worin Frau von Stein ihre Eifersucht auf Frau von Ahlefeld zum Ausdruck bringt. In Weimar gibt es korrespondierend dazu einen ebenfalls kurzen, kleinformatigen Brief, der knapp ein Jahr älter ist (abschließend datiert auf den 6. April 1825). Charlotte von Stein bedankt sich darin »mit zitternder Hand« für einige »Herzstärkende poetische Zeilen« des Freundes und sinniert dann über ihre eigene und Knebels Konstitution: »Sie sind glücklicher von der Natur ausgestattet indem das Gefühl mit den Verstand einen Weg geht, möge es Ihnen imer so bleiben, mir ist's dunckler um mich geworden, und bin durch mein völliges Taubsein und beständige Kopffschmerzen in die Hölle versetzt wovon ich schon vor 50 Jahre bewiesen las daß es diese Welt sey.«[27] Mit ihrer Jahresrechnung deutet Charlotte von Stein genau auf den Beginn ihrer Freundschaft mit Knebel zurück, der somit eine langjährige Suspendierung dieses Gedankens zugeschrieben werden könnte. Danach stößt man auf die ganz unverfängliche epistoläre Ausgangssituation der Briefbeziehung zwischen Knebel und Charlotte von Ahlefeld: »Sie dancken mir gewiß / daß ich Ihnen an Frau von Alfeld eine gute geistreiche Corespondentin zugewiesen, haben Sie ihren ⌈letztern⌉ Roman felicitas gelesen? er hat mich sehr unterhalten.«[28] Mit dem späteren Brief der Eifersucht vom

[27] Charlotte von Stein an Carl Ludwig von Knebel, 6. April 1825; GSA, 54/274,11, Bl. 1 (vgl. Anhang, Katalog, Nr. 20).

[28] Ebd.; der Brief bestätigt die Annahme einer besonderen schreibprozessualen Sensibilität Charlotte von Steins hinsichtlich des aktiven resp. passiven Selbstbezugs in seiner Schlusspassage: »Nun leben Sie wohl theuerer Freund, mit Danck

4. März 1826 ist dieser direkt durch die Vokabel und Verbform »zugewiesen« verknüpft, die eine aktive Handlungsmacht beansprucht, welche im späteren Brief dann im Modus des Verletzt-Seins mit dem »Verdancken« gegengerechnet wird, während durch die Einfügung des Wortes »letztern« Charlotte von Ahlefelds Autorinnen-Identität zusätzlich gewürdigt wird, die, wie natürlich auch Knebel weiß, über die Publikation eines einzigen Romans weit hinausreichte.

Ein halbes Jahr früher und zweieinhalb Monate nach dem in Hannover aufbewahrten Brief vom September 1824, in dem es vor allem um Freunde und Familienangehörige ging, ist das folgende Billett Charlotte von Steins an Knebel entstanden, das vor allem von öffentlichen Ereignissen und Personen handelt:

> 20t Nov: 1824
>
> Es ist schön wen man des philosophieschen Sinns so geniesen kan wie Sie, theuerster Freund, leider führen mich die beständigen Schmerzen nur sehr auf's Körperliche zurück, neulich las ich das Immergrün des menschlichen Gemüths von Jean Paul daß er wie Sie in der Ewigkeit des Geistigen fort werden läßt pp / In der Welt siehts jetz bund aus, unßren GroßHerzog machen die Demogen zum König von Nord-Deutschland und den König von Würtenberg zum König von Süd-Deutschland, so geht eine Sage. Haben Sie den Brief unßres ⌈Groß⌉ Herzogs an die Ministers gelesen worin er die Statue zu seiner ⌈Regierung⌉ Jubel-/feyer deprecirt, er hat mir sehr gefallen.
>
> Leben Sie wohl geliebter Freund, leider muß ich aller Unteredung untersagen wegen meiner gräßlichen Taubheit nur die Alefeld ist noch mein Trost, die kan sich mir verständig [*aus* verstänlig] machen. Ich empfele mich alle den Ihrigen, bleiben Sie mir samtlich gewogen.
>
> Ihre Stein[29]

Mit dem Brief vom September 1824 aus der Sammlung Culemann teilt der vorliegende die Papiersorte und das eindrückliche Großherzog-August-Wasserzeichen sowie die Nadelstiche der Fadenheftung. Natürlich passt das Wasserzeichen fast zu gut zu diesem Brief, in dem der Herzog explizit erwähnt und gepriesen wird. Da es aber auch in jenem anderen Brief vom September auftaucht, worin vom Herzog noch nicht die Rede ist, wird man diesem Zusammenhang keine sicher begründete kausale Relevanz zuweisen können – jedenfalls nicht in dem Sinne, dass Frau von Stein eigens zu diesem Anlass dieses Papier besorgt oder auch nur verwendet hätte. Wenn

erkenne ich daß ~~ich~~ mir in der Hölle vergönt war Ihnen […] die paar Worte sagen zu können.«

29 GSA 54/274,10, Bl. 17f.

aber auch keine kausale Relevanz vorliegen dürfte, so kann man doch eine agentielle Relevanz annehmen, die auf kurzschlüssige Kausalität insofern nicht angewiesen ist, als auch in den und durch die Konfigurationen des Korrespondenznetzes – durch seine Einbindung in kulturpolitische, kulturtechnische und private Zusammenhänge – sich Assemblierungen ergeben, die dann auf diese Weise anschaulich werden. Frau von Stein wusste im September noch nicht, dass sie im Dezember auf das Wasserzeichen des Herzogs dessen Loblied schreiben würde. Aber das Papier als sozialer und politischer Akteur im Jubiläumsjahr hat diese Inskription gleichsam mit vorbereitet.

4) Gleiches gilt nun auch für die bereits mehrfach berührte Ebene des Stils. Man könnte geneigt sein, diese Ebene mit ihren Wortneuschöpfungen wie »fort werden« oder ihren hybriden Erweiterungen wie dem Metaplasmus »gewitmend« als eine innerliche, vom Netzwerk abgekoppelte Sphäre der Idiosynkrasie zu betrachten. Die Zuschreibung eines solchen und überhaupt eines typologisch erkennbaren Stils ist freilich generell nicht unproblematisch, wurde doch die epistemische und namentlich die analytische Relevanz von Stil-Typologien in den Jahrzehnten seit ihrer Blütezeit im ersten Drittel des 20. Jahrhunderts zunehmend in Frage gestellt.[30] Seine Geltung behaupten konnte der Stilbegriff indes als systemtheoretische Kategorie und dort, wo er auf das Eingelassen-Sein von Ausdrucksweisen in funktionale, existentielle und materielle Vollzüge rückbezogen ist, denn in solchen Zusammenhängen hält er sich frei von jenem Essentialismus, der ihn als ›Epochen‹- oder ›National‹-Stil zur normativen Hohlform der typologischen Anstrengungen hatte geraten lassen.[31] Versteht man Stil jedoch mit George Kubler als einen variablen Effekt von Dingen, der sich einstellt, wenn man sie in statischen Gruppen konfiguriert, und der sich auflöst, wenn man sie ihrer ursprünglichen Dynamik zurückgibt,[32] dann wäre seine Existenz- und Aktionsweise, generell und im konkreten Fall, auch mit den erwähnten Netzwerkstrukturen dynamisch verbunden; und deren Nachvollzug würde weniger dem Nachweis eines von den Umständen seiner Performanz unabhängigen, auf das Individuum bezogenen Stils dienen als

[30] Vgl. Hans-Ulrich Gumbrecht: Stil. In: Reallexikon der deutschen Literaturwissenschaft (Neubearbeitung des Reallexikons der deutschen Literaturgeschichte), hrsg. von Georg Braungart u.a. Berlin, New York 2007, Bd. 3, S. 511f.

[31] Vgl. ebd.

[32] Vgl. George Kubler: Die Form der Zeit. Anmerkungen zur Geschichte der Dinge. Übersetzt von Bettina Blumenberg. Mit einer Einleitung von Gottfried Boehm. Frankfurt a.M. 1982, S. 201.

vielmehr seiner Transformation in ein diversifiziertes Netzwerk stilbildender Handlungsfaktoren.[33] Ihren Rückhalt finden sie in der Beobachtung des archivierten Materials selbst, in das sich ein Ausdruck eingeschrieben hat, der sich, wie der Begriff des Stils selbst, zunächst dem Schreibwerkzeug (stilus) verdankt, der die Schrift hervorbringt, der aber doch auch nicht bestehen könnte, ja nicht einmal zustande gekommen wäre, ohne eine Kollaboration mit jenen oben erwähnten menschlichen und nichtmenschlichen Akteuren. Anschließend an Sandro Zanettis wegweisende Studie über Spätstile[34] ließen sich auch in Hinblick auf die hier betrachteten Briefe weitergehende Überlegungen zur Medialität und Materialität einer Spätwerkfiguration avisieren, die »Realisierungsweisen« des Späten in einem Umfeld betrachtet, das Koproduzenten, mögliche Verhinderungsagenten sowie die »Eigenlogik« der Korrespondenz in Rechnung stellt.[35]

---

[33] Ob sich netzwerktheoretische Theorien der Handlung wie diejenige Latours mit systemtheoretischen Ansätzen zusammendenken lassen, ist freilich umstritten: während Andréa Belliger und David J. Krieger eine solche Kohärenz für möglich halten (vgl. Einführung in die Akteur-Netzwerk-Theorie. In: Dies.: ANThology. Ein einführendes Handbuch zur Akteur-Netzwerk-Theorie. Bielefeld 2006, S. 13–50, hier S. 36f.), hält Georg Kneer dies – allerdings nur mit Blick auf eine mögliche Theorieversion – für irreführend; vgl. Hybridität, zirkulierende Referenz, Amoderne? Eine Kritik an Bruno Latours Soziologie des Assozialen. In: Georg Kneer, Markus Schroer und Erhard Schüttpelz (Hrsg.): Bruno Latours Kollektive. Frankfurt a.M. 2008, S. 261–305, hier S. 284.

[34] Sandro Zanetti: Avantgardismus der Greise? Spätwerke und ihre Poetik. München 2012.

[35] Ebd., S. 17.

Ulrike Leuschner

Gefühlslagen

Ein Versuch über die Liebe im ständischen Zeitalter anhand zweier Briefwechsel

1767 versucht Johann Heinrich Faber, Professor der Schönen Wissenschaften in Mainz, seinen Studenten mit nüchternen Worten zu erklären, was ihnen in der Literatur derzeit begegnet:

> Die bewegliche und herzrührende Schreibart ist nichts anders, als eine ungezwungene Nachahmung derjenigen Sprache oder Art zu reden, welche die Natur einem jeden, der von einer Leidenschaft aufgebracht ist, selbst in den Mund leget. Die Leidenschaften haben demnach eine eigene Sprache und eine ganz besondere Art des Ausdruckes, womit sie nicht sowohl absonderliche Begriffe, als vielmehr den Schwung ihrer erhitzten und phantastischen Vorstellungen entdecken und offenbaren. Diese Sprache hat keine besondere Wörter oder Redensarten, sondern es dienen ihr zu ihrem Ausdrucke alle in einer jeden Sprache gewöhnliche und übliche sowohl bloß willkührliche, als figürliche Zeichen, weil sie von ganz bekannten Dingen redet und also durch den Gebrauch ungewohnter und besonderer Zeichen ganz unverständlich würde. Die Eigenschaft dieser Sprache besteht demnach darinnen, daß sie in der Anordnung ihres Vortrags, in der Verbindung und Zusammensetzung der Wörter und Redensarten und in der Einrichtung der Redesätze sich an kein grammatisches Gesätz oder logikalische Ordnung, die ein gesetzteres Gemüth erfodern, bindet; sondern der Rede eine solche Art der Verbindung, der Zusammenordnung und einen solchen Schwung giebt, wie es die raschen Vorstellungen einer durch die Wuth der Leidenschaften auf einem gewissen Grade erhitzten Phantasie erfodern, also daß man aus der Form der Rede den Schwung, den eine Gemüthsleidenschaft überkommen hat, erkennen kann.[1]

Wir befinden uns in der Zeit der Empfindsamkeit, als die aufgeklärte Welt komplementär zur Vernunft die Gefühle entdeckt. Die Sprache des Gefühls, deren Abweichungen von der Norm Faber auslotet, hält Einzug in die Dichtung. Was La Rochefoucauld für die Mitte des 17. Jahrhunderts konstatierte, dass so mancher die Liebe erst empfand, als er von ihr hörte

---

[1] Johann Heinrich Faber: Anfangsgründe der Schönen Wissenschaften zu dem Gebrauche seiner akademischen Vorlesungen. Mainz 1767, S. 766f.

(oder las),[2] gedeiht zur wechselseitigen Fruchtbarkeit zwischen individuellem Erlebnis und Literatur. Die beiden Briefwechsel, die im Folgenden vorgestellt werden, nehmen auf je eigene Weise an dieser Bewegung teil.

Es geht um die Literarizität der Liebe, um die sprachliche Bewältigung einer überwältigenden Empfindung im privaten Austausch. Die beiden Briefwechsel haben vieles gemeinsam und einige bedeutsame Unterschiede. Wenngleich unter differenten Vorzeichen, bildet in beiden Fällen die Dichtung das Bezugsfeld.

Gemeinsam ist allen vier Personen die Zugehörigkeit zu einer Generation – alle sind in der 1740er Jahren geboren –, und bei beiden Paaren führt die Liebe zur Ehe. Begünstigt wird dies durch die jeweils homogene Herkunft, eingebettet in harmonische Familien- und Freundeskreise, beide Male endet das Glück nach etwa einem Jahr durch den Tod der Frau im Kindbett. Beide Male sind die Frauen egalitäre Partnerinnen, werden gender-Determinanten auf Augenhöhe verhandelt.

Signifikant sind die Unterschiede: Das erste Paar entstammt dem Adel, das zweite dem Bürgertum, das erste ist beim Einsetzen des Briefwechsels noch sehr jung, das zweite lebenserfahren. Hinzu kommen zehn Jahre Abstand zwischen dem Ende des ersten, nur knapp zweieinhalb Jahre währenden Briefwechsels und dem Beginn des zweiten, der zehn Jahre andauert. Und wenn auch beide Männer beruflich den Funktionseliten angehören, sind doch die historisch-politischen Bedingungen ihres Arbeitsumfeldes jeweils ganz anders geartet, und nur das zweite Paar ist in das zeitgenössische literarische Feld aktiv involviert. Besondere Aufmerksamkeit schließlich fordert der Austausch über das Verhältnis von Liebe und Freundschaft, das in dem einen Fall nahezu synonym auftritt, im anderen zur andauernden Selbstbefragung verleitet.

Der erste Briefwechsel setzt im August 1765 ein und endet im Oktober 1767. Georg Ernst von und zu Gilsa, der männliche Part, geboren 1740, entstammt dem landsässigen Adel der hessischen Reichsritterschaft, war nach der Familientradition im Alter von 14 Jahren ins Militär eingetreten und hatte 1761 im Verlauf des Siebenjährigen Krieges den linken Arm eingebüßt. Für den aktiven Dienst untauglich, bereitete er sich auf die Verwaltungslaufbahn vor, ab 1764 an der Universität Marburg. In den einschlägigen gesellschaftlichen Kreisen der adeligen Beamtenschaft und ihrer Familien lernte er die sechzehnjährige Tochter des dortigen Festungskom-

[2] François de La Rochefoucauld: Maximes et Réflexions Morales, Nr. 136 (1665): »Il y a des gens qui n'auraient jamais été amoureux s'ils n'avaient entendu parler de l'amour.«

mandanten kennen. Die Korrespondenz setzt ein, als Gilsa Mitte August 1765 vorübergehend in seinen Heimatort zur todkranken Mutter zurückkehren muss. Mehr als 120 Briefe werden sie in den nächsten 26 Monaten wechseln, von denen durch einen glücklichen Umstand die meisten überliefert sind.[3]

Durch die ebenbürtige Herkunft wie durch den als ideal erachteten Altersabstand ist die acht Jahre jüngere Henriette von der Malsburg zu Gilsas künftiger Gemahlin geradezu prädestiniert. Liebe war bei Eheanbahnungen, zumal im Adel, nicht vorgesehen; war doch die Heirat ein »Vertrag, den zwei Menschen nicht zu ihrem Vergnügen, sondern nach dem Ratschluß der beiden Familien und zu deren Nutzen« einzugehen hatten.[4] Wie überwältigt Gilsa von dem ist, was er erlebt, zeichnet sich in seinen Briefen ab. Seine ersten Briefe entsprechen noch ganz der Konvention: Die Anrede (»HochWohlgebohrene Fraulein / Gnädigste Fraulein«) folgt formell den erlernten geschlechterdifferenten rhetorischen Regeln der Verehrung, die Devotionsabstände nach der Anrede und vor der Grußformel sind perfekt ausgezirkelt, die Mitteilungen von gewundener Höflichkeit:

> wie sehr wunschte Ich, die Gnädigste Erlaubniß von Euer Gnaden zu erhalten, mich [...] Zuweilen nach einen wohlbefinden zu erkundigen, woran den aller grösten antheil nehme; denn es kan kein größerer Verehrer Dero Volkommenheiten sein, als derjenige, welcher darinnen die gröste ehre suchet, mit der aller Volkommenste und respectneseste Hochachtung zu ersterben [...].[5]

Erst allmählich lockert er die Steifheit zu »Gnädigste Allerliebste Fraulein / Beste und ewige Freundin!«, wird die Schreibart ›herzrührend‹:

[3] Vgl. Ulrike Leuschner: »[...] ein gar zu kostbares pfand«. Modulationen der Zärtlichkeit in den Liebesbriefen des Georg Ernst von und zu Gilsa und der Henriette von der Malsburg. In: Renate Stauf und Jörg Paulus (Hrsg.): SchreibLust. Der Liebesbrief im 18. und 19. Jahrhundert. Berlin, Boston 2013, S. 99–116.

[4] Jean-Louis Flandrin: Das Geschlechtsleben der Eheleute in der alten Gesellschaft. Von der kirchlichen Lehre zum realen Verhalten. In: Philippe Aries und André Béjin (Hrsg.): Die Masken des Begehrens und die Metamorphosen der Sinnlichkeit. Zur Geschichte der Sexualität im Abendland. Aus dem Französischen übersetzt von Michael Bischoff. Frankfurt am Main 1984, S. 147–164, hier S. 159.

[5] Georg Ernst von und zu Gilsa an Henriette von der Malsburg, Gilsa, 16. August 1765; Hessisches Staatsarchiv Marburg, Bestand 340 von Gilsa, Nr. 127.

> Niemahlen hätte mir vorgestellet, daß eine aüfrichtige liebe solche wurckung auf mich machen könte. Meine Gnädige Fraulein wollen die Gnade haben, hierinnen die Sprache eines Hertzens Zu sehen, welches sich denenselben Gänzlich Ergeben hat, Ja welches niemahlen Anders, als mit der aller Zärtlichste liebe, die auf die volkommenste hochachtung sich grundet sein will Euer Gnaden Gantz gehorsamer Diener und Ewiger freund *vGilsa*[6]

Die in seiner standesgemäßen Erziehung erlernten galanten Formeln helfen ihm nicht weiter. Die Verlässlichkeit, die sie dank ihrer Bewegung auf der Oberfläche zu garantieren vermochten, diffundiert in der Innerlichkeit der Gefühlswelt. Die literarische Ästhetik mit offenen Formen und hermetischen Leerstellen kommt ihm zur Hilfe, und Gilsa ist ein belesener Mann.[7] Was er selbst (noch) nicht sagen kann, leiht er sich bei Gleim, Haller, Kleist und Johann Ulrich von König aus, tauscht die anakreontische »Doris« gegen »Jetchen«, den Kosenamen der Freundin, und lässt sich zu Umdichtungen und eigenen Versuchen verleiten. Im Brief vom 27. Mai 1766 bringt er auf diese Weise eine Liebeserklärung unter:

> Ich liebe nicht wie Tausend lieben,
> Die nur den Mund in Schmeicheln üben,
> Ihr Falsches hertz weiß nichts davon;
> Wenn Ich mich Freundin dir Ergebe,
> So will Ich ewig für dich leben,
> Und Undanck wird niemahl dein Lohn;
> Dort an den Brun in jenen garten,

[6] G. E. von und zu Gilsa an H. von der Malsburg, Marburg, 24. Mai 1766; ebd. Durch lateinische Schrift abgesetzte Stellen sind hier und in den folgenden Zitaten aus diesem Bestand durch Kursivierung markiert.

[7] Zu seiner über 1000 Werke umfassenden Bibliothek legte Gilsa eigenhändig ein Verzeichnis an; vgl. Jochen Schäfer: Adeliger Buchbesitz in der Zeit des bürgerlichen Wandels. Die Bibliothek von Georg Ernst von und zu Gilsa (1740–1798). In*:* Archiv für Geschichte des Buchwesens. Bd. 67 (2012), S. 19–105. Außerdem ist Gilsa allem Anschein nach der Mitinitiator der Marburger ›Litteratur-Gesellschaft‹; vgl. Krieg in Amerika und Aufklärung in Hessen. Die Privatbriefe (1772–1784) an Georg Ernst von und zu Gilsa. Für das Hessische Landesamt für geschichtliche Landeskunde herausgegeben von Holger Th. Gräf, Lena Haunert und Christoph Kampmann unter Mitarbeit von Patrick Sturm. Marburg 2010, S. XV. Vgl. auch Holger Th. Gräf: ›Adelige Musenhöfe‹ und ihr Beitrag zur ›kulturellen Dichte‹ in Hessen (17.–19. Jahrhundert). Ein Problemaufriss. In: Adel in Hessen. Herrschaft, Selbstverständnis und Lebensführung vom 15. bis ins 20. Jahrhundert. Hrsg. von Eckart Conze, Alexander Jendorff und Heide Wunder. Marburg 2010, S. 520–542, hier S. 532–535.

Will Ich voll Freude deiner warten
Und wenn du komst umarm ich dich,
Beÿ seinen Tropfen Lispeln Rauschen,
Soll uns kein Falscher Freund belauschen,
Denn sagt du mir: Ich liebe dich.[8]

Mit Hilfe der Dichtung wird der Ton inniger, löst sich Gilsa von den erlernten standardisierten Gefühlsdarstellungen[9] und vollzieht den aus Gellerts epistolographischen Schriften der 1740er Jahre hervortretenden Funktionswandel des Briefs hin zum Medium der privat-intimen Verständigung.[10] An die Stelle rhetorischer Regeln tritt das Postulat der Natürlichkeit, die im epistolarisch inszenierten Liebesgespräch zudem den Anspruch von Wahrhaftigkeit zu erfüllen hat.[11]

Henriette von der Malsburg befolgt zwar auch die vorgeschriebene Blattaufteilung, schlägt aber von vorneherein und gendergerecht einen ›natürlichen‹ Ton an, nennt ihn »Mein lieber Herr Hauptmann von Gilsa«,[12] organisiert das Aufeinandertreffen in den geselligen Zirkeln und die reibungslose Briefzustellung. Als nach seiner Rückkehr die Briefe in Marburg von Haus zu Haus wandern, verzichtet sie meist ganz auf die Anrede, und

8 Undatiert; als Briefbeilage zugeordnet dem Brief Gilsas vom 24. Mai 1766; Hessisches Staatsarchiv Marburg, Bestand 340 von Gilsa, Nr. 127.

9 Im Privatbesitz erhalten ist eine dickleibige, ledergebundene Kladde mit kalligraphischen Übungen und Musterbriefen in französischer Sprache, die der junge Gilsa unter Aufsicht seines Hauslehrers angelegt hatte: Recueil / De toutes sortes de lettres francoises et / Allemagne Commeaussi des nouvelle / ans, Obligations, assignation, quittances / Congé, attestatation, Passeport / Appartient a moi / George Ernst de Gilsa / Gilsa Le 10me Juillet L'année 1755 / Livre 1re; vgl. Schäfer: Adeliger Buchbesitz (Anm. 7), S. 72.

10 In seiner Bibliothek vorhanden ist die zweite Auflage 1756 der *Briefe, nebst einer praktischen Abhandlung von dem guten Geschmacke in Briefen* von Gellert; vgl. Schäfer: Adeliger Buchbesitz (Anm. 7), S. 95f. (Nr. 826).

11 Vgl. Christoph Neubert: »Wenn man nun selbst nicht gerührt ist, wie soll man denn da schreiben?« Nachrichtenstellen, Körperschnittstellen, Affekte. In: Katharina Fürholzer und Yulis Mevissen (Hrsg.): Briefkultur und Affektästhetik. Heidelberg 2017, S. 27–63. Neubert weist mit Recht darauf hin, dass »die Annahme, dass es überhaupt so etwas wie natürliche, quasi unvermittelte Kommunikation geben kann, ebenso voraussetzungsreich wie paradoxieträchtig, und ihre historische Erhebung zur Norm auf breiter Front einerseits von epochaler Bedeutung, andererseits zutiefst rätselhaft« sei (S. 33).

12 H. von der Malsburg an G. E. von und zu Gilsa, Marburg, 1. September 1765 u.ö.; Hessisches Staatsarchiv Marburg, Bestand 340 von Gilsa, Nr. 127.

als Freund, Stubengenossen und Logenbruder ihres Bruders redet sie ihn bald ebenfalls mit »Bruder« an. Gilsa zeigt sich entzückt über ihr literarisches Verständnis, beanstandet nur, dass sie schwere Kost wie Mosers moralisches Prosaepos *Daniel in der Löwen-Grube*[13] bevorzugt.[14] Auslösendes Moment zum Gespräch über die Wahrhaftigkeit der Liebe wird Albrecht von Hallers Gedicht *Der Mann nach der Welt*, das Gilsa der Freundin zukommen lässt. Es gibt ihr die willkommene Gelegenheit, ihn nach der Dauerhaftigkeit seiner Zuneigung zu befragen, ob er »dero so schätzbare Freundschaft, und so gar eine Zärtliche Liebe, auf Ewig an eine Persohn verschwenden wollen, die es so wenig verdient wie ich«.[15] Mehr als eine rhetorische Bescheidenheitsfloskel, äußert sich darin ein grundsätzlicher Zweifel an ihrer Liebenswürdigkeit, dem Gilsa durch stets neue Liebesbeteuerungen begegnet. Bezogen auf das ihr übereignete Gedicht aber ist die Frage nicht unberechtigt; handelt eine Strophe doch von der Flatterhaftigkeit des Liebhabers.[16] »Befürchten sie die Vergeßenheit der 6ten Strophe des *H*[allerschen] Gedichts ia nicht«, antwortet er. »Ich dancke meinen Schöpfer, daß er mich Zur Begehung einer so Schwartzen, und dem Redlichen Menschen, unanständige handlung, unfähig erschaffen hat.«[17]

Neben literarischen Einflüssen aus England und Frankreich, allen voran Samuel Richardsons *Pamela* (1740) und Rousseaus *Julie ou la nouvelle Héloïse*

---

13 Friedrich Carl von Moser: Daniel in der Löwen-Grube. In Sechs Gesängen. Frankfurt am Main und Leipzig 1763. Das Buch befand sich in Gilsas Bibliothek; vgl. Schäfer: Adeliger Buchbesitz (Anm. 7), S. 96.

14 Vgl. G. E. von und zu Gilsa an H. von der Malsburg, Marburg, 14. Juni 1766; Hessisches Staatsarchiv Marburg, Bestand 340 von Gilsa, Nr. 127.

15 H. von der Malsburg an G. E. von und zu Gilsa, Marburg, vor dem 2. Juni 1766; ebd.

16 In der 6. Langstrophe von Albrecht von Hallers Gedicht *Der Mann nach der Welt* heißt es: »Wann nur ein hold Geschlecht ihn Liebens-würdig findet: | Wie sieghaft geht er nicht mit seinen Schönen um? | Sie, und was ihres ist, sind bald sein Eigenthum, | Und wann sein eckel Herz nicht göldne Fesseln halten, | Wird mitten im Genuß sein Feuer bald erkalten. | Auch so wird, Käfern gleich, die von der Rose fliehn, | Und nach dem nächsten Aas mit heiserm Summen ziehn, | Er bald zum Kätgen gehn, das mit beschmutzten Küssen, | Den Brand, den Iris zeugt, oft löschen helfen müssen. | Dann Glauben und Natur, Gesetz und Sittlichkeit, | Sind feiger Herzen Furcht, wovon er sich befreyt.« In: Albrecht von Haller: Versuch Schweizerischer Gedichte. Vierte, vermehrte und veränderte Auflage. Göttingen 1748, S. 124. Diese Ausgabe befand sich in Gilsas Bibliothek; vgl. Schäfer: Adeliger Buchbesitz (Anm. 7), S. 78.

17 G. E. von und zu Gilsa an H. von der Malsburg, Marburg, 2. Juni 1766; Hessisches Staatsarchiv Marburg, Bestand 340 von Gilsa, Nr. 127.

(1761), ist die Selbsterforschung im Geiste des Pietismus eine der Quellen der Empfindsamkeit in Deutschland,[18] und Gilsas Egodokumente – er führte über 50 Jahre ein Tagebuch[19] – erweisen sich hier als wahre Fundgrube. In der Dynamik des Liebesbriefwechsels bewirkt die Amalgamierung von Dichtung und Selbstbefragung den Durchbruch, vollzieht sich (mit Luhmann) »Liebe als Passion«. Zwar wahrt auch sein nächster Brief noch die förmliche Anrede, aber dann reißt es ihn hin: »Ich liebe IHNEN, so Starck so hefftig als wohl jemahlen eine Persohn Geliebt Worden ist«, bekennt er nun unumwunden.[20] Der gestrenge Onkel, bei dem Henriette nach dem Tode ihrer Eltern untergekommen ist, akzeptiert den Heiratsantrag. Im Ehevertrag begünstigt Gilsa seine künftige Frau so sehr, dass der Onkel misogyn einwendet, er selber hätte »gewiß nicht mit so Viel Vortheil vor euch gemacht«.[21] Am 31. Dezember 1766 findet auf Gilsa die große Hochzeitsfeier statt, die Tanzveranstaltungen dauern bis zum 2. Januar 1767.[22] Gilsa wird zum Kriegsrat am Kasseler Hof ernannt. Da er Ende April seinen Dienst antreten muss, wird die Korrespondenz notgedrungen fortgesetzt. Die Briefe geraten lang, nun ist sie sein »Hertzens liebstes und bestes *Jetchen*«, er ihr »Allerliebstes, Engels, hertzens, Mänchen«. Gilsa unterhält seine Frau mit Schilderungen aus der adeligen Kasseler Gesellschaft, sie revanchiert sich mit ausführlichen Berichten über alles, was sich auf dem Hofgut ereignet.

Das Stadtkind Henriette, gerade 18 Jahre alt, fügt sich überraschend schnell in die Ökonomie des ›Ganzen Hauses‹, besorgt das Geflügel und die Kleintiere und bewältigt nach der aufregenden Notschlachtung eines Ochsen die Konservierung der Fleischberge. »Es freuet mich sehr, daß Du Dich der haushaltung unterzogen hast«, lobt Gilsa, »nur mußt Du nicht

---

[18] Vgl. Paul Kluckhohn: Die Auffassung der Liebe in der Literatur des 18. Jahrhunderts und in der deutschen Romantik. Halle a. S. 1922, S. 177f. – Niklas Luhmann hält dafür, dass die Abkehr von den Amtskirchen und die Zuwendung zu individueller Frömmigkeit (Puritanismus, Jansenismus, Pietismus) zu Vereinzelung und Vereinsamung führen, die durch die Erfahrung des Gefühls (Empfindsamkeit, Freundschaft) überwunden wird. Die »Sprache der Devotion« bereitet die »Sprache der Liebe« vor. (Niklas Luhmann: Liebe als Passion. Zur Codierung von Intimität. Frankfurt am Main 1982, S. 130)

[19] Vgl. Holger Th. Gräf, Lena Haunert und Christoph Kampmann (Hrsg.): Adliges Leben am Ausgang des Ancien Régime. Die Tagebuchaufzeichnungen (1754–1798) des Georg Ernst von und zu Gilsa. Marburg 2010.

[20] G. E. von und zu Gilsa an H. von der Malsburg, Marburg, 9. Juni 1766; Hessisches Staatsarchiv Marburg, Bestand 340 von Gilsa, Nr. 127.

[21] H. von der Malsburg an G. E. von und zu Gilsa, Marburg, 1. Oktober 1766; ebd.

[22] Vgl. Tagebuchaufzeichnungen (Anm. 19), S. 182.

sagen, kleines *Jetchen* als haußhälterin. Nein, liebes Kind, es ist gegenwärdig die angelegenheiten Deines Mannes, und alßo bist Du nicht haußhälterin, sondern hauß Frau. «[23] Henriette, zunehmend selbstbewusster, warnt ihn vor dem Ankauf eines weiteren Hofguts[24] – zu Recht, wie sich erweisen wird, 1774 geht Gilsa in Konkurs.[25] Und die Nachricht von der Geburt einer Tochter bei den Pfarrersleuten der Nachbargemeinde kommentiert sie mit den Worten: »wieder eine Pritz=büchse mehr, wirst du sagen, aber wan kein Pritzbüchsen in der Welt wären, wie würde es euch armen Tröppercher, doch so übel gehen [...].«[26]

Ist in der Gesellschaft des Alten Reiches nach dem arbeitsteiligen Modell des ›Ganzen Hauses‹ Partnerschaftlichkeit vorgegeben, ist Liebe in der Ehe wenn auch keine Notwendigkeit, so doch kein Hindernis, hat die Sexualität einzig der Fortpflanzung zu dienen. Die Lehre der Kirche bewertete eheliche Leidenschaft geradezu als Ehebruch; Lust, wenn auch Sünde, hatte nur mit Dirnen und Mätressen stattzufinden.[27] Georg Ernst und Henriette entdecken die Zärtlichkeit bereits während der Verlobungszeit, die Begegnung in einem gewissen »Sandgrubgen« wird zur Chiffre.[28] In den Trennungszeiten während der Ehe tauschen sie sich über ihre körperliche Zuneigung spielerisch-offen aus. Aus Kassel berichtet er ihr von einer morgendlichen Erektion, wohl wissend, dass sie die Auslassungszeichen zu deuten vermag.[29] In den Briefen entwickeln sein Penis und ihr Schoß ein Eigenleben und lassen sich unter den Namen Ernst und Jetchen gegenseitig

---

[23] G. E. an H. von und zu Gilsa, Kassel, 1. Juni 1767; Hessisches Staatsarchiv Marburg, Bestand 340 von Gilsa, Nr. 128.

[24] »Güter zu kaufen, bey jetzigen Zeiten, ist eine Sache, wo man sich eine erschreckliche Last auf den Halß lädet, und welche euch beide, anjetzo auch, ob ich schon von der Sache nicht *informirt* bin, dennoch glaube das sie erstaunend *derangiren* wird [...].« (H. an G. E. von und zu Gilsa, Gilsa, 28. Oktober 1767; ebd.)

[25] Vgl. Hessisches Staatsarchiv Marburg, Bestand 340 von Gilsa, Nr. 116: Konkurs über das Vermögen des Georg Ernst v. Gilsa.

[26] H. an G. E. von und zu Gilsa, Gilsa, 28. Oktober 1767; Hessisches Staatsarchiv Marburg, Bestand 340 von Gilsa, Nr. 128.

[27] Vgl. Flandrin: Geschlechtsleben der Eheleute (Anm. 4), S. 155.

[28] G. E. von und zu Gilsa an H. von der Malsburg, Marburg, 11. Juli 1766; sie an ihn, Escheberg, 14. Juli, wieder 24. Juli und 4. August 1766; Hessisches Staatsarchiv Marburg, Bestand 340 von Gilsa, Nr. 127.

[29] »[H]eut morgen Gegen 7 Uhr muß Du, wenn anders die Gedancken einer abweßenden Persohn, auf den Gegenstandt würcken, worauf selbige Gerichtet sind, doppelte empfindungen gehabt haben. Denn außer der Zärtlichkeit mit welcher ich Dich liebe, kam noch ein andrer Umstand dazu " " "« (G. E. an H. von und zu Gilsa, Kassel, 31. Mai 1767; ebd., Nr. 128).

grüßen. So schreibt sie ihm Anfang Oktober – sie ist im achten Monat schwanger: »j[etchen] grüst auch den lieben E[rnst] thaußend mahl, es hat mir aber im vertrauen gesagt, das E[rnst] ein Lügner wäre indem er ihm vergebliche Hoffnung machte.«[30]

Wie die Sexualität, so werden auch die Begleitumstände ihrer Schwangerschaft freimütig erörtert. Am 5. Dezember, zehn Tage nach der Geburt einer Tochter, stirbt Henriette. Gilsa, der ihr in seinen Briefen unermüdlich Liebe bis in den Tod geschworen hatte, überlebt sie um fast 30 Jahre und betrauert sie bis ans Ende seiner Tage. Die Tochter wird nur vier Jahre alt. Er hat nicht wieder geheiratet.

»Ist es nicht ein Ungluck wenn Eheleute sich aufrichtig Zärtlich, und nicht nach der *Mode*, lieben?«, hatte Gilsa am 30. Mai 1767 aus Kassel geschrieben.[31] Zehn Jahre später hat sich das Problem nahezu in sein Gegenteil verkehrt, ist nun die Liebesheirat das erstrebenswerte Ziel. Auf Dauer gilt, was – wiederum – Gellert 1746 einer seiner Dramenfiguren in den Mund legt:

> Die Uebereinstimmung der Gemüthsart, eine gewisse Gleichheit in unsern Meynungen und Neigungen, ein innerlicher Trieb dem andern zu gefallen, und eine brennende Sehnsucht, des andern sein ganzes Herz, seine ganze Hochachtung zu besitzen; das ist der Grund der ehlichen Liebe.[32]

Bis ins 19. Jahrhundert wurde Gellerts Lustspiel *Das Loos in der Lotterie* in immer neuen Auflagen und anthologischen Zusammendrucken verbreitet. Der überbordende Freundschaftskult der 1770er Jahre, der mit zum Verwechseln ähnlichen Formulierungen operiert, macht es schwierig, Liebe und Freundschaft zu unterscheiden. Darum kreist im Kern der zweite Liebesbriefwechsel.

Wieder haben wir es mit zwei außergewöhnlichen Persönlichkeiten zu tun.[33] Wie der adelige Gilsa strebt Heinrich Christian Boie die Verwaltungslaufbahn an – der wachsende Bedarf an Fachleuten eröffnet

---

30 H. an G. E. von und zu Gilsa, Gilsa, 9. Oktober 1767; ebd.

31 G. E. an H. von und zu Gilsa, Gilsa, 30. Mai 1767; ebd.

32 Das Loos in der Lotterie. Ein Lustspiel in fünf Aufzügen von C. F. Gellert. Bremen und Leipzig 1746, S. 92.

33 Die folgende biographische Schilderung basiert vornehmlich auf dem Nachwort von Regina Nörtemann in Band 4 (Kommentar) der vierbändigen Ausgabe: Heinrich Christian Boie, Luise Justine Mejer: Briefwechsel. Hrsg. von Regina Nörtemann in Zusammenarbeit mit Johann Egger. Göttingen 2016.

führende Stellungen im Staatsdienst auch gut ausgebildeten Bürgerlichen. Er ist 31 Jahre alt, als er 1775 anlässlich seiner Bewerbung in hannöversche Dienste im Hause des Ehepaars Kestner die 29-jährige Luise Mejer, Tochter eines Kanzleisekretärs, kennen lernt. Gegenüber dem kleinen Marburg und dem landgräflichen Regierungssitz Kassel, Georg Ernst von Gilsas Dienstort, ist die englische Nebenresidenz Hannover die bei weitem weltläufigere Stadt. An der nahe gelegenen Landesuniversität Göttingen hatte Boie den letzten Teil seines Jurastudiums absolviert, sein Leben über Jahre hin mit aufreibenden Hofmeistertätigkeiten finanziert, 1769 mit dem *Musenalmanach* eine neue, äußerst erfolgreiche Buchgattung auf dem deutschen Buchmarkt eingeführt und dadurch dem lärmenden Freundeskreis des ›Göttinger Hain‹ eine Publikationsplattform geschaffen. Uneigennützig lässt er 1772 dem Freund Gottfried August Bürger den Vortritt bei der Vergabe einer einträglichen Amtmannsstelle, besorgt dem aus armen Verhältnissen stammenden Johann Heinrich Voß ein Stipendium und übergibt ihm 1774 die Herausgabe des *Musenalmanachs*, damit Voß auf dieser einträglichen Grundlage endlich die Schwester Ernestine Boie heiraten kann.[34] 1775 schickt Boie sich gerade an, zusammen mit Wilhelm Dohm das *Deutsche Museum* zu gründen. Die Mittelmäßigkeit des eigenen dichterischen Talents weiß er klug einzuschätzen. Auf vielen Reisen knüpft er Kontakte zu Schriftstellern und Dichtern und baut einen weitgespannten Beiträgerstamm auf. Luise Mejer hat sieben Geschwister sterben sehen, mit 13 Jahren die Mutter verloren, ihre beste Freundin, den Vater, den älteren Bruder und seine Frau bis zum Tod gepflegt. Ihre Kräfte sind aufgezehrt, über Jahre ist sie chronisch krank und doch so liebenswert und zugewandt, dass man ihre Bekanntschaft sucht. Die glücklichste Zeit ihrer Jugend hat sie im Elternhaus der Herzensfreundin Julie von Knigge verbracht, der Schwester Adolph von Knigges. Während dieser vier Jahre (1762–1766) eignet sie sich eine umfassende literarische Bildung an. Die eigenen, von Gessners *Idyllen* angeregten Versuche vernichtet sie, vernichtet werden auf ihren Wunsch hin auch die Briefe an Julie.

Verkehrten Gilsa und Henriette von der Malsburg in Marburg und Kassel ausschließlich im Adel, so vermischen sich in Hannover unter dem Signum der Funktionseliten die Stände. In den geselligen Zirkeln finden Boie und Luise Mejer zueinander. Auslöser ihrer innigen Verbindung ist die ihnen gemeinsame Erfahrung des Verlusts: Boie trauert um den am 1. September 1776 gestorbenen Hölty, Luise Mejer kann Julies Tod nicht verwin-

[34] Vgl. Gerhard Hay: Die Beiträger des Voss'schen Musenalmanachs. Ein Verzeichnis. Hildesheim, New York 1975, S. 1.

den. Der Briefwechsel setzt ein, als Luise Anfang 1777 für einige Wochen ihre Freundin Luise von Pestel in Celle besucht. 1781, als Boie, der seine Berufslaufbahn ebenso zielstrebig verfolgt wie seine literarischen Aktivitäten, als Landvogt von Süderdithmarschen mit Sitz in seiner Geburtsstadt Meldorf in dänische Dienste tritt, zieht Luise vollends nach Celle um und unterstützt die Freundin bei der Betreuung des depressiven Ehemanns und des kleinen Sohnes.

Im Gedankengut der Aufklärung in all ihren Facetten steht die Freundschaft über der Liebe.[35] Das gilt auch für die Ehe, in der nach Gellerts Überzeugung die Freundschaft ihren Gipfel erreichen kann.[36] Wollust, wie die sinnliche Liebe gerne genannt wird, gehört den erotischen Ingredienzien der Anakreontik zum Trotz in den niederen Bereich und steht dem bürgerlichen Ideal der moralischen Vervollkommnung im Wege. Was die charakterlichen Eigenschaften angeht, sind Luise Mejer und Boie wie für einander geschaffen. Gleich sind sie im Streben nach Integrität, verabscheuen Berechnung, Intrigen und üble Nachrede. Im Bemühen um Aufrichtigkeit betreibt sie Selbsterforschung fast schon hochnotpeinlich. Er geht, gestählt durch den Berufsalltag, die Sache bisweilen pragmatischer an. Nicht immer erfolgreich: den erbitterten Streit, den Heyne und Lichtenberg um die korrekte Transliterierung des Griechischen gegen Voß führten, zieht sein Versuch einer gerechten Balance bis zum Überdruss in die Länge. Eine Versorgungsehe lehnt sie ab, schon in jungen Jahren den Antrag eines Kollegen ihres Vaters, 1783, nach der Auffassung der Zeit schon ein ›spätes Mädchen‹, den eines wohlhabenden Mannes, den sie gleichwohl seit elf Jahren kennt und schätzt, und kurz darauf den Antrag des Bürgermeisters von Osterode. Dass sie im September 1778 auch Boie einen Korb gibt, geschieht – aus Liebe. In einem herzzerreißenden Brief an Luise von Pestel zählt sie die Gründe auf: Ihr schlechter Gesundheitszustand belaste sein Fortkommen ebenso wie ihre dürftige Mitgift und der in den Augen der Gesellschaft zu geringe Altersabstand von nur zwei Jahren. »Er hat eine gewiße Zartheit (ich weis es nicht zu nennen) in seinen Empfindungen«, schreibt sie der Freundin,

> die man in Männer glaub ich gar nicht antrift, und in Weiberseelen so sehr sehr selten findet. […] = [Boies] Herz ist vom Himmel zum Wohlthun so ganz gebildet, er vergißt sich immer wenn er zu jemands Glück oder Zufriedenheit etwas beitragen kan, daher auch die Partheilichkeit für seine Freunde, die ihm

35 Vgl. Kluckhohn: Auffassung der Liebe (Anm. 18), S. 163f., mit zahlreichen Literaturverweisen.

36 Vgl. ebd., S. 150f.

> viele verdencken. […] Wenn man Jahre lang wie ich vom Schicksal immer von neuen verwundet worden, ist es *Verbrechen* nicht *allein* zu leiden. Du weist nicht wie das Gefühl = [Boie] unglücklich zu machen im Herzen brent […]. Ich leide unbeschreiblich. […] Luise, warum kan = [Boie] nicht ein Mädchen heirathen die ihm *ganz* glücklich macht? […] Ich würde ihn mit seiner Frau um die Wette lieben, und um ihn Gelegenheit zu geben mich glücklich zu machen gäbe er mir ein Dachstübchen in seinem Hause, und wir trenten uns nie nie – Mein Schicksal wäre doch nicht als dann mit dem seinigen verbunden.[37]

Der Schmerz macht es ihr unmöglich, seinen Namen auszuschreiben, sie ersetzt ihn durch ein Gleichheitszeichen. Trotz ihrer Zurückweisung fühlt sie sich an ihn gebunden.

Der Briefwechsel geht ungebrochen weiter, stets geprägt von gegenseitiger Anteilnahme. Einen großen Raum nehmen literarische Fragen ein, Luise Mejer ist Boie eine wichtige Partnerin. Ihr Lektürepensum ist imposant, kundig beurteilt sie die Neuerscheinungen und das Auftreten des *Deutschen Museums* wie des Vossischen *Almanachs*. Immer wieder versucht Luise, ihr Gefühl für Boie zu ergründen, für das sie keinen Namen wisse; sei es doch »mehr als Freundschaft, und weniger als Liebe«.[38] Das Gespräch über die Liebe aber führt alleine sie. »Ich behaupte, die Frau muß den Mann mehr lieben als er sie«, schreibt sie ihm im November 1783.[39] Die Peripetie in diesem Liebesdrama wird von außen eingeleitet, die böse Rolle spielt die Gräfin Luise zu Stolberg-Stolberg.

Boies Erzählungen hatten die Frau seines Freundes Christian Graf zu Stolberg-Stolberg aus den Tagen des Göttinger Hain auf Luise neugierig gemacht. Ende 1783 reist Luise auf Einladung der Gräfin nach Tremsbüttel. Was sich verlockend anhörte, wird zur Qual. Sie komme sich »grade so vor als eine Maus die mit lockender süßer Speise in die Falle geführt ist«, schreibt Luise.[40] Die Gräfin herrscht tyrannisch über das Haus, kein Familienmitglied wagt es, sich ihr zu widersetzen. Gewaltsam versucht die Gräfin, Luise als Vorleserin und Gesellschafterin an sich zu binden. »Sie hätte Kaiserin in Rußland werden müßen. Das wäre ihr Fach«, so Luise

[37] Luise Mejer an Luise von Pestel, 15. September 1778; Boie-Mejer: Briefwechsel (Anm. 33), Bd. 1, S. 92f., zitiert unter Auslassung der integralen diakritischen Auszeichnungen. Kursiviert sind hier und in den folgenden Zitaten aus dem Briefwechsel Boie-Mejer die im Original durch Unterstreichung hervorgehobenen Stellen.

[38] L. Mejer an Boie, Celle, 21. April 1783; ebd., Bd. 2, S. 194.

[39] L. Mejer an Boie, Celle, 18. November 1783; ebd., S. 344.

[40] L. Mejer an Boie, Tremsbüttel, 19. Januar 1784; ebd., S. 407.

an Boie,[41] die Gräfin sei »ein wahres *Ungeheuer*, ein Teufel in weiblicher Gestalt«.[42] Am meisten empört sie, dass sie der Unaufrichtigkeit im Hause Stolberg ihrerseits mit List und Verstellung begegnen muss. Ihre Not bringt ihn endlich dazu, über seine Gefühle zu sprechen: »Du weist, was ich Dir vor Jahren einmal sagte, wie Du zurückfuhrst, wie ich versprach zu schweigen, und schwieg«, erinnert er sie am 22. Januar 1784 an seinen ersten Heiratsantrag.

> Ich behielt diese Idee, gab sie auf, nahm sie wieder, ließ mich hier täuschen, täuschte dort wider meinen Willen, fand immer, wenn ich Dich nicht liebte (wie ich denn eigentlich daß, was man Liebe nennt, mich nicht mehr fähig halte) daß keine Deines Geschlechts Dein Bild in mir auslöschen, daß auch die, die ich zu lieben glauben könte, in der Vergleichung mit Dir, in dem bloßen Gedanken an Dich verlieren würde. Nun machte ich wieder Plane, dachte Dich als meine Gattin, und fühlte innig, daß ich glücklich sein würde, wenn Du's wärest.[43]

Vier Tage später wird er konkret:

> Sieh, Luise, wenn ich mich so einrichten kan, daß wir zusammen leben können, so müßen wir zusammenleben; wir sind beide sonst nie ganz glücklich. [...] So glücklich, wie Du sein müßtest, das fühle ich innig u. mit Beschämung, kan ich Dich durch Liebe nicht machen, aber ich fühle eben so innig, daß ich Dich nicht unglücklich machen werde, u. reine, heilige Freundschaft zwei so innig verwebte Herzen glücklicher machen wird, als alle Liebe in der Dauer kan. [...] Ich kan Dir nicht sagen, wie mir bei dem Gedanken der Möglichkeit, mit Dir hier mein Leben zubringen zu können, wird. Selbst Meldorf würde mir dann ein Paradies werden [...][44]

Seinen zweiten Antrag nimmt sie an. »Hier meine Hand Boie, ich werde Dein Weib [...] Dein *glückliches* Weib.«[45] Im März holt er sie in Tremsbüttel ab und begleitet sie zurück nach Celle. Unterwegs erleben sie nach dreijähriger Trennung das Glück gemeinsamer Tage und Nächte. In Meldorf richtet Boie Haus und Garten ein, am 22. Juni 1785 wird in Celle geheiratet. Die Geburt ein Jahr später überleben Mutter und Kind nicht, zu sehr ist Luises Körper durch die lange Krankheit geschädigt. »O warum wuste,

---

[41] L. Mejer an Boie, Tremsbüttel, 21. Januar 1784; ebd., S. 411.
[42] L. Mejer an Boie, Dreilützow, 27. Februar 1784; ebd., S. 470.
[43] Boie an L. Mejer, Meldorf, 22. Januar 1784; ebd., S. 417.
[44] Boie an L. Mejer, Meldorf, 26. Januar 1784; ebd., S. 431.
[45] L. Mejer an Boie, Tremsbüttel, 31. Januar 1784; ebd., S. 444.

oder ahndete ich das nicht vorher? Sie wäre mir heilig gewesen, wie eine Schwester«, schreibt Boie an Voß und die Schwester Ernestine.[46]

Dass in der Ehe, die er zwei Jahre später mit Luises Freundin Sara von Hugo schließt, Luises Andenken fortlebt, erfüllt gewissermaßen ihren Traum vom Dachstübchen.

Rühren die Briefe zwischen Gilsa und seiner Henriette durch das überwältigte Staunen, mit dem sie dem unerwarteten Gefühl der Liebe begegnen, so kommt bei Boie und Luise Mejer ein Weiteres hinzu. Beide sind wunderbare Briefschreiber, bisweilen gewinnt der Briefwechsel literarische Qualität. Wie das Symbol in einem Briefroman nimmt der Ring sich aus, den Luise kunstvoll aus den Haaren der Frau geflochten hat, die vorübergehend Boies Interesse erweckte. Luise unterstützt Boies Bewerbung um die wohlhabende Kopenhagener Witwe Amalia Schlegel und will dem Ring »eine kleine bezaubernde Kraft« geben.[47] Der erste Versuch fällt zu klein aus,[48] den größeren Ring verbrennt Boie versehentlich.[49] Zu Luises Vorschlag, einen Ring aus ihren, seinen und den Haaren der anderen machen zu lassen, kann er sich nicht überwinden.[50] Den nächsten Ring schickt sie ihm als »Talismann«,[51] und Boie, der von einer Ehe mit Amalia Schlegel mittlerweile Abstand genommen hat, bedankt sich mit den Worten:

> Der Ring ist nun schön, sehr schön, und wird mir auch in dem jezigen Verhältniß lieb sein. Daß Du von Deinen Haaren nichts hinzugethan hast, ist mir, darf ichs Dir gestehen? Auch lieb. Ich kan und mag bei Dir keine andre denken. […] Von Deinen Haaren muß ich künftig noch einen eignen Ring tragen […].[52]

Wie heißt es doch in *Irrungen, Wirrungen*? »Weil das Sprichwort sagt: ›Haar bindet.‹«

[46] Boie an Johann Heinrich und Ernestine Voß, Meldorf, 16. Juli 1786; ebd., Bd. 3, S. 570.
[47] L. Mejer an Boie, Celle, 13. Juni 1783; ebd., Bd. 2, S. 232.
[48] Vgl. Boie an L. Mejer, Meldorf, 31. März 1783; ebd., S. 186.
[49] Vgl. Boie an L. Mejer, Meldorf, 6. April 1783; ebd., S. 189.
[50] Vgl. ebd., S. 190.
[51] L. Mejer an Boie, Osterode, 17. Juli 1783; ebd., S. 253.
[52] Boie an L. Mejer, Meldorf, 28. Juli 1783; ebd., S. 268.

Helga Meise

»Marthasgeschäfte« und die »rechte Lust [...] zu schreiben«

Charlotte von Steins Briefe an Charlotte von Schiller 1785–1825

Von 1785 bis 1825 richtete Charlotte von Stein geb. von Schardt (1742–1827) knapp 160 Briefe an Charlotte von Schiller geb. von Lengefeld (1766–1826). Welches Verhältnis hat sie zu ihrer 24 Jahre jüngeren Briefpartnerin? Welches Bild zeichnet sie von Goethe und Schiller, den Dichtern der ›Weimarer Klassik‹? Was sagt sie über die entstehenden Werke, aber auch über ihre eigene Autorschaft und die Lollo (so der Einfachheit halber zur Unterscheidung) von Schillers?[1]

Die knapp 160 Briefe wurden Mitte des 19. Jahrhunderts mit den Briefen von Verwandten und anderen Freunden gedruckt; die meisten Briefe sind gekürzt, Auswahl und Eingriffe nicht kritisch erläutert.[2] Die chronologische Reihung zeigt, dass Charlotte von Stein keineswegs regelmäßig schreibt. Ihre Briefe decken zwar den Zeitraum 1785–1825 ab, aber die große Mehrzahl, insgesamt 111 Briefe, stammt aus den Jahren 1790–1799, Jahre, in denen rund 15 Briefe jährlich verfasst werden.[3]

[1] Mein Dank gilt Ulrike Leuschner für unseren immer fruchtbaren Gedankenaustausch.

[2] Ludwig Urlichs (Hrsg.): Charlotte von Schiller und ihre Freunde. 3 Bde. Stuttgart 1860–1865, Bd. 2, S. 252–360. – Nachweise aus diesem Band direkt im Text, mit Briefdatum und Seitenzahl.

[3] Charlotte von Stein schreibt aus Weimar oder dem »altrittersitzhaft[en]« Kochberg (21. April 1803; S. 343). Den ersten Brief vom 4. März 1785 erhält Lollo von Lengefeld in Rudolstadt, vier Wochen nach ihrer Heimkehr von einem Besuch in Weimar (vgl. 4. März 1785; S. 253f.). Bis 1790 empfängt sie durchschnittlich vier, von 1790 bis 1799 15 Briefe im Jahr, ab 1804 pendelt sich die Anzahl auf einen Brief jährlich ein. In elf Jahren, 1800–1802, 1808, 1814–1817 und 1820–1823, ergeht kein Brief – Schillers leben seit Dezember 1799 in Weimar. 1818 kommt ein Brief aus Kösen, 1819 erhält sie einen Brief während eines Besuches bei ihren Kindern, die zwei letzten Briefe von 1824 und 1825 sind Dankschreiben für Geburtstagsgrüße. »Stillschweigen« (28. Januar 1789; S. 264) wird mit der eigenen körperlichen Verfassung oder der der Angehörigen entschuldigt; hinzu kommen Reisen, entweder nach Kochberg oder in Bäder wie Pyrmont, Lauchstädt, Ems und Karlsbad. Eine Ausnahme ist das Jahr 1803: Charlotte von Stein schildert in 12, mitunter täglichen Briefen ihren knapp siebenwöchigen Besuch bei Gottlob

Alle Briefe stehen in höfischem Kontext. Charlotte von Stein geb. von Schardt gehört aufgrund von Herkunft und Heirat zum Weimarer Hofadel.[4] 1743, ein Jahr nach ihrer Geburt, siedelt die Familie von Eisenach nach Weimar über, wo der Vater im Dienst Ernst Augusts II. Constantin Herzog von Sachsen-Weimar und Eisenach (1737–1758) und danach seiner Witwe Anna Amalia geb. Herzogin von Braunschweig-Wolfenbüttel (1739–1807) als Hofmarschall und Prinzenerzieher bestallt ist. 1758 wird Charlotte von Schardt Hofdame bei Anna Amalia; 1764 heiratet sie Gottlob Ernst Josias von Stein (1735–1793), Erb- und Gerichtsherr auf Großkochberg bei Rudolstadt, seit 1760 Stallmeister und seit 1775 Oberstallmeister am Weimarer Hof. Als 1776 die Beziehung zu dem sieben Jahre jüngeren Johann Wolfgang Goethe (1749–1832) ihren Anfang nimmt, der als Jurist bürgerlicher Herkunft in das ›Geheime Conseil‹ des Weimarer Herzogs eintritt, genießt sie als Ehefrau eines hohen Hofbeamten und Mutter von sieben Kindern bei Hof und in der Stadt das unumstrittene Ansehen der Gesellschaft.

Auch Lollo von Lengefeld, 1766 als Tochter des Oberlandjägers Carl Christian von Lengefeld in Rudolstadt geboren, gehört zum Hofadel. Sie wächst in Rudolstadt auf.[5] 1775 verstirbt der Vater; die Mutter und Witwe Louise geb. von Wurmb (1743–1823) hat Mühe, ihr und der älteren Tochter Caroline, spätere von Beulwitz bzw. von Wolzogen (1763–1847), eine standesgemäße Erziehung zu sichern. 1787 lernen die Schwestern Friedrich Schiller (1759–1805) kennen; 1790 schließen Lollo von Len-

Friedrich (Fritz) Constantin von Stein (1772–1844), ihrem jüngsten Sohn, der als Kriegs- bzw. Domänenrat in preußischen Diensten gerade ein Anwesen in Strachwitz bei Breslau erworben hatte und der mit Lollo von Schiller seit ihrem Besuch im Hause Stein 1784/1785 gut befreundet ist. Urlichs druckt diese Briefe »ganz« ab (Urlichs, S. 340).

4 Vgl. Elke Richter: Zur Person der Adressatin. Goethes Briefe an Charlotte von Stein (1776–1779). In: GB, Bd. 3 IIA, S. 69–73, 73–85; Christian Hain: [Art.] Charlotte Albertine Ernestine von Stein, geb. von Schardt. In: Stefanie Freyer, Katrin Horn und Nicole Grochowina (Hrsg.): FrauenGestalten Weimar-Jena um 1800. Ein bio-bibliographisches Lexikon. Heidelberg [2]2009, S. 350–357.

5 Dass Charlotte von Stein die Briefpartnerin aus der Taufe gehoben habe, ist widerlegt; vgl. »Damit doch jemand im Hause die Feder führt«. Charlotte von Schiller. Eine Biographie in Büchern, ein Leben in Lektüren. Bearbeitet von Silke Henke und Ariane Ludwig. [Weimar] 2015, S. 10, Anm. 8: Eintrag im Taufbuch. Zu ihrer Person vgl. Christian Hain: [Art.] Louise Charlotte Antoinette von Schiller, geb. von Lengefeld. In: Freyer u. a. (Hrsg.): FrauenGestalten (Anm. 4), S. 297–302; Gaby Pailer: Charlotte Schiller. Leben und Schreiben im klassischen Weimar. Darmstadt 2009.

gefeld und Schiller die Ehe. Sie leben in Jena, wo Schiller seit 1789 eine Professur für Geschichte innehat, 1799 ziehen sie nach Weimar. 1802 wird Schiller geadelt; Lollo von Schiller erhält ihre alte gesellschaftliche Stellung zurück.

Charlotte von Stein kannte die Jüngere, die ihre Tochter hätte sein können, persönlich; nach der Schweizerreise der Damen Lengefeld hatte sie die 18-Jährige von Dezember 1784 bis Februar 1785 in ihrem Hause aufgenommen. Ihre Anreden wechseln von »Lottchen« über »Lollochen« zu »Lollo«. Lollo von Schiller wird neben Louise Herzogin von Sachsen-Weimar-Eisenach geb. Landgräfin von Hessen-Darmstadt (1757–1830) zu ihrer einzigen Freundin,[6] zum »liebe[n] Kind, das mir bisher geblieben ist« (3. September 1819; S. 357). Diese beschwört in den Briefen an Fritz von Stein ihrerseits die sie verbindende Liebe zur »guten Mutter«.[7]

Dass die Mehrzahl der Briefe aus den Jahren 1790 bis 1799 stammt, ist kein Zufall. Mit der Heirat Lollo von Lengefelds 1790 rückt Schiller, der berühmte Autor, nicht nur direkt in das soziale Umfeld Charlotte von Steins,[8] sondern auch ins Zentrum ihrer eigenen Beschäftigung mit Literatur, die das bei Hofe übliche Maß weit übersteigt.[9] Dies wird bereits vier Wochen nach der Heirat deutlich: »Könnte Schiller die hier beigeschlossene Uebersetzung einer englischen Komödie vielleicht an einen Buchhändler verhandeln für was ihm gut dünkt? Ich bin darum ersucht worden.« (17. März 1790; S. 269) 1794 begegnen sich Goethe und Schiller; ihre Freundschaft und Zusammenarbeit begründet die Weimarer Klassik.[10] Gleichzeitig erleben beide Briefpartnerinnen tiefgreifende Zäsuren. Char-

6 »Sie und die Herzogin Luise halten mich allein durch Ihre Liebe, und manchmal begreife ich gar nicht, daß Sie mich noch lieb haben können, und möchte Ihnen gerne auch etwas Angenehmes in Ihr Leben flechten.« (24. Mai 1798; S. 327)

7 Vgl. Briefwechsel mit Friedrich Freiherrn von Stein, geboren 1773, gestorben 1844. In: Urlichs (Hrsg.): Charlotte von Schiller (Anm. 2), Bd. 1, S. 412–535; die ausgelassenen Briefe in: Auszüge aus Briefen von Charlotte v. Lengefeld (dann Frau v. Schiller) an Friedrich von Stein. In: Johann Jacob Ebers und August Kahlert (Hrsg.): Briefe von Goethe und dessen Mutter an Friedrich Freiherrn von Stein. Nebst einigen Beilagen. Leipzig 1846, S. 121–165.

8 August Kahlert (Anm. 7), bemerkt, wie »alle ihre Verwandten« sei Charlotte von Stein gegen die Verbindung gewesen, »weil Schiller fortdauernd körperlich leidend war« (S. 163).

9 Vgl. Richter: Person (Anm. 4), S. 70.

10 Vgl. Klaus Weimar: [Art.] Goethezeit. In: Reallexikon der deutschen Literaturwissenschaft. Neubearbeitung des Reallexikons der deutschen Literaturgeschichte. Bd. I: A – G, gemeinsam mit Harald Fricke, Klaus Grubmüller und Jan-Dirk Müller hrsg. von Klaus Weimar. Berlin, New York 2007, S. 735–737.

lotte von Stein steht seit dem Frühsommer 1789 unter dem Eindruck des »Bruchs« mit Goethe, »der um diese Zeit schon mit Christiane Vulpius zusammenlebte.«[11] Seit 1791 verschlechtert sich der Gesundheitszustand Josias von Steins merklich, er verstirbt 1793; die beiden Söhne verlassen das Elternhaus.[12] Lollo von Schiller muss angesichts seiner schweren Krankheiten immer wieder um das Leben ihres Mannes fürchten; vier Schwangerschaften kommen hinzu, ebenso die Sorge um das finanzielle Auskommen der Familie und deren gesellschaftliche Stellung. Einschnitte markieren auch den sozialen und politischen Kontext. Die Französische Revolution erfasst die Territorien des Reichs und bald auch Weimar. Krieg und Einquartierung zerstören Hab und Gut, die Ständegesellschaft wird brüchig und damit überkommene Lebensweisen und Vorstellungen. Charlotte von Stein missbilligt Goethes außereheliche Verbindung mit Christiane Vulpius zutiefst: »mir sind diese Verhältnisse zum Ekel.« (19. November 1796?; S. 315)

Die Briefe der Jahre 1790–1799 bezeugen diese Zäsuren und zeigen gleichzeitig, dass Charlotte von Steins Beschäftigung mit Literatur zunimmt, insbesondere mit der von Schiller und Goethe.[13] Parallel dazu beginnt sich die Wahrnehmung der Briefpartnerin zu wandeln. Galt die durchaus mütterliche Sorge der Briefschreiberin zuerst einer jüngeren Freundin, ver-

---

[11] Richter: Person (Anm. 4), S. 73. An Lollo Schiller schreibt Charlotte von Stein: »So bin ich durch Goethes Abschied für alle mir bevorstehenden Schmerzen geheilt worden; ich kann Alles dulden und Alles verzeihen.« (Ende Mai 1796; S. 311) – Vgl. Helmut Koopmann: Goethe und Frau von Stein. Geschichte einer Liebe. München 2004, S. 225–233; Doris Maurer: Charlotte von Stein. Ein Frauenleben der Goethezeit. Biographie. Bonn 1985, S. 113–151: »Die große Enttäuschung. ›... bei mir vernarbt keine Wunde‹ (1787–1793)«.

[12] Von den sieben Kindern, die Charlotte von Stein zwischen 1765 und 1774 zur Welt bringt, versterben vier Töchter im frühen Kindesalter; vgl. Richter: Person (Anm. 4), S. 72. Der Zweitgeborene, Gottlob Ernst von Stein, geb. 1767, stirbt 1787 knapp zwanzigjährig nach schwerer Krankheit.

[13] Sie nimmt ihre Annäherung wahr (vgl. 25. Februar 1795; S. 299); es macht ihr »Spaß, zu errathen, dieß hat Goethe, dieß hat Schiller gemacht.« (12. November 1798; S. 330) Aber sie neigt früh Schiller zu: »Die Ideale [der *Würde der Frauen*, H. M.] haben mich gerührt, und ich begreife nicht, daß es Jemand gibt, der nicht ganz mit Fett umwachsen ist, dem es nicht dieselbe Wirkung thun sollte. Wem dieses Gedicht seiner Empfindung anschlägt, ist's wie ein Labetrunk einem Durstigen oder ein Ruhebett einem Müden, genug, wie eine Antwort auf Empfindungen, die sich wenige Menschen selbst ausdrücken können.« (7. September 1795; S. 303 f.); »Schillers Sachen haben ein besonderes Interesse für mich; unter diesen Poesien ist etwas für immer.« (30. Januar 1796; S. 308)

schiebt sich diese zusehends auf Schiller selbst.[14] Im selben Maße ›steigt‹ Lollo von Schiller zur Mittlerin und gleichberechtigten Gesprächspartnerin ›auf‹: Sie bringt Charlotte von Stein die literarische Produktion ihres Ehemannes und die Entwicklung der ›Klassik‹ in der Interaktion zwischen Schiller und Goethe, zu dem der Kontakt nahezu abgebrochen war,[15] nahe; schon bald tritt auch die Romantik in den Fokus; zugleich garantiert die Briefpartnerin den Austausch darüber. So kommt auch ein Konflikt zur Sprache, der Charlotte von Stein seit langem umtreibt, die »als ungerecht empfundene Ungleichheit der Geschlechter«[16] und die eigenen Ambitionen als Autorin: ihre »rechte Lust [...] zu schreiben« (18. September 1798; S. 330; vgl. Anhang, Briefe, Nr. 12), eine Lust, die sie mit der Briefpartnerin teilt.

Vor diesem Hintergrund geht der vorliegende Beitrag der Auseinandersetzung Charlotte von Steins mit Literatur und Autorschaft weiter nach. Der erste Abschnitt widmet sich Büchern und Briefen als solchen. Der zweite Abschnitt stellt den Umgang mit Buch und Literatur anhand von Orten und Zeiten, Leseweisen und Funktionszusammenhängen dar. Der dritte Abschnitt verfolgt das Verhältnis zur eigenen Autorschaft im Spiegel des Briefwechsels.

I. Zirkulierende Bücher und stillgestellte Briefe

Dass die Literatur den Alltag der Briefschreiberin bestimmt,[17] bezeugen zuallererst die Bücher selbst. Obwohl eigene Bücher oder gar eine eigene Büchersammlung nicht erwähnt werden,[18] sind Bücher buchstäblich ›Lebensmittel‹:

---

[14] Sie bemüht sich um seine Laufbahn (vgl. Urlichs, S. 268, 280, 281, 304); bei seinen Krankheiten schickt sie Wasser, Tee und Bier (vgl. Urlichs, S. 276, 278, 282, 284) und überlegt, das »Kochbergische Billard« nach Jena zu schaffen (7. Dezember 1791; S. 284). Eine Sorge ist, ob »Schiller wohl jetzt ganz über die französische Revolution bekehrt« ist (6. Dezember 1793; S. 293).

[15] Vgl. Richter: Person (Anm. 4), S. 73.

[16] Ebd., S. 72.

[17] Ebd., S. 70 f.: »[...] vor allem aber überschritten ihre literarischen Interessen das sonst in ihren Kreisen übliche Maß.«

[18] Es heißt etwa: »Den Musenalmanach habe ich der Herzogin zugestellt, wofür sie Schiller recht freundlich dankt. Ich habe noch nicht mit Muße drin lesen können, denn ich besitze ihn nicht selbst, aber von der Herzogin bekomme ich ihn noch.« (Anfangs 1799; S. 332)

> Mein allerbestes Lollochen, wie danke ich Ihnen genug und unserm Schiller für die guten Bissen, so Sie mir geschickt haben. Es [das elfte Heft der *Thalia*, Urlichs] ist mir das Liebste, was mir zu meinem Geburtstag geschenkt worden, denn es hat ganz den Anstrich Ihres treuen Herzens, und wie artig, daß Sie mir von demjenigen, der Ihnen am theuersten ist, etwas geben können, ohne etwas dabei einzubüßen. (28. Dezember 1790; S. 275)

Esswaren, etwa Torten und Obst, sind in Weimar übliche Geschenke, die man nicht nur zum Geburtstag schickt, sondern auch alltäglichen Briefen beipackt.[19] Die Rede von »guten Bissen« eignet die Gaben an, unterstreicht aber andererseits, dass die Briefschreiberin der Freundin keineswegs etwas wegnehmen will. Dass literarische Produkte, auch von Autoren wie Schiller und Goethe, im Druck vervielfältigt und damit allgemein zugänglich sind, wird als Chance, ja als Befreiung erlebt.

Wie unstillbar der Appetit auf Bücher ist, zeigt jeder Brief aufs Neue. Vor allem geht es um Bücher, die man lesen muss, aber noch nicht hat. Immer handelt es sich durchweg und in erster Linie um die allerneueste Literatur, allen voran die von Schiller und Goethe, dann um das, was sonst auf den Markt kommt, von Dramen, Gedichten und Romanen über Memoiren und Reiseberichte aus dem Frankreich der Revolution bis zu Musenalmanachen, Literaturzeitschriften und philosophischen Abhandlungen, etwa von Kant und Mme de Staël. Da diese Bücher nicht wie die erwähnten ›Lebensmittel‹ ›verzehrt‹ werden, sondern in Handel und Öffentlichkeit zirkulieren, sind sie noch zu bekommen. Eigene Begehrlichkeiten werden angemeldet:

> Den de Luc habe ich schon längst lesen wollen; nun Sie ihn empfehlen, will ich nicht mehr säumen. (25. April 1785; S. 254); Ich will doch sehen, ob ich das, was Weikert darüber [das Magnetisieren, H. M.] geschrieben, hier bekommen kann. (30. Januar 1786; S. 256); Können Sie mir sagen, in welchem Blatt der Litteraturzeitung Schillers Recension über Bürger steht; ich habe es so außerordentlich loben hören, daß ich es gerne lesen möchte. (11. Juni 1791; S. 281); Können Sie mir den zweiten Theil von Bahrdts Leben verschaffen? Den ersten Theil hatte ich von Ihnen. (24. März 1793; S. 290)

Unbekannte Namen machen hellhörig:

> Da Ihnen die gelehrte Welt bekannter ist als mir, so schreiben Sie mir doch, wer der Hölderlin ist; die Fragmente haben mich sehr interessiert, es ist etwas Wertherisches drin, und recht kindisch muß ich sagen, daß mir die griechischen Namen so wohl gefallen haben. (7. November 1794; S. 298); Wird denn

[19] Vgl. Richter: Person (Anm. 4), S. 81.

> der Roman in den Horen fortgesetzt: »Briefe von Amanda und Eduard?« Ich habe sie erst gestern gelesen und finde sie recht interessant. Sie sind wohl von Madame Mereau; ich möchte sie wohl einmal kennen lernen, wenn ich nach Jena komme. (13. Juni 1798; S. 329)

Für die Beschaffung der Bücher stehen verschiedene Wege offen:

> Ich habe den Musenalmanach von der Herzogin[20] geschenkt bekommen, weil sie ihn einmal gekauft und auch von Goethe geschenkt bekommen hatte; ich schicke Ihnen also den Ihrigen zurück, weil Sie vielleicht noch Jemanden einen Gefallen damit erweisen könnten. (30. Januar 1796; S. 308)

Vielfach leiht Charlotte von Stein Bücher aus. Erste Anlaufstelle ist die herzogliche Bibliothek,[21] sodann Freunde und Bekannte bei Hof oder aus der literarischen ›Szene‹ der Stadt oder Schillers selbst. Der ›Leihverkehr‹ selbst ist unvorhersehbar, und zwar in beide Richtungen. Andere schalten sich ein, die Herzogin schert aus:

> Ich schicke Ihnen die Blätter noch nicht, Fritz will es lesen. Die Thalia kommt auch noch nicht, ich hab's der Herzogin geben müssen. Die metaphysische Unterredung des Prinzen und des H. v. F. [in Schillers *Geisterseher*, Urlichs] ist sehr interessant; die hatte sie nicht gelesen, und ich den Anfang nicht. Schicken Sie mir doch das fünfte Heft [der *Thalia*, H. M.]; ich habe es allerwegens rühmen hören; noch gestern sagte mir die Herzogin viel Schönes davon. Sie haben mir das heimliche Gericht [Drama von Ludwig Ferdinand Huber, Urlichs] versprochen: ich fordere so Alles geradezu, liebe Lollo, weil ich es wohl weiß, daß Sie es mir gern geben. (5. Mai 1790; S. 272)

---

20 Es wird nicht immer klar, wer gemeint ist, Anna Amalia oder Louise. Nur einige Male ist explizit von der »Herzogin Mutter« die Rede.

21 Urlichs merkt an: »Die interessanteren Bücher gingen aus der herzoglichen Bibliothek von Hand zu Hand.« (S. 253) Charlotte von Stein vermerkt nicht, ob die Bücher aus der herzoglichen Bibliothek oder aus den Privatsammlungen der Herzoginnen stammen. – Vgl. Joachim Berger: Anna Amalia von Sachsen-Weimar-Eisenach (1739–1807). Denk- und Handlungsräume einer ›aufgeklärten‹ Herzogin. Heidelberg 2003, S. 299–329; Bärbel Raschke: Anna Amalia von Sachsen-Weimar-Eisenach. Buchbesitz, Lektüre und Geselligkeit. In: Joachim Berger (Hrsg.): Der Musenhof Anna Amalias. Geselligkeit, Mäzenatentum und Kunstliebhaberei im klassischen Weimar. Köln, Weimar, Wien 2001, S. 81–105; Dies.: Die Bibliothek der Herzogin Anna Amalia. In: Michael Knoche und Ingrid Arnhold (Hrsg.): Herzogin Anna Amalia Bibliothek. Kulturgeschichte einer Sammlung. München 1999, S. 83–86.

Erst 1794, 1795 und 1799 erhält die Herzogin die *Thalia* direkt.[22] Umgekehrt heißt es: »Den Geisterseher schicke ich bald zurück; indessen kommen hier verschiedene von Ihren Büchern, die lange bei mir gewohnt haben.« (16. Juni 1790; S. 273)

Festzuhalten ist, dass Charlotte von Stein Bücher vornehmlich für Schiller beschafft. Geht etwas schief, hat sie sofort Ersatz:

> Die Bibliothèque de campagne ist hier nirgends als bei Wieland zu haben, und der verleiht keine Bücher mehr, weil man ihn gar zu viel drum gebracht hat. Die Herzogin Mutter hat mir für Schiller les contes de Tressan angeboten: wollen Sie sie, so laß ich mir's geben. (4. Juli 1795; S. 301)

Der Handel kommt zustande: »Sobald ich den ersten Theil von den contes de Tressan wieder bekomme, schicke ich den andern.« (27. Juli 1795; S. 302) Vier Monate später kann sie auch »die rechte Bibliothèque de campagne« ankündigen, sie habe sie »ungefähr entdeckt« und könne »nach und nach viele Theile schicken« (11. November 1795, S. 305f.). Aber die Beschaffung der Schiller »versprochenen Reisen« (5. September 1797; S. 324) zieht sich weiter hin:

> Wenn Kämpfers Reisen Schiller interessiert haben, so könnte er sie ja länger behalten. Die Herzogin gibt sie ihm gern; weil sie ihr gefallen haben, hat sie mir sie besonders für ihn gegeben. (26. Mai 1798; S. 328); Die Herzogin hat wieder neue Reisen für Schiller; sie läßt sie nur erst binden, dann bekomme ich sie. Der Verfasser hat ein sehr hübsches Gesicht, sein Kupfer steht voran. (28. August 1799; S. 339)

Schon zuvor hatte Charlotte von Stein den Dichter trösten wollen:

> Da ich Schiller Madame Rollands Memoires nicht habe schaffen können, so weiß ich andere aus ältern Zeiten, die ich ihm in einiger Zeit schaffen kann. Sie sind von einem Mr. Pontis; mich haben sie sehr unterhalten. (26. September 1796; S. 314)[23]

[22] Vgl. Urlichs, S. 294, 298, 332.

[23] Drei Monate später mahnt sie: »[...] auch haben Sie noch die Memoiren von Mr. Pontis, welche der Herzogin gehören.« (3. Januar 1797; S. 318) Charlotte von Stein setzt sich darüber hinweg, dass Schiller Memoiren aus der Französischen Revolution begehrte, eben die der berühmten Manon Roland geb. Philipon (1754–1793), die unter der Guillotine hingerichtet worden war. Die *Mémoires* von Bénédict-Louis de Pontis (1578–1670), einem Maréchal der französischen Armee, erschienen 1676.

Andere Leihvorgänge sind schwierig oder scheitern ganz. Leicht mokant fragt Charlotte von Stein: »Was haben Sie denn für eine possierliche Gewissenhaftigkeit, Ihres Mannes Werke nicht zu verleihen? Es ist ja bekannt genug, daß sie sich selbst empfehlen.« (16. Juni 1790; S. 273f.) Auch Goethe ist nicht umgänglich:

> Ich habe mir viel Mühe gegeben, den Coptha zu bekommen, um Schillers Wunsch zu erfüllen, aber Goethe gibt ihn nicht, als nur einigen Wenigen, die ihn nicht weiter geben dürfen. Es ist nur ein Exemplar gedruckt und nicht ganz. (25. Februar 1792; S. 285)

Ein halbes Jahr später gelingt die Beschaffung doch: »Weil ich der Herzogin gesagt, Schiller wünschte ihn zu lesen, hat sie mir ihn, sobald sie ihn erhalten, für Schiller geliehen.« (August 1792; S. 286f.)

Es fällt auf, dass Bücher nicht mehr in erster Linie adeliger Selbstdarstellung dienen[24] – Ausstattung und Aufbewahrung kommen nur zur Sprache in Bezug auf die eigene, ›erträumte‹ Autorschaft:

> Im Traum sah ich ein dickes, schön gedrucktes und gebundenes Buch, das ich geschrieben hatte, und war mir doch gar nicht erinnerlich, daß ich diesen Reichthum hervorgebracht hätte. Dieß war ein guter Traum; vorher hatte ich aber einen bösen Traum, nämlich meine Guitarre war zerfallen. Es ist eine Warnung meines Schutzgeistes, daß ich dem Vergnügen, worin ich lebe, nicht zu sehr trauen soll [...] (18. September 1798; S. 330; vgl. Anhang, Briefe, Nr. 12).[25]

Die Bücher, um die es hier geht, zirkulieren, jedoch nicht im Handel, sondern unter Privatpersonen, unter Verfasserinnen/Verfassern und Leserinnen/Lesern von Literatur. Standeszugehörigkeiten spielen keine Rolle mehr.

Briefe sind als solche ebenso beweglich wie Bücher, einmal, weil sie verschickt werden, zum andern, weil sie nach dem Empfang häufig an Dritte gehen. Aber sie werden, anders als Bücher, bewusst dem Verkehr entzogen und privatisiert, ein Vorgang, der sie in ein Souvenir verwandelt. Dies gilt sowohl für Geburtstagsbriefe, die »Ihr Andenken« (30. Januar

---

Der Longseller schildert die verschiedenen Kriege, die er mitgemacht hatte. Vgl. Anm. 42.

24 Vgl. Jill Bepler und Helga Meise (Hrsg.): Sammeln, Lesen, Übersetzen als höfische Praxis der Frühen Neuzeit. Die böhmische Bibliothek der Fürsten Eggenberg im Kontext der Fürsten- und Fürstinnenbibliotheken der Zeit. Wiesbaden 2010.

25 Zu Steins Autorschaft vgl. unten Abschnitt III.

1786; S. 255) übermitteln, als auch für ›einfache‹ Briefe: »Vor erst danke ich meinem lieben Lottchen für Ihren Brief und das herzliche Andenken, das Sie mir schenken, und versichere Sie, daß wir Alle mit Vergnügen an Sie denken.« (4. März 1785; S. 253) Andere Briefe erbittet Charlotte von Stein ausdrücklich zurück:

> Von Fritz habe ich mit der letzten Post nichts gehört, hier ist aber ein Brief von voriger Post von der Gräfin Maltzan. Aus dem Brief kann man sehen, daß es eine treue Freundin ist; schicken Sie mir ihn aber wieder. Sie versprachen mir einen von der Gräfin Schimmelmann. (13. März 1799; S. 335)

Soll der Brief an Fritz ›nur‹ dem eigenen Gedenken vorbehalten werden, geht es bei einem Brief von Schiller sechs Monate später um mehr:

> Schiller danke ich tausendmal für den Brief, den er mir nach Leipzig geschrieben, wenn ich ihn gleich nicht erhalten habe. Wenn er retour kommt, bitte ich ihn mir noch aus, daß ich ihn unter meine Heiligthümer lege. (26. Oktober 1799; S. 339)

Charlotte von Steins Vorhaben erinnert an religiös motivierte Verhaltensweisen. Gleichzeitig scheint die an den Brief geknüpfte Erwartung an eine Voraussetzung gebunden: Derart ›hohe‹ Briefe müssen eigenhändig geschrieben sein. Dass Goethe in späten Jahren seine Briefe diktierte, macht sie als Souvenir wie als Andachtsobjekt untauglich:

> Dem Goethe schrieb' ich wohl gern, aber die diktierten Briefe zur Antwort sind mir fieberhaft. Sagen Sie ihm nur ein freundlich Wort von mir, oder wenn er in Jena ist, so schreiben Sie es wohl. (11. Juli 1809; S. 352f.); Gestern bekam ich einen *eigenhändigen*, stattlichen Brief von Goethe, der durch die Anwesenheit aller unsrer Fürstlichkeiten in Jena elektrisiert war. Der Brief sah völlig [sic?] oder vielmehr sprach zu einem, wie ein Herr mit Degen und Orden im Hofkleid. Ich glaube, Sie haben mich verrathen, daß ich die diktierten Briefe nicht mag. (4. September 1809; S. 353)

Der Gegensatz von Ab- und Anwesenheit, den bereits die Briefe wenigstens virtuell aufheben sollten: »Sie verzeihen mir's doch ja, daß ich eine so saumselige Schreiberin bin, doch geht gewiß kein Tag vorbei, wo ich nicht an Sie denke.« (13. Januar 1789; S. 263),[26] wird wie in einem Tresor,

---

26 Ähnlich: »Gewiß, mein liebes Lottchen, sind Sie meinem Herzen eingegraben, und wie auch mein Stillschweigen sein könnte, so würde darin meine Correspondenz mit Ihnen nicht aufhören.« (28. Januar 1789; S. 264)

einem Schatz aufgehoben, einem, der nur die persönlichen »Heiligthümer« aufnimmt. Mit dem Andenken ist die »Andacht« vorgezeichnet, die sich auf das Lesen überträgt:

> Für die überschickten Gedichte [für die *Horen* und den *Musenalmanach*, Urlichs], auf die ich mich recht freue, danke ich Schiller und Ihnen, liebes Lottchen, tausendmal; ich will recht meine Andacht drin halten. (29. August 1795; S. 302)[27]

Selbst wenn der letzte Satz ironisch klingt, verrät das Wort »drin«, dass die Gedichte einen Raum darstellen, in den die Leserin sich versenken will, eine Rezeptionshaltung der Literatur gegenüber, die sich bald allgemein durchsetzen sollte.[28]

Sind die Dinge erst einmal stillgestellt, begründen sie eine eigene, private Erinnerungskultur. Dass diese jederzeit mobilisierbar ist, zeigt sich, als Charlotte von Stein 1799 dem zehnjährigen August (1789–1830), dem Sohn Goethes und Christiane Vulpius', bei einem seiner Besuche das Briefschreiben [!] beibringt:

> August ist bei mir, sein Gesichtchen thut mir auch wohl; er wollte an Carlchen [Schillers Erstgeborener, 1793–1857, H. M.] schreiben und freute sich über's Couvertchen, das ich ihm gemacht habe. Possierlich ist's, daß er sich das Siegel in meinem Schreibtisch ausgesucht hat, das mir sein Vater, ich glaube vor zwanzig Jahren, geschenkt. Lassen Sie ihn es nicht sehen. (9. Februar 1799; S. 333)

Schreibtisch und Siegel setzen die Erinnerung an die Vergangenheit und den Geliebten frei; die Dinge werden zum »Mediator einer Umwegerinnerung«.[29] Fünf Jahre später scheint sich die Szene in Kochberg zu wiederholen:

---

27 Auch auf der Reise nach Strachwitz liest Charlotte von Stein »recht andächtig den ganzen Weg durch«, und zwar *Faust* (20. April 1803; S. 343; vgl. Anhang, Briefe, Nr. 13). – Der Brief ist vom 29. August, dem Tag nach Goethes Geburtstag; es fällt auf, dass immer wieder Briefe just um diesen Tag herum verfasst werden. Vgl. Gerhard Neumann: »Heut ist mein Geburtstag«. Liebe und Identität in Goethes Werther. In: Waltraut Wiethölter (Hrsg.): Der junge Goethe. Genese und Konstruktion einer Autorschaft. Tübingen 2001, S. 117–143.

28 Vgl. Erich Schön: Der Verlust der Sinnlichkeit oder Die Verwandlungen des Lesers. Mentalitätswandel um 1800. Stuttgart 1993, S. 208–223, hier S. 218–223.

29 Günter Oesterle: Souvenir und Andenken. In: Der Souvenir. Erinnerung in Dingen von der Reliquie zum Andenken. Ausstellungskatalog Museum für Angewandte Kunst Frankfurt am Main. Frankfurt am Main 2006, S. 16–46, hier S. 20.

> Ich sitze vor dem Schreibtisch, wo sich manche gute Freunde auf die Platte schrieben, unter andern Goethe anno 75 und anno 80 noch einmal mit dem Zusatz: ebenderselbe. Alle diese Freunde besitze ich nicht mehr, aber Sie, treue Lollo, bleiben mir. (22. September 1804; S. 350)

Was für die eigenen Möbel gilt, kehrt bei fremden Büchersammlungen wieder. Sie werden sofort als materielle Träger des Gedenkens erkannt. Bei ihrem Besuch in Lissa bei Alexander Graf von Maltzan (1764–1850), einem Freund ihres Sohnes,[30] listet Charlotte von Stein alle im Hause verteilten »hübsche[n] Erinnerungen« auf – u.a. »ihre Bücherkabinetchen […]« (26. April 1803; S. 343f.) –, die die verstorbene Ehefrau des Grafen anwesend machen.[31] Im Unterschied dazu erscheint die Bibliothek in Weimar lediglich als Bücherhort, als Lager, das das anrüchige *Heptameron* der Margarete von Navarra in ein ›normales‹ Buch verwandelt:

> Da es nach der Geschichte eine sehr decente Dame geschrieben hat und ich es auch aus der Bibliothek einer sehr decenten Dame, unserer Herzogin Louise, geliehen habe, so wird ja wohl niemand in Ihrem kleinen Cirkel ein Aergerniß daran nehmen. (30. August 1794; S. 297)[32]

II. Der Umgang mit dem Buch: Orte, Zeiten, Leseweisen

Für die Lektüre müssen auch die Bücher stillgestellt werden.[33] Charlotte von Stein spricht selbst davon, dass von Schillers geliehene Werke »lange bei mir gewohnt haben« (16. Juni 1790; S. 273). Wo und wann gelesen wird, wird aber nur in Ausnahmefällen erwähnt. Einmal kehrt die Rede vom ›Lebensmittel‹ wieder: »Ich lese ganz früh noch bei Licht Schillers Musenalmanach. Wenn so Alles still um mich herum ist und ich noch

---

[30] Sie selbst hatte die Gräfin aufgrund eines Briefes derselben an Fritz in einem Brief an Lollo Schiller als »treue Freundin« bezeichnet (13. März 1799; S. 335).

[31] Antoinette von Maltzan geb. von Hoym, »eine berühmte Schönheit« (Urlichs, S. 343), war am 27. November 1799 im Alter von 31 Jahren gestorben.

[32] In welchem Maße auf die Privatbibliotheken Anna Amalias und Louises zurückgegriffen werden konnte, konnte ich noch nicht untersuchen. Vgl. Stefanie Freyer: Der Weimarer Hof um 1800. Eine Sozialgeschichte jenseits des Mythos. München 2013, S. 227; Berger: Anna Amalia (Anm. 21), S. 413–420, 423.

[33] Vgl. Helga Meise: Lesen als kulturelle Praktik von Frauen (16.–18. Jahrhundert). In: Internationales Archiv für Sozialgeschichte der deutschen Literatur 39,1 (2014), S. 166–183.

nicht in Geschäfte der Welt zerstreut bin, kann ich das poetische Frühstück besser genießen.« (12. November 1798; S. 330)[34] Auf ihrer »unglücklichen« (20. April 1803; S. 341; vgl. Anhang, Briefe, Nr. 13) Kutschenfahrt nach Strachwitz wird das Lesen zum Schutzwall für die Reisende:

> Ich antwortete gar nicht mehr und blieb fest im Wagen sitzen. […] Ich glaube, es war Fausts Mephistopheles, der neben mir steckte, und den ich recht andächtig den ganzen Weg durch gelesen, und nur dann und wann in Rousseau's Reverien gesehen hatte, weil der Druck sehr klein war. (20. April 1803; S. 342f.; vgl. Anhang, Briefe, Nr. 13)

Es wird deutlich, dass verschiedene Leseweisen zum Zuge kommen. Das laute Lesen steht im Dienst der Geselligkeit: »Jetzt lese ich den dreißigjährigen Krieg der Herzogin vor, die ihn aber schon einmal für sich gelesen hat, und es macht uns viel Freude.« (8. November 1790; S. 275)[35] Vorlesen wirkt auch als Heilmittel:

> Grüßen Sie den armen Kranken [Schiller, H. M.] und wenn ich bei ihm wäre, wollte ich ihm auch vorlesen. Adieu, Liebe! (1. Februar 1791; S. 277); Hier wieder ein Theil Erzählungen. Mögen sie Schiller so gut einschläfern, wie Goethe's Mährchen neulich Wieland, als Goethe in einer Gesellschaft bei sich vorlas. (29. August 1795; S. 303); Jetzt kann ich unsere gute Herzogin nicht verlassen, welche die Ruhr hat. Ich will ihr heute Schillers Gedichte mitnehmen und vorlesen. (23. September 1795; S. 304)

Charlotte von Stein lässt sich ihrerseits vorlesen, wenn sie sich auf den letzten Stand bringen will:

> Die neueste Schrift von Madame de Staël [*De l'influence des passions*, Urlichs] ist mir etwas bekannt; Knebel, der nach Lesung derselben den sonderbaren Frauen, worunter er mich auch zu rechnen schien, verziehen und sie wieder besuchen will (so ungefähr klang das, was er mir sagte), hat mir verschiedene Stellen daraus vorgelesen, die er sich ausgezogen hatte. Es scheint ein gedankenreiches Buch zu sein, die Verfasserin aber wirklich sehr sonderbar […] (12. Dezember 1796; S. 316).

[34] Vgl. auch Schön: Verlust (Anm. 28), S. 233–250.
[35] Vgl. zur Geselligkeit des Bürgertums ebd., S. 185–208.

Daneben steht das leise Lesen, wohl allein und für sich.[36] Charlotte von Stein fertigt dabei ihrerseits Auszüge an, die auf das eigene Ich zielen: »Aus dem Geisterseher muß ich mir noch einiges ausziehen; es ist ein schönes Werk und wichtige Gedanken des Lebens darin auf- und untergewogen. Was wird aus dem Armenier werden?« (28. August 1790; S. 274f.) Es kommt zu Wiederholungslektüren: »Das Gedicht über die Kunst [Schillers *Künstler*, Urlichs] hat mir ungemein gefallen, ich lese es immer wieder.« (29. März 1789; S. 267) Das Gelesene wird in die eigene Welt übertragen. Zu Jean Pauls *Biographische Belustigungen unter der Gehirnschale einer Riesin: Eine Geistergeschichte* notiert sie:

> Ich habe vor einigen Tagen einen kleinen Roman ohne fünften Akt gelesen [Jean Paul kommt über das 1. Bändchen nicht hinaus, H. M.], da sind Sie mir immer bei der Heldin des Buchs eingefallen; es ist, als wenn es der Autor nach Ihrem Charakter studiert hätte: der Titel ist: Jean Pauls Biographie; es ist von Richter, aber nicht mit seinen gewöhnlichen Katarakten von Gedanken. An der Stelle, wo die Leontine sagt: *»ich habe noch Niemand vergessen«*, habe ich Sie ganz vor mir gesehen. Mich haben viele Stellen sehr gerührt, und die Liebeserklärung vom Lismore im Innern seines Herzens an sein Ideal, im Falle die vor ihm stehende Geliebte vielleicht nicht die wäre, der er angehörte, ist gar zu hübsch. (28. Mai 1796; S. 309f.)[37]

Drei Wochen später empfiehlt sie das Werk erneut: »Ich wollte, Sie läsen den kleinen Roman von Richter, Lismore, aber ohne Vorurtheil gegen den Autor; in einigen Stunden ist er gelesen.« (19. Juni 1796; S. 313)

Bei *Agnes von Lilien*, dem Roman Caroline von Wolzogens, der älteren Schwester Lollo von Schillers, muss das erste »Überlesen« durch ein zweites, genaues Lesen korrigiert werden. Innerhalb von acht Tagen widmet sich Charlotte von Stein einer ›Arbeit am Text‹:

> Schon lange wollte ich Ihnen sagen, daß mir Agnes von Lilien in den Horen viel besser gefällt als im Manuscript, ich glaube, das Gedruckte imponiert mir. (7. Februar 1797; S. 319); Ich habe es damals im Manuscript sehr flüchtig überlesen und gar nicht die Schönheiten so bemerkt, wie ich mir sie jetzt darin unterstreiche. Es findet bei der Lesewelt einen außerordentlichen Beifall, und ich habe es schon dreimal gelesen. (15. Februar 1797; S. 320f.)

---

36 Vgl. Schön: Verlust (Anm. 28), S. 223–233: »Einsames Lesen«.

37 Hervorhebung im Original.

Dass sie parallel zu dieser ›analytischen‹ Lektüre auch extensiv[38] liest, zeigt eine Bemerkung aus Strachwitz: »Vom Prinzen von Mecklenburg, der mich neulich besuchte, bekomme ich Romane [...]« (5. Mai 1803; S. 346). Um welche Werke es geht, ist unerheblich. Dennoch scheint die Gefahr der Lesesucht, der den Zeitgenossen zufolge die Frauen am ehesten erliegen, an keiner Stelle auf;[39] Charlotte von Stein liest ›anders‹, ›analytisch‹.

Ihre Urteile über das Gelesene fallen knapp aus, sei es positiv oder negativ. Sie empfindet »rechte« Vorfreude auf die »überschickten Gedichte« (29. August 1795; S. 302) und »das nächste Heft der Thalia« (6. April 1792; S. 286) und Vergnügen: »In der Xenie von 100 Dukaten ist recht viel Witz und Herz; sie hat mich ganz außerordentlich gefreut.« (24. Dezember 1796; S. 317) Sie lobt: Schillers »Elegie [*Der Spaziergang*, Urlichs] in den letzten Horen ist vortrefflich; es hat mir lang nichts so wohl gefallen.« (11. November 1795; S. 306) Ebenso findet Jean Pauls Erfolgsroman Lob: »Jetzt lese ich ein tolles Buch ›Hesperus‹; aber so toll es ist, so schöne Gedanken sind doch darin.« (Dezember 1795; S. 307) Auch negative Urteile gründen sich auf Gefühle. Zum Xenienstreit zwischen Goethe und Schiller und den Schlegels heißt es: »Ich habe flüchtig die Xenien im Athenäum gelesen, aber ich habe keine Freude an diesem Witz.« (28. August 1799; S. 338) Gefühle werden zum einen im Werk gesucht, zum anderen bei sich selbst:

> Herders Urtheil über die Elegieen [Goethes *Römische Elegien*, H. M.] ist mir nicht bekannt geworden, aber ich will's Ihnen gewiß plaudern, sobald ich etwas höre, weil Sie es wünschen. Das meinige ist zu unbedeutend darüber, denn ich habe für diese Art Gedichte keinen Sinn. In einer einzigen, der sechsten, war etwas von einem innigeren Gefühl; ich glaube, daß sie schön sind, sie thun mir aber nicht wohl. (27. Juli 1795; S. 301)

Die Lektüren der Briefschreiberin zeichnen sich durch mehrere Merkmale aus. Trotz einiger biblischer Redewendungen (vgl. 7. September 1795; Oktober 1795; S. 304f.) spielt die Bibel als Buch keine Rolle;[40] überkom-

38 Zur Diskussion um Wiederholungslektüre und extensives Lesen vgl. Schön: Verlust (Anm. 28), S. 298–300.

39 Vgl. ebd., S. 317–324. Immer noch grundlegend: Dominik von König: Lesesucht und Lesewut. In: Herbert Göpfert (Hrsg.): Buch und Leser. Hamburg 1977, S. 89–124.

40 Elke Richter (Person [Anm. 4], S. 71) hält fest: »Großen Einfluss auf ihre Entwicklung scheint vor allem die Mutter genommen zu haben, eine ungewöhnlich ernste, literarisch gebildete und tief religiöse Frau, die im Unterschied zu ihrem Mann weit weniger Wert auf Repräsentation und höfische Gesellschaft legte.«

menes literarisches Wissen wie des »Aeschylus und Sophokles Tragödien« (13. Januar 1789; S. 264) wird nur in den frühen Briefen erwähnt. Übersetzt wird so gut wie nicht mehr,[41] die Lektüre fremdsprachiger Texte ist selten.[42] Das Jahr 1790 leitet mit der Präsenz Schillers die Neuorientierung ein: »Hier folgt Gustav zurück, es hat mir aber nicht recht gefallen, es war mir oft langweilig. Den dreißigjährigen Krieg von Schiller werde ich lieber lesen.« (Juni 1790; S. 272) Es geht weiter mit seinem *Geisterseher* und der Rezension über Bürgers *Gedichte* (vgl. 11. Juni 1791; S. 281), seiner Meinung zu der unbekannt-rätselhaften *Sakontala* (vgl. 5. August 1791; S. 282) und seinem Wunsch nach Goethes *Cophta* (vgl. 25. Februar 1792; S. 285). Es fällt auf, dass bei Texten, die nicht von Schiller oder Goethe stammen, die Autoren benannt und weitere Informationen eingeholt werden. Unterhaltungsschriftsteller wie Walter Scott (vgl. 4. März 1785; S. 253) und pädagogische Werke von Félicité de Genlis (vgl. 30. Januar 1786; S. 255) und August Wilhelm Rehberg (vgl. 15. Oktober 1793; S. 289) werden nicht länger ausdrücklich empfohlen; die in Strachwitz summarisch genannten »Romane« (5. Mai 1803; S. 346) werden nicht nach Titeln aufgeschlüsselt. Abschließend ist festzuhalten, dass die Kenntnis der aktuellsten Literatur die der Rezeption einschließt – es ist Lollo von Schiller, die sie auch hier auf dem Laufenden hält.

III. »Marthasgeschäfte« und die »rechte Lust […] zu schreiben«

Dass die Literatur und damit auch Lesen und Schreiben den Alltag Charlotte von Steins bestimmen, zeigt sich bei der fortschreitenden Erkrankung ihres Ehemannes:

41 »Den letzten schönen Tag habe ich auf einem Spaziergang auf die Säulen mir in Gedanken ein französisch Liedchen übersetzt, das ich schon, als ich noch Hofdame war, gern hatte. Ich leg' es bei, es wird Ihnen wohl auch aus dem Rousseau bekannt sein.« (Anfangs 1799; S. 332)

42 »Haben Sie im Cahier de lecture la folle en pélerinage gelesen? Es ist ungemein hübsch erzählt und die Romanze allerliebst. Ich möchte nur wissen, von wem sie wäre.« (29. März 1789; S. 267) Zehn Jahre später ist ihre Enttäuschung deutlich: »aber die Uebersetzung von der Romanze aus der folle en pélerinage hat mir nicht ganz gefallen« (Anfangs 1799; S. 332), ebenso die »contes de Tressan« (4. Juli und 27. Juli 1795; S. 301 f.) und die »Memoires […] von einem Mr. Pontis« (26. September 1796; S. 314; 3. Januar 1797; S. 318); vgl. Anm. 23. Louis-Elisabeth de La Vergne de Tressan (1705–1783) brachte seit den 1770er Jahren gut gehende Adaptationen von Ritterromanen des Mittelalters heraus. Welche Ausgaben in Weimar vorhanden waren, wäre zu überprüfen.

> […] so werden Sie bald aus mir eine Virtuosin einer guten Wirthschaftsfrau sehen, denn ich besorge Alles ordentlich, was ehemals meine Jungfer, die nunmehr weg ist, sehr unordentlich besorgte. Dieses nimmt mir die schöne Zeit, die ich sonst zum Lesen, Schreiben, Zeichnen anwendete, ziemlich ganz hinweg […]. (29. April 1791; S. 279)

Der Zwang, sich umzustellen, wird in eine biblisch inspirierte Redewendung gekleidet: »Dies Blatt [mit Schillers Rezension über Bürgers *Gedichte*, H. M.] hat mir sehr gefallen; die ewigen Marthasgeschäfte hinderten mich das Weitere zu lesen.« (18. Juni 1791; S. 281) Die Wiederholung der Metapher verdeutlicht, dass nicht nur ihre Lust an der Lektüre unterbrochen, sondern auch der Austausch darüber verhindert wird: »Ueber allen unsern Marthasgeschäften weiß ich gar nicht, ob ich ihm [Schiller, H. M.] etwas darüber [seine Elegie *Der Spaziergang*, H. M.] in Jena gesagt habe.« (11. November 1795; S. 306)

Die Briefe verweisen implizit immer wieder auf die Auswirkungen der »ewigen Marthasgeschäfte«: »Ich hätte Ihnen eigentlich viel zu sagen, aber ich werde immer gestört und bin nicht allein. […] Ich werde in dem Brief so entsetzlich gestört, daß ich gar nicht mehr weiß, was ich schreibe.« (17. März 1790; S. 269)[43] Dass die Briefschreiberin auch dramatische Texte schreibt, kommt nur beiläufig zur Sprache: »Sagen Sie ihr [Caroline von Wolzogen, H. M.], daß mir's sehr wohlgefallen, und ich beneide sie um die Leichtigkeit der Jamben, womit ich mein Stück gern geziert hätte.« (26. September 1796; S. 314) Nebensatz und Aussage ex negativo unterstreichen, was ihrem »Stück« fehlt.

Sucht man nach weiteren Spuren dieses so mangelhaften »Stückes« in den Briefen, stößt man auf Hindernisse und Hürden, vor denen sich die Briefschreiberin sieht. Da sind zum einen die »Marthasgeschäfte«, die ihren Alltag und den aller Frauen dominieren. Charlotte von Stein ist sich bewusst, dass sie – unabhängig von Standesunterschieden – in derselben Falle steckt wie alle ihre Zeitgenossinnen, die sich als Schriftstellerinnen zu etablieren suchen.[44] Da ist zum anderen ihre Selbstwahrnehmung, der sie

---

43 Ebenso Urlichs, S. 285, 295f., 318, 335, 343f.

44 Vgl. Gudrun Loster-Schneider: Sophie La Roche. Paradoxien weiblichen Schreibens im 18. Jahrhundert. Tübingen 1995; Helga Meise: Die Unschuld und die Schrift. Deutsche Frauenromane im 18. Jahrhundert. Frankfurt am Main ²1992. – Charlotte von Stein erwähnt zwei Begegnungen mit Sophie von La Roche (1730–1807), aber weder ihre Schriften noch deren Lektüre (vgl. 27. Mai 1789; S. 267; 27.Juli 1799; S. 337).

seit langem beherrschende »›tiefe Unglaube‹ […] an sich selbst«,[45] an die eigenen Fähigkeiten zu schreiben, zu dichten:

> Ich denke freilich nicht wie eine Poetin, sondern hausmütterlich. (2. November 1796; S. 315); Wenn ich eine Stimmung hätte, etwas zu schreiben, so würde ich's um Schillers Beifall thun, aber ich bin zu geistesarm. (9. September 1797; S. 325); Ich habe leider den Geschmack des Publikums, also eigentlich den gemeinen, denn ich kann die Kotezbue'schen Stücke nicht so übel finden, und wenn ich schreiben könnte, würde vermuthlich auch nichts Besseres herauskommen. (August 1799; S. 338)

Lollo von Schillers ›Auftrag‹, eine »Erzählung in Versen […] von der Michal« zu verfassen, gibt Charlotte von Stein umgehend an sie zurück:

> Liebes Lollochen, ich bitte, machen Sie aus der Michal eine Erzählung. Wenn man immer an so einer schönen Quelle wohnt wie Sie, ich dächte, man könnte sich manchmal ein Brünnlein ableiten; um mich herum ist Alles unpoetisch. (27. Februar 1798; S. 326)[46]

Selbst wenn Charlotte von Stein ein einmal gefälltes Urteil revidiert, endet der Schwenk mit der Feststellung der eigenen Unzulänglichkeit:

> Unter uns gesagt, Goethens Stück [*Die natürliche Tochter*, H. M.] hat mir im Lesen doch nicht so gefallen, wie bei der Vorstellung, anstatt daß mir das bei Schillers Stücken umgekehrt ist; man braucht bei ihnen durch nichts bestochen zu werden. Die Jamben wurden mir auch sehr schwer; manche Stellen mußte ich zwei-, dreimal lesen, ehe ich sie fassen konnte, aber das mag wohl in meinen unpoetischen Organen liegen. (9. Mai 1803; S. 348)

Wie schon die erste, gut kaschierte Erwähnung ihres Stückes – gemeint ist ihre Tragödie *Dido* – zeigt (vgl. 26. September 1796; S. 314), misst sie die eigenen Fähigkeiten durchgängig an denen anderer. Angeführt werden zum einen die schriftstellernden Frauen, von Caroline von Wolzogen über Charlotte von Kalb und Sophie Mereau bis zu Lollo von Schiller selbst:

---

45 Richter: Person (Anm. 4), S. 80.

46 Ein Werk dieses Titels findet sich nicht unter ihren Schriften; vgl. Charlotte Schiller. Literarische Schriften. Hrsg. und kommentiert von Gaby Pailer, Andrea Dahlmann-Resing und Melanie Kage, unter Mitarbeit von Ursula Bär u.a. Darmstadt 2016.

> Die Briefe im zweiten Stück der Horen habe ich noch nicht gelesen, sie kommen mir schwer vor. (19. Februar 1795; S. 299); Die Kalb [...] habe sich [so erzählt man ihr, H. M.] so drin [eben in Schillers Briefe in den *Horen*, H. M.] vertieft, daß ihr Mädchen [...] sie braun und blau gefunden. Mir geht's nicht so; was ich drin verstehe, macht mir eine angenehme Empfindung im Kopfe, vermuthlich weil es dem verständigen Organe recht angemessen ist, und was ich nicht verstehe, das laß ich bescheiden liegen. (25. Februar 1795; S. 300); [...] und mein Lollochen beneide ich ein wenig, daß ich nicht auch etwas so Artiges [Gedichte für den Musenalmanach 1799, unterzeichnet »Louise«, Urlichs] machen kann. (Anfangs 1799; S. 332)

Als noch höherer Maßstab gilt natürlich Schiller. Bevor ihre Tragödie *Dido* an Lollo geht, fragt Charlotte von Stein: »[...] wie kann dem Meister so etwas gefallen?« (19. November 1796; S. 315)

Erst der Beifall, den ihre Tragödie findet, bringt die Wende: »Daß Schiller mein Drama gefallen, freut mich recht sehr.« (12. Dezember 1796; S. 316)[47] In den folgenden Monaten wird auch ihr Liebäugeln mit, ihre Begierde nach der Autorschaft greifbar. Vermeintlich bescheiden, schweigt sie das Thema zuerst anderthalb Jahre lang tot. Als sie es von Neuem aufgreift, dann nur, um eine Veröffentlichung zu verwerfen, sie schiebt die in ihrer Abschrift immer noch vorhandenen Fehler vor,[48] erwähnt aber gleichzeitig – ebenso beiläufig wie schon bei *Dido* –, dass sie in der Zwischenzeit eine Komödie in Angriff genommen habe:

> So sehr mich's freut, daß sie [*Dido*, H. M.] Schiller gefällt, so kann ich mich doch nicht entschließen, sie drucken zu lassen. Wenn mir die angefangene Komödie glücken sollte, so könnte ich mich eher dazu entschließen mit Schillers Beifall. Mit ersterer könnte ich mir Feinde machen. In der Abschrift von dem Chorgesang finde ich in meinem Exemplar von der Dido einige Schreibfehler. Ueberhaupt gefallen mir diese Verse nicht, und ich habe gar keine Gabe, welche zu machen; sonst würde ich mit Freuden sie zum Musenalmanach bringen. (26. Mai 1798; S. 328)

---

[47] Vgl. Friedrich Schiller an Charlotte von Stein, 2. Januar 1797; NA, Bd. 29, S. 33.

[48] Genau das hatte Schiller aus Jena moniert: »Meine Frau sagt, daß Sie das Mscrpt copieren lassen wollen. In diesem Falle wünschte ich es noch einmal der Orthographie wegen vorher anzusehen, worinn es einige kleine Unrichtigkeiten hat. Wollten Sie dann auch mir eine Copie davon schenken, so geben Sie mir einen schönen Beweis Ihrer Freundschaft und Sie sollen es nie bereuen, dieses liebe Bild von Ihnen selbst in meine Hand gelegt zu haben.« (Ebd.) – Zu *Dido* vgl. Markus Wallenborn: Frauen. Dichten. Goethe. Die produktive Goethe-Rezeption bei Charlotte von Stein, Marianne von Willemer und Bettina von Arnim. Tübingen 2006, S. 15–175, hier S. 114–163. Die Studie konnte im Rahmen dieses Aufsatzes nicht herangezogen werden.

Als die Komödie – *Neues Freiheits-System oder die Verschwörung gegen die Liebe. Ein Lustspiel in fünf Aufzügen*[49] – nur vier Monate später den Beifall Lollo von Schillers findet, löst dies ihre Zunge endgültig:

> Daß Ihnen meine Komödie gefällt, hat mir rechte Lust gemacht, weiter zu schreiben; doch kann ich hier nicht recht fleißig sein. […] Wenn ich nur eher auf den Einfall [mit dem Komödienschreiben, H. M.] gekommen wäre, wie Geist und Antheil an Allem lebhafter war. (18. September 1798; S. 330; vgl. Anhang, Briefe, Nr. 12)

Das *Neue Freiheits-System* kreist um den Adligen von Linné alias Daval, der der Liebe den Kampf angesagt hat, sich aber in seinen Intrigen schuldhaft verfängt. Die von ihm fälschlicherweise entführten adligen Damen, die Cousinen Theodore und Menonda, stoßen in der Bibliothek seines Schlosses auf zwei Bücher, Wolzogens *Agnes von Lilien* und »Madame de Stahl *essay sur les passions*.«[50] Beide hatte Charlotte von Stein wie erwähnt bei Erscheinen sofort zur Kenntnis genommen. Die Bücher in der Schlossbibliothek gleichen den ihrigen aufs Haar: *Agnes von Lilien* hat »eine Menge unterstrichener Stellen!«;[51] das »Buchzeichen«, das in Mme de Staëls Essay liegt, scheint die Gedanken der Autorin über die »passions« weiterzuspinnen: »Liebe wohnt nicht auf dieser Erden, Mitleiden und Wohlgefallen.«[52] Auch die Lese- und Schreibpraktiken aus den Briefen werden im Stück wiederholt. Menonda muss auf Theodores Aufforderung hin laut lesen und wählt eine Stelle aus: »Hier ist gleich ein langer Strich […]«,[53] die sie dann mit Theodore und Susette, ihrem Mädchen, bespricht; das »Buchzeichen« erweist sich als »Geschriebenes«,[54] als Brief, dessen Handschrift Menonda sofort identifiziert. Stutzig geworden, identifiziert sie auch die Hand des zweiten »offenen Briefes«[55]: es ist ihre eigene, die aber nachgeahmt wurde: »[…] den Brief schrieb ich nie!«[56] Sie »bleibt mit dem Blick zur Erde geheftet, in tiefen Gedanken stehen«, so dass Theodore ausruft: »Sie sind ja wie

[49] Charlotte von Stein: Neues Freiheits-System oder die Verschwörung gegen die Liebe. Ein Lustspiel in fünf Aufzügen. Mit einem Nachwort hrsg. von Linda Dietrick und Gaby Pailer. Hannover 2006.

[50] Ebd., III.4, S. 40 (Hervorhebung im Original).

[51] Ebd., S. 38.

[52] Ebd., S. 40.

[53] Ebd., S. 39.

[54] Ebd., S. 40.

[55] Ebd.

[56] Ebd.

eine Statue und hören und sehen auch nicht mehr; Lassen Sie mich doch die Briefe auch lesen, ob ich auch so versteinert werde?«[57] Die ›Versteinerung‹ [!] entstammt ebenfalls Charlotte von Steins Briefpraxis, nimmt nun aber eine Selbstwahrnehmung, eine Selbstbeobachtung auf:

> Die Horen habe ich noch nicht gelesen, überhaupt leide ich so am Kopf, daß ich recht wenig lesen und beinahe nichts thun kann. Ich habe einen immerwährenden Krampf am Herzen. Da dieses schon so verschiedene Jahre dauert, so bin ich auch resigniert; ich glaube mein Herz versteinert nach und nach, ich fühle, wie mir der Ausdruck immer mehr und mehr versagt, Liebe und Wohlwollen zu erkennen zu geben; aber wenn ich auch ganz versteinert wäre, so wird nie der innere Funke, der meiner getreuen Lollo gehört, ausgelöscht werden. (Oktober 1795; S. 305)

Dramatische Szene und Figurenrede, Charaktere und Nebentext ›nähren‹ sich von Büchern und Briefen sowie vom eigenen Umgang damit und der dabei gleichsam automatisch anfallenden ›Selberlebensbeschreibung‹.[58] In die Aufführung, in die Komödie ›übersetzt‹,[59] bringen sie die Auflösung von Davals falschem Spiel in Gang und damit auch die Befreiung der Entführten.

Vergleichbar der Strategie, mit der Maria Anna Sagar (1719–1805) in den 70er Jahren des 18. Jahrhunderts die Schreibbedingungen von Frauen als Schreibszenen in ihre Romane *Die verwechselten Töchter*[60] und *Karolinens Tagebuch ohne ausserordentliche Handlungen oder gerade so viel als gar keine*[61] einrückte, um ihre Heldinnen ihre »Lust zum schreiben« und ihre Fähigkeit, »Romane zu erfinden«,[62] im Roman selbst unter Beweis stellen zu

57 Ebd.

58 Vgl. Jean Paul: Selberlebensbeschreibung. Konjektural-Biographie. Mit einem Nachwort von Ralph-Rainer Wuthenow. Stuttgart ^{2}2013 (^{1}1971). Jean Paul verfasste seine *Selberlebensbeschreibung* 1818/1819.

59 Es handelt sich nicht nur um »Bemerkenswerte Spielarten der Intertextualität«, so Linda Dietrick und Gaby Pailer: Nachwort. In: Charlotte von Stein: Freiheits-System (Anm. 49), S. 103–113, hier S. 112. Charlotte von Steins ›Erfindung‹ besteht ja gerade in der Übertragung und Zusammenführung der einzelnen Elemente in einen neuen Sinnzusammenhang, in eine poetische Form, in Performanz.

60 Maria Anna Sagar: Die verwechselten Töchter: eine wahrhafte Geschichte in Briefen; entworfen von einem Frauenzimmer. [Prag 1771]. Mit einem Nachwort hrsg. von Helga Meise. Hildesheim 2014.

61 Maria Anna Sagar: Karolinens Tagebuch ohne ausserordentliche Handlungen oder gerade so viel als gar keine. [Prag 1774]. Mit einem Nachwort hrsg. von Helga Meise. Hildesheim 2013.

62 Ebd., S. 6, 256.

lassen, verhilft die ›Erfindung‹ dramatischer Schlüsselszenen der Steinschen Komödie zu einem guten Schluss. In einer ähnlich ironischen Volte, mit der sich Sagar in ihrer Vorrede zu *Karolinens Tagebuch* an ihre Leserinnen gewandt hatte:

> Wie meine lieben Leserinnen, Sie haben das Titelblatt gelesen, und wollen doch in dem Buche noch weiter umblättern [...] wollen Sie mit nichts und was ist ein Tagebuch ohne ausserordentliche Handlungen anderst – ihre Zeit versplittern? Ich sage Ihnen noch einmal, es ist Nichts.[63]

verortet sich Charlotte von Stein in der Literatur ihrer Zeit:

> Sollte es Schiller gelingen, mir den rechten Begriff davon [vom Schreiben, H. M.] beizubringen, so hoffe ich, wenn ich einmal wieder in die Welt komme, etwas der Kunst Gefälliges hervorzubringen; jetzt wäre es zu spät, denn zu einem noch nie gehabten Begriff muß sich in uns erst ein Organ bilden, womit man ihn fassen kann, und im Winter der Jahre ist dieses wie physisch unmöglich. Indessen, da ich bloß auf Schillers Befehl eine Komödie geschrieben habe, so muß er sich ein bischen ihrer annehmen. (August 1799; S. 338)

Tatsächlich vermittelt Schiller 1803 die Veröffentlichung ihres Dramas *Die zwey Emilien* bei Cotta in Stuttgart.[64] Der Briefwechsel mit Lollo von Schiller trägt Charlotte von Stein literarische Früchte ein.

---

63 Ebd., Vorrede, unpag.

64 Vgl. Richter: Person (Anm. 4), S. 73; vgl. den Nachdruck: Charlotte von Stein: Dramen (Gesamtausgabe). Hrsg. und eingeleitet von Susanne Kord (Frühe Frauenliteratur in Deutschland. Hrsg. von Anita Runge. Bd. 15). Hildesheim, Zürich, New York 1998.

Annette Mönnich

Lektüren

Charlotte von Stein im Briefwechsel mit Carl Ludwig von Knebel

»Sie sind recht glücklich so viel lesen zu können«, heißt es in einem Brief Charlotte von Steins an ihren langjährigen Freund und Vertrauten Carl Ludwig von Knebel vom 19. Februar 1814.[1] Aus ihren Worten spricht die Gewissheit, dass der Briefpartner um die Bedeutung von Literatur für die damals 72-jährige Vielleserin – die zu diesem Zeitpunkt unter starken Kopfschmerzen leidend schnell ermüdete und in ihrer Sehkraft eingeschränkt war – wusste und sie verstand.

Unter ihren Freunden nahm Knebel (1744–1834) eine herausragende Stellung sein. Mehr als ein halbes Jahrhundert währte ihre innige Beziehung, die getragen war von ihrer geistig-seelischen Verwandtschaft und von gegenseitiger Wertschätzung. Der aus Franken stammende ehemalige Offizier in preußischen Diensten war 1774 als Erzieher des zweitgeborenen Prinzen Constantin von Sachsen-Weimar und Eisenach an den Weimarer Hof berufen worden. Nach Beendigung seiner Erziehertätigkeit lebte Knebel ab 1781 ohne Amt als Pensionär im sachsen-weimarischen Herzogtum und betätigte sich als Dichter und Übersetzer.

Charlotte von Stein, die um zwei Jahre ältere Frau des herzoglichen Oberstallmeisters Josias von Stein, und Knebel dürften sich 1774 kennengelernt haben. Schon bald intensivierte sich ihr Umgang und Knebel verkehrte im engeren Kreis um Charlotte von Stein, dem seit 1776 neben Goethe,[2] Wieland und dem Ehepaar Herder auch ihre Schwester Louise von Imhoff geb. von Schardt und ihre Schwägerin Sophie von Schardt geb. von Bernstorff angehörten. Sie erlebten Knebel als einen gebildeten, empathischen Mann und wussten ihn als guten Zuhörer zu schätzen. Besonders geachtet waren Knebels Loyalität und Treue sowie seine Fähigkeit, vermittelnd auf Ausgleich zu wirken. Knebel schätzte an Charlotte von

1 GSA 54/274,4, Bl. 117.

2 Beide zählten zu Goethes engsten Freunden und Vertrauten, was dazu führte, dass sowohl Charlotte von Stein wie auch der ›Urfreund‹ Knebel fast ausschließlich in Bezug zu Goethes Leben und Werk Beachtung finden und kaum losgelöst von ihm betrachtet werden.

Stein ihren beweglichen Geist, ihren Gedankenreichtum und ihre innere Freiheit.

> Frau von Stein ist diejenige hier unter allen, von der ich am meisten Nahrung für mein Leben ziehe. Reines, richtiges Gefühl bei natürlicher, leidenschaftsloser, leichter Disposition haben sie bei eigenem Fleiß und durch den Umgang mit vorzüglichen Menschen, der ihrer äußerst feinen Wißbegierde zu Statten kam, zu einem Wesen gebildet, dessen Dasein und Art in Deutschland schwerlich oft wieder zu Stande kommen dürfte. Sie ist ohne alle Prätension und Ziererei, gerad, natürlich, frei, nicht zu schwer und nicht zu leicht, ohne Enthusiasmus und doch mit geistiger Wärme, nimmt an allem Vernünftigen Antheil und an allem Menschlichen, ist wohl unterrichtet und hat feinen Takt, selbst Geschicklichkeit für die Kunst.[3]

So schrieb Knebel in einem Brief an seine Schwester Henriette vom 18. April 1788. Wenig später, am 11. Oktober, heißt es: »Sie ist eine gar seltene gute Frau, und lebt eigentlich bloß in der Klarheit, die ihr, bei ihrer reizbaren, feinen Natur, schon die Stelle der Wärme vertritt. Sie lebt eigentlichst im Verstand, und hat doch so gar keine Prätension vom Verstand.«[4] Und auch der kritische Schiller urteilte über sie: »Ein gesunder Verstand, Gefühl und Wahrheit ligen in ihrem Wesen.«[5]

Knebel war oft Gast in Charlotte von Steins Haus und besuchte sie häufig auf ihrem Gut in Großkochberg. »Frau von Stein ist mir stets unter den hiesigen Freundinnen das Wertheste. Ich sehe sie fast täglich«, heißt es in einem Brief Knebels an seine Schwester Henriette vom 1. Januar 1788. Am 11. Oktober 1788 teilte er ihr mit: »Ich habe vorigen Sonntag und Montag ein paar heitere Tage bei Frau von Stein in Kochberg ganz allein zugebracht. Wir waren sehr artig und sehr fleißig.«[6] In seinen tagebuchartig geführten Kalendern finden sich zahlreiche Erwähnungen ihres Namens, meist abgekürzt mit »Fr. v. St.«.[7]

In Zeiten räumlicher Trennung, etwa während Charlottes Kuraufenthalten oder Knebels Abwesenheiten aus Weimar, wenn er sich z.B. für

---

[3] Aus Karl Ludwig von Knebels Briefwechsel mit seiner Schwester Henriette (1774–1813). Ein Beitrag zur deutschen Hof- und Litteraturgeschichte. Hrsg. von Heinrich Düntzer. Jena 1858, S. 81.

[4] Ebd., S. 89.

[5] Friedrich Schiller an Christian Gottfried Körner, 12. August 1787; NA, Bd. 24, S. 131.

[6] Knebels Briefwechsel mit seiner Schwester (Anm. 3), S. 73 und 89.

[7] Vgl. etwa die Tagebucheinträge vom 20. März, 18. April und vom 30. Oktober 1780; GSA 54/357, Bl. 13, 17 und 45.

längere Zeit ins heimatliche Franken zurückzog oder, später, als er 1798 mit seiner Familie nach Ilmenau und 1805 nach Jena übersiedelte, pflegten sie einen intensiven brieflichen Austausch. Denn, so fasste es Charlotte am 21. Februar 1816 in knappe Worte: »[...] mit Ihnen ist so hübsch Gedancken und Gefühle auswechseln [...].«[8]

Die bis auf wenige Ausnahmen nur einseitig erhaltene Korrespondenz zwischen Charlotte von Stein und Knebel erstreckt sich über den Zeitraum von 1776 bis 1825. Im Goethe- und Schiller-Archiv in Weimar befindet sich der weitaus größte Teil der erhaltenen Briefe: mehr als 547 Briefe Charlotte von Steins an Knebel, aber nur drei Briefe von ihm an die Freundin.[9] Der erste überlieferte Brief Charlottes an Knebel stammt vom 22. August 1776, ihr letzter vom 27. Dezember 1825.[10] Die Themen der Briefe berühren das enge Beziehungsgeflecht des Weimarer Hofes, dem beide angehörten, wie auch das Alltagsgeschehen. Sie tauschten sich aus über familiäre Angelegenheiten, Erziehung und Werdegang der Kinder – Charlotte von Stein war Patin von Knebels am 25. Juli 1813 geborenem Sohn Bernhard –, persönliche Befindlichkeiten, Reisen oder Kuraufenthalte. Die Briefschreiber reflektierten über Kunst und Wissenschaft, sie gaben sich Lebensratschläge oder fanden tröstende Worte füreinander. Beide waren sprachlich begabt, betätigten sich dichterisch und fertigten Übersetzungen an. Eines der wichtigsten, immer wiederkehrenden Themen war die Literatur.

Charlotte von Stein las wie der Freund leidenschaftlich gern und viel. Oftmals kamen in ihren Briefen Lektüreeindrücke zur Sprache, wurden Empfehlungen ausgesprochen oder erbeten. Ihre oft lakonische Kritik an Gelesenem besticht durch sicheres und bestimmtes Urteilsvermögen und feinen Humor. Das literarische Interesse beider Korrespondenzpartner war breit gefächert und umfasste Belletristik, Reiseliteratur, naturwissenschaftliche Abhandlungen, philosophische und politische Schriften. Es wurden Werke antiker Schriftsteller, aber auch Neuerscheinungen auf dem Büchermarkt, darunter Goethes und Schillers Stücke und deren Aufführungen, besprochen. Ebenso gehörten politische Ereignisse zum Gesprächsstoff.

Aufschluss zu Charlotte von Steins vielseitigen Lektüreinteressen gibt u.a. das Ausleihjournal der Weimarer Herzoglichen Bibliothek. Beispielhaft seien hier Entleihungen der Jahre 1792 bis 1797, 1799 bis 1800 und 1805 bis 1807 wiedergegeben:

---

8 GSA 54/274,5, Bl. 41.

9 Vgl. den Beitrag zu Charlotte von Steins Nachlass von Elke Richter im vorliegenden Band.

10 Vgl. GSA 54/299, Bl. 24 (vgl. Anhang, Briefe, Nr. 1) und 54/274,11, Bl. 17f. (vgl. Anhang, Briefe, Nr. 25)

Histoire du bas Empire. T. I–VI.
Galetti Gesch. von Thüringen I.II Th.
Hist. universelle T. XI. XII.
Memoires de Maximil. de Bethune Duc de Sully T. I–VIII.[11]

Gilblas de Santillana. T. I–IV
Oeuvr. Tacite. trad. p. Amelot. T. I.–X.
Memoires de Brandenburg. – –
Bucholz Gesch. v. Brandenburg. 1. 2. Th
Plutarque Ouevres Hommes illustres Trad. J. Amyot. T. 1–XII. 12 Thl.
Macartney Voyage T. I–IV – – –
Tacite Oeuvres. trad. p. Amelot. T. I–X.[12]

Spaldings Leben.
Schillers Fiesko
Villers s. l. Reformation v. App. 2 Voll.
Gozzi theatral. Werke 2r Th.
Milton's Paradise lost
Oeuvres de Tacite par Ablancourt. T. I. II.
Tit. Livius ex ed. Ernesti, T. I–III.
Oeuvres de Tacite par Ablancourt. T. I–X.[13]

Zudem finden sich in Charlotte von Steins Briefen an Knebel zahlreiche Lektüreangaben. Erwähnt werden darin u.a.: *Jerusalem oder über die religiöse Macht und Judenthum* von Moses Mendelssohn (Berlin 1783), 15. Juli 1783; *La Folle Journée, Ou Le Mariage De Figaro* von Pierre Augustin Caron de Beaumarchais (Paris 1785), 15. Februar 1785; *Leben des Künstlers Asmus Jakob Carstens* von Karl Ludwig Fernow (Leipzig 1806), 14. November 1810; *Carl Ludwig Fernow's Leben* von Johanna Schopenhauer (Tübingen 1810), 14. November 1810; *Die Symbolik des Traumes* von Gotthilf Heinrich Schubert (Bamberg 1814), 23. März 1816; *Memoiren des Freiherrn v. S–a.* von Carl Ludwig von Woltmann (Prag und Leipzig 1815), 27. April 1816; die von Lorenz Oken herausgegebene *Isis oder Encyclopädische Zeitung*, 30. Oktober 1816.

---

11 Ausleihjournal 1792–1797; Herzogin Anna Amalia Bibliothek Weimar, Loc A: 35.1, Bl. 195.

12 Ausleihjournal 1798–1801; Herzogin Anna Amalia Bibliothek Weimar, Loc A: 35.2, Bl. 287.

13 Ausleihjournal 1805–1807; Herzogin Anna Amalia Bibliothek Weimar, Loc A: 35.4, Bl. 258.

I. Knebels Dichtungen

Charlotte von Stein kannte und schätzte die Dichtungen Carl Ludwig von Knebels, die er von Zeit zu Zeit seinen Briefen beilegte oder in Almanachen, Taschenbüchern, literarischen Zeitschriften sowie als Anthologie veröffentlichen ließ. Die an sie adressierten Gelegenheitsdichtungen entstanden meist aus Anlass ihres Geburtstags oder auch gemeinsam verbrachter Stunden; sieben davon haben sich in Knebels Nachlass erhalten.[14]

Bereits in Charlotte von Steins erstem überlieferten Brief vom 22. August 1776[15] an Knebel geht es um ein Gedicht,[16] in welchem die Lebensalter des Menschen von den vier personifizierten Jahreszeiten symbolisiert werden. In ihrem Brief erwiderte sie nicht ohne Ironie: »Sie sind guthertzig Lieber Knebel daß Sie sich auch als Poet meiner grauen Haare annehmen. Ihre Vergleichung am Herbst, und Winder; hatt mich mit den verdrüßlichen gefühllosen Alter wieder ausgesehnt [...].«[17]

Großer Beliebtheit erfreuten sich bei Charlotte und in ihrem Umkreis auch Knebels Denksprüche oder ›Lebensblüthen‹. Bei diesen Zweizeilern im antiken Versmaß, dem elegischen Distichon, handelt es sich um mehr als 100 moralisch-didaktische Lehrsätze und Lebensweisheiten, von denen die meisten Anfang 1784 entstanden sind.[18] Knebel, der sich zu diesem Zeitpunkt in Franken aufhielt, hatte den Kontakt zu den Weimarer Freundinnen und Freunden nicht abreißen lassen und versorgte sie mit seinen Sprüchen, die er sorgfältig auf kleine Pappkärtchen schrieb und seinen Briefen beischloss. Am 20. Januar 1784 bemerkte er dazu an die befreundete Sophie von Schardt:

> Henriette [Knebels Schwester] und ich kriegten den Einfall, daß unter den tausend Allmanachen die es jezt giebt, einer nicht übel seyn würde, der zu jedem Tag einen Spruch, einen Gedanken, eine Empfindung sezte. Dieß könnte uns zufälliger weise zuweilen für denselben Tag eine Nahrung oder Unterhaltung

[14] Sie sind unter den folgenden Signaturen überliefert: GSA 54/3; 54/5–7.

[15] Der Brief ist als Abschrift von fremder Hand überliefert; vgl. GSA 54/299, Bl. 24 (vgl. Anhang, Briefe, Nr. 1).

[16] Vgl. GSA 54/1, Bl. 38. Es handelt sich um die erste erhaltene Dichtung Knebels, die er an Charlotte von Stein adressiert hat.

[17] FDH, Hs-5510.

[18] Die Sprüche erschienen 1801 in Herders *Adrastea* (Bd. 2, S. 63–67) und in dem von Franz Carl Leopold von Seckendorff herausgegebenen *Musenalmanach für das Jahr 1807* (S. 70–85). Knebel ließ sie außerdem 1826 bei Schmid in Jena unter dem Titel *Lebensblüthen* veröffentlichen.

geben. Ich habe es in diesem Monathe versucht, und was mir so aufkam, in ein paar Zeilen gebracht.

Glauben Sie, daß sie sich besser unter Tarock-Karten schickten, so lassen Sie die Damen und Buben und die zwey und zwanzig berühmten Sinnbilder dazu mahlen. Zur Probe hier einige! –[19]

Am 1. Mai 1784 bat Charlotte von Stein den Freund:

Sie erlauben mir doch die Abschrifft von Ihren Dencksprüchen die uns einigemahl von angenehmer Unterhaltung gewesen sind wen wir zusammen waren, wir zogen rey um und nahmen sie manchmahl als geheime Deutung des Tadels oder des Lobes vor uns selbst[.][20]

Die Kärtchen – Teile eines selbstgefertigten Gesellschaftsspiels wie auch Visitenkarten –, von denen hier die Rede ist, haben sich bis heute in Charlottes im Freien Deutschen Hochstift in Frankfurt am Main aufbewahrtem Teilnachlass erhalten.[21] Auf den Rückseiten der Karten finden sich Knebels Zweizeiler, geschrieben von Sophie von Schardts Hand.

1815 erschien anonym bei Göschen in Leipzig eine Anthologie von Knebels Lyrik unter dem Titel *Sammlung kleiner Gedichte*. Darauf Bezug nehmend, heißt es in Charlottes Brief vom 6. März 1816:

Ihre Gedichte liegen bey mir wie ein Gebetbuch daraus ich mich stärcke, vor ein paar Tagen kam die Schillern ich sagte ihr da wäre ein so hübsches Gedicht, ich hätte es gezeignet es ihr lesen zu laßen darauf sie erwiederde, heute früh las ich eins der Gedichte daß sie mir auch wolte bemercken machen, und siehe da es war daßelbe, Hymnuß an den Geist der Natur.[22]

II. Französische, englische und antike Literatur

Von Charlotte von Steins weitgespanntem Lesehorizont und ihrer Urteilskraft zeugt ihr Brief vom 31. Juli bis 7. August 1780. Er gibt aber auch Auskunft darüber, dass sie sich mit französischer, englischer wie auch mit antiker Literatur beschäftigte:

---

19 GSA 122/135.

20 GSA 54/274,1, Bl. 32.

21 Vgl. Anhang, Katalog, Nr. 4.

22 GSA 54/274,5, Bl. 46.

> Ich hab das Ende von Jacque le fataliste gelesen, er ahmt gar zu sehr des Tristrams Zweydeutigkeiten nach; ich glaube daß es eher ein Buch vor Männer als vor Frauens ist, weil erstere mehr in Gemeinschafft solcher Begebenheiten sind; wen ich's aber auf der Seite von Kunst des Autors betrachte, so hat so ein ungelehrtes trocknes düstres Wesen als ich, freilich kein Fleck an dem es recht anschlagen kan; wie ich das Buch zuthat hohlte ich gleich meinen lieben Antonin, und da wurde mir wohl, und folgt allemahl drauf der Gedancke an Sie.[23]

Die Briefschreiberin bezieht sich hier auf Denis Diderots (1713–1784) Roman *Jacques le fataliste et son maître*, der zwischen 1765 und 1784 entstanden, aber erst 1796 in Paris im Druck erschienen ist. Der Roman wurde in Fortsetzungen zwischen November 1778 und Juni 1780 in Friedrich Melchior Grimms (1723–1807) Zeitschrift *Correspondance littéraire* veröffentlicht, deren exklusiver Abonnentenkreis meist den protestantischen europäischen Höfen angehörte. Die Zeitschrift wurde handgeschrieben mit Diplomatenpost verschickt, um der Zensur zu entgehen. Auf diesem Weg dürfte sie über den Prinzen August von Sachsen-Gotha-Altenburg in einer Abschrift nach Weimar gelangt sein. Knebels Tagebuch zufolge wurden Auszüge daraus im Kreis um die Herzoginmutter Anna Amalia, zu dem Wieland, Goethe, Charlotte von Stein und er selbst zählten, vorgelesen und exzerpiert.[24] So heißt es etwa am 4. April 1780: »Abends mit dem Prinzen bey der Herz. Mutter, wo aus des Diderots *Jaques et son Maitre* ich vorlas«,[25] am 6. April: »Des Morgens zur Lecktüre bey Fr. v. Stein«[26] und am 8. April: »Ich machte kleine Auszüge aus dem vorigℓ Wercke.«[27]

Mit »Tristrams Zweydeutigkeiten« spielt Charlotte von Stein in ihrem Brief zugleich auf Laurence Sternes (1713–1786) Roman *The Life and Opinions of Tristram Shandy, Gentleman* an, der in neun Bänden zwischen 1759 und 1767 erschienen war.

Die *Selbstbetrachtungen* des »lieben Antonin« gehörten zur Lieblingslektüre Charlotte von Steins und Knebels.[28] Der römische Kaiser und Philosoph Mark Aurel (121–180) thematisierte in diesem Werk das Streben nach Selbstbestimmung und ›stoischer Gelassenheit‹, Themen, die sich auch in

[23] Charlotte von Stein an Carl Ludwig von Knebel, 7. August 1780; GSA 54/274,1, Bl. 8f. (vgl. Anhang, Katalog, Nr. 10).

[24] Näheres dazu in GB, Bd. 4 II (in Vorbereitung).

[25] GSA 54/357, Bl. 15.

[26] Ebd., Bl. 16.

[27] Ebd.

[28] So hatte Knebel am 28. Februar 1780 in seinen Kalender notiert: »[L]as im Marc Anton.« (GSA 54/357, Bl. 10)

Knebels lyrischem Schaffen widerspiegeln. Die Schreiberin konnte also gewiss sein, dass der Adressat ihres Briefes die Lektüre kannte und ihrem Urteil folgen konnte.

Knebel – zeit seines Lebens ein streitbarer Mensch, der stets deutliche Worte fand – hat die Freundin wohl einmal gebeten, seine brisanten Briefe zu vernichten. »Ihre Briefe kan ich nicht verbrennen ich würde mir ein Gewißen daraus machen etwas so hübsches zu zerstören«, erwiderte die Freundin auf sein Anliegen und fügte hinzu: »sie sollten billig wie des Plinius seine auf die Nachwelt kommen.«[29] Zeugt dies zum einen von der Bedeutung, die Charlotte der Korrespondenz mit Knebel zumaß, so weist ihre Anspielung auf die Briefsammlung des römischen Schriftstellers Plinius des Jüngeren (61/62–um 112 n. Chr.)[30] sie zum anderen wiederholt als Rezipientin antiker Literatur aus. So lässt sich auch in den von ihr verfassten Stücken eine Fülle von mythologischen Anspielungen und intertextuellen Bezügen zu griechischen und römischen Werken finden, die einer eingehenden Untersuchung wert wären.[31] Als ausgezeichneter Kenner ›der Alten‹ war Knebel ihr auf diesem Gebiet ein sachkundiger Ratgeber, der bereitwillig sein Wissen weitergab.[32] Es verwundert daher nicht, dass sich Charlotte in ihrem Brief vom 30. März 1811 vertrauensvoll an den Freund wandte: »Ich habe Ihnen so vieles von der Griechischen Vorwelt zu fragen, weil ich zeither die Reisen des Antenors lese, eine Nachahmung des Anacharsis und nicht heraus finden kan was der Franzos hinzugesezt hat.«[33] An anderer Stelle, wohl mit Bezug auf Lukrez und dessen literarische Darstellung der epikureischen Lehre, mit der sich Knebel über lange Jahre hinweg auseinandergesetzt hat, schrieb sie: »Mir komt vor die Göttern bekümern sich jetz noch weniger um die Menschen als zu Epicurszeiten, und der Freundschafften die er so schätzte sind auch weniger geworden [...].«[34]

[29] Ch. von Stein an Knebel, 4. April 1787; GSA 54/274,1, Bl. 77.

[30] Sicher hat die eifrige Leserin Wielands *Proben einer neuen Uebersetzung des Plinius* gekannt, die 1774 im achten Heft des *Teutschen Merkur* erschienen waren.

[31] Ein Beispiel dafür ist das Trauerspiel *Dido*. Vgl. den Beitrag von Ariane Ludwig im vorliegenden Band.

[32] Neben Übertragungen von Pindar, Sappho, Platon, Horaz, Vergil trat er mit zwei großen Übersetzungsarbeiten hervor: 1798 erschienen bei Göschen in Leipzig die *Elegieen von Properz* und 1821 die erste Auflage von Lukrez' Lehrdichtung *De rerum natura* unter dem Titel *Von der Natur der Dinge*, der 1831 eine *Zweite vermehrte und verbesserte* Ausgabe folgte.

[33] GSA 54/274,3, Bl. 90.

[34] Ch. von Stein an Knebel, 7. August 1816; GSA 54/274,5, Bl. 76f.

Ob Charlotte den Freund in ihre eigenen dichterischen Unternehmungen einweihte,[35] ist unklar, da ihre Briefe an Knebel zwischen 1792 und 1802, der Zeit, in der ihre Werke im Wesentlichen entstanden, nicht überliefert sind.[36] Offenherzig ließ sie ihn hingegen an ihrer Übersetzertätigkeit teilhaben,[37] so etwa am 25. April 1783: »Ich habe einen Brief vom rousseau an voltairen über das Erdbeben von Lissabon übersetz und vortrefliche Sachen drin gefunden, das Übersetzen macht überaus deutliche Begriffe und in den Verwirrungen des menschlichen Lebens sind sie immer gut.«[38] Auf ihre eigene Gegenwart und die Französische Revolution und deren Folgen Bezug nehmend, griff Charlotte abermals auf das zerstörerische Bild dieses Naturereignisses zurück: »Die entsetzlichen Erdbeben wo die Erde die Menschen auf so eine mörderische Art verschlingt haben mir die Welt zuwieder gemacht.«[39] Und weiter heißt es in dem Brief:

> Wen Sie was hübsches lesen wollen so lesen Sie einen Brief vom Petrarch, da er einmahl wie er in Neapel war gar schön die angstvolle Nacht schildert, in welcher man durch eine Prophezeihung der Stadt Untergang erwartete, es traff aber nur die welche in den Hafen lagen und eine Flotte die eben einschiffen wolte, von vielen tausenden die da umkamen wurden 400 zum tod verdamte die man hatte transportiren wollen, alleine gerettet, den in den Augenblick da auch dieses Schiff hin war, wurde die See ruhig und der Himmel heiter.[40]

---

[35] Erhalten sind das Schauspiel *Rino* (1776) und das Trauerspiel *Dido* (1794) sowie die Komödien *Neues Freiheits-System oder die Verschwörung gegen die Liebe* (1798) und *Die zwey Emilien* (1800). Zur Veröffentlichung der Werke vgl. Charlotte von Stein: Dramen (Gesamtausgabe). Hrsg. und eingeleitet von Susanne Kord (Frühe Frauenliteratur in Deutschland. Hrsg. von Anita Runge. Bd. 15). Hildesheim, Zürich, New York 1998, S. II f. und S. XXVII. Zur Überlieferung ihrer Gedichte vgl. den Beitrag zu Charlotte von Steins Nachlass von Elke Richter im vorliegenden Band.

[36] Es liegt indes nahe, dass Knebel von Charlotte von Steins schriftstellerischer Tätigkeit wusste, stellte doch diese Beschäftigung ein wichtiges Bindeglied zwischen ihnen dar.

[37] 1804 übersetzte sie z.B. Jean Pauls *Neujahrswunsch an mich selbst* komplett ins Französische.

[38] GSA 54/274,1, Bl. 16.

[39] Ebd., Bl. 17.

[40] Ebd.

III. Das *Journal von Tiefurt*

Charlotte von Stein gehörte zum exklusiven Leserkreis des von Anna Amalia ins Leben gerufenen *Journals von Tiefurt*, das von August 1781 bis Juni 1784 in elf handgeschriebenen Exemplaren verbreitet wurde. Knebel, der sich zu dieser Zeit in Ansbach und Nürnberg bei seiner Familie aufhielt, beteiligte sich als eifriger Beiträger an der Unternehmung,[41] die neben Gedichten auch Essays, Übersetzungen, Scharaden und Rätsel bot. Der besondere Reiz des 47 Stücke umfassenden Periodikums bestand in der Anonymität der Autoren. Doch Charlotte kannte offenbar die Identität einzelner Beiträger, wie aus ihrem Brief an Knebel vom 5. November 1783 hervorgeht, in welchem sie den Freund auf eines der mitgeteilten Gedichte hinwies:

> In tieffurther Journal werden Sie etwas auf die Errinerung von meiner kleinen Schwägerin finden daß nicht übel ist, aber ich will das Geheimniß nicht verrathen haben wen Sie es Ihnen wie ich doch vermuthe nicht selbst zugeschickt hat den an lieben lieben Errinerungen gehört Ihnen ein groser Theil.[42]

Das 32. Stück des *Tiefurter Journals* enthält einen Beitrag mit dem Titel *Fragment*,[43] den Knebel seinem Kalendereintrag vom 20. Januar 1783 zufolge irrtümlich Goethe zuschrieb: »*Göthens* Fragment über die Natur hatte tiefen Eindruck auf mich. Es ist meisterhaft u. groß. Es bestärkt mich in *Liebe*. –«[44] Auf Knebels nicht überlieferte Anfrage nach dem Verfasser des *Fragments* erwiderte Goethe am 3. März 1783:

---

[41] Bei seinen Beiträgen handelte es sich vornehmlich um Übersetzungen. Am *Tiefurter Journal* beteiligte er sich u.a. mit Übertragungen von Epigrammen aus der *Anthologia Graeca*, von Oden Sapphos und Pindars, außerdem mit einem Auszug aus Vergils *Georgica* sowie mit Petrarca-Übertragungen und Prosa-Übersetzungen aus dem Englischen. Vgl. dazu *»Es ward als ein Wochenblatt zum Scherze angefangen«*. Das Journal von Tiefurt. Hrsg. von Jutta Heinz und Jochen Golz unter Mitarbeit von Cornelia Ilbrig, Nicole Kabisius und Matthias Löwe (Schriften der Goethe-Gesellschaft. Bd. 74). Göttingen 2011.

[42] GSA 54/274,1, Bl. 26. Das Gedicht *An die Erinnerung* von Sophie von Schardt wurde in das 36. Stück des *Journals von Tiefurt* aufgenommen.

[43] Vgl. Heinz u.a. (Hrsg.): *»Es ward als ein Wochenblatt zum Scherze angefangen«* (Anm. 41), S. 270–272 sowie S. 569–572.

[44] GSA 54/360, Bl. 9. Knebel bezog sich hier auf Emilie von Werthern geb. von Münchhausen (1757–1844), zu der er eine leidenschaftliche Neigung gefasst hatte.

> Der Aufsatz im Tiefurther Journale deßen du erwehnest ist nicht von mir, und ich habe bißher ein Geheimniß draus gemacht von wem er sey. Ich kann nicht läugnen daß der Verfasser mit mir umgegangen und mit mir über diese Gegenstände oft gesprochen habe. Es hat mir selbst viel Vergnügen gemacht und hat eine gewiße Leichtigkeit und Weichheit, die ich ihm vielleicht nicht hätte geben können.[45]

Wohl noch immer zweifelnd, erkundigte sich Knebel auch bei der Brieffreundin, die ihn korrigierend einweihte: »Noch ein Wort; Goethe ist nicht der Verfaßer wie Sie es glauben von den tausendfältig ansichtigen Bilde der Natur, es ist vom Tobbler; Mitunter war mirs nicht wohlthätig, aber es ist reich.«[46] Und: Charlotte gab auch Stücke, die Knebel ihr nach Weimar sandte, als Beitrag zum *Journal* weiter, wie sie den Freund wissen ließ: »Da ich gern mittheile was Sie mir geben, so habe ich Ihre zwey letzern Anecdoten den Tieffurther Journal überliefert.«[47]

IV. Zeitgenössische Literatur

Zu Charlotte von Steins Lektüre gehörte selbstverständlich die Literatur ihrer Zeit. Ein Beispiel dafür ist das 1785/86 und 1790 in Berlin in vier Teilen erschienene Werk *Anton Reiser. Ein psychologischer Roman* von Karl Philipp Moritz (1756–1793). Goethe und Moritz hatten sich im November 1786 in Rom kennengelernt. Nach seiner Rückkehr nach Deutschland hielt sich Moritz vom 3. Dezember 1788 bis zum 1. Februar 1789 als Gast bei Goethe in dessen Haus am Frauenplan auf. »Hier gefällt er auch sehr. Fr[au] v. Stein soll ihm sehr gewogen seyn, bei der Fr[au] v. Kalb ist er auch gut angeschrieben, und er gefällt sich auch bey den hiesigen Damen«,

---

45 WA IV, Bd. 6, S. 134.

46 Ch. von Stein an Knebel, 28. März 1783; GSA 54/274,1, Bl. 14f. Der Verfasser des *Fragments* war der Schweizer Pfarrer Georg Christoph Tobler (1757–1812), der im Mai und Juli 1781 in Weimar bei Knebel im Jägerhause (Marienstraße 5) logierte. Beide beschäftigten sich während dieser Zeit mit antiker Literatur, insbesondere mit der *Griechischen Anthologie*, aus der sie gemeinsam Übersetzungen anfertigten. Tobler trat überdies als Übersetzer der griechischen Tragiker Sophokles (ersch. 1781 in Basel) und Aischylos (Teilpublikation 1782 im *Teutschen Merkur*) hervor.

47 Ch. von Stein an Knebel, 17. Januar 1783; GSA 54/274,1, Bl. 12. Es könnte sich um die beiden im 33. Stück des *Journals von Tiefurt* enthaltenen Beiträge Knebels *An Anakreon* und *An H. S. von Ignatius Sancho* handeln. Vgl. Heinz u. a. (Hrsg.): *»Es ward als ein Wochenblatt zum Scherze angefangen«* (Anm. 41), S. 277–279.

wusste Schiller seinen Freundinnen Caroline von Beulwitz und Charlotte von Lengefeld am 23. Dezember 1788 zu berichten.[48] Auch Knebel und Moritz hegten Sympathie füreinander und trafen sich während dieser Zeit fast täglich. »Moritzen habe ich ihren Gruß ausgerichtet der ihm gar lieb war; ich lese jetz den Macbeth mit ihm, der Herzog lernt englisch von ihm […]«, teilte Charlotte am 8. Januar 1789 Knebel mit.[49] Moritz hatte sich mit Arbeiten zur Sprachphilosophie und Kunsttheorie sowie der Beschreibung einer Reise durch England einen Namen gemacht, darüber hinaus auch eine *Deutsche* und eine *Englische Sprachlehre für die Damen* verfasst.

Fester Bestandteil der Lektüren Charlotte von Steins und Knebels waren die Werke der Weimarer Dichter. Wiederholt tauschten sich beide über deren Schriften aus und teilten einander freimütig ihre Meinung mit. So bat der in der Schweiz weilende Goethe am 14. Oktober 1779 die Freundin, sein Gedicht »[v]on dem Gesange der Geister«,[50] das im Erstdruck von 1789 die Überschrift *Gesang der Geister über den Wassern* trug, für Knebel »mit einem Grus von mir«[51] abzuschreiben. In ihrem Brief an Knebel vom 4. November, dem die (mit *Gesang der lieblichen Geister in der Wüste* überschriebene) Abschrift[52] wie gewünscht beigeschlossen war, merkte Charlotte an: »Dieser Gesang ist nicht ganz Ihre und meine Religion; die Waßer mögen ewig in ihrer Atmosphäre auf und absteigen, aber unßre Seelen kan ich mir nicht anders als in die unendliche Welten der ewigen Schöpffung verkettet dencken.«[53] Hier kommt Charlotte von Steins Auffassung vom Menschen als Teil eines großen Ganzen zum Ausdruck, die Knebel teilte. Getragen war dieser Gedanke von Leibniz' philosophischem Optimismus, der die von Gott geschaffene Welt als die beste aller möglichen Welten betrachtete.

Im Sommer 1780 beschäftigte sich Goethe mit der Bearbeitung der Komödie *Die Vögel* des griechischen Dichters Aristophanes (zwischen 450 und 440–380 v. Chr.). In seinen Briefen informierte Goethe die Freundin über den Fortgang seiner Unternehmung und schrieb ihr am 24. Juni 1783: »Ich wollte Sie könnten an Platituden so eine Freude haben wie ich, das Stück würde Sie herzlich zu lachen machen.«[54] Auch in seinem Brief an Knebel vom selben Tag ist von »Muthwillen, Ausgelassenheit und Thor-

48 NA, Bd. 25, S. 166.
49 GSA 54/274, 2, Bl. 2.
50 Goethe an Ch. von Stein, 14. Oktober 1779; GB, Bd. 3 I, S. 309.
51 Ebd.
52 Vgl. GSA 54/274,1, Bl. 7.
53 Ebd., Bl. 6.
54 WA IV, Bd. 4, S. 238.

heit« der *Vögel* die Rede.[55] Am 6. August 1780 ließ Charlotte von Stein Knebel wissen:

> Gestern Abend hat uns Goethe im Closter beym Herzog sein Drama die Vögel vorgelesen, ich glaube nicht daß es uns wird so viel zu lachen machen als er denckt, den der Witz ist nicht plat genug, doch kan auch die närrische Verkleidung etwas thun; ein guter Einfall steht im Epilogus wo er sagt, ihr werdet erwegen daß von Athen nach Etersburg mit einem *salto mortale* nur zu gelangen war.[56]

Sie spielt damit auf Goethes Versuch an, das antike Stück für die eigene Gegenwart zu adaptieren, wobei das lesende oder das Theaterpublikum mehrfach verspottet wird. Die Aufführung der *Vögel*, die an das pantomimische Vermögen der Schauspieler hohe Anforderungen stellte und deren Dekoration mit großem Aufwand gefertigt werden musste, fand in Ettersburg, dem unweit von Weimar gelegenen Sommersitz Anna Amalias, statt.[57]

Auch an dem folgenden Beispiel zeigt sich die geistige Nähe von Charlotte von Stein und Knebel. So heißt es in ihrem Brief vom 15. Juli 1783 an den Freund: »Ihr Urteil über Wilhelm Meister daß mir Goethe hat lesen laßen war ganz vortrefflich, es war aus meiner Empfindung heraus gesprochen und doch hätte ich dies auszudrücken nicht finden können.«[58] Goethe hatte die ersten drei Bücher der *Theatralischen Sendung* für Knebel abschreiben lassen und sie ihm zur kritischen Lektüre übersandt. Am 3. Juli 1783 dankte er für die gute Aufnahme seines *Wilhelm Meisters*[59] und ließ Charlotte von Stein Knebels (nicht erhaltenen) Brief zukommen.

In den Jahren 1789 bis 1793 entstanden die von Christoph Martin Wieland in Anlehnung an antike philosophische Dialoge verfassten *Göttergespräche*. Veröffentlicht wurden sie zunächst im *Neuen Teutschen Merkur*, der von Wieland in Weimar herausgegebenen Literaturzeitschrift. In Buchform erschienen sie 1791 bei Göschen in Leipzig unter dem Titel *Neue Götter-Gespräche*. Kontrovers reflektiert der Autor darin die Ereignisse der Französischen Revolution. Knebel, der zum Leser- wie auch zum Beiträgerkreis

---

55 Ebd., S. 242.

56 GSA 54/274,1, Bl. 8.

57 Vgl. Gabriele Busch-Salmen: Die Vögel. Nach dem Aristophanes. In: Goethe-Handbuch. Supplemente. Bd. 1: Musik und Tanz in den Bühnenwerken. Hrsg. von Gabriele Busch-Salmen unter Mitarbeit von Benedikt Jeßing. Stuttgart und Weimar 2008, S. 268–271, hier S. 270.

58 GSA 54/274,1, Bl. 22.

59 Vgl. WA IV, Bd. 6, S. 176.

des *Merkur* gehörte, hat die *Gespräche*, in deren Mittelpunkt die Erziehung des Menschen zu Vernunft und politischer Mündigkeit steht, positiv aufgenommen, wie aus Charlotte von Steins Brief an ihn vom 7. Dezember 1790 hervorgeht:

> Wielands Göttergespräche die Ihr Beyfall haben sind mir ganz verständig vorgekommen: Seit dieser merckwürdigen Revolution aber ists mir sehr klar worden daß das Menschengeschlecht nicht zur Freyheit gemacht ist, nur der Einzelne hin und wieder der sich in sich selbst frey hält.[60]

In ihrem Urteil bezieht sich Charlotte von Stein auf die Umwälzungen der Französischen Revolution, deren erklärtes Ziel die Erlangung der bürgerlichen Freiheitsrechte war, die aber zugleich Einschnitte wie die Aufhebung von Klöstern, die Enteignung kirchlichen Besitzes oder die Abschaffung der ständischen Ordnung mit sich brachte. So konnte sie auch Knebels Euphorie, mit der dieser die Französische Revolution begrüßt hatte, nicht teilen. »Knebel ist ganz toll, wir haben uns über die Franzosen so entzweyt daß er in 8 Tagen nicht wieder zu mir kommen will […]«, heißt es in ihrem Brief an Charlotte Schiller vom 6. März 1790.[61]

Als mütterliche Freundin Charlotte Schillers beschäftigte sich Charlotte von Stein schon aufgrund dieser engen persönlichen Beziehung mit Schillers Werken und besuchte die Aufführungen seiner Stücke. »Schillers, von denen Sie wißen wollen, sind bis jetz recht glücklich«, beantwortete Charlotte von Stein am 26. November 1790 Knebels nicht erhaltene briefliche Erkundigung nach dem Befinden des (seit dem 22. Februar 1790 vermählten) Ehepaars Schiller.[62] In demselben Brief bat er auch um das Urteil der Freundin über Schillers Werke, worauf Charlotte erwiderte: »Was kan Ihnen aber mein Urtheil über seine Schrifften seyn da Sie selbst Kunstrichter sind, ich urtheile nur nach Gefühl und so gefält mir was er schreibt,

60 GSA 54/274,2, Bl. 51f.

61 GSA 83/1856,2, Bl. 1.

62 GSA 54/274,2, Bl. 49. Charlotte von Lengefeld und Knebel sind sich erstmals im Februar 1787 in Weimar begegnet. Rasch fasste er eine schwärmerische Neigung zu ihr, doch war es Schiller, der Charlotte für sich gewann. Vielleicht kam es auch aus diesem Grund zu keiner Annäherung zwischen Schiller und Knebel, dessen lapidares Urteil über denselben lautete: »So ungern ich seine Trauerspiele leiden mag und so wenig ich von seinem übrigen weiß, so ist er doch nichts weniger als ein böser Mensch.« (Knebel an Johann Gottfried Herder, 20. Februar 1789; Von und an Herder. Ungedruckte Briefe aus Herders Nachlaß. Hrsg. von Heinrich Düntzer und Ferdinand Gottfried von Herder. 3 Bde. Bd. 3. Leipzig 1862, S. 51)

besonders in seinen Geisterseher den ich sehr schön finde, sind tiefe Gedancken auf und abgewogen.«[63] Wenig später, am 9. Dezember 1790, heißt es: »Daß Sie seiner [Schillers] Geschichte vom 30sigjährigen Krieg so viel Beyfall geben ist ein gutes Zeigen vor sein *Genie*, mir deucht er sey auch würcklich einer der Vorzüglichsten unserer Autores.«[64] Kritik übte Charlotte allerdings, wie übrigens auch Knebels Schwester Henriette,[65] an der Länge der Aufführungen von Schillers Werken, die eine besondere Herausforderung an den Zuschauer darstellte: »Tell hat bis beynah 11 Uhr gespielt, man ermüdet auch des Schönen, Schiller thut seinen Stücken damit schaden daß er sie über das Geniesungs Vermögen anhält, Die 2 ersten acts haben Wielanden gefallen hörte ich sagen, als den aber hat er geschimpft und getobt [...].«[66]

V. Reiseliteratur

Wie viele ihrer gebildeten Zeitgenossen aus dem Adel und dem gehobenen Bürgertum interessierte sich auch Charlotte von Stein für ferne Länder und deren Bewohner und Sitten. Da Reisen im 18. Jahrhundert jedoch unbequem, gefährlich und zudem kostspielig waren, boten Reiseberichte eine willkommene Gelegenheit, fremde Kulturen kennenzulernen. Knebel teilte Charlottes Interesse für Reisebeschreibungen. Im Laufe seines Lebens beschäftigte er sich wiederholt mit Berichten von Weltreisenden. So hielt er am 22. Juni 1783 in seinem Kalender fest: »*Sonnerats* Reisen, von Greiner erhalten«,[67] am 30. Juni: »Im *Sonnerat*.«[68] Und am 8. Juli: »An Frau v. *Stein*. Auszug aus *Sonnerat*.«[69] Wenig später, am 15. Juli 1783, erwiderte sie auf die Leseempfehlung: »Ich habe den kleinen Auszug aus Somerats Reisen vorgestern erhalten und dancke Ihnen von Hertzen, es ist sehr hübsch, ich freue mich auf das Buch es ist jetz in der Bibliotheck zu haben

63 GSA 54/274,2, Bl. 49.

64 Ebd., Bl. 52.

65 In Henriette von Knebels Brief an den Bruder vom 26. März 1803 ist z.B. von »langen, zentnerschweren Dialogen« die Rede (Knebels Briefwechsel mit seiner Schwester [Anm. 3], S. 167).

66 Ch. von Stein an Knebel, 22. März 1804; GSA 54/274,3, Bl. 13f. Die Aufführung fand am 19. März 1804 statt; Beginn war 17.30 Uhr.

67 GSA 54/360, Bl. 52.

68 Ebd., Bl. 54.

69 Ebd., Bl. 56.

[…].«[70] Bei dem hier erwähnten Band handelte es sich vermutlich um *Des Herrn Sonnerat Reise nach Ostindien, und China, in den Jahren 1774 bis 1781*, der 1783 in Leipzig publiziert wurde. Möglich ist auch, dass die im gleichen Jahr in Zürich herausgegebene zweibändige Ausgabe der Reisebeschreibung des französischen Naturwissenschaftlers und Entdeckers Pierre Sonnerat (1748–1814) gemeint ist, die auch Goethe am 5. Februar 1810 und am 16. Dezember 1821 dem Ausleihjournal der Bibliothek zufolge entliehen hat.

Charlotte von Steins Lektüre des *Sonnerat* fand überdies am 14. April 1787 in einem Brief von Henriette von Knebel an ihren Bruder Erwähnung: »Hier erhältst Du die Briefe der Frau von Stein wieder […]. Daß sie sich mit so vieler Bescheidenheit unter die Parias von unserm Herr Gott zählt, hat mich lachen machen.«[71]

Sie »lese jezt auch Kotzebues Reise nach Italien die sehr amüsant ist, aber der Autor präsentirt sich etwas gemein«, meldete die in Ilmenau weilende Charlotte von Stein dem Freund am 15. Juli 1812.[72] Die 1805 in drei Teilen in Berlin erschienenen *Erinnerungen von einer Reise aus Liefland nach Rom und Neapel* besaß die Leserin selbst, wie aus ihrem Brief an ihren Sohn Friedrich vom 23. Juli 1812 hervorgeht, in welchem es weiter heißt, sie halte die Ausgabe für »sehr unterhaltend, alle so oft wiederholte italienische Reisebeschreybungen haben mich ennuyirt, diese aber nicht, so sehr als sie von der Kunstwelt vielleicht getadelt werden […].«[73]

VI. Wissenschaft, Philosophie und Politik

Auch naturwissenschaftliche Schriften gehörten zu Charlotte von Steins vielseitigen Leseinteressen. Es war Goethe, der sie und Knebel zur Beschäftigung mit der Naturlehre und Mineralogie anregte und sie ermutigte, sich auch mit entsprechender Fachliteratur auseinanderzusetzen. Im Mittelpunkt des Interesses stand dabei neben der Frage nach der Entstehung des Lebens auf der Erde auch der geologische Aufbau der Erdkruste, die Eigenschaften ihrer Gesteine und ihre Entwicklungsgeschichte. So heißt es beispielsweise in einem Brief Charlotte von Steins an Knebel vom 1. Mai 1784:

70 GSA 54/274,1, Bl. 22.

71 Knebels Briefwechsel mit seiner Schwester (Anm. 3), S. 57f. Der Begriff Paria steht für ›Ausgestoßener‹; Mitglied einer niederen Kaste Indiens.

72 GSA 54/274,4, Bl. 17.

73 Briefe an Fritz von Stein. Hrsg. von Ludwig Rohmann. Leipzig 1907, S. 199.

> Herders neue Schrifft [*Ideen zur Geschichte der Menschheit*] macht wahrscheinlich daß wir erst Pflanzen und Thiere waren, was nun die Natur weiter aus uns stampfen wird, wird uns wohl unbekant bleiben, Goethe grübelt jetz gar denckreich in diesen Dingen und jedes was erst durch seine Vorstellung gegangen ist, wird äuserst intereßant, so sind mir's durch ihn die gehäßigen Knochen geworden, und das öde Steinreich.[74]

Am 25. April 1783 fragte Charlotte bei Freund Knebel an:

> Wollen Sie ein Naturkündiger werden, so sucht der abée souslavie der über das mittägliche Franckreich geschrieben,[75] einen Reisegefährten, und will auch in Calabrien untersuchen was vor Eingeweide die Erde heraus gewühlt hat, er hat es ins journal de paris setzen laßen wen ich ein Mann und ungebunden wäre ich ging mit ihm[.][76]

Besonders beeindruckt zeigte sich Charlotte von Stein von der Evolutionstheorie. Wiederholt beschäftigte sie die Frage, ob der Mensch vom Affen abstamme. Am 3. März 1787 bat sie beispielsweise den Freund: »Von den langnäsigten Affen müßen Sie mir noch mehr erzählen; Mir kömts alle Tage wahrscheinlicher vor daß wir gewiß durchs Thierreich herauf gestiegen sind; Wo werden wir uns nun weiter wieder sehen.«[77] Und noch Jahre später, am 27. Juli 1814, erkundigte sie sich bei Knebel:

> Was ist den das vor ein Thier die Schimpanse? neulich fand ich einen kleinen Aufsatz oder Abhandlung von einen gewißen Leopold Reichard aus Freyberg[78] der sich überzeugt hat daß der Mensch von einen ourangoutang und einer Schimpanse entstanden sey, so gar der Name Eva rückwärts gelesen affe hies; er führt manche genialische Beweise darüber, und war mir sehr unterhaltend […]; Die Handlungen der Menschen sind noch ziemlich bestialisch und könten einen solchen Ursprung verrathen; […].[79]

---

[74] GSA 54/274,1, Bl. 32.

[75] Gemeint ist das 1781 erschienene Buch *Chronologie physique des éruptions des volcans éteints de la France méridionale […]* von dem französischen Historiker und Geographen Jean Louis Giraud Soulavie (1751–1813).

[76] GSA 54/274,1, Bl. 16f. »Das ist gewiss ein bemerkenswerter Traum der einundvierzigjährigen Frau«, kommentierte Jochen Klauß in seiner Stein-Biographie (Charlotte von Stein. Die Frau in Goethes Nähe. 4. korrigierte Auflage, Markkleeberg 2016, S. 224).

[77] GSA 54/274,1, Bl. 73.

[78] Weder Aufsatz noch Autor wurden identifiziert.

[79] GSA 54/274,4, Bl. 139.

Wie viele ihrer Zeitgenossen interessierten sich Knebel und Charlotte von Stein für das Sonnensystem. So bemerkte sie am 5. Dezember 1812 in einem Brief an den Freund: »Was Sie mir über des Saturns Ringe sagen intereßirt mich sehr, wo kan man den diese neuen Bemerkungen zu lesen bekommen? auf diese hohen Berge zu wohnen komt mir aber keine Lust […].«[80]

Wiederholt fanden zeitgenössische philosophische Schriften in Charlotte von Steins Briefen an Knebel Erwähnung. Sie sind ein Beleg dafür, dass sich die Briefpartner auch auf diesem Gebiet austauschten: »Heben Sie mir etwas von Ihren philosophischen Erforschungen auf wen ich nach Weimar komme, ich habe schon offt durch Sie manchen schönen grosen Gedancken geahndet«, schrieb Charlotte dem Freund am 4. November 1779.[81] Zu den Lesestoffen, die sie in ihren Briefen anführte, gehörten insbesondere auch Abhandlungen des holländischen Philosophen Frans Hemsterhuis (1721–1790). Manuskriptfassungen seiner Schriften waren im September 1784 durch Friedrich Heinrich Jacobi (1743–1819) bei dessen Besuch in Weimar in Goethes Hände gelangt. Ende 1784 erhielt Goethe auf seine Bitte hin von Jacobi wiederum eine größere Auswahl von Schriften Hemsterhuis', sodass er Knebel am 11. November 1784 mitteilen konnte: »Jakobi hat mir alle Wercke des Hemsterhuis geschickt.«[82] Charlotte, von Goethe darauf aufmerksam gemacht und zur Lektüre angeregt, fertigte Abschriften einiger Manuskriptfassungen an, darunter des philosophischen Dialogs *Alexis ou sur l'age d'or*,[83] der 1787 in Riga erschien, und gab sie an Knebel weiter. Am 24. September 1789 mahnte sie ihn zur Rückgabe: »Darf ich Sie wohl bitten mir das Manuscript vom Hemsterhuis wieder zugeben, ich mögte es wieder lesen.«[84]

Charlotte von Stein war eine aufmerksame und kritische Beobachterin ihrer Zeit. Dies zeigt sich auch daran, dass sie sich mit politischen Schriften auseinandersetzte. In der 1784 in Frankfurt am Main erschienenen Schrift *Ueber Regenten, Regierung und Ministers. Schutt zur Wege-Besserung des kom-*

80 Ebd., Bl. 37.

81 GSA 54/274,1, Bl. 6.

82 WA IV, Bd. 6, S. 387. Als Amalia Fürstin von Gallitzin in Begleitung Hemsterhuis', der ihrem ›Kreis von Münster‹ angehörte, 1785 eine Reise zur Messe nach Leipzig unternahm und am 19. September in Weimar eintraf, begegneten sich Goethe und der Philosoph mehrmals und traten in freundschaftlichen Kontakt.

83 Vgl. Wilhelm Bode (Hrsg.): Stunden mit Goethe. Für die Freunde seiner Kunst und Wissenschaft. Bd. 6. Berlin 1910, S. 244.

84 GSA 54/247,2, Bl. 22. Am 24. April 1810 berichtete Knebel seiner Schwester Henriette, dass er »die philosophischen Schriften des Hemsterhuis wieder las« (Knebels Briefwechsel mit seiner Schwester [Anm. 3], S. 437).

menden Jahrhunderts kritisierte der Politiker und Publizist Friedrich Carl von Moser (1723–1798) Missstände an deutschen Fürstenhöfen. Charlotte teilte Knebels ablehnende Haltung gegenüber Despotismus, Korruption und Militarismus, und so traf sie sicher sein Interesse, als sie ihn am 1. Mai 1784 wissen ließ: »Ich lese jetz Mosers über Regenden und Minister, es ist sehr unterhaldent und Waßer auf die Mühle dererjenigen die Picks auf Fürsten haben, die Belege zu seinen Erfahrungen sind immer recht paßend und witzig.«[85]

VII. Resümee

Die Untersuchung der Briefe Charlotte von Steins an Knebel auf ihre Lektüren hin lässt das Bild von ihr als einer interessierten, selbstbewussten, gegenüber Neuem aufgeschlossenen, durchaus kritischen Persönlichkeit erkennen. Die zahlreichen Lektüreempfehlungen, die Charlotte ihrem Briefpartner gab, ihre Urteile über Gelesenes, ihre Fragen, die sie an ihn richtete, zeugen nicht nur von ihrem Lesehunger, sondern auch von der geistig-seelischen Nähe zu dem Freund. Ganz in diesem Sinn sind auch ihre Zeilen an Knebel vom 5. April 1789 zu verstehen: »Meine Zettelgens an Sie sind keine schönen Compositionen, aber eine klare Wahrheit, und ein innerer Beyfall meiner selbst erwächst mir wen ich Ihnen drinn ausdrücken kan wie sehr ich Sie verehre und liebe.«[86] Und noch Jahre später bekundet sie: »[…] haben Sie Danck daß Sie durch das beste was in diesen Leben ist, Freundschafft, und theilnehmende Liebe, es mir wieder geltent machen.«[87]

Diese freundschaftliche Nähe beider Briefpartner hält an bis zu Charlotte von Steins Tod. Unter dem Datum des 6. Januar 1827 findet sich in Knebels Kalender der Eintrag: »Diesen Sonnabend Abends um 6. Uhr ist Frau v. *Stein* gestorben.«[88] In tiefer Trauer über den Tod der Weggefährtin verfasste er einen Nekrolog mit dem Titel *Beim Grabe der Frau von Stein. Im Jahre 1827 Den 6. Januar* und ließ ihn in Einzeldrucken erscheinen.[89] Auf dem Durchschussblatt im Kalender heißt es neben dem 11. Januar: »Verse beim Grabe unserer Fr. v. Stein […] Aus der Frommannschen Handlung: 25. Exemplare Velin, und 45. auf ordinär Papier, von meinen Versen auf

85 GSA 54/274,1, Bl. 32.

86 GSA 54/274,2, Bl. 4.

87 Ch. von Stein an Knebel, 2. August 1802; GSA 54/274,3, Bl. 3.

88 GSA 54/403, Bl. 4.

89 Vgl. GSA 54/274,11, Bl. 19 und Anhang, Katalog, Nr. 20.

Fr. v. *Stein* erhalten[.]«[90] Mit dem Gedicht, in welchem er Charlotte von Steins »Treuer Freundschaft Segensfülle« besonders würdigt, setzte ihr Knebel ein bleibendes Denkmal. Bereits am 15. September 1808 hatte Charlotte von Stein in ihrem letztmalig geänderten Testament festgelegt, dass ihr jüngster Sohn Friedrich neben Schmuck, Silberwerk, Porzellan und Möbeln »item meine Bücher«[91] erben sollte. – So ist auch Charlottes letzter Wille ein Beleg dafür, wie wichtig ihr das Lesen war.

[90] GSA 54/403, Bl. 7.

[91] Jochen Klauß: Charlotte von Stein (Anm. 76), S. 118. Am 15. April 1822 verfügte sie: »Ich bitte Fritzen in Breslau meine Brieffe und Pappiere nach meinen Tod zu übernehmen und was nicht taugt zu zerreißen.« (Rohmann [Hrsg.]: Briefe an Fritz von Stein [Anm. 73], S. 244)

Soziale Handlungsräume

Stefanie Freyer

Weibliche Rollen

Vom Unterschied zwischen Hofdamen und Damen am Hofe

Frauen waren im 18. Jahrhundert ein fester Bestandteil weltlicher Fürstenhöfe, Hofdamen gab es jedoch nicht überall. Ebenso wie Kammerfrauen, Kinderfrauen und (Ober-)Hofmeisterinnen wurden sie nur dann angestellt, wenn zur Fürstenfamilie weibliche Mitglieder zählten. Das war die Grundbedingung. Ein Fürst konnte für sich selbst keine Adelsdamen verpflichten. Sie dienten ausschließlich Herrinnen, weshalb Hofdamen in der Frühen Neuzeit auch nur an weltlichen Höfen des Alten Reiches zu finden waren. An geistlichen Höfen zölibatär gebundener Fürstbischöfe, also für Fürsten ohne legitime Gattinnen und Kinder, galt dies als unschicklich. Ohne Fürstinnen oder Prinzessinnen gab es keine adligen Damen am Hofe.[1]

Dies galt allerdings nur für den regulären Hofdienst. In der Hofgesellschaft hingegen bereicherten Adelsdamen sowohl an weltlichen als auch an geistlichen Höfen das Leben am Hofe. Dabei ist deutlich zu unterscheiden zwischen dem Hof als verpflichtetem Personenverband und der Hofgesellschaft, also jenen Personen, die sich um den Fürsten und seine Familie versammelten, ohne ein Hofamt innezuhaben. Hof und Hofgesellschaft waren zwei grundsätzlich verschiedene Personenkreise, die zwar größere Schnittmengen aufwiesen, aber nach jeweils anderen, eigenen zeremoniellen Regeln funktionierten. Für adlige Damen, die zeitweise an der Gesellschaft des Hofes teilnahmen, galten andere Regeln als für jene Adligen,

---

1 Nichtadlige Frauen arbeiteten dagegen an weltlichen und geistlichen Höfen. Ihre Zahl war jedoch stets um ein Vielfaches kleiner als die der Männer, die den Hof dominierten. Vgl. Stefanie Freyer: Der Weimarer Hof um 1800. Eine Sozialgeschichte abseits des Mythos. München 2013, S. 155 et passim; Katrin Keller: Das Frauenzimmer. Zur integrativen Wirkung des Wiener Hofes am Beispiel der Hofstaaten von Kaiserinnen und Erzherzoginnen zwischen 1611 und 1657. In: Petr Mat'a und Thomas Winkelbauer (Hrsg.): Die Habsburgermonarchie 1620 bis 1740. Leistungen und Grenzen des Absolutismusparadigmas. Stuttgart 2006, S. 131–157, bes. S. 133; Michail A. Bojcov: Das Frauenzimmer oder die Frau bei Hofe. In: Jan Hirschbiegel (Hrsg.): Das Frauenzimmer. Die Frau bei Hofe in Spätmittelalter und früher Neuzeit. 6. Symposium der Residenzen-Kommission der Akademie der Wissenschaften in Göttingen. Stuttgart 2000, S. 327–337, bes. S. 331–334.

die als Hofdamen im Dienst des Herrscherhauses standen. Damen am Hof dürfen nicht mit Hofdamen gleichgesetzt werden. Die Lebenswelt einer Hofdame unterschied sich von der Lebenswelt einer Dame am Hof, da sie einem jeweils unterschiedlichen Bedingungsgefüge unterworfen waren.

Diesem Unterschied zwischen Hofdamen und Damen am Hof wird im Folgenden für das Weimar in der zweiten Hälfte des 18. und des beginnenden 19. Jahrhunderts nachgespürt mit dem Ziel, das Bedingungsgefüge und die Möglichkeiten offenzulegen, die sich mit den jeweiligen Positionen verbanden.[2] Es wird also der Zeitraum in den Blick genommen, als Anna Amalia von Braunschweig-Wolfenbüttel 1756 als Herzogin in Weimar einzog, bis hin zum Jahr 1815, als sich die Verhältnisse durch die Rangerhöhung Weimars zum Großherzogtum einschneidend veränderten. Währenddessen heirateten neben Anna Amalia noch Louise von Hessen-Darmstadt (1757–1830) und Maria Pawlowna von Russland (1786–1859) in den Weimarer Hof ein. Für diese 60 Jahre wird (I.) nach den Anforderungen gefragt, die grundlegend an eine Weimarer Hofdame gestellt wurden, sowie nach den Handlungsspielräumen, die sich daraus ergaben. Vergleichend wird dem sodann (II.) das Bedingungsgefüge gegenübergestellt, in dem Damen ohne Amt in der Weimarer Hofgesellschaft agierten, um die jeweils unterschiedlichen Rollen und Handlungsoptionen voneinander abzugrenzen. Darauf aufbauend lässt sich abschließend sodann (III.) in ersten Umrissen die bemerkenswerte Rolle skizzieren, die Charlotte von Stein (1742–1827) als Dame ohne Amt in der Weimarer Hofgesellschaft um 1800 spielte – ein Forschungsdesiderat, dessen Bearbeitung die Bewertung des Wirkens Charlotte von Steins in Weimar deutlich schärfen könnte. Als Quellengrundlage bieten sich neben den Weimarer Hof- und Staatskalendern vor allem die zahlreichen Akten des Weimarer Hofmarschallamtes, zeitgenössische Kirchenbücher, die Zeremonialliteratur sowie nicht zuletzt die breit überlieferten Selbstzeugnisse in Form von Briefen und Memoiren an.

[2] Zum internationalen Forschungsstand vgl. Anm. 1; Nadine Akkerman und Birgit Houben: Introduction. In: Diess. (Hrsg.): The Politics of Female Households. Ladies-in-Waiting across Early Modern Europe. Leiden, Boston 2014, S. 1–27; Regina Schleuning: Hof, Macht, Geschlecht. Handlungsspielräume adeliger Amtsträgerinnen am Hof Ludwigs XIV. Göttingen 2016; Katrin Keller: Hofdamen. Amtsträgerinnen im Wiener Hofstaat des 17. Jahrhunderts. Wien, Köln, Weimar 2005; Christa Diemel: Adelige Frauen im bürgerlichen Jahrhundert. Hofdamen, Stiftsdamen, Salondamen 1800–1870. Frankfurt am Main 1998.

I. Anforderungen und Handlungsspielräume Weimarer Hofdamen

Wer an einem Hof diente, entschied laut Zeremoniell prinzipiell der regierende Fürst.[3] Zeremonialwissenschaftler wie Friedrich Carl von Moser zeigten sich davon überzeugt, dass dieses Bestimmungsrecht des Regenten auch die Bediensteten der Fürstinnen und somit deren Hofdamen betraf.[4] Die interne Segmentierung des Hofpersonals in – nach Geschlecht und innerfamiliärem Status – getrennte Hofhaltungen bzw. Einzelhöfe erlaubte es jedoch, personalpolitische Entscheidungskompetenzen abzustufen und Fürstinnen begrenzt Verantwortung zu übertragen, was meist schon im Ehevertrag festgeschrieben wurde.[5] Die höchste Bestimmungsgewalt über den gesamten Hof lag letztlich aber stets beim Regenten.[6]

In Weimar war dies bekannt. Der dortige Gesamthof war stets in einzelne Hofstaaten unterteilt. Nach seinem Herrschaftsantritt im September 1775 nahm Carl August sein oberstes Bestimmungsrecht für den Kernhof, später auch für die Höfe seiner Kinder ohne Abstriche in Anspruch und setzte umgehend personalpolitische Umstrukturierungsmaßnahmen in

3 Das Hofzeremoniell umfasste die tradierten Gepflogenheiten und Erwartungen an die Lebensweise des Fürsten, die ihn von Untertanen abheben und vor der höfischen Öffentlichkeit als Teil der hochadligen Herrschaftsschicht präsentieren sollte. Der Handlungsspielraum war dadurch abgesteckt. Vgl. z.B. Barbara Stollberg-Rilinger: Hofzeremoniell als Zeichensystem. Zum Stand der Forschung. In: Juliane Riepe (Hrsg.): Musik der Macht – Macht der Musik. Die Musik an den sächsisch-albertinischen Herzogshöfen Weißenfels, Zeitz und Merseburg. Weißenfels 2003, S. 11–22.

4 Vgl. Friedrich Carl von Moser: Teutsches Hofrecht. In zwölf Büchern. Bd. 1. Franckfurt, Leipzig 1754, S. 74. Grenzen setzen konnte allein eine kaiserliche Debitkommission, wie bei dem hoch verschuldeten Sachsen-Coburg-Saalfeld. Vgl. z.B. Siegrid Westphal: Kaiserliche Rechtsprechung und herrschaftliche Stabilisierung. Reichsgerichtsbarkeit in den thüringischen Territorialstaaten 1648–1806. Köln, Weimar, Wien 2002, S. 263–265.

5 Vgl. Julius Bernhard von Rohr: Einleitung zur Ceremoniel-Wissenschaft der großen Herren, […]. Neue Auflage. Berlin 1733, S. 236; Moser: Hofrecht (Anm. 4), Bd. 1, S. 75–108, 615, 626 et passim.

6 Daran änderte sich vom 15. bis zum 19. Jahrhundert wenig. Vgl. Keller: Frauenzimmer (Anm. 1), S. 142; Diemel: Frauen (Anm. 2), S. 114; Bojcov: Frau (Anm. 1), S. 329. Das Personal erwachsener lediger Schwestern, Tanten und Witwen richtete sich in erster Linie nach der Höhe der Apanage.

Gang.[7] Den eingeheirateten Fürstinnen des Hauses, d.h. seiner Mutter Anna Amalia, seiner Gemahlin Louise und seiner Schwiegertochter Maria Pawlowna, gestand er aber für ihre Einzelhöfe weitreichende, ehevertraglich geregelte Kompetenzen zu, wodurch die drei Fürstinnen je nach Rang über einen unterschiedlichen Grad an personalpolitischer Selbstständigkeit verfügten.[8] Mit Blick auf die Hofdamen besaßen sie gleichwohl alle ähnliche Befugnisse: Sie durften sie selbst auswählen, waren laut Ehevertrag aber auf eine bestimmte Anzahl beschränkt.[9] Und: Sie mussten sich den Regeln des Hofzeremoniells unterwerfen, um den Rang und Stand des Weimarer Herzogshauses angemessen zu repräsentieren.

Diese Repräsentation qua Hof spielte unter Carl August eine bedeutende Rolle. Um 1800 war er der ranghöchste weltliche Reichsfürst[10] und stellte dies der höfischen Öffentlichkeit mit der Quantität und Qualität seines Hofpersonals deutlich und selbstbewusst zur Schau. Seine durchschnittlich 530 Hofangestellten pro Jahr überragten mit Abstand die übrigen weltlichen Reichsfürstenhöfe. Allein der weit überdimensionierte Württemberger Hof übertraf Weimar dauerhaft. Ansonsten gehörte Weimar zu den größten Fürstenhöfen des Alten Reiches. Den damit symbolisierten Ranganspruch des Herzogshauses unterstrich Carl August mit einer exklusiv ständischen Besetzung seiner Hofämter. Das war wichtig, da es unter Fürsten nicht darauf ankam, *dass* man bedient wurde, sondern *von wem* man bedient wurde. Die soziale Herkunft der Hofbediensteten war entscheidend, um Weimar von Fürsten niederen Ranges abzugrenzen. Die Idee vom kleinen, bedeutungslosen Musenhof, an dem das Zeremoniell zurückgesetzt wurde, um Dichter und Denker ohne Rücksicht auf Stan-

---

7 Dazu gehörte auch die Neueinführung der Kammerherrencharge. Vgl. z.B. Stefanie Freyer: Epochal ohne Musenhof. Weimar um 1800. In: Siegrid Westphal, Hans-Werner Hahn und Georg Schmidt (Hrsg.): Die Welt der Ernestiner. Ein Lesebuch. Wien, Köln, Weimar 2016, S. 242–250.

8 Vgl. Freyer: Hof (Anm. 1), S. 177–234, 258–266, 300–305 et passim.

9 Vgl. z.B. LATh – HStA Weimar, Urkunden, 1775 Sept. 30, Bl. 3v–4r (Regelungen zum Hof in Louises Ehevertrag, der ihr zwei bis drei Hofdamen zugestand); LATh – HStA Weimar, Urkunden, 1756 März 16 (Anna Amalias Ehevertrag); LATh – HStA Weimar, Fürstenhaus A 145, Bl. 100r.

10 Der Rang bemaß sich nach der Sessionsordnung des Reichstages, auf dem Weimar seit 1799 die weltliche Fürstenbank anführte. Vgl. z.B. Karl Härter: Reichstag und Revolution 1789–1806. Die Auseinandersetzung des immerwährenden Reichstags zu Regensburg mit den Auswirkungen der Französischen Revolution auf das Alte Reich. Göttingen 1991, S. 655–657.

desschranken versammeln zu können, gehört daher in das Reich der langgepflegten Weimarer Mythen des 19. Jahrhunderts.[11]

Anna Amalia, Louise und Maria Pawlowna fügten sich nach 1775 nahtlos in diese personelle Repräsentationsstrategie Carl Augusts ein, was an dem zeremoniellgerechten sozialen Profil deutlich wird, nach denen sie ihre Hofdamen aussuchten: Sie waren relativ jung, nicht verheiratet und stammten aus angesehenen adligen Familien Sachsen-Weimar-Eisenachs oder aus den Herkunftsterritorien der Fürstinnen. Oftmals bestanden bereits verwandtschaftliche Netzwerke und Bekanntschaften zum Weimarer Hof. Anna Amalia und Louise förderten zudem die Vernetzung mit loyalen Familien aus ihrer Heimat Braunschweig bzw. Hessen und betrieben gezielt Klientelpolitik. Sympathien, bestimmte Fähigkeiten oder persönliche Bekanntheit waren hingegen selten ausschlaggebend.

Mit Blick auf die Repräsentationsfunktion des Hofes ist die exklusive Herkunft der Weimarer Hofdamen bemerkenswert. Unter Carl Augusts Regentschaft glänzten fast alle mit einer 8-fachen oder 16-fachen Adelsprobe, viele konnten sogar 32 adlige Ahnen vorweisen. Von den insgesamt 19 Hofdamen, die nach 1775 dienten, gehörten zudem knapp drei Viertel, also 14 Hofdamen, dem titulierten Adel an und trugen den Titel einer Gräfin oder (Reichs-)Freiin.[12] Mit diesem elitären sozialen Profil waren die Hofdamen ein ganzes Stück von dem entfernt, was das Zeremoniell für Reichsfürstinnen forderte. Weimar schien sich offenbar an dem höherrangigen Zeremoniell für Kurfürstinnen orientiert zu haben.[13] Die Zahl von durchschnittlich etwa zwei Hofdamen pro Fürstin entsprach gleichwohl der Norm deutscher Reichsfürstenhöfe und milderte die Aussagekraft der exklusiven Geburt.[14] Die Weimarer Fürstinnen wählten also keine übertriebene, wohl aber eine ihrem hohen Reichsrang angemessene Repräsentation.

Zu Zeiten der vormundschaftlichen Regentschaft Anna Amalias war das ständische Herkunftsniveau noch niedriger. Weder die aus Braunschweig-

[11] Vgl. Freyer: Hof (Anm. 1).

[12] Ausführlich ebd., S. 365–367. Nicht einbezogen sind die drei Hofdamen, die vor 1775 ausschieden: Charlotte von Stein, Charlotte Christine von Quernheim verh. von Witzleben und Henriette von Schlotheim.

[13] Die wenigen Hofdamen ohne altadligen Stammbaum hatten jeweils eine besondere Beziehung zur Herzogsfamilie, so z.B. Eugenie von Staff (1790–1847), die eine illegitime Urenkelin von Herzog Ernst August war. Vgl. Wolfgang Huschke: Herkunft und Schicksale des Geschlechts der Freiherren von Brenn. In: Genealogie 11/12 (1962/63), S. 105–114.

[14] Vgl. Freyer: Hof (Anm. 1), S. 361 f.

Wolfenbüttel mitgebrachte 28-jährige Hofdame Johanna Luitgard von Nostitz (1728–1790)[15] noch die einheimische, kaum 16-jährige Charlotte von Schardt[16] – die ihre Verpflichtung wohl der Stellung ihres Vaters als Weimarer Hofmarschall zu verdanken hatte – konnten einen beeindruckenden Stammbaum vorlegen. Allein die damals noch anwesende dritte Hofdame, Henriette von Schlotheim, entstammte dem alten Thüringer Adel.[17]

Allesamt erfüllten jedoch das zweite Kriterium des Zeremoniells: Sie waren nicht verheiratet. Diese Bedingung erklärt sich mit dem Sinn und Zweck der Tätigkeit. Eine Hofdame fungierte als standesgemäße Gesellschafterin und hatte ihre Herrin immer zu begleiten, wenn diese es wünschte. Eine Fürstin trat nie allein, sondern immer mit Gefolge auf. Sobald sich Anna Amalia, Louise oder Maria Pawlowna außerhalb ihrer Gemächer bewegten, mussten die Hofdamen ihnen Gesellschaft leisten und dem Hof bzw. der Öffentlichkeit den Rang und Stand der Herrin durch die eigene exklusive Geburt vor Augen führen.[18] Dazu gehörten Aktivitäten wie Spazierfahrten und -gänge, Audienzen, das Cour-Halten, Bälle, Theater- bzw. Konzertbesuche und Reisen. Im Gegensatz zu den Kammerherren und -junkern, die nur alle paar Wochen Dienst taten, wechselten sich die Hofdamen nicht ab.[19] Sie hatten stets präsent zu sein und den Tagesablauf der Fürstin zu teilen. Die Hofdamen der sportlichen Louise mussten zum Beispiel täglich die »schnelle Morgenpromenade« ihrer Herrin mitmachen und beklagten wegen der körperlichen Anstrengung oft ihre Müdigkeit an der Mittagstafel.[20] Louises Leidenschaft für Kartenspiele, mit denen sie sich bevorzugt die Zeit vertrieb, rief dagegen offenbar keine Klagen hervor.[21] Ähnlich scheint das Laienschauspiel auf Zustimmung getroffen zu sein. Fast

---

15 Vgl. Joachim Berger: Anna Amalia von Sachsen-Weimar-Eisenach (1739–1807). Denk- und Handlungsräume einer ›aufgeklärten‹ Herzogin. Heidelberg 2003, S. 401; Wolfgang Huschke: Forschungen zur Geschichte der führenden Gesellschaftsschicht im klassischen Weimar. In: Forschungen zur thüringischen Landesgeschichte. Festschrift für Friedrich Schneider. Weimar 1958, S. 55–114, hier S. 79.

16 Nur väterlicherseits entstammte sie dem Altadel. Vgl. Arnold von Velden: Die Ahnentafel für Goethes Freundin Charlotte von Stein geb. von Schardt. In: Familiengeschichtliche Blätter 21 (1923), Sp. 11–14.

17 Vgl. Berger: Anna Amalia (Anm. 15), S. 402.

18 Vgl. Moser: Hofrecht (Anm. 4), Bd. 2, S. 164f.

19 Zu den Weimarer Kammerherren vgl. Freyer: Hof (Anm. 1), S. 392–428.

20 Carl Wilhelm Freiherr von Lyncker: Ich diente am Weimarer Hof. Aufzeichnungen aus der Goethezeit. Hrsg. von Jürgen Lauchner. Köln, Weimar, Wien 1997, S. 73.

21 Vgl. ebd., S. 74.

alle Hofdamen beteiligten sich an den Aufführungen des Liebhabertheaters oder übernahmen Rollen in den von Goethe inszenierten Maskenaufzügen.[22] Der Hofdienst bedeutete also nicht nur stete Anwesenheit,[23] sondern auch aktive Mitgestaltung der höfischen Unterhaltung.

Als Gegenleistung erhielten die Hofdamen eine Komplettversorgung: Sie wohnten im Schloss bzw. herrschaftlichen Häusern, wurden verköstigt, materiell ausgestattet, entlohnt[24] und erhielten eine standesgemäße Bedienung durch Dienstmädchen und Hoflakaien. Für Louises Hofdamen war dies schon im Ehevertrag mit Carl August spezifiziert worden.[25] Die umfassende Integration in den höfischen Haushalt ermöglichte die ständige Verfügbarkeit der Damen für die Fürstin, bot zugleich aber auch den Zugang zu exklusivem Wissen über »höfische Kulturstandards und Kulturtechniken«.[26] Über die Elementarbildung hinaus schuf dies äquivalent zur Kavalierstour und »zur höfischen Ausbildung der männlichen Standesgenossen einen institutionalisierten Übergang zwischen Jugend und

---

[22] Vgl. ebd., S. 50 f.; Marko Kreutzmann: [Art.] Constanze (Constantia) Gräfin von Fritsch. In: Stefanie Freyer, Katrin Horn und Nicole Grochowina (Hrsg.): FrauenGestalten Weimar-Jena um 1800. Ein bio-bibliographisches Lexikon. Heidelberg ²2009, S. 133–135; Ders.: [Art.] Henriette Antonia Albertine Freiin Wolfskeel von Reichenberg, verh. von Fritsch (1776–1859). In: ebd., S. 397–399; Hendrikje Carius: [Art.] Johanna Maria (Marianne) Henriette von Wedel, geb. von Wöllwarth-Essingen (1750–1815). In: ebd., S. 376 f.; Sandra Czaja: [Art.] Luise Ernestine Christiane Juliane von Göchhausen (1752–1807). In: ebd., S. 151–156; Stefanie Freyer: [Art.] Louise Adelaide (Adelheid) Waldner von Freundstein (1746–1830). In: ebd., S. 373–375.

[23] Kam eine Hofdame dem nicht nach, löste dies großen Ärger aus. Amalie von Imhoff verreiste in Abwesenheit der Herzogin Louise, kehrte aber später als diese an den Hof zurück. Louise war ob der Absenz höchst verstimmt. Vgl. Henriette von Knebel an Carl Ludwig von Knebel, 16. September 1802; Aus Karl Ludwig von Knebels Briefwechsel mit seiner Schwester Henriette (1774–1813). Ein Beitrag zur deutschen Hof- und Literaturgeschichte. Hrsg. von Heinrich Düntzer. Jena 1858, S. 153 f.

[24] Die Weimarer Hofdamen erhielten zusätzlich zu ihrer Vollversorgung 300 Reichstaler jährlich, die Hofdamen des Witwenhofes sogar 330 Reichstaler pro Jahr. Vgl. z.B. LATh – HStA Weimar, Fürstenhaus A 978–1041; LATh – HStA Weimar, Dienersachen B 25820 und B 25825; LATh – HStA Weimar, Großherzogliches Hausarchiv A XXV, Akten Nr. 55.

[25] Vgl. LATh – HStA Weimar, Urkunden, 1775 Sept. 30, § 8, Bl. 3v–4r. Nach dem Umzug ins neu errichtete Schloss 1803 bekamen Louises Hofdamen wegen ihrer weit auseinander liegenden Zimmer sogar jeweils ein eigenes Laufmädchen gestellt. Vgl. LATh – HStA Weimar, Hofmarschallamt Nr. 642, Bl. 20–25.

[26] Keller: Frauenzimmer (Anm. 1), S. 140.

Erwachsenenleben«.[27] Entsprechend gefragt waren die Hofstellen unter den Adelsfamilien mit Töchtern. Die Damen lernten gesellschaftlich-höfisches Benehmen, Konversation und knüpften hochrangige Netzwerke. Das war attraktiv und verwandelte den Hof in eine Art Heiratsmarkt.[28] Die jungen, gebildeten, vernetzten ledigen Adelsdamen waren als Gattinnen begehrt.

Dies aber schuf Probleme für die Fürstinnen. Damit sie vollends über die Zeit ihrer Hofdamen verfügen konnten und nicht mit Ansprüchen von Ehemännern kollidierten, mussten die Damen ungebunden sein. Der Ehestand war daher nicht erwünscht. Im Gegensatz zu Frankreich, wo Hofdamen gewöhnlich verheiratet waren,[29] war dies an deutschen Höfen spätestens seit der Mitte des 17. Jahrhunderts eine Tradition,[30] die auch Anna Amalia, Louise und Maria Pawlowna pflegten. Sobald eine Hofdame in den Ehestand trat, schied sie aus dem Hofdienst aus. So wurde es auch bei Charlotte von Schardt gehandhabt, als sie nach sieben Jahren Hofdamendienst für die vormundschaftlich regierende Anna Amalia den (Ober-) Stallmeister Josias Freiherr von Stein im Mai 1764 ehelichte.[31] Der Austritt war zuvor sanktioniert worden – Hofangehörige durfte eine Ehe nur mit Erlaubnis der Herrschaft schließen.[32]

In den untersuchten 60 Jahren gab es am Weimarer Hof nur eine Frau, die auch nach ihrer Heirat noch dauerhaft als Hofdame Dienst tun durfte: Marianne von Wöllwarth (1750–1815). Sie war 1775 als ledige Hofdame der frischvermählten Louise nach Weimar gekommen und hatte schnell das Vertrauen der regierenden Herzogin erlangt. Nach sieben Jahren Hofdienst erhielt sie die Erlaubnis, Moritz von Wedel (1752–1794) heiraten zu dürfen.[33] Dass sie trotzdem weiter im Hofdienst blieb, erklärt sich zum

[27] Keller: Hofdamen (Anm. 2), S. 200.

[28] Das galt für Weimar wie für das gesamte Alte Reich. Vgl. Freyer: Hof (Anm. 1), S. 178, 362–365; Keller: Frauenzimmer (Anm. 1), bes. S. 148–156; Diemel: Frauen (Anm. 2), S. 43–47.

[29] Vgl. Schleuning: Hof (Anm. 2), S. 124–127 et passim.

[30] Vgl. z.B. Keller: Frauenzimmer (Anm. 1), S. 136.

[31] Vgl. Christian Hain: [Art.] Charlotte Albertine Ernestine von Stein, geb. von Schardt (1742–1827). In: Freyer u.a. (Hrsg.): FrauenGestalten (Anm. 22), S. 350–365, hier S. 350.

[32] Es gab auch Verbote, wie bei der Hofdame Adelaide von Waldner und dem Kammerherrn Friedrich Hildebrandt von Einsiedel (1750–1828), dem Anna Amalia keine Heiratserlaubnis erteilte. Vgl. Berger: Anna Amalia (Anm. 15), S. 439.

[33] Vgl. Kirchenarchiv Weimar, Heiratsregister, Hofkirche 1782, Bl. 259 sowie Carius: Wedel (Anm. 22), S. 376f.

einen mit der Verfügungsgewalt des Herzogspaares über ihren Ehemann, der als Kammerherr und Oberforstmeister am Weimar Hof angestellt und dem Herzog als Jugendfreund eng verbunden war.[34] In den ersten Jahren nach Carl Augusts Regierungsantritt war Moritz von Wedel in der Regel der Dritte im Bunde, wenn der Herzog mit Goethe Zeit verbrachte und zum Beispiel ohne die Hofgesellschaft in kleiner Runde auf seinem Zimmer speiste, eine Reise unternahm oder zur Jagd ausritt.[35] Mit seiner Anwesenheit legalisierte Wedel die Unternehmungen des Herzogs mit dem bürgerlichen Goethe als standesgemäß. Seine Stellung als erster, dauerhafter Kammerherr[36] entsprach in etwa der seiner späteren Gattin, beide genossen die exklusive Nähe und das Vertrauen des Herzogspaars. Dass Marianne von Wedel trotz Ehe nie aus dem Hofdienst ausschied, lässt sich zum anderen aber auch mit ihrer Kinderlosigkeit begründen. Sie musste sich nie zwischen ihrer Pflicht als Hofdame und der Mutterrolle entscheiden.

Die Handlungsspielräume der Weimarer Hofdamen waren also in erster Linie durch die Anwesenheitspflicht und die Ehelosigkeit konturiert. Die Rolle als Gattin und Hausfrau ließ sich nur im Ausnahmefall, die Rolle als Mutter – d.h. ein reguläres Familienleben – gar nicht mit dem Dienst am Hof vereinbaren.[37] Hofdamen hatten sich für das Eine oder das Andere zu entscheiden:[38] So versah Henriette von Wolfskeel, die seit

---

34 In England durften die Hofdamen unter Königin Anna (1574–1619) nur dann heiraten, wenn der Ehemann ebenfalls im Dienste des Hofes stand. Vgl. Akkerman und Houben: Introduction (Anm. 2), S. 21.

35 Vgl. LATh – HStA Weimar, Hofmarschallamt Nr. 4525–4543.

36 Ab 25. Februar 1776 war Wedel offiziell erster Kammerherr des Herzogs; vgl. LATh – HStA Weimar, Hofmarschallamt Nr. 4525, Bl. 31v.

37 Zur Konstruktion, Dekonstruktion und Praxis der klassischen Trias der ›Gattin, Hausfrau und Mutter‹, die um 1800 als wesentliches Normmodell galt, vgl. z.B. Julia Di Bartolo: Selbstbestimmtes Leben um 1800. Sophie Mereau, Johanna Schopenhauer und Henriette Egloffstein in Weimar und Jena. Heidelberg 2008; Julia Frindte und Siegrid Westphal (Hrsg.): Handlungsspielräume von Frauen um 1800. Heidelberg 2005; Katharina Rennhak und Virginia Richter (Hrsg.): Revolution und Emanzipation: Geschlechterordnungen in Europa um 1800. Köln 2004; Rebekka Habermas: Frauen und Männer des Bürgertums. Eine Familiengeschichte (1750–1850). Göttingen 2000; Ulrike Weckel: Zwischen Häuslichkeit und Öffentlichkeit. Die ersten deutschen Frauenzeitschriften im späten 18. Jahrhundert und ihr Publikum. Tübingen 1998; Anne-Charlott Trepp: Sanfte Männlichkeit und selbständige Weiblichkeit. Frauen und Männer im Hamburger Bürgertum zwischen 1770 und 1840. Göttingen 1996.

38 Uneheliche Schwangerschaften führten in der Regel unmittelbar zur Entlassung aus dem Hofdienst. Vgl. Freyer: Hof (Anm. 1), S. 181–183.

1793 als Hofdame bei Anna Amalia tätig war, nach ihrer Heirat mit Carl Wilhelm von Fritsch (1769–1851) im Jahr 1803 zwar zunächst weiter ihren Dienst, mit der bald anstehenden Geburt ihres ersten Sohnes Carl von Fritsch (1804–1892) nahm sie jedoch ihren Abschied.[39] Da sie das besondere Vertrauen Anna Amalias genoss, spekulierten Verehrer schon Jahre zuvor, dass sie ihren Hofdienst aus finanziellen Gründen auch als Ehefrau fortsetzen dürfe; Kinder spielten bei diesen Überlegungen allerdings keine Rolle.[40] Anders entschied sich hingegen Caroline von Beust (1785–1845), die nach nur zwei Ehejahren im noch jugendlichen Alter verwitwet war. Statt der Mutterrolle wählte sie das Hofdamenamt und gab ihre zweijährige Tochter in die Obhut ihrer Mutter, um Maria Pawlowna komplett zur Verfügung stehen zu können.[41] Außergewöhnlich war daher im Jahre 1811 die Verpflichtung von Henriette von Pogwisch (1776–1851), die ihre beiden jugendlichen Töchter zwar ebenfalls in Obhut gab, aber nur von ihrem Gatten getrennt lebte und erst 1820 offiziell geschieden wurde. Am Hof war dies offensichtlich nicht bekannt, da Henriette von Pogwisch ab 1815 regelmäßig in Zertifikaten vom Weimarer Hofmarschallamt bestätigt bekam, dass sie »unverheyrathet« und ab 1826 »seit dem Ableben ihres Herrn Gemahls nicht wieder verheyrathet gewesen« sei.[42] Da Wilhelm Julius von Pogwisch erst 1836 dahinscheiden sollte,[43] scheint es so, als ob die Hofdame ihren Gatten zwischen 1807 und 1815 für die Öffentlichkeit

[39] Vgl. Kirchenarchiv Weimar, Heiratsregister, Hofkirche 1803, Bl. 15 r; Kirchenarchiv Weimar, Taufregister, Hofkirche 1804, Bl. 321 r; Kreutzmann: Wolfskeel (Anm. 22), S. 397–399; Ders: Zwischen ständischer und bürgerlicher Lebenswelt. Adel in Sachsen-Weimar-Eisenach 1770 bis 1830. Köln, Weimar, Wien 2008.

[40] Vgl. Karl von Brühl an Leo von Seckendorf, 16. Mai 1800; Leo von Seckendorf. Korrespondenzen der Goethezeit. Edition und Kommentar. Hrsg. von Michael Grus. Bd. 1: Text. Berlin 2014, S. 271–277, hier S. 276.

[41] Vgl. LATh – HStA Weimar, Großherzogliches Hausarchiv XXV, Korrespondenzen B 134, Bl. 1 f.; Stefanie Freyer: [Art.] Friederike Caroline Gräfin von Beust, geb. von Reitzenstein (1785–1845). In: Dies. u.a. (Hrsg.): FrauenGestalten (Anm. 22), S. 83–86.

[42] Diese Quittungen waren üblich, um Pensionen beziehen zu können. Vgl. LATh – HStA Weimar, Hofmarschallamt Nr. 347, Bl. 4–11.

[43] Vgl. Wolfgang Huschke: Genealogische Streifzüge durch das klassische Weimar. In: Peter Berglar (Hrsg.): Staat und Gesellschaft im Zeitalter Goethes. Festschrift für Hans Tümmler zu seinem 70. Geburtstag. Köln, Wien 1977, S. 61–93, hier S. 86 f.; Bernhard Gajek: Goethe, Ottilie Wilhelmine Ernestine Henriette von, geb. von Pogwisch. In: Neue deutsche Biographie. Hrsg. von der Historischen Kommission bei der Bayerischen Akademie der Wissenschaften. Berlin 1953 ff., Bd. 6 (1964), S. 575 f.

hatte sterben lassen, um Aufsehen wegen ihres Familienstandes am Hof zu vermeiden. Ob Herzogin Louise von dem offenbar noch quicklebendigen Ehegatten Kenntnis besaß, ist unklar. Dessen ungeachtet war es zu einem Tabubruch gekommen: Denn entweder hatte Henriette von Pogwisch ihre Herrin über ihren wirklichen Familienstand angelogen oder aber die regierende Herzogin hatte sich über die Etikette des Weimarer Hofes hinweggesetzt.[44]

Statt Hausfrau, Gattin und Mutter kamen Hofdamen andere Rollen zu: Zunächst und in erster Linie waren sie rang- und standesgemäße Gesellschafterinnen der Fürstinnen. Im künstlerisch-intellektuell aufgeschlossenen Weimar eröffnete dies am Hof die Möglichkeit, verschiedene Talente ausleben und professionalisieren zu können. Amalie von Imhoff (1776–1831) verfeinerte zum Beispiel während ihrer Zeit am Hof ihr Geschick im Kupferstechen und Portraitmalen, wobei ihr die Mitglieder der Hofgesellschaft als Modelle dienten.[45] Als Dilettantinnen traten die Hofdamen innerhalb der höfischen Gesellschaft auf diversen Feldern hervor – vom Laienschauspiel über die Schriftstellerei und Malerei bis hin zur Musik. Sie waren dabei aber stets in ihrer Rolle als Gesellschafterinnen der Fürstin an die ständischen (Verhaltens-)Regeln des Zeremoniells zur Manifestation und Demonstration sozialer Distinktion gebunden.[46]

Gleichwohl partizipierten sie nicht nur an höfischer Geselligkeit, sondern traten auch aktiv selbst als Gastgeberinnen hervor, da die jeweiligen Tagesabläufe der Fürstinnen trotz der prinzipiellen Präsenzpflicht auch kleinere Freiräume boten: Herzogin Louise zog sich zum Beispiel abends regelmäßig allein zurück und überließ ihren zwei bis drei Hofdamen somit Zeit zur freien Verfügung, die diese gewöhnlich zum Lesen und Schreiben oder für gesellige Zusammenkünfte nutzten, also Salons besuchten oder selbst in ihre Räumlichkeiten zu Tee- und Leserunden einluden. Auch Anna Amalia ließ dies im begrenzten Maße zu. So durfte Louise von Göchhausen in den Herbst- und Wintermonaten einige Gäste sonnabends zum Frühstück in ihre Mansardenzimmer im Witwenpalais laden.[47] Während dieser als »Freundschaftstage« tradierten Geselligkeiten wurden »ein kleines Gedicht,

---

[44] Zu Louises Motiven vgl. Freyer: Hof (Anm. 1), S. 378–381.

[45] Vgl. Christian Hain: [Art.] Anna Amalie von Imhoff (Imhof), verh. von Helvig (1776–1831). In: Freyer u.a. (Hrsg.): FrauenGestalten (Anm. 22), S. 196–201.

[46] Vgl. dazu z.B. auch Di Bartolo: Leben (Anm. 37), S. 231f.

[47] Vgl. z.B. Werner Deetjen: Einleitung. In: Die Göchhausen. Briefe einer Hofdame aus dem klassischen Weimar. Zum ersten Male gesammelt und hrsg. von Werner Deetjen. Berlin 1923, S. 1–15, hier S. 9–11.

eine neue Komposition, ein neues Buch, bald eine scherzhafte Erzählung oder auch nur eine interessante Anekdote« vorgestellt.[48]

Die Zirkel der Hofdamen waren nicht nur wegen der angenehmen Gesellschaft begehrt, sondern auch wegen der Möglichkeit, dort auf direktem Wege Anliegen an die Herrschaft kommunizieren zu können. Hofdamen – und dies war eine weitere wichtige Rolle – fungierten im Patronagesystem des Hofes als mächtige Vermittlerinnen bzw. Maklerinnen, wobei sie zugleich als »patron, client or broker«[49] agierten. Unter den Gästen und Neuankömmlingen Weimars wurden oft Ratschläge ausgetauscht, wer am besten zu kontaktieren sei. So galt es zum Beispiel Louise von Göchhausen zu bekomplimentieren, um zu Anna Amalia zu gelangen. Ein gutes Verhältnis zu ihr war »sehr nützlich«, um »offt bey der Herzogin [Anna Amalia] zu Tisch gebeten zu werden, denn sie ist es doch gewöhnlich welche der Herzogin solche Sachen vorträgt und mit Manier daran erinnert diesen oder jenen zu Tisch zu behalten«.[50] Louise von Göchhausen ebnete nicht nur den Weg zu Anna Amalia, sondern verschaffte auch den Anliegen jener, die nicht hoffähig waren, auf informellem Weg Gehör.[51] Hofdamen wie sie wurden auf diese Weise zu zentralen Akteurinnen am Hof und konnten – je nach Ambitionen – einen bedeutenden Teil jener Macht auf sich vereinen, die dort durch fürstliche Gunst generiert wurde.

II. Damen ohne Amt am Weimarer Hof

Zu derart viel Einfluss wie die Hofdamen gelangten selten jene Damen, die sich ohne Amt in der Weimarer Hofgesellschaft bewegten. Zwar hatten auch sie Zugang zum Hof und damit zur fürstlichen Familie, da sie als Gäste zum Beispiel an der Hoftafel speisten und auch an Bällen, Konzerten, Redouten und Geselligkeitsrunden teilnahmen. Dieser Zutritt war jedoch von dem Wohlwollen und der mitunter schwankenden Gunst der

[48] Amalie von Voigt: Die Freundschaftstage des Fräulein Göchhausen. Eine Skizze von Cäcilie. In: Weimars Album zur vierten Säcularfeier der Buchdruckerkunst. Am 24. Juni 1840. Weimar 1840, S. 119–134, hier S. 125.

[49] Akkerman und Houben: Introduction (Anm. 2), S. 4f.

[50] K. von Brühl an L. von Seckendorf, 16. Mai 1800; Grus (Hrsg.): Korrespondenzen (Anm. 40), S. 273.

[51] Vgl. z.B. Czaja: Göchhausen (Anm. 22), S. 152; Di Bartolo: Leben (Anm. 37), S. 155, 177.

Herrschaft abhängig.[52] Es bedurfte vonseiten der Fürstenfamilie einer offiziellen Einladung, die jeweils nur für einzelne Anlässe und Ereignisse ausgesprochen wurde, immer wieder erneuert werden musste und jederzeit unbegründet ausbleiben konnte. Adlige waren zwar qua Geburt hoffähig, hatten aber kein Anrecht auf eine Teilnahme an höfischen Geselligkeiten. Die stete Anwesenheitspflicht der Hofdamen erscheint vor diesem Hintergrund daher weniger als lästige Pflicht als vielmehr als ein exklusives Vorrecht. Hofdamen mussten nicht nur in der Nähe der Herrschaft sein, sie durften deren Nähe auf Dauer genießen. Damen ohne Amt war hingegen nur eine temporäre Nähe in der Hofgesellschaft gestattet.

Genau diese Temporärität, also die zeitlich begrenzte und jederzeit kündbare Präsenz am Hof, erklärt, weshalb das Zeremoniell bei der bloßen Hofgesellschaft wesentlich geringere Ansprüche an den sozialen Stand stellte. Zwar war zum Beispiel für die Einladung an die Hoftafel prinzipiell der Adelsstand vonnöten. Die Adelsqualität, also der Adelstitel oder die Zahl der adligen Vorfahren, spielte aber keine Rolle. Auch neu Nobilitierten und selbst verdienten Bürgerlichen bot das Zeremoniell schon inhärent Spielräume für den repräsentativen geselligen Kontakt mit der Fürstenfamilie. So konnten auch jene Nichtadligen an Hof geladen werden, die »in einem hohen Character« standen, also mindestens einen Ratstitel besaßen.[53]

Carl August nutzte den Spielraum des Zeremoniells für die Einladung Bürgerlicher häufig, achtete jedoch auf deren adelsäquivalenten Titel. Die exemplarische Auswertung der Tafelgäste in den 15 Jahren zwischen 1790 und 1804 zeigt, dass 98 Prozent der Gäste den sozialen Anforderungen des Zeremoniells entsprachen.[54] Selbst für Goethe wurde nach dessen Ankunft in Weimar keine Ausnahme gemacht.[55] Carl August lud ihn erst regelmäßig vor der Hoföffentlichkeit an die Tafel, nachdem er ihn zum Legationsrat ernannt und damit die Hoffähigkeit verliehen hatte. Die Tafelrunde des Weimarer Hofes war demnach weit davon entfernt, ständisch ungezwungen

---

[52] Für Weimar vgl. Stefanie Freyer: Der gewahrte Stand. Die Tafelgäste des Weimarer Hofes im ausgehenden 18. Jahrhundert. In: Klaus Ries (Hrsg.): Zwischen Hof und Stadt. Aspekte der kultur- und sozialgeschichtlichen Entwicklung der Residenzstadt Weimar um 1800. Weimar 2006, S. 111–124. Für Wien belegt von Keller: Hofdamen (Anm. 2), S. 188f.

[53] Vgl. Moser: Hofrecht (Anm. 4), Bd. 2, S. 516.

[54] Nur zwei Prozent erfüllten die Ansprüche nicht, speisten aber nie regelmäßig, sondern nur ein bis zwei Mal an der Hoftafel. Vgl. Freyer: Stand (Anm. 52).

[55] Vgl. Stefanie Freyer: Weimars Mythos auf dem Prüfstand. Höfische Personalpolitik am Beispiel Goethes und des Freiherrn von Spiegel. In: Jahrbuch der Stiftung Thüringer Schlösser und Gärten 19 (2015), S. 39–52, bes. S. 46–48.

zahlreiche nichtadlige Geistesgrößen und Kulturschaffende zu versammeln, so wie es die Historiographen des 19. Jahrhunderts glaubten.[56] Diesen Teil des Mythos um den Musenhof gilt es für den regierenden Herzog ebenfalls zu verabschieden.

Die soziale Öffnung für Bürgerliche mit Ratstitel galt in Weimar ausschließlich für Männer. Frauen, die nicht oder nicht mehr dem Adelsstand angehörten, blieben aus der repräsentativen Hofgesellschaft ausgeschlossen. Das galt auch für Charlotte (von) Schiller. Als geborenes Fräulein von Lengefeld speiste sie an der Weimarer Hoftafel, als verheiratete Frau Hofrat Schiller wurde sie hingegen nicht mehr öffentlich eingeladen. Mit dem Abstieg in den bürgerlichen Stand hatte sie ihre Privilegien verloren. Das änderte sich erst wieder mit der Nobilitierung ihres Gatten 1802. Schiller zeigte sich von der Standeserhöhung in seinen Briefen unbeeindruckt, aber wohl wissend um die Bedeutung für seine Frau, die nun »recht in ihrem Element [sei], da sie mit ihrer Schleppe am Hofe herumschwänzelt.«[57] Sie war erneut hoffähig und konnte sich offiziell als Dame in der Hofgesellschaft bewegen. Tatsächlich verzeichnete der Fourier kurze Zeit nach der Nobilitierung die nunmehrige Frau von Schiller als Gast der Hoftafel.[58]

Im Vergleich zu den ständischen Ansprüchen, die an die Weimarer Hofdamen gestellt wurden, waren die sozialen Zugangsbedingungen zur Hofgesellschaft weit weniger exklusiv. Das ermöglichte es einem größeren Kreis einheimischer und auswärtiger Adelsdamen, deren Ehemänner, Väter, Mütter oder andere Verwandte oftmals in Weimarer Diensten standen, an der Hofgesellschaft zu partizipieren und die Nähe der Herrscherfamilie zu genießen – wenn auch nur zu bestimmten Zeiten und Anlässen: Zu großen Festen und besonderen kirchlichen, dynastischen oder landestypischen Feiern waren Damen und Fräuleins ohne Amt stets gern gesehene Gäste, zu gewöhnlichen Tafeln hatten sie hingegen eher selten Zutritt. In der Regel wurden sie abends, bevorzugt sonntags an den Hof gebeten.[59] Dieser temporäre Zugang begrenzte den Einfluss der Damen am Hofe im Vergleich zu den beständig anwesenden Hofdamen. Das war wohl gewünscht, immerhin standen nur die Hofdamen in einem unmittelbar zu kontrollierenden Abhängigkeitsverhältnis zur Fürstenfamilie. Damen ohne

---

[56] So z.B. Wilhelm Wachsmuth: Weimars Musenhof in den Jahren 1772–1807. Historische Skizze. Berlin 1844; Ders.: Der Musenhof der Herzogin Anna Amalie. Berlin 1908; Ders.: Der weimarische Musenhof 1756–1781. Berlin 1917.

[57] Friedrich von Schiller an Friedrich Wilhelm Christian Karl Ferdinand von Humboldt, 3. März 1803; NA, Bd. 32, S. 13.

[58] Vgl. LATh – HStA Weimar, Hofmarschallamt Nr. 4552, S. 17, 91.

[59] Vgl. LATh – HStA Weimar, Hofmarschallamt Nr. 4539–4553.

Hofamt agierten daher in der Regel in einem wesentlich geringeren Maße als Vermittlerinnen bzw. Gunst-Agentinnen.

Gleichwohl spielten sie am Hof eine wesentliche gesellschaftliche Rolle, insbesondere beim sozial-politischen Informationsaustausch und bei der musisch-künstlerisch-intellektuellen Unterhaltung. Wie die Hofdamen konnten sie als Dilettantinnen ihre Talente bei entsprechenden Gesellschaften des Weimarer Hofes einbringen. Da sie keinen höfischen Dienstverpflichtungen unterlagen und sich zudem zusätzlich in außerhöfischen Geselligkeiten bewegten, konnten sie diese unter Umständen in einem ganz anderen Grade bis hin zur Professionalisierung verfeinern. Als erfolgreiches Beispiel kann Charlotte von Seebach verh. von Ahlefeld (1777–1849) gelten, die in einem engen Verhältnis zu Herzogin Louise stand und schon im Alter von 16 Jahren als Schriftstellerin debütierte, um danach mit beinahe 50 Bänden an Romanen, Erzählungen, Gedichten, Reiseberichten und Tagebüchern in Erscheinung zu treten.[60]

Der markanteste Unterschied zwischen Hofdamen und Damen der Hofgesellschaft war aber letztlich der Ehestand und der damit verbundene legitime Nachwuchs. Damen ohne Amt hatten die Möglichkeit zu heiraten, als Ehefrauen über einen eigenen, repräsentativen niederadeligen Haushalt mit Dienstpersonal zu verfügen und Kinder zu bekommen. Als Gattinnen, Hausfrauen und Mütter hatten sie anders strukturierte Netzwerke, Interessen, Erfahrungsfelder und Ressourcen. Ihr Lebensalltag musste sich nicht an den repräsentativen Pflichten, Zwängen und Vorlieben einer Fürstin ausrichten, sondern war in hohem Maße durch die eigenen (ständischen) Bedürfnisse sowie durch die eigene Familie und Kinder bestimmt, die es standesgemäß zu versorgen, auszubilden, in Anstellung zu bringen und zu verheiraten galt. Ihren Aufenthaltsort konnten sie unabhängig von einer Fürstin wählen und deshalb dort wohnen, wo es ihnen mit der Familie zusagte. Das galt auch für Reisen. Es lag in ihrem Ermessen, wann und wohin sie sich zur Erholung, Bildung oder zu Verwandten- oder Freundesbesuch begaben.[61] Damen ohne Amt hatten zudem wesentlich mehr Freiraum, ihren eigenen Neigungen entsprechend ihren familiären und ökonomischen Verhältnissen selbstbestimmt nachzugehen.[62] Es ist anzu-

---

60 Vgl. Lorely French: [Art.] Charlotte Elisabeth Sophie Louise Wilhelmine von Ahlefeld, geb. von Seebach (1777–1849). In: Freyer u.a. (Hrsg.): FrauenGestalten (Anm. 22), S. 36–41.

61 Zu den Reisen Charlotte von Steins vgl. den Beitrag von Anja Stehfest im vorliegenden Band.

62 Finanzen, Familienstruktur und soziale Normen waren die entscheidenden Einflussfaktoren. Vgl. Di Bartolo: Leben (Anm. 37).

nehmen, dass sie dadurch zum Beispiel die Gastgeberinnenrolle in anderer Qualität ausfüllten, als es die verpflichteten Hofdamen in Abhängigkeit der Fürstin tun konnten. In welchem Maße sie dies taten, gilt es allerdings noch genauer zu erforschen. Die geselligen Zusammenkünfte abseits des Weimarer Hofes stellen noch immer ein Forschungsdesiderat dar,[63] obwohl jüngste Studien davon ausgehen, dass es den einzigartigen intellektuell-kulturellen Geselligkeiten der Doppelstadt Weimar-Jena zu verdanken sei, dass gerade hier Dichter und Denker eine phänomenale Wirkungskraft entfalteten und die kulturelle Blüte um 1800 initiierten.[64]

III. Die außergewöhnliche Stellung der Charlotte von Stein

Charlotte von Stein hatte beide Rollen nacheinander inne: Seit ihrem 16. Lebensjahr diente sie Anna Amalia als Hofdame, schied mit ihrer Heirat 1764 aus deren Diensten aus, bereicherte die Weimarer Hofgesellschaft aber weiter mit ihrer Präsenz als Dame ohne Amt. Die Forschung hat diesen formellen, rechtlich einschneidenden Bruch in der Verbindung zum Hof bisher kaum thematisiert und Charlotte von Stein statt dessen die Tätigkeit als Hofdame bis zum Tode Anna Amalias 1807 zugeschrieben. Mancherorts wird dies sogar irrtümlich als ihr in der Ehe weiter »ausgeübter ›Hauptberuf‹« bezeichnet.[65] Vor allem die Populärliteratur weiß oft nicht zu unterscheiden zwischen Charlotte von Stein und ihrer gleichnamigen Schwägerin Charlotte von Stein (1734–1784), genannt »Lottinchen«, die ab 1771 als Hofdame bei Anna Amalia diente und 1784 ledig verstarb.[66]

---

63 Grundlegend Jens Riederer: Aufgeklärte Sozietäten und gesellige Vereine in Jena und Weimar zwischen Geheimnis und Öffentlichkeit 1730–1830. Sozialstrukturelle Untersuchungen und ein Beitrag zur politischen Kultur eines Kleinstaates. Diss. Masch. Jena 1995. Nur wenige neuere Studien gehen darüber hinaus, so z.B. Di Bartolo: Leben (Anm. 37); Kreutzmann: Lebenswelt (Anm. 39).

64 Vgl. Georg Schmidt und Andreas Klinger: Hof, Herrschaft und politische Kultur. Performanz und Substanz des Ereignisses Weimar-Jena. In: Olaf Breidbach, Klaus Manger und Georg Schmidt (Hrsg.): Ereignis Weimar Jena. Kultur um 1800. Paderborn 2015, S. 13–34.

65 Jochen Klauß: Charlotte von Stein. Die Frau in Goethes Nähe. [4]Markkleeberg 2016, S. 195 (Zitat)–215 et passim.

66 Vgl. Berger: Anna Amalia (Anm. 15), S. 405; Huschke: Gesellschaftsschicht (Anm. 15), S. 78f.

Ihren Lebensweg teilte Charlotte von Stein mit mehr als der Hälfte der untersuchten 22 Hofdamen: Nur sieben von ihnen dienten ihr Leben lang bzw. bis zur Pensionierung und entschieden sich damit gegen die Rolle als Gattin, Hausfrau und Mutter.[67] Der weitaus größere Teil ging eine Ehe ein und verabschiedete sich wie Charlotte von Stein aus dem Hofdienst, was in einigen Fällen auch einen Abschied aus der Hofgesellschaft bedeutete, da die frisch Vermählten Weimar dauerhaft verließen und nur sporadisch oder gar nicht zu Besuchen zurückkehrten.[68] Etwas mehr als die Hälfte verheiratete sich gleichwohl mit Herren in Weimarer Diensten und blieb dadurch der Hofgesellschaft als Dame am Hof erhalten.[69] Keine von ihnen sollte jedoch eine derart ausnehmende Beziehung zum Fürstenhaus entwickeln wie Charlotte von Stein, die zu der 1775 in Weimar eingetroffenen Herzogin Louise – bemerkenswerterweise nicht zu ihrer einstigen Dienstherrin Anna Amalia – eine innige Freundschaft aufbaute.[70]

Der Briefwechsel zwischen Charlotte von Stein und der Herzogin Louise zeugt von einer herzlichen Verbindung der beiden Frauen,[71] in der gleichwohl die ständischen Grenzen zwischen regierendem Hochadel und landsässigem Niederadel gewahrt wurden. Im September 1792 versicherte die Herzogin gegenüber Charlotte von Stein, dass sie »niemals (…) für Jemand soviel Freundschaft gefühlt [habe] wie für Sie, und nie werde ich mich gegen Sie verändern, sondern ich werde Sie mein ganzes Leben lieben, bis zum letzten Hauche.«[72] Louise artikulierte immer wieder aufs Neue »formelhafte Liebesbekundungen«, in denen die Forschung das typi-

[67] Von den 22 Hofdamen blieben sieben ledig, zwei waren geschieden, 12 verheiratet. Ledig blieben Charlotte von Stein (1734–1784), Friederike von Riedesel (1751–1820), Caroline von und zu Egloffstein (1789–1868), Constanze von Fritsch (1781–1858), Louise von Göchhausen, Johanna Luitgard von Nostitz und Adelaide Waldner von Freundstein. Der Lebensweg von Henriette von Schlotheim ist unklar.

[68] Das galt z.B. für Amalie von Helvig, die zunächst nach Schweden, später nach Berlin und Heidelberg zog, wie auch für Eugenie von Schlitz gen. Görtz und Wrisberg, die nach Hannover ging.

[69] In Weimar und näherer Umgebung blieben ohne Hofamt Isabelle von und zu Egloffstein (1785–1869), Henriette von Fritsch, Emilie von Spiegel (1787–1870), Charlotte von Stein, Charlotte Christine von Witzleben (1760–1777), Louise von Ziegesar (1781–1855).

[70] Vgl. Paul Kühn: Die Frauen um Goethe. Weimarer Interieurs. Band II: Familie und Freundschaft. Bildung. Geselligkeit. Alter und neue Jugend. Leipzig 1921, S. 83–90.

[71] Vgl. GSA 122/8; auszugsweise abgedruckt in ebd.

[72] Ebd., S. 84.

sche »empfindsame Freundschaftsideal« der Zeit erkennt.[73] Die Beziehung lasse sich jedoch nicht auf ein bloßes Ritual reduzieren. Beide Frauen soll vielmehr eine von kleinen Aufmerksamkeiten und Zuwendung getragene »Seelenliebe« verbunden haben, die sich rasch entwickelte. Schon fünf Monate nach ihrer Ankunft in Weimar ließ die Herzogin der kranken Charlotte von Stein über Goethe ausrichten: »Sie möchten bald wieder gesund werden, denn ohne Sie sey kein Auskommens.«[74] Zwischen 1790 und 1799 erlebte die Freundschaft eine Hochphase, die sich wohl nicht zufällig mit der Zeit überschnitt, als Charlotte von Steins einstige Herrin Anna Amalia zunehmend von den Geselligkeiten des regierenden Hofes ausgeschlossen wurde.[75] Ein Tief ab 1800 bereitete Charlotte von Stein beständig Kummer, erst mit den umwälzenden Ereignissen von 1806 sollen beide wieder zueinander gefunden haben.[76]

Die Herzogin lebte ihre außergewöhnlich enge Freundschaft in den ersten Jahrzehnten demonstrativ in der Öffentlichkeit aus: Sie besuchte Charlotte von Stein im Haus an der Ackerwand, saß dort mit ihr im Sommer unter den Orangenbäumen,[77] reiste auf deren Gut in Großkochberg und nahm sie sogar selbst als Begleitung mit auf Reisen, zum Beispiel nach Frankfurt, Tümplingen oder Beichlingen.[78] Die Reisebegleitung war bemerkenswert, da dies zum typischen Aufgabenspektrum der Hofdamen gehörte. Mit dem Zeremoniell brach die Herzogin dafür zwar nicht, da sie immer zusätzlich noch eine tatsächlich verpflichtete Hofdame mitnahm – in der Regel war dies die mit Charlotte von Stein befreundete Marianne von Wedel, die mit ihrem Gatten die zweite herrschaftliche Wohnung im Haus an der Ackerwand, im Ostflügel des ehemaligen Stiedenvorwerks,

---

73 Anne Fleig: Literarische Frauenfreundschaften im kulturellen Rahmen des Weimarer Hofes. In: Evangelische Akademie Baden (Hrsg.): Freundinnen. Über Frauenfreundschaften und Frauenbeziehungen. Karlsruhe 1994, S. 31–53, hier S. 38f.

74 Goethe an Charlotte von Stein, 22. (?) Januar 1776; GB, Bd. 3 I, S. 24.

75 Vgl. Joachim Berger: Höfische Musenpflege als weiblicher Rückzugsraum? Anna Amalia von Weimar zwischen Regentinnenpflicht und musischen Neigungen. In: Marcus Ventzke (Hrsg.): Hofkultur und aufklärerische Reformen in Thüringen. Die Bedeutung des Hofes im späten 18. Jahrhundert. Köln, Weimar, Wien 2002, S. 52–81, hier S. 80f.

76 Vgl. Kühn: Frauen (Anm. 70), S. 83, 88–90.

77 Vgl. Klauß: Stein (Anm. 65), S. 221.

78 Vgl. z.B. LATh – HStA Weimar, Hofmarschallamt Nr. 4527, Bl. 64v; Nr. 4542, S. 14, 21; Nr. 4544, Bl. 28r; Nr. 4545, Bl. 80r; Nr. 4546, Bl. 76v; Nr. 4547, Bl. 46r; Nr. 4553, Bl. 74r, 96r.

bewohnte.[79] Der öffentliche Gunsterweis der als zurückhaltend geltenden Herzogin[80] an Charlotte von Stein war dennoch nicht zu überschätzen: Sie war für alle sichtbar die Favoritin der Fürstin. Die Öffentlichkeit wusste also, dass Charlotte von Stein auch ohne Hofamt und ohne stete Präsenz am Hof ein enges Vertrauensverhältnis zur regierenden Herzogin hatte und als einflussreiche Kontaktperson agieren konnte.

Dies war nicht nur in Weimar bekannt. Als die aus Franken stammende Henriette Freiin von und zu Egloffstein (1773–1864) im Alter von 14 Jahren zum ersten Mal für längere Zeit Weimar in Begleitung ihrer Mutter besuchte, wurde sie auf Vermittlung Louise von Göchhausens am Witwenhof und auf Vermittlung Charlotte von Steins am regierenden Hof eingeführt.[81] Während Ersteres dem üblichen Prozedere entsprach, da Louise von Göchhausen derzeit als Anna Amalias erste Hofdame diente, war Letzteres bemerkenswert, da Charlotte von Stein ihre Freundschaft zu Herzogin Louise nutzte, um im Handlungsrahmen einer Hofdame zu agieren. Dies war ihr offenbar selbst während der längeren Distanzphase zwischen 1800 und 1806 möglich: Als Schiller sich 1802 beschwerte, nie offiziell an den Hof geladen worden zu sein, richtete er seine Zeilen an Charlotte von Stein und nicht an Louises Hofdamen.[82] Noch am selben Tag wurde er an die Hoftafel gebeten.[83] Wenig später wurde die schon erwähnte Nobilitierung der Schillers eingeleitet. Der Dichter hatte sich demnach an eine ihm wohl gesonnene Fürsprecherin gewandt, bei der er zu Recht großen Einfluss auf das Herzogspaar vermutete.[84]

Letztlich war es aber nicht nur Charlotte von Stein, die sich durch die Freundschaft einen erweiterten Handlungsspielraum eröffnete. Auch Louise wusste sich der hervorragenden Netzwerke ihrer Freundin zu bedienen und setzte sie als (überständische) Vermittlerin für ihre Interessen ein, insbeson-

79 Vgl. Carius: Wedel (Anm. 22), S. 376; Klauß: Stein (Anm. 65), S. 177–181.

80 Immer noch grundlegend Eleonore Bojanowski: Louise. Grossherzogin von Sachsen-Weimar und ihre Beziehungen zu den Zeitgenossen. Nach grösstenteils unveröffentlichten Briefen und Niederschriften. 2Berlin 1905.

81 Vgl. Di Bartolo: Leben (Anm. 37), S. 223.

82 Vgl. F. Schiller an Ch. von Stein, 2. Februar 1802; NA, Bd. 31, S. 96.

83 Am 2. Februar 1802 verzeichnete ihn der Fourier bei einer gewöhnlichen Mittagstafel. Vgl. LATh – HStA Weimar, Hofmarschallamt Nr. 4551, S. 21. Vgl. auch Freyer: Stand (Anm. 52), S. 121 f.

84 Charlotte von Stein war mit Charlotte (von) Schiller befreundet. Vgl. z.B. Bernhard Fischer: Seelenverwandte Freunde: Charlotte von Stein und Karl Ludwig von Knebel. In: »Damit doch jemand im Hause die Feder führt«. Charlotte von Schiller. Eine Biographie in Büchern, ein Leben in Lektüren. Bearb. von Silke Henke und Ariane Ludwig. Weimar 2015, S. 35–45, hier S. 35–39.

dere wenn sie Anfragen von fürstlicher Seite nicht als obrigkeitliche Aufforderung missverstanden wissen wollte. So ließ sie zum Beispiel im Frühjahr 1811 über Charlotte von Stein bei Goethe anfragen, ob es ihm »gefällig wäre«, sie »Morgen Abend um sechs Uhr mit (…) [seiner] angefangnen Vorlesung (…) weiter zu erfreuen«; sie wünsche »es heute Abend noch zu wissen.«[85] Goethe selbst hatte der Herzogin Vorlesung(en) aus dem Manuskript seiner Autobiographie *Dichtung und Wahrheit* versprochen.[86] Louise nahm dieses Angebot an und schickte immer dann, wenn es ihr passte, Charlotte von Stein vor, um bei Goethe herauszufinden, ob es auch ihm zeitlich gelegen sei. Auf den ersten Blick irritiert, dass nicht einfach die fürstlichen Boten direkt zu Goethe geschickt wurden, insbesondere da Louise und Goethe einander seit vier Jahrzehnten gut kannten. Das ging so weit, dass die Herzogin ihren Lakaien zu Charlotte von Stein sandte, diese wiederum an Goethe umgehend ein kleines Zettelchen mit der Einladung an den Hof und der Bitte um »nur mündlich ein Wort« schickte, während der »Bediente von der Herzogin« bei ihr zu Hause auf Goethes Entscheidung wartete, um damit zu Louise zurückzukehren.[87] Was zunächst überaus umständlich wirkt, erscheint angesichts der geschlechterspezifischen und ständischen Gesellschaftsschranken überaus diplomatisch: Der Gattin des regierenden Herzogs war es kaum möglich, Einladungen selbst so auszusprechen, dass das Gegenüber tatsächlich eine Wahl der Reaktion hatte, ohne einen fürstlichen Gunstentzug befürchten zu müssen. In Weimar erzählte man sich, dass es das Fürstenhaus, insbesondere Herzog Carl August, »sehr übel nehmen« würde, wenn man eine Einladung an den Hof »absagen« ließe.[88] Mit einer zwischengeschalteten, nicht verbeamteten Vermittlerin war es hingegen in gewissem Maße möglich, die Gehorsamspflicht in der Fürsten-Untertan-Beziehung abzuschwächen.

---

[85] Ch. von Stein an Goethe, 21. April 1811; Goethes Briefe an Charlotte von Stein. Hrsg. von Jonas Fränkel. Bd. 2. Berlin 1960, S. 447.

[86] Neben Louise kamen zu der Lesung auch ihr Sohn, dessen Gattin, die Oberhofmeisterinnen von Wedel und von Henckel, ihre Hofdame Henriette von Pogwisch sowie Charlotte von Schiller und Sophie von Schardt. Vgl. GT, Bd. IV 2, S. 1219.

[87] Ch. von Stein an Goethe, 1. Mai 1811; Briefe an Charlotte von Stein (Anm. 85), S. 448.

[88] Ch. von Stein an Friedrich von Stein, 9. Januar 1802; Briefe an Fritz von Stein. Hrsg. von Ludwig Rohmann. Leipzig 1907, S. 84.

IV. Fazit und Ausblick

Charlotte von Stein zählt heute zu Unrecht zu den bekanntesten Hofdamen der Goethezeit. Als Goethe in Weimar eintraf, stand sie schon seit über zehn Jahren nicht mehr im Dienst des Weimarer Fürstenhauses und war als Frau des (Ober-)Stallmeisters nur noch eine von zahlreichen adligen Damen am Hofe. Ihre Handlungsspielräume unterschieden sich dadurch deutlich von denen der Hofdamen, die den drei Weimarer Fürstinnen Anna Amalia, Louise und später Maria Pawlowna als standesgemäße Gesellschafterinnen qua Amt dienten. Sie musste sich nicht den restriktiven Anforderungen und Arbeitsbedingungen einer Hofdame unterordnen und weder auf Kinder und standesgemäßes Familienleben verzichten noch dauerhaft um die Fürstin präsent sein. Herzogin Louise, mit der sie eine innige Freundschaft pflegte, kam daher häufig in die Situation, der Gesellschaft Charlotte von Steins entbehren zu müssen, wenn diese auf Reisen, auf dem Gut in Großkochberg oder schlicht anderweitig abseits des Hofes beschäftigt war. Louise schrieb ihr dann, dass sie »über Ihre Abreise sehr betrübt« sei oder es ihr »schwer« falle, von ihrer Freundin »getrennt zu sein«.[89]

Bedenkt man dieses Bedingungsgefüge, scheint es höchst aufschlussreich, die Stellung Charlotte von Steins am Weimarer Hof in weiteren Studien tiefergehend zu analysieren: Sie war die Favoritin der ›regierenden Herzogin‹, genoss über Jahrzehnte hinweg deren Vertrauen und erschloss sich daraus ein bemerkenswertes Aktionsfeld, das die Handlungsspielräume einer Dame am Hof mit denen einer Hofdame verknüpfte. Charlotte von Stein avancierte zu einer machtvollen Maklerin fürstlicher Gunst, obwohl oder gerade weil sie in keinem Bediensteten-Verhältnis zum Fürstenhaus stand. Inwieweit und vor allem für wen sie ihren Einfluss unter welchen Umständen geltend machte, bleibt weiter zu erforschen. Für sich und ihre engere Familie wusste sie in jedem Falle unzählige Bevorzugungen zu erwirken, beispielsweise das Wohnrecht in der herrschaftlichen (Dienst)Wohnung an der Ackerwand nach dem Tod ihres Gatten, einen ansehnlichen Kredit in Höhe von 2.000 Reichstalern für die Söhne[90] oder Referenzen für deren Anstellung. Erkenntnisse, wen sie über ihre Familie und den engsten Freundeskreis, zu dem auch die Schillers gehörten, hinaus protegierte, könnten die Grenzen und Möglichkeiten höfischer Favoritinnen ohne Amt aufzeigen. War ihr Einfluss größer als die Macht der Hofdamen und wurde sie als Konkurrenz um die fürstliche Gunst wahrgenommen? Wer bat sie

[89] Zitiert nach Kühn: Frauen (Anm. 70), S. 84.

[90] Vgl. Ch. von Stein an F. von Stein, 3. Oktober 1794; Rohmann (Hrsg.): Briefe an Fritz von Stein (Anm. 88), S. 44f., hier S. 44.

um Hilfe und nahm ihre Dienste als Vermittlerin aus welchen Gründen in Anspruch? Nicht zuletzt ist interessant, wie sich ihre Rolle änderte, als neue Favoritinnen, wie Emilie Gore, das Vertrauen der Herzogin eroberten. Die Forschung hat sich bisher vornehmlich auf Favoritinnen konzentriert, die meist im Rahmen einer sexuellen Beziehung die Patronage eines Fürsten genossen.[91] Favoritinnen einer Fürstin, und darunter insbesondere Damen ohne Amt, stellen dagegen ein kaum untersuchtes Feld dar. Eine Analyse des Wirkens Charlotte von Steins, die nach sieben Jahren als Hofdame Anna Amalias die folgenden 63 Jahre ihres Lebens als Dame am Hof offensichtlich äußerst erfolgreich agierte, verspricht hierfür neue Erkenntnisse.

[91] Zum bekanntesten französischen Beispiel vgl. z.B. Eva Kathrin Dade: Madame de Pompadour. Die Mätresse und die Diplomatie. Köln, Weimar, Wien 2010.

Anja Stehfest

»Ich sitze hier wie im Himmel nachdem ich unter vielen trübsalen angelangt bin«

Charlotte von Steins Reisen als Ausdruck weiblicher Selbstbehauptung

I. Einleitung

Am 23. November 1797 schrieb die knapp 55-jährige Charlotte von Stein an ihren noch unverheirateten Sohn Friedrich, der in preußischen Diensten in Schlesien tätig war: »Zu Deiner Hochzeit habe ich mir vorgenommen nach Schlesien zu kommen, eine alte Frau muß eine legitime Ursache habn wen sie reißt; Wen Du aber gar zu lang machst mir ein Schwiegertöchtergen zu verschaffen, so wird auch wohl diese Reise unterbleiben [...].«[1]

Auf das »Schwiegertöchtergen« musste Charlotte von Stein noch nahezu sieben Jahre warten: Erst 1804 heiratete der 32-jährige Friedrich von Stein die 16-jährige Helene von Stosch. So lange schien sich seine Mutter mit einem Besuch nicht gedulden zu wollen. Bereits ein Jahr zuvor, Mitte April 1803, begab sie sich auf den beschwerlichen Weg nach Breslau. Beim Sohn auf Gut Strachwitz angekommen, berichtete sie ihrer Freundin und Vertrauten Charlotte von Schiller am 20. April 1803: »Ich sitze hier wie im Himmel nachdem ich unter vielen trübsalen [...] angelangt bin [...].«[2] Die Worte der Schreiberin lassen die Erleichterung nach der Ankunft deutlich spüren. Diese scheint auch mit der Zögerlichkeit zu korrespondieren, mit der Charlotte von Stein dieser Reiseaussicht zuvor begegnet war. Anders als bei den Badereisen, die sie vielfach im Laufe ihres Lebens unternahm, vertagte sie die Pläne für die Fahrt nach Schlesien über Jahre hinweg immer wieder. Es sollte auch die einzige Reise dieser Art bleiben. Dies lag einerseits in den Bedingungen des Reisens im Allgemeinen und von Frauen im Speziellen begründet, hatte andererseits aber auch maßgeblich mit den finanziellen Gegebenheiten und der persönlichen Haltung Charlotte von Steins zu tun.

Der vorliegende Beitrag versucht ihr Verhältnis zum Reisen, die damit verbundenen Herausforderungen und die konkrete Ausgestaltung ihrer pri-

[1] GSA 122/101.

[2] GSA 83/1856,4, Bl. 8 (vgl. Anhang, Briefe, Nr. 13); vgl. Abb. 1.

vaten Reisen anhand ihrer Briefe – vorrangig derer an Friedrich von Stein und an Charlotte Schiller – zu ergründen.[3]

II. Forschungsstand

Die einleitenden Worte lassen schon erahnen, dass Charlotte von Stein nicht zu den reisefreudigen Frauen ihrer Generation zählte. Dies wird einmal mehr in einem Brief an Charlotte von Lengefeld deutlich, der im Januar 1788 verfasst wurde – zu einer Zeit, als sich Johann Wolfgang von Goethe noch in Italien aufhielt und die Herzogin-Mutter Anna Amalia mit ihrem Gefolge bereits Vorbereitungen für ihre Reise nach Italien traf:[4]

> Alles will nach Italien bey uns; ich sage alles und ist doch nicht so ganz wahr, ich selbst lobe mir mein Zuhauß und wem Zuhauß nicht wohl ist, ist nirgends wohl und ist nur eine solche Reise eine paillatif Cur, ein anders ists in der Jugend welche glaubt es sey noch ausen herum etwas zu finden.[5]

In diesem Zitat zeigt sich exemplarisch, wie sehr Charlotte von Stein ihr Heim schätzte und dass sie keine allzu großen Reiseambitionen hegte. Dennoch unternahm sie im Laufe ihres Lebens einige Reisen, sodass eine Spurensuche in ihren Briefen lohnenswert erscheint. Von ihr erfahren wir etwas über die alltagsgeschichtliche Dimension des Reisens, über die Beweggründe, die Vorbereitung und die Modalitäten des Reisens – mithin über all jene Dinge, über die sich die meisten Reiseberichte der Zeit ausschweigen oder die nur am Rande Erwähnung finden.[6] Dabei gehört sie zu einer Gruppe von Frauen, die bislang kaum in den Fokus der Reise-

[3] Aufgrund der Materialfülle – allein an Friedrich von Stein sind etwa 330 Briefe im GSA überliefert, an Charlotte Schiller etwa 165 Briefe – konnte keine vollständige und lückenlose Auswertung vorgenommen werden. Die Briefe Charlotte von Steins an Carl Ludwig von Knebel wurden nur punktuell herangezogen. – Zur Überlieferung der Briefe Charlotte von Steins vgl. den Beitrag zu Charlotte von Steins Nachlass von Elke Richter im vorliegenden Band.

[4] Goethe war am 3. September 1786 von Karlsbad nach Italien aufgebrochen und traf am 18. Juni 1788 wieder in Weimar ein. Wenige Wochen nach Goethes Rückkehr reiste Anna Amalia mit ihrem Gefolge am 15. August 1788 nach Italien und kehrte erst nach fast zwei Jahren am 18. Juni 1790 zurück.

[5] Charlotte von Stein an Charlotte von Lengefeld, 12. Januar 1788; GSA 83/1856,1, Bl. 21 f.

[6] Vgl. Erdmut Jost: Wege zur weiblichen Glückseligkeit. Sophie von La Roches Reisejournale 1784 bis 1786. Thalhofen 2007, S. 37.

forschung gerückt ist. Sie unternahm keine abenteuerlichen Reisen in ferne Länder, sondern beschränkte sich bis auf wenige Ausnahmen auf oftmals zyklisch wiederkehrende Fahrten wie die nahezu jährlich begangenen Badereisen.

Spricht man von weiblicher Reisetätigkeit um 1800, denkt man zunächst an Namen wie Sophie von La Roche, Elisa von der Recke, Charlotte von Ahlefeld, Johanna Schopenhauer oder Friederike Brun. All diesen Frauen ist eines gemein: Sie waren reisende Frauen, die sich zugleich als Publizistinnen betätigten und auch ihre Reiseerfahrungen veröffentlichten. Somit ist ihre Reisetätigkeit sehr gut dokumentiert und hat nicht zuletzt aufgrund der Zugänglichkeit der Quellen einige Aufmerksamkeit erfahren.[7] Auch die Brautfahrten von hochadeligen Damen wie Marie Antoinette, Sophie Auguste Friederike von Anhalt-Zerbst, bekannt als Katharina die Große, oder Maria Pawlowna rückten bereits in den Fokus, wenngleich zu diskutieren wäre, ob es sich hierbei um Reisen im engeren Sinn handelt. Karl-Heinz Spieß sieht in der Brautfahrt als »Reise ohne Wiederkehr«[8] eine Sonderform fürstlichen Reisens. Dem über die Brautfahrt hinausgehenden Reisen (hoch-)adeliger Frauen widmete sich im Januar 2016 die Gießener Tagung *Prinzessin unterwegs – Reisen (hoch)adeliger Frauen zwischen 1450 und 1850*. Bislang kaum untersucht wurden die Reiseaktivitäten niederadeliger Frauen oder adeliger Frauen, die nicht den regierenden Häusern angehörten, was nicht zuletzt der Quellenlage geschuldet ist.[9] In diese

---

[7] Einen Überblick über die literaturwissenschaftliche Forschungsliteratur zu den Reisezeugnissen von Frauen gibt u.a. Erdmut Jost: Wege zur weiblichen Glückseligkeit (Anm. 6), S. 34.

[8] Karl-Heinz Spieß: Reisen deutscher Fürsten und Grafen im Spätmittelalter. In: Rainer Babel und Werner Paravicini (Hrsg.): Grand Tour. Adeliges Reisen und europäische Kultur vom 14. bis zum 18. Jahrhundert. Stuttgart 2005, S. 33–52, hier S. 37. – Aufgrund des erzwungenen Ortswechsels ließe sich auch von Migration sprechen; vgl. Christiane Coester: Brautfahrten. Grenzüberschreitungen und Fremdheitserfahrungen adliger Frauen in der Frühen Neuzeit. In: Francia 35 (2008), S. 149–168, hier S. 149f.

[9] Bereits Hiltgund Jehle wies 1994 darauf hin, dass unveröffentlichtes Quellenmaterial wie Briefe, Tagebücher, Haushaltsbücher, Memoiren, Zeitungen u.Ä. sowie für das Reisen adeliger Frauen auch Fourierbücher auf die Reisethematik hin auszuwerten seien; vgl. Dies.: »Gemeiniglich verlangt es aber die Damen gar nicht sehr nach Reisen …«. Eine Kartographie zur Methodik, Thematik und Politik in der Historischen Frauenreiseforschung. In: Doris Jedamski, Hiltgund Jehle und Ulla Siebert (Hrsg.): »Und tät das Reisen wählen!« Frauenreisen – Reisefrauen. Dokumentation des interdisziplinären Symposiums zur Frauenreiseforschung. Bremen 21.–24. Juni 1993. Zürich, Dortmund 1994, S. 16–35, hier S. 23.

letztgenannte Kategorie lässt sich Charlotte von Stein einordnen, die aus einer niederadeligen Familie stammend in das alte Adelsgeschlecht der von Steins einheiratete.[10] Sie zählte aufgrund ihrer bis zur Heirat ausgeübten Tätigkeit als Hofdame Anna Amalias und der Stellung ihres Ehemannes als (Ober-)Stallmeister zum engeren Hofkreis.

Bevor die Briefe Charlotte von Steins näher betrachtet werden, sollen einige Schlaglichter auf das Reisen im Allgemeinen und von Frauen im Besonderen in der Zeit um 1800 geworfen werden.

III. (Frauen-)Reisen um 1800

Das 18. Jahrhundert gilt nicht nur als das ›Jahrhundert des Briefes‹, sondern ebenso als ›das goldene Zeitalter des Reisens‹.[11] Die Entdeckung der Welt – ob zu Fuß, zu Pferd oder in der Kutsche – erfreute sich über die Kavalierstouren der adeligen Männer hinaus auch im Bürgertum einer wachsenden Beliebtheit. Der Ausbau der Straßen- und Wegenetze sowie die sinkenden Reisekosten beförderten die Reisefreudigkeit.[12] Dennoch blieb das Reisen insbesondere für die unteren Schichten ein nahezu unbezahlbarer Luxus und war für große Teile der Bevölkerung – wenn überhaupt – nur auf absolut notwendige, zweckgebundene Reisen beschränkt.

Reisen war um 1800 zudem immer noch ein Privileg der Männer. Dies illustriert ein Zitat des Pädagogen Arthur Michelis in eindrücklicher Weise. Er konstatiert noch 1869 in seiner *Reiseschule für Touristen und Courgäste*:

---

[10] Vgl. Stefanie Freyer: Der Weimarer Hof um 1800. Eine Sozialgeschichte jenseits des Mythos. München 2013, S. 270, 331.

[11] Als einschlägige Literaturtitel zum Thema Reisen um 1800 wären u. a. zu nennen: Hermann Bausinger, Klaus Beyrer und Gottfried Korff (Hrsg.): Reisekultur. Von der Pilgerfahrt zum modernen Tourismus. München 1991; Klaus Beyrer (Hrsg.): Zeit der Postkutschen. Drei Jahrhunderte Reisen 1600–1900. Ausstellungskatalog Frankfurt am Main. Karlsruhe 1992; Wolfgang Griep und Hans-Wolf Jäger (Hrsg.): Reisen im 18. Jahrhundert. Neue Untersuchungen. Heidelberg 1983; Wolfgang Griep und Susanne Luber (Hrsg.): Reisen in der Kutschenzeit. Ausstellungskatalog Eutin. Heide in Holstein 1989; Michael Maurer (Hrsg.): Neue Impulse der Reiseforschung. Berlin 1999; Joachim Rees und Winfried Siebers: Erfahrungsraum Europa. Reisen politischer Funktionsträger des Alten Reichs 1750–1800. Ein kommentiertes Verzeichnis handschriftlicher Quellen. Berlin 2005.

[12] Zum Ausbau des Wege- und Relaissystems vgl. u. a. Klaus Beyrer: Des Reisebeschreibers »Kutsche«. Aufklärerisches Bewusstsein im Postreiseverkehr des 18. Jahrhunderts. In: Griep u. a. (Hrsg.): Reisen im 18. Jahrhundert (Anm. 11), S. 50–90.

> Gemeiniglich verlangt es aber die Damen gar nicht so sehr nach Reisen, und in der That ist ihnen in diesem Stücke kein Mangel an Logik vorzuwerfen. – Begleiten wir, sagen sie, unsre Männer, so verursacht das dreifache Kosten, Unbequemlichkeit, Mühsal, manche Unternehmung muß unsrethalben wegfallen, Alles geht langsamer, schwerfälliger, abgekürzter, auszüglicher vor sich. Die Bestimmung des Weibes ist das Haus, nicht die Welt.[13]

Michelis' Überzeugung ist freilich nicht singulär; vielmehr fügt sie sich in das Frauenbild der Spätaufklärung ein. Obwohl in den letzten Jahren verstärkt die Vielstimmigkeit des Diskurses um das Frauenbild in der Aufklärung und die Handlungsmöglichkeiten von Frauen betont wurden,[14] war die Bestimmung der Frau weitestgehend auf die Rolle einer guten Gattin, Hausfrau und Mutter festgelegt. Reisende Frauen – die es immer gab – wurden folglich lange Zeit als Außenseiterinnen wahrgenommen. Im 19. Jahrhundert nahm die Mobilität von Frauen zu, was nicht zuletzt mit dem Aufstieg des Bürgertums zusammenhing. Auch die technischen Entwicklungen beförderten das weibliche Reisen; so galt die Kutsche als das ideale Verkehrsmittel für Frauen.[15] Dies wirkte sich jedoch nicht unmittelbar auf die bestehenden Rollenmuster aus. Vielmehr schlugen sich diese noch lange Zeit in der zeitgenössischen Reiseliteratur, vor allem in den Reiseinstruktionen, den sogenannten Apodemiken, nieder. Besonders bekannt und einflussreich war die 1795 erschienene *Apodemik oder die Kunst zu reisen* von Franz Ludwig Posselt. Er setzte sich – um nicht der Unvollständigkeit bezichtigt zu werden – mit der Frage auseinander: »Ob und wie Frauenzimmer reisen sollen?«[16] Er postulierte, dass Frauen (gemeint sind Frauen der höheren Stände) immer mit Blick auf ihre besondere Bestimmung als Ehefrau reisen müssten und dementsprechend alles, »was sie sehen

---

13 Arthur Michelis: Reiseschule für Touristen und Courgäste. Leipzig 1869, S. 233.

14 Für den Raum Weimar-Jena vgl. insbesondere Julia Frindte und Siegrid Westphal (Hrsg.): Handlungsspielräume von Frauen um 1800. Heidelberg 2005; Julia Frindte: Handlungsspielräume von Frauen in Weimar-Jena um 1800. Sophie Mereau, Johanna Schopenhauer, Henriette von Egloffstein. Jena 2005; Stefanie Freyer, Katrin Horn und Nicole Grochowina (Hrsg.): FrauenGestalten Weimar-Jena um 1800. Ein bio-bibliographisches Lexikon. Heidelberg ^{2}2009.

15 Vgl. Sabine Holländer: Reisen – Die weibliche Dimension. In: Maurer (Hrsg.): Impulse (Anm. 11), S. 189–207, hier S. 191 f.

16 Franz Ludwig Posselt: Apodemik oder die Kunst zu reisen. Ein systematischer Versuch zum Gebrauch junger Reisenden aus den gebildeten Ständen überhaupt und angehender Gelehrten und Künstler insbesondere. 2 Bde. Leipzig 1795, Bd. 1, S. 733.

und hören, immer mit Rücksicht auf *ihr Geschlecht* betrachten müssen.«[17] Dazu gehöre auch, sich mit Frauen zu umgeben, die den Ruf genießen, die besten Gattinnen, Mütter und Hauswirtinnen zu sein.[18]

Posselts Ausführungen zeigen die programmatische Begrenzung der Frau auf die häusliche Sphäre. Das bedeutete auch, dass selbstständig unternommene Reisen mit außerfamiliären Interessen für Frauen prinzipiell nicht vorgesehen waren.[19] Die Reiseberichte (tatsächlich unternommener Reisen) von Schriftstellerinnen zeigen allerdings, dass die historische Wirklichkeit oftmals eine andere war. So thematisierte beispielsweise Sophie von La Roche die außerhäusliche Wirklichkeit in ihren Reiseberichten sehr wohl.[20]

Basierend auf diesen und ähnlichen Vorstellungen zu weiblichen Reisen gab es Reisezwecke und Zeitpunkte, die für Frauen akzeptierter waren als andere. Die meisten Frauen, die weitere Reisen unternahmen, taten dies, nachdem sie ihre Mutterpflichten bereits erfüllt hatten und/oder verwitwet waren. Ein eindrückliches Beispiel hierfür ist Sophie von La Roche, die ab 1784 in dichter Folge Reisen u.a. nach Holland und England ohne ihren deutlich älteren Gatten, der 1788 starb, unternahm.[21] Neben gemeinsamen Reisen mit ihren Ehemännern gehörten zu den für Frauen schicklichen Reisen vor allem Verwandtenreisen, um entfernt wohnende Familienangehörige zu besuchen, oder Badereisen, die aus gesundheitlichen Gründen unternommen wurden.[22] Diese Reisearten sind es auch, die Charlotte von Stein im Einklang mit den traditionellen weiblichen Rollenmustern wählte.

[17] Ebd., S. 737.

[18] Vgl. ebd., S. 738f.

[19] Vgl. Holländer: Reisen (Anm. 15), S. 189; vgl. auch Stefanie Ohnesorg: Mit Kompaß, Kutsche und Kamel. (Rück-)Einbindung der Frau in die Geschichte des Reisens und der Reiseliteratur. St. Ingbert 1996, S. 158.

[20] Vgl. Michael Maurer: Reisen interdisziplinär – Ein Forschungsbericht in kulturgeschichtlicher Perspektive. In: Ders. (Hrsg.): Impulse (Anm. 11), S. 287–410, hier S. 348.

[21] Vgl. Irmgard Scheitler: Gattung und Geschlecht: Reisebeschreibungen deutscher Frauen 1780–1850. Tübingen 1999, S. 55; vgl. auch Annegret Pelz: Reisen Frauen anders? Von Entdeckerinnen und reisenden Frauenzimmern. In: Bausinger u.a. (Hrsg.): Reisekultur (Anm. 11), S. 174–178, hier S. 197.

[22] Vgl. Holländer: Reisen (Anm. 15), S. 190; vgl. hierzu auch die Typologie des Reisens in Rees u.a.: Erfahrungsraum Europa (Anm. 11), S. 29–61, insb. S. 34–38 zu den Fürstinnenreisen.

IV. Reisetätigkeit Charlotte von Steins – Haltung und Hindernisse

Abgesehen von ihren Badereisen und ihrer Schlesienreise zu ihrem Sohn Friedrich reiste Charlotte von Stein eher selten zu weiter entfernt liegenden Orten. Viel Zeit verbrachte sie hingegen auf dem Landsitz der Familie von Stein in Kochberg, den ihr ältester Sohn Carl erbte. Des Öfteren unternahm sie kleinere Ausflüge, wie im Winter das Schlittenfahren nach Ettersburg oder sommerliche Lustpartien in die Weimarer Umgebung im Kreise der Freunde und des Hofes, oder besuchte den Freund Knebel und die Schillers in Jena. Auch als Begleiterin der Herzogin Louise trat Charlotte von Stein Reisen an, wie z.B. im Januar 1793 nach Frankfurt.[23]

Darüberhinausgehende Reisepläne lassen sich zwar in ihren Briefen hin und wieder fassen, aber nur die wenigsten davon wurden auch in die Tat umgesetzt. Beispielhaft hierfür steht ihr Wunsch, einmal nach Hamburg zu reisen – eine der wenigen Städte, die Charlotte von Stein mehrfach in ihren Briefen als ein lohnenswertes Reiseziel erwähnt. Im September 1793 begab sich ihr Sohn Friedrich zu einer Studienreise nach Hamburg. Daraufhin schrieb ihm die Mutter am 26. November desselben Jahres: »Dein letzter Brief so wie alle Deine Briefe sind mir sehr unterhaltend; Das Hamburger Theater wünschte ich zu sehen, so wie überhaupt das Getreibe einer grosen Handelsstadt davon ich keinen Begriff habe, vielliecht kan ich Dich übers Jahr abholen.«[24] Dieser Vorsatz konnte nicht in die Tat umgesetzt werden, weil ihr Mann Josias von Stein am 27. Dezember 1793 nach jahrelangem Leiden verstarb. In der Folgezeit verschlechterte sich die finanzielle Lage Charlotte von Steins; Geldsorgen und Einsparungen wurden anschließend in den Briefen an Friedrich wiederholt thematisiert. Den Plan der Hamburg-Reise griff sie erst im Spätsommer 1798 wieder auf. In einem Brief an Friedrich heißt es:

---

23 Vgl. Fourierbuch zur Hofhaltung des Herzogs Carl August, 1. Jan. bis 31. Dez. 1793; LATh – HStA Weimar, Hofmarschallamt Nr. 4542. – Zu den Reisen Charlotte von Steins im Gefolge der Herzogin Louise vgl. den Beitrag von Stefanie Freyer im vorliegenden Band.

24 Ch. von Stein an Friedrich von Stein, 24.–30. November 1793; GSA 122/100 (vgl. Anhang, Briefe, Nr. 8).

> Künftiges Frühjahr im Mertz ohngefähr […] reiß' ich mit mama Seebach nach Hamburg und besuchen ihre andere Tochter Frau von Alefeld, auf diese Reise freu ich mich, ich wünsche noch eine grose Stadt, grose Schiffe, und wo moglich die See zu sehen ehe ich aus dieser Welt abmarschire.[25]

Im März 1799 wurden die Pläne konkreter: Die Abreise solle im Mai erfolgen und sie wolle den ganzen Sommer auf dem Lande bei Ahlefelds zubringen.[26] Allerdings war Friedrich von Stein zu dieser Zeit krank und so erwog die Mutter bereits am 15. März die Absage der Fahrt nach Hamburg, um ihm stattdessen bei seiner Genesung zur Seite zu stehen. Die Reise zum kranken Sohn nach Schlesien unterblieb jedoch ebenso wie die Partie nach Hamburg. Erkennbar werden in diesem Falle die verhältnismäßig engen finanziellen Spielräume, die Charlotte von Stein nach dem Tod ihres Ehemannes hatte, denn an Friedrich hieß es im Mai 1799: »[…] auch soll mein Geld zu einer Reise nach Schlesien liegen bleiben, um Dich wieder zu sehen, wen mich nicht die Reise zu die Unterirdischen übereilt […].«[27]

Bereits in den Jahren zuvor, insbesondere zwischen 1788 und 1793, war weder an kleinere noch an größere Reisen, abgesehen von Badekuren, zu denken gewesen; die Pflege ihres schwerkranken Mannes band Charlotte von Stein an Weimar. Nach einem ersten Schlaganfall 1788 verschlechterte sich der körperliche und geistige Zustand Josias von Steins zunehmend. In den Briefen an Carl Ludwig von Knebel und Charlotte Schiller wird diese unfreiwillige Bindung an Weimar wiederholt thematisiert. Exemplarisch zeigt dies eine Briefstelle an Charlotte Schiller vom 25. April 1790: »Ich sehne mich recht mit Ihnen in Jena zu seyn, aber wo mit den Stein hin? seine Hypocondrie benimt ihm alle geistesKräffte und ich darf ihn gar nicht verlaßen, aber ich suche es doch möglich zu machen.«[28]

Es sind jedoch nicht ausschließlich Negativfaktoren, die Charlotte von Stein immer wieder dazu bewogen, geplante Reisen zu verschieben oder nicht anzutreten. So scheint es alles andere als zufällig zu sein, dass die Pläne für ihre Hamburg-Reise gemeinsam mit Albertine Auguste Wilhelmine Seebach in einem Moment konkretere Formen annahmen, als sie sich in ihrem Haus nicht mehr uneingeschränkt wohlfühlte, wie sie ihrem Sohn gegenüber offenbarte:

---

[25] Ch. von Stein an F. von Stein, 17. September 1798; GSA 122/102. – Diese Fahrt gedachte Charlotte von Stein mit der Mutter ihrer Schwiegertochter, Albertine von Seebach, zu deren jüngerer Tochter Charlotte von Ahlefeld zu unternehmen.

[26] Vgl. Ch. von Stein an F. von Stein, 3. März 1799; ebd.

[27] Ch. von Stein an F. von Stein, 23. Mai 1799; ebd.

[28] GSA 83/1856,2, Bl. 5.

> Mir ist mein Quartier hier verleitet worden; das bestimt mich mit dazu [zur Reise nach Hamburg] Der Herzog hat ein laboratorium[29] unter mir anlegen laßen; man hat ihm Vorstellungen gemacht daß es gefährlich sey, er mag aber wohl dencken daß es um einer alten Frau nichts gelegen sey, ich will aber alle meine Sachen einbacken ehe ich fort reise, wen er mich nicht vorher schon in die Luft sprengt.[30]

Ansonsten verließ Charlotte von Stein ihr Heim an der Ackerwand für längere Zeit nur mit einigem Widerwillen, der sich mit zunehmendem Alter zu verstärken schien. Wie schwer ihr ein Ortswechsel zuweilen fiel, zeigen zwei Stellen aus Briefen, die jeweils an Friedrich von Stein gerichtet sind. Am 1. August 1802 heißt es in Vorbereitung ihrer Reise nach Schlesien im darauffolgenden Jahr: »Meinen Platz hinter die orangen Bäume, will ich wohl einmahl verlaßen um Dich auf Deinen Guth zu besuchen«.[31] In einem Brief der 68-Jährigen von einer Badereise aus Gehren im Thüringer Wald 1811 erscheint der Abschied von Weimar noch schwerer: »Ungern habe ich in Weimar meine Wohnung verlaßen wo vor meinen Hauß die orangenBäume in voller Blüthe standen als ich fortging, aber ich muste mir wieder Stärcke zum Lebensgenuß holen.«[32]

Es mag auf den ersten Blick verwundern, dass eine gebildete und vielseitig interessierte Frau wie Charlotte von Stein kein sonderlich ausgeprägtes Interesse am Reisen hatte. Galt doch das Reisen vielen männlichen adeligen und bürgerlichen Zeitgenossen als wichtiges Bildungselement. Auch Frauen, denen das Reisen zu diesem Zwecke nur begrenzt offenstand, formulierten den Anspruch auf Bildung in ihren Reiseberichten – und zwar auch jene Frauen, bei denen die Erweiterung ihres Bildungshorizontes nicht der vordergründige Reisezweck war.[33] Charlotte von Stein interessierte sich durchaus für Reisen in nahe und fernere Länder und befriedigte

29 Das hier erwähnte Laboratorium war eine Werkstatt des Chemikers Alexander Nicolaus Scherer in den ehemaligen Husarenställen, die sich unter der Wohnung Charlotte von Steins im Erdgeschoss ihres Wohnhauses befanden. Scherer hielt ab Januar 1799 öffentliche experimentalchemische Vorlesungen im Weimarer Gymnasium; vgl. Wilhelm Bode: Charlotte von Stein. Berlin [3]1917, S. 495; vgl. auch Ronny Tadday und Jan Frercks: Scherer in Weimar. Das Scheitern als außeruniversitärer Chemiker. In: Hellmuth Th. Seemann (Hrsg.): Anna Amalia, Carl August und das Ereignis Weimar. Göttingen 2007, S. 345–353, hier S. 348.

30 Ch. von Stein an F. von Stein, 3. März 1799; GSA 122/102.

31 GSA 122/104.

32 Ch. von Stein an F. von Stein, 6. Juli 1811; GSA 122/109; vgl. Anhang, Katalog, Nr. 19.

33 Vgl. Holländer: Reisen (Anm. 15), S. 204.

diesen Wissensdrang bevorzugt über Buchlektüre, zu der auch Reisebeschreibungen wie Germaine de Staëls *De l'Allemagne*, die Reiseberichte Sophie von La Roches oder August von Kotzebues *Erinnerungen von einer Reise aus Liefland nach Rom und Neapel* gehörten.[34]

Für Charlotte von Stein waren zudem persönliche Gespräche und Briefkorrespondenzen ein zentrales Bildungsmedium. So stand sie nicht nur mit Goethe und Schiller, sondern beispielsweise auch mit Carl Ludwig von Knebel und Johann Georg Zimmermann in Briefkontakt. Insbesondere in den Sommermonaten genoss sie häufig in guter Gesellschaft das Ambiente ihres Gartens. Das Weimarer Umfeld bot ihr – nicht zuletzt aufgrund ihrer starken Einbindung in den höfischen Kontext und ihrer Freundschaft zu Goethe – zahlreiche (geistig anspruchsvolle) Austauschmöglichkeiten mit Zeitgenossinnen und Zeitgenossen. Sie musste nicht in die Ferne streben, um neue Bekanntschaften zu machen oder alte wieder aufleben zu lassen, denn viele Reisende kamen nach Weimar.[35] So betont sie im Hinblick auf eine Reise nach Schlesien: »[…] um mich zu zerstreuen brauch ich keine Reisen zu machen, in meinen Alter ist ein ruhiges einfaches Leben alles was man bedarf, und ich hätte diese Reise bloß gemacht um nur ein Bild von Dir und wie es um dich herum aussieht, mit nach Hauß zu nehmen[.]«[36]

V. Badereisen

Charlotte von Stein unternahm im Laufe ihres Lebens zahlreiche Badereisen, oftmals jährlich. Damit folgte sie einer Mode der Zeit, die medizinische Wirkung und gesellig-kommunikative Aspekte miteinander verband.[37] Die Kurorte avancierten zu wichtigen gesellschaftlichen Treffpunkten des europäischen Adels und des vermögenden Bürgertums. Trotz des geselli-

[34] Über Letztere bemerkte sie: »Kotzebues Reisen nach Italien sind sehr unterhaltend, alle so oft wiederholte italienische Reisebeschreybungen haben mich ennuyirt, diese aber nicht, so sehr als sie von der Kunstwelt vielleicht getadelt werden, den sie ist schon 1805 heraus gekommen.« (Ch. von Stein an F. von Stein, 21.–23. Juli 1812; Briefe an Fritz von Stein. Hrsg. von Ludwig Rohmann. Leipzig 1907, S. 199)

[35] Für den Hinweis auf die bedeutende Stellung Charlotte von Steins und ihre damit einhergehenden Austauschmöglichkeiten danke ich Dr. Stefanie Freyer (Universität Osnabrück).

[36] Ch. von Stein an F. von Stein, 30. April 1801; GSA 122/103.

[37] Zu den Motiven der Badereise einschließlich der medizinischen und der kommunikativen Aspekte vgl. Reinhold P. Kuhnert: Urbanität auf dem Lande. Badereisen nach Pyrmont im 18. Jahrhundert. Göttingen 1984, S. 59–93.

gen und kommunikativen Stellenwertes einer solchen Badereise darf der eigentliche medizinische Zweck nicht unterschätzt werden. So betont Jörn Göres die notwendige Entschlackung, die nach der winterlichen Nahrung notwendig gewesen sei.[38] Bei Charlotte von Stein kam hinzu, dass die rasch aufeinanderfolgenden Geburten – sieben Kinder in zehn Jahren – ihre Konstitution stark geschwächt hatten. Sie litt häufig an Migräne, Abgeschlagenheit und Müdigkeit. Später kamen Ohrensausen sowie einsetzende Taubheit und Blindheit hinzu. Zur Linderung ihrer Beschwerden begab sie sich auf ärztlichen Rat hin u.a. nach Pyrmont, Wiesbaden, Bad Ems und Karlsbad, aber auch in den Thüringer Wald, vor allem nach Ilmenau und dessen Umgebung im Amt Gehren sowie nach Bad Liebenstein.

Die Briefe Charlotte von Steins erwecken den Eindruck, dass es ihr weniger nach Geselligkeit verlangte als vielmehr nach der heilenden Wirkung von Bade- und Trinkkuren. So schrieb sie am 30. August 1786 an den in Bad Pyrmont weilenden Carl Ludwig von Knebel: »[...] mich hat immer das Pyrmonter Waßer entsetzlich traurig und einsam gemacht, indeßen ist's doch gut daß Sie ein paar liebe Menschen um sich haben.«[39] Dieses pessimistisch anmutende Resümee mag dem Rückblick geschuldet sein. Denn nachweislich machte Charlotte von Stein, die sich zwischen 1773 und 1777 regelmäßig in den Sommermonaten in Pyrmont aufhielt, dort zahlreiche Bekanntschaften. Pyrmont galt damals neben Spa und Karlsbad als der bedeutendste Kurort nördlich der Alpen, in dem viele Kurgäste mit Rang und Namen verkehrten.[40] Eine dieser Bekanntschaften sollte von Dauer sein: jene mit der Erbprinzessin Auguste von Braunschweig-Wolfenbüttel, der ältesten Schwester Georgs III. von Großbritannien und zugleich Schwägerin der Herzogin Anna Amalia von Sachsen-Weimar und Eisenach. Zudem lernte Charlotte von Stein 1773 den berühmten Kur- und Badearzt, gleichzeitig Leibmedikus des Kurfürsten von Hannover und Königs von Großbritannien Georg III. Johann Georg Zimmermann kennen. Beide pflegten eine jahrelange Freundschaft.[41]

Das Motiv der Einsamkeit – fürwahr nicht nur während der Badekuren – findet wiederholt Erwähnung in den Briefen Charlotte von Steins. Möglicherweise zielen diese Einsamkeitsoffenbarungen Charlotte von Steins weniger auf die realen Verhältnisse während der Kurreisen ab, sondern

[38] Vgl. Jörn Göres: Einführung. In: Ders. (Hrsg.): »Was ich dort gelebt, genossen ...«. Goethes Badeaufenthalte 1785–1823. Geselligkeit – Werkentwicklung – Zeitereignisse. Königstein/Ts. 1982, S. 9–12, hier S. 10.

[39] GSA 54/274,1, Bl. 68.

[40] Vgl. Kuhnert: Urbanität (Anm. 37), S. 38.

[41] Vgl. Bode: Charlotte von Stein (Anm. 29), S. 58–63.

geben vielmehr einen Einblick in ihren inneren Gemütszustand. Schließlich ist davon auszugehen, dass ihr Tagesablauf während der Badereisen in jüngeren Jahren nicht viel anders aussah als der der meisten Kurgäste und er damit von einiger Geselligkeit geprägt war. Neben Brunnenbesuchen und/oder Bädern gehörten Spazieren und Flanieren zum Tagesprogramm sowie die Aufwartung bei anderen Gästen – die man durchaus alljährlich bei den Badeaufenthalten wiedertreffen konnte.[42]

In den späteren Jahren scheint sich Charlotte von Stein auf ihren Badereisen bewusst in die Abgeschiedenheit des Thüringer Waldes zurückgezogen zu haben, um dort Schlackenbäder zu nehmen. Die Einsamkeit wirkte in diesem Fall wohltuend und war erwünscht, wie ein Brief von 1812 während ihres Aufenthaltes in Ilmenau vermuten lässt: »Ich wohne in der tiefsten Einsamkeit recht nach Wunsch, dencke aber fleisig an meine gute Freunde in der Ferne […].«[43] Eineinhalb Monate später heißt es dann resümierend über ihren Kuraufenthalt: »Das Bad hat mir nicht geholfen aber den Rest meines Lebens hätte ich mögen auf den Hammer wohnen, wo ich 4 recht ruhige Wochen zugebracht […].«[44]

Die Badereisen Charlotte von Steins fanden bis zum Tode ihres Ehemannes Josias von Stein teils mit, teils ohne dessen Begleitung statt. »Die Abwesenheit des Ehegatten war aus gesundheitlichen Gründen hier sogar angezeigt. Alles, was Kummer und Ärger bereitete, solle man zu Hause lassen, empfahl 1815 der Kurarzt Konrad Anton Zwierlein und schloß damit auch den Ehemann ein.«[45]

---

[42] Vgl. Christina Florack-Kröll: »Heilsam Wasser, Erd' und Luft«. Zu Goethes Badereisen. In: Bausinger u.a. (Hrsg.): Reisekultur (Anm. 11), S. 202–206, hier S. 205.

[43] Ch. von Stein an Knebel, 15. Juli 1812; GSA 54/274,4, Bl. 17; vgl. auch Wilhelm Bode (Hrsg.): Stunden mit Goethe. Für die Freunde seiner Kunst und Weisheit. Bd. 8. Berlin 1912, S. 13.

[44] Ch. von Stein an Knebel, 29. August 1812; GSA 54/274,4, Bl. 19f.; vgl. auch Bode (Hrsg.): Stunden mit Goethe (Anm. 43), S. 14. – Bei dem erwähnten »Hammer« handelt sich wohl nicht, wie bei Düntzer zu lesen, um den Lefflers Hammer in Ilmenau (Heinrich Düntzer: Charlotte von Stein. Goethe's Freundin. Ein Lebensbild, mit Benutzung der Familienpapiere entworfen. Bd. 2 1794–1827. Stuttgart 1874, S. 369). Plausibler scheint die Annahme, dass Charlotte von Stein die Schlackenbäder in der Anstalt mit drei Badewannen auf dem Grenzhammer nahm, für welche das dort befindliche Eisenhüttenwerk die Schlacke lieferte; vgl. Herbert Kühnert: Über die Standorte älterer Ilmenauer Gewerbe- und Industriebetriebe. Ilmenau 1959, S. 23. – Für Hinweise hierzu danke ich Kathrin Kunze und Sybille Viol aus dem GoetheStadtMuseum Ilmenau.

[45] Jehle: Gemeiniglich verlangt es aber die Damen gar nicht sehr nach Reisen (Anm. 9), S. 19.

Sein Amt als sachsen-weimarischer Stall- und ab 1775 Oberstallmeister veranlasste Josias von Stein zu häufigen dienstlichen Reisen und ließ nur begrenzte Spielräume für längere private Reisen. Gleichwohl suchte er zur Linderung seiner langjährigen Leiden die bekannten Kur- und Badeorte auf.[46] Charlotte von Stein war jedoch nicht immer mit der Wahl des Kurortes zufrieden. Während sie 1777 wie bereits in den Jahren zuvor nach Bad Pyrmont reiste, um dort ihren kranken Gatten zu treffen, führte sie ihr »Schicksal«[47], wie sie schrieb, 1791 in das »ennuyant[e]« Lauchstädt.[48] Über ihren dortigen Aufenthalt berichtete sie Charlotte Schiller nach ihrer Rückkehr: »Ich war in Lauchstät recht isolirt und mein Hertz begehrte nicht einmahl sich nach Jemanden dort umzusehen.«[49]

Die Vermutung liegt nahe, dass Charlotte von Steins Urteile über die Badeorte nicht zuletzt mit der Größe des Ortes und der jeweiligen Anzahl und möglicherweise auch der sozialen Zusammensetzung der Badegäste korrelierten. Bad Lauchstädt war um 1800 zwar ein bedeutender Badeort, aber die Anzahl der Gäste lag 1792 bei »90« und 1793 bei »70 Parthien«,[50] wobei sich die genaue Personenanzahl daraus nicht erschließen lässt. Christiana von Goethe berichtete im Juli 1810 von etwa 200 Badegästen in Lauchstädt[51] und am 15. Juni 1815, freilich am Beginn der Saison, von 180 Gästen.[52] Für Pyrmont sind hingegen in den Jahren 1790 bis 1795 um die 1000 Badegäste belegt, 1777 immerhin bereits etwa 650 Gäste.[53]

---

46 Vgl. Jochen Klauß: Charlotte von Stein. Die Frau in Goethes Nähe. Markkleeberg ⁴2016, S. 88 f.

47 Ch. von Stein an Ch. Schiller, 29. April 1791; GSA 83/1856,2, Bl. 35.

48 Ch. von Stein an Ch. Schiller, 11. Juni 1791; ebd., Bl. 36.

49 Ch. von Stein an Ch. Schiller, 5. August 1791; ebd., Bl. 39.

50 Konrad Anton Zwierlein und Karl Gottlob Kühn: Taschenbuch für Brunnen und Badegaeste 1794. Leipzig 1794, S. 199.

51 Vgl. Christiana von Goethe an Goethe, 15. Juli 1810; Goethes Briefwechsel mit seiner Frau. Hrsg. von Hans Gerhard Gräf. 2 Bde. Frankfurt am Main 1916, Bd. 2, S. 171. – In der Literatur stößt man zumeist auf die Verwendung des Vornamens »Christiane« für Christiana von Goethe geb. Vulpius. In ihren Privatbriefen lässt sich hingegen nur die Selbstbezeichnung »Christiana« eindeutig nachweisen. Die Benennungspraxis folgt an dieser Stelle ihrer Eigenbezeichnung; vgl. weiterführend zu dieser Thematik: Anja Stehfest und Barbara Aehnlich: Sozio- und pragmaonomastische Implikationen der Benennungspraxis am Beispiel der Christiana von Goethe. In: Namenkundliche Informationen 107/108 (2016), S. 369–396.

52 C. von Goethe an Goethe, 15. Juni 1815; Gräf (Hrsg.): Goethes Briefwechsel mit seiner Frau (Anm. 51), Bd. 2, S. 373.

53 Vgl. Kuhnert: Urbanität (Anm. 37), S. 45.

VI. Die Schlesienreise als Akt der Selbstbehauptung Charlotte von Steins

> Bis in das 19. Jahrhundert war das Reisen mühsam und zeitraubend, dabei weder gefahrlos noch billig – nach unserem Dafürhalten. Denn Millionen von Reisenden haben sich durch widrige Umstände nicht schrecken lassen; von nur wenigen wissen wir, was sie unterwegs – im weitesten Sinne des Wortes – erfahren haben. Beschwernisse waren zu selbstverständlich, als daß man sie schriftlich festgehalten hätte.[54]

Angesichts dieser Einschätzung sind die Schilderungen der Schlesienreise Charlotte von Steins einschließlich der Reiseüberlegungen und -vorbereitungen besonders spannend, da Herausforderungen und Widrigkeiten des Reisens teils angedeutet, teils explizit benannt werden. In diesen Briefen kommen das Durchsetzungsvermögen und der Mut, den Frauen bei weiteren Reisen an den Tag legen mussten, zum Ausdruck.

Die Reise Charlotte von Steins zu ihrem Sohn Friedrich ins über 450 Kilometer entfernt liegende Gut Strachwitz nahe Breslau stellte die Reisende vor beträchtliche persönliche, logistische und organisatorische Herausforderungen. Bereits Ende des Jahres 1797, als sich Friedrich gegen eine Rückkehr nach Weimar und für den Verbleib in Schlesien entschieden hatte,[55] erwähnte Charlotte von Stein erstmals eine mögliche Schlesienreise. Diesen Vorsatz wiederholte sie in einem Brief von Ende Mai/Anfang Juni 1798.[56] Eine beständige Sorge war jedoch ihre Befürchtung, dem Sohn »lästig zu seyn«, bis er eine Frau habe.[57] Wahrscheinlich führte dieses Unbehagen neben der Scheu vor weiteren Reisen zu einer dauernden Verschiebung des Reisevorhabens sowie zu einer Suche nach Alternativen. Zu diesen Alternativen gehörte neben den von Charlotte von Stein finanzierten Besuchen des Sohnes in Weimar die Überlegung, in das schlesische Bad Warmbrunn zu reisen, wozu sie die Lektüre der *Schlesischen Provincial-Blätter* angeregt hatte. Ein dortiger Kuraufenthalt hätte sich mit einem (kurzen) Besuch Friedrich von Steins verbinden lassen, wurde jedoch bald wieder verworfen, da ihr Karlsbad doch näher sei.[58] Letztendlich wurde ihr Entschluss zu der Fahrt nach Schlesien durch eine erneute Krankheit

54 Norbert Ohler: Reisen an der Schwelle zur Neuzeit. In: Beyrer (Hrsg.): Postkutschen (Anm. 11), S. 26–37, hier S. 26.

55 Vgl. hierzu den Beitrag von Yvonne Pietsch im vorliegenden Band.

56 Vgl. Ch. von Stein an F. von Stein, 31. Mai – 4. Juni 1798; GSA 122/102.

57 Ch. von Stein an F. von Stein, 1. August 1802; GSA 122/104.

58 Vgl. Ch. von Stein an F. von Stein, 18. April 1798; GSA 122/102.

Friedrichs bewirkt. Bei einem Duell hatte er eine Armverletzung erlitten; diese Nachricht veranlasste Charlotte von Stein im Frühjahr 1803 zum Aufbruch nach Schlesien.

Die gesellschaftlichen Konventionen sorgten dafür, dass eine solche Reise bereits im Vorfeld zahlreiche Überlegungen erforderte. Neben dem wohlbegründeten Reisezweck, der in diesem Fall durch den Verwandtenbesuch gerechtfertigt war, musste die für eine Dame unabdingbare Reisebegleitung geklärt werden. Charlotte von Stein hoffte auf die Begleitung durch ihre Nichte Katharina Imhoff (genannt ›Käthchen‹), die sie ab 1795 für einige Zeit zu sich genommen hatte. So schrieb sie im März 1802 an Friedrich: »Sehr gern käme ich den Sommer zu Dir und bringe Käthgen mit die jetz wieder gesund, schön, gut, und artig ist, sie ist auser sich vor Freuden darüber, wie ich ihr mein Project erzählte, nur müste Dir es gewiß behagen; Wir nehmen keine Jungfer sondern nur den Schach mit.«[59] Ihr Diener Johann Gottlob Schach[60] sollte sie tatsächlich auf ihrer Reise begleiten, ihre Nichte jedoch nicht. Als sich abzeichnete, dass sich Charlotte von Stein nach einer anderen Gesellschafterin umsehen musste, fiel ihr Blick auf eine junge Frau, die sie ihrem Sohn Friedrich schriftlich vorstellte:

> [...] doch habe ich noch eine andre Person die vielleicht auch mit mir ginge und zu der mich mein Herz trägt, es ist die Tochter von der Ettingern, die recht verständig artig und angenehm ist; Es wäre nur die Frage in wie fern Sie Dir würde recht seyn, und ob ich vielleicht in manchen Geselschafften könte mit ihr in Verlegenheit kommen weil sie nicht von Adel ist, aber diese statsCalender Geselschafften sind mir so nicht intereßant.[61]

---

59 Ch. von Stein an F. von Stein, 15.–17. März 1802; GSA 122/104.

60 Johann Gottlob Schach (gest. 1813) war zunächst Hoflakai und ab etwa 1770 Diener im Hause von Stein; vgl. Eintrag zu »Schach, Johann Gottlob«. In: Briefe an Goethe. Biografische Informationen. http://ora-web.swkk.de/swk-db/goeregest/index_bio.html (25. August 2017).

61 Ch. von Stein an F. von Stein, 30. Mai 1802; GSA 122/104. – Bei der »Ettingern« handelt es sich um Anna Carolina Ettinger (1752–1823), geborene Seidler, verwitwete Basch. Sie heiratete 1782 in zweiter Ehe den Gothaer Verleger und Buchhändler Carl Wilhelm Ettinger; vgl. Helmut Roob: Carl Wilhelm Ettinger (1742–1804), ein erfolgreicher Verlagshändler der Aufklärung in Thüringen. In: Erich Donnert (Hrsg.): Europa in der Frühen Neuzeit. Festschrift für Günter Mühlpfordt. Köln, Weimar, Wien 2008, S. 237–241, hier S. 237. Aus dieser Ehe ging die gemeinsame Tochter Caroline hervor; vgl. Taufregister der Stadt Jena, Sign. KA J TR 1803, Bl. 294. Es war wohl diese Tochter, die Charlotte von Stein als Reisebegleiterin im Blick hatte. Für die Personenermittlung gilt mein herz-

Hieran wird die Konvention einer standesgemäßen Begleitung deutlich, an die man sich zu halten pflegte, um kein Aufsehen zu erregen. Auch Charlotte von Stein, die die Etikette genauestens kannte, war bereit, diesem Verhaltenskodex zu folgen, obwohl sie ihre kritische Haltung nicht verbarg. Sie zog entgegen der Konvention eine bürgerliche Gesellschafterin in Erwägung, überließ die endgültige Entscheidung darüber aber ihrem Sohn, der die Haltung seiner Kreise besser einzuschätzen wusste. Die Wahl einer (meist ledigen oder verwitweten) Begleiterin stellte keine geringe Herausforderung dar, da es sich nicht zuletzt um eine (Vertrauens-) Person handeln sollte, in deren Gesellschaft man sich über mehrere Wochen hinweg wohlfühlte.

Im Laufe der nächsten Monate wurden weitere Optionen, wie die Begleitung durch die seit 1781 verwitwete Gräfin Henriette Caroline Bachoff von Echt oder durch den Bruder Ludwig von Schardt, in Erwägung gezogen. Schließlich trat Charlotte von Stein die Reise nur in Begleitung ihrer Jungfer Marie und ihres Dieners Schach an. Sie zog, abgesehen von ihrem Bruder, nur weibliche Begleiterinnen in Betracht, was darauf hindeutet, dass die Begleitung durch Schach bereits feststand. Denn eine Reise ohne männliche Begleitung wäre ohne die Gefahr der Rufschädigung kaum möglich gewesen.[62] Zugleich bot ein männlicher Begleiter auch einen gewissen Schutz.

Eine weitere Entscheidung war im Hinblick auf das Reisegefährt zu treffen. Charlotte von Stein besaß eine eigene Chaise, die sie jedoch im Frühjahr 1802 verkaufte, da sie keine eigenen Pferde besaß und ihr der Stellplatz für die Kutsche genommen worden war.[63] Das Reisen mit der Ordinari-Post, einem kostengünstigen, öffentlichen Postwagen, der nach Fahrplan verkehrte, stellte für Personen von Stand keine Alternative dar.[64] So teilte sie Friedrich ihre Entscheidung mit: »Ein hiesiger Fuhrmann will mich bis Breßlau fahren, vom Wohlzogen laß ich mir die Reise route machen […].«[65] Diese Entscheidung führte zu einigen Komplikationen auf der Hinreise, die Charlotte von Stein am 12. April 1803 antrat. Wir erfahren davon in einem Brief an Charlotte von Schiller (Abb. 1):

---

licher Dank Dr. Christian Hain, Mitarbeiter des Goethe- und Schiller-Archivs Weimar / Klassik Stiftung Weimar.

62 Vgl. Jost: Wege zur weiblichen Glückseligkeit (Anm. 6), S. 63.

63 Vgl. Ch. von Stein an F. von Stein, 25.–29. April 1802; GSA 122/104.

64 Vgl. Klaus Beyrer: Ab geht die Post! Zur Reisekultur der Kutschenzeit. In: Griep u.a. (Hrsg.): Reisen in der Kutschenzeit (Anm. 11), S. 46–52, hier S. 48.

65 Ch. von Stein an F. von Stein, 25. März 1803; GSA 122/105. – Vgl. zur Problematik der Reiserouten: Griep u.a. (Hrsg.): Reisen in der Kutschenzeit (Anm. 11), S. 8.

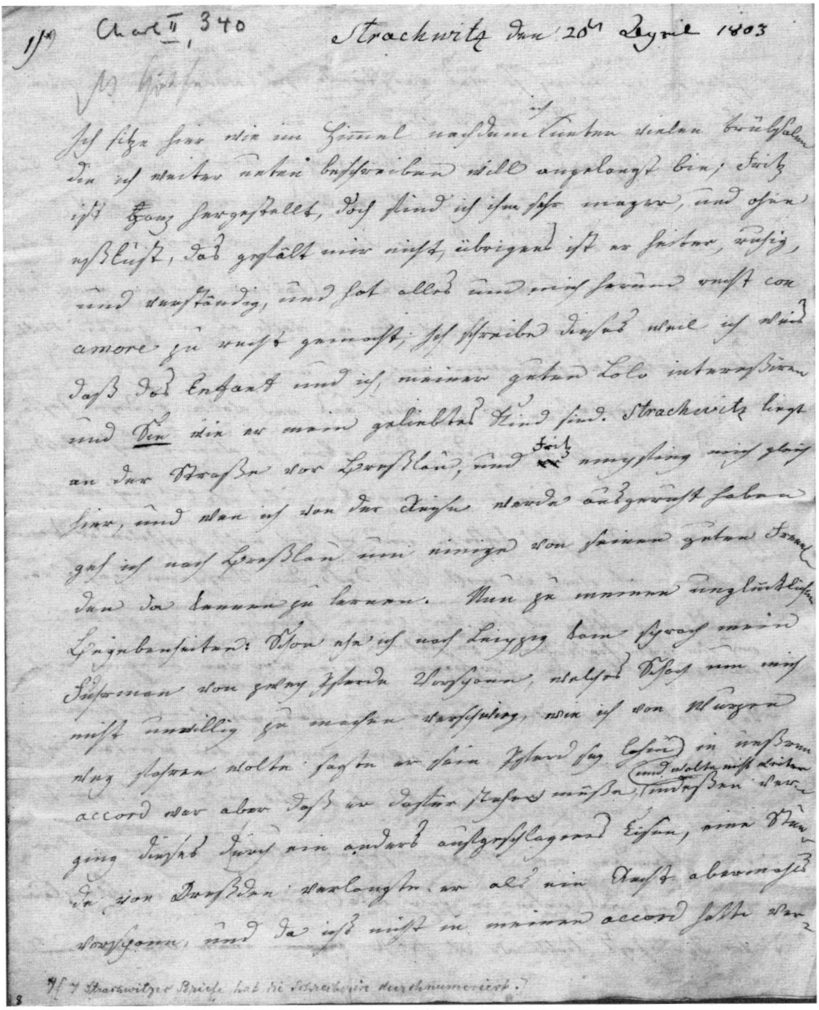

Charl II, 340 Strackwitz den 20t April 1803

Abb. 1: Charlotte von Stein an Charlotte von Schiller, 20. April 1803, Seite 1

> Nun zu meinen unglücklichen Begebenheiten: Schon ehe ich nach Leipzig kam sprach mein Fuhrmann von zwey Pferde Vorspann, welches Schach um mich nicht unwillig zu machen verschwieg, wie ich von Wurzen weg fahren wolte sagte er sein Pferd sey lahm und wolte nicht weiter in unßren accord war aber daß er dafür stehen müße, indeßen verging dieses durch ein anders aufgeschlagenes Eisen, eine Stunde von Dreßden verlangte er als ein Recht abermahls vorspann, und da ichs nicht in meinen accord hatte versicherte er mir, so was verstünde sich von selbst und da ich so viel länger auf der Welt wäre wie er müste ich das wohl wißen, [...] um der Pein los zu seyn sagte ich ihm ich wolle es aus guten Willen thun, aber es half mir auch dies nicht, den so offt uns ein Wagen begegnete bot er mich aus und wolte diese Paßagiers retour bringen die den eben so wenig Lust hatten auf der Landstraße umzupacken als ich: Da mich die Vorspann unendlich Geld kostete und ich doch nicht geschwinder kam weil er nicht litt daß die Vorspann zufahren durfte so schlug ich ihm vor seine Pferde auszuspannen und sie sachte hinterdrein zu führen und ich wolte die Vorspann allein vor den Wagen nehmen das wolte er wieder nicht den das geschwinde fahren schade seinen Wagen; Nun wuste ich ihm weiter nichts zu sagen noch zu helfen als ob er sich nicht mit samt den Pferden im Wagen setzen wolte und mich vorspannen [...].[66]

In Bunzlau vor der Poststation angelangt, begann der Fuhrmann lauthals über Charlotte von Stein zu schimpfen und holte sich Unterstützung beim dortigen Posthalter. Den Berufsgruppen der Posthalter, Wagenmeister und Postknechte bescheinigte schon Adolph Freiherr von Knigge »den Ruf einer ausgezeichneten Grobheit«.[67] Weiterhin rät er: »Es kömmt aber alles auf die Art an, wie man mit ihnen umgeht, und ein ernsthaftes, von einer gewissen Würde begleitetes Betragen und, wo es anzubringen ist, ein freundliches Wort, das wird bey diesen Leuten selten ohne gute Würkung angewendet.«[68] Ein ernsthaftes, würdevolles und nicht minder standhaftes Betragen musste nun auch die Reisende von Stein an den Tag legen:

> Nun kam ein fatales Gesicht von einen Posthalter vor meinen Wagen las mir die Moral daß ich den Mann doch nicht so drücken solte, er wolle mir eine chaise geben und so könte ich auf jede Station eine haben, ich antwortete gar nicht mehr, und blieb fest im Wagen sitzen, endlich kam er noch einmahl, der Fuhrmann wolle mich bis Breßlau mit ferneren Vorspann bringen, wen ich ihm auf der Stelle sein gedungenes Geld auszahlen wolte, das that ich nicht, ich solte also ein schriftliches Zeugniß ausstellen, daß ich ihm nichts davon abziehen würde

---

[66] Ch. von Stein an Ch. von Schiller, 20. April 1803; GSA 83/1856,4, Bl. 8 (vgl. Anhang, Briefe, Nr. 13).

[67] Adolf Franz Friedrich Ludwig von Knigge: Ueber den Umgang mit Menschen. Zweyter Theil. Hannover 1788, S. 282.

[68] Ebd.

> ich thats auch nicht, sondern sagte ich würde ihm das Geld geben der kleine fatale Posthalter wolte mich ordentlich commandiren, er stand mir so recht zur Hand am Wagen daß hätte ich mich nicht vor den Leuten geschämt ich ihm gern eine rechte Ohrfeige gegeben hätte [...].[69]

Letztlich kam Charlotte von Stein nach einer guten Woche in Breslau an, zahlte dafür allerdings 65 Taler sowie zusätzliche 35 Taler für Vorspann, Trinkgelder etc. Ihre lebhaft geschilderte Episode zeigt, dass Frauen auf Reisen durchaus ›ihren Mann stehen‹ und sich selbst behaupten mussten. Nur mit Durchsetzungskraft, Beharrlichkeit und einigem Mut kamen sie ans Ziel. Leider schweigt sich Charlotte von Stein über die Zustände in den Wirtshäusern und Gaststuben, in denen sie nächtigte, aus. Um einen Einblick in diese Verhältnisse zu geben, soll ein Brief von Christiana Vulpius (ab 1806 verheiratete von Goethe) herangezogen werden, in dem sie die Vorkommnisse auf ihrer Rückreise von Frankfurt am Main nach Weimar im Jahre 1797 schildert: »Abends 8 Uhr in Neuhof. Der Kutscher kam nicht weiter. Wir sind sehr schlecht logirt und werden nicht viel zu essen haben. Das ganze Haus ist voll Kaiserliche Soldaten; ich bin mit meinen 2 Pistolen durch ein 50 Mann ins Haus gegangen, und es hat keiner gepiepst.«[70]

Die Mitnahme von Schusswaffen, insbesondere von Pistolen, war wohl eher die Regel als die Ausnahme und wird auch in den zeitgenössischen Apodemiken empfohlen,[71] was nicht verwundert, bedenkt man doch, dass es im 17. und 18. Jahrhundert kaum ein friedliches Jahrzehnt gab.

Diese mitgeteilten Beispiele führen deutlich vor Augen, welche Hürden und Gefahren auf Frauen bereits bei verhältnismäßig kurzen Reisen lauerten. Gegenüber diesen mussten sie sich behaupten; sie mussten selbstbestimmt agieren und entschieden auftreten. Dies steht in starkem Kontrast zum »offiziellen weiblichen Tugendkanon des 19. Jahrhunderts«, in dem »Mut und Entschlossenheit [...] nicht eben diejenigen Eigenschaften

[69] Ch. von Stein an Ch. von Schiller, 20. April 1803; GSA 83/1856,4, Bl. 9 (vgl. Anhang, Briefe, Nr. 13).

[70] Christiana Vulpius an Goethe, 8.–11. August 1797; Gräf (Hrsg.): Goethes Briefwechsel mit seiner Frau (Anm. 51), Bd. 1, S. 134. Zitat im Original: »abends 8 Ur in Neu Hoff Der Kusser kam nicht veider. wir s‹in›d ser schlet lusirt und verden nicht viel zu Essen haben. Daß ganze Hauß ist voll Käusserliche Soltan ich bin mit mein 2 Pistolen durch ein 50 Mann ins Hauß gegan und es Hat keiner gebies.« (GSA 28/19, Bl. 11) – Zu den Transport- und Unterbringungsmodalitäten, die nahezu unweigerlich alle Bevölkerungsschichten aufeinandertreffen ließen, vgl. Rees u. a.: Erfahrungsraum Europa (Anm. 11), S. 75 f.

[71] Vgl. Posselt: Apodemik (Anm. 16). Bd. 2, S. 351.

[waren], die besonders hervorgehoben wurden.«[72] Dies kommt auch in Posselts *Apodemik* zum Ausdruck:

> [...] bey der Lebhaftigkeit der Einbildungskraft und der Gefühle, die dem weiblichen, Geschlecht größtentheils eigen ist, bey dem Mangel an Selbstständigkeit und Festigkeit des Charakters, dessen es fast allgemein beschuldigt wird, möchte das Reisen jungen Damen noch weit gefährlicher seyn, als Jünglingen oder jungen Männern.[73]

Posselt sah die Gefahren, die das Reisen für Frauen barg, folglich vor allem in den negativen Auswirkungen auf die Charakterbildung. So ist es nur folgerichtig, dass er den Frauen bei ihren Reisen ein begrenztes räumliches Terrain auferlegte, nämlich das fremde Haus mit seiner Einrichtung und wirtschaftlichen Ordnung, welches es en détail zu studieren gelte.[74] Die eigentlichen Gefahren einer Reise um 1800, die Männern wie Frauen gleichermaßen drohten, hat er an dieser Stelle nicht im Blick. Die von Charlotte von Stein beschriebene Episode der Fahrt mit einem widerspenstigen Fuhrmann widerfuhr ihr nämlich nicht, weil sie eine Frau war und der Fuhrmann glaubte, seine profitorientierten Interessen bei ihr leicht durchsetzen zu können. Auch Männer wie beispielsweise der weitgereiste Historiker und Staatsrechtler August Ludwig von Schlözer – der seine Reiseerfahrungen in den *Vorlesungen über Land- und Seeleute* an die Studenten der Universität Göttingen weitergab[75] – berichteten von ähnlichen Schwierigkeiten. Von seiner Reise nach Italien, die er gemeinsam mit seiner 11-jährigen Tochter Dorothea unternahm, berichtete er seiner Frau:

> Den 23. Dezember gingen wir von Venedig zu Wasser nach Padova zurück: den 24. weiter nach Bologna. Auf dieser Reise von 20 Meilen, die 6 Tage dauerte, verwünschte ich zum erstenmal meine ganze Reise nach Italien: der Weg war ärger wie von Göttingen nach Heiligenstadt: den 26. Dezember, morgens um 10, saß ich ganz allein eine Stunde lang mit der Dortel [seine Tochter Dorothea], die die Diarrhee hatte, auf der Landstraße im Wagen: die Bauern hatten ihre

---

[72] Jehle: Gemeiniglich verlangt es aber die Damen gar nicht sehr nach Reisen (Anm. 9), S. 21.

[73] Posselt: Apodemik (Anm. 16). Bd. 1, S. 733.

[74] Vgl. ebd., S. 739.

[75] Vgl. Cornelius Neutsch: Die Kunst, seine Reisen wohl einzurichten. Gelehrte und Enzyklopädisten. In: Bausinger u.a. (Hrsg.): Reisekultur (Anm. 11), S. 146–152, hier S. 147; Hans Erich Bödecker: Reisen. Bedeutung und Funktion für die deutsche Aufklärungsgesellschaft. In: Griep u.a. (Hrsg.): Reisen im 18. Jahrhundert (Anm. 11), S. 91–110, insb. S. 91 f.

> 10 Ochsen Vorspann ausgespannt, weil nicht fortzukommen war, gingen zum Teufel und ließen uns sitzen.[76]

Der schlechte Zustand der Straßen, der immer wieder zu Unfällen führte, findet in zeitgenössischen Briefen ebenso häufig Erwähnung wie die unbequemen Fahrten in der Kutsche.[77] Auch Charlotte von Stein berichtet am 5. Juli 1803 nach ihrer Rückkehr aus Schlesien von den Strapazen der Reise, die sie bis Dresden zunächst mit Chaise, Pferden und Kutscher ihres Sohnes zurückgelegt hatte: »Vorgestern um 4 Uhr Nachmittags bin ich ohne weitern Unfall[78] und immer nur 2 Postpferden glücklich hier angekommen; es hat mich aber die Reise wegen arger Hitze so angegriffen daß ich noch immer vor zittern im Arm nicht recht schreiben kan.«[79]

Trotz der Strapazen und Anstrengungen der Reise hatte Charlotte von Stein den Aufenthalt in der Stille des Gutes und in Gesellschaft ihres Sohnes und einiger Bekannter sehr genossen. Die wohltuende Wirkung dieser Reise bemerkte auch der ältere Sohn Carl bei ihrer Rückkunft, wie er seinem Bruder mitteilte: »Du hast sie gut gepflegt und sie sieht recht wohl und vergnügt aus. […] Meine Mutter hat mich seit langer Zeit einmal herzlich umarmt und das hat mich fast bis zu Thränen gerührt, und ich bin einmal recht vergnügt von Weimar zurückgekehrt […].«[80]

Der Wunsch, Friedrich nochmals in Schlesien zu besuchen, begleitete sie bis zu ihrem Tode, wurde aber kein zweites Mal in die Tat umgesetzt.

---

76 August Ludwig von Schlözer an Caroline Friederike Schlözer, 7. Januar 1782; Deutsche Briefe aus Italien. Von Winckelmann bis Gregorovius. Hrsg. von Eberhard Haufe. Leipzig ³1987, S. 45.

77 Vgl. Michael North: Genuss und Glück des Lebens. Kulturkonsum im Zeitalter der Aufklärung. Köln, Weimar, Wien 2003, S. 41.

78 Es hatte zuvor einen Defekt am Wagen gegeben.

79 Ch. von Stein an F. von Stein, 5. Juli 1803; GSA 122/105.

80 Carl von Stein an F. von Stein, 15. Juli 1803; Rohmann (Hrsg.): Briefe an Fritz von Stein (Anm. 34), S. 91.

Yvonne Pietsch

»… weil du aber nun einmahl mein verzogen Söhngen bist«

Charlotte von Steins Rolle als Ehefrau und Mutter

Über Charlotte von Stein als Ehefrau und Mutter ist viel im Kontext ihrer Beziehung zu Goethe geschrieben worden. Gleichwohl lohnt sich ein erneuter Blick auf die zum Teil noch nicht vollständig ediert vorliegenden Handschriften aus dem Nachlass, um folgenden Fragen nachzugehen: Was lässt sich über die Ehe der Steins angesichts der vorhandenen Quellenlage aussagen? Welche Auskunft geben die Briefe Charlotte von Steins an ihren jüngsten Sohn Gottlob Friedrich Constantin über ihre Haltung zur Ehe? Wie stellt sie sich in ihren Briefen an den Sohn, der nach seiner Übersiedelung nach Breslau 1795 zu einem ihrer wichtigsten Briefpartner wurde, als Mutter dar? Da die über 330 Briefe an Friedrich von Stein bislang nur teilweise veröffentlicht wurden,[1] ergaben sich im Zuge ihrer Sichtung einige interessante Aufschlüsse.

I. Der Ehemann Gottlob Ernst Josias Friedrich von Stein

Gottlob Ernst Josias Friedrich von Stein kam 1735 in Regensburg zur Welt. Sein Vater war der kaiserliche Reichshofrat und sachsen-meiningische und sachsen-coburgische Geheime Rat Gottlob Friedrich Christian Ludwig von Stein, seine Mutter Elisabeth Dorothea Rosina Charlotta geb. von Rotenhan. Bereits 1739 starb der Vater und hinterließ seine Frau mit vier unmündigen Kindern, von denen Gottlob Ernst Josias und zwei Schwestern, Gottlobe Sophie Christiane Johanna Friederike Charlotte sowie Gottlobe Dorothea Sophia Elisabeth Magdalena, seit 1781 verh. von Röder, das Erwachsenenalter erreichten.[2] Die Mutter verwaltete zunächst

[1] Vgl. hierzu den Beitrag zu Charlotte von Steins Nachlass von Elke Richter im vorliegenden Band. Die Briefe wurden über mehrere Tage hinweg geschrieben und haben oft Tagebuchcharakter. Erstmals in Auswahl veröffentlicht wurden Briefe Charlotte von Steins an den Sohn in: Briefe an Fritz von Stein. Hrsg. von Ludwig Rohmann. Leipzig 1907.

[2] Vgl. Horst Fleischer: Vertrauliche Mitteilungen aus Mecklenburg-Schwerin und

die Güter und Schloss Kochberg, die sich seit 1733 im Besitz der Familie befanden. Als Lehnsvormund fungierte bis 1756 Carl Christoph Friedrich von Beust.[3] Mit Eintritt der Volljährigkeit übernahm Josias das verschuldete Familiengut und Schloss Kochberg und wurde somit »Erb- Lehn- und GerichtsHerr auf Kochberg« (Abb. 1).[4] Der Vater war Reichstagsgesandter der thüringischen Territorialstaaten von Sachsen-Saalfeld, Coburg und Meiningen in Regensburg gewesen. Eine solche Karrierestufe erreichte sein Sohn nicht: Nach dem Schulbesuch in Schulpforta und am Coburger Casimirianum sowie einem kurzen Studienaufenthalt von 1752 bis 1755 an der Universität in Jena begleitete er den schwarzburg-rudolstädtischen Erbprinzen Friedrich Carl auf seiner Bildungsreise nach Frankreich und durch die Niederlande. Nach seiner Rückkehr trat er in Weimarer Dienste und wurde dort Kammerassessor, später Kammerjunker. Die Herzogin Anna Amalia ernannte ihn 1760 zum herzoglichen Stallmeister, womit er eine Laufbahn im höheren Verwaltungs- und Hofdienst einschlug. Für die 21-jährige Charlotte von Schardt, die aus dem niederen Adel ohne Landbesitz stammte, war die Ehe mit ihm ein Aufstieg in die Schicht des grundbesitzenden Uradels, was für sie ein erhöhtes soziales Prestige in der Residenzstadt bedeutete. In mehrfacher Hinsicht war Stein eine ›gute Partie‹.[5] Seine Karriereaussichten am Weimarer Hof waren günstig. Die Ehe mit ihm versprach ein Leben in der Nähe ihrer Eltern und Geschwister. Das Paar wohnte nach der Hochzeit von 1764 bis 1777 in seiner Stadtwohnung im sogenannten Landschaftskollegienhaus in der Kleinen Teichgasse am Kasseturm, in unmittelbarer Nähe zum Haus der Schardts. Schloss Kochberg als zweiter Wohnsitz der Familie wurde von Charlotte, in späterer Zeit mit ihren Kindern, vor allem zur Zeit des Rudolstädter Vogelschießens,[6] also in der zweiten Augusthälfte und im Herbst aufgesucht, wo die drei

---

Sachsen-Weimar. Rudolstadt 1999, S. 13; Jochen Klauß: Charlotte von Stein. Die Frau in Goethes Nähe. Zürich 1995, Stammtafel II im Anhang, o. S.

[3] Vgl. hierzu LATh – StA Rudolstadt, Archiv Großkochberg Nr. F 153 sowie Nr. F 156, das Ende der Vormundschaft betreffend.

[4] Weimarische Wöchentliche Frag- und Anzeigen auf das Jahr 1764, Num. 25, Sonnabend, den 12. Mai 1764, S. 102.

[5] Vgl. auch Klauß: Charlotte von Stein (Anm. 2), S. 93.

[6] Vgl. Fleischer: Vertrauliche Mitteilungen (Anm. 2), S. 16. – Teile der Kochberger Ländereien sowie das Schloss Kochberg gehörten zum Gebiet des Herzogtums Sachsen-Gotha und Altenburg, weswegen Josias von Stein dort »Ausserordentlicher Deputirter« der »Landschaftl. Deputation des Herzogthums Gotha« war (Herzoglich-Sachsen-Gotha- und Altenburgischer Hof- und Adress-Calender auf das Jahr 1777. Gotha 1776, S. 12f.).

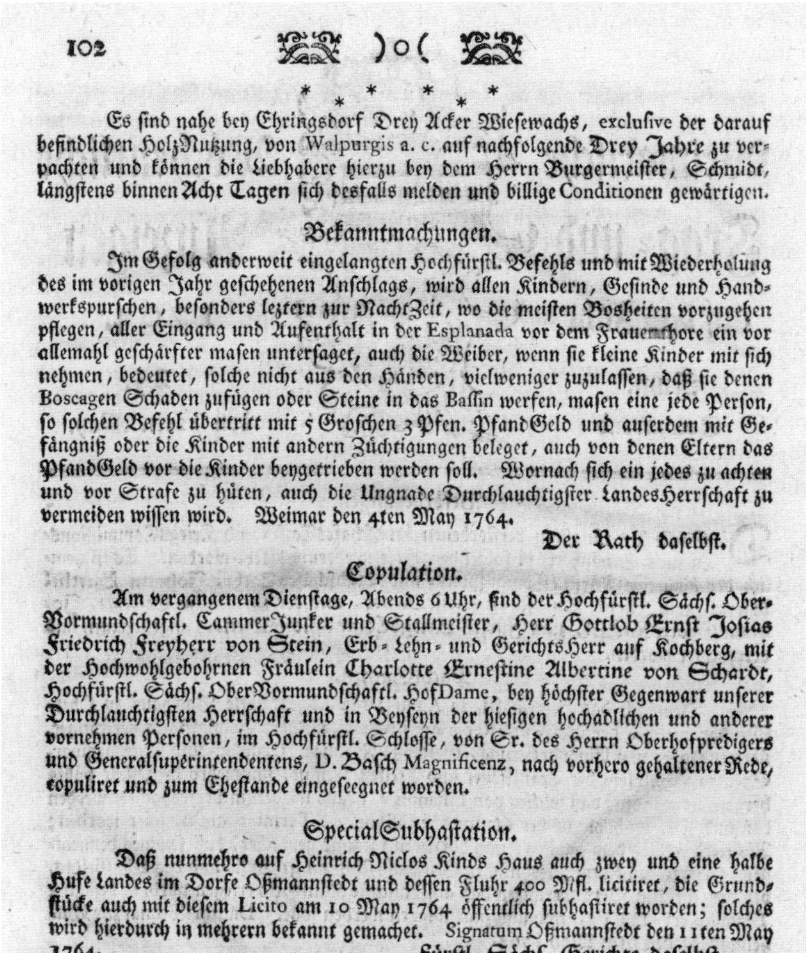

102)o(

* * * * *

Es sind nahe bey Ehringsdorf Drey Acker Wiesewachs, exclusive der darauf befindlichen HolzNutzung, von Walpurgis a. c. auf nachfolgende Drey Jahre zu verpachten und können die Liebhabere hierzu bey dem Herrn Burgermeister, Schmidt, längstens binnen Acht Tagen sich desfalls melden und billige Conditionen gewärtigen.

Bekanntmachungen.

Im Gefolg anderweit eingelangten Hochfürstl. Befehls und mit Wiederholung des im vorigen Jahr geschehenen Anschlags, wird allen Kindern, Gesinde und Handwerkspurschen, besonders leztern zur NachtZeit, wo die meisten Bosheiten vorzugehen pflegen, aller Eingang und Aufenthalt in der Esplanada vor dem Frauenthore ein vor allemahl geschärfter masen untersaget, auch die Weiber, wenn sie kleine Kinder mit sich nehmen, bedeutet, solche nicht aus den Händen, vielweniger zuzulassen, daß sie denen Boscagen Schaden zufügen oder Steine in das Baßin werfen, masen eine jede Person, so solchen Befehl übertritt mit 5 Groschen 3 Pfen. PfandGeld und auserdem mit Gefängniß oder die Kinder mit andern Züchtigungen beleget, auch von denen Eltern das PfandGeld vor die Kinder beygetrieben werden soll. Wornach sich ein jedes zu achten und vor Strafe zu hüten, auch die Ungnade Durchlauchtigster LandesHerrschaft zu vermeiden wissen wird. Weimar den 4ten May 1764.

Der Rath daselbst.

Copulation.

Am vergangenem Dienstage, Abends 6 Uhr, sind der Hochfürstl. Sächs. Ober-Vormundschaftl. CammerJunker und Stallmeister, Herr Gottlob Ernst Josias Friedrich Freyherr von Stein, Erb- Lehn- und GerichtsHerr auf Kochberg, mit der Hochwohlgebohrnen Fräulein Charlotte Ernestine Albertine von Schardt, Hochfürstl. Sächs. OberVormundschaftl. HofDame, bey höchster Gegenwart unserer Durchlauchtigsten Herrschaft und in Beyseyn der hiesigen hochadlichen und anderer vornehmen Personen, im Hochfürstl. Schlosse, von Sr. des Herrn Oberhofpredigers und Generalsuperintendentens, D. Basch Magnificenz, nach vorhero gehaltener Rede, copuliret und zum Ehestande eingeseegnet worden.

SpecialSubhastation.

Daß nunmehro auf Heinrich Niclos Kinds Haus auch zwey und eine halbe Hufe Landes im Dorfe Oßmannstedt und dessen Fluhr 400 Mfl. licitiret, die Grundstücke auch mit diesem Licito am 10 May 1764 öffentlich subhastiret worden; solches wird hierdurch in mehrern bekannt gemachet. Signatum Oßmannstedt den 11ten May 1764.

Fürstl. Sächs. Gerichte daselbst.

Häuser,

Abb. 1: Hochzeitsanzeige von Josias und Charlotte von Stein aus »Weimarische Wöchentliche Frag- und Anzeigen auf das Jahr 1764« (12. Mai)

Söhne im Schloss, im Park und im Dorf ein ausgelassenes Leben führen konnten.[7]

»Bey höchster Gegenwart unserer Durchlauchtigsten Herrschaft und im Beyseyn der hiesigen hochadlichen und anderer vornehmen Personen«[8] wurden Josias von Stein und Charlotte von Schardt am 8. Mai 1764 »Abends 6 Uhr [...] im Hochfürstlichen Schlosse, von Sr. des Herrn Oberhofpredigers und Generalsuperintendentens, D. Basch Magnificenz, nach vorhero gehaltener Rede, copuliret und zum Ehestande eingeseegnet.«[9] In einer »Eheberedung« vom 17. Mai 1764 (Abb. 2) wurde in 13 Punkten festgelegt, wie der Nachlass im Fall eines frühzeitigen Todes des Ehemanns für etwaige unmündige Kinder und die Ehefrau geregelt werden sollte, wie hoch das jährliche Witwengeld anzusetzen sei und dass »bey erfolgender anderweiten Vermählung, sowohl die Witthums Gelder der 400 Thlr: als auch der Zusatz von 200 Thlr: gäntzlich aufhören und ins Lehn zurückfallen sollen.«[10]

Nur wenige persönliche Hinterlassenschaften sind von Josias von Stein überliefert. Die Quellenlage reicht kaum aus, um gesicherte Urteile über ihn als Ehemann und Vater zu fällen.[11] Dies wird auch durch die 2012 erschienene Monographie Jan Ballwegs mit dem Titel *Josias von Stein – Stallmeister am Musenhof Anna Amalias: Ein vergessener Aspekt der Weimarer Klassik* bestätigt.[12] In den wenigen vorhandenen Quellen Dritter, in Brief- und Selbstzeugnissen wird der junge Stein als gut aussehender Mann, als

[7] Vgl. hierzu die Kindheitserinnerungen Carl von Steins in: Goethe. Aufzeichnungen des Freiherrn Carl von Stein-Kochberg. Hrsg. von Hans Wahl. Leipzig 1924. – Das Schloss Kochberg vereinte im Herbst »viel fröhliche Gemüter«, man lebte »sehr vergnügt« (ebd., S. 6).

[8] Weimarische Wöchentliche Frag- und Anzeigen (Anm. 4), S. 102.

[9] Ebd.

[10] LATh – StA Rudolstadt, Archiv Großkochberg Nr. F 717.

[11] Schon Willy Andreas weist auf die dürftige Quellenlage hin, fällt vor diesem Hintergrund jedoch ein allzu schnelles negatives Urteil: »Sonst wissen wir wenig von ihm [J. von Stein], sein Wesen will für den historischen Betrachter nicht recht Farbe und Umriß gewinnen, wie es so oft bei Durchschnittsmenschen der Fall ist.« (Willy Andreas: Carl August von Weimar. Ein Leben mit Goethe 1757–1783. Stuttgart 1953, S. 170) Der gleichen Ansicht (ohne negative Bewertung) ist auch Marcus Ventzke: [Rezension zu] Jan Ballweg: Josias von Stein – Stallmeister am Musenhof Anna Amalias: Ein vergessener Aspekt der Weimarer Klassik. In: Goethe-Jahrbuch 130 (2013), S. 275–277, hier S. 275.

[12] Jan Ballweg: Josias von Stein – Stallmeister am Musenhof Anna Amalias: Ein vergessener Aspekt der Weimarer Klassik. Göttingen 2012.

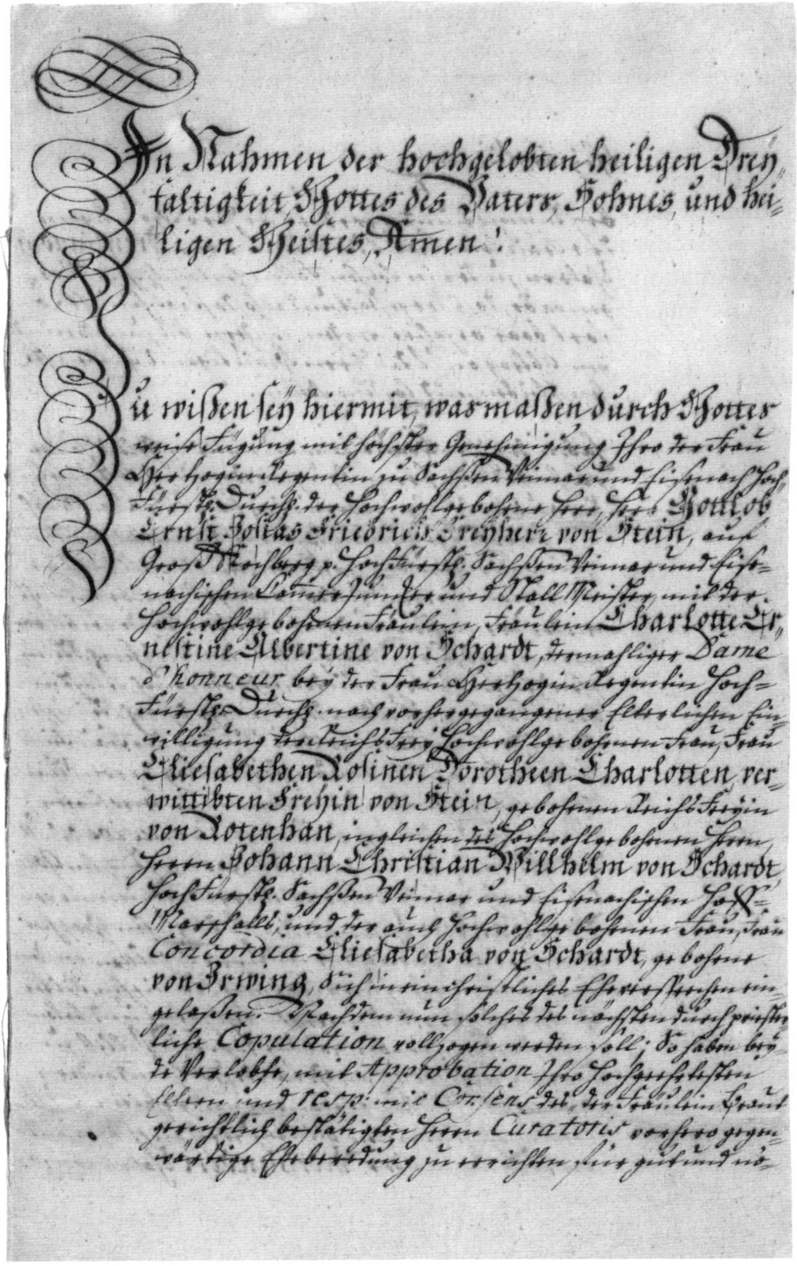
In Nahmen der hochgelobten heiligen Dreyfaltigkeit Gottes des Vaters, Sohnes und heiligen Geistes, Amen!

Zu wissen sey hiermit, wasmaßen durch Gottes

Abb. 2: Eheberedung zwischen Gottlob Ernst Josias Friedrich von Stein und Charlotte Ernestine Albertine von Schardt, 17. Mai 1764, Seite 1

Kavalier bei Hofe, zuverlässiger Beamter, »als angenehmer Gesellschafter«,[13] »braver Mann«,[14] als guter Tänzer und als »einer der galantesten Reiter seiner Zeit«[15] beschrieben, der sich sogar auf die Kunstreiterei[16] verstand. Ein bislang unveröffentlichter Brief an seine Frau Charlotte von Stein[17] weist ihn als um das Wohl seiner Frau bemühten und besorgten Ehemann aus. Statt wissenschaftlichen oder künstlerischen Interessen nachzugehen, beschäftigte er sich eher mit den praktisch-ökonomischen Aufgaben eines adligen Gutsherren. So versuchte er etwa neue Methoden zur Bodenverbesserung in Kochberg umzusetzen und errichtete auf dem Gut eine Branntweinbrennerei.[18] Durch sein Amt als Stallmeister und Kammerjunker des Herzogs Carl August war er häufig auf dienstlichen Reisen. Ende 1775 beförderte ihn der Herzog nach seinem eigenen Regierungsantritt zum Oberstallmeister, so dass er nun für die ca. 130 Zug- und Reitpferde des Hofes verantwortlich war sowie die Verwaltung des etwa 60 km von Weimar entfernt gelegenen Gestüts von Allstedt innehatte.[19] Er begleitete den Herzog bei Ausritten sowie auf Reisen, so etwa auf dessen Grand Tour über Frankfurt/Main, Karlsruhe, Straßburg nach Paris vom 8. Dezember 1774 bis 21. Juni 1775. Wenn er nicht unterwegs war, speiste er bei Hofe[20] und war selten zu Hause anwesend. Die Ehepartner agierten dadurch in

[13] Andreas: Carl August (Anm. 11), S. 170. Der Zusatz bei Andreas, Stein habe »am Spieltisch und beim Zechen Ausdauer« bewiesen (ebd.; auch bei Wilhelm Bode: Karl August von Weimar: Jugendjahre. Berlin 1913, S. 180), verwundert vor allem vor dem Hintergrund, dass J. von Stein bei seinem Sohn Carl diesbezüglich äußerste Strenge walten ließ: »Du klagest über die Verlegenheit zu spielen, welches Dich *ennuyierete*, in solchen Fall *dependieret* es ja von Dir, auch nicht zu spielen, denn freilich kostet solches Geld, wovor Du Dir sonstwas zugute tun kannst.« (J. von Stein an C. von Stein, 16. Mai 1787; Fleischer: Vertrauliche Mitteilungen [Anm. 2], S. 42) – Wahrscheinlich hatte eher der junge, unverheiratete J. von Stein Freude am Spieltisch.

[14] Goethe an Johanna Fahlmer, 19. Februar 1776; GB, Bd. 3 I, S. 32.

[15] Carl Wilhelm Heinrich von Lyncker: Am Weimarischen Hofe unter Amalien und Carl August. Erinnerungen von Karl Frh. von Lyncker. Hrsg. von seiner Großnichte Marie Scheller. Berlin 1912, S. 34f.

[16] Vgl. etwa Goethes Tagebucheintrag vom 17. Juli 1776: »Nachmittags Oberstallm.Künste.« (GT, Bd. I 1, S. 21)

[17] Vgl. Anhang, Katalog, Nr. 2.

[18] Vgl. dazu Ballweg: Josias von Stein (Anm. 12), S. 200–202.

[19] Vgl. Andreas: Carl August (Anm. 11), S. 337. Zur Geschichte von Allstedt vgl. Ludwig Däumler: Beiträge zur Chronik der ehemaligen Pfalzstadt Allstedt. Aschersleben 2005.

[20] In den Fourierbüchern passim dokumentiert.

unterschiedlichen gesellschaftlichen Kreisen, was für Adlige in dieser Zeit keineswegs unüblich war. »Steinen seh ich wenig, er ist nie zu hause wenn ich nach ihm frage«, konstatiert Goethe in einem Brief an Charlotte von Stein vom 21. August 1779.[21] Die gelegentlichen Erwähnungen des Ehemanns in Goethes Briefen an Charlotte,[22] seine Erkundigung nach dessen Befinden[23] oder das Ausrichten von Grüßen an Stein[24] verdeutlichen, dass Goethe die Präsenz des Gatten nicht nur anerkannte, sondern dass er auch auf amtlicher Ebene regelmäßig mit ihm verkehrte.[25] Goethe ließ sich von Stein Pferde besorgen und begleitete mit ihm den Herzog auf Ausritten und längeren Reisen, beispielsweise im September/Oktober 1780 auf einer mehrwöchigen Tour in den Thüringer Wald oder 1784 nach Braunschweig.[26]

Friedrich von Stein beschreibt den Vater folgendermaßen:

> Er besaß sehr strenge Rechtschaffenheit und fast ängstliche Frömmigkeit, er verstand vollkommen die Landwirtschaft, und hatte eine Liebhaberei für alles Technische, hatte den Ton der feinen Welt bei angenehmem Äußeren, wie ihn keiner seiner Söhne in gleichem Maaße erreicht hat.[27]

---

21 GB, Bd. 3 I, S. 293.

22 Goethe an Charlotte von Stein passim, zum Beispiel am 18. Juni 1776: »Kommt Stein auch?« (ebd., S. 76), am 17. Juli 1776: »Dein Mann hat heut Reuter Künste getrieben.« (ebd., S. 87), am 12. September 1776: »Ihr Mann war guter Humor, machte possierliche Streiche mit der Oberhofmeisterin.« (ebd., S. 105) oder am 26. Mai 1777: »Ich reite nach Belv. um Steinen zu sprechen.« (ebd., S. 147)

23 Vgl. Goethe an Ch. von Stein, zum Beispiel am 17. Juli 1777; ebd., S. 154.

24 Vgl. Goethe an Ch. von Stein passim, zum Beispiel am 8. Januar 1777 (ebd., S. 125), am 11. Dezember 1777 (ebd., S. 185) oder am 21. April 1778 (ebd., S. 204).

25 Ballwegs Urteil, dass Josias von Stein »bei Goethe und Schiller als unbedeutende Null daherkommt« (Ballweg: Josias von Stein [Anm. 12], S. 22), muss entschieden widersprochen werden.

26 Stein wurde auch als Überbringer von Briefen zwischen Goethe und Charlotte eingesetzt. Goethe begegnete ihm bei gemeinsamen Abendessen sowohl im Garten am Stern als auch bei den Steins zu Hause. Gleichwohl muss man hinzufügen, dass die beiden kaum gemeinsame Interessen hatten – dies trübte aber das gute Verhältnis zwischen ihnen nicht; vgl. GB, Bd. 3 IIB, S. 922f. Vier Briefe Goethes an J. von Stein, alle aus dem Jahr 1779, sind überliefert (abgedruckt in GB, Bd. 3 I, S. 280, Nr. 503; S. 297, Nr. 531; S. 298, Nr. 532; S. 359f., Nr. 556).

27 Rohmann (Hrsg.): Briefe an Fritz von Stein (Anm. 1), S. 3.

Die von Friedrich betonte »ängstliche Frömmigkeit« wird vor allem in der Erziehung der Söhne deutlich, wie etwa ein Brief Josias von Steins an den Sohn Carl vom 16. Mai 1787 verdeutlicht. Carl, der seit 1780 nicht mehr im Weimarer Elternhaus wohnte, sondern zunächst zur Ausbildung nach Braunschweig ins Collegium Carolinum geschickt worden war und von 1783 bis 1785 an den Universitäten in Helmstedt und Göttingen studiert hatte, hielt sich in dieser Zeit als Kammerjunker am herzoglichen Hof von Mecklenburg-Schwerin auf und geriet durch Schulden immer wieder in Schwierigkeiten, so dass er sich an die Eltern oder, im Fall eines unehelichen Kindes, auch an Goethe mit der Bitte um Hilfe wandte.[28] Mahnend schreibt ihm der Vater am 16. Mai 1787:

> Übrigens sei gottesfürchtig. Wer das Gefühl der Kindschaft Gottes hat, dem werden soviel Dinge in der Welt gleichgültig und hat viel Kummer weniger in der Welt. Mit Gott als einen gütigen Vater leben, seine Pflichten tun, weil es Gott gefällig ist, das gibt Ruhe, innere Fröhlichkeit, wobei man die Torheiten der Welt verachten lernet und die unschuldigen Freuden desto schmackhafter werden und Gott als Wohltaten verdanket.[29]

Der Absenz des eigenen Vaters wird hier durch das Aufrufen einer christlichen Werteordnung ein geistliches Vater-Imago entgegengesetzt, das dem ältesten Sohn in der Fremde als Vater-Ersatz dienen soll. Damit tritt Josias von Stein dem Sohn gegenüber in seiner Vaterfunktion zurück. Selbst wenn ihn Reisen an den Mecklenburg-Schweriner Hof führten, besuchte er den Sohn zwar, hatte aber wegen höfischer Verpflichtungen wenig Zeit für ihn.[30]

Von Charlotte sind nur vereinzelt Äußerungen über ihre Ehe bzw. die eheliche Gemeinschaft im Allgemeinen überliefert. Dabei überwiegen die negativen Urteile, etwas Positives findet sich selten. Am 28. Dezember 1787 schreibt sie in einem Brief an Charlotte von Lengefeld:

[28] Vgl. Carl von Stein an Goethe, 19. Februar 1786; Fleischer: Vertrauliche Mitteilungen (Anm. 2), S. 31 f.

[29] Ebd., S. 42. – Das Briefkonvolut, in dem dieses Schreiben enthalten war (Nr. F 832), ist derzeit im LATh – StA Rudolstadt nicht zugänglich.

[30] C. von Stein an Friedrich von Stein, 13. März 1788: »Die Freude meinen Vater zu sehen, ist zwar sehr groß, allein was hilft sie mir, morgen wird er wieder wegreisen und gestern ist er erst gekommen. Die Leute sind auch so höflich, mir ihn nicht einmal die paar Tage zu lassen, sondern Mittag und Abend ist er ausgebethen.« (Rohmann [Hrsg.]: Briefe an Fritz von Stein [Anm. 1], S. 15)

> Heute ist mein Mann wieder von Gotha zurück und hat mir viel schöne Sachen zum Hl. Christ beschert, und ist so artig gegen mich daß ich allen guten Frauen ein gleiches Betragen von ihren Männern wünschte: Die arme Imhoffen ist desto unglücklicher [...] mein Hertz blutet offt ihrendwegen und meine arme Mutter schmertzt mich, eins von ihren liebsten Kindern so unglücklich zu sehen.[31]

Das hier verwendete »artig« ist das positivste Urteil, das von ihr über ihren Mann überliefert ist, wobei schon im damaligen Wortgebrauch ›artig‹ eher als Attribut weiblicher Zuschreibung verwendet, in Bezug auf Männer aber auch im Sinne von ›nicht zudringlich‹[32] gebraucht wurde.[33] Im Kontext des Briefes ist es jedoch insofern positiv zu verstehen, als Charlotte von Stein die unglückliche Ehe ihrer Schwester Louise Franziska Sophie mit Christoph Adam Carl von Imhoff als Negativfolie zu ihrer eigenen Lage sieht und ihre Situation dadurch eine Aufwertung erfährt.

Als sich Josias von Steins Gesundheitszustand immer mehr bis hin zur Pflegebedürftigkeit verschlechterte und dies die Verbindung stark belastete, finden sich in den Briefen Charlotte von Steins an ihren Sohn Friedrich nach dem Tod ihres Mannes deutlich abschlägigere Urteile über ihre Ehe und die Ehe im Allgemeinen: So spricht sie im Januar 1794 den Wunsch aus, »mit euch beyden lieben Söhne [Carl und Friedrich] meine Tage noch so fort leben« zu wollen, »da ich mit eurem Vater ihrer so wenige glücklich gehabt habe [...].«[34] Ein Jahr später äußert sie sich zu Friedrichs gescheiterten Heiratsplänen: »Ich bin froh daß aus Deinen Heyraths-Absichten nichts worden ist, Du bist noch gar zu jung dazu, und wie schwer sind glückliche Ehen zu finden.«[35] Am 15. Januar 1806 beschreibt sie retrospektiv ihre eigenen Empfindungen vor ihrer Heirat: »Ich habe mir auch in meiner

---

[31] GSA 83/1856,1, Bl. 19f. Vgl. auch F. von Stein an den Bruder C. von Stein, 14. Januar 1788: »Mein Onkel Imhoff beträgt sich so gegen meine Tante daß er den Galgen verdient hätte, und sie ist so traurig und besonders iezt wegen ihren Wochen so schwach daß ich glaube sie lebt nicht mehr lang. Er schikt ihr kein Geld um zu leben, schadet ihr so an ihrer Ehre, kränkt sie auf alle weise. Ich glaube er ist nicht recht gescheit, denn mann kann sich sein Betragen gar nicht anders erklären.« (LATh – StA Rudolstadt, Archiv Großkochberg Nr. F 835, Bl. 5; vgl. auch Fleischer: Vertrauliche Mitteilungen [Anm. 2], S. 52) – Zur geplanten Ehescheidung kam es nicht mehr, da Imhoff vorher verstarb.

[32] Vgl. Grimm, Bd. 1, Sp. 573.

[33] In einem späten Brief vom 22. September 1825 an F. von Stein bezeichnet Ch. von Stein auch Goethes Verhalten als »gar artig gegen mich« (GSA 122/110).

[34] Ch. von Stein an F. von Stein, 5. und 6. Januar 1794; GSA 122/100 (vgl. Anhang, Briefe, Nr. 9).

[35] Ch. von Stein an F. von Stein, 13. März 1795; GSA 122/100.

Jugend ein phantastisches Bild gemacht wie ein Ehe Mann ganz anders seyn müsse als ihn die Natur gemüthet hat […].«[36] Die hier beschriebene Diskrepanz zwischen Wunschbild und Realität scheint zu der mit den Jahren sich verstärkenden Entfremdung des Ehepaares geführt zu haben – wobei auch dies ein durchaus zeittypisches Phänomen und für eine Ehe in adligen Kreisen nichts Ungewöhnliches war. Dem in der Sekundärliteratur häufig wiederholten Urteil, Josias und Charlotte von Stein hätten eine Zweckehe geführt,[37] kann in vollem Umfang zugestimmt werden, doch trifft dieses Urteil auf jede adlige Ehe des 18. Jahrhunderts zu, da ökonomische und Prestige-Gründe stets eine Rolle bei der Verbindung der Eheleute spielten. Charlotte von Steins auf Distanz bedachte Haltung ihrem Mann gegenüber legte sie auch in der langen Krankheitsphase Josias von Steins nicht ab – zumindest bieten die überlieferten Zeugnisse keinerlei Hinweise dafür.

Bereits 1777 erkrankte Stein während eines Badeaufenthalts in Pyrmont und litt seit dieser Zeit an einem nicht näher zu bestimmenden Kopfleiden, das mit Kopfschmerzen und Zuständen von Niedergeschlagenheit verbunden war. Der abwesende Sohn Carl schreibt mit Besorgnis an den Bruder Friedrich am 21. November 1788, als er erneut die Nachricht vom schlechten Gesundheitszustand des Vaters erhalten hat:

> Ich erwarte mit der größten Ungeduld Briefe von Haus und die Nachricht von der völligen Wiederherstellung meines Vaters. Es hat mich die Nachricht von seiner Krankheit eine Zeit lang außerordentlich niedergeschlagen gemacht, indem ich sie mir gefährlich vorstellte, und du gewiß auch, doch hoffe ich Gott wird alles zum Guten lenken. Meine Mutter schrieb ja, es besserte sich und hoffentlich ist er nun ganz wieder hergestellt.[38]

---

[36] Rohmann (Hrsg.): Briefe an Fritz von Stein (Anm. 1), S. 116. – ›Gemüthet‹ hier im Sinne von ›entwickelt‹; vgl. Grimm, Bd. 12, Sp. 2976.

[37] So heißt es etwa bei Helmut Koopmann: »Die Ehe, die sie [Ch. von Stein] mit ihrem Mann führte, dürfte liebesleer gewesen sein; man kann sich vorstellen, daß es ein kühles, auf gegenseitige Toleranz angelegtes Verhältnis war, das sie zusammenhielt – eine Scheidung war in jener Zeit schwierig zu erreichen, wurde auch wohl weder von ihr noch von ihm gewollt. […] Sie [die Ehe] war nicht einmal eine Solidargemeinschaft, sondern wohl nie viel mehr gewesen als eine konventionelle Standesehe – trotz der vielen Geburten.« (Helmut Koopmann: Goethe und Frau von Stein. Geschichte einer Liebe. München 2002, S. 22–24) – Ballweg stellt die Beziehung der Steins als Loyalitätsverhältnis dar: »Genauso wie er [J. von Stein] die lebenslange Freundschaft zu Carl August bis zum Ende durchhielt, ihn vom Reitlehrer bis zum Oberstallmeister ein Leben lang pflichtbewusst diente, so blieb er auch Charlotte loyal ergeben.« (Ballweg: Josias von Stein [Anm. 12], S. 239 f.)

[38] Rohmann (Hrsg.): Briefe an Fritz von Stein (Anm. 1), S. 22 f.

Der Zustand besserte sich jedoch nicht. Im Oktober 1789 erlitt Josias von Stein den ersten Schlaganfall, der ihn teilweise lähmte und die Gemütskrankheit deutlich verstärkte. Der nächste Schlaganfall traf ihn im Februar 1790. Etwa zeitgleich mit dem Bruch im Verhältnis zu Goethe im Frühjahr 1789 sah sich Charlotte von Stein also mit der Pflege ihres Mannes konfrontiert: »Ich habe nun keinen Menschen mehr, gegen den ich aus meinem Herzen heraus sprechen könnte, nun Sie fort sind, als noch die treue Schwester«,[39] schreibt sie an Carl Ludwig von Knebel am 29. April 1790 und klagt ein halbes Jahr später: »Mein Mann ist von Karlsbad zurück, aber in seinem Gemüt um Nichts heiterer.«[40] Im Februar 1791 und im Sommer 1793 folgten noch zwei weitere Schlaganfälle. Am 24. Juli 1793 benachrichtigt Charlotte ihren Sohn Friedrich: »Dein Vater hat letz ein sehr bedencklichen Zufall wieder gehabt, ich fürchte es ist bald alle, vor mich und ihm ein Glück, und doch mögte ich es nicht um euret willen [...].«[41]

Nach einem weiteren Anfall Weihnachten 1793 starb er am 27. Dezember, während sich der Sohn Carl in Weimar aufhielt. Einen Tag später erfolgte die Beisetzung.[42] Während Carl dem Bruder einen ausführlichen Bericht über die Todesumstände des Vaters zukommen lässt,[43] ist die Mutter zu »mat und kraftslos, und durch den traurigen Eindruck so heruntergestimt«,[44] als dass sie schreiben könnte. Erst einige Tage später, am 6. Januar 1794, berichtet sie dem Sohn über den Tod des Vaters, kommt dann aber im Folgenden noch auf Friedrichs Reisevorhaben zu sprechen, wodurch die Trauer über den verstorbenen Mann gleich durch Bedenken über unangenehme Konsequenzen und die Frage der Finanzierung der Reise für den Sohn überlagert wird:

> Heute kam ein Brief von Dir an Carln, an den Sterbetag Deines Vaters geschrieben, heute oder Morgen werden Dir die traurige Nachrichten darüber einlaufen; Er sah schön im Tod und all dies verzogne in seinem Gesicht, durch die See-

[39] Wilhelm Bode (Hrsg.): Stunden mit Goethe. Für die Freunde seiner Kunst und Weisheit. Bd. 6. Berlin 1910, S. 247.

[40] Ch. von Stein an Carl Ludwig von Knebel, 29. Juli 1790; ebd., S. 249.

[41] Ch. von Stein an F. von Stein; GSA 122/100.

[42] Die Nachricht über seine Beerdigung in: Weimarische Wöchentliche Anzeigen, Num. 1, Mittwoch, den 1sten Januar 1794, S. 2.

[43] Am Sterbetag, dem 27. Dezember 1793, hatte Friedrichs Tante Sophie von Schardt an F. von Stein nach Schlesien vom kritischen Zustand des Vaters berichtet; vgl. Rohmann (Hrsg.): Briefe an Fritz von Stein (Anm. 1), S. 40. Carls Schreiben vom 30. Dezember 1793 mit der Todesnachricht und der Beschreibung der Beerdigung am 28. Dezember folgte unmittelbar darauf; vgl. ebd., S. 41 f.

[44] C. von Stein an F. von Stein, 30. Dezember 1793; ebd., S. 42.

> lenkranckheit bewürckt womit er sich und andere quelte, hatte ein sanffter Tod wieder in Ruhe gebracht und sein schönes Ebenmas wieder hergestellt. Deine Reise nach Kopenhagen wird fürchte ich wegen Mangel an ReiseKosten nach diesen Fall nicht mehr stat finden, doch wollen wirs noch überrechnen […].[45]

Nach dem Tod des Ehemanns ist es Charlotte von Steins größter Wunsch, mit ihren beiden unverheirateten Söhnen eine gemeinsame Haushaltung einzurichten und mit ihnen in Weimar zu leben. So schreibt sie vier Wochen nach dem Tod ihres Mannes an den Sohn Friedrich: »Es mag gehen wie es will so wollen wir doch wohl auskommen und ich freue mich recht mit dir zu leben, es soll in unßrer Haußhaltung recht ordentlich zugehen, ich bin mit Carln schon recht glücklich wie werde ich es nicht noch mehr seyn wen Du auch da bist.«[46]

II. Charlotte von Stein als siebenfache Mutter

Aus der Ehe waren in der Zeit von 1765 bis 1774 sieben Kinder hervorgegangen, vier Mädchen und drei Jungen – alle nach Steinscher Familientradition mit dem ersten Vornamen Gottlob(e).[47] Die vier Töchter starben kurz nach der Geburt: 1766 das »einzige Fräulein Tochter«[48] – wie es in den Beerdigungsnachrichten in den *Weimarischen Wöchentlichen Anzeigen* heißt – Gottlobe Constantine Louise Friederike im Alter von fünf Monaten (Abb. 3), 1769 das »einzige Fräulein Töchterlein«[49] Gottlobe Friederica Johanna Augusta nach sechs Wochen, 1770 das »Fräulein Tochter«[50] Gottlobe Friederica Sophia mit vier Monaten und 1774 das »WochenTöchterlein«[51] Gottlobe Henriette Sophie Louise Concordia nach vier Wochen. Zum Tod der Töchter ist von Josias von Stein kein Zeugnis überliefert. Charlotte von Stein schreibt 1776, zwei Jahre nach dem Tod

---

[45] GSA 122/100 (vgl. Anhang, Briefe, Nr. 9).

[46] Ch. von Stein an F. von Stein, 24. Januar 1794; GSA 122/100.

[47] Josias von Stein setzte eine Tradition der Familie von Stein fort, indem alle Kinder mit dem ersten Namen Gottlob bzw. Gottlobe hießen; vgl. Wilhelm Bode: Charlotte von Stein. Berlin [6]1927, S. 49.

[48] Weimarische Wöchentliche Frag- und Anzeigen auf das Jahr 1766, Num. 70, Sonnabend, den 30. August 1766, S. 283.

[49] Ebd., Num. 33, Mittwoch, 26. April 1769, S. 130.

[50] Ebd., Num. 53, Mittwoch, 4. Juli 1770, S. 210.

[51] Ebd., Num. 38, Mittwoch, 11. Mai 1774, S. 150.

)o(283

Geſtorbene.

Unter dieſen Articul iſt noch beyzubringen, daß der Hochwohlgebohrne Herr, Herr Gottlob Ernſt Joſias Baron von Stein, Fürſtl. Sächſ. OberVormundſchaftl. CammerJunker und Stallmeiſter allhier, Ihre einzige Fräulein Tochter am 7den dieſes Monaths des Abends beerdigen laſſen.

MarktPreiß.

Getraide.						Fleiſch.					
1	Scheffel	Weizen	.	1 Thlr.	13 gr.	1	Pfund	Schweinfl. koſtet	1 gr.		5 pf.
1	.	Roggen	.	1 .	1 .	1	.	Rindfleiſch	.	1 .	6,5,4,3
1	.	Gerſte	.	. .	18 .	1	.	Kalbfleiſch	.	1 .	3 .
1	.	Hafer	.	. .	13 .	1	.	Schöpſenfl.	.	1 .	2 .
1	.	Hopfen	.	. .	. .	1	.	Lammfleiſch	.	. .	. .

ZeitungsExtract.

Beſchluß der merkwürdigſten LebensUmſtände des Hrn. Pitt, jezigen Grafen von Chatam.

Hr. Pitt ward inzwiſchen nicht lange müſſig gelaſſen; die RegimentsRuder waren kaum ein paar Monathe in andern Händen, ſo ſahen die ganze Nation, der Hof und der König ein, daß bey den heftigſten Stürmen, womit die Monarchie bedrohet wurde, niemand geſchickter wäre, ſie zu lenken, als dieſer auſſerordentliche Mann. Er ward daher wieder in ſeine vorige Stelle geſezt, und ergriff nun bald die Parthey des Königs von Preuſſen eben ſo eifrig, als er ſich vorhin der Theilnehmung der Krone England an dem Kriege in Deutſchland widerſezt hatte. Die merkwürdigen Begebenheiten, welche ſich unter ſeinem zweyten Miniſterio zugetragen, und von welchen er für das Primum mobile billig zu achten war, hier zu erzählen, verſtattet weder die Abſicht noch der Raum dieſer Blätter. Genug! er begleitete ſeine Stelle mit eben ſo viel Glück als Ruhm bis zum Ende des Jahrs 1761, da er ſie freywillig niederlegte, weil er den König zu dem Bruch mit Spanien nicht bereden konte, der jedoch, wie die Folge bewieß, unvermeidlich war. Herr Pitt ward indeſſen bey allen wichtigen Vorfallenheiten zu Rathe gezogen, vermuthlich mehr um das Murren des Volks zu ſtillen, welches ſeine Entfernung vom Miniſterio für eine Urſache ſeines beſorgenden Untergangs hielte, als um ſich ſeines Raths würklich zu bedienen; die Stelle eines StaatsSecretairs ihm aber wiederum anzutragen, konte ſich der König nicht entſchlieſſen, ſo ſehnlich es auch faſt die ganze Nation zu wünſchen ſchien, zumalen Hr. Pitt die Maasregeln des Königs und ſeines Miniſters und Lieblings, des Lord Bute, bey allen Gelegenheiten verkleinerte, und auf keine Weiſe zu einem guten Vernehmen mit ſeinem Nachfolger zu bewegen war. Die vielen wichtigen Rollen, welche derſelbe übrigens ſeit jener Zeit auf dem StaatsTheater von Großbrittannien geſpielt, werden ohne Zweifel noch in friſchen Andenken ſchweben.

Ob

Abb. 3: Nachricht über die Beerdigung von Gottlobe Constantine Louise Friederike von Stein aus »Weimarische Wöchentliche Frag- und Anzeigen auf das Jahr 1766« (30. August)

ihrer vierten Tochter (und damit ihres letzten Kindes), an Johann Georg Zimmermann:

> Ich weis nicht, ob ich Ihnen schon geschrieben daß Goethe und ich haben bey ihn [Christoph Martin Wieland] zu gevatter gestanden, unßer Pathgen [Wielands Tochter Charlotte Wilhelmine] ist ein liebes hübsches Mädgen, es sieht völlig aus wie eine Tochter die ich verlohren habe und die ich sehr liebte, ich bilde mir ein sie ist bey Wielanden wieder auf die Welt gekommen, und darüber ist mirs nicht anders als wens mein Kind wär.[52]

Tatsächlich nahm Charlotte von Stein im Laufe ihres Lebens wiederholt ältere Kinder anderer bei sich auf und billigte ihnen den Status eines Ziehkindes zu, so etwa Goethes Schützling Peter im Baumgarten[53] oder der Nichte Katharina (Käthchen) von Imhoff: »Käthgen wohnt nun bey mir und benimt sich bis jetz recht artig, es fehlt mir an Lehrbücher vor sie, kanst Du mir vielleicht in Deiner bibliothek welche anweisen [...]«, fragt sie den Sohn Friedrich in einem Brief vom 29. November 1795.[54]

Im 18. Jahrhundert erfolgte die Versorgung und Pflege der Säuglinge und Kleinkinder bis etwa ins vierte Lebensjahr üblicherweise über die Mutter und andere weibliche Familienmitglieder sowie über weibliche Bediente und Ammen. Die Schwangerschaften und Geburten erlebte Charlotte als enorme Belastung, wie ein Brief an Charlotte Schiller vom 22. Mai 1796 belegt:

> Von Thränen ermüdet schlief ich nur ein und schleppte mich wieder beim Erwachen einen Tag, und schwer lag der Gedanke auf mir, warum die Natur ihr halbes Geschlecht zu dieser Pein bestimmt habe. Man sollte den Weibern deßwegen viele andere Vorzüge des Lebens lassen, aber auch darin hat man sie verkürzt, und man glaubt nicht, wie zu so viel tausend kleinen Geschäften des Lebens, die wir besorgen müssen, mehr Geisteskraft muß aufgewendet werden, die uns für nichts angerechnet wird, als die eines Genies, der Ehre und Ruhm einerntet.[55]

---

[52] Ch. von Stein an Johann Georg Zimmermann, 10. Mai 1776; zitiert nach GB, Bd. 3 IIA, S. 240.

[53] Da Peter im Baumgarten sich ungebührend benahm und wenig Dankbarkeit zeigte, blieb die Fürsorge auf einen Sommer und Herbst in Kochberg beschränkt. Vgl. hierzu die Kindheitserinnerungen Carl von Steins in: Goethe. Aufzeichnungen des Freiherrn Carl von Stein-Kochberg (Anm. 7), S. 9–11.

[54] GSA 122/100.

[55] Charlotte von Schiller und ihre Freunde. Hrsg. von Ludwig Urlichs. Bd. 2. Stuttgart 1862, S. 310 (vgl. Anhang, Briefe, Nr. 10).

Hinzu kommt, dass sie mit kleinen Kindern entgegen dem Weiblichkeitsbild ihrer Zeit nichts anzufangen weiß: »ich halt's lieber mit die grosen Kinder«,[56] bekennt sie in einem Brief an Friedrich vom 13. Oktober 1802 – und in einem weiteren Brief an ihn vom 24. September 1806: »[...] ich habe als ein klein Mädchen nie gern mit Puppen gespielt daher ich die ganz kleinen Kinder nicht so gern wie andere Mütter hatte, sondern meine Liebe nahm mit den Jahren der Kleinen zu.«[57] Bei beiden Passagen wird deutlich, dass sich Charlotte von Stein der ihr gesellschaftlich zugewiesenen Mutterrolle entziehen und sich stärker im männlich kodierten Betätigungsfeld, bei Erziehung und Bildung der älteren Kinder, einbringen will. Wie der persönliche Kontakt Charlotte von Steins zu ihren Kindern als Säuglingen und Kleinkindern war, ist nur in Bezug auf Friedrich von Stein bekannt, der als einziges Kind von der Mutter selbst gestillt wurde. Charlotte von Stein gehörte in den 1770er Jahren zu den wenigen adligen Frauen in Weimar, die diese in ihren Kreisen als unüblich und unschicklich bewertete Form der Kindesaufzucht[58] wählte. Gründe hierfür sind vermutlich die Sterbefälle der vorangegangenen drei Töchter sowie die durch Rousseau angeregte Stilldebatte, in deren Folge zahlreiche Ärzte, Pädagogen und Moralisten das Stillen als bestmögliche Variante für die Pflege und das Gedeihen der Kinder auch bei adligen Frauen bewerteten.[59] »Obgleich

[56] GSA 122/104.

[57] GSA 122/107.

[58] Stillen wurde den Müttern im 18. Jahrhundert durchaus empfohlen, es diene zum Besten des Kindes und sei außerdem Gottes Wille. Trotzdem schreckten viele Frauen davor zurück, galt das Stillen doch trotz dieser Empfehlung als schwierig und in adligen Kreisen zudem als unschicklich. Adlige Frauen wurden außerdem als zu schwach für diese Anstrengung gehalten. »The listing of difficulties like pain, sleepless nights, or adverse consequences to the mother's health were not intended to discourage a mother from nursing, but the recitation of these matters made breastfeeding appear difficult and could undermine the confidence of women in their ability to nurse.« (Linda A. Pollock: Parent-Child-Relations. In: Family Life in Early Modern Times 1500–1789. Edited by David I. Kertzer and Marzio Barbagli. New Haven, London 2001, S. 191–220, hier S. 193) Adligen Frauen wurde außerdem davon abgeraten, weil Stillen die Form der Brüste verändere; vgl. ebd.

[59] Vgl. dazu ausführlich Elisabeth Badinter: Die Mutterliebe. Geschichte eines Gefühls vom 17. Jahrhundert bis heute. München 1981, S. 114f. – Ch. von Steins Schwiegertöchter Amalie und Helene stillten ihre Kinder ebenfalls, wie aus Briefen hervorgeht. So berichtet etwa C. von Stein der Mutter über den 1799 geborenen Enkel Friedrich am 4. März 1799: »Meine Frau [Amalie] und Sohn sind wohl und munter. Der kleine hat eine gute Stimme, und noch beßern Appetit, denn er trinkt in eins weg so lange und mit solchen Ingrimm daß die Amelie manchmal

das sechste Kind meiner Eltern, war ich doch das einzige, welches meine Mutter selbst stillte. Eine vorzügliche Liebe meiner Mutter war die Folge davon und sie ist mir immer […] vor meinen Brüdern geblieben«,[60] schreibt Friedrich von Stein selbst über die besondere Beziehung und Bindung zur Mutter, die nicht nur von Charlotte von Stein in ihren Briefen immer wieder hervorgehoben, sondern auch vom älteren Bruder Carl in dessen Briefen an Friedrich artikuliert und als solche akzeptiert wird:

> Du wirst mir hoffentlich treu bleiben, liebes Brüderchen, sowie ich dir auch. Beynahe möcht ich dich etwas beneiden, weil du sehr gut angeschrieben bey meinen Eltern stehest, ich aber nur bey meinem Vater, meine Mutter scheint mich überdrüssig zu seyn, wie sie überhaupt leicht etwas zuwider bekommt und seit einiger Zeit mir noch wenig tröstliches geschrieben hat. So geht es aber den ältesten Söhnen.[61]

Im Alter von etwa vier Jahren wurden die Söhne der Steins einem Erzieher bzw. Hofmeister übergeben. Johann Friedrich Kästner unterrichtete die drei Söhne bis 1780 im Familienverbund, dann wurde der 15-jährige Carl auf das Collegium Carolinum nach Braunschweig geschickt, der 13-jährige Ernst kam im Juli desselben Jahres zu den Jagdpagen des Herzogs Carl August. Auch der Jüngste wurde zunächst bei den Pagen untergebracht, da Kästner nun als Pageninformator tätig war und die Aufsicht über Friedrich weiterhin wahrnahm. Ab Mai 1783 wohnte Friedrich von Stein bei Goethe im Haus am Frauenplan.

Die Beziehung zwischen dem ältesten Sohn Carl und der Mutter ist nicht immer harmonisch: Gerade in späterer Zeit, als Carl auf Schloss Kochberg mit seiner Familie wohnte, beschwert sich die Mutter bei Friedrich über den Bruder, so etwa am 9. Juli 1802: »Zu Ende dieses Monaths werde ich auf einige Wochen nach Kochberg gehen, aber deines Bruders Umgang ist mir nicht wohlthätig, den wir streiten uns immer wen wir zu sammen sind, und er misversteht mich immer und hat was Kleinliches in seiner Gemüths-

---

schreien möchte, da es indeß viel Freude macht.« (LATh – StA Rudolstadt, Archiv Großkochberg Nr. F 837) – Ch. von Stein erkundigt sich am 9. Februar 1807 bei F. von Stein über den 1806 geborenen Enkel Lothar: »Schreib mir wieder etwas vom Lothar ob ihn die geängstete Milch nicht geschadet, was vor ein grausamer Zustand ein stillendes Kind in einer belagerten Stadt zu haben ich habe das alles recht gefühlt, sags Deiner Frau [Helene] sie habe mir recht Leid gethan, keinen Morgen wachte ich auf ohne daß es mich schwer auf dem Herz drückte.« (GSA 122/107)

[60] Rohmann (Hrsg.): Briefe an Fritz von Stein (Anm. 1), S. 3.

[61] C. von Stein an F. von Stein, Oktober 1785; ebd., S. 8.

art […].«[62] In einem Brief vom 13. März 1803 geht sie gar so weit, ihn als Wechselbalg zu bezeichnen: »Carl hat eine mir recht fremde Natur, ich glaube er ist mein Sohn nicht, unter den Volk hat man ein Aberglaube daß es Kobolte gäbe die einen manchmahl die Kinder umtauschten.«[63] Dass es zwischen Mutter und Sohn immer wieder zu Auseinandersetzungen kam – häufig ging es dabei um Geld –, die im Eklat ohne Versöhnung endeten, zeigt ein Brief Charlotte von Steins an Friedrich vom 2. April 1803:

> er [Carl] fing an mir Deinen Brief an ihm vorzulesen, schwieg aber auf einmahl, ich hatte also nur die ersten Zeilen gehört und dann hatte er die Ungezogenheit mir zu sagen, es sey nicht nöthig andren als ihm etwas von Deinen Angelegenheiten zu schreiben, ich sagte eine Mutter wäre doch nicht unter andere zu rechnen es wäre ein zu festes Band als daß man könnte fremd mit seine Kinder werden, er erbot sich aber von mir ich mögte ihn immer als fremd behandlen so würden wir gut freund werden, ich versicherte ihm daß ich mich auch schon längst bemüht hätte diesen Weg zu folgen, und nur sein eigen Gewißen trägt ihm meinen tadel vor. ich habe mich so geärgert, betrüben kan ich mich nun nicht mehr über ihn, daß ich heute noch kranck bin, zuletz sagte ich ihm daß ich klar über ihn wäre und deutlich sehe daß er etwas unedles in seinen Charackter hätte, und weil wir immer erbitterter gegeneinander wurden und er auf mein Bitten mich zu verlaßen dennoch blieb, so ging ich endlich zur Thür hinaus.[64]

Deutlich wird die unterschiedliche Beziehung zu den Söhnen auch bei einem Vergleich der Briefe der Mutter an beide: Während Charlotte von Stein dem abwesenden Friedrich nach Schlesien ausführlich und journalhaft über mehrere Tage hinweg von ihrem Weimarer Alltag berichtet, ihm Neuigkeiten aus ihrem Umfeld und vertraulich ihre Meinung dazu mitteilt, in zahlreichen Briefen auf Goethe eingeht und den Sohn so anschaulich und detailliert wie möglich an ihrem Leben teilhaben lassen möchte, sind die Briefe an den in Kochberg lebenden Carl wesentlich kürzer und distanzierter. Mit Friedrich unterhält sie sich in Gedanken: »Mir deucht es müßten noch viele Briefe an Dich von mir unterwegens seyn, aber es macht daß ich immer dir in Gedancken schreibe und meyne ich hätte alles zu Pappier gebracht.«[65] Friedrich wird mehrfach von ihr aufgefordert, ähnlich ausführlich wie sie Rapport von seinem Leben in Schlesien zu geben:

[62] GSA 122/104.
[63] GSA 122/105.
[64] Ebd.
[65] Ch. von Stein an F. von Stein, 30. Juni 1796; GSA 122/101.

> Gestern Abend waren wir alle zusammen bey mir, mit meiner Mutter spielten wir Boston, Malgen machte Thee, meine Schwägerin und ich lasen in Herders 6ten theil der Zerstreuten Blätter, Carl und Ernst sasen wie ein paar ächte Deutsche, bey einer bouteille siracuser mit einen Pisquit Kuchen, und immer lößte wieder eins das andere am bostontisch ab: Wen Du uns künftig schreibst so bitten wir uns auch dergleichen Details aus, Deine Briefe sagen imer so wenig von Dir selbst.[66]

Die Briefe nach Kochberg, die meist dieses vertraulich-heiteren Tons entbehren, haben auch einen praktischen Schreibanlass: Ein vom Kochberger Schloss kommender Bote brachte der Mutter in regelmäßigen Abständen Lebensmittel wie Brot und Butter bzw. Geld, wofür sie Carl in ihren dem Boten mitgegebenen Briefen dankt. – So ergibt es sich, dass mindestens zweimal im Monat ein Brief der Mutter nach Kochberg abgeht.[67]

Aufgrund der Quellenlage lässt sich nicht klären, ob die Bindung zu ihrem mittleren Sohn Ernst ähnlich distanziert war wie die zu Carl. Charlotte von Steins Äußerungen über den wahrscheinlich an Knochentuberkulose erkrankten Sohn, der sein Amt als Jagdpage ab Ende 1785 nicht mehr ausüben konnte, fallen sachlich aus. Am 10. Mai 1786 schreibt sie an Carl Ludwig von Knebel: »Heute werden dem Ernst Krücken angemessen. Dem sind die Übel hübsch bei Zeiten auf den Hals gerückt: Den Vorteil hat es, daß er nicht braucht vom Wahn der Jugend zurückzukommen, da ihn die Natur frühzeitig, wie es scheint, hinausweist.«[68] Ähnlich wie bei ihrem nur wenige Jahre später pflegebedürftig werdenden Mann ist ihr die Erlösung des Kranken durch den Tod ein hoffnungsvoller Gedanke. So schreibt sie am 13. Mai 1786 an Charlotte von Lengefeld: »Kranckheit und Mangel sind die zwey würcklichen Übel die meinem Hertzen einschneiden wo ich sie sehe, den die übrigen Leiden hängen mehr oder weniger von unßrer Vorstellungsart ab, gegen jene aber giebst keine Waffen.«[69]

Ernst starb am 14. Juni 1787 nach langjähriger Krankheit im Alter von 20 Jahren in Wildenthal bei Schneeberg während der Reise zu einem Kuraufenthalt nach Karlsbad, die er in Begleitung seiner Mutter angetreten hatte. Eine Reaktion der Mutter auf den Tod des Sohnes ist nicht

66 Ch. von Stein an F. von Stein, 9. März, ohne Jahr; GSA 122/111.

67 Briefe von Ch. von Stein an C. von Stein aus den Jahren 1797 bis 1825; LATh – StA Rudolstadt, Archiv Großkochberg Nr. F 842.

68 Zitiert nach Klauß: Charlotte von Stein (Anm. 2), S. 105 f.

69 GSA 83/1856,1.

bekannt.[70] Die Todesnachricht übermittelte ihre Reisebegleiterin Adelaide von Waldner nach Weimar, die die Beerdigung nicht abwartete, sondern weiter nach Karlsbad reiste, um von dort Post auf den Weg zu bringen. Charlotte von Stein kümmerte sich in der Fremde um Ernsts Beerdigung, die am 18. Juni 1787 in dem Ort Eibenstock nahe Schneeberg erfolgte. Die Bedingung, das Grab noch einige Tage offen zu lassen, wird wohl ihr ausdrücklicher Wunsch gewesen sein:[71]

> Gegen Abend wurde der Leichnam des wohlseel. Herrn von Stein vom Hammerwerk Wildenthal durch 24. angeordnete Bergleute abgeholet, wobey 4 Schichtmeister neben der Bahre zur Begleitung einhergegangen, bis sie sich hieher in das zur Absetzung bestimmte und erleuchtete Trauerhaus verfüget, in welchem neben dem Sarge 8. Wachslichter auf eben so viel Geridons gestanden.
>
> Nach erfolgter Absingung einiger TrauerMotetten und Arien von hiesigen Schülern und deren Lehrern, wurde Hierauf der Leichnam des Wohlseel. Herrn von Stein auf hiesigen Kirchhof von den genannten Bergleuten mit ihren Grubenlichtern getragen, und in das daselbst befindliche Begräbnis der vornehmen Gottschaldischen Familie gesenkt, welches Begräbnis nach geäußerten Verlangen 2. Tage und 2. Nächte eröfnet bleiben [...] soll.[72]

Charlotte von Stein traf am 24. Juni 1787 in Karlsbad ein und kehrte erst nach vollendeter Kur wieder nach Weimar zurück.[73] Josias von Stein, der mit Herzogin Louise vom 30. Mai bis 13. August 1787 nach Aachen zur Kur gereist ist,[74] berichtet dem Sohn Carl am 28. Juni vom Tod des

---

[70] U.a. bei Maurer als »befremdliche Reaktion« bewertet (Doris Maurer: Charlotte von Stein. Eine Biographie. Frankfurt/Main 1997, S. 154; vgl. Ballweg: Josias von Stein [Anm. 12], S. 230).

[71] Auch für ihre eigene Beerdigung ordnete sie eine Aufbahrung von sogar neun Tagen an, wie aus einem undatierten Brief an ihre Schwiegertochter A. von Stein hervorgeht: »Wen ich sterbe so laß mich in die Erde begraben, ich will mir auf den neuen Gottes Acker ein Fleck dazu aussuchen, die Gewölbe sind mir ekelhaft, laß mich aber 9 Tage wohinstellen ehe ich begraben werde.« (LATh – StA Rudolstadt, Archiv Großkochberg Nr. F 842, Bl. 1)

[72] Bericht des Pastors zu Eibenstock, M. Friedrich Wilhelm Köhler; LATh – StA Rudolstadt, Archiv Großkochberg Nr. F 209, Bl. 20. Vgl. auch (in normierter Rechtschreibung) Horst Fleischer: Ernst von Stein (1767–1787), in: Rudolstädter Heimathefte 17 (1971), Heft 3–4, S. 79–85, hier S. 84.

[73] Trauer wird in Ch. von Steins Briefen kaum thematisiert. Dass jedoch über empfundene Trauer gesprochen wurde, belegen Briefe C. von Steins.

[74] Vgl. Fourier-Buch des Jahres 1787 zur Hofhaltung des Herzogs Carl August von Sachsen-Weimar und Eisenach, LATh – HStA Weimar, Hofmarschallamt Nr. 4536, Bl. 72r, 75r.

Bruders. Von seiner Frau hat er bis zu diesem Zeitpunkt nichts gehört. Der Schwerpunkt des Briefes liegt auf der Sorge um sie:

> […] daselbst ist er [Ernst] endlich des mühseligen Körpers entlediget worden. Kurz, ich habe meinen guten Ernst verloren, meine arme schwächliche Frau, was wird sie gelitten haben. […] Ich warte mit Verlangen von ihr Nachricht, denn alles, was ich weiß, habe ich durch die Waldnern, denn sie hatte ohnmöglich in den Zustand schreiben können, sondern hat mir durch einen, so durch den Eisenhammer durchgereiset, es der Waldnern mündlich sagen lassen und diese hat es der Schardten geschrieben.[75]

Die Trauer des Vaters ist auch für die Zeit danach belegt: Bei einem Besuch bei seinem ältesten Sohn in Schwerin ist Josias von Stein noch ein halbes Jahr nach dem Tod von Ernst »so traurig über unsern guten Bruder […], daß ihm bey ein paar Gelegenheiten, die ihn dran erinnerten die Thränen in die Augen traten.«[76] Charlotte von Steins Äußerungen bei Todesfällen wirken meist verhalten-distanziert und eignen sich kaum für die Deutung der Beziehung zu dem jeweiligen Verstorbenen. Beim Tod ihrer Mutter im Jahr 1802 schreibt sie an ihren Sohn Friedrich:

> Wen man einen Tod einmahl wieder recht nahe gesehen hat, so muß man sehr mit sich kämpfen besonders wen man selbst schon alt ist, um nicht ganz nachläßig vors Leben zu seyn, es komt mir vor es hätte sich nicht der Mühe verlohnt herein geschickt zu werden, und was das schlimste ist, nicht die Freuden sondern meist die Leiden zwingen einen das Leben noch vor etwas zu halten weil man sie hinweg zu räumen strebt.[77]

Entsprechend lässt die Quellenlage kaum eine Aussage über das Verhältnis Charlotte von Steins zu ihrem mittleren Sohn Ernst zu.

Das »verzogen Söhngen«[78] Friedrich steht in einer deutlich anderen Beziehung zur Mutter. »Ich denke offt an Dich und Liebe Dich von Hertzen: Schreib mir doch nicht unterthäniger Sohn, und etwas größere Buchstaben«,[79] schreibt ihm die Mutter am 4. Juli 1794. Als Kind war

---

75 LATh – StA Rudolstadt, Archiv Großkochberg Nr. F 209. Vgl. auch Fleischer: Ernst von Stein (Anm. 72), S. 79–85.

76 C. von Stein an F. von Stein, 22. Februar 1788; Rohmann (Hrsg.): Briefe an Fritz von Stein (Anm. 1), S. 12f.

77 Ch. von Stein an F. von Stein, 9. Juli 1802; GSA 122/104.

78 Ch. von Stein an F. von Stein, 9. Mai 1789; GSA 122/100.

79 Ch. von Stein an F. von Stein, 4. Juli 1794, ebd.

Friedrich von Stein am Weimarer Hof sehr beliebt und erhielt von vielen Seiten Aufmerksamkeit. Goethe nahm ihn als Zehnjährigen im Mai 1783 in sein Haus auf, um sich um seine Erziehung zu kümmern. 1791 studierte er Jura an der Jenaer Universität, 1793 ging er auf die Handelsakademie von Johann Georg Büsch in Hamburg und unternahm kurz nach dem Tod des Vaters 1794 eine Kavalierstour nach Holland und England. Nach seiner Ernennung zum Kammerassessor und Kammerjunker durch Herzog Carl August wurde er 1795 Volontär an der preußischen Kriegs- und Domänenkammer in Breslau, beschloss zu bleiben und wurde dort 1798 zum Kriegs- und Domänenrat ernannt. 1803 erwarb er das preußische Gut Strachwitz, nachdem er sich von seinem Bruder das Kochberger Erbe hatte auszahlen lassen. Aus der 1804 geschlossenen Ehe mit Helene von Stosch gingen drei Kinder hervor, seine Frau starb nach der Geburt des dritten 1808. Die mit Amalie von Schlabrendorf 1810 geschlossene Ehe wurde nach kurzer Zeit wieder geschieden. 1810 stieg Friedrich von Stein zum Repräsentanten der Schlesischen Generallandschaft auf und leitete zeitweilig die Bau- und Kunstschule. 1819, als er die Mutter in Weimar mit seiner 13-jährigen Tochter besuchte, schreibt er in einem Brief an seine Tante Sophie von Schardt resümierend: »Mein Leben in Schlesien geht sachte fort. Das Glück hat mich nicht übermäsig lieb; doch darf ich nicht klagen denn ich habe manches was mich erfreut u. beglückt. Ich habe einen recht angenehmen Wirkungskreiß u einige Freunde.«[80]

Charlotte von Steins Konzentration ihrer Aufmerksamkeit auf den jüngsten Sohn ist besonders deshalb interessant, weil sich hier implizit die Debatte um Stillpflicht und Mutterliebe des späten 18. Jahrhunderts[81] und der damit einhergehende Perspektivenwechsel in der Erziehungspraxis, der die traditionelle Erziehung der adligen Kinder spätestens im 19. Jahrhundert nicht unbeeinflusst ließ, ausdrückt.[82] Die Idealisierung

80 F. von Stein an Sophie von Schardt, 18. Juni 1819; LATh – StA Rudolstadt, Archiv Großkochberg Nr. F 838.

81 Vgl. dazu auch Pia Schmid: »O, wie süss lohnt das Muttergefühl!« Die Bestimmung zur Mutter in Almanachen für das weibliche Publikum um 1800. In: Claudia Opitz, Ulrike Weckel und Elke Kleinau (Hrsg.): Tugend, Vernunft und Gefühl. Geschlechterdiskurse der Aufklärung und weibliche Lebenswelten. Münster u.a. 2000, S. 107–126, hier vor allem S. 113f.

82 Vgl. zu den Neuerungen durch die groß angelegte Rousseau-Rezeption bereits Carl Riemann: Das Kind im Wandel der pädagogischen Anschauungen der Aufklärungszeit. Düsseldorf 1934, S. 78–119. Zu Verbürgerlichungstendenzen in adligen Kreisen am Ende des 18. Jahrhunderts vgl. Sylvia Paletschek: Adelige und bürgerliche Frauen (1770–1870). In: Elisabeth Fehrenbach (Hrsg.): Adel und Bürgertum in Deutschland 1770–1848. München 1994, S. 159–185.

der Mutterschaft als beste Form der Kleinkinderaufzucht[83] brachte eine generelle Aufwertung von Mutterschaft und Mutterrolle mit sich. Sie bot damit auch die Gelegenheit für Frauen, sich in der Mutterrolle wichtiger zu nehmen und daraus bzw. aus der Kindererziehung individuelles Glück abzuleiten.[84] Über den Sohn Friedrich gelang dies auch Charlotte von Stein, nicht zuletzt durch die nicht unwichtige Rolle, die Goethe dabei spielte, indem er sich in diese Mutter-Sohn-Konstellation als ideelle Vaterfigur einbrachte: »Meine Liebste ich habe mich immer mit dir unterhalten und dir in deinem Knaben gutes und liebes erzeigt. Ich hab ihn gewärmt und weich gelegt, mich an ihm ergötzt und seiner Bildung nachgedacht«,[85] schreibt Goethe an Charlotte von seiner Reise nach Frankfurt/Main. Dass es dagegen kaum Belege für eine engere Bindung zwischen biologischem Vater und Sohn gibt, muss aber nicht zwangsläufig als eine Entmachtung des leiblichen Vaters interpretiert werden. Grundsätzlich kann davon ausgegangen werden, dass die Kontinuität der innerfamiliären Autoritätsverhältnisse Bestand hatte.[86] Inwieweit Josias von Stein sich an der Erziehung Friedrichs beteiligte, ist aus den Quellen nicht herauszulesen.

Durch Goethe fand neben der Aufwertung der Mutterrolle auch eine Idealisierung des Kindes als Naturwesen statt. Goethes Versuch, Friedrichs Persönlichkeit pädagogisch zu formen, indem er ihn von 1783 bis 1786 in sein Haus aufnahm, ihm Zeichenunterricht gab und sich von ihm auf Reisen begleiten ließ, wurde von Charlotte nachhaltig befördert. Friedrich sollte nicht wie seine Brüder unter Zwang durch den Hauslehrer, sondern aus Erfahrung und Anschauung lernen. »Der Fritz wächset zusehends an Leib und Seele und gibt Hoffnung, ein recht brauchbarer und moralisch guter Mensch zu werden«,[87] schreibt Josias von Stein am 20. Februar 1787 an den Sohn Carl. Letztendlich lief dieses Erziehungsprojekt aber auf eine ästhetische Projektion und Überformung hinaus, die dem Kind, dem Jüngling und dem Mann Friedrich von Stein nicht gerecht wurde.

---

83 Vgl. Claudia Opitz: Mutterschaft und weibliche (Un-)Gleichheit in der Aufklärung. Ein kritischer Blick auf die Forschung. In: Claudia Opitz u.a. (Hrsg.): Tugend (Anm. 81), S. 85–106, hier S. 88.

84 Vgl. ebd., S. 89.

85 Goethe an Ch. von Stein, 1. Oktober 1781; WA IV, Bd. 5, S. 199.

86 Vgl. dazu das Kapitel »Wandel der Vaterrolle in der Aufklärung?« in: Claudia Opitz: Aufklärung der Geschlechter, Revolution der Geschlechterordnung. Studien zur Politik- und Kulturgeschichte des 18. Jahrhunderts. Münster u.a. 2002, S. 21–38, besonders S. 31.

87 Fleischer: Vertrauliche Mitteilungen (Anm. 2), S. 39.

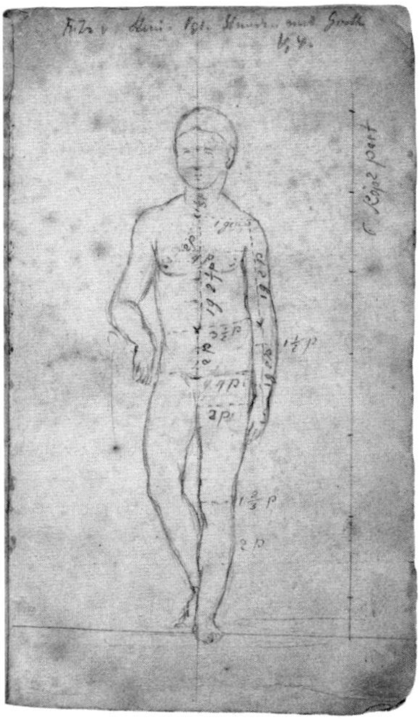

Abb. 4: Martin Gottlieb Klauer, Proportionsskizze zum Standbild von Friedrich von Stein, Bleistift, um 1778

Das von Goethe 1778 bei Martin Gottlieb Klauer in Auftrag gegebene ganzfigurige Standbild nach dem lebenden Modell des Jungen kann dabei als programmatisch gelten, zeigt es doch den Kompromiss einer Natur- und Idealschönheit versöhnenden Anschauung, die von dem schmächtigen Körper des Jungen abstrahiert und sich in die Tradition antiker Statuen einschreibt (Abb. 4). Ein weiterer Impuls für den Auftrag zu dieser Skulptur war Goethes Auseinandersetzung mit physiognomischen Fragestellungen.[88] Dass diese ästhetische Überhöhung des Kindseins auch eine einschränkende Komponente aufwies, fasst der ältere, abwesende Bruder Carl in einem Brief an Friedrich am 1. Juni 1789 in die Worte:

[88] Vgl. dazu den Beitrag von Héctor Canal im vorliegenden Band sowie Gabriele Oswald: »Wir haben uns neulich mit deiner Büste unterhalten«. Sehen und Gesehen werden – die Porträtplastik. In: Antlitz des Schönen. Klassizistische Bildhauerkunst im Umkreis Goethes. Hrsg. vom Thüringer Landesmuseum Heidecksburg. Rudolstadt 2003, S. 91–118, vor allem S. 97f., 295.

> Man liebt immer *den* Vogel am meisten, den man das Pfeiffen gelehrt. Mein in Braunschweig, Göttingen und Helmstädt gelernter Waldgesang ist so ausländisch und accordirt nicht mit deinem Lied, und wenn ich einmal einen falschen Pfiff thue, so wird man unwillig und tröstet sich an dir kleinem Vogel im goldenen Bauer auf meine Kosten.[89]

Das Bild des gefangenen Vogels im goldenen Käfig bildet einen auffälligen Kontrast zu einer Zeichnung Goethes von Fritz von Stein[90] um 1779: Auf ihr ist Friedrich so dargestellt, wie ihn Goethe – und wohl auch Charlotte von Stein – sahen oder gern sehen wollten: als zwangloses Naturwesen, das harmonisch im Einklang mit der Natur aufwächst.

[89] Rohmann (Hrsg.): Briefe an Fritz von Stein (Anm. 1), S. 89.

[90] Vgl. Petra Maisak: Johann Wolfgang Goethe, Zeichnungen. Stuttgart 1996, S. 100.

Kunst und Wissenschaft

Alexander Rosenbaum

Porträt und Selbstporträt

Charlotte von Stein als Zeichnerin

Neben ihrer schriftstellerischen Tätigkeit, ihren Sprachübungen und philosophischen Studien widmete sich Charlotte von Stein auch der Ausbildung ihrer musischen Begabungen. Zeit ihres Lebens war sie darum bemüht, sich kreative Freiräume zu ermöglichen – freilich stets unter bestimmten zeitlichen Bedingungen und Voraussetzungen, wie der gesundheitlichen Disposition oder Impulsen, die sie aus ihrem Freundeskreis erhielt. Zäsuren bildeten ihre Heirat 1764 und die mit der Gründung eines Hausstands verbundenen Verpflichtungen, der Tod ihres Mannes 1793 oder auch die Begegnung mit Friedrich Schiller, der ihre literarischen Ambitionen beförderte. Kennzeichnend ist Charlotte von Steins Bemerkung gegenüber Carl Ludwig von Knebel vom 5. Januar 1791, mit der sie ihre musikalischen Übungen charakterisierte:

> Auf der Guitarre werde ich Ihnen wohl noch nicht vorspielen können, das Instrument ist nicht sehr leicht zu lernen, manchmahl erlerne ich nur etwas um meiner Seele auf eine Weile eine andere Richtung zu geben und dann laß ichs wieder liegen, man muß sich mit allerley Kunstgriffe durchs Leben helfen.[1]

Zu diesen »Kunstgriffe[n]« zählte auch das Zeichnen. Neben dem Lesen, dem Schreiben und der Musik galt es bereits in der Antike als ein wichtiger Bildungsgegenstand.[2] Der Maxime »nulla dies sine linea«[3] folgend, wurde praktisches, dilettierendes Zeichnen in nahezu jedem Erziehungstraktat des 18. Jahrhunderts empfohlen. So kam es dem frühkindlichen Gestaltungswillen häufig besser entgegen als das Schreiben und war damit bei der Erziehung von Kindern förderlich, die ihre Begabungen späterhin pflegten. Die Schulung zeichnerischer Fertigkeiten diente dem Ziel,

---

1 GSA 54/274,2, Bl. 54.

2 Vgl. Alexander Rosenbaum: Der Amateur als Künstler. Studien zu Geschichte und Funktion des Dilettantismus im 18. Jahrhundert. Berlin 2010.

3 Zur Überlieferung der auf Plinius zurückgehenden Forderung vgl. Oleg Nikitinski: Zum Ursprung des Spruches *nulla dies sine linea.* In: Rheinisches Museum für Philologie 142 (1999), S. 430f.

manuelles Geschick zu entwickeln, persönlichen Geschmack unter Beweis zu stellen, Beobachtungsgabe, Gedächtnis und ästhetische Urteilsfähigkeit zu schärfen, sich in Selbstdisziplin zu üben und privatem Müßiggang wie der Melancholie vorzubeugen. Dilettierendes Zeichnen bot sich gerade im Rahmen kultivierter Geselligkeit an. So konnte man beispielsweise auf Reisen das Gesehene bildlich festhalten und den Daheimgebliebenen somit auf anschauliche Weise Bericht erstatten oder durch den wechselseitigen brieflichen Austausch von Zeichnungen das Gegenüber am eigenen Alltag teilhaben lassen. In gemeinsamen Übungsstunden und geselligen Zirkeln stellte man die eigenen Fertigkeiten unter Beweis, die sich beim Zeichnen häufig schneller einstellten als beim Musizieren. Nicht selten dienten diese Blätter schließlich als kleine Geschenke, die den Adressaten einer besonderen Wertschätzung versicherten.

Solche zumeist im privaten Rahmen verbleibende, nicht finanziell motivierte Form der Kunstausübung konnte bisweilen sehr ambitioniert sein, wie das Beispiel von Charlotte von Steins Schützling Charlotte von Lengefeld zeigt. Durch die Vermittlung ihrer Mentorin lernte diese im Dezember 1789 während ihres Aufenthalts in Weimar den Kupferstecher Johann Heinrich Lips kennen, der sie in der Technik der Radierung unterwies. In vergleichsweise kurzer Zeit verbuchte Charlotte von Lengefeld fortschreitende Erfolge, über die sie ihren Verlobten Friedrich Schiller umfänglich informierte.[4] Ein zweites Beispiel für einen talentierten Amateurkünstler aus Charlotte von Steins Umfeld ist ihr Schwager Carl Christoph Adam von Imhoff. Das von seiner Hand stammende reizvolle Miniaturporträt gehört zu den wenigen gesicherten Bildnissen Charlotte von Steins (vgl. Anhang, Katalog, Nr. 18).[5]

---

[4] Vgl. Alexander Rosenbaum: Die Zeichnerin. In: »Damit doch jemand im Hause die Feder führt«. Charlotte von Schiller. Eine Biographie in Büchern, ein Leben in Lektüren. Bearb. von Silke Henke und Ariane Ludwig. Weimar 2015, S. 69–79.

[5] Über die Entstehungsumstände des als Armband gefassten Miniaturbildnisses informiert ein Schreiben Imhoffs: »Für meine kleine Miniatur von Dir habe ich den Porträtring als Einfassung gegeben, den ich einst vom König von Württemberg erhielt, ich lasse sein Bild einfacher fassen. Du mein kostbarstes Juwel! Die Zeichnung Goethes von Frau von Stein hat mich interessirt, weil wirklich eine Gleichheit von Dir im Gesicht ist, die Du schwerlich zugestehen wirst, ich will eine Miniatur danach machen, wenn Dein Porträtring ähnlich gefunden wird.« (Carl von Imhoff an Louise von Imhoff, 1. Juli [1776]. In: Imhoff Indienfahrer. Ein Reisebericht aus dem 18. Jahrhundert in Briefen und Bildern. Hrsg. von Gerhard Koch. Göttingen 2001, S. 240 und Abb. S. 239) Beide Miniaturen wurden 1888 aus Meininger Kunsthandel für das Goethe-Nationalmuseum erworben. Zur Provenienz berichtete dessen Direktor Carl Ruland am 18. September 1885 Felix von Stein, dass »die

Studiert man die überlieferten Briefe Charlotte von Steins, so wird aus zahlreichen ihrer Bemerkungen deutlich, dass auch sie das Zeichnen als Mittel persönlicher Rekreation und Bildung sowie als eine spezifische Form geselliger Kommunikation verstand. Sein Zweck bestand nicht zuletzt darin, einen freundschaftlich gemeinten kreativen Wettstreit zu befördern. So dankte sie Charlotte von Lengefeld im Januar 1786 für eine übersandte »allerliebst[e]« Zeichnung mit den Worten: »[W]en ich meinen Lotgen nicht alles Gute gönte, so könte ich eifersüchtig drauf seyn.«[6] Diese hat in ihrer Erzählung *Die neue Pamela* ihre Erfahrungen im künstlerischen Dilettieren literarisch verarbeitet:

> Sie las viel in ihren müßigen Stunden, auch die Miniatür-Malerei gelang ihr, und sie erwarb sich eine große Fertigkeit darin, denn binnen einem Jahr brachte sie es so weit, daß sie das Bild ihres Geliebten malte; sie gab ihm auch das ihrige, das sie selbst zwischen zwei Spiegeln gemalt hatte. Für ihn waren alle ihre Arbeiten bestimmt, die er als Geschenke von größtem Wert annahm.[7]

Tatsächlich maßen dilettierende Zeichner dem Porträt eine besondere Bedeutung bei. Durch das wechselseitige Porträtieren war es möglich, sich die Physiognomie des geliebten Gegenübers anzueignen, im Prozess des Abzeichnens über sein Wesen und die Charakterzüge zu verständigen und ihn sich in Zeiten der Abwesenheit bildlich zu vergegenwärtigen. Zugleich handelte es sich um ein wichtiges Medium der Selbstverständigung, das Frauen seit Jahrhunderten als Ausweis ihrer Gelehrsamkeit und Kultiviertheit pflegten.[8] Durch das Übersenden des eigenen Bildnisses konnte man schließlich mit dem Abwesenden im Gespräch bleiben, sich ihm in Erinnerung rufen und das Bild von sich erhalten – ein gerade für Charlotte von Steins geselliges Selbstverständnis zentraler Aspekt, der im Fokus der folgenden Überlegungen stehen soll.

---

erste Besitzerin (die Verkäuferin ist deren Erbin) in ihrer Jugend Kammerjungfer Ihrer Urgroßmutter war, wahrscheinlich bis zu deren Tode.« (LATh – StA Rudolstadt, Archiv Großkochberg Nr. F 914) Zu einer weiteren, auf Elfenbein ausgeführten Bildnisminiatur von der Hand Imhoffs vgl. Heinrich Funck: Ein neuer Fund über die Persönlichkeit der Frau von Stein. In: Westermanns illustrierte Deutsche Monatshefte 44 (Mai 1900), H. 524, S. 182–187, hier S. 184.

6 Charlotte von Stein an Charlotte von Lengefeld, 30. Januar 1786; GSA 83/1856,1, Bl. 7.

7 NA, Bd. 16, S. 262.

8 Vgl. Rosenbaum: Der Amateur als Künstler (Anm. 2), S. 30–35.

I. Charlotte von Stein als Schülerin der Herzoglichen Freyen Zeichenschule und Landschaftszeichnerin

Obgleich zahlreiche schriftliche Äußerungen Charlotte von Steins zeichnerische Tätigkeit bezeugen, ist ein Urteil über deren Qualität aufgrund der schwierigen Überlieferungslage kaum möglich. In den Sammlungen der Klassik Stiftung Weimar sind ihr einige wenige Landschaftszeichnungen zugeschrieben, die einer kritischen Prüfung aber nicht immer standhalten. Nachweisbar ist, dass Charlotte von Stein zwischen 1781 und 1784 für vier Jahre als Schülerin an der Herzoglichen Freyen Zeichenschule zu Weimar eingeschrieben war.[9] Das um 1775 durch Herzog Carl August und Friedrich Justin Bertuch begründete und in den Räumen des Roten Schlosses untergebrachte Institut verstand sich als eine allen gesellschaftlichen Schichten zugängliche gemeinnützige fürstliche Lehranstalt. Es richtete sich zum einen an die in Weimar lebenden Handwerker und Gesellen. Durch die Schulung ihrer zeichnerischen Fertigkeiten sollten sie in die Lage versetzt werden, die Qualität ihrer Arbeit zu verbessern und damit die heimische Wirtschaftskraft zu befördern. Zum anderen bot die von Georg Melchior Kraus geleitete Zeichenschule Kindern ab dem zehnten Lebensjahr sowie Erwachsenen beiderlei Geschlechts und aller Standesschichten die Möglichkeit zu freiem Unterricht. 1780 übernahm Goethe die Aufsicht über diese Einrichtung. Angesichts seiner engen Bindung zu Charlotte von Stein verwundert es nicht, dass sie zu diesem Zeitpunkt – wie auch ihre Söhne Ernst und Friedrich – Unterricht an der Zeichenschule nahm.

Bereits 1781 wurde Charlotte von Stein anlässlich der jährlich zum Geburtstag des Herzogs am 3. September veranstalteten öffentlichen Jahresausstellung für ihre Arbeiten mit einer Preismedaille ausgezeichnet.[10] Das überlieferte Schülerverzeichnis bezeugt, dass »Frau Ob. Stallmeisterin von Stein« zu diesem Anlass drei Blätter ausstellte: eine Kopfstudie nach der Vorlage von Georg Melchior Kraus, ein nach einer Gipsbüste geschaffenes Bildnis Homers sowie die Darstellung einer Ariadne.[11] Auch diese

[9] Vgl. LATh – HStA Weimar, Zeichenschule Weimar A 11719a, Bl. 6, Nr. 44; Bl. 8, Nr. 39; Bl. 10, Nr. 36; Bl. 12, Nr. 42. Vgl. auch Kerrin Klinger: Die Anfänge der Weimarer Zeichenschule. Zwischen Fachausbildung und Dilettantismus (1774–1806). Weimar 2013.

[10] Vgl. LATh – HStA Weimar, Zeichenschule Weimar A 11746, Bl. 7. Auch die Söhne waren auf dieser Ausstellung mit eigenen Arbeiten vertreten; vgl. ebd., Bl. 4, Nr. 85 (»Page Ernst von Stein. / 2 Landschafften nach Kraus«) und Nr. 86 (»Fritz von Stein. / Kleine Thier Köpfe nach Kupfer«).

[11] Ebd., Bl. 2, Nr. 44. Die Zeichnungen sind nicht überliefert.

verdankte sich einer Vorlage von Kraus, der seinen Schülern häufig eigene Entwürfe als Übungsmaterial zur Verfügung stellte.[12] Man kann davon ausgehen, dass es sich dabei um eine Sammlung von Figurenstudien handelte, die Kraus wenige Jahre zuvor anlässlich der Uraufführung des Melodrams *Ariadne auf Naxos* geschaffen hatte.[13] Das 1774 in Weimar entstandene Stück stammte aus der Feder des Schauspielers und Schriftstellers Johann Christian Brandes. In der Vertonung von Georg Anton Benda wurde es am 27. Januar 1775 am Hoftheater Gotha mit großem Erfolg uraufgeführt und bald durch Gastspiele und Veröffentlichungen in ganz Europa verbreitet – mit ihm kam die neue literarische Gattung des Melodrams auf die deutschen Bühnen. Brandes hatte das Stück seiner Frau Esther Charlotte geb. Koch auf den Leib geschrieben, die mit dieser dramatischen Rolle Berühmtheit erlangte. An der ikonographischen Verbreitung hatte Kraus großen Anteil, veröffentlichte er doch Anfang 1776 eine seiner Figurinen im *Gothaischen Theaterkalender* (Abb. 1).[14] Sie zeigt Ariadne im Moment ihrer Entdeckung, dass der Geliebte Theseus entflohen ist und sie auf Naxos zurückgelassen hat.

Nach Gastspielen in Leipzig und Dresden schuf der bedeutende Porträtmaler Anton Graff 1776 ein weiteres, bald als Kupferstich verbreitetes Bildnis der Schauspielerin Brandes in ihrem Aufsehen erregenden, dem griechischen Geschmack verpflichteten Bühnenkleid aus weißer und roter Seide.[15] Es zeigt sie im dramatisch fruchtbaren Moment ihrer Einsicht, verlassen worden zu sein, bevor sie, erschreckt von den Blitzen eines heraufziehenden Gewitters, hilferufend vom Felsen in den Tod stürzen wird. Für die

---

[12] Mit Henriette Wilhelmine Bernhardine Weise zeigte 1781 eine weitere Zeichenschülerin eine Kopie nach Kraus' Blatt (»Ariadne schw. Kr. nach Kraus«); ebd., Bl. 2, Nr. 52.

[13] Zu der nicht überlieferten Sammlung vgl. Birgit Knorr: Georg Melchior Kraus (1737–1806). Maler – Pädagoge – Unternehmer. Biographie und Werkverzeichnis. 2 Bde. Diss. Jena 2003, Bd. 1, S. 60f. (www.db-thueringen.de/receive/dbt_mods_00001958) Über ihre Entstehung berichtet Johann Christian Brandes: »Der geschickte Mahler *Krause*, welcher sich bei der ersten Vorstellung gegenwärtig befand, brachte während derselben *eine ziemliche Anzahl der auffallendsten mahlerischen Stellungen der Ariadne* im Umriß zu Papier, und überreichte in der Folge die vollendeten Zeichnungen *dem Herzoge*.« (Johann Christian Brandes: Meine Lebensgeschichte. 2 Bde. Berlin 1800, Bd. 2, S. 184)

[14] Theaterkalender auf das Jahr 1776. Gotha 1776, 1. Kupfer: »Madam Brandes als Ariadne. 2. Sc. Ein Schiff am Horizont! Es fliegt!« (o. S.; vgl. ebd., S. 103f.)

[15] Vgl. Hans Ost: Melodram und Malerei im 18. Jahrhundert. Anton Graffs Bildnis der Esther Charlotte Brandes als Ariadne auf Naxos; »Auf ewig verlassen …«. Kassel 2002.

Abb. 1: Gottlob August Liebe nach Georg Melchior Kraus, »Madame Brandes als Ariadne«, Kupferstich, 1775

literarisch gebildete Charlotte von Stein bot diese mythologische Figur ein hohes Identifikationspotenzial, zumal sich an ihr eine Fülle an Emotionen darstellen ließ. Bis weit in das 19. Jahrhundert hinein ließen sich Damen der Gesellschaft als Ariadne porträtieren. Ein Vorbild bot George Romneys um 1785/86 geschaffene Darstellung der Lady Hamilton, in welcher der Maler die dramatischen Effekte zurückstellte und statt dessen die psychologischen Dimensionen des Sujets hervorhob, so die Motive der Sehnsucht, der Einsicht in den Verzicht oder der in Demut beherrschten Trauer als Tugend der Contenance und Selbstbeherrschung.[16]

16 Vgl. Ulrike Ittershagen: Lady Hamiltons Attitüden. Mainz 1999, S. 132–137.

Auch in den folgenden beiden Jahren war Charlotte von Stein auf den öffentlichen Jahresausstellungen der Zeichenschule mit eigenen Arbeiten vertreten. Über deren Inhalt und Gestalt geben die überlieferten summarischen Schülerverzeichnisse allerdings nur wenig Aufschluss. So zeigte sie 1782 und 1783 insgesamt fünf nach Vorlagen von Tischbein und weiteren Gemälden geschaffene Kopfstudien sowie ein nach einem nicht näher bezeichneten Kupferstich kopiertes Historien-Stück.[17] Diese wenigen Indizien deuten darauf hin, dass Charlotte von Stein weniger als Landschaftszeichnerin als vielmehr in den – hierarchisch höher gestellten – Gattungen des Porträts und der Historie reüssieren wollte. 1784 war sie zwar als Schülerin noch namentlich verzeichnet, stellte aber keine eigenen Arbeiten mehr aus – ganz im Unterschied zu ihrem Sohn Friedrich, der noch 1793 eigene Werke zeigte.[18] Auf der Jahresausstellung 1798 war erneut eine »Frau von Stein« mit einer »Landschaft bunt nach Dümanoir«[19] vertreten, wobei es sich aber um Charlottes Schwiegertochter Amalie von Seebach handelte. Die langjährige Schülerin der Zeichenschule hatte im Mai 1798 Charlottes ältesten Sohn Carl geheiratet und schied mit diesem Termin aus der Zeichenschule aus. Eine in den graphischen Sammlungen der Klassik Stiftung Weimar überlieferte großformatige Ansicht der Klosterruine von Paulinzella stammt sicher von Amaliens Hand und nicht, wie bislang angenommen, von Charlotte von Stein.[20]

Mit höherer Wahrscheinlichkeit kann Charlotte von Stein eine kleinformatige Sepiazeichnung mit der Ansicht eines Gartens mit Blick auf Teich und Hausfassade zugeschrieben werden (Abb. 2).[21] Für die Arbeit

---

17 Vgl. LATh – HStA Weimar, Zeichenschule Weimar A 11746, Bl. 12, Nr. 39; Bl. 18, Nr. 36; Bl. 25, Nr. 42.

18 Vgl. ebd., Bl. 62, Nr. 31 (»Eine Landschaft bunt nach Kraus«). Der von Goethe besonders geförderte jüngste Sohn erhielt 1784 eine Preismedaille; vgl. ebd., Bl. 29.

19 Ebd., Bl. 90, Nr. 26. Die Vorlage für diese aquarellierte Landschaftsdarstellung dürfte von der Hand des mit der Familie Stein bekannten französischen Revolutionsemigranten Jean-Louis Le Chanoine Comte Du Manoir stammen, der seit 1795 in Weimar lebte und der Zeichenschule verbunden war. Vgl. Friedemann Pestel: Weimar als Exil. Erfahrungsräume französischer Revolutionsemigranten 1792–1803. Leipzig 2009, S. 166–169; Stefan Hanß: Graf Du Manoir in Weimar. Emigrationsalltag und Lektüren eines französischen Revolutionsflüchtlings. In: Francia 39 (2012), S. 499–519.

20 KSW, Museen, Inv.-Nr. KHz/02321. Die wohl nach einer Vorlage geschaffene aquarellierte Federzeichnung trägt die handschriftlich mit brauner Feder ausgeführte Widmung »Amélie de Stein à Son Frere«.

21 Das Blatt wurde im Februar 1929 aus dem Besitz von Walther Vulpius für das Goethe-Nationalmuseum erworben. Vgl. Corpus, Bd. VIB, S. 147 f., Nr. A 238.

Abb. 2: Unbekannt, Garten mit Teich und Blick auf Hausfassade, Feder mit Sepia, undatiert

einer Dilettantin sprechen die unkonventionelle kompositorische Anordnung der Bildgegenstände, die unsichere Strichführung und schematische Behandlung des Laubwerks, die fehlerhafte perspektivische Darstellung des den Bildvordergrund einnehmenden Teiches, der Verzicht auf Staffage sowie der Umstand, dass die auffällige Hausfassade im Hintergrund statisch in der zentralen Blickachse positioniert ist, der Blick auf dieses Motiv aber durch das Gewässer im Bildvordergrund optisch versperrt bleibt. Aufgrund der räumlichen Situation wäre zu vermuten, dass es sich um eine frühe, vom Welschen Garten aus aufgenommene Ansicht des Stiedenvorwerks an der Ackerwand handelt. Hier wurde um 1770 ein zweigeschossiges Gebäude mit Mansarddach als Husarenstall errichtet, dessen Obergeschoss die Familie Stein im Herbst 1777 bezog.[22] Als mögliche Urheberin dieser

[22] Zur Geschichte der Umgestaltung des als Nutzgarten betriebenen Welschen Gartens vgl. Susanne Müller-Wolff: Ein Landschaftsgarten im Ilmtal. Die Geschichte des herzoglichen Parks in Weimar. Köln, Weimar, Wien 2007, S. 26–28.

originellen Zeichnung kommt aber auch die ebenfalls dilettierende Herzoginmutter Anna Amalia in Frage.[23] Eine Verbindung zwischen beiden Zeichnerinnen ist nicht unwahrscheinlich, berichtet Charlotte von Stein ihrem Sohn Friedrich 1793 doch von Teilnahmen an einer wöchentlich bei der Herzoginmutter veranstalteten »assemblé der schönen Geister«, einer »Art academie wo gezeignet gelesen und Champagner Wein getruncken wird.«[24]

Den Berichten »aus unsrer kleinen Welt«[25] ließ Charlotte von Stein auch Beschreibungen von ihren Badereisen folgen.[26] Aus Bad Ems berichtet sie ihrem Seelenverwandten Knebel am 13. Juni 1789:

> Meine hiesige Existens ist sehr glücklich, meine Gesundheit hat sich ungemein gebeßert, und obgleich gar wenig Geselschafft hier ist, so ist doch die Lage des Orts, meine lustige Aussicht auf die Lahne, die ich Ihnen aus meinem Fenster gezeignet, schicke, und das beständige hin und her fahren der Kähne welche Proviant vor die Brunnen Gäste holen, sehr erfreulich anzusehen, ich hoffe noch auf gute Tage wo ich über die Lahne kan, den gegen über sollen viel schönere Plätzgen zum Zeignen seyn, die habe ich Ihnen alle zu Visitten Billets bestimt.
>
> Ich declamire mir Ihr schönes Otahaite und träume ich wäre hier auf diesen glücklichen Ufern: Ich habe Ihnen noch nicht einmahl für Ihr schönes Gedicht gedanckt es hat mir sehr wohlgefallen und ich leß es so gern wegen seines Wohlklangs laut[.][27]

Man kann mit guten Gründen davon ausgehen, dass es sich bei der kleinen Federzeichnung mit einer Ansicht von Bad Ems (vgl. Anhang, Katalog, Nr. 5) um ein solch eigenhändiges »Visitten Billet[ ]«[28] handelt, mit denen

---

Zu einer von Friedrich von Stein geschaffenen Ansicht des Wohnhauses vgl. Anhang, Katalog, Nr. 19.

23 Zur Zeichenpraxis der Herzoginmutter vgl. Joachim Berger: Anna Amalia von Sachsen-Weimar-Eisenach (1739–1807). Denk- und Handlungsräume einer ›aufgeklärten‹ Herzogin. Heidelberg 2003, S. 365–372; Viola Geyersbach: Anna Amalia als Zeichnerin. In: Ereignis Weimar. Anna Amalia, Carl August und das Entstehen der Klassik 1757–1807. Ausstellungskatalog Weimar. Weimar 2007, S. 107–110 und S. 311 f., Nr. 8.14–8.20. Möglicherweise stammt ein 62 Zeichnungen und Aquarelle umfassendes Konvolut von ihrer Hand; vgl. KSW, Museen, Inv.-Nr. Gr-2006/4249.

24 Ch. von Stein an Friedrich von Stein, 24. November 1793; GSA 122/100 (vgl. Anhang, Briefe, Nr. 8).

25 Ebd.

26 Zu den Reisen Charlotte von Steins vgl. den Beitrag von Anja Stehfest im vorliegenden Band.

27 GSA 54/274,2, Bl. 11 f. (vgl. Anhang, Katalog, Nr. 5).

28 Vgl. auch Grimm, Bd. 26, Sp. 381.

Abb. 3: Matthaeus Merian, »Embser Bad«, Kupferstich, um 1655

sich Reisende oder Diplomaten gewöhnlich für einen Besuch empfahlen. Wie ein Vergleich mit Merians Stich in der *Topographia Hassiae* (1655) verdeutlicht, orientierte sich die Zeichnerin bei der Anlage ihres Blattes an älteren Veduten, die auf die unverwechselbare topographische Situation abzielten (Abb. 3). Der besondere Reiz ihres kleinen, leider verblassten Blattes liegt weniger in der künstlerischen Qualität als vielmehr in seinem autographischen, für den Adressaten personalisierten Charakter. An der Lahn sitzend, rezitiert sie Knebels 1787 entstandenes Gedicht *Otaheiti* – die lyrische Beschreibung einer Landung auf Tahiti, jener »seligern Insel im friedlichen Meere«[29] – und evoziert damit ein gleichsam elysisches Flair. Der Fluss ist visuelle Metapher für den Lauf des Lebens, seine Ufer die Pole, zwischen denen sich die Zeichnerin bewegt. Einmal mehr wird hier der Beziehungsreichtum ihrer Beschreibungen und der lakonische wie subtile Witz ihrer Anspielungen deutlich. Die Emser Zeichnung gibt damit weitere Hinweise auf die Funktionen ihrer zeichnerischen Bemühungen: Das Blatt dokumentiert einen nützlichen Zeitvertreib, ist ein Erinnerungsbild an einen glücklichen Aufenthalt und zugleich das Geschenk für einen Freund, dem sie über die Distanz hinweg verbunden bleibt.

[29] [Carl Ludwig von Knebel]: Sammlung kleiner Gedichte. Leipzig 1815, S. 48–50, hier S. 48.

II. Charlotte von Stein als Porträtistin

Angesichts des dialogischen Charakters ihrer Zeichentätigkeit verwundert es nicht, dass Charlotte von Steins besonderes Interesse dem Porträt und dem ihm eigenen Verfahren galt, sich eines Gegenübers in bildhafter Form zu vergewissern.[30] Befördert wurde dieses Interesse durch die in Lavaters *Physiognomischen Fragmenten* popularisierte Mode, die äußeren Gesichtszüge eines Menschen als Ausdruck seiner geistig-seelischen Verfasstheit und individuellen charakterlichen Disposition zu verstehen und entsprechend auszudeuten.[31] Die von Lavater empfohlene künstlerische Technik des Schattenrisses kam dabei gerade Dilettanten entgegen, weil sie mit einfachen Mitteln zu erreichen war und schnell zu vorzeigbaren Erfolgen führte (Abb. 4).[32]

Auch in dieser Hinsicht war Charlotte von Stein besonders Goethe verbunden, der bereits in seiner Frankfurter und Leipziger Zeit der Gewohnheit folgte, Freunde und Bekannte zu porträtieren.[33] Schon vor ihrer ersten Begegnung lernte er Charlotte von Stein im Bildnis kennen, kommentierte er doch im Juli 1775 für Lavater ihre Silhouette.[34] Wenngleich es sich dabei um eine eher allgemeine, nicht auf das Individuelle abzielende – und insofern unpersönliche – Einschätzung handelte, bildete sie doch den bemerkenswerten Auftakt zu ihrer späteren Beziehung.[35] Seit Beginn ihres

30 Zu Selbstbildnissen von Amateurinnen im ausgehenden 18. Jahrhundert vgl. Frances Borzello: Wie Frauen sich sehen. Selbstbildnisse aus fünf Jahrhunderten. München 1998, S. 89–98.

31 Zum Verhältnis Lavaters zu Charlotte von Stein vgl. den Beitrag von Héctor Canal im vorliegenden Band.

32 Vgl. Johann Caspar Lavater: Physiognomische Fragmente, zur Beförderung der Menschenkenntniß und Menschenliebe. 4 Bde. Leipzig und Winterthur 1775–1778, Bd. 2 (1776), S. 90–93. Die französische Ausgabe veröffentlichte Rudolf Schellenbergs Kupferstich *Machine sûre & commode pour tirer des Silhouettes*; vgl. Jean Gaspard Lavater: Essai sur la Physiognomonie, destiné à faire Connoître l'Homme & à le faire Aimer. 2 Bde. La Haye 1781–1783, Bd. 2, S. 160 und Tafel XXVI.

33 Vgl. Petra Maisak: Johann Wolfgang Goethe. Zeichnungen. Stuttgart 1996.

34 Vgl. Goethe an Lavater, 24. Juli 1775; GB, Bd. 2 I, S. 196. Johann Georg Zimmermann berichtete am 22. Oktober 1775 an Charlotte von Stein, dass Goethe unter den Schattenriss geschrieben habe: »Es wäre ein herrliches Schauspiel zu sehen, wie die Welt sich in dieser Seele spiegelt. *Sie sieht die Welt wie sie ist*, und doch durch's *Medium der Liebe*. So ist auch Sanftheit der allgemeinere Eindruck.« (Zitiert nach ebd., Bd. 2 II, S. 500)

35 Vgl. Helmut Koopmann: Goethe und Frau von Stein. Geschichte einer Liebe. München 2002, S. 7–33.

Briefwechsels im Januar 1776 kam dem Zeichnen und dem wechselseitigen Austausch der entstandenen Werke eine wichtige Funktion zu. Mit Ungeduld erwartete Goethe die – sämtlich nicht überlieferten – Tuschzeichnungen der Geliebten, in denen er »ein erstaunend Gefühl«[36] ausmachte. Immer wieder motivierte er sie zum Zeichnen[37] oder lobte sie für die »Oeserisch[e] Manier«[38] ihrer Blätter. Auch seine eigenen atmosphärischen Landschaftsbilder verstand Goethe nicht als bloße Briefbeigaben. Mit Stimmungslandschaften wie der im August 1776 geschaffenen Ansicht *Stützerbacher Grund* gab er Einblicke in sein Seelenleben und bezeugte eine intime Nähe, die sich in Worten nicht ausdrücken ließ: »Ich muss nur für dich zeichnen, du thust das dazu was ich nicht machen kann.«[39] Dass diese Nähe räumlich gedacht war, belegt der Umstand, dass Goethe seine Blätter gelegentlich dazu bestimmte, in den Wohnräumen der Geliebten aufgehängt zu werden, um ihr täglich vor Augen zu stehen.[40] In der Gattung des Porträts ließ sich diese Zuneigung in einem besonderen Maße realisieren.

Anlässlich der fortgesetzten Beschäftigung mit Lavaters Physiognomik[41] und der zeitgleichen Arbeit an einem Selbstbildnis[42] wandte sich Goethe am 14. März 1777 an Charlotte von Stein mit der Ankündigung, er habe »grose Lust und Hofnung Sie zu zeichnen«.[43] Mit Eifer widmete er sich in den folgenden zwei Wochen den fast täglichen Porträtsitzungen, die er mit launigen Briefen begleitete: »Wie sieht das Bild heute aus? und was macht

36 Goethe an Ch. von Stein, 16. September 1776; GB, Bd. 3 I, S. 109.

37 »Dass sie für mich zeichnen macht mir hoffnung.« (Goethe an Ch. von Stein, 2. Juli 1776; ebd., S. 82)

38 »Das Landschäfftgen gefällt mir recht wohl, du hast würcklich etwas von der Oeserischen Manier erhascht und recht glücklich angewendet, Es soll vor mir stehen bis du selbst kommst.« (Goethe an Ch. von Stein, 7. Oktober 1785; GB, Bd. 6 I, S. 103)

39 Goethe an Ch. von Stein, 8. August 1776; GB, Bd. 3 I, S. 93. Vgl. Maisak: Johann Wolfgang Goethe (Anm. 33), S. 69f. Zu Goethes später Wertschätzung dieser Blätter vgl. Goethe. Aufzeichnungen des Freiherrn Carl von Stein-Kochberg. Hrsg. von Hans Wahl. Leipzig 1924, S. 16f.

40 Vgl. Goethe an Ch. von Stein, 19. (oder 20.) November 1776; GB, Bd. 3 I, S. 117f., Nr. 187.

41 Goethe übersandte am 11. März 1777 Philipp Erasmus Reich ein von ihm redigiertes Manuskript zum dritten Band von Lavaters *Physiognomischen Fragmenten*; vgl. ebd., S. 134, Nr. 230.

42 Tagebucheintrag vom 13. März 1777: »früh mich selbst gezeichnet.« (GT, Bd. I 1, S. 39)

43 GB, Bd. 3 I, S. 135.

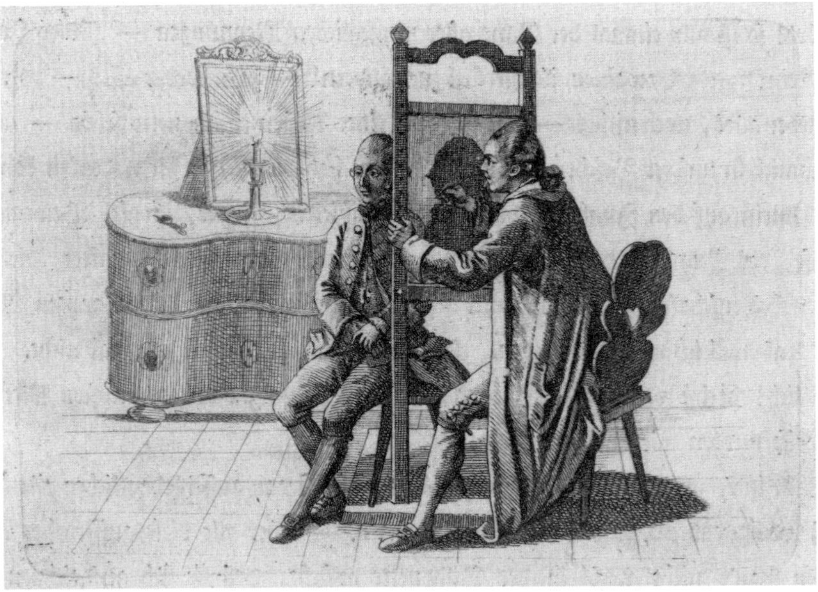

Abb. 4: Unbekannt, Vignette zum Kapitel »Ueber Schattenrisse« aus Johann Caspar Lavaters »Physiognomischen Fragmenten, zur Beförderung der Menschenkenntniß und Menschenliebe«, Bd. 2 (1776)

das Original?«[44] Das Ergebnis seines langwierigen Arbeitsprozesses war eine für den bekanntermaßen ungeduldigen Zeichner sorgfältig ausgeführte großformatige Kreidestudie (vgl. Anhang, Katalog, Nr. 7).[45] Trotz kleiner Schwächen wie dem unorganisch gelösten Halsansatz beeindruckt dieses Profilbildnis vor einem neutralen dunklen Hintergrund durch penibel ausgeführte Details wie die kunstvolle Hochsteckfrisur und die evidente emotionale Nähe zwischen Zeichner und Modell. Goethe selbst maß seinem Werk eine besondere Bedeutung bei. So führte er sein »gestümpert Bild« im

[44] Goethe an Ch. von Stein, 17. März 1777; ebd., S. 136. Vgl. Goethes Tagebucheinträge vom 13. März bis 2. April 1777; GT, Bd. I 1, S. 39 f.

[45] Vgl. Corpus, Bd. I, S. 102, Nr. 291. Das unbezeichnete Frauenbildnis wurde zuweilen für ein Porträt von Goethes Schwester Cornelia oder von Herzogin Louise von Sachsen-Weimar und Eisenach gehalten, zeigt aber mit hoher Wahrscheinlichkeit Charlotte von Stein. Vgl. Maisak: Johann Wolfgang Goethe (Anm. 33), S. 82. Ein weiteres, wohl 1776 entstandenes Bildnis bezeugt Carl von Imhoff. Vgl. Anm. 5.

September 1777 mit auf einer Reise nach Eisenach, um sich die Abwesende zu vergegenwärtigen und den »weite[n] Weeg« zu ihr zu überbrücken.[46]

Ob sich Charlotte von Stein mit einem Gegenbildnis bedankte, ist zweifelhaft. Auch dürfte sie die täglichen Sitzungen mit der ihr eigenen ironischen Distanz begleitet haben, da das Verfahren der Profilaufnahme sie auf eine passive, dem Zeichner letztlich ausgelieferte Rolle und einseitige Kommunikation verpflichtete und ihr keine Möglichkeit gab, direkten Einfluss auf die Gestaltung zu nehmen. Viel eher entsprach es ihrem Wesen, den Freund Knebel um ein literarisches Porträt ihres Charakters zu bitten, auf das sie mit einem Selbstbildnis antworten werde – eine offensichtliche Umkehrung von Lavaters Prinzip:

> Ich bitte Sie machen Sie mir die Freude und zeignen Sie meinen Charackter, schon einmahl hatt ihn Einsiedel gemacht vor vielen Jahren, aber Sie habens beßer, den ich bin nicht mehr so gut, alsden will ich mein Gesicht dazu zeignen; Ich finde es sehr schwer eines Menschen Charackter zu machen und ist eine rechte Übung des Verstandes, um so mehr da sehr viele Menschen keinen haben, und Wiedersprüche und Inconsequenzen einen irre machen.[47]

Wie wenig Vertrauen sie indes in ihre zeichnerischen Fertigkeiten zunächst hatte, belegt ein weiteres briefliches Zeugnis an Knebel. Im April 1783 übersandte die Zeichenschülerin dem Freund einen englischen Kupferstich mit der Bemerkung, dass für eine eigenhändige Kopie des Blattes ihr Talent nicht ausreiche:

> Endlich habe ich mir auch etwas ersonnen womit ich Ihnen glaube ein Vergnügen zu machen, aber ich erwarte nur eine Gelegenheit es gut fortzubringen, was es ist schreib ich nicht, es wird sich Ihnen selbst nennen. Die Lotte ist hübsch gezeignet scheint sich aber in ihrer Betrübniß intereßant vorzukommen. Ich habe auch eine Lotte in einen englischen Kupffer die ich Ihnen gern abzeignete wen es nicht über mein Vermögen ging; sie theilt den Kindern das Abendbrod aus, Werther sieht zu und schaukelt das ganz kleine auf einen Stuhl; unten steht der Vers
>
> Charms that the bliss of eden might restore
> that haven might envy and mankind adore[.][48]

46 »Ihr gestümpert Bild hab ich, und ihre Liebe mehr als ich weis und soll. Adieu […] Es ist ein weiter Weeg zwischen uns, der Grade beschweerlicher als der Krumme.« (Goethe an Ch. von Stein, 6. September 1777; GB, Bd. 3 I, S. 164)

47 Ch. von Stein an Carl Ludwig von Knebel (?), 1778 (?); GSA 54/274,1, Bl. 3.

48 Ch. von Stein an Knebel, 25.–28. April 1783; ebd., Bl. 16.

Abb. 5: Henry William Bunbury, »The First Interview of Werter and Charlotte« (Werther holt Lotte zum Ball ab), Radierung, Punktiermanier, 1782

Der im Jahr zuvor durch den englischen Radierer Henry William Bunbury geschaffene Punktierstich zeigt die im Profil gegebene Lotte beim Austeilen des Abendbrots (Abb. 5). Das Blatt bezeugt Charlotte von Steins Beschäftigung mit der zeitgenössischen Druckgraphik und belegt ihr literarisches Interesse sowohl für Goethes Roman *Die Leiden des jungen Werthers* (1774) als auch für die englische Sprache.[49]

Einer weiteren Bemerkung Knebels ist zu entnehmen, dass sie sich Ende der 1780er Jahre verstärkt und mit einigem Erfolg mit der Anfertigung kleiner Bildnisse beschäftigte.[50] Diese Tätigkeit dürfte im Zusammenhang

[49] Charlotte von Stein war Goethe auch über dieses Werk verbunden. Noch 1824 übersandte der Dichter ihr die von ihm selbst eingeleitete Leipziger Neuausgabe mit einer ausführlichen Widmung. Vgl. Anton Kippenberg: Katalog der Sammlung Kippenberg. 3 Bde. Leipzig ^{2}1928, Bd. 1, S. 12, Nr. 101.

[50] »Sie [Charlotte von Stein] zeichnet jetzt Köpfe im kleinen nach der Natur mit solcher Artigkeit nach Carmels [Jean-Baptiste Carvelles] Manier, daß Imhoff nur ein Stümper dagegen ist. Vielleicht zeichnet sie mich auch, und dann sollst Du es

mit dem Weimarer Aufenthalt ihres Schützlings Charlotte von Lengefeld und der Ankunft des Schweizer Kupferstechers Johann Heinrich Lips stehen, der beiden Dilettantinnen Unterricht erteilte.[51] Über ihre gemeinsamen Übungsstunden berichtete Caroline von Beulwitz an Schiller: »Lottchen muß sich eben zeichnen laßen von Lips und der Stein, sie umarmt Dich.«[52] Die in Marbach überlieferte kleine Silberstiftzeichnung von der Hand Charlotte von Steins dürfte bei diesem Anlass unter Anleitung des Lehrers entstanden sein (Abb. 6).[53] Sie bezeugt ihr Bemühen um eine antikische Idealisierung der Dargestellten. Wie auch die zeitgleich an der Zeichenschule unterrichtete Schauspielerin Corona Schröter orientierte sich Charlotte von Stein dabei an den Darstellungskonventionen der zeitgenössischen Porträtmalerei, die sie gleichwohl auf einen privaten Rahmen verpflichtete.[54] Auch in späteren Jahren setzte sie ihre Bemühungen in

---

erhalten. Du kannst wohl denken, daß sie bei solchen Eigenschaften mehrern angehören muß.« (Knebel an Henriette von Knebel, 18. April 1788; Aus Karl Ludwig von Knebels Briefwechsel mit seiner Schwester Henriette (1774–1813). Ein Beitrag zur deutschen Hof- und Litteraturgeschichte. Hrsg. von Heinrich Düntzer. Jena 1858, S. 81)

[51] Vgl. Anm. 4 und NA, Bd. 34 I, S. 54. Lips traf am 13. November 1789 in Weimar ein, wo er bald mit Charlotte von Stein bekannt wurde. Vgl. Joachim Kruse: Johann Heinrich Lips 1758–1817. Ein Zürcher Kupferstecher zwischen Lavater und Goethe. Coburg 1989, S. 40–42. Zu seinem Bildnis der Christiane Vulpius im Großen Jägerhaus vgl. Gerhard Schuster und Caroline Gille (Hrsg.): Wiederholte Spiegelungen. Weimarer Klassik 1759–1832. Katalog der Ständigen Ausstellung des Goethe-Nationalmuseums. 2 Bde. München, Wien 1999, Bd. 1, S. 365.

[52] Caroline von Beulwitz an Friedrich Schiller, 4. Februar 1790; NA, Bd. 33 I, S. 475. Zu Charlotte von Lengefelds eigenem Bericht an Schiller vgl. ebd., S. 473 f. Noch am 11. Januar 1791 bittet Schiller seine Frau: »Erinnre doch die Stein daran, daß sie Dich zeichnet«; NA, Bd. 26, S. 69 f.

[53] Vgl. Friedrich Pfäfflin: Schiller. Ständige Ausstellung des Schiller-Nationalmuseums und des Deutschen Literaturarchivs Marbach am Neckar. Stuttgart ²1990, S. 105–107, Nr. 144. Ein im Weimarer Schiller-Bestand überlieferter Notizzettel von der Hand Emilie von Gleichen-Rußwurms dürfte auf dieses Bildnis zu beziehen sein: »Caroline von Beulwitz schreibt Donnerstag Nachmittag 1790 von Weimar aus kurz vor Schiller's Heirath an Schiller am Ende eines Briefes / ›Lottchen muß sich eben zeichnen lassen / von Lips u. der Stein, sie umarmt Dich.‹ / Dieses Bildchen in Silberstift ist dieses von Lips u. d. Stein gezeichnete aber *später* wurde die Zeichnung erst gemacht« (GSA 83/1435).

[54] Zu den Bildnissen Corona Schröters vgl. Schuster u.a. (Hrsg.): Wiederholte Spiegelungen (Anm. 51), Bd. 1, S. 228; Caroline Gille: Rolle des Lebens. Corona Schröter zum 250. Geburtstag. Weimar 2001.

Abb. 6: Charlotte von Stein, Charlotte Schiller, Silberstift, um 1790

dieser Richtung fort: Mit Stolz berichtet sie 1809 ihrem Sohn Friedrich nach Breslau: »Ich habe das große Oelgemählte von Deinen Vater mit Silberstift en mignature kopirt und ist recht ähnlich geworden.«[55]

Ende 1790 folgte Charlotte von Stein den Bitten ihres Freundes Knebel um ein weiteres Selbstbildnis. Ihre begleitenden Briefe sind insofern aufschlussreich, als sie Anhaltspunkte über ihr dilettierendes Selbstverständnis geben und zugleich ihre zeichnerische Praxis als Bestandteil geselliger Kommunikation ausweisen. So teilt sie Knebel am 9. Dezember 1790 mit:

55 Ch. von Stein an F. von Stein, 23. April 1809; Briefe an Fritz von Stein. Hrsg. von Ludwig Rohmann. Leipzig 1907, S. 167. Wiederholt gab Charlotte von Stein ihrem Sohn Auskunft über ihre Zeichentätigkeit: »[M]eine Gesundheit ist zeither leidlich gewesen und da wird immer aufgeräumt und wieder in Ordnung gebracht was ich muß so oft liegen laßen, wen ich gar wieder Lust zum zeignen bekäm so würde mirs ganz wohl seyn.« (Ch. von Stein an F. von Stein, 9. November 1795; GSA 122/100; vgl. Anhang, Briefe, Nr. 8)

> Ich hätte Ihnen gern für das artige Köpffgen etwas erwiedert, aber ich zeigne jetz gar wenig den ich fühle eine Schwäche in meinen Augen, doch habe ich würcklich vor Sie was angefangen, mein eigen Gesicht; wen es nicht ähnlich wird, so nehmen Sie mit den guten Willen vorlieb, ich treibe noch immer allerhand um das Leben so hinaus zu bringen[.][56]

Am folgenden Arbeitsprozess lässt die Zeichnerin den Freund umfänglich teilhaben. So kann sie ihm am 5. Januar 1791 vermelden:

> Mein Bildgen für Sie ist beynahe ferdig aber ähnlich sieht mirs nicht, es ist aber artig angezogen und aufgesetzt, ich habe mir nur zweymahl geseßen und da muste ich den Spiegel wieder weg geben den ich geborgt hatte, Sie wißen ja meine Züge und ich werde wie ich hoffe Ihnen dadurch nicht unbekant werden[.][57]

Sorgen bereiten ihr die Rahmung und Verglasung des kleinformatigen Bildnisses, die ihrem Werk den nötigen Schutz geben und es zugleich als Kunstwerk nobilitieren sollen, um in den Wohnräumen des Freundes aufgehängt zu werden:

> Wie gerne hätte ich Ihnen schon längst mein Bildgen geschickt, da Sie meinen kleinen Spaß daran durch Ihre Guthmüthigkeit es so gerne haben zu wollen vermehren, da hat aber kein einziger Glaser hier weis Glaß und das grünlichte benimt der Zeignung, ich werde es Ihnen wohl aufheben müßen bis Sie kommen.[58]

Über ihre Erfolge berichtet Charlotte von Stein drei Wochen später:

> Das Bildgen daß Sie gern haben wollen *ist heute* ⌈geht Morgen⌉ mit der fahrenden Post fort, ähnlich werden Sie es wenig finden, das Glaß darüber habe ich endlich ziemlich weis aber knösprich bekommen, doch laßen Sie es lieber drüber, weil das überkleben der Blase ein wenig behutsam muß gemacht werden und ich in den Handwerck mich schon ein wenig geübt habe.[59]

Man kann ihren nachdrücklichen Hinweis auf die Unähnlichkeit der Darstellung als Versuch interpretieren, mögliche Fehler zu entschuldigen, die der Eile der Anfertigung oder dem mangelnden Geschick geschuldet sind.

---

56 GSA 54/274,2, Bl. 52.

57 Ebd., Bl. 53 f.

58 Ch. von Stein an Knebel, 11.–14. Februar 1791; ebd., Bl. 56.

59 Ch. von Stein an Knebel, 6.–7. März 1791; ebd., Bl. 57.

Doch scheint Charlotte von Stein damit auch implizit Bedenken gegen die Technik der Aufnahme an sich zu formulieren. Bemerkenswerterweise stand sie damit nicht allein: Als der renommierte Berliner Kupferstecher Daniel Chodowiecki 1773 von Lavater dazu aufgefordert wurde, ein Profilselbstbildnis zur Veröffentlichung in den *Physiognomischen Fragmenten* zu übersenden, entzog sich der Künstler dieser Bitte mit der Begründung, dass dies kaum möglich sei: »Ich bin nicht abgeneigt Ihnen mein eignes Bild zu schicken, aber ich weiß nicht wie ich es machen soll mich selbst *en profil* zu zeichnen, solten zwey Spiegel nicht auch trügen?«[60] Instinktiv dürfte die Dilettantin aus ihrer praktischen Erfahrung heraus erfasst haben, dass die zeichnerische Aufnahme des sich der Selbstwahrnehmung entziehenden eigenen Profils nur über den Umweg einer doppelten Bespiegelung möglich ist und damit das trügerische Spiegelbild zum wahren Bild gemacht wird, das letztlich aber ein »Fremdbild«[61] bleibt. Gerade für die um Objektivität bemühte physiognomische Analyse war das Selbstbildnis somit insofern ungeeignet, weil es in zu starkem Maße durch die Selbstwahrnehmung des Zeichners strukturiert wird.

IV. Bild und Selbstbild: Charlotte von Stein im Porträt

Das für Knebel 1790/91 angefertigte Selbstbildnis Charlotte von Steins ist nicht überliefert. 1887 schenkte Felix von Stein dem Goethe-Nationalmuseum die fotografische Reproduktion eines in seinem Besitz auf Schloss Kochberg befindlichen – und heute verschollenen – kleinen Bildnisses (Abb. 7).[62] Durch Nachstiche verbreitet, wird es bis in die heutige

60 Daniel Chodowiecki an Johann Caspar Lavater, 30. November 1773; Daniel Chodowiecki: Briefwechsel zwischen ihm und seinen Zeitgenossen. Bd. 1: 1736–1786. Hrsg. von Charlotte Steinbrucker. Berlin 1919, S. 65f. Vgl. Karin Althaus: »Die Physiognomik ist ein neues Auge.« Zum Porträt in der Sammlung Lavater. Diss. Heidelberg 2010, S. 149f. (http://archiv.ub.uni-heidelberg.de/artdok/volltexte/2010/1201/)

61 Rudolf Preimesberger: Einleitung. In: Ders., Hannah Baader und Nicola Suthor (Hrsg.): Porträt. Berlin 1999, S. 13–64, hier S. 51. Vgl. Zedlers Definition: »Spiegelsehen [...] werden diejenigen aberglaubischen Bemühungen genennet, da man durch einen gewissen Spiegel oder Glas zukünfftige oder auch verborgene Dinge zu offenbaren vorgiebt [...].« (Johann Heinrich Zedler: Grosses vollständiges Universal-Lexicon Aller Wissenschafften und Künste. 64 Bde. Leipzig, Halle 1732–1750, Bd. 38, Sp. 1619)

62 Vgl. die eigenhändige Notiz auf der Rückseite der vom Photoatelier Krohn (Rudolstadt) angefertigten Aufnahme: »Für das Goethe-National-Museum / von

Zeit als Selbstporträt Charlotte von Steins tradiert.[63] Aufgrund fehlender Zeugnisse kann diese Zuschreibung, die Kenner wie Hans Wahl schon 1925 in Frage stellten, jedoch nicht verifiziert werden.[64] So handelt es sich um das idealisierte Profil einer deutlich jüngeren Frau als der zu diesem Zeitpunkt fast 50-jährigen Charlotte von Stein.[65] Auch bleibt es aufgrund der augenfälligen künstlerischen Qualität dieser Arbeit fraglich, ob es sich um ein eigenhändiges Werk der erklärten Dilettantin handelt.

Bestimmter kann über ein zweites Bildnis geurteilt werden, das sich aus dem Besitz von Emilie von Gleichen-Rußwurm im Marbacher Schiller-Nachlass erhalten hat (vgl. Anhang, Katalog, Nr. 18). Wie einer eigenhändigen Expertise der jüngsten Tochter Friedrich Schillers auf der Rückseite

---

dem Urenkel Charlotte's. / Gr. Kochberg den 17t Juli 1887. / Felix Frh. von Stein«. (KSW, Museen, Inv.-Nr. KPh/6314) Die Fotografie wurde durch Steins Schwiegersohn Botho von Boineburg dem Museum übersandt; vgl. GSA 150/ M 74, Bl. 45. Nach Heinrich Düntzer handelte es sich dabei um ein 1790 für den Sohn Karl geschaffenes Selbstbildnis Charlotte von Steins; vgl. Charlotte von Stein, Goethe's Freundin. Ein Lebensbild, mit Benutzung der Familienpapiere entworfen von Heinrich Düntzer. 2 Bde. Stuttgart 1874, Bd. 1, S. 343. Autoren und Verlage wandten sich wiederholt an Felix von Stein mit der Bitte um eine entsprechende Reproduktionsgenehmigung; vgl. LATh – StA Rudolstadt, Archiv Großkochberg Nr. F 914. Vgl. August Sauer: Frauenbilder aus der Blütezeit der deutschen Litteratur. Leipzig 1885, Abb. nach S. 34; Funck: Ein neuer Fund (Anm. 5), S. 185. Der Verbleib des Originals ist nicht ermittelt. Bereits zur musealen Eröffnung von Schloss Kochberg 1953 wurde dort nur eine fotografische Reproduktion gezeigt; vgl. GSA 150/M 462, Bl. 8, Nr. 128 (»Charlotte von Stein: Silberstiftzeichnung: Selbstbildnis, 10 × 8 cm oval. Foto«).

63 Vgl. Jochen Klauß: Charlotte von Stein. Die Frau in Goethes Nähe. Zürich 1995, S. 55; Koopmann: Goethe und Frau von Stein (Anm. 35), S. 103.

64 »An dieses [das Selbstbildnis der Charlotte von Stein] ist die Überlieferung geknüpft, dass die Dargestellte selbst es im Jahre 1790 zwischen zwei Spiegeln gezeichnet habe. Es ist mir unbekannt, wie diese Überlieferung zustande gekommen ist und worauf sie beruht. Trägt das Bildchen irgendeinen Vermerk? Sie würden uns zu Danke verpflichten, wenn Sie uns einiges Aufklärende darüber sagen könnten.« (Hans Wahl an Felix von Stein, 9. Februar 1925; LATh – StA Rudolstadt, Archiv Großkochberg Nr. F 785, Bl. 30) Ein Antwortschreiben des zu diesem Zeitpunkt in Schlesien weilenden Felix von Stein konnte nicht ermittelt werden.

65 Mit diesem Argument wies Felix von Stein 1930 eine Anfrage der Firma Haschke zurück, ob ein 1793 durch Johann Peter Langer geschaffenes Porträt Charlotte von Stein darstellen könne: »Auch gebe ich zu bedenken, dass im Jahr 1793 Charlotte von Stein eine fünfzigjährige Frau war, in deren Gesichtszügen zudem mancher harte Schicksalsschlag Spuren zurückgelassen haben dürfte.« (LATh – StA Rudolstadt, Archiv Großkochberg Nr. F 785, Bl. 32 und 38)

Abb. 7: Charlotte von Stein (?), Selbstbildnis (?), Fotografie, um 1887

des gerahmten Bildes zu entnehmen ist, entstand die kleine Silberstiftzeichnung im Jahre 1796, zeigt Charlotte von Stein und wurde von der Künstlerin Johanna Dorothea (Dora) Stock geschaffen.[66] Sie unterscheidet sich von der verlorenen Kochberger Fassung nur in Nuancen. So zeigt sie ein strengeres Profil mit etwas tiefer liegenden großen Augen und schmaleren Lippen. Auf die gelockten Haarspitzen, welche in der Kochberger Fassung die linke Schulter der Dargestellten umspielen – sie wirken wie

[66] »Charlotte von Stein. (Goethe's Freundin) 1796. Gezeichnet von Dora Stock (Körners Schwägerin.) Emilie von Gleichen-Rußwurm geb. von Schiller.« Vgl. Sabine Fischer: Mit dem Silberstift gezeichnet. Die Zeichnungen der Schiller-Porträtistin Johanna Dorothea Stock in der Marbacher Sammlung. In: Jahrbuch der deutschen Schillergesellschaft 49 (2005), S. 419–443, hier S. 423f.

nachträglich aufgesetzt oder retouchiert –, ist verzichtet worden, während die Locke auf der rechten Schulter deutlich verlängert ist.

Über die Entstehungsumstände beider Bildnisse und ihr Verhältnis zueinander herrscht bis heute Unklarheit. Das für die im Verlag des Landes-Industrie-Comptoirs durch Adolf Schöll herausgegebene erste Ausgabe von *Goethes Briefen an Frau von Stein* (1848/51) geschaffene Frontispiz – ein Stahlstich von der Hand der Berliner Kupferstecherin Auguste Hüssener – rekurrierte zweifelsfrei auf die Kochberger Fassung. Anlässlich der von Wilhelm Fielitz besorgten zweiten Ausgabe (1883/85) wandte sich dieser im Juli 1881 an Felix von Stein mit der Bitte um nähere Auskunft:

> Ueber das *Bild der Frau v. Stein* vor dem 1. Bande der Schöll'schen Ausgabe hat eine Autorität in diesem Fache Zweifel geäußert, ob es die Frau v. Stein sei. Soviel ich weiß, ist das Original des Bildes eine Bleistiftzeichnung (von Lips?) auf dem Gleichen'schen Schlosse Greiffenstein; ich meine es daselbst gesehen zu haben. Ob es die Unterschrift: Fr. v. Stein trägt, aus welchem Jahre es ist, weiß ich nicht. Können Sie vielleicht Auskunft über das Bild geben? Besitzen Sie ein authentisches Originalbild?[67]

Ein Antwortschreiben Felix von Steins ist nicht überliefert. Fielitz' Vermutung, dass das Bildnis von Johann Heinrich Lips stammen könne, erwies sich aber als nicht zutreffend, wie ein zweites Schreiben an Felix von Stein belegt:

> Herr von Gleichen-Rußwurm übersendet mir gestern aus Greifenstein ein in seinem Besitz befindliches *Bild der Frau von Stein, Silberstiftzeichnung, von Dora Stock 1796* gemacht; er gestattet die Vervielfältigung desselben, falls Sie Ihre Genehmigung dazu geben [...]. Das Bild stimmt mit dem Schöll'schen Stich überein in Größe, Profilgestaltung, Haartracht, Tuch, kurz, es ist klar, daß beide Bilder verwandt sein müssen, u. es scheint mir wahrscheinlich, daß Dora Stock das Ihrige copirt hat.[68]

Tatsächlich griff der Frankfurter Verlag Rütten & Loening für die Neuausgabe von Schölls Edition auf die Marbacher Fassung zurück. Für die

[67] Wilhelm Fielitz an Felix von Stein, 10. Juli 1881; LATh – StA Rudolstadt, Archiv Großkochberg Nr. F 786.

[68] W. Fielitz an F. von Stein, 21. August 1881; ebd. Fielitz wiederholte diese Deutung in der Vorrede seiner Ausgabe; vgl. Goethes Briefe an Frau von Stein. Hrsg. von Adolf Schöll. 2. vervollständigte Aufl. bearb. von Wilhelm Fielitz. 2 Bde. Frankfurt a. M. 1883/85, Bd. 1, S. XI f.

Authentizität dieses Bildnisses sprachen vor allem die gesicherte Provenienz sowie der Umstand, dass in dieser Fassung die individuellen Züge der Dargestellten deutlicher herausgestellt sind. Nach dem Erscheinen des Bandes informierte der Verlag das Goethe-Nationalmuseum, das nun auch diese Fotografie in seine Sammlung aufnehmen konnte.[69] Auch der Bildhauer Adolf Donndorf wählte 1907 die Marbacher Silberstiftzeichnung als Vorlage für sein aus weißem Marmor gefertigtes Relief für die Grabstätte Charlotte von Steins.[70] Zweifelhaft bleibt allerdings die von Emilie von Gleichen-Rußwurm bestimmte und von Fielitz bestätigte Datierung. Zwar weilte die in Dresden lebende Zeichnerin Dora Stock im Mai 1796 mit der Familie Körner in Jena und könnte dort ihr Bildnis kopiert haben. Aus stilistischen Gründen muss aber davon ausgegangen werden, dass ihr Werk deutlich früher entstand – vermutlich im Sommer 1789, als sich Dora Stock zu einem Besuch bei ihrer Freundin Charlotte von Lengefeld in Weimar aufhielt und dabei mit Charlotte von Stein bekannt wurde.[71]

Im Jahre 1999 erwarb das Frankfurter Goethe-Haus ein repräsentatives wie enigmatisches Bildnis einer Dame in Dreiviertelansicht von Georg Melchior Kraus (Abb. 8).[72] Bei aller Vorsicht kann davon ausgegangen

---

[69] KSW, Museen, Inv.-Nr. KPh/6316. Die Fotografie ist handschriftlich von Carl Ruland bezeichnet: »Frau von Stein: nach einer Zeichnung von *Lips*, im Besitz Frhrn. L. von Gleichen-Russwurm's. (Geschenk der Herrn Rütten-Löning in Frankfurt)«. Über die Entstehungsumstände teilte der Verlag mit: »Diese Heliogravüre ließen wir s. Zt. bei Goupil in Paris herstellen nach der auf Schloß Greifenstein befindlichen Bleistiftzeichnung der Dora Stock, Körner's Schwägerin, fecit 1796.« (Verlagsbuchhandlung Rütten & Loening an Carl Ruland, 23. Oktober 1888; GSA 150/M 74, Bl. 70) Auch diese Fassung wurde wiederholt reproduziert, so durch das Berliner Fotoatelier L. Haase & Co; vgl. GSA 122/11.

[70] Vgl. Ulrike Fuchs: Der Bildhauer Adolf Donndorf. Leben und Werk. Stuttgart 1986, S. 146, Nr. 175. Zu Auftrag und Ausführung des Marmorreliefs vgl. GSA 149/1406. Nach einem Aufenthalt auf Schloss Kochberg übersandte der Bildhauer im Juli 1910 der Familie Stein eine Gipsreplik; vgl. LATh – StA Rudolstadt, Archiv Großkochberg Nr. F 785, Bl. 50 und KSW, Museen, Inv.-Nr. KPl/00555.

[71] Vgl. Linda Siegel: Dora Stock, Portrait Painter of the Körner Circle in Dresden (1785–1815). Lewiston u.a. 1993, S. 54. Wohl anlässlich dieser Begegnung erbat sich Charlotte von Stein im Oktober 1789 von Friedrich Schiller sein von Dora Stock 1787 in Silberstift ausgeführtes Porträt, um es zu kopieren; vgl. NA, Bd. 25, S. 304. Zu Schillers produktivem Umgang mit dem eigenen Bildnis vgl. Sabine Fischer: Friedrich Schiller als Auftraggeber seiner Porträts. In: Jahrbuch der deutschen Schillergesellschaft 54 (2010), S. 128–163.

[72] Vgl. Petra Maisak: Jahresbericht Museum und Graphische Sammlung. In: Jahrbuch des Freien Deutschen Hochstifts 2000, S. 291–311, hier S. 299–302 und Abb. 8; Dies. und Gerhard Kölsch: Die Gemälde. »… denn was wäre die Welt

Abb. 8: Georg Melchior Kraus, »Je suis C«, Öl auf Leinwand, 1787

werden, dass es sich dabei wahrscheinlich um ein Bildnis Charlotte von Steins handelt, in dem wohl auch ihre Vorstellung von einer dem Bildmedium eigenen Kommunikationsform am überzeugendsten realisiert ist. So weist das Gemälde eine auffällige illusionistische Rahmung aus gemaltem leicht verwittertem Stein auf, welche der Künstler mit »G. M. Kraus 1787« signiert hat. Die Dargestellte trägt eine goldene Brosche mit den fein ziselierten Buchstaben »Je suis C« (Ich bin C) – eine Initiale, mit der sie einen Hinweis auf ihre Identität zu geben scheint, die sie zugleich zu verbergen sucht. Wie der steinerne Rahmen kann sie als Anspielung auf den Namen der Porträtierten verstanden werden. Tatsächlich lässt die

ohne Kunst?«. Bestandskatalog Freies Deutsches Hochstift / Frankfurter Goethe-Museum. Frankfurt a.M. 2011, S. 150, Nr. 152; Knorr: Georg Melchior Kraus (Anm. 13), Bd. 1, S. 92–94; Bd. 2, S. 15, Nr. G 41. Zu seinem Porträt der Herzogin Louise von Sachsen-Weimar und Eisenach als Zeichnerin vgl. ebd., Bd. 1, S. 85f.

ausgefeilte Bildsprache darauf schließen, dass der Künstler sein Gemälde in Abstimmung mit der ihm gut bekannten Dargestellten entwarf. Beide pflegten zu dieser Zeit eine vertraute Nähe, kopierte Charlotte von Stein als Schülerin der Zeichenschule zwischen 1781 und 1783 doch nach den Vorlagen ihres Lehrers. Über seine weitere künstlerische Entwicklung war sie durch Goethe informiert, der Kraus 1784 als begleitenden Künstler auf seine dritte Harzreise mitnahm.[73] Für die Zuschreibung spricht aber nicht zuletzt die evidente Porträtähnlichkeit mit der wohl fast zeitgleich entstandenen Marbacher Zeichnung von Dora Stock. Auffällig sind die ausdrucksvollen dunklen Augen, die kräftigen Augenbrauen, die charakteristischen, fein geschnittenen Gesichtszüge mit der langen Nase und den schmalen Lippen, aber auch die jugendliche Erscheinung einer Dame im mittleren Alter mit gepudertem, durch eine Schleife gebundenem Haar und modischem Brusttuch. Dargestellt ist eine Dame der Gesellschaft, eine selbstbewusst-kritische ›femme savante‹, die sich aus dem Profil dreht, um den Betrachter eindringlich zu mustern, die ihn ins Gespräch zieht, mit dem Rätsel ihrer Identität konfrontiert und damit zugleich den Reiz des Bildes als Kunstwerk erhöht – keine Schönheit vielleicht, aber doch ein Charakter, über den Friedrich August Clemens Werthes schon 1773 urteilte: »[I]hr Gesicht contrastiert mit den andern Gesichtern der großen Welt so sehr, als wenn sie gänzlich von andrer Natur, und von einem ganz andern Ey ausgekrochen wäre.«[74]

[73] »Krause zeichnet ganz fürtrefflich und ich bin recht glücklich daß ich dir die schönen Gegenstände so schön gezeichnet mitbringen kann […].« (Goethe an Ch. von Stein, 13. August 1784; WA IV, Bd. 6, S. 335)

[74] Friedrich August Clemens Werthes an Christoph Martin Wieland, 27. Juli 1773; Wielands Briefwechsel. Hrsg. von der Berlin-Brandenburgischen Akademie der Wissenschaften durch Siegfried Scheibe. 20 Bde. Berlin 1963–2007, Bd. 5, S. 147. Vgl. Schillers zeitgleiche Einschätzung: »Schön kann sie nie gewesen seyn aber ihr Gesicht hat einen sanften Ernst und eine ganz eigene Offenheit. Ein gesunder Verstand, Gefühl und Wahrheit ligen in ihrem Wesen.« (Schiller an Christian Gottfried Körner, 12. August 1787; NA, Bd. 24, S. 131)

Héctor Canal

»Die Kunst, in Ruhe und mit Interesse zuzuhören«

Charlotte von Stein in Johann Caspar Lavaters Physiognomik

1783 präsentierte Johann Caspar Lavater dem eleganten europäischen Publikum im zweiten Band des *Essai sur la Physiognomonie* eine Silhouette Charlotte von Steins. Sie wird als nach rechts gewandte Ganzkörperfigur abgebildet, die Büste ihres jüngsten Sohnes Gottlob Friedrich (Fritz) Constantin in ihren Händen haltend (vgl. Anhang, Katalog, Nr. 6). Für die spätere Rezeption Charlotte von Steins ist weniger die in der Prachtausgabe abgedruckte Silhouette als vielmehr die bemerkenswerte begleitende Beschreibung und Deutung des Zürcher Pfarrers wegweisend.[1] Denn mit dem Begleittext nahm Lavater das später tradierte Bild Charlotte von Steins als Goethes Freundin ›par excellence‹ vorweg, auch wenn ihr Name nicht vollständig aufgeführt wurde. Im Folgenden wird der Frage nach Goethes Anteil an dieser Rezeption nachgegangen. Zunächst soll mit einem Seitenblick auf weitere Porträts Weimarer Persönlichkeiten im *Essai sur la Physiognomonie* gefragt werden, inwiefern der Abdruck dieser Silhouette Teil einer gezielten Öffentlichkeitsarbeit des Weimarer Hofes war. Anschließend werden Lavaters Beschreibung von Goethes Freundin wie seine Briefe an sie als Versuche des Zürcher Theologen interpretiert, der zunehmenden Entfremdung zwischen ihm und Goethe entgegenzuwirken.

I. Der Weimarer Hof und Lavaters Physiognomik

Die 1783 abgedruckte Silhouette ist mindestens drei Jahre zuvor in Weimar entstanden. Lavater hatte im Mai 1780, als die Arbeit am ersten Band des *Essai sur la Physiognomonie* auf Hochtouren lief, von Goethe verlangt:

---

1 Vgl. Jean Gaspard Lavater: Essai sur la Physiognomonie [Bd. 4: Physiognomie], destiné A faire Connoître l'Homme & à le faire Aimer. 4 Bde. Den Haag 1781–1803, Bd. 2 (1783), S. 187. – Die französische Ausgabe war keine direkte Übertragung der *Physiognomischen Fragmente* (4 Bde. Leipzig und Winterthur 1775–1778). Vielmehr überarbeitete Lavater ältere Passagen, verfasste neue Texte, ließ neue Abbildungen erstellen und Platten drucken, was wiederum die Kosten explodieren ließ.

»Ganze Staturen vom Herzog, Dir, Wedeln, – der Stein, der Herzoginn Bitte! Bitte!«[2] Lavater schätzte Silhouetten, die im 18. Jahrhundert ein verbreitetes Gesellschaftsspiel und als beliebte Beilagen Teil der Briefkultur waren, als »das wahreste und getreueste Bild, das man von einem Menschen geben kann […], weil es ein unmittelbarer Abdruck der Natur ist, wie keiner, auch der geschickteste Zeichner, einen nach der Natur von freyer Hand zu machen im Stande ist«,[3] und empfahl sie zu physiognomischen Übungszwecken. Dass Goethe Lavaters Bitte rasch nachkam, lässt sich aus seinem Brief vom 5. Juni 1780 erschließen, in dem er Lavater über die verwechselten Ganzkörpersilhouetten der Herzoginnen Anna Amalia und Louise aufklärte.[4] Zur Sendung gehörten wohl neben den Schattenrissen der Herzoginnen und Charlotte von Steins auch eine von Goethe und Friedrich von Stein, die im *Essai sur la Physiognomonie* unmittelbar der Silhouette Charlotte von Steins vorangestellt wurde.[5] Diese beiden Schattenrisse, auf die später eingegangen wird, stellen Goethe, seine wichtigste Bezugsperson und seinen Ziehsohn dar. Sie sind zwar die einzigen aus Goethes Sendung, aber nicht die einzigen Porträts Weimarer Persönlichkeiten, die in Lavaters französischer Physiognomik abgebildet und besprochen wurden. Lavater, der Goethe bereits im dritten Band der *Physiognomischen Fragmente* ein Denkmal gesetzt hatte,[6] widmete Herzog Carl August von Sachsen-Weimar und Eisenach im *Essai sur la Physiognomonie* eine ausführliche Beschreibung,[7] zumal in der deutschen Ausgabe lediglich eine kleinformatige Silhouette des Herzogs ohne jeglichen Kommentar oder Hinweis

---

2 Lavater an Goethe, 12.–13. Mai 1780; Goethe und Lavater. Briefe und Tagebücher. Hrsg. von Heinrich Funck (Schriften der Goethe-Gesellschaft. Bd. 16). Weimar 1901, S. 114.

3 Johann Caspar Lavater: Physiognomische Fragmente, zur Beförderung der Menschenkenntniß und Menschenliebe. Erster bis Vierter Versuch. Leipzig und Winterthur 1775–1778, Bd. 2 (1776), S. 90; vgl. August Ohage: »mein und meines Bruders Lavaters Phisiognomischer Glaube«. In: Gerhard Schuster und Caroline Gille (Hrsg.): Wiederholte Spiegelungen. Weimarer Klassik 1759–1832. Katalog der Ständigen Ausstellung des Goethe-Nationalmuseums. 2 Bde. München, Wien 1999, Bd. 1, S. 127–135; vgl. auch den Beitrag von Alexander Rosenbaum im vorliegenden Band.

4 Vgl. Goethe an Lavater, 5. Juni 1780; WA IV, Bd. 4, S. 229.

5 Vgl. Lavater: Essai sur la Physiognomonie (Anm. 1), Bd. 2, S. 186.

6 Vgl. Lavater: Physiognomische Fragmente (Anm. 3), Bd. 3 (1777), S. 218–220, 222–224. Die Goethe-Apologie war bereits mit dem Abdruck einer Silhouette im ersten Band angekündigt worden; vgl. ebd., Bd. 1 (1775), S. 223.

7 Vgl. Lavater: Essai sur la Physiognomonie (Anm. 1), Bd. 2, S. 227–229.

auf die Identität der Person enthalten war.[8] In der französischen Ausgabe wurde die Beschreibung mit den Initialen des Herzogs gekennzeichnet und mit zwei großformatigen Platten und einer kleinen Silhouette illustriert. Die Entstehung der Abbildungen lässt sich bis zur Reise in die Schweiz im Herbst 1779 zurückverfolgen: Der Herzog hatte sich von Jens Juel in Genf[9] und von Lips während des Aufenthalts in Zürich vom 18. November bis zum 1. Dezember 1779 porträtieren lassen.[10] Die prominente Huldigung Carl Augusts war alles andere als zufällig. Vielmehr war sie Teil einer stillschweigenden Vereinbarung zwischen dem finanziell angeschlagenen Pfarrer und dem jungen Fürsten, die wohl von Goethe während des Zürcher Aufenthalts vermittelt wurde. Mit der gemeinsamen Reise in die Schweiz hatte Goethe ohnehin ›pädagogische‹ »Neben-Absichten«[11] verfolgt. Insbesondere von den Bergwanderungen und der Begegnung mit Lavater hatte sich Goethe eine positiv-kathartische Wirkung auf den Herzog erhofft; umso zufriedener äußerte er sich in einem Brief an Charlotte von Stein, als er diese Hoffnung bestätigt sah: »Die Bekanntschafft von Lavatern ist für den Herzog und mich was ich gehofft habe, Siegel und oberste Spizze der ganzen Reise, und eine Weide an Himmelsbrod wovon man lange gute Folgen spüren wird.«[12] Carl August selbst berichtete in Briefen an seine Mutter und vor allem an seine Frau von einer seelischen Wandlung durch den Einfluss des charismatischen Theologen:

[8] Vgl. Lavater: Physiognomische Fragmente (Anm. 3), Bd. 4 (1778), S. 20 (untere Silhouette).

[9] Vgl. Goethe an Charlotte von Stein, 2. November 1779; GB, Bd. 3 I, S. 338.

[10] Bei den Platten handelte es sich um ein von Lips gezeichnetes und gestochenes Profilbild (Platte XLVI), auf dessen Grundlage die kleine Silhouette erstellt wurde, sowie um ein ebenfalls von Lips gestochenes Brustbild des Herzogs, der leicht nach rechts gewandt den Betrachter anschaut (Platte XLVII); vgl. Lavater: Essai sur la Physiognomonie (Anm. 1), Bd. 2, S. 227–229. Letzterer Stich hatte als Vorlage Juels Ölbild, das in den Weimarer Sammlungen überliefert ist (KSW, Museen, Inv.-Nr. KGe/00888). Gleiches gilt für Lips' Federzeichnung, die als Grundlage für den ersten Stich gedient hatte (KSW, Museen, Inv.-Nr. KK 2249). Vgl. Joachim Kruse: Johann Heinrich Lips. 1758–1817. Ein Zürcher Kupferstecher zwischen Lavater und Goethe. Ausstellungskatalog Coburg. Coburg 1989, S. 108–110, Nr. 42.

[11] Goethe an Lavater, zwischen dem 3. und 5. Dezember 1779; GB, Bd. 3 I, S. 360. Über weitere Motive der Reise vgl. GB, Bd. 3 IIB, S. 966–981 (einleitende Erläuterung zu Nr. 530).

[12] Goethe an Ch. von Stein, zwischen dem 22. und 24. November [?]; GB, Bd. 3 I, S. 344.

> die Gegenwarth Lavaters hat etwas gantz eigen Balsamisches; […] die Sanfte Leichtigkeit seines Geistes, seine Beweglichkeit, u. durchdringende Richtigkeit, mit der geduldigen Mittheilung, u. Liebe, macht einem, ohne es zu wißen, Höhen erreichen, über die man selbst erstaunt, sie erreicht zu haben. Ich kan nicht beßer, als mit den Wort, *Aufräumung des Verstandes*, außdrücken daß, was mich dünckt, er auf mich gewürckt hat.[13]

Zu den Folgen der Begegnung mit Lavater gehörte offenbar auch der Vorsatz, sich intensiver mit religiöser Literatur zu beschäftigen; Carl August befahl seinem Sekretär Bertuch von Zürich aus: »Schaffe doch in meiner Abwesenheit, Herders, u. Lavaters schrifften, soviel ihrer sind, u. eine große Bibel, in folio, großen schönen Drucks meiner hand Bibliotheque.«[14] Der früheste überlieferte Brief Lavaters an den Herzog, ein beim Abschied am 8. Dezember 1779 entstandenes Billet, das sich von der restlichen Korrespondenz durch die ungewöhnliche ›Du‹-Anrede absetzt, belegt, dass Lavater die von Goethe zugedachte Rolle des ›Erziehers‹ wahrgenommen hatte:

> Nimm, liebster aller, die mir je erschienen, lieberer mit jedem Tage, mit dem besten Händedrük, diese Zeile mit dir als armseeliges Zeichen, meines gränzenlosen Vertrauens und meiner eignen Liebe zu dir. wenn du nicht Fürst wärst, ich könnte dich nicht mehr lieben. du vergiebst mir nicht, daß ich so schreibe – denn du fühlst, daß du mir nichts zu vergeben hast. Ich will nichts von dir, als dich. In meinen reinsten Augenblicken will ich dein gedenken, u: wills Gott, soll's dir ahnden. Nun noch zwo Bitten – trage alles, was meine innerste Natur in die deinige ausgießen möchte, in *Luise* über, die einzig *erhabne* Frauenseele,

[13] Carl August an Herzogin Louise von Sachsen-Weimar und Eisenach, 29. November 1779; Briefe des Herzogs Karl August an die Herzogin Luise von der Schweizerreise. Mitgeteilt von Hans Wahl. In: Goethe-Jahrbuch 11 (1925), S. 112–138, hier S. 120–122; vgl. Carl August an Herzogin Anna Amalia von Sachsen-Weimar und Eisenach, 29. November 1779; Briefe des Herzogs Carl August von Sachsen-Weimar an seine Mutter die Herzogin Anna Amalia. Hrsg. von Alfred Bergmann. Jena 1938, S. 31.

[14] Carl August an Friedrich Justin Bertuch; GSA 6/1591. Der Brief trug das Datum vom 18. November 1779, dem Tag der Ankunft in Zürich; der Sender öffnete jedoch den geschlossenen Brief nachträglich, um eine Reihe von Aufträgen zu ergänzen. Es ist daher anzunehmen, dass diese Bestellung erst nach der persönlichen Bekanntschaft mit Lavater niedergeschrieben wurde. – Carl Augusts religiöse Besinnung war laut Herder nicht von Dauer: »Er ist, seit er aus der Schweiz ist, den ersten Sonntag, sonst nie mehr in der Kirche gewesen […].« (Johann Gottfried Herder an Johann Georg Hamann, Mitte November 1780; HB, Bd. 4, S. 145)

die mir erschien – u: *Sey, was du seyn kannst.* Die Tage fliehen; wir bleiben! Wir kennen uns und gehen nicht von einander. Schaff. 8 Xbr. 1779. L.[15]

Im anschließenden Briefwechsel wurde der wohltuende Einfluss Lavaters auf den jungen Herzog immer wieder thematisiert.[16] Carl August äußerte sich offen über den eigenen Gemütszustand, berichtete von der Belastung durch die Regierungsaufgaben und bedankte sich für die positive Wirkung von Lavaters Bekanntschaft und Briefen.[17] Kulturpolitische oder finanzielle Aspekte blieben in diesem Briefwechsel unerwähnt. Und doch erhielt Lavater zu dieser Zeit eine ansehnliche Unterstützung vom Herzog: Die Verhandlungen wurden von Goethe geführt,[18] die Einzelheiten musste Lavater mit Bertuch klären, der die herzogliche Privatschatulle führte.[19] Das Ergebnis war, dass Carl August Lavater im Oktober 1780 150 Louisdor (ca. 1000 Reichstaler) überweisen ließ. Offiziell handelte es sich um ein Darlehen auf zwei Jahre mit einem jährlichen Zinssatz von 4 Prozent.[20]

[15] LATh – HStA Weimar, Großherzogliches Hausarchiv A XIX, Nr. 70, Bl. 1. – Lavater spielte auf sein freundschaftliches Verhältnis zu Herzogin Louise an, der er den zweiten Band der *Physiognomischen Fragmente* gewidmet und mehrere tröstende Briefgedichte geschickt hatte; vgl. LATh – HStA Weimar, Großherzogliches Hausarchiv A XX, Nr. 14, Bl. 1 f., 5–7 (gedruckt als Gedichte ›An Theona‹ in: Johann Caspar Lavater: Poesieen, Bd. 2. Leipzig 1781, S. 95–99; zu Lavater und Herzogin Louise vgl. GB, Bd. 3 IIA, S. 395 f., Anm. zu 105,28).

[16] Die Briefe Carl Augusts sind in Lavaters Zürcher Nachlass überliefert; vgl. Zentralbibliothek Zürich, FA Lav. Ms. 505.44–63. Dort sind ebenfalls Abschriften von Lavaters Briefen überliefert; vgl. ebd., Ms. 555.94–110. Die Ausfertigungen von Lavaters Briefen sind in Weimar überliefert; vgl. LATh – HStA Weimar, Großherzogliches Hausarchiv A XIX, Nr. 70. Die Briefe an Lavater sind gedruckt in: Briefe von Karl August und Luise von Weimar an Lavater. Mitgetheilt von J. C. Mörikofer. In: Im neuen Reich 6/II (1876), S. 266–275, 291–300.

[17] Ein Beleg für die große Bedeutung, die Carl August seinem Verhältnis zu Lavater beimaß, ist die Tatsache, dass er ihm am selben Tag schrieb, an dem seine Frau eine tote Tochter zur Welt brachte (10. September 1781), wie auch am Tag der Geburt des Erbprinzen Carl Friedrich am 2. Februar 1783; vgl. ebd., S. 270–272.

[18] Vgl. Goethe an Lavater, 18. August, 23. August und 8. November 1780; WA IV, Bd. 4, S. 271, 273, 329; Lavater an Goethe, 30. September und 8. November 1780; Funck (Hrsg.): Goethe und Lavater (Anm. 2), S. 139, 145.

[19] Vgl. Goethe an Lavater, 28. August, 20. September und 13. Oktober 1780; WA IV, Bd. 4, S. 274 f., 298, 317 f.; Lavater an Bertuch, 16. September und 28. Oktober 1780; FDH, Hs-3136 bzw. GSA 6/1104.

[20] So wurde im Schatullrechnungsbuch 1780/81 der Betrag von 975 Reichstalern als Ausgabe unter den ausgeliehenen Geldern notiert, »als Darlehen zu 4 p% jährℓ. Interℓ. auf 2 Jahre«; LATh – HStA Weimar, Fürstenhaus A 1090, Bl. 42. Im Rech-

Lavater musste keine Garantie geben und zahlte die vereinbarten Zinsen nicht. Carl August ließ zudem Lavater durch seine Frau eine Schenkung anbieten, dieser schlug jedoch das Angebot aus, um seine Unabhängigkeit zu wahren, und wohl auch, weil er noch von dem kommerziellen Erfolg des *Essai sur la Physiognomonie* überzeugt war.[21] Die Schuld wurde nicht bar zurückbezahlt, sondern mit Kunstwerken verrechnet,[22] später auch mit Exemplaren der französischen Physiognomik. Allerdings ergaben sich nach Goethes Rückkehr aus Italien Unstimmigkeiten in der Abrechnung.[23]

Lavater brauchte frisches Kapital, um die französische Ausgabe der Physiognomik zu finanzieren. Der Absatz der deutschen Ausgabe hatte nicht zuletzt aufgrund des hohen Preises die Erwartungen keineswegs erfüllt. Auch wenn Lavater vom Verleger Reich exorbitante Honorare erhalten hatte, hatte er die kostspielige Anschaffung und Produktion der Kupfersti-

---

nungsbuch für das darauffolgende Jahr wurde der Betrag von 950 Reichstalern unter den Debitoren geführt; vgl. LATh – HStA Weimar, Fürstenhaus A 1097, Bl. 2f. Der Posten taucht ab dem Rechnungsbuch 1784/85 nicht mehr auf.

[21] »Der Herzog trägt mir auf Sie zu bitten das Capital welches er ihnen neulich vorschoß zu eigen zu behalten. Er hoft sie werden ihm diese bitte nicht abschlagen, aus liebe für ihn würden sie dies geringe merkmal der seinigen annehmen.« (Herzogin Louise an Lavater, 27. Oktober 1780; Zentralbibliothek Zürich, FA Lav. Ms. 519.142) Vgl. Heinrich Funck: Zu Goethes Briefwechsel mit Lavater. In: Goethe-Jahrbuch 20 (1899), S. 249–252, hier S. 252. – Lavater schlug jedoch das Angebot aus: »Die Güte des Herzogs beschämt mich, u. thut mir herzwohl, aber es *ist u. bleibt unmöglich* sie jemals anzunehmen. Es ist nicht Stolz u. Eigensinn, aber es streitet erstlich wieder meine *Pflicht* sodann wieder meine Natur. ach! dank ihm *du* doch, wie Du danken kannst, u. sag ihm. Ich *habe* das Geschenk in dem Moment da er's zurücknimt.« (Lavater an Goethe, 8. November 1780; Funck [Hrsg.]: Goethe und Lavater [Anm. 2], S. 145)

[22] Vgl. Goethe an Lavater, 16. April und 7. Mai 1781; WA IV, Bd. 5, S. 113, 122. Für die Gemälde wurden am 28. November 1781 300 Reichstaler von der Schuld abgezogen; vgl. LATh – HStA Weimar, Fürstenhaus A 1097, Bl. 25 und A 1102, Beleg-Nr. 457.

[23] Goethe subskribierte zwölf Exemplare, die er in Weimar und Gotha verteilte und die mit der Schuld bei Carl August verrechnet wurden; vgl. Lavater an Goethe, 28. Dezember 1782; Funck (Hrsg.): Goethe und Lavater (Anm. 2), S. 230f. Da nur der erste und dritte Band geliefert worden waren, der zweite aber fehlte, forderte Goethe wohl von Lavater eine genaue Aufstellung an; Lavater antwortete am 16. Dezember 1788 (die beigelegte Aufstellung ist nicht überliefert); vgl. RA, Bd. 1, S. 142, Nr. 321. – Die Angelegenheit wurde 1788 nicht endgültig geklärt, am 22. September 1792 schickte Lavater Goethe eine Rechnung, in der er noch Geld von Carl August einforderte; vgl. Funck (Hrsg.): Goethe und Lavater (Anm. 2), S. 245f.

che allein tragen und sich stark verschulden müssen. Reich hatte außerdem Lavaters Plan abgelehnt,[24] parallel zur deutschen Ausgabe eine französische Übersetzung erscheinen zu lassen, und verzichtete schließlich ganz auf dieses Projekt.[25] Daher entschied sich Lavater, die französische Ausgabe – sein größtes Projekt – auf eigenes Risiko zu übernehmen. Sie wurde, wie die deutsche auch, in Großquart auf holländischem Papier gedruckt, war aber mit noch mehr Platten und Abbildungen ausgestattet und wurde Subskribenten für einen üppigen Preis von 3 Louisdor je Band angeboten. Der aufwändige Herstellungsprozess, bei dem die Tafeln in Zürich, die Übersetzung (durch Marie Elisabeth de la Fite und Heinrich Renfner, später auch durch Antoine Bernard Caillard) sowie der Druck in Den Haag erstellt wurden, ließ die Kosten in die Höhe schnellen: Die französische Physiognomik wurde ein finanzielles Desaster, das Lavater in seinen letzten Lebensjahren stark belastete.[26] Er hatte seine Sammeltätigkeit in den frühen 1770er Jahren zur Vorbereitung der *Physiognomischen Fragmente* aufgenommen, aber immer wieder Graphiken verschenkt oder zur Tilgung von Schulden abgeben müssen – nach seinem Tod verkauften die Erben die verbleibende Graphik-Sammlung, die über Umwege in die Privatbibliothek von Franz I. von Österreich gelangte und in der Österreichischen Nationalbibliothek überliefert ist.[27]

---

24 Vgl. Lavater, Vertrag über die *Physiognomischen Fragmente* mit den Verlegern Reich und Steiner (Konzept vom 1. September 1773); Zentralbibliothek Zürich, FA Lav. Ms. 578.25.

25 Die Verhandlungen mit Reich wurden durch Johann Georg Zimmermann geführt, der die Vorbereitung und Entstehung der *Physiognomischen Fragmente* begleitete und erfolgreich Subskribenten anwarb, sich aber allmählich von Lavaters Projekt distanzierte und ihn dazu drängte, es mit dem vierten Band abzuschließen; vgl. August Ohage: Zimmermanns Anteil an Lavaters ›Physiognomischen Fragmenten‹. In: Hans-Peter Schramm (Hrsg.): Johann Georg Zimmermann – königlich großbritannischer Leibarzt (1728–1795). Wiesbaden 1998, S. 109–122.

26 Vgl. Michele C. Ferrari: Johann Caspar Lavater und David von Orelli. Ein Beitrag zur Geschichte und Rezeption der »Physiognomischen Fragmente«. In: Ders. (Hrsg.): Gegen Unwissenheit und Finsternis. Johann Caspar von Orelli (1787–1849) und die Kultur seiner Zeit. Zürich 2000, S. 35–56, bes. S. 42–46.

27 Seine Sammlung, deren eigenwillige Systematik an die lose Aneinanderreihung der *Physiognomischen Fragmente* erinnert, war ein Arbeitsmittel für die Physiognomik. Sie zählt über 22000 Blätter, die in 911 Portefeuilles und Schubern aufbewahrt werden. Lavater versah viele Stücke seines Kabinetts mit physiognomischen Deutungen. Vgl. Gudrun Swoboda: Die Sammlung Johann Caspar Lavater in Wien. In: Gerda Mraz und Uwe Schögl (Hrsg.): Das Kunstkabinett des Johann Caspar

Carl Augusts Finanzspritze war nur ein Teil der inoffiziellen Abmachung mit Lavater. Der Zürcher Pfarrer erhielt 1781 Gipsabgüsse von Martin Gottlieb Klauers Büsten von Goethe und Herder.[28] Lavater ließ wohl nur eine Silhouette der ersten anfertigen, die allerdings im letzten, posthum erschienenen Band der französischen Physiognomik abgedruckt wurde, in der Lavater »das empfindsamste und energischste Dichtergenie« deutete.[29] Zudem erhielt der mit Lavater befreundete Arzt Johannes Hotz, den Goethe und Carl August am 22. November 1779 in Richterswil besucht hatten,[30] im Dezember 1781 einen Abguss von einer Büste des Herzogs.[31]

Lavater. Wien u.a. 1999, S. 74–95; Gerda Mraz: Wie die Lavater-Sammlung nach Wien kam. In: Ebd., S. 68–73.

[28] Lavater bedankte sich bei Carl August für die Abgüsse. Von Goethes Büste zeigte er sich begeistert: »wir sagten: ›wenn man den Kopf von Hof zu Hofe schickte – ob man so einen Mann zum Minister wollte –würden die Fürsten alle sogleich sagen – Ja! und wenn man ihn von Akademie zu Akademie schickte – wollt' Ihr so einen Präsidenten? Ja! und von Weib zu Weib – wollt' Ihr den Mann im Leben sehen? o Ja! wär Er schon da!‹ – – / Ich beglückwünsche Weymar zu dem Künstler, der ihn so nachbildete – und zu dem Kunstwerk, das sich so nachbildℓ ließ.« (Lavater an Carl August, 19. Mai 1781; LATh – HStA Weimar, Großherzogliches Hausarchiv A XIX, Nr. 70, Bl. 3; vgl. Funck [Hrsg.]: Goethe und Lavater [Anm. 2], S. 358) Herders Büste konnte er jedoch wenig abgewinnen: »Ich habe die vorige Woche eine, zwar untenher sehr zerbrochne Büste von *Herder* erhalten, die aber in allem Betracht nebℓ *Goethe* nicht stehen kann. Nie hab' ich *Goethe* größer gesehen, als in seiner Büste neben der von *Herdern*.« (Lavater an Carl August, 22. September 1781; LATh – HStA Weimar, Großherzogliches Hausarchiv A XIX, Nr. 70, Bl. 6) – Lavater hatte Herder 1777 ein lobendes Fragment mit einem Profilbild gewidmet; vgl. Lavater: Physiognomische Fragmente (Anm. 3), Bd. 3, S. 262f. Sein negatives Urteil der Büste mag also dem Ende der Freundschaft zu Herder geschuldet sein; vgl. Lavater an Johann Gottfried Herder, 23. Oktober 1780; Aus Herders Nachlaß. Ungedruckte Briefe von Herder und dessen Gattin, Goethe, Schiller, Klopstock, Lenz, Jean Paul, Claudius, Lavater, Jacobi und andern bedeutenden Zeitgenossen. Hrsg. von Heinrich Düntzer und Ferdinand Gottfried von Herder. 3 Bde. Frankfurt a.M. 1856–1857, Bd. 2 (1857), S. 191–201; Herder an Lavater, 3. November 1780; HB, Bd. 4, S. 138–141.

[29] »Le génie poëtique le plus sensible & le plus énergique semble planer sur toute cette physionomie <…>. Je ne balance pas un instant de donner ce profil pour l'idéal d'un Poëte.« (Lavater: Essai sur la Physiognomie [Anm. 1], Bd. 4 [1803], S. 53)

[30] Vgl. BuG, Bd. 2, S. 197. – Goethe und Carl August empfahlen Knebel einen Besuch bei Hotz; vgl. Goethe an Carl Ludwig von Knebel, 4. Juni 1780; WA IV, Bd. 7, S. 359; Carl August an Knebel, 7. Juni 1780; Karl Ludwig von Knebel's literarischer Nachlaß und Briefwechsel. Hrsg. von Karl August Varnhagen von Ense und Theodor Mundt. 3 Bde. Leipzig 1835–1836, Bd. 1, S. 113.

[31] Goethe ließ Hotz die Zusendung eines Sattels und einer Büste versprechen; vgl. Goethe an Knebel, 28. Juli 1780; WA IV, Bd. 4, S. 261. Die Geschenke kamen

Solche Geschenke sprechen für eine durchdachte Strategie: Von Weimar aus wurden absichtlich die Netzwerke der Beschenkten bedient, um die Öffentlichkeit auf die kleine Residenz aufmerksam zu machen.

Sowohl die finanzielle Förderung von Lavaters französischer Physiognomie als auch die Versendung von Büsten Weimarer Persönlichkeiten waren also Teil einer ambitionierten Öffentlichkeitsarbeit des Weimarer ›Musenhofs‹, der wie andere mittlere oder kleine Residenzen eine überregionale Aufmerksamkeit vor allem durch die gezielte Pflege von Künsten und Wissenschaften zu erregen vermochte. Die Musenhöfe versuchten, die mangelnden militärischen und finanziellen Ressourcen zu kompensieren.[32] Innovativ am Weimarer Hof war die ikonographische Inszenierung des ›Musenhofs‹ mit den Porträtbüsten Klauers, von denen Gipsabgüsse erfolgreich vermarktet wurden.[33] Klauer wurde 1779 ein vierteljähriges Stipendium für das Studium der antiken Plastiken in Mannheim gewährt. Ab 1781 erhielt er eine Gehaltszulage von 200 Reichstalern, damit er im Gegenzug dem Hof pro Jahr eine Porträtplastik eines zeitgenössischen Dichters, Gelehrten oder eines Mitglieds der fürstlichen Familie vorlegte.[34] Die allmähliche Aufstellung einer ›Ehrengalerie‹ im repräsentativen Rokokosaal der herzoglichen Bibliothek, mit der sich der Weimarer Hof als ›Musenhof‹ und kulturelles Zentrum inszenierte, war einmalig im deutschsprachigen Raum um 1800.[35] Diese Selbstinszenierung ging mit der zunehmenden Bedeu-

erst über ein Jahr später an; vgl. Johannes Hotz an Lavater, 16. Dezember 1781; Zentralbibliothek Zürich, FA Lav. Ms. 514.121.

32 Vgl. Volker Bauer: Die höfische Gesellschaft in Deutschland von der Mitte des 17. bis zum Ausgang des 18. Jahrhunderts. Versuch einer Typologie. Tübingen 1993, S. 73–77.

33 Dabei arbeitete der Hofbildhauer mit Bertuch zusammen, der die Errichtung seiner Kunstmanufaktur unterstützte und später seine Produkte im *Journal des Luxus und der Moden* anzeigte und über das Landes-Industrie-Comptoir absetzte; vgl. Petra Rau: »Unter diesen Göttern zu wandeln«. Kunsthandel, Kunstjournale und Kunstmanufakturen im 18. Jahrhundert. In: Antlitz des Schönen. Klassizistische Bildhauerkunst im Umkreis Goethes. Ausstellungskatalog Rudolstadt. Rudolstadt 2003, S. 59–90, bes. S. 61–70.

34 Vgl. Walter Geese: Gottlieb Martin Klauer. Der Bildhauer Goethes. Leipzig 1935, S. 31–44. – Klauer schuf 1780/81, in den ersten zwei Jahren nach seinem Studienaufenthalt in Mannheim, Büsten von Goethe, Carl August, Anna Amalia, Oeser, Knebel, Herder, Wieland und Prinz Constantin und ließ im *Teutschen Merkur* entsprechende Anzeigen abdrucken; vgl. ebd., S. 45f., 211.

35 Vgl. Michael Knoche: Die Weimarer Bibliothek als Büchersammlung, Museum und Erinnerungsort. In: Hellmut Th. Seemann (Hrsg.): Anna Amalia, Carl August

tung des plastischen Porträts einher: Goethe selbst prägte maßgeblich die ästhetische Wandlung mit, die zu einer Abkehr von der Wiedergabe antiker Skulpturen hin zum zeitgenössischen, klassizistischen Porträt führte.[36]

Noch vor seinem Mannheimer Studienaufenthalt hatte Klauer zwischen Dezember 1778 und März 1779 eine außergewöhnliche Ganzkörperfigur Friedrich von Steins modelliert.[37] Sie entstand unter Goethes Anleitung, der den Bildhauer immer wieder beriet und dazu drängte, den Standbildakt des Knaben treu nach der Natur zu gestalten und die Schönheit des jungen Körpers abzubilden.[38] Goethe notierte erleichtert nach einer Auseinandersetzung mit Klauer im Tagebuch:

> Er findet doch endlich gott sey Danck an dem schönen Körper ein übergros Studium. Und da er erst die Figur aus dem Kopf machen wollte weil der Korper zu mager sey, kan er iezt nicht genug dessen Schonheit bewundern. Die Geschichte wie es damit von Anfang gegangen ist muss ich nicht vergessen.[39]

Klauer hatte also die Arbeit an der Ganzkörperfigur mit der Modellierung der Büste begonnen. Sie ist als Gipsbüste mit Bruststück überliefert.[40] Und

---

und das Ereignis Weimar. Göttingen 2007, S. 231–243, hier S. 236f.; vgl. auch Gabriele Oswald: Die Porträtplastik. In: Michael Knoche (Hrsg.): Herzogin Anna Amalia Bibliothek – Kulturgeschichte einer Sammlung. München 1999, S. 98–100, bes. S. 98.

36 Vgl. Gabriele Oswald: »Wir haben uns neulich mit deiner Büste unterhalten«. Sehen und Gesehen werden – die Portraitplastik. In: Ausstellungskatalog Rudolstadt (Anm. 33), S. 91–117.

37 KSW, Museen, Inv.-Nr. KPl/01606.

38 Vgl. Geese: Klauer (Anm. 34), S. 202–208; Gabriele Oswald: [Katalogbeitrag] Martin Gottlieb Klauer: Gottlob Friedrich [Fritz] Constantin von Stein. In: Ausstellungskatalog Rudolstadt (Anm. 33), S. 295f., Nr. 130.

39 Tagebucheintrag vom 30. Januar 1779; GT, Bd. I 1, S. 74; vgl. ebd. S. 69, 77. – Schließlich schuf Klauer die Skulptur nicht ganz nach der Natur, sie ist vielmehr als »Synthese von Naturstudium und Adaption antiker Formeln« zu betrachten, zumal die Ähnlichkeit der Beine zum *Faun mit der Flöte* frappierend ist; Petra Rau: Kopiert und eigenständig. Friedrich Wilhelm Doells Aegyptiaca für das Wörlitzer Pantheon und Martin Gottlieb Klauers Portraitstatue des Fritz von Stein. In: Tatjana Bartsch, Marcus Becker, Horst Bredekamp und Charlotte Schreiter (Hrsg.): Das Originale der Kopie. Kopien als Produkte und Medien der Transformation von Antike. Berlin u.a. 2010, S. 269–288, bes. S. 282–285, hier S. 284.

40 FDH, Inv.-Nr. GM, Fritz von Stein, IV–1958–16; vgl. Geese: Klauer (Anm. 34), S. 223, Nr. 165.

mit dieser Büste ihres jüngsten Sohnes, zu dem sie ein besonders enges Verhältnis pflegte, wurde Charlotte von Stein auf der Silhouette abgebildet, die Lavater von Goethe erhielt.

II. Johann Caspar Lavater und Charlotte von Stein

Das Motiv der Silhouette wurde in Weimar möglicherweise von Goethe selbst ausgesucht. Im *Essai sur la Physiognomonie* wurde Friedrich von Stein also zwei Mal abgebildet, als Ganzkörperfigur neben Goethe[41] (Abb. 1) und als Büste auf den Händen seiner Mutter (vgl. Anhang, Katalog, Nr. 6). Tatsächlich ging Lavater in seinem Begleittext auf die Unterschiede im Profil Friedrich von Steins in beiden Silhouetten ein:

> du moins le derrière de la tête s'écarte un peu du premier dessin, c'est-à-dire, qu'il a un peu plus de délicatesse. D'ailleurs le front, le nez & la bouche ont conservé le même caractère, à la seule exception que dans le buste les traits sont plus marqués & plus précis, ceux surtout quie avoisinent le menton.[42]

Nur von der ersten Silhouette ist Lavaters Exemplar überliefert, das er mit einer eigenhändigen Eintragung versah: »*Goethe und Stein.* | Dir verständiger Horcher ertheilt umsonst nicht der weise | genialische Mann der reifen Erfahrung Belehrung«.[43] In ihr steht die praktische Belehrung bzw. der Lernprozess des Kindes in Vordergrund, was an dessen emporgehobenem Kopf, der auf den Erwachsenen blickt und Aufmerksamkeit suggeriert, sowie an Goethes Haltung, insbesondere was die Hände betrifft, ersichtlich ist. Das Motiv greift das enge Verhältnis zwischen den abgebildeten Personen auf: Goethe hatte die geistige Entwicklung des Jünglings gefördert und nahm ihn am 25. Mai 1783 in sein Haus auf, wo er bis zu Goethes Aufbruch nach Italien blieb. In dieser Zeit kümmerte sich Goethe

---

41 Die Figuren wurden mit den Initialen gekennzeichnet: »G. St.«; Lavater: Essai sur la Physiognomonie (Anm. 1), Bd. 2, S. 186.

42 Lavater: Essai sur la Physiognomonie (Anm. 1), Bd. 2, S. 187. – Übersetzung: »Zumindest der Hinterkopf entfernt sich etwas von der ersten Zeichnung, ich will sagen, er hat etwas mehr Feinheit. Die Stirn, die Nase und der Mund haben denselben Charakter behalten, mit der einzigen Ausnahme, dass die Züge in der Büste, insbesondere in der Nähe des Kinns, markierter und genauer sind.«

43 Österreichische Nationalbibliothek, Sammlung Lavater, Sign. LAV XI/110/2733 (http://data.onb.ac.at/rec/baa4995031).

Abb. 1: Unbekannt, Silhouette von Goethe und Friedrich von Stein für Lavaters »Essai sur la Physiognomonie«, Bd. 3 (1783), mit handschriftlicher Notiz Lavaters

um die Erziehung des Jungen.[44] Durch den prüfenden Blick der Mutter auf die Büste ihres Sohnes steht die zweite Silhouette symbolisch für die hohen Erwartungen, die man in Weimar auf den jungen Friedrich von Stein setzte: Von dem Kind glaubte man, es sei von der Natur begünstigt.[45] Mit seiner Beschreibung der Silhouette Goethes und Friedrich von Steins spielte Lavater auf diese Erwartungen an: »Nous voyons ici un homme mûr, à côté d'un jeune garçon de grande espérance.«[46] Lavater pries die »grandes dispositions« (große Anlagen) des Jungen an, warnte gleichwohl in Hinblick auf die Zukunft des Jungen: »Plein de franchise & de courage, d'un naturel gai, il aura à combattre le caprice & l'opiniâtreté.«[47]

Zwar ging Lavater nicht explizit darauf ein, die Silhouette Charlotte von Steins mit der Büste ihres Sohnes bot aber ein paradigmatisches Bild zur Reflexion über die Physiognomik, die Lavater als »die Wissenschaft, den Charakter (nicht die zufälligen Schicksale) des Menschen im weitläuftigsten Verstande aus seinem Aeußerlichen zu erkennen«, definierte.[48] In der Silhouette schaut Charlotte von Stein auf die Büste sowohl als liebevolle Mutter mit dem Blick auf den geliebten Menschen als auch als Kunstkennerin mit dem Blick auf die Porträtplastik. Sie beobachtet die Büste, als ob sie sie physiognomisch deuten würde – eine Handlung, die ein entsprechendes Geistesvermögen voraussetzt:

> Beobachten ist die Seele der Physiognomik. [...] Beobachten ist aufmerken. Aufmerken ist etwas aus einer Menge Gegenstände herausnehmen, und mit Beyseitsetzung aller andern insbesondere betrachten, und die Merkmale und Besonderheiten davon sich zergliedern; folglich unterscheiden. Beobachten, aufmerken, unterscheiden, ist das Werk des Verstandes. Der Physiognomist muß also einen scharfen, hohen, und ausnehmenden Verstand besitzen, um theils

44 Vgl. GB, Bd. 6 II, S. 79–81 (einleitende Erläuterung zu Nr. 44).

45 Als Erwachsener musste er allerdings viele Schicksalsschläge hinnehmen; vgl. den Beitrag von Yvonne Pietsch im vorliegenden Band.

46 Lavater: Essai sur la Physiognomonie (Anm. 1), Bd. 2, S. 186. – Übersetzung: »Wir sehen hier einen reifen Mann an der Seite eines Jünglings, der große Hoffnungen macht.«

47 Ebd. – Übersetzung: »Mit Offenheit und Mut versehen wird dieses fröhliche Wesen jedoch seine Launen und seinen Starrsinn bekämpfen müssen.«

48 Johann Caspar Lavater: Von der Physiognomik. In: Ders.: Ausgewählte Werke in historisch-kritischer Ausgabe. Bd. IV. Werke 1771–1773. Im Auftrag der Forschungsstiftung und des Herausgeberkreises Johann Caspar Lavater hrsg. von Ursula Caflisch-Schnetzler. Zürich 2009, S. 547–710, hier S. 554.

> richtig zu beobachten, theils die gehörigen Folgen aus den Beobachtungen herzuleiten[.][49]

Dass Charlotte von Stein Interesse, ja Freude an der physiognomischen Beobachtung hatte, belegt ein späterer Brief an ihren jüngsten Sohn, in dem sie sich auf drei Künstlerporträts bezog:

> Schiller hat mir sein Bild en bas relief geschenckt sehr ähnlich und recht hübsch gemacht es hat mich recht gefreut, es hat viel Ausdruck; Goethe, Herder, und Schiller, haben alle drey einen Ausdruck von Stolz in ihrer phisionomie, der vom Schiller ist mir der liebste, der Goethe hat einen trutzigen Stolz, Herder einen groben, Schiller beynahe einen edeln[.][50]

Zurück zu den Silhouetten: Einige Monate nach dem Empfang ihrer Silhouette schrieb Lavater selbst an Charlotte von Stein. Während Goethes Reise durch das Eisenacher Oberland im Spätsommer 1780 adressierte er zwei Briefe an die in Weimar verbliebene Freundin seines Freundes, da er von ihrer Bedeutung für Goethe wusste.[51] Insbesondere der erste Brief ist paradigmatisch für Lavaters Strategie:

> Da *Goethe*, wie er schreibt, mit dem Herzog, eine kleine Reise macht, so addressir' ich die Fortsetzung der *waserschen* Geschichte, die er Ihnen ohne Zweifel mitgetheilt haben wird, mit vollkommenen Zutrauen in Ihre Diskretion an *Sie*, meine verehrenswürdige Frau v. *Stein* – und so werd' ich von woche zu woche fortfahren, bis alles eingesandt ist, was zu dieser so sehr aufsehenmachenden Geschichte gehört. An *Goethe* selber werd' ich eher nun nicht schreiben, bis ich weiß, daß er wieder zurück ist. Indeß bitt' ich Sie, die Zulage von dem Porträte des *Thomas Morus* nach *Hohlbein*, nett aufziehen zulaßℓ, und so dann hinter Rahm und Glas erst in Ihr Zimmer aufzuhängℓ, und, wenn Er zurükkommt, es ihm zuübergebℓ. Er weiß schon Etwas davon. Ich fange mit Aufträgen an Sie an – womit will ich enden? Mit Nichts, als herzlichem Dank für Ihren gütigen Gruß durch Baron von *Knebel*.
>
> Zürich, dℓ 26. Aug 1780 JCLavater.[52]

---

[49] Ebd., S. 595.

[50] Ch. von Stein an Friedrich von Stein, 14. Februar 1797; GSA 122/101.

[51] Von diesen Briefen vom 26. August und vom 2. September 1780 sind sowohl die Abschriften in Lavaters Züricher Nachlass als auch die Ausfertigungen überliefert; vgl. Zentralbibliothek Zürich, FA Lav. Ms. 582.93–94; GSA 29/487,I, Bl. 102; FDH, Hs-9921.

[52] GSA 29/487,I, Bl. 102. – Beim beigeschlossenen Manuskript handelte es sich um einen Teil der sogenannten ›Briefe über Waser‹, Lavaters handschriftlich ver-

Indem er ihr vertrauliche Manuskripte für Goethe schickte, versuchte er eine persönliche Beziehung zur Adressatin aufzubauen. Lavater nutzte also Goethes Abwesenheit, um durch Charlotte von Stein sein Verhältnis zu ihm zu stärken, das besonders wegen der unterschiedlichen religiösen Auffassungen zu kippen drohte.[53] Besonders bezeichnend für Lavaters Absichten ist der beigelegte Kupferstich von Johann Heinrich Lips mit dem Porträt von Thomas Morus und die Bitte, es Goethe persönlich zu übergeben.[54] Implizit übertrug Lavater Charlotte von Stein damit die Rolle der Beobachterin sowohl des Porträts an sich als auch, und vor allem, des beschenkten Freundes beim überraschenden Moment der Entdeckung und ersten Betrachtung des Kupferstiches, dem er eine große ästhetische und physiognomische Bedeutung beimaß und von dem sich Goethe tatsächlich begeistert zeigte.[55] Mit seinen beiden Briefen suchte Lavater einen direkten Kontakt zu der wichtigsten Bezugsperson Goethes, der seinerseits ein enges Verhältnis zu Lavaters Freundin Barbara (Bäbe) Schultheß pflegte – zwar ist der Briefwechsel nicht überliefert, Goethe schickte ihr aber Manuskripte seiner Werke, die sie abschrieb.[56] Offenbar gelang es Lavater nicht, ein ähnliches Verhältnis zu Charlotte von Stein aufzubauen: Sie bewahrte zwar seinen ersten Brief mit Goethes Briefen auf, was sonst nur bei einzelnen Briefen von Goethes Schwester Cornelia oder von Carl August der Fall ist,

---

breiteter Darstellung des ›Waser-Handels‹ um die Hinrichtung des Zürcher Pfarrers Johann Heinrich Waser am 29. Mai 1780 wegen Verrats von Staatsgeheimnissen. Lavater schickte das Manuskript an einen ausgewählten Adressatenkreis und bat um strenge Diskretion. Er verteidigte das harte Vorgehen der Zürcher Obrigkeit in einem Fall, der eine große politische Debatte in Deutschland auslöste und dem Ansehen der Eidgenossenschaft einen enormen Schaden zufügte. Vgl. Uwe Hentschel: Der Waser-Handel im Spiegel der deutschen Literatur. In: Zürcher-Taschenbuch 120 (1999), S. 177–191.

[53] Die Differenzen wurden ab 1781 wegen Lavaters Wunderglauben eklatant und waren spätestens seit der Veröffentlichung des ersten Bandes von *Pontius Pilatus* im Frühjahr 1782 nicht mehr zu überwinden. – Zu den Höhen und Tiefen der Freundschaft aus Lavaters Perspektive vgl. grundlegend Karl Pestalozzi: Lavaters Hoffnung auf Goethe. In: Ders. und Horst Weigelt (Hrsg.): Das Antlitz Gottes im Antlitz des Menschen. Zugänge zu Johann Kaspar Lavater. Göttingen 1994, S. 260–279, bes. S. 274f.

[54] Das Porträt wurde damals Hans Holbein d. J. zugeschrieben. Ob es sich beim abgebildeten Mann tatsächlich um den englischen Politiker handelte, ist unklar; vgl. Kruse: Lips (Anm. 10), S. 115f., Nr. 49.

[55] Vgl. Goethe an Lavater, 13. Oktober 1780; WA IV, Bd. 4, S. 318.

[56] So ist *Wilhelm Meisters theatralische Sendung* nur in einer Abschrift von Barbara Schultheß überliefert; vgl. WA I, Bd. 51, S. 283.

sie beantwortete Lavaters Briefe jedoch nicht. Trotz ihrer tiefen Religiosität konnte sie wohl Lavaters Christologie wenig abgewinnen.[57]

Der Vergleich zwischen Charlotte von Stein und Barbara Schultheß ist deswegen interessant, weil Lavater beide Frauen in seiner Physiognomik zu wichtigen Stützen der ihnen nahestehenden Männer stilisierte. Für Lavater »kann eine tugendhafte Frau [...] einen Mann zu den höchsten moralischen Leistungen anspornen. Frauen sind in jeder Beziehung eine Ergänzung [...] der männlichen Existenz – ›Sauerteig zum männlichen Charakter‹«.[58] Lavater ging bei der Charakterisierung Charlotte von Steins auf ihre Mutterrolle nicht ein, einen beliebten Aspekt seines Frauenbilds – dafür bot das in Weimar ausgewählte Motiv keine geeignete Grundlage, zumal sie mit der Büste, also mit einer zweifachen Abstraktion der Physiognomie ihres Sohnes, abgebildet wurde. Umso mehr legte das Motiv der Büste nahe, den Fokus auf die Reflexion und das Geistesvermögen der Hauptfigur zu legen.

Abgesehen von Lavaters eigentümlicher Syntax mit Verschachtelungen und Juxtapositionen sowie seiner enthusiastischen Sprache, die eine gesonderte Untersuchung verdienten, ist die Beschreibung von Charlotte von Steins Silhouette insofern bemerkenswert, als sie das nach der ersten Veröffentlichung von Goethes Briefen an Charlotte von Stein durch Adolf Schöll in den Jahren 1848 bis 1851[59] tradierte Bild Charlotte von Steins als *die* Freundin Goethes präfiguriert. Die Beschreibung hebt die Seltenheit der ihr eigenen »Harmonie« und vor allem dieser seltenen Gabe hervor:

---

[57] In einem späteren Brief an Knebel äußerte sie ein mildes Urteil über den zweiten Band von Lavaters *Pontius Pilatus*, deutete aber an, dass sie Knebels und Goethes schroffe Ablehnung des ersten Bandes, die zum Bruch zwischen Knebel und Lavater und zu einer großen Auseinandersetzung zwischen Goethe und Lavater geführt hatte, teilte: »Den 2ten Theil von Pontius bitte ich laßen Sie Gnade vor Ihren Augen finden, ich konte nicht davon kommen wen ich anfing anstat daß ich den ersten Theil mit Mühe las, ja sogar habe liegen laßen.« (Ch. von Stein an Carl Ludwig von Knebel, 15. Juli 1783; GSA 54/274,1, Bl. 22)

[58] Daniela Lachs: Lavaters Frauenbild – Lavaters Frauenbilder. In: Mraz u. a. (Hrsg.): Das Kunstkabinett (Anm. 27), S. 152–161, hier S. 154 f.; vgl. auch Ursula Caflisch-Schnetzler: L'Affaire avec Lavater – Lavater und die Frauen. In: Johannes Fimmel, Christine Haug, Helga Meise (Hrsg.): »in Wollust betäubt«. – Unzüchtige Bücher im deutschsprachigen Raum im 18. und 19. Jahrhundert. Wiesbaden (in Druck), S. 113–129.

[59] Zur Editionsgeschichte vgl. den Beitrag zu Goethes Briefen an Charlotte von Stein von Elke Richter im vorliegenden Band.

MAD.E DE ST. […] Je laisse aux Connoisseurs le soin de juger la figure de la femme. Prise dans son ensemble elle me paroît des plus nobles & presque spirituelle. J'y trouve ce que je trouve si rarement, beaucoup d'harmonie dans l'ensemble. Le profil en lui-même, la manière dont elle tient le buste, l'attitude du corps en général, tout montre – & je parle avec assurance, quoique je ne connoisse l'Original que de nom – tout montre un sens exquis, beaucoup de courage, de résolution & de fermeté. Ce visage semble promettre avec certitude une qualité très rare chez les hommes, & bien plus rare encore chez les femmes – l'art d'écouter tranquillement & avec intérêt; art qui embrasse tant de choses, qui rend l'homme si estimable & par le coeur & par l'esprit. Dire de quelqu'un »que sans affectation il écoute tranquillement & avec intérêt«, c'est le plus bel éloge qu'on puisse en faire.[60]

(Frau von St. […] Ich überlasse den Kennern die Aufgabe, über die Frauenfigur zu urteilen. In ihrem Ganzen scheint sie mir von den Edelsten, fast spirituell zu sein. Ich finde in ihr, was ich so selten finde: viel Harmonie im Ganzen. Das Profil an sich, die Art, wie sie die Büste hält, die allgemeine Haltung des Körpers, dies alles zeigt – und ich bin mir sicher, auch wenn ich das Original nur vom Namen her kenne – einen hohen Sinn, viel Mut, Entschlossenheit und Standhaftigkeit. Dieses Gesicht scheint eine sehr seltene Qualität bei Männern und noch seltener bei Frauen mit Gewissheit zu versprechen: Die Kunst, in Ruhe und mit Interesse zuzuhören, eine Kunst, die so viele Sachen umfasst, die den Menschen so schätzbar für Herz und für Geist macht. Über jemanden zu sagen, dass er ohne Affektation in Ruhe und mit Interesse zuhöre, ist das schönste Lob, das man machen kann.)

Diese Qualität schrieb Lavater lediglich wenigen Frauen zu, die er besonders schätzte. Seiner (und Goethes) Freundin Barbara Schultheß bescheinigte er nicht nur Diskretion. Indem er sie als »Männin«[61] bezeichnete, erkannte er ihr die Qualität einer guten Zuhörerin zu und unterstrich ihr geistiges Vermögen.[62] Im Gegensatz zu Barbara Schultheß kannte Lavater

60 Lavater: Essai sur la Physiognomonie (Anm. 1), Bd. 2, S. 187.

61 Lavater: Physiognomische Fragmente (Anm. 3), Bd. 2, S. 121; Lavater an Herder, 7. Juni 1774 und 7. Oktober 1775; Aus Herders Nachlaß (Anm. 28), Bd. 2, S. 105 und 147f.; vgl. dazu GB, Bd. 2 II, S. 297f., Anm. zu 112,12.

62 Vgl. Daniela Lachs: Barbara Schultheß-Wolf. In: Mraz u.a. (Hrsg.): Das Kunstkabinett (Anm. 27), S. 334f., Nr. 75. – Ein weiteres Beispiel, wie der Begriff ›männlich‹ bei Lavater positiv konnotiert ist, bietet die Beschreibung von Isabella von Wartensleben, einer Freundin Charlotte von Steins, die mit Lavater wegen der Erziehung ihres Sohnes durch Goethes Vermittlung in Kontakt getreten war; vgl. Daniela Lachs: Isabella von Wartensleben. In: Ebd., S. 336f., Nr. 76. Als »edle, reine, jungfräuliche Männinn« hatte Lavater Herzogin Louise von Sachsen-Weimar und Eisenach in zwei Briefgedichten bezeichnet; vgl. LATh – HStA Weimar, Großherzogliches Hausarchiv A XX, Nr. 14, Bl. 1, 6.

Abb. 2: Unbekannt, Silhouette der Charlotte von Stein (rechts) in Lavaters »Physiognomischen Fragmenten, zur Beförderung der Menschenkenntniß und Menschenliebe«, Bd. 3 (1777)

Charlotte von Stein (noch) nicht persönlich, als er sich zu ihrem Charakter äußerte. Es war allerdings nicht das erste Mal, dass er sie beschrieb: In den *Physiognomischen Fragmenten* hatte er bereits eine Charakteristik von ihr veröffentlicht, die sich auf einen Brief Goethes vom 24. Juli 1775 stützte. Goethe charakterisierte darin die Silhouetten von zwei Frauen, Maria Antonia von Branconi und Charlotte von Stein, denen er noch nicht begegnet war. Zu Charlotte von Steins Silhouette (Abb. 2) hieß es (im Brief auf der linken Spalte neben der hier nicht zitierten Beschreibung Maria Antonia von Branconis):

> Festigkeit | Gefälliges unverändertes Wohnen des Gegenstands | Behagen in sich selbst. | Liebevolle Gefälligkeit | Naivetät und Güte, selbstfliesende Rede | Nachgiebige Festigkeit. | Wohlwollen. | Treubleibend | Siegt mit Nezzen[63]

Lavater kompilierte in den *Physiognomischen Fragmenten* Goethes Deutung und einen Bericht des mit Charlotte von Stein befreundeten Arztes Johann

[63] GB, Bd. 2 I, S. 196.

Georg Zimmermann[64] – Letzterer schenkte ihr wohl einen Lavater-Brief als Andenken.[65] Das im *Essai sur la Physiognomonie* entworfene Bild einer festen Persönlichkeit, die mit ihrem harmonischen Wesen dem Genie ein Gleichgewicht gewährt, hatte wenig mit der abgedruckten Silhouette zu tun, die Charlotte von Stein als Kunstkennerin präsentierte. Vielmehr war Lavaters Bild von Goethe selbst präfiguriert worden. Zwar erreichte das Publikum Lavaters Herzenssprache mit seiner eigentümlich-schwärmerischen Diktion nur in französischer Übersetzung, der Kern entspricht jedoch Goethes Bild der Freundin, wie er es in einem Brief an Lavater während seiner Reise durch das Eisenacher Oberland formulierte:

> Auch thut der Talisman iener schönen Liebe womit die *St.* mein Leben würzt sehr viel. Sie hat meine Mutter, Schwester und Geliebten nach und nach geerbt, und es hat sich ein Band geflochten wie die Bände der Natur sind.[66]

Diese Passage weist Anklänge zu einem Brief an Augusta Louise zu Stolberg-Stolberg auf, in dem Goethe diese als Projektionsfläche, als Kunstfigur, »Freundinn Schwester, Geliebte, Braut, Gattin«,[67] dargestellt hatte, deren er zur Vergewisserung seiner selbst bedurfte. Goethe erhob Charlotte von Stein zur Stellvertreterin des weiblichen Geschlechts: Sie habe unterschiedliche Frauenrollen eingenommen und sei seine wichtigste Bezugs-

[64] Vgl. Lavater: Physiognomische Fragmente (Anm. 3), Bd. 3, S. 314 f. – Zimmermann hatte Charlotte von Stein am 12. Dezember 1774 beschrieben; vgl. Goethes Briefe an Charlotte von Stein. Hrsg. von Jonas Fränkel. Umgearbeitete Neuausgabe. Bd. 1. Berlin 1960, S. 3. – In seiner Physiognomik veränderte und ergänzte Lavater die zugrunde liegende Beschreibung Charlotte von Steins aus Goethes Brief; vgl. Eduard von der Hellen: Goethes Anteil an Lavaters Physiognomischen Fragmenten. Frankfurt a. M. 1888, S. 236–239; August Ohage: [Katalogbeitrag] Unbekannt: Charlotte von Stein, geb. von Schardt. In: Schuster u. a. (Hrsg.): Wiederholte Spiegelungen (Anm. 3), Bd. 1, S. 146, Nr. 10.

[65] Vgl. Lavater an Johann Georg Zimmermann, 31. Dezember [1766]; LATh – StA Rudolstadt, Archiv Großkochberg Nr. F 826, Bl. 25. – Die Überlieferung im Familienarchiv Stein legt nahe, dass Zimmermann seiner Freundin den Brief als ein Andenken an den berühmten Theologen schenkte. Das Geschenk, ein sehr persönlicher Neujahrsbrief, in dem Lavater auf die ersten Monate seiner Ehe zurückblickte, dürfte als Zeichen der besonderen Freundschaft zwischen Zimmermann und Charlotte von Stein gelten.

[66] Goethe an Lavater, um den 20. September 1780; WA IV, Bd. 4, S. 299 (hier nach der Handschrift: Universitätsbibliothek Leipzig, Sammlung Hirzel, B 127).

[67] Goethe an Augusta Louise Gräfin zu Stolberg-Stolberg, Januar 1775; GB, Bd. 2 I, S. 160.

person geworden.[68] Auf diese idealisierte Darstellung griff Lavater in seiner Beschreibung zurück und entwickelte ein hochstilisiertes Bild von Charlotte von Stein. Das eindeutige Bekenntnis zur geliebten Freundin schrieb Goethe im selben Brief, in dem er Lavater über sein Verhältnis zu Maria Antonia von Branconi beruhigen musste[69] – er hatte die mit dem Briefpartner inzwischen befreundete ehemalige Maitresse des Erbprinzen und späteren Herzogs Carl Wilhelm Ferdinand von Braunschweig-Lüneburg-Wolfenbüttel, des Bruders der Weimarer Herzoginnmutter Anna Amalia, durch Lavaters Vermittlung in Lausanne kennen gelernt und sie hatte ihm im August 1780 in Weimar auf der Durchreise einen kurzen Besuch abgestattet, der wohl Lavaters Eifersucht geweckt hatte.[70] Nicht zufällig verwendete Goethe den Begriff ›Band‹, um sein Verhältnis zu den beiden Frauen zu beschreiben; der Begriff war allerdings nur bei Charlotte von Stein eindeutig positiv konnotiert – zu Branconi schrieb er: »Ich habe mich gegen sie so betragen, als ich's gegen eine Fürstinn oder eine Heilige thun würde. [...] Und Gott bewahre uns für einem ernstlichen Band, an dem sie mir die Seele aus den Gliedern winden würde.«[71] Implizit gab also Goethe zu verstehen, dass der in seinem Brief vom 24. Juli 1775 entworfene Gegensatz zwischen den Charakteren beider Frauen nach seiner Bekanntschaft Bestand hatte, und machte unmissverständlich klar, welcher dieser Frauen seine Präferenz zuteil wurde.

Die im *Essai sur la Physiognomonie* abgedruckte Silhouette Charlotte von Steins und die prägnante Beschreibung sind also aus einem komplexen Gefüge entstanden. Sie sind Produkt des wechselhaften Verhältnisses zwischen Goethe und Lavater. Ersterer ließ Lavater die Silhouette mit der Gewissheit zukommen, dass der Zürcher Pfarrer der bemerkenswerten Persönlichkeit der Freundin eine physiognomische Beschreibung widmen würde. Lavater seinerseits nutzte die Gelegenheit, um mit den schmeichelnden Zeilen über Charlotte von Stein die allmähliche Entfremdung zwischen ihm und Goethe zu überbrücken. Lavater prägte in der Öffentlichkeit ein idealisiertes Bild Charlotte von Steins als Goethes Freundin nachhaltig; das von Lavater tradierte Bild ist eine Transformation der Gedanken, die Goethe ihm in persönlichen Gesprächen während der zweiten Schweizer

[68] Vgl. Goethes Briefgedicht an Charlotte von Stein vom 15. September 1780 aus Kaltennordheim (*Welcher Unsterblichen*); GSA 29/487,I, Bl. 78; WA I, Bd. 2, S. 58–60; WA IV, Bd. 4, S. 293.

[69] Vgl. WA IV, Bd. 4, S. 298f.

[70] Vgl. GB, Bd. 3 IIB, S. 1024f., Anm. zu 323,26, S. 1034, zweite Anm. zu 328,30.

[71] Goethe an Lavater, um den 20. September 1780; WA IV, Bd. 4, S. 298f.

Reise und im Briefwechsel vermittelt hatte. Darüber hinaus dienten der Abdruck der Silhouette von Goethes wichtigster Bezugsperson sowie von ihrem Kind, das Goethe als Ziehsohn betrachtete, und die physiognomische Apologie Carl Augusts Lavater dazu, das Verhältnis zum Weimarer Hof zu befestigen – wo Charlotte von Stein ja ein wichtiger Katalysator des Geisteslebens war. Der Hof profitierte von der großen Resonanz des Lavaterschen Werkes im Sinne einer bewussten Strategie, die von Goethe mitgetragen und durch seine Netzwerke befördert wurde.

Jutta Eckle

»Und Spinoza sei Euch immer ein heiliger Christ«

Charlotte von Steins Beschäftigung mit Philosophie und Naturforschung im Austausch mit Johann Gottfried Herder und Johann Wolfgang von Goethe

Das Thema, die Beschäftigung Charlotte von Steins zu Philosophie und Naturforschung, ist breit und vielfältig, betrachtet man die erhaltenen Korrespondenzen, ihre Aufzeichnungen und hinterlassenen Werke in Gänze, in denen sie sich durchgängig als umfassend interessierte Gesprächspartnerin, wissbegierige Leserin, begabte Künstlerin und versierte Verfasserin von Dramen zeigt. Wie die Schwingung der Saiten sich auf den Resonanzboden eines Flügels übertragen, so war auch Charlotte von Stein wie viele ihrer Zeitgenossinnen aus dem Adel und gehobenen Bürgertum empfänglich für die zahlreichen Anregungen, die sie aus dem Umgang mit gebildeten Menschen wie Johann Gottfried Herder, Johann Wolfgang von Goethe oder Carl Ludwig von Knebel zog. Die Vorteile wusste sie für sich, ihre persönliche Bildung, bildkünstlerischen Arbeiten und ihr literarisches Werk zu nutzen. Mit Frau von Steins intensiver Lektüre von Spinozas *Ethica* im Herbst 1784 und, damit auf das Engste verbunden, ihrer Zuwendung zur Natur in der Mannigfaltigkeit der Erscheinungen werden bislang wenig beachtete Aspekte ihrer Biographie exemplarisch in den Blick genommen, die geeignet sind, nach der Situation der an Philosophie und Naturlehre interessierten Frauen in der Weimarer Gesellschaft an der Wende vom 18. zum 19. Jahrhundert zu fragen.

I. Charlotte von Steins Beschäftigung mit Spinozas *Ethica*

Ein Epigramm gibt dezidiert Auskunft über die Intensität und Qualität von Frau von Steins Beschäftigung mit dem niederländischen Philosophen Baruch de Spinoza. Herder – mit Charlotte von Stein in engem Austausch stehend und damit aus erster Hand mit den Vorgängen vertraut, auf die er sich bezieht – hatte die vier Distichen mit Tinte zu Papier gebracht. Die Reinschrift aus dem Freien Deutschen Hochstift in Frankfurt/M.,[1]

[1] FDH, Hs-8379; Erstdruck: Bernhard Suphan: Goethe und Spinoza. In: Fest-

ein ästhetisch ansprechendes Blatt mit umlaufend aufgedruckter grüner Bordüre (vgl. Anhang, Katalog, Nr. 17), lag wie die Inschrift auf einer Kostbarkeit dem Christgeschenk bei: einem Quartband mit den nachgelassenen Werken Spinozas. Die vier Zweizeiler des Epigramms lauten:

Deinem und unserm Freund' sollt' heut den heilgen Spinoza
  als ein Freundesgeschenk bringen der heilige Christ;
Doch wie kämen der heilige Christ und Spinoza zusammen?
  Welche vertrauliche Hand knüpfte die Beiden in Eins?
Schülerin des Spinoza und Schwester des heiligen Christes,
  Dein geweiheter Tag kränzet am schönsten das Band.
Reich' ihm seinen Weisen, den du gefällig ihm machtest,
  und Spinoza sei euch immer ein heiliger Christ.

den 24. Decemb. 1784.

Die dichterische Ausformung der Gedanken war Herder nicht leicht von der Hand gegangen, wie das an vielen Stellen korrigierte Konzept des Epigramms belegt.[2] Dieses Blatt befindet sich heute in Herders Nachlass in der Staatsbibliothek zu Berlin (Abb. 1). Im Bemühen um inhaltlich treffende Formulierungen und stimmige Metren tilgte oder verbesserte Herder einzelne Wörter und änderte sogar eine ganze Verszeile:

schrift zu der zweiten Säcularfeier des Friedrich-Werderschen Gymnasiums zu Berlin. Berlin 1881, S. 162–193, hier S. 173; zudem HB, Bd. 5, S. 92 und 343, erläutert in HB, Bd. 12, S. 364. – In der archivalischen Überlieferung liegt bei dem Billett eine erläuternde Notiz von der Hand des Sohnes Gottlob Friedrich (Fritz) Constantin von Stein: »Unter Herders Billets ist eines vom 24 December, Geburtstag der Frau von Stein, bey deren Familie Goethe den Christ Abend zubrachte, ein Verehrer des Spinoza – deßen Philosopheme er denn wohl auch der Frau v. Stein vortrug, die nicht unempfänglich für dergleichen war. Es ist eigentlich ein Auftrag dem Göthe den Spinoza ein zu bescheeren, im Nahmen von Herder u seiner Frau.« Sie gehört zum Nachlass Charlotte von Steins; zur Geschichte des Frankfurter Nachlassteils vgl. den Beitrag zu Charlotte von Steins Nachlass von Elke Richter im vorliegenden Band. – In der Forschungsliteratur fand die Beschäftigung Charlotte von Steins mit Spinoza meist nur marginale Beachtung, am ausführlichsten noch bei Wilhelm Bode: Charlotte von Stein. Berlin [6]1927, S. 210–212. – Für viele wertvolle Hinweise zu diesem Beitrag danke ich meinen Kolleginnen Ariane Ludwig, Yvonne Pietsch, Elke Richter und Anja Stehfest.

[2] Staatsbibliothek zu Berlin – Preußischer Kulturbesitz, Sign. Nachl. Herder XVIII, 424. – In der Transkription verwendete Zeichen: ~~xxx~~ = getilgte Stelle, |…| = Ergänzung in der Zeile, ⌈…⌉ = Ergänzung über der Zeile, ℓ = Suspensionsschleife.

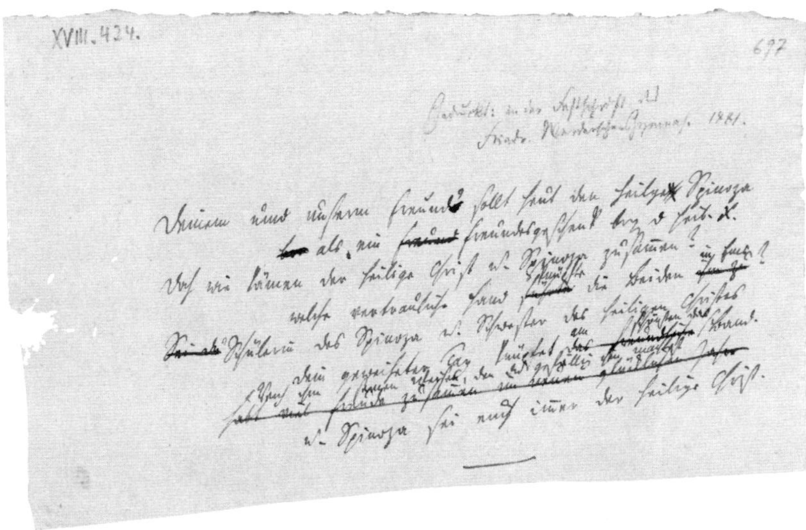

Abb. 1: Johann Gottfried Herder, »Deinem und unserm Freund' sollt' heut den heilgen Spinoza« (Epigramm), Konzept

Deinem und unserm Freund~~e~~ |'| sollt heut den heilge~~n~~ Spinoza
    ~~bri~~ als ein ~~Freund~~ Freundesgeschenk bril d heil. X.
Doch wie kämen der heilige Christ u. Spinoza zusammen?
    welche vertrauliche Hand ~~führte~~ ⌈knüpfte⌉ die Beiden ~~ihm zu~~ ⌈in Eins⌉?
~~Sei du~~ Schülerin des Spinoza u. Schwester des heiligen Christes
    Dein geweiheter Tag knüpfet ~~das freundliche~~ ⌈am schönsten das⌉ Band.
⌈Reich ihm seinen Weisen, den du gefällig ihm machtest⌉
~~habt viel Freude zusammen im neuen glücklichen Jahre~~
    u. Spinoza sei euch immer der heilige Christ.

Der 1677 unter dem Titel *Opera posthuma* erschienene Sammelband (Abb. 2)[3] war für Goethe bestimmt, den Freund von Johann Gottfried

[3] B[enedictus] D[e] Spinoza: Opera posthuma, quorum series post praefationem exhibetur. [Amsterdam] 1677. – Der Sammelband enthielt neben der *Ethica* den *Tractatus politicus* und den *Tractatus de intellectus emendatione,* Spinozas wissenschaftliche Korrespondenz sowie ein Kompendium der hebräischen Grammatik. Das geschenkte Exemplar befand sich bis in die zweite Hälfte des 20. Jahrhunderts hinein in Goethes Bibliothek (seitdem nicht mehr auffindbar); vgl. Hans Ruppert (Bearb.): Goethes Bibliothek. Katalog. Weimar 1958 (Goethes Sammlungen zur

Abb. 2: B. d. S., »Opera posthuma«, 1677, Sammelband mit den nachgelassenen Werken Spinozas

und Caroline Herder. Charlotte von Stein sollte »den heilgen Spinoza« am unmittelbar bevorstehenden Heiligabend bescheren und mit dem Geschenk die persönlichen Verbindungen aller Beteiligten untereinander dauerhaft festigen. Insbesondere Herder selbst versprach sich von der wertvollen Gabe, dass Goethe sich anhaltend und intensiver als bislang mit der Ethik des Niederländers beschäftigen möge und damit mit jener zentralen Schrift zur einzigen und höchsten, Alles umgreifenden Substanz, welche für sein eignes Denken in den letzten Jahren so wichtig geworden war. Herder suchte nach Verbündeten, die seine Ansichten teilten, im besten Falle seine Deutung des Werks bestätigten: »Göthe hat, seit Du weg bist«, so Herder in seinem Brief vom 20. Dezember 1784 an Friedrich Heinrich Jacobi, welcher Weimar am 29. September 1784 verlassen hatte, »den Spinoza gelesen; u. es ist mir ein großer Probierstein, daß er ihn ganz so

Kunst, Literatur und Naturwissenschaft), S. 457, Nr. 3133; vgl. auch Ders.: Das älteste Verzeichnis von Goethes Bibliothek. In: Goethe-Jahrbuch N. F. 24 (1962), S. 253–284, hier S. 272, Nr. 159. – Abb. 2 zeigt ein vergleichbares Exemplar mit Pergamenteinband aus den Beständen der Herzogin Anna Amalia Bibliothek, Klassik Stiftung Weimar, Sign. Da 3:41 (Foto: Hannes Bertram).

verstanden wie ich ihn verstehe.«[4] Wesentlichen Anteil daran, dass Goethe überhaupt zu jenem Prüfmittel werden konnte,[5] hatte Charlotte von Stein. Mit ihr teilte er in jener Zeit fast alles, was er sich selbst auf intellektuellem, literarischem, künstlerischem und wissenschaftlichem Terrain aneignete: »Ich lese«, so Goethe am 11. November 1784 an den gemeinsamen Freund Knebel, »mit der Frau v. Stein die Ethick des Spinoza. Ich fühle mich ihm sehr nahe obgleich sein Geist viel tiefer und reiner ist als der meinige.«[6] War in den Jahren 1773 und 1774 die Auseinandersetzung noch von der kollektiven Begeisterung der Stürmer und Dränger für den Charakter des genialen »Menschen in seinen Schachten und Erdgängen« geprägt,[7] gelang es Goethe nun – mit Charlotte von Stein an seiner Seite –, sich dem Werk der *Ethica* und damit einem konsistenten philosophischen System mit streng logisch schließender Beweisführung – *ordine geometrico demonstrata*, ›nach

4 HB, Bd. 5, S. 91.

5 Ein Probierstein ist ein Prüfmittel, um den Feingehalt von Gold oder Silber einer Legierung zuverlässig zu bestimmen. Dazu wurde die Probe auf einem schwarzen Stein gerieben und die Farbe des darauf entstandenen metallenen Strichs beurteilt.

6 WA IV, Bd. 6, S. 387; LA II, Bd. 1A, S. 390f.

7 Goethe an Ludwig Julius Friedrich Höpfner, 7. Mai 1773; GB, Bd. 2 I, S. 27; LA II, Bd. 1A, S. 363. – Die Beschäftigung mit Spinoza war für Goethe ein Bildungserlebnis, das ihn sein Leben lang begleitete. Die erste Berührung hinterließ Spuren in den tagebuchartigen Aufzeichnungen aus der Straßburger Studentenzeit, den *Ephemerides*; vgl. LA II, Bd. 1A, S. 3–22 (M 1), bes. Zeile 104–117. 1773/74 beschäftigte er sich das erste Mal mit der von dem Juristen Höpfner entliehenen Ausgabe der nachgelassenen Werke, woran sich Diskussionen mit Johann Caspar Lavater (vgl. BuG, Bd. I, S. 258, 263f.; LA II, Bd. 1A, S. 365f.) und Jacobi (vgl. BuG, Bd. I, S. 283; LA II, Bd. 1A, S. 369) anschlossen. Anknüpfungspunkte waren zudem die Biographie von Johann Colerus *Das Leben Des Bened. von Spinoza, aus denen Schrifften Dieses beruffenen Welt-Weisens und aus dem Zeugniß vieler glaubwürdigen Personen, die ihn besonders gekannt haben, gezogen und beschrieben* (Frankfurt, Leipzig 1733) sowie Pierre Bayles wirkmächtiger Artikel im *Dictionaire Historique et Critique* (Cinquième Edition, Revue, Corrigée et Augmentée, Avec la Vie de l'Auteur, Par Mr. Des Maizeaux. 4 Bde., Amsterdam, Leiden, Den Haag, Utrecht 1740, Bd. 4, S. 253–271). Eine weitere Phase intensiverer Rezeption fiel in die Jahre 1811/12, angeregt durch Jacobis *Von den Göttlichen Dingen und ihrer Offenbarung* (Leipzig 1811); vgl. GT, Bd. IV 1, S. 291 und GT, Bd. IV 2, S. 1343f.; LA II, Bd. 1A, S. 750–752. Im August 1813 beschäftigte sich Goethe eingehend mit der zweibändigen lateinischen Ausgabe der *Opera* von Heinrich Eberhard Gottlob Paulus (Jena 1802–1803); vgl. LA II, Bd. 1A, S. 274–276 (M 61). In *Dichtung und Wahrheit* gehen die verschiedenen Stufen aus der Erinnerung in eine konsistente Narration ein; vgl. WA I, Bd. 28, S. 269f. und S. 287–290 sowie WA I, Bd. 29, S. 7–9; LA II, Bd. 1A, S. 366–374; Frau von Stein findet darin keine Erwähnung.

geometrischer Methode dargestellt‹ – in sachlich angemessenerer Weise zuzuwenden. Zunächst studierten beide die unter dem Titel *Sittenlehre* erschienene erste deutsche Übersetzung von Johann Lorenz Schmidt,[8] wenig später das in Jena entliehene lateinische Original: »Ich bringe den Spinoza lateinisch mit wo alles viel deutlicher und schöner ist«, schrieb Goethe am 19. November 1784 an Charlotte von Stein.[9] Nur wenige Monate vor dem Höhepunkt der Auseinandersetzung über das Denken Spinozas, welche nach dem Tod Gotthold Ephraim Lessings 1781 ihren Anfang genommen hatte und als Pantheismusdebatte oder Atheismusstreit in die Geschichte der deutschen Philosophie eingegangen ist,[10] spiegeln die Fragen und Antworten im Epigramm die unterschiedlichen in der Diskussion vertretenen Positionen zum Verhältnis von Gott und Natur, zur inneren Teleologie des Lebendigen und der daraus resultierenden Sinnhaftigkeit des Naturganzen. Wie im ersten Distichon eint auch im zweiten – »Doch wie kämen der heilige Christ und Spinoza zusammen? | Welche vertrauliche Hand knüpfte die Beiden in Eins?« – das Epitheton ›heilig‹[11] den Mensch gewordenen Sohn Gottes, den Heilsbringer Jesus Christus – griech. Χριστός: der Gesalbte, im Konzept nur mit dem griechischen Anfangsbuchstaben Chi des Christusmonogramms ☧ bezeichnet –, mit dem niederländischen Philosophen, den die meisten Zeitgenossen Herders

8 B[aruch] v[on] S[pinoza]: Sittenlehre widerleget von dem berühmten Weltweisen unserer Zeit Herrn Christian Wolf. Aus dem Lateinischen übersetzet. Frankfurt und Leipzig 1744. Dazu Ursula Goldenbaum: Die erste deutsche Übersetzung der Spinozaschen »Ethik«. In: Hanna Delf, Julius H. Schoeps und Manfred Walther (Hrsg.): Spinoza in der europäischen Geistesgeschichte. Berlin 1994, S. 107–125.

9 WA IV, Bd. 6, S. 392; LA II, Bd. 1A, S. 392f.

10 Vgl. u.a. Martin Bollacher: Der junge Goethe und Spinoza. Studien zur Geschichte des Spinozismus in der Epoche des Sturms und Drangs (Studien zur deutschen Literatur. Bd. 18). Tübingen 1969; David Bell: Spinoza in Germany from 1670 to the Age of Goethe (Bithell Series of Dissertations. Bd. 7). London 1984; Jürgen Teller: Das Losungswort Spinoza. Zur Pantheismusdebatte zwischen 1780 und 1787. In: Debatten und Kontroversen. Literarische Auseinandersetzungen in Deutschland am Ende des 18. Jahrhunderts. Hrsg. von Hans-Dietrich Dahnke und Bernd Leistner. Bd. 1. Berlin, Weimar 1989, S. 135–192; Alfred Schmidt: Der ›naturforschende Pantheist‹. Die Rezeption Spinozas und seiner romantischen Wirkungsgeschichte im Werk Goethes. In: Jahrbuch des Freien Deutschen Hochstifts 2010, S. 103–134; Spinoza and German Idealism. Hrsg. von Eckart Förster und Yitzhak Y. Melamed. Cambridge u.a. 2012; Anton Reininger: Spinoza, Lessing, der Atheismusstreit und Goethes *Prometheus*. In: Ders.: Schriften zur deutschen Literatur I. 18. und 19. Jahrhundert. Udine 2014, S. 69–79.

11 Vgl. die Artikel zu ›heilig‹ und ›Heilige‹, GWb, Bd. 4, Sp. 824–829 bzw. Sp. 829f.

und Goethes nach wie vor als Häretiker betrachteten. Die Verwendung desselben Attributs in verschiedenen Bereichen, dem heilig-religiösen und dem profanen, ist so provozierend wie programmatisch zugleich: als Ablehnung einer Position, wie sie von den Anhängern René Descartes', der jüdischen wie christlichen Orthodoxie, der frühen Aufklärung – Pierre Bayle hatte den Philosophen einen »Athée de Systême« genannt[12] – und jüngst von Friedrich Heinrich Jacobi, Immanuel Kant oder Johann Georg Hamann vertreten worden war, nämlich dass Spinozismus Atheismus sei, Pantheismus sich mit einer christlichen Weltsicht nicht vereinbaren lasse. Und als Ausdruck der entgegengesetzten Haltung, in der Herder sich eins mit Goethe wusste: der Vorstellung einer ewigen All-Einen Substanz, eines in den mannigfaltigen Erscheinungen der Natur erfahrbaren Göttlichen, was im höchsten Maße einem natürlichen, zutiefst christlichen Glauben verpflichtet sei.[13] Herders Ansicht teilend, übernahm Goethe die Rede vom ›Heiligen‹ in seinem Brief an Charlotte von Stein vom 28. Dezember 1784: »Guten Morgen liebe Lotte. Gestern Abend war ich nur wider Willen fleisig und las noch zuletzt in unserm Heiligen und dachte an dich.«[14] Hatte Herder im Konzept des Epigramms zunächst auf Charlotte von Steins wichtige Rolle als Überbringerin des schweren Bandes und als Vermittlerin zwischen religiösem und philosophischem Bereich hinweisen wollen – »welche vertrauliche Hand führte die Beiden ihm zu?« –, liegt in der Reinschrift die Betonung auf der Folge, dem Ergebnis dieses Prozesses: »Welche vertrauliche Hand knüpfte die Beiden in Eins?« Die Versform des Distichons unterstützt dabei das spannungsreiche Spiel von antithetischen und synthetischen Fügungen: Der Pentameter endet nach der Zäsur mit der Phrase »knüpfte die Beiden in Eins«. Im Zentrum des Epigramms steht damit der Verweis auf die große pantheistische Formel, in der sich alle Gegensätze als aufgehoben zeigen, die unteilbare Alleinheit des Seins, ἓν καὶ πᾶν, das Eins und Alles.

12 Pierre Bayle: Dictionaire Historique et Critique (Anm. 7), S. 253.

13 Schon in der 1677 von Jarig Jelles verfassten ›Praefatio‹ zu den *Opera posthuma* war Spinozas Lehre mit den Grundsätzen der christlichen Religion übereinstimmend betrachtet und diese Annahme mit Stellen aus der Bibel belegt worden.

14 WA IV, Bd. 6, S. 420; LA II, Bd. 1A, S. 394. – Dass Begriffe aus dem Wortfeld mitunter auch scherzhaft, mit einer guten Prise beigemischter Ironie, gebraucht wurden, zeigt ein Brief Charlotte von Steins vom 26. Dezember 1784, in dem sie dem Freund Knebel berichtet, dass sie die von Lavater und Goethe zum Geschenk erhaltenen Bildnisse als »heilige Famille auch in die Dinge der Heiligen gehenckt« habe, und dabei verspricht, ihren »Heiligen im Geist und in der Wahrheit« zu dienen (GSA 54/274,1, Bl. 38).

Im dritten Distichon ist Charlotte von Stein, die am 25. Dezember 1784 ihren 42. Geburtstag feiern konnte, zugleich als Adeptin des Spinozismus und als gläubige Christin charakterisiert: »Schülerin des Spinoza und Schwester des heiligen Christes | Dein geweiheter Tag kränzet am schönsten das Band.«

Das vierte Distichon beginnt im Hexameter mit der Aufforderung: »Reich' ihm seinen Weisen, den du gefällig ihm machtest«. Zunächst war an dieser Stelle lediglich der schlichte, an beide gerichtete Wunsch vorgesehen: »habt viel Freude zusammen im neuen glücklichen Jahre«. Erst in der Reinschrift wird Charlotte von Stein allein zur Handelnden, ist sie es, die Goethe Spinoza »gefällig«, im Sinne von ›angenehm‹, macht. Stärker kann man ihre Bedeutung als Vermittlerin des ›neuen Evangeliums‹ nicht hervorheben. Unter ihrem Einfluss konnte Goethe seine tief verwurzelte Scheu vor philosophischer Metaphysik ablegen, vor all dem, über das man spekulieren, das man aber nicht wissen und nur glauben kann. Schon am 4. Dezember 1783 hatte er sich »recht glücklich« darüber gezeigt, »daß ich dir zu einem metaphisischen Leibgerichte verhelfen konnte.«[15] Das ›metaphysische Leibgericht‹, das wohl einigen Vorlieben Charlotte von Steins für Übersinnliches, Geistiges, Spirituelles, die ›großen Zusammenhänge‹ entgegenkam, war eine Abschrift der im Brief Jacobis an Moses Mendelssohn vom 4. November 1783 protokollierten Gespräche mit Lessing über spinozistische Philosophie.[16] Es entspreche, so Goethe, ›ihrem Gemüt‹. Angesichts der von pantheistischen Gedanken durchdrungenen Schriften des niederländischen Philosophen Frans Hemsterhuis gestand er ihr im Brief vom 9. November 1784 dies zu: »Diesen Abend bin ich bey dir und wir lesen in denen Geheimnissen fort, die mit deinem Gemüth so viele Verwandschafft haben. Lebe wohl du liebe Seelenführerinn.«[17] Auch in diesem Fall ist sie Mentorin, Begleiterin in diesen ›Glaubensfragen‹. Herders Epigramm endet mit der Hoffnung, »und Spinoza sei euch immer ein heiliger Christ.« Der Wunsch, das Christgeschenk des Jahres 1784 möge beide auf Dauer miteinander verbinden, gründet in der gemeinschaftlichen

[15] WA IV, Bd. 6, S. 219; LA II, Bd. 1A, S. 384f.

[16] Vgl. Goethe an Friedrich Heinrich Jacobi, 30. Dezember 1783; WA IV, Bd. 6, S. 231; LA II, Bd. 1A, S. 386f. Jacobi verarbeitete dieses Gespräch in der anonym veröffentlichten Schrift *Ueber die Lehre des Spinoza in Briefen an Herrn Moses Mendelssohn* (Breslau 1785). Eine Abschrift der Unterredung war Ende 1783 bei Herder in Weimar eingetroffen, über die er mit Goethe gesprochen hatte.

[17] WA IV, Bd. 6, S. 385f.; LA II, Bd. 1A, S. 390f.; vgl. dort die Erläuterung zu Goethe an Knebel, 11. November 1784. – Zum Begriff des ›Seelenführers‹ vgl. Grimm, Bd. 16, Sp. 11.

höchsten Wertschätzung des genialen niederländischen Denkers und seines tiefe Einsichten stiftenden unsterblichen Werks, so dass er im Konzept sogar »der heilige Christ« genannt wurde.

Nach dem Erscheinen von Jacobis *Ueber die Lehre des Spinoza in Briefen an Herrn Moses Mendelssohn*, als die Pantheismusdebatte auf ihren Höhepunkt zulief und sich Goethe als Verfasser der in Jacobis Schrift veröffentlichten Hymne *Prometheus* immer tiefer in den Streit hineingezogen sah, nahm Charlotte von Stein weiterhin regen Anteil an der philosophischen Kontroverse. Das druckfrische »Wercklein«, das Goethe Anfang September 1785 von Jacobi erhielt, sandte er am 11. desselben Monats nach Kochberg.[18] Die parodistische Verwendung des Begriffs der ›causa finalis‹ in Goethes Brief vom 25. September 1785 könnte auf eine kritische Bemerkung Charlottes zur Ursächlichkeit, die durch einen vorausgesetzten immanenten Zweck, ein Ziel, bestimmt ist, hindeuten. Goethe antwortete pointiert: »Die Endursachen sind dem Gemüthe zu dencken so nötig daß du aus den Nichtendursachen erst eine rechte End-Ursache machst.«[19] Wie die anderen Briefe an Goethe aus dieser Zeit sind auch diese verschriftlichten Gedanken Charlotte von Steins verloren.

Nicht einmal das Zerwürfnis, das nach Goethes unerwartetem Aufbruch nach Italien im September 1786 das Verhältnis der beiden nicht nur stark belastete, sondern grundlegend veränderte, war tief genug, um die Beschäftigung Charlotte von Steins mit Spinoza zu beenden. Die Wiederaufnahme des fruchtbaren Gedankenaustausches nach Goethes Rückkehr aus dem Süden vermochte auch die zwischenzeitlich eingetretene menschliche Entfremdung nicht zu verhindern. Unter Goethes Papieren zur Naturwissenschaft befindet sich ein unabgeschlossener, zu Lebzeiten unveröffentlichter Text aus den Wintermonaten zwischen Herbst 1788 und Frühjahr 1789 (vgl. Anhang, Katalog, Nr. 17). Rudolf Steiner gab ihm 1893 den bis heute gebräuchlichen Titel *Studie nach Spinoza*.[20] Ohne die genaue Kenntnis des Inhalts und Aufbaus des monistischen Lehrgebäudes des Niederländers ist seine Entstehung nicht vorstellbar. Weiterhin weist der Text Bezüge zu Herders 1787 erschienener Schrift *Gott. Einige Gespräche*, zu Karl Philipp Moritz' Gedanken zur Ästhetik und nicht zuletzt zu dem Aufsatz *Natur-*

---

18 GB, Bd. 6 I, S. 94; LA II, Bd. 1A, S. 402f.

19 GB, Bd. 6 I, S. 99.

20 Zu diesem Text und der neuen Datierung: Studie nach Spinoza, LA I, Bd. 11, S. 6–8, erläutert in LA II, Bd. 1B, S. 1111–1127. Erstdruck: B[ernhard] Suphan: Aus der Zeit der Spinoza-Studien Goethes. 1784–85. In: Goethe-Jahrbuch 12 (1891), S. 3–12; Titel des Textes nach WA II, Bd. 11, S. 315–319.

lehre[21] auf, den Goethe im Frühjahr 1789 in Wielands *Teutschem Merkur* veröffentlichte. Daraus ergibt sich die hier angenommene erschlossene Datierung. Die Abhandlung beginnt mit der Aussage: »Der Begriff vom Daseyn und der Volkomenheit ist ein und eben derselbe, wen wir diesen Begriff so weit verfolgen als es uns möglich ist so sagen wir daß wir uns das Unendliche dencken.«[22] Charlotte von Stein hatte den Text zu Papier gebracht, sorgfältig, die gelegentlich unterlaufenen Hörfehler beim Diktat meist umgehend selbst korrigierend. Dass man ihr einen gewissen gedanklichen Anteil an der Studie zuerkennen sollte, liegt nahe und erscheint berechtigt. Gleichwohl ist dessen Umfang und Qualität nicht zu belegen. In ihr Trauerspiel *Dido* ließ sie 1794/95 die über Jahre erworbene Vertrautheit mit den Ideen Spinozas einfließen: Die Figur des Einsiedlers im vierten Aufzug, zweite Szene, vertritt eine zutiefst pantheistische Haltung.[23]

II. Charlotte von Stein als Naturbeobachterin und Teilnehmerin an Vorlesungen zur allgemeinen und besonderen Naturlehre

Die intensive Beschäftigung mit Spinoza in den Jahren 1784 und 1785 bestärkte Charlotte von Steins Gesprächspartner in der Annahme einer in der Natur erfahrbaren schöpferischen Potenz. Die unmittelbaren Auswirkungen dieser Lektüre auf die naturphilosophischen Anschauungen Herders und Goethes sind in ihrem Denken allenthalben nachweisbar. Ebenso wirkte sie sich nachhaltig auf Goethes Naturforschung aus, was hier nicht im Einzelnen gezeigt werden kann. In dieser Zeit widmete sich Goethe der Untersuchung des Zwischenkieferknochens und kam dabei zu der grundlegenden Erkenntnis, dass der Unterschied zwischen Tier und Mensch keinesfalls in diesem anatomischen Detail liegen könne. In einem Brief von Ende März 1784 berichtete er Charlotte von Stein davon, zog sie ins Vertrauen und ließ sie an seinen Überlegungen teilhaben. Von ihrem Interesse und ihrer Verschwiegenheit durfte er ausgehen: »Es ist mir ein köstliches Vergnügen geworden, ich habe eine anatomische Entdeckung

---

[21] Vgl. Goethe: Naturlehre; LA I, Bd. 11, S. 27–32, erläutert in LA II, Bd. 1B, S. 1128–1140.

[22] Das Manuskript, drei Foliobogen Konzeptpapier, befindet sich im naturwissenschaftlichen Nachlass Goethes (GSA 26/LIX,18a,2). Der Text umfasst sieben Seiten, rechtsspaltig beschrieben (Transkription der ersten Seite: Katalog, Nr. 17).

[23] Vgl. Adolf Schöll (Hrsg.), Wilhelm Fielitz (Bearb.): Goethes Briefe an Frau von Stein. Bd. 2. Frankfurt/M. [2]1885, S. 513. – Zu Charlotte von Steins umfangreichstem dramatischen Werk vgl. den Beitrag von Ariane Ludwig im vorliegenden Band.

gemacht die wichtig und schön ist. Du sollst auch dein Theil dran haben. Sage aber niemand ein Wort.«[24] Zudem forschte er nach dem Göttlichen »in herbis et lapidibus«,[25] im Reich der Pflanzen und dem anorganischen Reich der Steine. »Schicke mir doch«, so in einem Brief vom 1. April 1785, »das Mikroscop ich muß verschiednes ansehn. Ich bin fleisig und habe nun ein Tischgen mit Erde worinn allerley Saamens liegen. Ich habe recht schöne Offenbaarungen über dies Geschlecht.«[26] Nun ist es Goethe, der Charlotte von Stein einzelne Phänomene und Zusammenhänge – hier biologische Entwicklungsprozesse anhand von Beobachtungen an Kotyledonen, den Keimblättern junger Pflanzen – ›gefällig‹ machen kann. Im Okular eröffnete sich ihr die kleine Welt des Organischen, auch die der Infusionstierchen beispielsweise, die im Wasser wie aus dem Nichts zu entstehen schienen. Ebenso gebannt verfolgte sie die Entstehung von Herders Werk *Ideen zur Geschichte der Philosophie der Menschheit*, wie ihre Bemerkung zum zweiten und dritten Buch des ersten Teils im Brief an Knebel vom 1. Mai 1784 zeigt:

> Herders neue Schrifft macht wahrscheinlich daß wir erst Pflanzen und Thiere waren, was nun die Natur weiter aus uns stampfen wird, wird uns wohl unbekant bleiben, Goethe grübelt jetz gar denckreich in diesen Dingen und jedes was erst durch seine Vorstellung gegangen ist, wird äuserst intereßant, so sind mir's durch ihn die gehäßigen Knochen geworden, und das öde Steinreich.[27]

Wie viele Damen ihrer Zeit war Charlotte von Stein nicht allein an den drei Reichen der Natur, dem unbelebten Stein-, dem belebten Pflanzen- und Tierreich, und den damit befassten Wissenschaften interessiert. Auch in den Himmel, »die Berge und Thäler der Sonne«,[28] blickte sie gerne und las dazu astronomische und kosmologische Beiträge, wie ihr Brief vom 5. Januar 1785 an den Freund Knebel belegt:

---

24 Goethe an Charlotte von Stein, [27. März 1784]; WA IV, Bd. 6, S. 259; LA II, Bd. 9A, S. 287.

25 Goethe an Jacobi, 9. Juni 1785; GB, Bd. 6 I, S. 65; LA II, Bd. 1A, S. 398–401.

26 GB, Bd. 6 I, S. 35; LA II, Bd. 9A, S. 316.

27 GSA 54/274,1, Bl. 32.

28 Ch. von Stein an Friedrich von Stein, 18.–19. Mai 1796, hier 19. Mai: »Heute Nachmittag geh ich zu Knebeln und betracht durch das Telescop die Berge und Thäler der Sonne, den es ist ausgemacht daß sie eben so ein Planet wie der unßrige ist […]« (GSA 122/101).

> Ich werde heute Abend mit Herders beym Goethe seyn und Ihren Gruß überbringen. Hier folgt auch das versprochne Manuscript, ehe ich das gelesen hatte wuste ich nicht daß man eine Zeit muthmaßte wo der Mond unßre Welt nicht begleidet hätte; Sie geben sich wohl jetz auch mit der Astronomie ab und nähren sich mit den eigendlichsten Schätzen Himmels und der Erden, ich mögte nur etwas durch Sie wieder davon geniesen können.[29]

Dem nicht identifizierbaren Manuskript hatte sie entnommen, dass der Mond die Erde nicht immer als Trabant begleitet hatte, sondern irgendwann durch die Wirkung der Gravitation von dieser eingefangen worden war. Als Erster hatte René Descartes in seiner 1644 erschienenen Schrift *Principia Philosophiae* diese Vermutung veröffentlicht.[30]

Ob Mikroskop oder Fernrohr, ob Fachliteratur oder mündliche Instruktion, stets war Charlotte von Stein auf die Unterstützung ihrer männlichen Gesprächspartner angewiesen, die ihr die zur Naturbeobachtung notwendigen Hilfsmittel leihweise überlassen mussten. Dass die Suche nach der Sinnhaftigkeit eines Naturganzen, die Erfahrung der Dynamik einer vollkommenen Schöpfung in der Mannigfaltigkeit ihrer Erscheinungen, damals stets letztes Ziel aller forschenden Aufmerksamkeit und Wissbegierde war, gilt es im Blick zu behalten, wenn man die flehentliche Bitte in ihren Zeilen vom 6. Mai 1786 an Knebel liest, die ihr Gegenüber zum fortgesetzten Gedankenaustausch motivieren sollten: »Ich wünsche Ihnen viel Freude am Microscop, vergeßen Sie nicht mir manchmahl etwas von Ihren Bemerckungen mitzutheilen, es ist mir so nothwendig wie den Armen ein Almosen.«[31] Oder: »Schicken Sie mir bald etwas zur Nahrung der Armuth meines Geistes, etwas aus Ihrem Gedanckenreich.«[32] Wie der Körper der Speise, so bedurfte ihr Verstand der intellektuellen Anregungen, ihre Seele der tieferen philosophischen Einsichten, die sie sich allein nicht in ausreichendem Maße zu verschaffen vermochte. Diese Bedürftigkeit resultierte aus den fehlenden Möglichkeiten für Mädchen und Frauen, an Schulen und

---

[29] GSA 54/274,1, Bl. 40.

[30] Vgl. Renatus Des-Cartes: Principia Philosophiae. Amsterdam 1644, S. 148f. (Teil 3, Abschnitt 149)

[31] GSA 54/274,1, Bl. 58f.

[32] Ch. von Stein an Carl Ludwig von Knebel, 10. August 1788; ebd., Bl. 89. Oder am 19. September 1788: »Es ist mir lieb daß Sie mir gerne etwas mittheilen aber leider müßen Sie mir immer geben weil Sie reich und ich arm bin, doch haben Sie das Gefühl gern zu geben daß ein inneres Glück ist so wenige besitzen, und dafür muß Ihnen genug Oel von Ihren Freunden zur Salbung werden« (ebd., Bl. 94).

Universitäten höhere Bildung zu erwerben.[33] Damit war ihnen auch der Zugang zu einschlägigen gelehrten Zirkeln, zu Naturforschenden Gesellschaften oder Akademien, verwehrt. Wie viele ihrer Standesgenossinnen war Charlotte von Stein geb. von Schardt als Kind von einem Hauslehrer unterrichtet worden. Zu den vermittelten Inhalten hatten elementare Fähigkeiten wie Lesen, Schreiben und Rechnen gehört, zudem die unvermeidliche Unterweisung in religiösen Fragen, in der Führung des Hauswesens und in der Lebensgestaltung. Im siebenjährigen Dienst am Weimarer Hof hatte sie sich weitergebildet. Sie beherrschte die französische Sprache, hatte Englisch gelernt und verstand offenbar lateinische Texte. Durch Selbstbildung erreichte sie im Laufe ihres Lebens ein vergleichsweise breites Allgemeinwissen in Geschichte, Geographie, Dichtung und Belletristik, Kunst und Musik. Von Philosophie, Naturlehre und Naturgeschichte dürfte sie, wie die bislang angeführten Zitate zeigen – sie ließen sich mit Leichtigkeit vervielfachen –, vieles gehört und gesehen und so manches gelesen haben. Allgemeinverständliche Publikationen, wie sie seit dem 17. Jahrhundert erschienen und in der Regel eine Vielzahl von Neuauflagen und Übersetzungen erlebten, darunter Bernard le Bovier de Fontenelles *Entretiens sur la pluralité des mondes*, erstmals 1686, Francesco Algarottis *Il newtonianismo per le dame ovvero dialoghi sopra la luce e i colori* von 1737 oder Leonhard Eulers 1768 veröffentlichte *Lettres à une princesse d'Allemagne sur divers sujets de physique et de philosophie*, um nur einige prominente Beispiele zu nennen, wandten sich vorwiegend an ein weibliches Publikum und vermittelten den Interessierten auf den entsprechenden Gebieten das jeweils grundlegende Wissen ihrer Zeit. Das didaktische Mittel der Wahl war hierbei das fiktive Gespräch oder der Brief.[34] Deutschsprachige Originaltitel finden sich unter diesen Publikationen kaum. Offensichtlich fehlten im literarischen Markt die dazu passenden Anreize. Und dabei waren Naturkunde

---

[33] Dazu u.a. Beate Ceranski: Wunderkinder, Vermittlerinnen und ein einsamer Mensch durch die akademischen Institutionen: Zur wissenschaftlichen Aktivität von Frauen in der Aufklärung. In: Claudia Opitz, Ulrike Weckel und Elke Kleinau (Hrsg.): Tugend, Vernunft und Gefühl. Geschlechterdiskurse der Aufklärung und weibliche Lebenswelten. Münster u.a. 2000, S. 287–308; Juliane Jacobi: Mädchen- und Frauenbildung in Europa. Von 1500 bis zur Gegenwart. Frankfurt, New York 2013, bes. S. 173.

[34] Dazu u.a. Andreas Kleinert: Die allgemeinverständlichen Physikbücher der französischen Aufklärung. Aarau 1974; Patricia Phillips: The Scientific Lady. A Social History of Women's Scientific Interests 1520–1918. New York 1990; Donna Spalding Andréolle und Véronique Molinari (Hrsg.): Women and Science. 17th Century to Present: Pioneers, Activists and Protagonists. Cambridge 2011.

und Naturgeschichte im ausgehenden 18. Jahrhundert in der gebildeten Öffentlichkeit viel präsenter, als sie es heute sind. Wissen über die Natur zu besitzen, war für Gebildete mit deutlich mehr Prestige verbunden als in unseren Tagen. Eindrucksvolle Phänomene wurden an den Höfen und in den Salons, aber auch auf der Straße dem einfachen Volk auf Jahrmärkten gezeigt.[35] Große Bedeutung kam deshalb der praktischen Anleitung des Nachwuchses, auch der an Philosophie und den Wissenschaften interessierten Mädchen und Frauen zu, der direkten Wissensvermittlung durch Vorlesungen und Demonstrationen von anschaulichen Experimenten im außeruniversitären Bereich. Die Lehrer entstammten meist dem unmittelbaren familiären und sozialen Umfeld, waren Väter, Brüder, Ehemänner oder väterlichen Freunde.

›Scientific Ladies‹ oder ›Femmes savants‹, in Naturphilosophie, Mathematik, Physik, Chemie oder Astronomie beschlagene Frauen, waren im deutschsprachigen Raum selten, sieht man einmal von Einzelfällen wie Maria Cunitz ab, die schon zwei Jahre nach Ende des Dreißigjährigen Krieges ihre wichtige Anleitung zur Bestimmung der Planetenpositionen *Urania Propitia sive Tabulae Astronomicae* vorlegte hatte, oder wie der 1754 in Halle promovierten Ärztin Dorothea Christiane Erxleben geb. Leporin aus Quedlinburg. Damit fehlten Vorbilder. In England dagegen konnten Forscherinnen als wissenschaftliche Autorinnen durchaus reüssieren, wie dies die Lebensläufe der Philosophinnen Margaret Cavendish und Anne Conway zeigen, ebenso wie die von Caroline Herschel, der Entdeckerin des Planeten Uranus (zusammen mit ihrem Bruder Wilhelm), kosmischer Nebel und Kometen, oder der Mathematikerin Ada Lovelace. Auch in Frankreich boten sich gebildeten Frauen des Adels und höheren Bürgertums Chancen. Erinnert sei an die intellektuelle Partnerin und Freundin Voltaires, die Aufklärerin Emilie du Châtelet, unter anderem Verfasserin eines 1740 veröffentlichten Lehrbuches *Institutions de physique* und einer kommentierten Übersetzung von Newtons Hauptwerk *Philosophiae naturalis principia mathematica,* zudem an Marie-Geneviève-Charlotte Thiroux d'Arconville geb. Darlus, die sich als Übersetzerin von anatomischen und chemischen Abhandlungen einen Namen gemachte hatte. An der ehrwürdigen Universität von Bologna genoss Laura Bassi sogar die höchsten akademischen Würden: Die Inhaberin eines Lehrstuhl für Philosophie unterrichtete ab 1732 neben Experimentalphysik auch Algebra und Geometrie. Die Mailänder Mathematikerin Maria Gaetana Agnesi, Verfasserin der

35 Zur Situation in den deutschen Ländern in der Zeit von 1740 bis 1800 vgl. Oliver Hochadel: Öffentliche Wissenschaft. Elektrizität in der deutschen Aufklärung. Göttingen 2003.

1748 erschienenen ersten Gesamtdarstellung der Grundlagen der Analysis, eines Lehrbuchs mit dem Titel *Instituzioni analitiche ad uso giuventù italiana*, wurde von Papst Benedikt XIV. ebenfalls zur Universitätsprofessorin ernannt, lehnte den Ruf an die Hochschule, die damals zum Kirchenstaat gehörte, aber ab.

Vor diesem wissenschafts- und sozialgeschichtlichen Hintergrund sind Goethes Mittwochsvorträge zur allgemeinen und besonderen Naturlehre zu sehen. Zu den »Freundinnen«, die Goethe Anfang Oktober 1805 »auf Morgen früh einladen« ließ,[36] gehörten neben Charlotte von Stein Herzogin Louise und ihre Tochter, Prinzessin Caroline, Charlotte von Schiller und ihre Schwester Caroline von Wolzogen, Henriette von Knebel, Louise von Göchhausen und Sophie von Schardt. Mittwochs zwischen 10 und 13 Uhr fanden sie sich normalerweise im Gartenzimmer des Wohnhauses am Frauenplan ein, im privaten Rahmen, der nicht nur dem Denken Freiräume bot, sondern auch den Damen der Hofgesellschaft, insbesondere den Mitgliedern des Herzogshauses, Schutz vor Einschränkungen durch die Etikette und das höfische Zeremoniell. Zwischen dem 2. Oktober 1805 und dem 11. Juni 1806 sowie am 6. April 1808 dozierte Goethe an insgesamt 31 Treffen über Gegenstände der allgemeinen und besonderen Naturlehre. Am 1. und 8. April 1807 wurde über Geognosie, am 8. April, 6. und 13. Mai 1807 über Botanik gesprochen.[37] Wenn immer möglich, zeigte er bei den Treffen physikalische Versuche, nicht allein um den Zuhörerinnen die besprochenen Phänomene vor Augen zu führen, sondern auch als Ermunterung zum weitergehenden Beobachten und eigenständigen Erschließen anderer Zusammenhänge. Goethes Anspruch ist dabei durchaus universalistisch. Das Ganze der Natur und ihre Gesetzlichkeit sollen behandelt werden. Dazu gehören zunächst die

---

[36] Goethe an Ch. von Stein, wohl 1. Oktober 1805; WA IV, Bd. 50, S. 88; LA II, Bd. 1A, S. 629.

[37] Vgl. Goethes Aufzeichnungen zu diesen Vorträgen: Physikalische Vorträge schematisiert 1805–1806, LA I, Bd. 11, S. 55–101, erläutert in LA II, Bd. 1B, S. 1204–1270; Physikalische Vorlesungen 1808, LA I, Bd. 11, S. 124–127, erläutert in LA II, Bd. 1B, S. 1271–1279; Geognostische Vorlesungen, LA I, Bd. 11, S. 121–123, erläutert in LA II, Bd. 8A, S. 645–647; Botanische Vorträge, LA II, Bd. 9B, S. 67–69 (M 58). Dazu Jutta Eckle: »Hundert graue Pferde machen nicht einen einzigen Schimmel« – Ein Bericht zur Leopoldina-Ausgabe von *Goethe. Die Schriften zur Naturwissenschaft* am Beispiel von Goethes Mittwochsvorträgen zur allgemeinen und besonderen Naturlehre. In: Gesa Dane, Jörg Jungmayr und Marcus Schotte (Hrsg.): Im Dickicht der Texte. Editionswissenschaft als interdisziplinäre Grundlagenforschung (Berliner Beiträge zur Editionswissenschaft. Bd. 12). Berlin 2013, S. 51–72.

in verschiedenen Ausprägungen der unbelebten und belebten Materie, im Magnetismus, in der Elektrizitätslehre und im Galvanismus, erfahrbaren Kräfte und Wirkungen. An den weitaus meisten Treffen, an insgesamt 17 Sitzungen, ging es um Optik und Farbenlehre. Goethe boten die Sitzungen die willkommene Gelegenheit, die selbst gewonnenen Einsichten im Zusammenhang vorzutragen und die erzielten Resultate vor einer Veröffentlichung noch einmal kritisch zu prüfen. Die Zuhörerinnen genossen dabei das Erlebnis des Neuen, Erstaunlichen in geselliger Runde. Mit Unterbrechungen wurde die Vortragsreihe bis 1820 fortgeführt, allerdings in thematisch breiterer Form. Künftighin dominierten Gespräche über literarhistorische, ästhetisch-poetologische und weltanschauliche Themen. Die Aufzeichnungen von Charlotte von Schiller, Caroline von Wolzogen und Sophie von Schardt, die sie während oder nach den Vorlesungen zum eigenen Gebrauch anfertigten, sowie die französischsprachigen Erinnerungen von Maria Pawlowna, die ab dem 12. März 1806 die Treffen regelmäßig besuchte, belegen die besonderen Vorlieben und jeweiligen Interessen der Teilnehmerinnen und weisen sie als lernbegierige Dilettantinnen aus, die über geringe fachliche Vorkenntnisse verfügten.[38] Von Charlotte von Stein fehlen derartige Mitschriften oder im Nachhinein angefertigte Gedächtnisprotokolle, so dass es unmöglich ist, die konkrete Bedeutung der Mittwochsvorträge für sie abzuschätzen. Ihre regelmäßige Teilnahme allein zeigt anhaltendes Interesse an der Naturforschung. Und die Intensität, mit der sie sich Jahrzehnte zuvor der Lektüre der *Ethica* zugewandt und philosophischen und naturwissenschaftlichen Fragen gewidmet hatte, berechtigt zu der Annahme, dass sie auch weiterhin mit Wissbegierde bei der Sache war. Ihrem Sohn Fritz berichtete sie am 20. März 1807 von ihrer Lektüre der im Entstehen begriffenen Manuskripte zur *Farbenlehre*:

> Ich lese jetz Goethens Entwurff einer Farbenlehre, einen Theil davon hörten wir schon in seiner Vorlesung, es ist zwar eine trockne Unterhaltung und doch mag mans wegen der Schreibart wo nicht ohne der Deutlichkeit zu schaden ein Wort zu viel ist, gern lesen, vor wem es folgends Liebhaberey ist den kan es so gar intereßant seyn; Wen man kan nachfühlen wie jemand sich so etwas recht aus einander gesetz hat, so ist einen diese Klarheit eine wohlthuende Empfindung.[39]

Die Betrachtung von Charlotte von Steins Beschäftigung mit Philosophie und Naturforschung zeigte, dass sie weit mehr war als ein bloßer Resonanz-

---

[38] Die Mitschriften der Genannten sind als einzelne Zeugnisse abgedruckt in LA II, Bd. 1A, S. 629–684, 720f.

[39] Ch. von Stein an F. von Stein, 20.–22. März 1807; GSA 122/107.

boden für Ideen, die sie von Goethe und Herder übernahm. Sie durchdrang das Gelesene gedanklich, eignete es sich zu und stiftete als »Schwester des Spinoza« Goethe an, es ihr gleichzutun. Überzeugend belegt dies das von Herder 1784 verfasste Epigramm, das den *Opera posthuma* beilag. In der Philosophie wie in den Wissenschaften leitete sie dabei die Neugierde auf ein das Besondere übergreifendes Allgemeines, der Wunsch, das Ganze im Einen zu erkennen und darzustellen, der auch Goethe bei seinen Mittwochsvorträgen antrieb:

> Wenn wir einen Gegenstand in allen seinen Teilen übersehen, recht fassen und ihn im Geiste wieder hervorbringen können; so dürfen wir sagen, daß wir ihn im eigentlichen und im höhern Sinne anschauen, daß er uns angehöre, daß wir darüber eine gewisse Herrschaft erlangen. Und so führt uns das Besondre immer zum Allgemeinen, das Allgemeine zum Besondern.[40]

[40] Goethe: Einleitung. In: Physikalische Vorträge schematisiert 1805–1806 (Anm. 37), LA I, Bd. 11, S. 55.

Anhang

Ausgewählte Briefe von Charlotte von Stein 1776–1825

Die Textkonstitution der im Folgenden nach den Handschriften mitgeteilten Briefe Charlotte von Steins folgt im Wesentlichen den Editionsgrundsätzen der »Historisch-kritischen Ausgabe von Goethes Briefen«. Korrekturen innerhalb eines Wortes durch Überschreibung sowie die Streichung einzelner Buchstaben werden nicht ausgezeichnet. Die diakritischen Zeichen sind im Verzeichnis der Schriftarten, Abkürzungen und Zeichen in Texten Charlotte von Steins (S. 439) erläutert.

1. Charlotte von Stein an Carl Ludwig von Knebel in Tiefurt
[Weimar], 22. August 1776

den 22^t^ August 76.

Sie sind guthertzig Lieber Knebel daß Sie sich auch als Poet meiner grauen Haare annehmen. Ihre Vergleichung am Herbst, und Winder; hatt mich mit den verdrüßlichen gefühllosen Alter wieder ausgesehnt; genug wen ich nur vor Ihre lieben Plätzgen in Tieffurth nicht unfühlbar werde, nicht unfühlbar vor alle edle liebenswürdige Menschen die in ihren Würckungs Kreiß mehr thun, mehr können, als ich, und denen ich in meinen Winckel nur schwach ausdrücken kan, daß ich jetz noch Ihren Werth empfinde; Sie wißen's wem ich darunter rechne.

Von Stein gebℓ von
Schardt

(H: FDH, Hs-5510)

2. Charlotte von Stein an Carl Ludwig von Knebel in Tiefurt
Kochberg, 22. Oktober 1776

Kochberg den 22ten Oct:
1776

Ich stehle mich einen Augenblick weg um Ihnen ein paar Worte Dancksagung zu sagen vor Ihren mir lieben Brief, und das so gut besorgte Besteck; Ich habe meiner vornehmen und ehrwürdigen Geselschafft nicht mit vorgelegt, weil es noch in Weimar ist, und sol nunmehr nicht eher als durch Sie und Ihren Telemaque eingeweiht werden.

Machen Sie Ihren lieben Prinz meinen besten Hertzens Gruß. Mir thuts leid daß ich mich um Tibur gar nicht kan verdient machen; dürft ich Ihnen etwas Cartoffel Saamen anbieten? aber ich will's nur bewundern und danckbaar das Glück geniesen daß ich / das Elisium manchmahl besuchen darf; indeßen empfele ich mich ⌈in⌉ seiner Götter Schutz und Liebe als Ihre treue

Verehrerin von
Stein

(H: GSA 54/274,1)

3. Charlotte von Stein an Sophie von Schardt geb. von Bernstorff in Weimar
Kochberg, 6. September 1778

Kochberg the 6 Sept: 1778

The first evening after your depart dear Sister i have begin to spinning. The Silek was most sinistrously were i one of the fates, i am so much unlearning ~~××× ×××××~~ as i was by your instrustion of Englisch, but my good fortune has give mi most kind masters and the lovelest is one who leave me i will hope with her eyes and not with her heart.

Nur Dir zu gehorsamen hab ich die wenige Zeilen Englisch geschrieben wen man es anders Englisch nennen kan, den ich habe nur in Finstern getapt, und brauche immer deine Lehre und deine Liebe.

Heute Früh bin ich ohngeachtet der rauhen unfreundlichen Lufft auf meinen alten Schimmel allein in die Berge geritten Mein Weg wurde sehr eng und wen der gleich zum Himelreich führt war mirs doch nicht wohl dabey; endlich fand / ich mich ~~doch~~ wieder nach Hauß, nachdem ich eine

Stunde in der Irre geritten; aus Furcht mein Mann mögte mich sehr auslachen und clownschen Witz spielen erzählte ich nichts von meinen Unfall.

Ich weiß noch nicht wen dieser Brief abgeht indeßen red ich mit Dir. Schreib mir wie Du und meine Mutter Ew Reise Volbracht habt, und ob die Wärme gehalten hat, und der Kuchen nicht ist zu bald alle worden, auch etwas von der Gustgen Stolberg wen sie Dir schreibt.

Nun hab ich doch wieder jemand in Dir liebe Schwester mit den ich etwas ~~zu~~ theilen kan. Da Du fort bist mache ich mir noch allerhand Vorwürfe daß ich Dich gar zu alltäglich bewirth habe but fare well. Compliment if thou dost love me, sagt ~~sagt~~ Julie zum Romeo adieu.

(H: Goethe-Museum Düsseldorf, Anton-und-Katharina-Kippenberg-Stiftung NW 1441/5/1974)

4. Charlotte von Stein an Friedrich von Stein in Eisenach?

Weimar, 6. Oktober 1783

Weimar den 6ten Octobr
1783

Es freut mich sehr daß Du in der schönen weiten Welt meiner gedenckest und mir dieses ob zwar nicht mit sehr wohlgestalten doch mit leidlichen Buchstaben zu erkennen giebst. Da Du so viel länger weg bist als ich glaubte fürchte ich es wird mit Deiner Garderobe schlim aussehen wen Deine Kleider nichts taugen und Du vielliecht dazu, so sag nur den Geheimderath Goethe daß er mein liebes Fritzgen ins Waßer werfe.

Dein Briefgen habe ich bestelt auch an alle Pagen Dein Compliment gemacht. Die Zwiebeln zu legen will ich besorgen. Die jungen Kätzgen maunzen Dir eine / Empfelung und springen und balgen sich wie ehemahls die jungen Herrn von Stein, Murtz ist aber so ernsthafft worden wie Deine alte Mutter. leb wohl erkenne Dein Glück und bemühe Dich durch Deine Aufführung den Geheimderath wohlgefällig zu werden. Dein Vater läßt Dich grüsen, den Ernst will ich deinen Glückwunsch zum Geburthstag ausrichten so bald er kömt.

Von Stein
gebℓ von Schardt

(H: GSA 122/100)

5. Charlotte von Stein an Friedrich von Stein in Weimar

Kochberg, 2. September 1786

Kochberg den 2 Sep.
86

Guten Tag lieber Fritz!

Ich bin heute im Garten gewesen habe einen schönen Baum mit Pfläumgen gefunden wo von ich Dir eine Schachtel voll schicke auch einige ~~Me~~ Äpffel und etwas gebacknes. Deinen Vater schick ich ein Töpffgen mit Butter zum Abendbrod. Grüß Ernsten und eine von seinen ehmaligen Liebhaberin schickt ihm hierbey einen Tobacks Beutel mit ihren eignen schönen Händen verferdiget wo ihr Hertz und sein Name drauf vereiniget sind, vermuthlich werdet ihr beyden sehr gescheuten / Köpffe die Verfaßerin dieses schönen Wercks errathen.

Grüse die Tante Imhoff, die Großmama, die kleine Tante und die Onkels: Sag der kleinen Tante, ich fürchtete ihre Kostgänger würden ihr zur Last seyn. Den Groß Vater versteht sicht grüßt man auch, Herrn von Lichtenberg mach viele Empfelungen von mir auch an seine Frau wen sie wieder da ist. Nun Lebewohl mein Lieber Haußhoffmeister und vergiß mich nicht in den alten Kochberg. Morgen geh ich nach Rudolstet, lotgen hat schon Deinen Brief

V. Stein.

(H: GSA 122/100)

6. Charlotte von Stein an Friedrich von Stein in Weimar

Kochberg, 15. September 1788

K. den 15ten Sept: 1788.

Ich hätte Dir gewünscht von unßrer Jenaischen Reise geweßt zu seyn, alles war anmuthig, Gegend, und Wetter Reise Gefährten und über alles unßer Wirth. Gestern Abend halb 9 Uhr fuhr ich von Rudolstadt beym schönsten Mondschein wieder hieher; in Ulstät empfingen uns Herr v. Beulwitz und Schiller in einen reinlichen Gasthoff und Beulwitz ~~kochte~~ ⌈machte⌉ uns in der moden Kanne den Caffé selbst der ganz sublim war und so der Raam und das schöne Obst mit Blumen ausgeputzt daß uns auf den Tisch erwartete.

früh ⌈wen wir von Jena weg fuhren⌉ begleidede uns Herr von Knebel bis Lobeda zur Bürgemeistern / die uns gar hertzlich empfing, und ihre poetische Vorstellung legte gewiß in unßrer Erscheinung ~~noch~~ mehr Werth als wir verdienden, ihre zwey Töchter sind nicht ganz altäglich, die jüngste sieht aus wie ein altteutsch gesundes Mädgen wie Herr von Knebel bemerckte und die ältere ⌈hat⌉ einen schon feineren interesantern Ausdruck mit etwas Leiden vermengt. Der schwartze Spitz im Hauß streckte sein Pfödgen nach mir und die Katze streichelte ihr Köpffgen auf meinem Schoos. Die gute Burgemeistern hätte uns gern den Mittag behalten besonders da sie in der Meinung war / wir hätten ihr eine fette gerupffte Ganß dazu geschickt, aber wir erklärten ihr daß dieses die mlles Schnausen ⌈seyn⌉ müsten, weil der Bothe so die ⌈Ganß⌉ getragen es uns unterwegs erzählt hatte. ~~In Jena~~ und wir schieden nach einer halben Stunde denn ich eilte wegen der Kochb: Pferde die mich in Rudolstadt erwarteten. In Jena waren wir im Griesbachschen Garten, asen den einen schönen Mond abend da und genoßen der schönen Gegend in Mondes Dämerung eingeschloßen. Knebel gerieth auf den Altan in himlisches Entzücken; die Welt wurde / ihm weit —— der Himel unaussprechlich sein Auge verkehrte sich, er sah ins Innere des Weltalls, als auf einmahl im untern Zimer ein lautes Gelächter entstand; ich verlies meine Herrns lief hinunter und wurde von der Griesbachen ~~die den~~ empfangen mit aller Stellung und stimme des Hoffrath Bütner als stünde er leibhafftig da, so hat sie uns ⌈auch⌉ den Heron agirt und war poßierlich wie ein Affe. ihr Garten macht ihrem Fleiß und Aufmercksamkeit Ehre, den sie besorgt alles selbst, Noch etwas merckwürdiges ist ihr Spitz an der Kette, welcher sehr erkentlich / gegen ein|e| ~~Huhn~~ ⌈henne⌉ ist ~~daß~~ ⌈die⌉ ihm alle Tage ein Ey in sein Hunde Hauß legt, welches er alsbald frißt ihr aber erlaubt er willig von seinen Teller zu freßen anstat daß er gegen die andern murt, wen sie komt spitzt er die Ohren wedelt mit den Schwanz streichelt sie mit den Arm nicht mit der Pfode und glaubt durch seine Zärtlichkeit sie zu bewegen daß sie ihm mehr als ein Ey des Tages gebe, wen er nun alle seine Beredungs Kunst angewendet so nimt er die Henne macht / ihr die Federn auseinander und sieht ob den das Ey nicht bald kommen werde, und so treibt ers immer fort. Abends als wir wieder ins Schloß kamen empfing uns Herr Lenz mit drey Kanonen Schüßen von Fixer Lufft, machte uns allerhand elecktrische Experimente und gab uns wieder einige Kanonen Schüße zur ~~weg geh~~ guten Nacht. Dieses sind die Hauptbegebenheiten unßrer Reise.

ich hoffe du hast einen Brief vor mich vorräthig den dieser Bothe / abholen kan. Deine Wäsche kömt hierbey. Schick mir doch ein Muster zu die gemahlten Ramens um meine Landschafften aber nur Cirkel linien keine Verziehrungen weil sie Fride mahlen soll. Wen der Geh: von Gotha zurück komt so grüß ihm recht hertzlich von mir, Grüß die Groß altern die Tantens, Onkels, der Fr. von Kalb sag ich habe ihren Brief gestern bey meiner Rückkunfft erhalten, er sey mir sehr angenehm gewesen, ich hätte mich gesehnt etwas von ihr zu hören. Leb wohl mir deucht ich hätte Dir noch viel / zu sagen aber es fält mir nicht ein. besuch mich bald wieder.

V. Stein

wen meine Briefe unleserlich geschrieben sind so beklage dich drüber auf daß ich mich beßre und Dir kein übel Exempel gebe. dieses beygelegte gieb der tante Imhofen

schick mir Pillen
vors Mäusgen; ich
glaube er verliert
die Haare von einer
Schärfe in der Haut

(H: GSA 122/100)

7. *Charlotte von Stein an Friedrich von Stein in Weimar*

Wiesbaden, 18. Mai 1789

Wisbaden 18te May 1789

Endlich erhalte ich heute zum erstenmahl ein Laut vom Hauß nachdem ich schon 17 tage weg bin, Deinen Brief vom 15ten no. 2., Der erste ist also verlohren, und so vermuthlich die von meiner Schwester und Knebeln den die hätten mir doch gewiß geschrieben. Ich lebe hier sehr einsam und habe völlige Zeit meine Gesundheit abzuwarten wen mir je wieder welche beschert ist.

Heute habe ich Bekantschafft mit einen hiesigen Land-Camerath, Habel, gemacht welcher eine mineralogische Samlung und andere Wisbadner Merckwürdigkeiten hat. Er führte mich auch zu alten römischen Mauern und zu der ⌈heisen⌉ Quelle welche die Römer zu erst einfasten es ist daselbst noch eine ⌈lateinische⌉ Inschrifft worauf steht Mauritius von der siebenden Legion hat dieses Denckmahl setzen laßen, es ist jetz ein Hauß über die Quelle gebaut daß 100000 Gulden kosten wird ~~ehe es~~ aber bis jetz sind nur erst ⌈die⌉ Wände Bäder und Dachung ferdig die Inschrifft hat der Eigenthümer aufgehoben läßt sie aber wieder einmauern wen das Hauß ferdig, bey Erbauung des Hauses sind viele Urnen und allerley Gefäße ein

Thrähnen löffelgen und Thrähnen Schaale ausgegraben worden welches ⌈~~man~~⌉ neben einer Urne stand / Ich wuste diese Sitte der alten nicht, Propertz hat vermuthlich auch keine neben der Urne seiner Cinthia eingraben laßen, aber dieses toden Opffer gefält mir beßer als die Ringe und Münzen die man dazu legte, es ist auch der Platz ~~be~~ noch zu sehen wo sie ihre Toden verbranten, weil es aber nach einen Gewitter heute sehr kalt wurde eilte ich nach Hauß, und Herr Habel versprach mir alle Tage wen ich ihn nur haben wolte mit mir zu gehen und mir das Merckwürdigste zu zeigen und bey meinen Spaziergängen zu seyn, Er ist ein Bekanter vom Bergrath Vogt und den Trebera und hat eine rechte Freude einem etwas aus den Mineralogischen Fach zu zeigen. ich bleibe noch 14 Tage hier.

Von Franckfurth aus must Du einen Brief von mir nebst Tapeten Einfaßungen erhalten haben, und von hier aus auch schon einen den ich deucht mir Deinen Vater eingeschloßen, grüß ihm tausendmahl; Ich will ihm einen andern Tag schreiben, grüß alle Verwande und gute Freunde, der Herdern Imhofen und Kalben besondere Grüße. Das Bild vom Goethe heng nicht wieder in meine Stube; es ist zu tief in mein Hertz gegraben als daß ichs auf der Tapete brauchte; Die Griesbach wird es ohne dies nicht sobald wiederschicken, den Herzog heng in die Mitte übrigens wirst Du es schon zu arrangiren ⌉wißen. Lebwohl, ich liebe Dich von ganzen Hertzen.⌉[1]

(H: GSA 122/100)

8. Charlotte von Stein an Friedrich von Stein in Hamburg

[Weimar], 24.–30. November 1793

24te Nov: 1793

Gestern war ich in der Comedie und habe den Emigranten gesehen ein sehr hübsches Stück, es ist von einen gewißen Bunsen aus Franckfurth und zwar sein erstes wie man sagt; sag mir doch ob es auch in Hamburg aufgeführt wird, und ob Dirs auch so wohlgefallen ~~war~~ hat: Hier hat es auf die Frauens mehr Sensation gemacht als auf die Männer es sind sehr viel feine Züge drinn.

---

1 *Blatt um 90 Grad entgegen Schreibrichtung gedreht.*

Wir erwarten unßren Herzog alle Tage, seit den 20ten wird schon sein Zimmer geheitzt, den Mittwoch abend waren schon die Bürger Häuser illuminirt und die meisten in Stiefel und Sporn ihm entgegen zu reiten.

Gestern war der kleinen Schwägerin ~~ihr~~ Geburthstag, sie war zu Mittag bey ihrer tante und die Gräfin hatte ihr alle mögliche Schönegeister dazu gebeten, ihre Herrn nevens und ein / gewißer ecuyer, wären ihr gewiß intereßanter gewesen, sie sah auch Abends in der Comedie ohngeachtet der schönen Geister Geselschafft gar nicht begeistert aus.

Ich sinne hin und her und finde gar nichts neues aus unßrer kleinen Welt zu schreiben, es ist alles wie sonst Cour sontags, und Mittwochs bey der Herzogin Mutter, tanz Club Freytags alle 14 tage, Montags bey der Herzogin Mutter die assemblé der schönen Geister oder so eine Art academie wo gezeignet gelesen und Champagner Wein getruncken wird; doch etwas neues fält mir ein, Goethe hat nun auch ein Töchterlein seit ein paar Tagen, hat eine entsetzliche Freude darüber, den er ist freundlich wie ein Ohrwürmgen, und macht französische Calender. hat auch sein Töchtergen selbst gehoben; ~~es~~

Es wurden Magazine errichtet im gothschen und / Weimarischen wo ein jeder patriotische victualgen Geschencke einliefert vor die aillirten Armeen wo groser Mangel an Lebens Mitteln sich befindet, es müßen trockne Früchte seyn die nicht erfrieren; Soltest Du mir ein Faß mit Reis vor ein paar Louisd'or mit wohlfeilen transport durch einen Fuhrman schikken können so könte ich dieses zum Geschencke geben.

hier kostet der Reis das ℔ 2 gl 4 dℓ den Louisd'or a 5 rℓ 17 gl, den will ich auch noch ein Faß mit Böckelfℓ geben wen es nicht erfriert, und ein paar Eymer Brandewein nehmlich ~~vor hie~~ als hiesige Einwohnern und Gothaischer Landstand, so daß es mich ohngefähr zusammen 50 rℓ käme.

Die Amalie Imhoff hat einen Ring ein Rubin mit guten Perlen besetz und wünscht ihn zu verkaufen, glaubst Du daß du ihn dort verkaufen / köntest so schick ich Dir ihn, sie weis aber selbst nicht was er werth ist, sie glaubt vielliecht 50 rℓ das ~~konte~~ würdest Du wohl dort jemand fragen können.

25^{t} Es ist 1 Uhr zu Mittag und da komt mir dein Himmelblauer Brief ⌈vom 13ten Nov:⌉ der mich sehr freut ohngeachtet ich ihn so wie den letzten vor 7 gl ⌈6 dℓ⌉ bezahlen muste das ist schon das zweyte mahl daß ich ihn durch die sächsische Post kriege, deine ersten Briefe kamen durch die ~~sächsische~~ ⌈kayserliche⌉ Post und kosteten nur 3 gl so wie auch den Carl seine von je her ⌈die denselben Weg machen⌉ kanst du den nicht dahinter kommen wie man das ändern könte es muß etwa an den Tag liegen wen du sie a[uf] die Post giebst, und das kan es doch auch nicht seyn. Ich bitte dich mir zu sagen ob man auch sicher auf den Eis fahren kan, wo du zu fahren gedenckst; nim Dich wen Du es auch nicht vor nöthig findest meinet wegen über in acht. ~~Wen~~

Wegen den cov: ℓ so du gebrauchen kanst muß ich erst die Gräfin Bernstorff fragen ob sie welche von mir hier annimt, ~~wie~~ Du wirst aus meinen /

den 26$^{\text{Nov:}}$ Mein Brief solte schon gestern fort weil ich aber etwas von Werth hinein gelegt, muß er nun erst Morgen mit der fahrenden Post gehen. Dein letzter Brief so wie alle Deine Briefe sind mir sehr unterhaltend; Das Hamburger Theater wünschte ich zu sehen, so wie überhaupt das Getreibe einer grosen Handelsstadt davon ich keinen Begriff habe, vielliecht kan ich Dich übers Jahr abholen.

Schreib mir doch ob der Potoki, Stanißlaus, oder Johannes heißt, dies waren zwey Brüder die ich beyde kenne, der eine hatte viel gereißt so jung er noch war, und zeignete artig, es war Johannes Potoki. ⌈aber Stanißlaus kam mir beßer vor⌉ Ich bitte Dich der Frau von Reck sehr viel artiges und freundschafftliches von mir zu sagen sie ist würcklich ein edles wen schon ein bisgen überspantes Geschöpff, die kleine hübsche Herzogin ihre Schwester, wohnt wie es scheint mehr in der sublunarischen Welt.

Den mobillon hat man lang hier erwartet nehmlich unser Director ~~der gar~~ den man hier als ein Jacobiner in Verdacht hat und von welchen er ein guter Freund ist, aus einen Brief den ich einmahl / von mobillon gelesen habe, kam mir vor er habe eine etwas beschränckte nicht erhabne Vorstellungsart. Was waren den seine Projecte?

Der Ma tante ihr Thee war also einladender als der ma chere Mere ihr Thee, den zu den meinigen kam Dir nie der Apetit: Du wilst Dich gewiß bey mir aus den Verdacht des Juncker Blyfield bringen. aber es hat nichts zu sagen, Du und Herzogin Louise, seyd die zwey einzigen Personen die meinen ⌈Glauben⌉ übrig geblieben.

30te Mein Brief muste abermahls liegen bleiben, weil die fahrende Post nach Hamburg erst Morgen geht also noch ein paar Worte

(H: GSA 122/100)

9. Charlotte von Stein an Friedrich von Stein in Hamburg

[Weimar], 5. und 6. Januar 1794

den ~~6ten~~ ⌈5ten⌉ ~~Dec:~~ ⌈Jan:⌉ 1794.

Ich war zeither so müde so abgespant zu dem Intereße des Lebens und doch so gezwungen mich um die tausend nothwendigen und nichtnothwendigen

Bedürfniße deßelben zu bekümmern daß ich zu keinen ruhigen Brief an Dich kommen konte. Mit nächster Post hoffe ich nunmehr diesen Brief fort zu schicken besonders da ich Dir eine gute Nachricht zu sagen habe, nehmlich es ist schon ein Befehl vorhanden zu einen Cammerjuncker decret und 400 rℓ Besoldung ⌈vor dich⌉ dieses erzählte mir Voigt der gestern bey mir war: Leider habe ich erst den Herzog durch Entsagung einer ~~Wit~~ Pension vor mich, dazu bringen müßen, ⌈den Voigt hatte ~~es~~ ihm ⌈deinetwegen⌉ dreymahl geschrieben und keine Antwort erhalten⌉ und dieses hat mir sehr vom Herzog mißfallen; Nachdem ~~ich~~ er mich bis aufs Marck ausgefragt was ich wohl Witthum hätte, und nach unßere Einnahme überhaupt; mir ⌈auch⌉ die Herzogin schon vorher gesagt er würde mich haßen wen er mir Pension geben müste und mich aufs dringenste gebeten ja um keine anzuhalten weil es ihr unerträglich wäre wen er ihre Freundin verachte, ⌈und⌉ sie wolle mir beystehen / so entschloß ich mich endlich, da ich aus seinen übeln Humor sahe mit welchen er mich fragte wie wenig etwas von seiner ehmahligen Freundschafft vor unßer Hauß dran theil hatte, ihm zu sagen daß wen er mir diese Fragen thät ~~nur~~ weil er glaube gezwungen zu seyn mir eine Pension zu geben so dancke ich ihm dafür, und bäte hingegen nur vor Dich zu sorgen, darauf gab er mir die Hand versprach es embrassirte mich und empfal sich. Durch die Herzogin hat er mir sagen laßen daß ich Wedels Quartier künfftig bekommen soll ohne Miethe zu zahlen, und die equipage bekommen kan wen ich will visitten fahren, damit werde ich seine Pferde nicht sehr incomodiren weil ich keine gäbe und in die comedie werde ich nicht gehen, dazu reicht meine Einnahme nicht, und unßre meist schlechten acteurs ziehen mich nicht an. Wie ich Dir letz schrieb hatte doch Goethe den Herzog gesagt Dich / in Hamburg zu unterstützen dies hatte ich durch die Herzogin erfahren; aber nunmehr es diese Wendung genommen ~~und~~ so wird es wohl dabey stehen bleiben; Ich habe noch einen brillantnen Ring, den will ich verkaufen wen es zu Deiner Unterstützung nöthig ist, er hat 375 rℓ gekostet jetz sind nun freylich die Jubelen sehr gefallen vielliecht köntest du mir ihn in Hamburg verhandlen, wen Du glaubst ihn anzuwenden so schick ich ihn. Den Ring von Amelie schick wieder zurück, imhof ist vermuthlich von einen Jubelirer betrogen worden der ihm den Stein umgetauscht hat den es war ein Schmaracht in Gold gefaßt, ein Jubelirer in Engeland hat ihn 100 rℓ taxirt, ~~er war in Gold gefaßt,~~ in Deutschland lies er ihn mit Perlgen besetzen und da ist er vermuthlich vertauscht worden, Vor einigen Tagen habe ich wieder mein ⌈2tes⌉ Löwgen verlohren, es ist in der that als hätte schon der Geist / diesen zwey mahl wiederhohlten Freundschaffts Geschenck gefehlt, da ohngeachtet aller meiner Liebe und Sorgfalt davor, sie mir dennoch wie weg gezaubert worden.

Du schreibst mir ja nicht ob Du in der Baukunst studierst, ich wolte Du gäbest mir einmahl wieder eine Nachricht darüber und richtetest Deinen Brief so ein daß ich ihn Voigt zeigen könte, überhaupt scheint er vor Dich freundschafftlich gesinnt, und so ~~gerne~~ ⌈sehr⌉ ich den Goethe zutraue daß er gerne vor Dich etwas beym Herzog thun mögte, so hat er, weil der Herzog eigendlich kein respect mehr vor ihm hat, keinen sonderlichen Einfluß mehr, vor seine eigne Person glaube ich kan er alles erhalten, weil sie sich beyde in der künfftigen Geschichte ⌈schon⌉ als orest und Pilates ⌈glauben⌉ glänzen ⌈zu⌉ sehen, aber vor seine protegés thut er nichts.

6te Jan: Heute kam ein Brief von Dir an Carln, an den Sterbetag Deines Vaters geschrieben, heute oder Morgen werden Dir die traurige Nachrichten darüber / einlaufen; Er sah schön im Tod und all dies verzogne in seinem Gesicht, durch die Seelenkranckheit bewürck womit er sich und andere quelte, hatte ein sanffter Tod wieder in Ruhe gebracht und sein schönes Ebenmas wieder hergestellt. Deine Reise nach Kopenhagen wird fürchte ich wegen Mangel an Reise Kosten nach diesen Fall nicht mehr stat finden, doch wollen wirs noch überrechnen ob wen Du Geld dazu aufnehmen ⌈thätest⌉ Du Dich nicht vielliecht zu sehr derangirst und Dir Sorgen bereitest, den eben weil das Guth nicht verpachtet ist, so sind unßre Einnahmen ungewiß. Dein Bruder grüßt Dich und wen er Zeit hat antwortet er Dir vielliecht noch einige Zeilen auf deinen heutigen Brief; Ich weis nicht ob ich Dir schon geschrieben daß ich dir 6000 rℓ von der altenburgischen Cammer zu ~~¼~~ 3 ½ Procent von die Margräfin bekomme, und das Capital ist nicht wie ich erst kürtzlich aus der Obligation gesehen in alt deutsch Carolins zu bezahlen, wie sie die / besondere Gnade gehabt es zu verlangen, auch bekomme ich das Geld in Silbermünze.

Wir haben heute freundlichen Sonnenschein, schreib mir ob er den Hamburger Nebel auch überwunden hat, schreib mir auch von Deiner Gesundheit.

Eine Anfrage in einen meiner Briefe an Dich wegen der fehlenden Schlüßel von den zwey coffres die nach Jena gehören hast du mir nicht beantwortet, füge ich nochmahls bey. Wie glücklich wäre ich wen ich mit euch beyden lieben Söhne meine Tage noch so fort leben könte, da ich mit eurem Vater ihrer so wenige glücklich gehabt habe; Das Wedelsche Quartier ist mir schon recht, ~~ich~~ wir hätten doch alle Platz darinn also hoffe ich daß mir diese Tage noch beschert sind. Lebewohl, Carl ist mir von grosen Trost hier, wen sein Beruff ihm entfernt hoff ich alsdenn auf Dich. Knebel grüßt Dich, das Botanische Magazin wird Bertuch kommen laßen, es ist beßer du laßt dich auf keine comission ein

wegen den Zucker antworte ich ein andermahl

(H: GSA 122/100)

10. Charlotte von Stein an Charlotte Schiller geb. von Lengefeld in Jena
[Weimar], 22. [Mai 1796]

22n

Niemand kan beßer Ihre Leiden fühlen als ich, den mir war dieses Geschäffte auch auf eine schwere Art auferlegt, von Thränen ermüdet schlief ich nur ein, und schlepte mich wieder beym Erwachen ein Tag, und schwer lag der Gedancke auf mich warum die Natur ihr halbes Geschlecht zu dieser Pein bestimt habe; man solte den Weibern deswegen viele andere Vorzüge des Lebens laßen, aber auch darinn hat man sie verkürtz, und man glaubt nicht wie zu so viel tausend kleinen Geschäfften des Lebens, ⌈die wir besorgen müßen⌉ mehr Geistes Kraft / muß aufgewendet werden, die uns vor nichts angerechnet wird, als die eines genies der Ehre, und Ruhm, einärndet.

Kan ich Ihnen etwas von Ihren Sorgen abnehmen so schreiben Sie mirs da die Mutter nicht da ist; wäre ich bey Ihnen so könte ich doch von etwas Trost seyn.

Wolten Sie mir wohl durch die Bothenfrau alle woche 2 ℔ Spargel von der Griesbachen schicken wen er nicht gar zu theuer und auch schön ist. Ich schicke noch immer keine Rechnung weil man sie mir noch nicht aus den Brauhauß zu / gestellt hat. Die Mlle Schroeder war sehr empfindlich über Körners daß sie ihr gar nichts hatten sagen laßen nach Jena zu kommen, ich sagte ihr daß sie Ihnen nicht gern hätten mehr Gäste am Tisch bringen wollen. Den Herder habe ich den Gruß ⌈von Körners⌉ ausgerichtet; er war recht freundlich, aber übrigens voller Piks aufs Leben und die menschliche Natur; nichts curirt einen mehr ⌈von ein solchen Zustand⌉ als wen man eine rechte schmertzhafte Erfahrung gemacht hat, so bin ich durch Goethens Abschied für alle mir noch vorstehenden Schmertzen ge/ heilt worden, ich kan alles dulten und alles verzeihen. Einige Wünsche bleiben mir noch übrig, daß S i e mögten glücklich seyn.

Von Hertzen ihre
treue Stein.

(H: GSA 83/1856,3)

11. Charlotte von Stein an Friedrich von Stein in Breslau

[Weimar], 28. Juni [1798]

28^{t} Juni

Auf Deinen Brief vom 17ten Juni deßen Ankunft ich Dir in meinen vorigen Brief schon erwähnt habe, will ich nun antworten; Bey Gelegenheit der Meße, oder durch andere, bitte ich Dich mir die Tragedie wieder zu schikken, es wäre mir lieb gewesen zu hören wie sie sich im spielen hätte ausgenommen, schreib mir ja was Garwe ⌉und die [*Textverlust*] gern Sprachfehler drinn corrigirt wen ich welche gemacht habe⌉[2] drüber sagt da ich erstern entsagen muß;

längst hätte ich ein Blatt wieder für Dich angefangen den Du bist mein einziger Freund mit dem ich mit offnen Hertzen reden kan, hielt mich nicht offt eine ~~×××~~ Geselschafft davon ab mit der ich mich recht bequem unterhalte und mit der es gar gut leben ist ——— Genug ich schreibe eine Comedie, den je älter man wird je lustiger muß man sich das Leben laßen vorkommen; Ich glaube beynahe sie wird nicht schlecht, machte das Porto nicht so viel, und wäre mir das Abschreiben nicht so mühsam, ich schickte Dir den ersten Act, dieses Stück soll aber ins publicum kommen doch ohne meinen Namen, die Wohlzogen treibt mich ordentlich dazu und beschreibt mir ihre seelige Empfindung und neue Begeisterung, wen sie recht viele Louis d'ors ~~auf~~ für ihre Wercke / aufgezählt auf den Tisch liegen sieht; Julie von rosalva in die Horen, ist abermahls von ihr, aber es soll es noch niemand wißen; Die Gedichte wo ein L drunter steht sind von der Schillern, sie macht ein entsetzliches Geheimniß drauß, die Capelle im Wald finde ich besonders hübsch. bey den meisten Theaters bekomt man 8 Louis d'or für eine gute comedie in Manuscript, auf 10. Theater hat man also 80 Louis d'ors, das hiesige Theater spielt nur gedruckte Stücke; Ich hätte also doch ein Mittel von Erwerb wen uns die Franzosen verjagden oder die Gebrüder Stein panqueroutte machten. Ich muß gestehen daß ich für eure Wirthschafft seit einiger Zeit besorgt bin; Carl giebt aus wie jemand der wenigstens ⌈für sich⌉ 4000 rℓ einzunehmen hat, den hat er oben drein nicht den Sinn räthlich auszugeben, hält sich auch kein Geld vorräthig, daß doch, ~~bey~~ wen man Intereßen einhalten muß, nothwendig ist, um wen die gewöhnlichen Einnahmen manchmahl nicht ⌈ein⌉gehen, nicht den credit zu verlieren pp. Dir könte / ich vorstellung drüber machen, ihm ist nichts drüber zu sagen, Jetz ist er mit seiner Frau mit 5 Pferden nach Dreßden,

2 *Blatt um 90 Grad entgegen Schreibrichtung gedreht, mit Einweisungszeichen.*

das hätt' er auch wohlfeiler einrichten können Du wirst wohl wißen daß er die Lehn empfängt.

Daß Du mit Amelie Imhof würdest glücklich seyn glaube ich nicht, sie muß einen Mann kriegen der sie nicht übersehen kan, weil einen, so gut sie übrigens ist, der fatale Zug von eiteler Selbstgefälligkeit worinn sie sich plätschert, und badet, zum Ekel wird; Meinen Unwillen gegen Knebeln wilst Du wißen, ich habe Dir ja schon längst alle seine dumme Geschichten geschrieben, und das abscheuliche Betragen gegen seine so gute Schwester, mir hat er weiter nichts gethan als daß ich einen beßern Begriff den ich von ihm hatte, hab müßen fahren laßen. Von Deinen Brief an Deine Schwägerin habe ich noch keinen Gebrauch machen können, es ist abscheulich wie einen die hiesige Handwercksleute nicht fördern; nun soll ich das Tischgen erst in 14 Tagen bekommen.

Den Hudibras werde ich mit nächstens lesen und empfele Dir dagegen eine Abhandlung über die Gesundheit vom Kant in Hufflands magazin 5ten Band 4tes Stück / Kant traut den Frauens nicht viel Geistes Stärcke zu wie ich daraus gesehen habe: Ich wünsche von Hertzen daß der Gewinst von einen guten Bedienden Dir immer bleiben möge, mein Leben haben mir am meisten schlechte Domestiquen beschwerlich gemacht. Schach hat meine Mutter mit Thränen gebeten daß ich ihm behalten mögte; also jetz kommen wir nicht auseinander:

Porstels Weltkunde hält dein Bruder, mich ärgerts seine Partheylichkeit für die Franzosen drum leß ichs nicht, Wieland will ihn auch was drüber abgeben. Der Herzog ist Gestern Abend hier wieder angekomen und wird den 6ten Juli nach Berlin gehen,

Eben fahren 8 Wagen mit Bauern hierdurch ⌈mit ihren Famillien⌉ aus den Durlachschen – und sind noch mehrere unterwegs die ins Preusische ziehen. es sind von die Franzosen ruinirte die ihr bisgen sagen sie, noch retten wolten ehe sie ihnen noch alles nehmen. Gestern war ein Graf Donah preusischer Kriegsrath, hier, ich hätte ihn gern gesehn um vielliecht von Dir was zu hören. Lebewohl und schreib mir viel von Dir.

(H: GSA 122/102)

12. Charlotte von Stein an Charlotte Schiller geb. von Lengefeld in Jena
Kochberg, den 18. September 1798

Kochb: den 18ten Sept 1798

Ich will mir immer die Briefe an Sie mein liebes getreues Lologen, pour la bonne bouche aufheben und dadrüber kom ich nicht dazu; Endlich liegen nun ihre lieben Zeilen vom 31ten August vor mir, aber in Gedancken hatte ich Ihnen alle Tage geschrieben.

Vorigen Mittwoch bin ich in Rudolstadt bey der chere Mere gewesen, und alle Berge Wälter und Fußpfade hierherum errinnern mich mit welchen Vergnügen ich Ihnen entgegen ~~ging~~ oder zu Ihnen ging, und ich dancke es den genius der Freundschafft daß er uns noch / immer in einer Nähe zusammen erhalten hat. Wen es gut Wetter ist werde ich noch einmahl nach Rudolstadt gehen und in 8 Tagen ohngefähr wieder in Weimar seyn; Mir hat's auch sehr leid gethan daß ich Ihnen in Weimar versäumt habe, schreiben Sie mir wie es Ihnen da gegangen ist; Ich habe hier nicht viel gut Wetter gehabt aber der Wind ist mir wen ich im Bett liege oder in einer freundlichen Stube bin, nicht so unangenehm als meinen Lologen / weil ich den Werth desto mehr fühle vor ihm geschützt zu seyn.

Daß Ihnen meine Comedie gefält hat mir rechte Lust gemacht weiter zu schreiben, doch kan ich hier nicht recht fleisig seyn, es lebt sich hier so hübsch vom Genuß des Anschauens, meine Kinder treiben so eine hübsche Wirthschaft und meine Schwiegertochter ist recht verständig und gut, und wen ich erst Großmama werde dann wirds wohl ~~wohl~~ mit den comedien schreiben gar zu Ende seyn, wen ich nur eher auf den Einfal gekommen wäre / wie Geist und Antheil an allen lebhafter war. Im Traum sah ich ein dickes schön gedruct~~es~~ und gebundnes Buch daß ich geschrieben hatte und war mir doch gar nicht errinnerlich daß ich diesen Reichthum hervorgebracht hätte, dies war ein guter Traum, vorher hatte ich aber einen bösen Traum, nehmlich meine Guitarre war zerfallen; Es ist eine Warnung meines Schutz Geist's daß ich den Vergnügen worinn ich lebe nicht zu sehr trauen soll, aber Ihre Liebe und treue kan mir nichts nehmen und in dieser kan ich bey allen ~~R~~⌈r⌉uhen

adieu mein threues Bestes

V. Stein.

⌉tausend Grüse an Schillern und Carlgen einen Kuß⌉[3]

(GSA 83/1856,3)

[3] *Blatt um 90 Grad entgegen Schreibrichtung gedreht.*

13. Charlotte von Stein an Charlotte von Schiller geb. von Lengefeld in Weimar
Strachwitz, den 20. April 1803

Strachwitz den 20ten April 1803

Ich sitze hier wie im Himmel nachdem ⌈ich⌉ unter vielen trübsalen die ich weiter unten beschreiben will angelangt bin; Fritz ist ganz hergestellt, doch find ich ihn sehr mager, und ohne eßlust, das gefält mir nicht, übrigens ist er heiter, ruhig, und verständig, und hat alles um mich herum recht con amore zu recht gemacht; Ich schreibe dieses weil ich weis daß das Enfant und ich, meiner guten Lolo intereßiren und S i e wie er mein geliebtes Kind sind. Strachwitz liegt an der Straße vor Breßlau, und ~~er~~ ⌈Fritz⌉ empfing mich gleich hier, und wen ich von der Reise werde ausgeruht haben geh ich nach Breßlau um einige von seinen guten Freunden da kennen zu lernen. Nun zu meinen unglücklichen Begebenheiten: Schon ehe ich nach Leipzig kam sprach mein Fuhrmann von zwey Pferde Vorspann, welches Schach um mich nicht unwillig zu machen verschwieg, wie ich von Wurzen weg fahren wolte sagte er sein Pferd sey lahm ⌊und wolte nicht weiter⌋ in unßren accord war aber daß er dafür stehen müße, indeßen verging dieses durch ein anders aufgeschlagenes Eisen, eine Stunde von Dreßden verlangte er als ein Recht abermahls vorspann, und da ichs nicht in meinen accord hatte ver/sicherte er mir, so was verstünde sich ⌈von selbst⌉ und da ich so viel länger auf der Welt wäre wie er müste ich das wohl wißen, Voßens hätten ihn die ganze Reise 2 Pferde Vorspan bezahlt, auch Altenhoff, welches er mir aber doch in Weimar verschwieg, da ich ihm frug ob auch seine zwey Pferde eine so weite Reise aushalten könten, um der Pein los zu seyn sagte ich ihm ich wolle es aus guten Willen thun, aber es half mir auch dies nicht, den so offt uns ein Wagen begegnete bot er mich aus und wolte diese Paßagiers retour bringen die den eben so wenig Lust hatten auf der Landstraße umzupacken als ich: Da mich die Vorspann unendlich Geld kostete und ich doch nicht geschwinder kam ~~so sagte ich~~ weil er nicht litt daß die Vorspann zufahren durfte so schlug ich ihm vor seine Pferde auszuspannen ⌈und sie sachte hinterdrein zu führen⌉ und ich wolte die Vorspann allein vor den Wagen nehmen das wolte er wieder nicht den das geschwinde fahren schade seinen Wagen; Nun wuste ich ihm weiter nichts zu sagen noch zu helfen als ob er sich nicht mit samt den Pferden im Wagen setzen wolte und mich vorspannen, dies nahm er sehr übel, und wie ich in Bunzlau vor der Post hielt wo ~~ich solte die m~~ man visitirt und / eben sehr groser Marckt war, fing er an ganz laut über mich zu schimpfen, ⌈und zu Lügen⌉ ich müße verborgene schwere Sachen bey mir haben, (und er hatte doch selbst alles aufgepackt) ich hätte ihm verschwiegen daß ich mein Mädgen mitnähme, ich hätte ihn gesagt das Breßlau nicht weiter wäre wie Stutgard, da ich ihn doch an die

Finger abgezählt hatte daß es 7 Meilen weiter sey, und ihm ausdrücklich gesagt hatte daß ⌈ich⌉ marie mitnehmen würde. ~~und~~ obschon Schach und marie den halben weg neben seinen Wagen hergegangen sind; Nun kam ein fatales Gesicht von einen Posthalter vor meinen Wagen las mir die Moral daß ich den Mann doch nicht so drücken solte, er wolle mir eine chaise geben und so könte ich auf jede Station eine haben, ~~ich~~ ich antwortete gar nicht mehr, und blieb fest im Wagen sitzen, endlich kam er noch einmahl, der Fuhrman wolle mich bis Breßlau mit ⌈ferneren⌉ Vorspann bringen, wen ich ihm auf der Stelle sein gedungenes Geld auszahlen wolte, das that ich nicht, ich solte also ein schriftliches Zeugniß ausstellen, daß ich ihm nichts davon abziehen würde ich thats auch nicht, ⌈sondern sagte ich würde ~~und~~ ihm ~~geben;~~ das Geld geben⌉ der kleine fatale Posthalter wolte mich ordentlich commandiren, er stand mir so recht zur Hand / ⌈am Wagen⌉ daß hätte ich mich nicht vor den Leuten geschämt ich ihm gern eine rechte Ohrfeige gegeben hätte, meinen Fuhrman stachen eigendlich die retour Fuhren deren so viele auf die Meße gingen in der Nase; Genug er bequemte sich endlich mich 2 ½ Meile bis liegnitz zu fahren, hier fing er abermahls an mich auszubieten, in dieser Gegend sind die Lohnkutscher sehr wohlfeil, also profitirte mein Fuhrman wen ~~ich~~ ⌈er⌉ mich vor etwas weniges daß er übernehmen muste bis Breßlau fahren lies, und den andern Morgen seine chaise zurück ~~bekam~~, ⌈kriegte für deren Schaden der Lohnkutscher stand,⌉ ich zahlte ihm also seine 65 rℓ 12 gl, nachdem die Vorspann, trinkgelder, pp, mich noch auserdem 35 rℓ gekostet haben, ⌈~~und fuhr sehr schnell mit guten Pferden~~⌉ dafür hätte ich können von Weimar aus mit drey Post Pferden in fünf Tagen hier seyn. sagen Sie nur an Wohlzogen mit einen schönen Gruß daß ich hundertmahl an ihn gedacht und bereut hätte nicht seinen Rath gefolgt zu haben. Roussaux hätte gewiß ⌈in meiner Stelle⌉ geglaubt dies sey eine besondere Verschwörung gegen ihm gewesen, ich glaube es war Faust's mephistofiles der neben mir steckte und den ich recht andächtig den ganzen Weg durchgelesen hatte, und nur dann und wann in Rous: reverien gesehen, weil der Druck sehr klein war.

⌉dieser Brief ist schon auf den 2ten Blatt fortgesetzt und wird ein andermahl folgen tausend Grüße an die Ihrigen. adieu mein Gutes. Grüsen Sie doch Goethen von mir, noch haben wir sein Stück nicht eröffnet und bleibt pour⌉[4] / ↓la bonne bouche↓[5]

(GSA 83/1856,4)

---

[4] *Blatt um 90 Grad entgegen Schreibrichtung gedreht.*

[5] *Ergänzt auf der vorangegangenen Seite des Briefes. Blatt um 180 Grad gedreht.*

14. Charlotte von Stein an Carl und Amalie von Stein in Kochberg
[Weimar], 7. März 1804

7te Mertz 1804
An meine beyde liebe Kinder!

Es liegt hier viel Schnee, und war gestern eine grose Schlittenfahrt nach Ettersburg und Abends Ball im Stadthauß, es wäre also wohl Schnee genug gewesen um auch von Kochberg herein zu fahren, Frau von Stael ist fort und die kleine Tante und die Goechhaus verwayßt, letztere ist sogar kranck worden und war nicht bey der Montags Geselschafft die bey der kleinen Tante war. Goethe ist, glaub ich, vor Freuden daß F. v. Stael abgereißt, da sie seinen Verstand immer so arg aufforderte, mit seiner / ihm bequemeren Donna, zwey Tage nach einander durch alle Straßen der Stadt auf den Schlitten gefahren. Gern mögte ich Dir noch eine amusante scene von Frau ⌈von⌉ Stael schreiben, die ich Dir noch auf behalte, aber das mich nicht verlaßende Kopffweh, daß mich seit den heftigen Anfall heut vor 8 tagen nie ganz verlaßen hat, verhindert mich gar sehr am schreiben. Morgen ist den grosen Carl sein Geburths-tag, wäre Kochb: ein menschlicher Weg, und ich gesünder, ich hätte meine Glück / wünsche nebst diesen kleinen Kuchen selbst überbracht, so aber bitte ich Dich liebe Amelie, ihm in meinen Nahmen dieses kleine Geschenck zu überreichen, mit einen Kuß und Hände druck, und daß es ihm recht lange wohl gehen mögte.

Maronen sind nicht zu haben.

Hier folgen cidronenBrödchen vor 3 gl und ½ ℔ p. und 2 gl 8 dℓ zurück die Seide ist auch noch nicht gemacht.

Ich hab die Schillern um etwas Geschichtchen gebeten, daß hierbey folgt, aber es komt mir plat vor. Ich habe der Schillern vom / klein Louischen alle ausgericht es ist gar ein gutherziges Kind. ich will noch sehen ob ich noch etwas anders vor die ⌈Kochb:⌉ Kinder ausmachen kan.

Die Leinwebern hat nicht allein heute die noch 6 übrigen Zohlen ⌈Garn⌉ noch gehohlt sondern sogar noch 6 verlangt weil das Garn äuserst fein wäre, und könte es nicht ferdig machen wen Du ihr diese 6 Zohlen nicht noch schicktest, wäre etwas übrig so würde sie es gewiß zurück geben, schicke es mit nächste bothen.

Ich bitte die Schachtel zurück zu senden. Der Bothe will kein Porcelain mitnehmen es sey so falsch gehen. Lebe wohl Du gute Amelie, und Carl, ich küße die Kinder.

(Universitätsbibliothek Leipzig, Handschriftenabteilung, Slg. Kestner/II/A/IV/697/Nr. 2, Mappe 697)

15. Charlotte von Stein an Carl von Stein in Kochberg
[Weimar], 15. Mai 1805

15te May 1805

Ich fange in Erwartung des Kochb: Bothen ein paar Zeilen im Bette an, den ich bin kranck an Scharlachfrisel oder Neßel Frisel genug an einen Frisel daß mich brent und sticht als hatten mich einige tausend Schnacken gestochen, und ehe es heraus kam war mirs noch miserabler; ich habe es vor Schrecken über Schillern bekommen wo ich eben in sein Zimmer trat glaubend ihn genesend zu finden und er eben verschied. Das Leiden seiner Frau und die Krämpfe der Wohlzogen haben mich auch in einen ××× Schmerz versetzt, den so lange mirs nur möglich war bin ich bey / ihnen geblieben. Eben geht Huschke von mir, sagt es sey sehr gut daß das Frisel heraus wäre also macht Euch liebe Kinder nicht etwa Sorge um mich, auch sind meine jetzige Dienstmädchens gar gute Menschen / und geht mir an meiner Pflege nichts ab. Der arme Schiller hat einen rechten gestörten Körper gehabt; Sein Herz nur etwas Hart, lauter Verwachsungen im Unterleib und in der Brust, ein LungenFlügel ganz weg, wohl ihm daß er tod ist, er stirbt in seinen völligen Glanz ohne das Schale vom Leben noch auszuschlürfen, als wen man alt wird. und so viele sich muß voraus gehen sehen […]

(LATh – StA Rudolstadt, Archiv Großkochberg F Nr. 842, Bl. 27f.)

16. Charlotte von Stein an Friedrich von Stein in Breslau
[Weimar], 12. und 13. November 1806

12te Nov: 1806

Was ich mich gefreut habe guter Fritz Deinen Brief heute vom 6ten zu erhalten den die bösen Geister herschen jetz auf Erden und da habe ich gar keine Erwartung mehr von Freude Ruhe und Sicherheit; und nun ⌈aber⌉ die Erwartung wie schlim es Euch ergehen wird und Deine arme Frau die vielliecht mitten unter den Donner der Canonen niederkomt: Hier war der Fall mit der Facius des Steinschneiders Frau, ihr Kind war eine Stunde alt die Plünderer nahmen ihr Geld und verschiedenes am Werth was sie ~~drinn~~ ⌈im bett⌉ versteckt hatte heraus, ihr Kind und sie lagen beynahe sterbend da kamen ein paar andere die hatten Mitleid horchten obs Kind noch athme und der eine sagte oh mon Dieu nahm die Wöchnerin auf den Arm und trug sie in ein sicherer Hauß, ⌈den es brande neben ihr⌉ noch lebt Wöchnerin und Kind und der Vater hat es Bellona taufen / laßen. Ich könte Dir viel Abscheulichkeiten erzählen, ich will aber mein Gemüth davon weg wenden: Ich habe ohne dies immer einen traurigen Gegenstand vor Augen das ist der arme Hautchermey, es ist unaussprechlich was er leiden muß er hat sich wund gelegen und das sind nun tiefe Wunden er ist manchmahl wie in der Verzweiflung seine Chur ist freylich Kostbar, gestern ist ihm wieder ein neues Lager gemacht worden, der Wärter kost erschecklich viel allein 2 mahl Caffé des Tags, macht 10 gl, seine Altern schrieben daß sie ihn einen alten Bedienten schicken wolten aber es ist keiner gekommen, den Wärter muß ich beym guten erhalten, den es ist bey den vielen bleßirten recht schwer / welche zu haben. Kan man den nicht durch Wechsel von seinen Ältern Geld erhalten, hier ist schwer welches zu haben weil alles so ausgeplündert, den Elephanten Wirth wo der arme Leidende liegt hat allein an ⌈baren⌉ Geld ⌈~~baren~~⌉ 6000 rℓ verlohren fünfmahlhunderttausend müßen wir noch dazu contribution bezahlen, wenigstens ist so viel gefordert, die Franzosen bekümmern sich nicht um die gefangnen bleßirten, ich erhalte alles vor ihm weil ich vor ihm gut gesagt, könte er über die Straße transportirt werden ich nähm ihn lieber in mein Hauß, aber das ist ohnmöglich, der arme Hautchermey wird nur eines langsamen Todes sterben, nun liegt er so einsam, mein älster Bruder ist selbst lahm / hatte kurz vor der Plünderung seine Pferde verkauft wohnt weit und kan ihn nicht besuchen, der oncle Louis ist zu selbstisch um einen Leidenden Trost zu bringen ich bat ihn er solle manchmahl zu ihm gehen ⌈er⌉ hat es aber nicht gethan. ich gehe meistentheils alle Tage zu ihm aber nun fält das böse Wetter ein wovon ich rechte Schmerzen am Fuß habe und da werde ich auch nicht vom Fleck können, da ich auch keine equipage mehr habe

um 2 Uhr Nachmittag Eben wurde ich zum Hautchermey gerufen er hatte Ohnmachten convulsivische Bewegungen, Fieber, genug er ist sehr schlecht, und doch kan er so geschwind noch nicht sterben, ich stehe unaussprechlich mit ihm aus, dabey ist beständig ein / übler Geruch um ihn, weil er nichts will an sich machen laßen, und verlangt man solle ihn nur ruhig sterben laßen. Der Geruch macht mich kranck daß ich mich übergeben muß: Ich glaube es ist nicht ein bleßirter vielliecht so entsetzlich leidend wie dieser Unglückliche, der Gutmanshäuser Eklofstein besucht ihn auch manchmahl auch der Pastor Zunkel; Ich dancke Dir und der guten Frau daß ihr mich habt wieder kleiden wollen, aber schick mir lieber nichts wen es auch die Post annähm, es macht viel Porto und ich habe noch etwas Geld daß die Räuber nicht bekommen haben, nur 50 oder 60 rℓ haben sie mir aus den Schreibtisch entwendet den sie entzwey geschlagen, ich glaubte nicht / daß sie den 2ten tag noch einmahl plündern würden sonst konte ich dieses noch mit ins Schloß nehmen. Im Schloß war die halbe Stadt geflüchtet wenigstens viele Damens Du mögtest wißen wie es da gegangen, In allen Zimmern der Herzogin lagen Herrns und Damens auf Kanape, Erde, und Stühle, viele andere lagen bey der Herzogin ihren Damens, ich bey der Wedeln auf einen Bett an der Erde, so haben wir fürchterliche Nächte und Täge gehabt immer in der Erwartung das Schloß werde auch geplündert und angesteckt werden den rundherum branden Feuer und die drum herum gelagert waren sahen nicht aus wie Soldaden / sondern wie Räuber, mit Mühe konten die Offciers sie zurück halten, in der Silberkammer waren sie schon eingebrochen. Unßre Herzogin empfing den Kayser ⌈oben⌉ an der ⌈~~oben~~⌉ Treppe, führte ihn in die Zimmer wo Kayser Alexander gewohnt, und kam den wieder in ihr Gemach, man erwartete er werde der Herzogin eine visitte machen aber nein! sie lies sich endlich bey ihm melden aber sie blieb auf ihre zwey Füße und die Erzählung sie habe vor ihn gekniet ist erlogen, in der Unteredung hat er ihr viele beleidigende Dinge gesagt über unßren Herzog auch unter andern gesagt wir wären Jacobiners pp Ehe er abreißte machte er endlich die visitte an die Herzogin und zwar recht lang / war höfflicher, keine von uns konte die Herzogin begleiten den wir waren im äusersten negliges und meistens ausgeplündert, ich habe ihn nur von hinten gesehen und mehr seinen Pelz als ihm selbst, dabey konte ich nicht einmahl meine lorgnette zu Hülfe nehmen die man mir auch weg geplündert hatte. Der Kayser ritt spazieren nach den Wöbig und wer muste vorreiten der Forstmeister Stein auf einen abscheulichen Pferd den die seinigen waren geraubt, in einen verschabten Rock den er war auch ausgeplündert, der ächt Deutsche der nicht einmahl sich überwinden konte seinen neuven den Waldner der mit der Armee hier war, die Hand zu reichen. / Am Hoff hat man nur noch zwey Pferde unßre Strasen sind oede und leer. man sieht weder reiten noch fahren wen es nicht durchmaschirende sind. Der Kayser hat unßrer Herzogin geschrieben es solle hier alles ⌈beym alten⌉ bleiben um ihrendwillen dies habe ich von andern gehört den sie ist schon lange gegen mich fremd und ihre neue Freundinnen sind emelie Gore die kleine Tante, dann sieht sie ganz auffallend die Gräfin Henckel; ⌈welche mit der Erbprinzeß ist⌉ und ihre Tochter Frau von Bogwisch, welche letztere samt ihrer Mutter es ziemlich kalt aufnehmen, aber übrigens kommen sie mir redlich vor, unßre Erbprinzeß ist in Eutin man sagt der Herzog sey auch da und werde seine visitte den Kayser Napoleon in Berlin machen. So ganz / kan man jetz nicht alles schreiben wo von einen das Herz voll ist. lebwohl Gott beschütze euch, die Herzogin —— hier

13te Wurde ich gestört durch einen Bothen von Kochb: Dein Bruder hat Dir geschrieben meine Briefe ⌈aber⌉ kommen geschwinder zu Dir. Herzogin Louise hat mir ein Stück Atlas zu ein Kleid geschenckt und ½

Dutzℓ Schnupfftücher, ein wenig schmerzte mir daß sie mir es durch ihre Oberhofmeistern schickte und mir es nicht wie sonst wen sie mir kleine Geschencke machte selbst gab; Ich konte nicht gleich Wäsche gemacht kriegen und muste von allen meinen Freundinnen zusammen borgen, an Silber habe ich alles / verlohren, 18 Besteck Meßer Löffel und Gabel nebst Vorleg Loffel, Caffé Kanne nebst ⌈2⌉ Zucker Schachteln 2 Duzℓ schwere thee Löffel 5 kleinere noch 10 andere silberne Eßlöffel die ich alltäglich brauchte einen Credenz Teller eine Zucker Büchse zum streuen des gestoßnen Zuckers eine senftBüchse mit vergolden Löffel, Eßig und Baumöl Carafine oben und unten mit silber beschlagen ein Thee siebchen drey grose Tafel Leuchter und einen Tischleuchter, den 4ten tafel Leuchter und den einen Tischleuchter hatten die Räuber wieder verlohren und ich fand ihn unter der Verwüstung im Hauß wieder / im Schreibtisch haben sie mir alle Nips genommen goldne Bettschaffte mit geschnitnen Steinen Halsnädeln pp und nun soltest Du die Verwüstung in meinen Hauß gesehen haben noch bin ich nur halbweg in Ordnung, alle meine Pappiere Briefschafften im ganzen Hauß herum zerstreut und allerwegens ⌈Patronen mit⌉ Pulver ⌈und Bley⌉ dazwischen In den Strasen sangen sie mit gräßlicher Melodie ein niederträchtiges Lied wo immer drinn vorkam buvons mangons billons tuons brulons les maisons, Abends wurde getrommelt dabey sich die Räuber versamlet / und einige ⌈der hiesigen⌉ die in der Nähe gestanden wollen gesehen haben man habe ihnen Brecheisen ausgetheilt. Heute erhielt ich Deinen Brief vom 8ten und freute mich auserordentlich von Dir etwas zu hören, und daß es noch ~~men~~ menschlich in Breßlau aussieht.

König und Königin dauern mich unaus sprechlich man hat sie ⌈die Konigin⌉ hier tod gesagt. Der arme Hautchermay ist immerfort leident und ganz ohne Faßung, keine Stärcke des Geistes hat er gar nicht es ist ihm mit gar keinen Trost bey zu komen, der Knochen vom Knie nach den Schenckel zu ist eine 4^{tel} Elle groß ganz vom Fleisch entblößt, dies muß / die Natur wieder ergänzen, und woher die Kräfte nehmen das er die nahrhaften Speisen versagt ich glaube die Auszehrung ist unvermeidlich, Huffland hat wenig Hoffnung, das sind keine tröstliche Nachrichten für die arme Ältern die sich vielliecht dieses gar nicht so arg dencken. Es wäre mir freylich lieb es käme jemand von den Seinigen, weil es meine Kräfte übersteigt ihn täglich zu besuchen, und doch ist es sein einziger Trost.

Gestern ist die Gräfin Marschall mit einen Sohn niederkommen, wer weis wo der wird zu schanden geschoßen werden, ich sehe offt die funkkelten Sterne an und sehne mich nach einen / wo es Friede ist. In unßren ganzen Land sieht es traurig aus, wen der Guten zu wenig in der Welt werden ist es natürlich daß die Bösen die Über hand bekommen. Recht hat michs gefreut daß in Franckfurth eine Wohlthätige Geselschafft vereint ist die der dringensten Noth in Deutschland abhelfen. auch hier haben sie gleich eine Summe hergeschickt. Vielleicht geht heute mein Brief den die Breßlauer Post ist heute erst gekommen anstat gestern.

Adieu lieber Guter Fritz Grüß die liebe Frau wen ich nur von der Kuh die in die Stadt gezogen in Eurer Geselschafft noch einmahl Raam zum Caffe trincken könte. / Die Boß bittet ihre Schwester ihr doch zu schreiben der armen Boß ist auch viel geplündert worden sie war mit der Prinzeß geflüchtet hatte aber nicht alles mitnehmen können.

(H: GSA 122/107)

17. Charlotte von Stein an Friedrich von Stein in Breslau
[Weimar], 21. und 22. Februar 1807

den 21ten Feb: 1807

Lieber Fritz! Heute früh erhielt ich Deinen Brief vom 10ten und werde ihm Deinen Bruder wegen den Firniß so bald der Weg zwischen hier und Kochb: offen ist, mittheilen, meine Schwiegertochter wolte gestern wieder nach Kochb: aber die Pferde konten nicht durch, den der Schnee liegt Elen hoch, man kan nicht recht in der Stadt zu einander. Eben war Amelie bey mir und ich gab ihr Deinen Brief zu lesen sie freut sich mit mir Dich mit Deiner Frau und Kinder hier zu sehen; Ich kan Dich und die Kinder recht gut, nehmlich doch erträglich logiren, auch Deine Leute, der Bediende kan beym Schach seyn und / in einen Bett mit ihm schlafen, die Kinder logiren mit die Mädchens mir gegen über Du logirst in Deiner ehmaligen Stube die freylich Dein Bruder etwas verräuchert hat und Deine Frau Dir gegenüber nach den Stadtgraben; Nun will ich Dir meine jetzige Haußhaltung beschreiben:

Da meine Jungfer mich in der Noth hat stecken laßen habe ich sie auch nicht wieder genommen den sie dauchte so nichts, meine Köchin habe ich in grosen Verdacht daß sie mit die Franzosen mich zugleich geplündert hat, ist auch übrigens eine schlechte Bediendin: ⌉ich schicke sie auf Ostern weg⌉[6] also habe ich mir eine alte Bekante / die Frau Krauthausen genommen die mir das Schicksal zugeführt hat, sie brande hier ab in der unglucklichen Nacht vom 14ten Octob: und ich nahm sie mit ihren Mann und Tochter auf da ich wieder vom Schloß in mein Quartier gezogen war,

[6] *Blatt um 90 Grad entgegen Schreibrichtung gedreht, mit Einweisungszeichen.*

sie kocht leidlich und bedient mich gut ist sehr reinlich immer zu Hauß dabey nehm ich die Tochter als Laufmädchen, Deine Mädchens können auch im Hauß eßen, wen nur keine vornehme Jungfer dabey ist, und sie mit der magern Türinger Kost zufrieden sind, so grose Wecken Butter und dicken Raam wie in Strachwitz giebts hier nicht. Etwas kan ich in den ge/ scheuten Bonaparte nicht begreifen den Wiederspruch allen Wohlstand zu und Erwerbstand zu zerstören und doch die ungeheure Contribution zu verlangen, die man ihn wen er alles in seiner Ordnung lies viel beßer entrichten könte: Noch etwas kan ich nicht begreifen warum Du Deine Demission vom Jerome nehmen mustest und nicht vom König ⌉kan den das der König nicht übel nehmen⌉[7], Deine Carriere ist ja nun ganz verdorben, Du siehst daß ich vieles nicht begreife, die jezigen Zeiten machen mich dum und ruchlos, ich glaube an keinen Gott mehr, sondern / bin fest überzeugt der Deufel regiert die Welt, aber anbeten will ich ihn gewiß nicht: Glück ist nun einmahl den Gerechten edeln Großmüthigen Menschen nicht hold mit diesen Eigenschafften ist nicht Wurzel auf dieser Erde zu faßen, etwas überirdisches treibt solche Menschen von hier weg drum sagte auch Christus mein Reich ist nicht von dieser Welt, wen die Sterne über mir funkeln freue ich mich dahinauf wieder wie in meinen Kinderjahren: Aber wie freue ich mich auch Dich mit Deiner Frau und Kinder bey mir zu sehen wen Du nur sicher reisen kanst, wie leicht köntest Du ausgeplündert werden den, jetz ist ja alles Feind gegen / einander, ich will mich der Freude noch nicht überlaßen den recht sehe ich nicht ein wie man so eine Reise wagen kan; Indeßen solte mirs der Himmel gewähren so werdet ihr mir liebe Gäste seyn, und mein Weniges wohl hinreichen Euch zu bewirthen wen mich die Franzosen unßre guten Freunde indeßen nicht wieder ausplündern.

22te Feb: ⌊Sontag⌋ Es ist mir lieb daß unßer Herzog nicht ~~noch~~ nach Warschau ⌈reisen muste.⌉ den die vielen Reisen kosten unendlich Geld und wo soll es unßer armer Herzog hernehmen, indeßen hätte Dichs doch gefreut den alten Herrn in Deinen Hauß bewirthen zu können, ich werde es ihm / oder der Herzogin erzählen, künftige Woche frühstückt sie bey mir. Vorgestern Abend war ich bey ihr zu einen tête a tête Thee welches jezt sehr selten geschieht; ich fand bey ihr die Rede des ançillon sur les grands Caracteres die gefält mir beßer als des Müllers Lobrede vom Friedrich den 2ten wo von ich dir neulich sprach ich kan überhaupt nicht begreifen warum er diese Rede frazösch gehalten, kenst Du diesen Müller? er hat mehr angenehmes in seinen Umgang als in seiner Schreibart. Wohl habe

[7] *Blatt um 90 Grad entgegen Schreibrichtung gedreht, mit Einweisungszeichen.*

ich den Seume gelesen und Käthchens empfang wen es nicht Louise war, ich fürchte doch es gehen manche Briefe verlohren den ich schrieb Dir bey Anlaß dieses Buchs / wie sonderbar böß Goethe auf mich wurde. Deinen Brief am oncle habe ich ihn geschickt, aber ich fürchte er wird Dir kein Geld schaffen können, es ist wegen der entsezlichen Contribution keins aufzutreiben. hier ein Trost; Vor einen halben Jahr fand man in Lithauen, den Ort habe ich vergeßen, eine alte Münze darauf stand, wer 1805 nicht stirbt 1806 nicht verderbt 1807 noch bleibt, der erlebt die goldne Zeit.

Hier den Anfang vom ancillon sur les grands Caracteres: Le genie est la perfection de l'entendement; un grand caractere est la perfection de la volonté.

La perfection de l'homme tout entier consiste dans la reunion d'un grand genie et d'un grand caractere

Leb wohl Du guter Fritz daß wir uns im neuen Jerusalem wieder sehen. Grüß meine schöne Tochter

(H: GSA 122/107)

18. Charlotte von Stein an Friedrich von Stein in Breslau
[Weimar], 31. März–2. April 1812

31te Merz 1812.

Da ich so lange nichts von Dir gehört habe lieber Fritz so freute mich wenigstens Mariechens Brief an Dich, ~~daß~~ ⌈den⌉ mir Carl zu schickte, Nun wieder über Geldangelegenheiten; Ich werde für Dich die zu Ostern gefällige Intereßen an die Helwig bezahlen auch die an Deinen Bruder doch erwarte ich erst Antwort darüber daß Du es nicht vielliecht schon bezahlt hast: bitte aber es so zu behandlen als hättest Du mir die assignations zugeschickt oder als hätte ich noch so viel für Dich in Rest / aber doch es so anzusehen daß ich wieder eine Zuflucht bey Dir finden kan, wen Dein Bruder deß[en] Princips ich nicht verstehe sich vielliecht wegen den jezigen Zeitläuften ~~sich~~ für berechtiget hält mich nicht mehr zu bezahlen.

Ein alter Bekanter und ehmaliger Lehrer von Dir Herr Profeßer Kästner ist vorigen Sonnabend den 28ten gestorben schon den 8ten Tag seiner Kranckheit; für die Schule hier ein groser Verlust, Griesbach in Jena, ist auch tod. Der junge Malzan der bey Kästnern in Pension war, ist nun ganz / verlaßen; Er kränckt sich daß ihm seine Mutter seit 4 Monath nicht geschrieben, ich habe ihn versprochen Dich darüber zu fragen. Schreib mir doch bald wie Dirs geht. Keine Einquartierung habe ich nicht, man wird mir wohl eine Rechnung darüber machen den alle müßen zahlen, wer nicht freywillig giebt wird taxirt, so auch sogar die Hoffdames, Frau von Wedel gab freywillig 200 rℓ .

Ich habe meinen zahmen ~~Canarxxx~~[8] ⌈Canarien⌉Vogel eingebüßt den mir meine Jungfer todgetreten, es war / ein Andencken von der Erbprinzeß von Mecklenburg, bey allen den grosen traurigen Begebenheiten der Erde schmerzte mich dies so sehr kleine doch recht sehr, Goethe war aber so artig mir heimlich den leren Vogelbauer holen zu laßen und sezte einen andern kleinen Dalilama hinein so daß ich wie getäuscht ganz das zahme Vögelchen wieder hatte

⌈1^{n} April⌉ Wir haben seit ein paar Tage keine Einmärsche; der Weg ist so schlecht. morgen noch ein paar Worte heute kan ich vor Kopffweh nicht weiter.

2^{t} April, Noch gestern kam Graf Malzan zu mir, fürchtet gar sehr sein Vater mögte ihn etwa zu / einen Landgeistlichen in die Kost thun, oder nach Berlin wo er gar nicht hin mögte, wünscht also gar sehr nach Breßlau zurück, hier wüste ich gar niemand der ihm zu sich nehmen könte, und ich dächte in Breßlau könte man ihn hinlängliche Lehrer geben, hier wird nichts aus ihm er ist sich gar zu sehr überlaßen. Sprich doch mit der Mutter davon. Man sagt sein Vater habe eine schlechte Person geheyrathet, weis es den seine ehmalige Frau? Profeßer Schulze hat einen Ruf nach Hanau angenommen und Herr Riemer der bey Goethen war ist an seine Stelle gekommen / Mich verlangt sehr wieder einmahl etwas von Dir zu hören. Kenst Du vielliecht die Dichterin eine Webers Frau deucht mir ist sie, von der ich neulich ein gar hübsches Gedicht las, sie heißt Schuberten, schlesien hat von jeher poeten ⌈von Natur⌉ gehabt. Grüß meine alten Bekanten die Deine gute Freunde sind in Breßlau Deine Frau auch unbekanter weise und sie mögte sich doch entschliesen mich den Sommer zu besuchen, wir würden gewiß gutfreund werden, wie gehts den der Frau von Lieberman mit ihrer Gesundheit, Du hast mir nichts / geantwortet als ich Dich schon einmahl nach ihr fragte. Es ist betrübt daß man sich nicht so alles schreiben kan weil man nicht weis wer seine Nase in die Briefe steckt. Vom Griesbach muß ich Dir noch etwas schreiben er hat hinterlaßen alle seine Manuscripte zu verbrennen, in seinen Testament hatte er bestimt wer ihm tragen solte, aber die Träger waren auch schon tod.

Leb wohl lieber Fritz! mache es ja möglich daß wir uns noch einmahl wiedersehen, wo nicht so sehen wir uns wieder in beßre Welten wie's in

8 *Zeilenende.*

den Lied steht Wie ⌈sie⌉ so sanft ruhn schlaff wohl Hallelujah.

(H: GSA 122/109)

19. Charlotte von Stein an Friedrich von Stein in Breslau
[Weimar], 20. und 25. Dezember 1813

20te Dec: 1813

Lieber Fritz
Vom 1ten Nov: und dan vom 24ten und endlich vom 1ten Dec: habe ich Briefe ⌈von Dir⌉ erhalten, die 2 ersten von Strachwitz und den lezten aus Breßlau. Mariechen ihren Brief hat mich recht gefreut. Ich habe ein kleines Geschenck vor ihr liegen und warte nur auf eine Gelegenheit weil das Porto so viel macht es ist ein kleines portefeuil.

Wie komts das papa Stosch nicht die Mlle Gerstmeyer selbst heyrathet und sie seinen Bruder überläßt, da er doch eine Leidenschaft für sie hat? Schreib mir ja bald von Deiner Gesundheit, ich fürchte Du köntest auch das Nervenfieber bekommen da die Frℓ in Deinen Hauß dran gestorben ist, und hättest nicht einmahl jemand um Dich, der Dich pflegen könnte, hier ist es sehr arg, auch Schach ist dran gestorben, etliche 40 Jahr war er bey mir im Hauß, es ist mir recht traurig, heute Abend wird er begraben, er starb schon den 9ten Tag, es ist sonderbar daß er vor einigen Wochen träumte die Stube über ihn sey eingefallen und die werde ihm wohl auch treffen dachte er im Traum, und nun bekam er Nachricht von den Tod seiner Muhme, das erzählte er mir einige Tage vorher ehe er sich legte und deutete es / auf sie; Nun habe ich niemand um mich herum der eine Anhänglichkeit an mich hätte, nur Du noch lieber Fritz in der Ferne; Ich habe auf Deine Empfelung die Geschichte des Westphälischen Friedens vom Woltman gelesen, aber dafür erschrocken [*Textverlust*] ~~es~~ mit den Krieg und Frieden es wie dazumahl sich auch so lange ⌈jetz⌉ hinziehen solte, überhaupt hat die Geschichte mir nichts intereßantes mehr, Kriege in jeden Jahrhundert das ist immer das Haupt The[ma] drinn. Unßer Herzog ist Generallissimus der sächs[i]schen Armee, übrigens sind wir wie beynahe in ganz Deutschland in einen sehr gedrückten Zustand das Nervenfieber beynahe Pestartig, kein Docter mehr zu haben keinen Kranckenwärter, keine Lichter keine Seife kein Stroh pp auch kein Holz

25te Dec: Heute traf Dein lieber Brief mit den Glückwunsch zu meinen Geburths-tag ein eben wie alle gute Freunde aus liebe einige, und aus

Artigkeit andere bey mir sich zu guten Wünschen versamlet hatten, Die / Grosfürstin, Erbprinz Goethe, August ⌈Goethe⌉ war schon gleich früh da, Gräfin Henckel, Beust Constance Fritsch, genug alle Hoffdamens, Schillern, Wohlzogen, und noch viele andere Damens daß meine Zimmers zu voll wurden, ich wuste gar nicht vor alle die Höfflichkeiten wo hinaus, Amelie von Kochberg hatte mir eine prächtige bisquit Torte ⌈ganz⌉ mit Eingemachten garnirt geschickt, die wurde gleich aufgezehrt, eine bouteille Malaga hatte mir Stäffchen dazu gebracht, Frℓ Kannewitz ein Arbeitsbeutel, Gräfin Henkel eine bouteille Marasquin p und noch manche kleine Geschencke von andern um mich zu speisen, von Kochberg eine fette Ganß und ein ⌈gebratenen⌉ Truthan, vom Goethe Gänßelewer Pastete, und Hecht mit Gelé, ⌈und⌉ Schälchens, daraus soltest Du nicht glauben daß manche Menschen vor Hunger sterben, ehe einen das Elend / zu Ohren komt, ich mögte die Gabe haben aber auch die Kräfte in die Winkels der Nothleidenden gehen zu können; Man macht hier Anstalt dazu und zwar sind es einige Frauens, aber das Genie fehlt uns um es mit wenig Geld zu machen da wir alle keins haben; Indeßen ich hier um Dich fürs nerven fieber in Sorgen bin, bist Du es um mich Du guter Fritz; Ich bin nun 72 Jahr und fühle mich sehr schwach besonders der ewige Kopffschmerz hindert mich an allen deswegen sehe ich auch nicht. Freylich ist unßre liebe Grosfürstin viel auf Reisen es soll ihre ⌈jetzige⌉ Reise 50 tausend rℓ gekostet haben, und noch sagt man ging sie in einigen Wochen wieder f[ort] und ich glaube nicht daran daß es ein Königreich eintragen wird ob schon der König von Sachsen sehr verdient hätte in Pension gesez[t] zu werden. Es giebt verschiedene Liebhabereyen in der Welt; Unßre gute Herzogin / hat die des Zuhauß bleibens des Sparens um der Noth entgegen zu kommen unßre Grosfürstin ist recht mitleidig aber ihre Liebhaberey ist ihre Liebenswürdigkeit auch in der Fremde zu zeigen. Jezt ist unßer Herzog in Dreßden wird aber wieder hier erwartet; Erfurth nehmlich die ⌈Stadt⌉ wird den 6ten übergeben aber die Festung noch nicht, da werden wir nicht mehr so viel zu liefern haben, den die ganze Gegend auch Rudolstadt muß sehr viel liefern, Graf Schweinitz wolte H. v. Beulwitz ⌈in Rudolstadt⌉ 50 Mann excution ins Hauß legen weil man es nicht gleich schaffen konte. Der Oberst Kleist ist gar gut und thut ihm weh daß er so viel requiriren muß, wir haben hier noch einen recht guten Preisischen Offcier oder in rußische Dienste, Herr v. Geismar, es ist der der uns rettete von den Überfall der Franzosen bey der retirade von Leipzig, er denckt gar edel, hat auch besondere Schicksale gehabt wo ihm sein Schutzgeist gerettet ich kenne ihn ⌈aber⌉ nicht, den ich gehe nicht mehr am Hoff / und nicht mehr in Geselschafft, ich bin zu allen müde. Graf Ettling ehemahls in sächsische Dienste der mit Prinz Bernhard in Italien war ist hier Hoffmarschall worden, ⌈Hoffmarschall⌉

Eklofstein mit den Tittel als Oberkamerherr in Pension gesezt ersterer ist gar ein artiger liebenswürdiger Mann und ist eine algemeine Stimme des Wohlwollens über ihn. Wen im Fall der Herzog und seine Famillie hier weg zöge so zieht mich das nicht von Weimar hinweg, ich bin zu alt um meine Wohnung anders als nur zum Grab zu verändern könte ich oder hätte ich noch Kräfte ⌈um Dir nützlich zu seyn⌉, so käm ich zu Dir. Deine Frau dauert mich daß sie so wenig Glück in sich hat da der Himmel ihr doch so viel äuseres gegeben. Ich hätte Dir gern noch von die Baskirs erzählt und von den Baskirschen Prinzen die ganz wunderbar aussehen, ich konte sie vorgestern recht beobachten als sie ⌈für⌉ der Grosfürstin sich in Reihe hier auf meinen Hoff stelten da sie in / die Kirche kam, Der Baskirsche Prinz war prächtig angezogen einen hell grünen gestreiften Samt rund herum mit Gold besetz man sagte mir er sey zugleich ihr Priester, ein rothsamt Mützchen dicht mit Gold besetz eine hoche Mütze drüber, aber die gemeinen Baskirs hatte jeder einen andern Lumpen an vielliecht hast Du aber schon alle die verschiedenen Stämme ~~schon~~ bey Dir gesehen, sie sind Turckischer Religion, sie halten hier Gottesdienst auf der Schule; Es gehen unßre Damens hin um zu zusehen Graf Ettling erzählte mir sie zögen sich ganz aus, schmißen sich auf die Erde, schienen etwas zu opffern, ⌈singen⌉ alsden ziehen sie sich wieder an schütteln aber die Kleider recht aus, da lief Graf Ettling heraus um nicht etwas mitzunehmen.

Nun lebewohl mein Guter Fritz wir werden uns gewiß irgind wo mit Liebe wieder sehen wen wir uns gleich nicht errinnern können auf was Art wir einander angehörten. Deine treue Mutter

(H: GSA 122/109)

20. Charlotte von Stein an Friedrich von Stein in Breslau
[Weimar], 24. April 1814

24 April 1814

Ich konte Dir zeither wenig schreiben den ich bin immer müde und leident und ist mir auch betrübt daß auch Deine Gesundheit nicht beßer steht und überhaupt Du nicht glücklich bist. Kanst Du mir nicht eine Anweisung geben oder Gelegenheit wo ich Dir 100 rℓ sächsisch zu schicken kan, das übrige von den Lehnstams Intereßen so mir Dein Bruder gegeben will ich noch zu Intereßen ⌈vor Dich ~~behalten~~⌉ behalten. Der Helwig habe ich das Oster halbejahr durch einen Wechsel so sie mir angewiesen zugeschickt aber sie hatte die 94 *rℓ* 17 gl / auf sächsischen curs gesetz, da es doch nur ⌈hiesig~~es~~⌉ curent ist, hat also 5 *rℓ* 21 gl 9 *dℓ* zu viel bekommen, welches Du ihr das nächste halbejahr zu Weynachten abziehen must, wen ich etwa indeßen vom Leben abgedanckt bin.

Die jetzigen Weltbegebenheiten sind so auffallend wunderbar daß ich mir noch nicht erlaube an das friedliche Ende davon zu glauben wenigstens sieht ein solcher vernunfftiger Gang der ganzen Weltgeschichte nicht gleich. Ich habe neulich etwas über der Indier 4 Perioden des Weltalters gelesen, die jetzige vierte nennen / sie Calijug oder UnglücksPeriode habe aber zu meiner grosen Zufriedenheit gefunden indem ich die Zahlen ⌈der letztern⌉ mit den 3 erstern verglichen daß wir ⌈völlig⌉ am Ende damit sind.

Dein lezter Brief war vom 7ten April die meinigen gehen wohl manchmahl verlohren den Du antwortest mir auf meine Fragen nicht. Wen der Präsident Fritsch mein Herr Gevatter, dem ich eigendlich ganz gut bin nicht falsch ist, so hat er mir geäusert er wünsche man mögte den Imhofschen das Abzugsgeld erlaßen, da es wircklich billig wäre, und ich mögte den Erbprinz veranlaßen das Gnaden Wort, da er jetz seines Vaters Bevolmächtigter ist, darüber auszu/sprechen, er hat mir gesagt ⌈nehmlich der Prinz⌉ er habe von Dir einen Brief erhalten aber sich gar über nichts geäusert was er zu thun gesonnen sey; Er hat von diesen Dingen, und überhaupt vom Leiden der Menschheit keinen Begrif, er weis nicht daß er auf Kosten seiner Unterthanen lebt, aber er denckt viel über sich selbst und mögte gerne gut seyn. Vor einigen Tagen habe ich Buschmänner 2 Männer 2 Frauen und ein Kind hier gesehen, die Männer freßen lebendige Hühner, mit der abgezognen Haut schmierten sie sich Arm und Beine; Der eine sah mir Napoleonsch aus nur daß er / eine schönere Gestallt hatte, Goethe wolte sie nicht sehen und litt auch nicht daß jemand von seiner Famillie oder Umgebungen sie sehen durfte, und Knebel der von Jena einen Tag nach ~~s~~ ihrer Abreise kam und bey Goethen abgestiegen, war auser sich daß er sie verfehlt habe, ich sah sie zweymahl mit der Herzogin, die schenckte ihnen allerhand, Schauls, Tücher, Bänder, Perlen, pp dies hingen sie alles an sich herum und freuden sich gar sehr küsten uns die Hände, wolten uns nicht / fort laßen, wir solten uns bey sie hinlegen, das wiesen sie alles durch Pantomime, ihr Wärter war mit Lichtenstein bey die Kaffern und Buschmänner gewesen, und verstand ihre Sprache, er lobte aber ihr moralisches gar nicht, und fand sich sehr unglücklich diesen Erwerb treiben zu müßen, sie musten auch singen, ihre Stimmen waren auserordentlich schön, pp. Goethe wie man sagt hat seinen Sohn nicht wollen ~~unter~~ ⌈mit⌉ die Freywilligen gehen laßen, und ist der einzige junge Mensch von Stand / der hier zu Hauß geblieben, Sein Vater scheint gar unßren jetzigen enthousiasmus nicht zu theilen, man darf nichts von politischen Sachen bey ihm reden und doch ist gewiß seit Jahrhunderten nichts intereßanteres vorgekommen. er ließt auch keine Zeitung – wohl sind sie nicht allemahl wahr aber doch nicht so lügenhaft als wie sie auf Befehl Napoleons geschrieben wurden. Wir hören hier die Neuigkeiten von die durchgehende Curire ziemlich bald und auch durch die Preusischen und rußischen Commandanten / die hier sind; Wir haben hier auch noch Baskirs; Die cidatelle in Erfort hat sich noch immer nicht ergeben, sie erwartet erst noch Befehl: Man sagt Napoleon habe sich Deutsche zur Escord[e] nach der Insel Elba ausgebete[n] und seine Gemahlin ginge zu ihren Vater zurück, das kan ich ihr auch nicht übel nehmen wen sie diesen niedrigen ⌈wortbrüchichen⌉ Räuber verläßt, viele aber nehmens ihr übel. Nun lebe wohl mein guter lieber Fritz, schreib mir bald wieder, ich finde nicht gut daß Du einen catholischen Hoffmeister gewählt. ↑Wir haben jetz einen Preusischen↑ / ↑Residenten hier mit seiner Frau H. von Metthing rechte gute Leute.↑[9]

(H: GSA 122/110)

21. Charlotte von Stein an Carl Ludwig von Knebel in Jena

[Weimar], 23. April 1825

23te April
1825

Theuerster Freund!

Nur ein Zeigen des Lebens kan ich Ihnen heute geben, übrigens sitze ich wie eine Bagote, und dencke mir nur Herders Vers, Grauhähriger Thor wie lange Zeit hast Du gerungen mit Müh und Leid,
und immer gehoft auf Morgen Frist
bis er am Morgen gestorben ist. /

Unßre Herschafften sind leidlich wohl; Vom Großherzog erzählt man er werde an seinen Jubeleum die Regierung niederlegen, und von der Herzogin von Gotha sagt man, sie werde hierher ziehen und das Olershausische Hauß kaufen, das hat mir eine Tagelöhnern erzehlt / An der guten Alefeld habe ich Ihnen eine angenehme Corespondentin ⌈zugewiesen⌉ Sie ist mein einziger Trost in meinen hülflosen Zustand.

[9] *Blatt um 180 Grad gedreht. Satzbeginn der Einfügung auf der fünften Seite, Fortsetzung der Einfügung auf der letzten Seite des Briefes.*

Der arme Hoffrath Meyer hat seine Frau verlohren. Es ist ein toller Einfal vom Prinz Bernhart nach amerika zu gehen. Der Eschweh / gehts wohl. Stäfchen ist sehr wacklich, grüßt freundlichst, Leben Sie mit den Ihrigen recht wohl und Sonnigt wie der heutige Morgen, wie ist doch der Mensch so nahe mit der Erde verwand, bald eine Erdscholle bald ihr befehlend.

(GSA 54/274,11)

22. Charlotte von Stein an Carl Ludwig von Knebel in Jena

Weimar, 29. Juni 1825

Es ist mir immer sehr angenehm etwas von Ihrer Hand zu sehen aber leider müßen Sie theuerster ⌈Freund⌉ wegen Abwesenheit der Alefeld nur mit meinen wenigen Zeilen vorlieb nehmen, auch Stäfchen die sich Ihnen empfielt ist ganz caduc. Wen man so lange lebt wie ich, so stirbt einen so alles ab, Sie sind ein treuer Freund, die Welt Kinder die mit sich selbst so viel zu schaffen haben wie ⌈Sie⌉ sagen, sind doch am glücklichsten, ins Weite des großen Weltals vertieft, bleibt man stecken. Ich bedauere sehr die liebe Frau daß sie an Kopffweh leidet, es ist auch mein täglich Brod, kaum habe ich ein paar Stunden Ruh, besonders darf ich nicht schreiben. Heute oder / vielmehr alleweile wird das abgebrnde Theater errichtet, es gehen Baucken und Trompeten erzäht mir meine Jungfer, den ich höre so etwas nicht mehr; ich mögte jetz in einen Planeten wohnen wo man mit Gedancken miteinander reden kan; Ich lese jetz den astronomischen Kinder Freund, und da würden Sie schon wißen wie herzlich ich Ihnen ergeben bin.

V. Stein
gebℓ v. Schardt

Weimar
den 29ten Juni
1825

(GSA 54/274,11)

23. Charlotte von Stein an Carl Ludwig von Knebel in Jena
[Weimar], 16. Juli 1825

den 16 Juli
1825

haben Sie tausend Danck für Ihre lieben Zeilen es geht jetz halbweg mit mir, nur zittert die Hand und das Augenlicht verbirgt sich und alle meine Federn sperren die Schnäbels auf so daß ich sie verkehrt nehmen muß, dabey Niemand / der mir meine 82 Jahr erleichtert, alle meine Freunde sind verreißt oder kranck, Stäffchen mit guten Willen aber unfähig empfielt sich; Ihnen lieber Freund darf ich das alles klagen Sie verzeihen mir / und schicken mir gar etwas zur Stärckung. Den Brief will ich besorgen; Möge Ihnen die Welt imer in schönen Licht erscheinen und es Ihnen wohl seyn. Vor einigen Tagen schenckte mir der berühmte Goethe sein Medaillon in der Schweitz / ~~in der Sch~~ gemacht wie ich höre, es ist sehr schön und hat mir grose Freude gemacht Der lieben Frau, Bernhardchen, und allen die Ihnen lieb sind, meine beste Grüße, Die Wärme ist mir wohlthätig Ihnen wo die Geistes Flamme noch lodert, muß sie freylich incomodiren.

⌉tausend lebewohl v Stein⌉[10]

(GSA 54/274,11)

24. Charlotte von Stein an Carl Ludwig von Knebel in Jena
[Weimar], 30. Juli 1825

30te Juli 1825

Im Mond so schön er auch jetz scheint, wollen wir nicht reisen, lieber in einen Comet, da kan man die Gestirne recht studieren, jetz lieber Freund reise ich mit meinen Gedancken nur zu Ihnen dancke für alles liebe und Gute womit Sie meinen Geist manchmahl erquiken, noch gestern / noch gestern fand ich hübsche liebliche Verse an mich gedichtet im April. Meine Freunde werden nun bald wiederkommen – wen sie nicht fortune gemacht haben. Wie gern mögt ich Bernhardchen auf sein hübsches Briefchen antworten aber es will nicht mehr gehn, möge er ferner / Ihnen zur Freude leben, ich grüße ihm freundlichst.

---

[10] *Blatt um 90 Grad entgegen Schreibrichtung gedreht.*

Ich habe no. vom orakel nicht bekommen, die doppelte no. schicken Sie mir nicht wieder;

Die Nacht war ich wie in der Hölle, jetz da ich Ihnen schreibe wird mir wohler, ich empfele mich alle den Ihrigen. adio

V. Stein

(GSA 54/274,11)

25. Charlotte von Stein an Carl Ludwig von Knebel in Jena

[Weimar], 27. Dezember 1825

~~26~~^{te} ⌊27⌋ Dec: 1825

Ich erhasche einen Augenblik von Aufleben die mir Ihre Liebe Zeilen am 25^{t} gaben um Ihnen herzlich dafür zu dancken und werde hoffendlich das Andencken meiner Freunde jenseits Lethes Ufer erhalten, ob ich gleich übrigens mit Lamar / lamartine sagen mögte

Zu viel hab ich gesehn, geliebt empfunden,
Noch lebend dürst ich schon nach Lethes Reich
Sind ihre schönen Ufer mir gefunden?
Vergeßenheit mein Glück allein bist Du.

Ich mögte wohl den Lamartine französch lesen
~~sie~~ ⌈seine Poesien⌉ sprechen mich sehr an /
Leben Sie wohl theurer Freund

Ihre treue
Verehrerin
v. Stein
gebℓ v. Schardt

(GSA 54/274,11)

Katalog der Ausstellung
im Goethe- und Schiller-Archiv 2017

Kat. 1
Unbekannter Künstler

Vier Damen im Weimarer Park

Um 1790, schwarzes Papier, Feder und Tusche, laviert, 250 × 386 mm
Klassik Stiftung Weimar, Museen, Inv.-Nr. AK 2758

Die aus Goethes Besitz überlieferte Silhouette zeigt vier elegant gekleidete Damen im vertrauten Gespräch in freier Natur. Es dürfte sich um die drei Töchter sowie die Ehefrau des Geheimen Rats und herzoglich-sächsischen Hofmarschalls Johann Wilhelm Christian von Schardt (um 1711–1790) handeln. Am linken Bildrand steht die jüngste, unverheiratet gebliebene Tochter Amalie (1756–1819). Von schwacher körperlicher Konstitution, zog sie sich in späteren Jahren in das Damenstift Wasungen zurück. Sie wendet sich ihrer 14 Jahre älteren Schwester Charlotte zu. Das rechte Bildfeld zeigt die mittlere Schwester Louise (1750–1803). Seit 1775 mit dem ehemaligen württembergischen Offizier und Indien-Reisenden Carl von Imhoff verheiratet, lebte sie zunächst auf dessen Familiengut in Mörlach bei Nürnberg. Nach der Trennung des Paars zog sie 1787 nach Weimar. Auf der Parkbank ihr zugewandt sitzt die Mutter, Concordia Elisabeth, geb. Irving of Drum (1724–1802). Sie entstammte einer seit dem 15. Jahrhundert in Deutschland ansässigen Familie mit schottischen Wurzeln. Ungewöhnlich ernst und tief religiös, legte sie im Unterschied zu ihrem Mann wenig Wert auf höfische Repräsentation und prägte in dieser Hinsicht auch ihre Tochter Charlotte.

Das Gruppenporträt zeigt die Familie vor dem Hintergrund des im Weimarer Park gelegenen »Tempelherrenhauses«. Das von der herzoglichen Familie als Gartensalon genutzte Gebäude im gotischen Geschmack war 1786/87 anstelle eines alten Orangen- oder Gewächshauses errichtet worden. Es bietet einen Hinweis auf die Datierung der unbezeichneten Silhouette, die als Erinnerungsbild der 1790 verwitweten Concordia Elisabeth von Schardt interpretiert werden kann. AR

Kat. 2
Gottlob Ernst Josias Friedrich von Stein

Brief an Charlotte von Stein, [12. Oktober 1777]

1 Blatt (ursprünglich Doppelblatt, Bl. 2 abgerissen, dessen Verbleib unbekannt), wahrscheinlich 4 Seiten beschrieben, gezeigt S. 1: »Es ist gantz besonders, meine liebe beste wie ich dich liebe, ich sehne mich so sehr nach dir daß ich mir immer vorstelle: wenn ich nach Kochberg gieng, wenn der Hertzog nicht gestern abend angekommen wäre und morgen Dürckheim erwartet würde mit welchen ich nach Leibzig zu gehen gedencke so wäre ich heute zu meinen Ciebigern gekommen, ach gute Frau, es ist doch gar hübsch dein Mann seyn wenn man von dir geliebt wird. Warum ich die Schaafe nicht gerne verpachten will ist, weil erstℓ. nach Ulitsch Meynung wir übel thun würden die Schaaf in dermahligen wohlfeilen Zeit taxiren zu laßen [...].«
Landesarchiv Thüringen – Staatsarchiv Rudolstadt, Archiv Großkochberg Nr. F 828, Bl. 62r

Das vorliegende, nur bruchstückhaft erhaltene Blatt zählt zu den wenigen überlieferten Briefen von Gottlob Ernst Josias Friedrich von Stein an seine Frau Charlotte. Josias von Stein schreibt am 12. Oktober 1777 von Schloss Belvedere, wo er Herzog Carl August, der am Tag zuvor von einer Reise nach Eisenach wiedergekommen war, empfangen hatte. Er selbst plant in den folgenden Tagen mit Franz Christian Eckbrecht von Dürckheim, seit 1768 als Prinzenerzieher am Meininger Hof, nach Leipzig aufzubrechen. Charlotte hält sich auf dem Gut der Familie in Kochberg auf.

In seinem Brief nennt Josias von Stein seine Frau und Kinder scherzhaft »Ciebiger«, wahrscheinlich in Anlehnung an »kiebig«, zänkisch, grollend. Offenbar gab es Meinungsverschiedenheiten in Bezug auf die Bewirtschaftung des Gutes, vornehmlich bei der Verpachtung des Schafbestandes. Unwägbarkeiten wie schlechtes Wetter, die Preisentwicklung auf den Märkten und die Unsicherheiten von Angebot und Nachfrage halten Josias von Stein von einer Verpachtung ab. »Wenn dir es lieber wäre ich verpachtete die Schäferein [...]; so sags, was thu ich dir nicht zu Gefallen«, bemerkt er am Ende einlenkend. Josias von Stein war gezwungen, in Kochberg ökonomisch zu wirtschaften. Das Schloss und seine Güter waren mit hohen Schulden belastet, die durch den Kauf des Anwesens und den frühen Tod des Vaters entstanden waren. Erst in den 1780er Jahren warfen die Güter Erträge ab, wozu eine Schnapsbrennerei, der Verkauf von Holz aus den umliegenden Wäldern, Fischerei, später auch die Aufzucht von Mastochsen sowie Pachteinnahmen beitrugen. YP

Kat. 3
Charlotte von Lengefeld verh. von Schiller

Stammbuch mit Einträgen von Josias und Charlotte von Stein, 2. März 1787

1779–1788, Ledereinband im Schuber, 56 Blatt, gezeigt Bl. 9 und 10 (Doppelseite): [1] »Erlauben mir Ew: Gnadl. Ihnen durch diese Zeilen das Spiegel sehen unterthänigst zu empfehlen und darinnen Ihnen eine meiner Freundinnen erscheinen zu laßen die mir unschätzbaar, schöner wie Gold ist / Ihr unterthäniger Stein /2 Märtz 87.«; [2] »Glücklich wer den beruhigenden Frieden geniesen kan welcher aus der Übereinstimmung unßerer Entzwecke, und unßerer Grundsätze, mit unßren Handlungen entsteht. / In den Frieden leben Sie. Möge nun auch Ihr Wille und Neigung zusammenstimmen immer ein wenig zu lieben / Ihre treue Freundin Charlotte v. Stein /den 2^{t} Mertz 1787.«
Klassik Stiftung Weimar, Goethe- und Schiller-Archiv, GSA 83/1959

Als sich Charlotte und Josias von Stein im Frühjahr 1787 in das Stammbuch Charlotte von Lengefelds eintrugen, waren sie seit etwa 23 Jahren verheiratet. Von den sieben Kindern des Paares lebten nur noch die drei Söhne, alle vier Töchter waren im Säuglingsalter gestorben. Der Ehemann litt seit fast einem Jahr an einer nicht näher zu bestimmenden Krankheit, von der er sich nie mehr vollständig erholen sollte.

Josias von Stein (1735–1793), Gutsbesitzer von Kochberg und sachsen-weimarischer Oberstallmeister, wird von den Zeitgenossen als gut aussehender Mann, weltgewandter Kavalier, zuverlässiger Beamter, angenehmer Gesellschafter, guter Tänzer und hervorragender Reiter beschrieben. Er galt als gutherzig und aufrichtig, heiter und glaubensstark. Einen Großteil seiner Zeit verbrachte er auf dienstlichen Reisen, etwa um Pferde zu kaufen. Statt wissenschaftlicher oder künstlerischer Ambitionen besaß er eine Neigung fürs Praktische. Anders als seine Frau verkehrte er fast täglich bei Hof. Trotz unterschiedlicher Interessen und Lebensweisen wusste Charlotte von Stein die guten Eigenschaften ihres Mannes zu schätzen. Er sei »so artig« gegen sie, dass sie »allen guten Frauen ein gleiches Betragen von ihren Männern wünschte«, schrieb sie im Dezember 1787 an Charlotte von Lengefeld.

ER

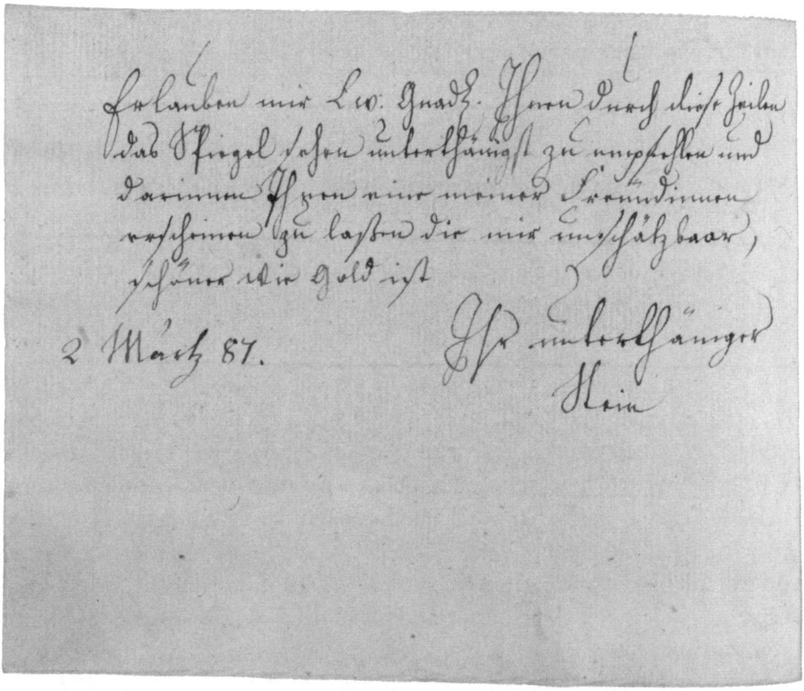

Erlauben mir Ew: Gnad: Ihnen durch diese Zeilen das Spiegelchen unterthänigst zu empfehlen und darinnen Ihnen eine meiner Freundinnen erscheinen zu lassen die mir unschätzbaar, schöner als Gold ist

2 März 87.

Ihr unterthäniger
Stein

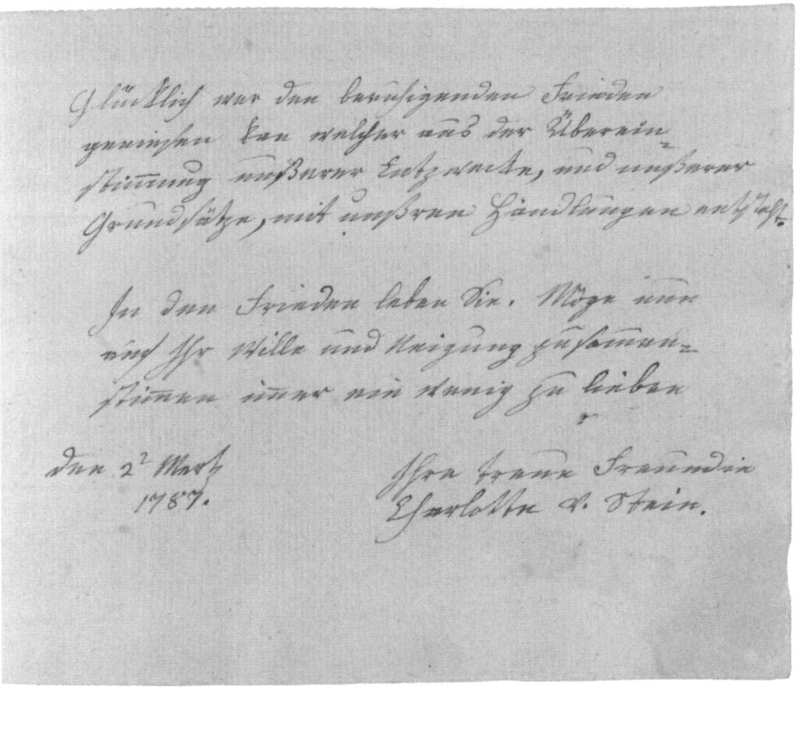

Glücklich wer den beruhigenden Frieden genießen kan welcher aus der Überein-stimmung unßerer Entzwecke, und unßerer Grundsätze, mit unßren Handlungen entsteht.

In dem Frieden leben Sie. Möge nun auch Ihr Wille und Neigung zusammen-stimmen mir ein wenig zu lieben

den 2t Marz 1787.

Ihre treue Freundin
Charlotte v. Stein.

Kat. 4
Carl Ludwig von Knebel

»Lebensblüthen«. Visiten- und Spielkärtchen mit Abschriften Sophie von Schardts

Undatiert, Feder, Tusche und Aquarell auf Papier; [1] »Jeder Tag ist ein Leben, an jeglichem Abend, begräbt ein | Weiser sich, oder ein Thor, je nachdem er gelebt.«; [2] »Schöne Seele, du warmer, du lieblicher Hauch aus der Wüste, | Wo du mein Leben berührst, sproßt dir ein grünender Zweig.«
Freies Deutsches Hochstift, Frankfurt am Main, Hs-9933

Zur »Nahrung oder Unterhaltung« im literarisch-geselligen Kreis sandte Knebel im Januar 1784 eine Reihe von Denksprüchen in Distichen nach Weimar. »Daß Ihnen meine Zeilchen wohl gethan, freut mich gar sehr. Henriette und ich kriegten den Einfall, daß unter den tausend Allmanachen die es jezt giebt, einer nicht übel seyn würde, der zu jedem Tag einen Spruch, einen Gedanken, eine Empfindung sezte«, schrieb er an Sophie von Schardt, die Schwägerin und Freundin Charlotte von Steins. Mit seinen anspielungsreichen Zweizeilern traf Knebel den Geschmack der Weimarer Freundinnen. Sie fanden so großen Gefallen daran, dass Charlotte von Stein ihn bat: »Sie erlauben mir doch die Abschrifft von Ihren Denckspüchen, die uns einigemahl von angenehmer Unterhaltung gewesen sind wen wir zusammen waren, wir zogen rey um und nahmen sie manchmahl als geheime Deutung des Tadels oder des Lobes vor uns selbst[.]«

Im Frankfurter Nachlass Charlotte von Steins haben sich insgesamt 19 Kärtchen mit Abschriften von ihrer und Sophie von Schardts Hand erhalten. Gedruckt erschienen Knebels Sprüche erstmals 1801 in Herders *Adrastea*, 1826 veröffentlichte er sie erneut unter seinen poetischen *Lebensblüthen*.
AM

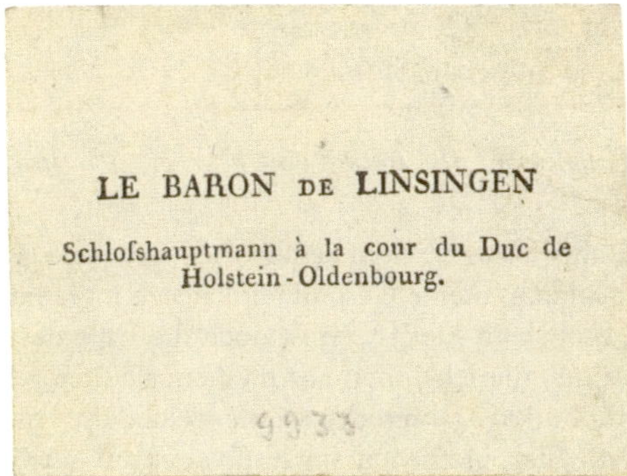
LE BARON DE LINSINGEN
Schloſshauptmann à la cour du Duc de Holstein-Oldenbourg.

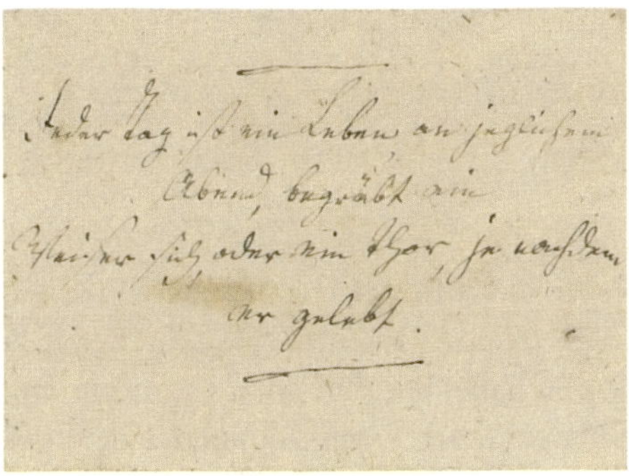

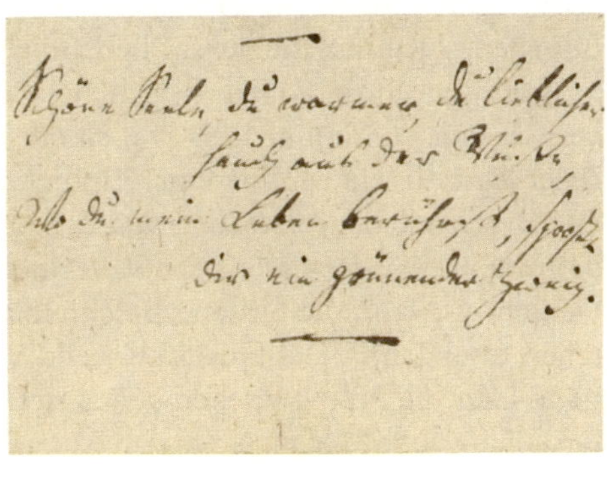

Kat. 5
Charlotte von Stein

Brief an Carl Ludwig von Knebel, 13. Juni 1789

Doppelblatt, 3 Seiten beschrieben, gezeigt S. 1: »[…] Meine hiesige Existens ist sehr glücklich, meine Gesundheit hat sich ungemein gebeßert, und obgleich gar wenig Geselschafft hier ist, so ist doch die Lage des Orts, meine lustige Aussicht auf die Lahne, die ich Ihnen aus meinem Fenster gezeignet, schicke, und das beständige hin und her fahren der Kähne welche Proviant vor die Brunnen Gäste holen, sehr erfreulich anzusehen, ich hoffe noch auf gute Tage wo ich über die Lahne kan, den gegen über sollen viel schönere Plätzgen zum Zeignen seyn, die habe ich Ihnen alle zu Visitten Billets bestimt. / Ich declamire mir Ihr schönes Otahaite und träume ich wäre hier auf diesen glücklichen Ufern: Ich habe Ihnen noch nicht einmahl für Ihr schönes Gedicht gedanckt es hat mir sehr wohlgefallen […].«
Klassik Stiftung Weimar, Goethe- und Schiller-Archiv, GSA 54/274,2, Bl. 11

Charlotte von Stein

Ansicht von Bad Ems

Juni 1789, Bleistift und Feder, laviert, 65 × 123 mm
Klassik Stiftung Weimar, Museen, Inv.-Nr. Gr-2016/641

Wie jede Dame der Weimarer Gesellschaft übte sich auch Charlotte von Stein im Zeichnen. Wie das Spiel auf der Gitarre oder Übungen in der englischen Sprache bot ihr eine zeichnerische Betätigung die Möglichkeit, persönlichen Geschmack und erworbene Fertigkeiten unter Beweis zu stellen. Ihr dilettierendes Selbstverständnis beschrieb Charlotte von Stein gegenüber Carl Ludwig von Knebel am 5. Januar 1791 mit folgenden Worten: »[M]anchmahl erlerne ich nur etwas um meiner Seele auf eine Weile eine andere Richtung zu geben und dann laß ichs wieder liegen, man muß sich mit allerley Kunstgriffe durchs Leben helfen.«

Auch von ihren Reisen berichtete Charlotte von Stein ihrem Seelenverwandten, so im Juni 1789 von einem Kuraufenthalt in Bad Ems. Ihrem Brief legte sie eine kleine eigenhändige Zeichnung bei, um dem Freund eine anschauliche Vorstellung von der idyllischen Lage dieses Badeorts zu vermitteln. An der Lahn sitzend, rezitiert sie Knebels 1787 entstandenes Gedicht *Otaheiti*, die lyrische Beschreibung einer Landung auf der pazifischen Insel Tahiti. Der Fluss ist visuelle Metapher für den Lauf des Lebens, seine Ufer die Pole, zwischen denen sich die Zeichnerin bewegt. AR

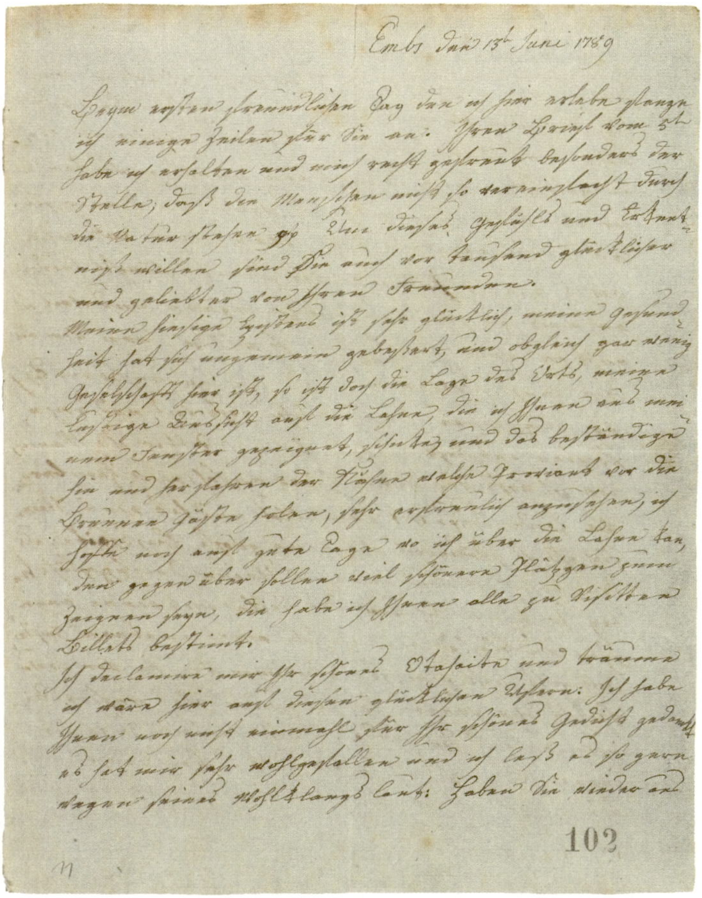
Embs den 13t Juni 1789

102

Kat. 6
Johann Wilhelm Wendt (?)

Charlotte von Stein mit der Büste ihres Sohnes Friedrich

Um 1780, schwarzes Glanzpapier, Feder in Schwarz auf aquarelliertem Grund, 310 × 240 mm; Begleittext zum Kupferstich im *Essai sur la Physiognomonie* (Bd. 2, 1783, S. 187; Übersetzung HC): »Frau von St. / Ich überlasse den Kennern die Aufgabe, über die Frauenfigur zu urteilen. In ihrem Ganzen scheint sie mir von den Edelsten, fast spirituell zu sein. Ich finde in ihr, was ich so selten finde: viel Harmonie im Ganzen. Das Profil an sich, die Art, wie sie die Büste hält, die allgemeine Haltung des Körpers, dies alles zeigt – und ich bin mir sicher, auch wenn ich das Original nur vom Namen her kenne – einen hohen Sinn, viel Mut, Entschlossenheit und Standhaftigkeit. Dieses Gesicht scheint eine sehr seltene Qualität bei Männern und noch seltener bei Frauen mit Gewissheit zu versprechen: Die Kunst, in Ruhe und mit Interesse zuzuhören, eine Kunst, die so viele Sachen umfasst, die den Menschen so schätzbar für Herz und für Geist macht. Über jemanden zu sagen, dass er ohne Affektation in Ruhe und mit Interesse zuhöre, ist das schönste Lob, das man machen kann.«
Klassik Stiftung Weimar, Museen, Inv.-Nr. KSi/AK 2900

Die nach rechts gewandte Ganzkörperfigur Charlotte von Steins hält die Büste ihres Sohnes Friedrich in den Händen. Goethe schickte die Silhouette Johann Caspar Lavater in Zürich, der sie in der französischen Ausgabe seiner Physiognomik unmittelbar nach einem Schattenriss von Goethe und Friedrich von Stein abdrucken ließ. Der Begleittext des Schweizer Pfarrers begründet das später tradierte Bild Charlotte von Steins als Goethe-Freundin und Muse, auch wenn ihr Name nicht vollständig aufgeführt wurde. Lavaters Charakterisierung Charlotte von Steins als gute Zuhörerin, die dem Genie mit ihrem harmonischen Wesen Gleichgewicht gibt, geht auf Goethe selbst zurück. In dessen Brief an Lavater vom 20. September 1780 heißt es: »Auch thut der Talisman iener schönen Liebe womit die *St.* mein Leben würzt sehr viel. Sie hat meine Mutter, Schwester und Geliebten nach und nach geerbt, und es hat sich ein Band geflochten wie die Bände der Natur sind.«

Bereits 1777 hatte Lavater eine Charakteristik Charlotte von Steins in der deutschen Ausgabe der *Physiognomischen Fragmente* veröffentlicht. Dabei stützte er sich auf einen Brief Goethes vom 24. Juli 1775 mit der Beschreibung ihrer Silhouette. Goethe hatte darin noch vor der ersten persönlichen Begegnung »Festigkeit« und ein »Gefälliges unverändertes Wohnen des Gegenstands« als wesentliche Charakterzüge der Porträtierten hervorgehoben. HC

Kat. 7
Johann Wolfgang Goethe

Charlotte von Stein (?)

Um 1777, schwarze Kreide, 485 × 373 mm
Klassik Stiftung Weimar, Museen, Inv.-Nr. GGz/1945

Schon vor ihrem ersten Zusammentreffen in Weimar begegnete Goethe einem Bildnis Charlotte von Steins. Im Oktober 1775 berichtete ihr der gemeinsame Freund Johann Georg Zimmermann, dass der Dichter in Straßburg ihren Schattenriss gesehen und mit den Worten kommentiert habe: »Es wäre ein herrliches Schauspiel zu sehen, wie die Welt sich in dieser Seele spiegelt. *Sie sieht die Welt wie sie ist*, und doch durch's *Medium der Liebe.*« Diese Deutung bildete den bemerkenswerten Auftakt zu ihrer späteren Beziehung, die sich nicht zuletzt im Medium der Zeichnung entfaltete.

Von Jugend an hatte Goethe die Gewohnheit, Freunde und Bekannte bildlich festzuhalten – eine Neigung, die er auch nach seiner im November 1775 erfolgten Ankunft in Weimar pflegte. Anlässlich seiner durch Lavaters Physiognomik angeregten Arbeit an einem Selbstbildnis teilte er Charlotte von Stein am 14. März 1777 mit, er habe »grose Lust und Hofnung Sie zu zeichnen«. Mit Eifer widmete sich Goethe in den folgenden zwei Wochen den fast täglichen Porträtsitzungen, die er mit launigen Briefen begleitete: »Wie sieht das Bild heute aus? und was macht das Original?« Mit hoher Wahrscheinlichkeit handelt es sich bei der hier gezeigten großformatigen Kreidestudie um das Ergebnis dieser Sitzungen. Trotz kleiner Schwächen wie dem unorganisch gelösten Halsansatz beeindruckt dieses Profilbildnis vor einem neutralen dunklen Hintergrund durch sorgfältig ausgeführte Details wie die kunstvolle Hochsteckfrisur oder die weiche Modellierung des Gesichts. Sie bezeugen eine evidente emotionale Nähe zwischen Zeichner und Modell. Goethe selbst maß seinem Werk eine besondere Bedeutung bei. So nahm er sein »gestümpert Bild« im September 1777 mit auf eine Reise nach Eisenach, um sich die Abwesende zu vergegenwärtigen und den »weite[n] Weeg« zu ihr zu überbrücken. AR

Kat. 8
Johann Wolfgang Goethe

Briefe an Charlotte von Stein, 1779/80

Konvolut mit 241 Briefen auf 124 Trägerblättern, gezeigt Bl. 89: zwei Briefe Goethes, ein Brief Herzog Carl Augusts von Sachsen-Weimar und Eisenach: [1] »Hier ist ein Bild. Sezzen Sie es aufs Camin, denn es muss hoch stehen, und üben Sie die Phisiognomick. Adieu beste / G«; [2] »Da ich den gantzen tag zu Hause bin, so wäre es Ihnen ja vieleicht nicht ungelegen mich zu Hause zu laßen, u. um diese zeit /nehml. um 6 Uhr/ zu mir ins Closter zu kommen, die Waldnern, u. Autorem mit zubringen, u. die Vögel in meine Aschen fliegen zu laßen. Sie würden ein außerordentl. schönes gezwitscher, u. gequittscher machen, u. ich wäre dann auch ehe imstande, der Nothwendigkeit ein genüge zu leisten, welche mir Huflands sehr spät genommene Rhabarber imponirt. Ich bitte um Antwort. / C. AHzS«; [3] »Liebste noch einen guten Morgen. Wir werden bösen Weeg haben. Ich seh Sie bald wieder. gegen 4 Uhr / G«
Klassik Stiftung Weimar, Goethe- und Schiller-Archiv, GSA 29/487,I

Schon kurz nach Beginn seiner Korrespondenz mit Charlotte von Stein im Januar 1776 wurde dieser briefliche Austausch für Goethe zu einem Grundbedürfnis. »Wie kann ich seyn ohne Ihnen zu schreiben«, beginnt sein Brief vom 7. Juni 1776. An keine andere Person hat er jemals häufiger und in dichterer Folge geschrieben. Insgesamt sind mehr als 1.770 Briefe Goethes an Charlotte von Stein überliefert, etwa 1.600 davon stammen aus dem ersten Weimarer Jahrzehnt. Auch wenn Goethe nicht müde wird, seine Liebe immer aufs Neue zu beteuern, ist die Thematik der Briefe weitaus umfassender. Er schreibt über häusliche und familiäre Angelegenheiten ebenso wie über gemeinsame Lektüre und botanische und mineralogische Interessen, seine Dichtungen oder die amtliche Tätigkeit. Wie die Briefe belegen, wurde Charlotte von Stein bis zum Antritt der italienischen Reise im September 1786 zur wichtigsten Bezugsperson Goethes.

Die Briefe an sie sind mit wenigen Ausnahmen in sieben Bänden überliefert, deren Anlage auf Karl von Stein, den Enkel der Adressatin, zurückgeht. Die hier gezeigten »Zettelgen« gehören zu den unzähligen kurzen Mitteilungen von Haus zu Haus, die Goethe zeitweise fast täglich an die Freundin schrieb. Mit dem ersten Brief übersandte er wie so häufig ein Geschenk, vielleicht seine von Martin Gottlieb Klauer geschaffene Porträtbüste. Der zweite Brief entstand vermutlich kurz vor einer Reise nach Leipzig im April 1780 mit Herzog Carl August. Von diesem stammt das dritte Billett, das in so enger Verbindung zu Goethe steht, dass die Empfängerin es unter dessen Briefen aufbewahrte. ER

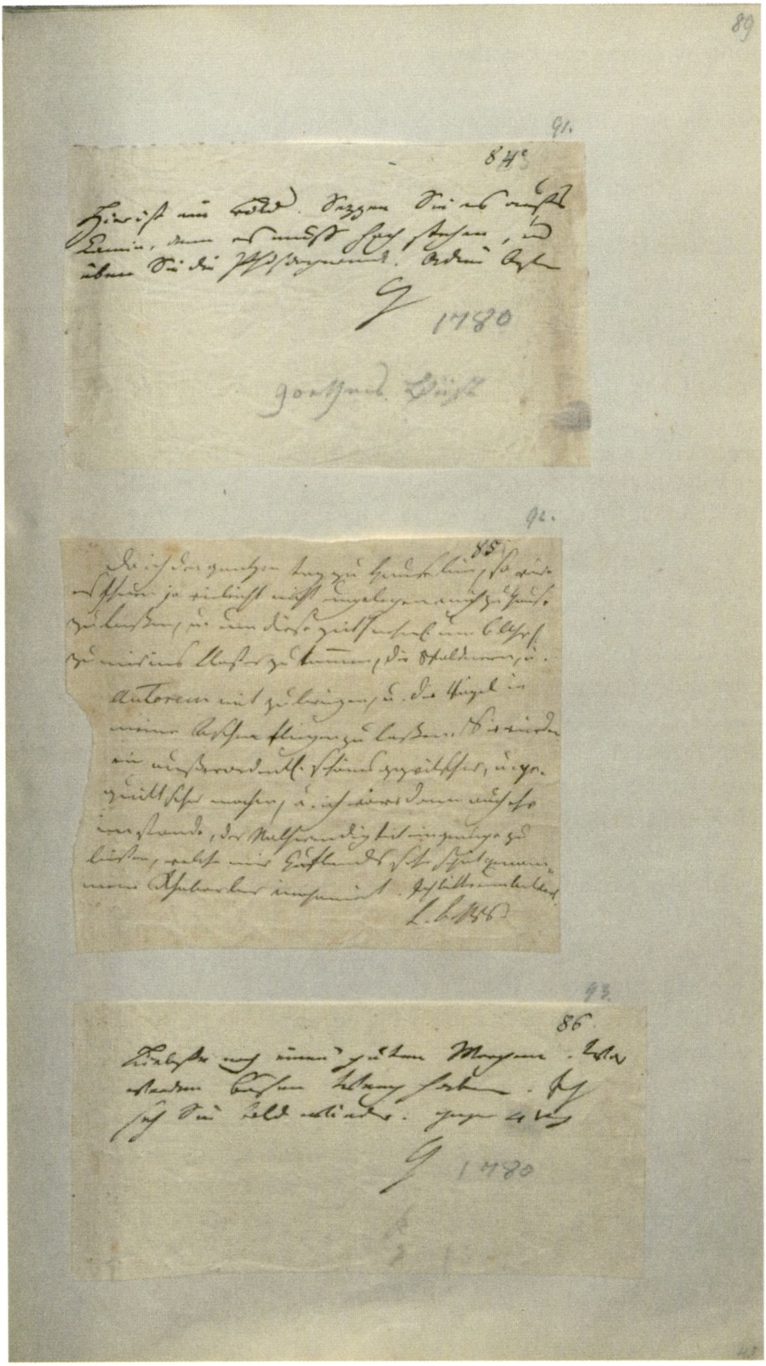

Kat. 9
Johann Wolfgang von Goethe

Reise-Tagebuch für Charlotte von Stein, 1786

203 Blatt, gezeigt Titelblatt: »Reise-Tagebuch erstes Stück. / Von Carlsbad auf den Brenner in Tyrol. / 1786.«
Klassik Stiftung Weimar, Goethe- und Schiller-Archiv, GSA 27/9

Johann Wolfgang von Goethe

Brief an Charlotte von Stein, 15. und 17./18. November 1786

Doppelblatt, 4 Seiten beschrieben, gezeigt S. 2 und 3, Abb. S. 412f.; Transkriptionen vgl. GB, Bd. 7 I, S. 30f.
Klassik Stiftung Weimar, Goethe- und Schiller-Archiv, GSA 29/493I,1, Bl. 14f.

Als Goethe am 3. September 1786 von Karlsbad nach Italien aufbrach, war in der Weimarer Gesellschaft niemand über die Reise unterrichtet. Auch Charlotte von Stein hatte er nicht in seine Pläne eingeweiht. Goethes Hauptziel war Rom, Sehnsuchtsort und »Hauptstadt der Welt«. Den Reiseverlauf und die wichtigsten Erlebnisse bis zur Ankunft hielt Goethe in einem Tagebuch für Charlotte von Stein fest. Die ersten vier Teile sandte er Mitte Oktober aus Venedig, den fünften Teil Anfang November aus Rom nach Weimar. Die Lektüre half Charlotte von Stein, den durch die verheimlichte Reise erfahrenen Vertrauensbruch zu überwinden und sich dem Freund wieder anzunähern. 1814/15 nutzte Goethe die Aufzeichnungen für die *Italiänische Reise*. Die halbbrüchige Anlage des Tagebuchs machte Nachträge leicht möglich. Goethe wählte sie vermutlich schon mit Blick auf eine künftige literarische Bearbeitung.

Auch während seines gesamten Italienaufenthalts bis Juni 1788 suchte Goethe den gewohnten intensiven Briefverkehr mit Charlotte von Stein fortzusetzen. Insgesamt lassen sich 70 Briefe nachweisen, 31 davon sind erhalten. Schon kurz nach seiner Rückkehr aus Italien erbat er die Briefe zurück. Wie das *Reise-Tagebuch* nutzte er auch die Briefe als Materialgrundlage für die *Italiänische Reise*. Davon zeugen eindrucksvoll Markierungen, Streichungen und Korrekturen mit Rötel, Bleistift oder Tinte, die Goethe in den Handschriften vorgenommen hat. VG

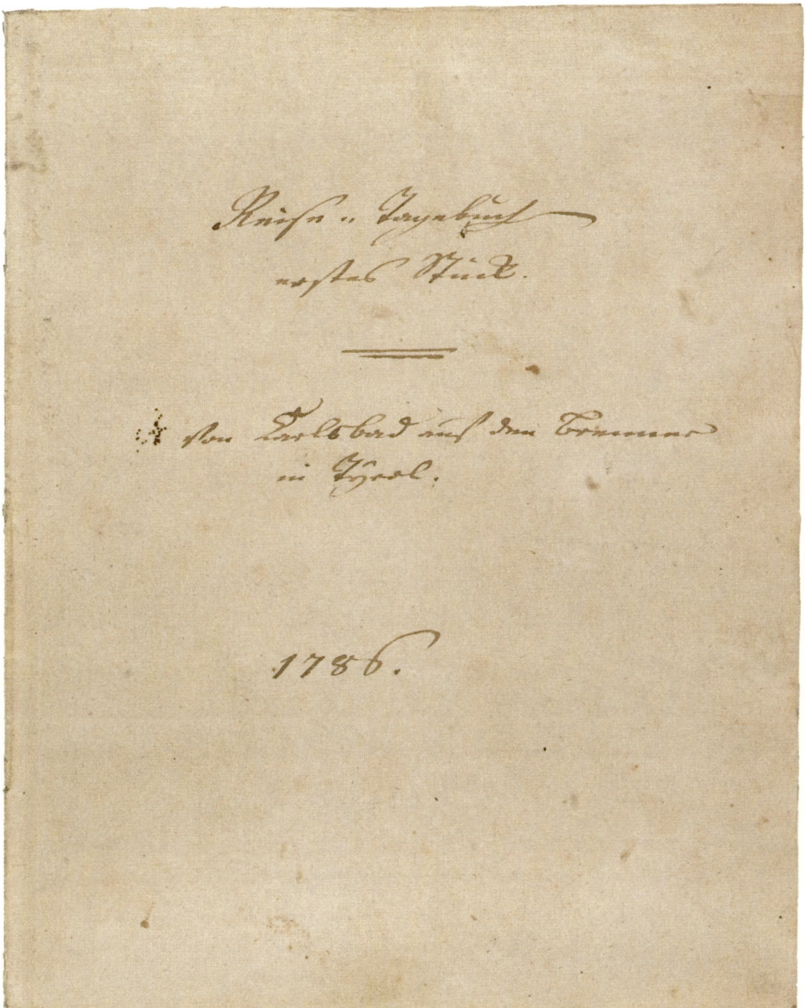

Reise = Tagebuch
erstes Stück.

von Carlsbad auf den Brenner
in Tyrol.

1786.

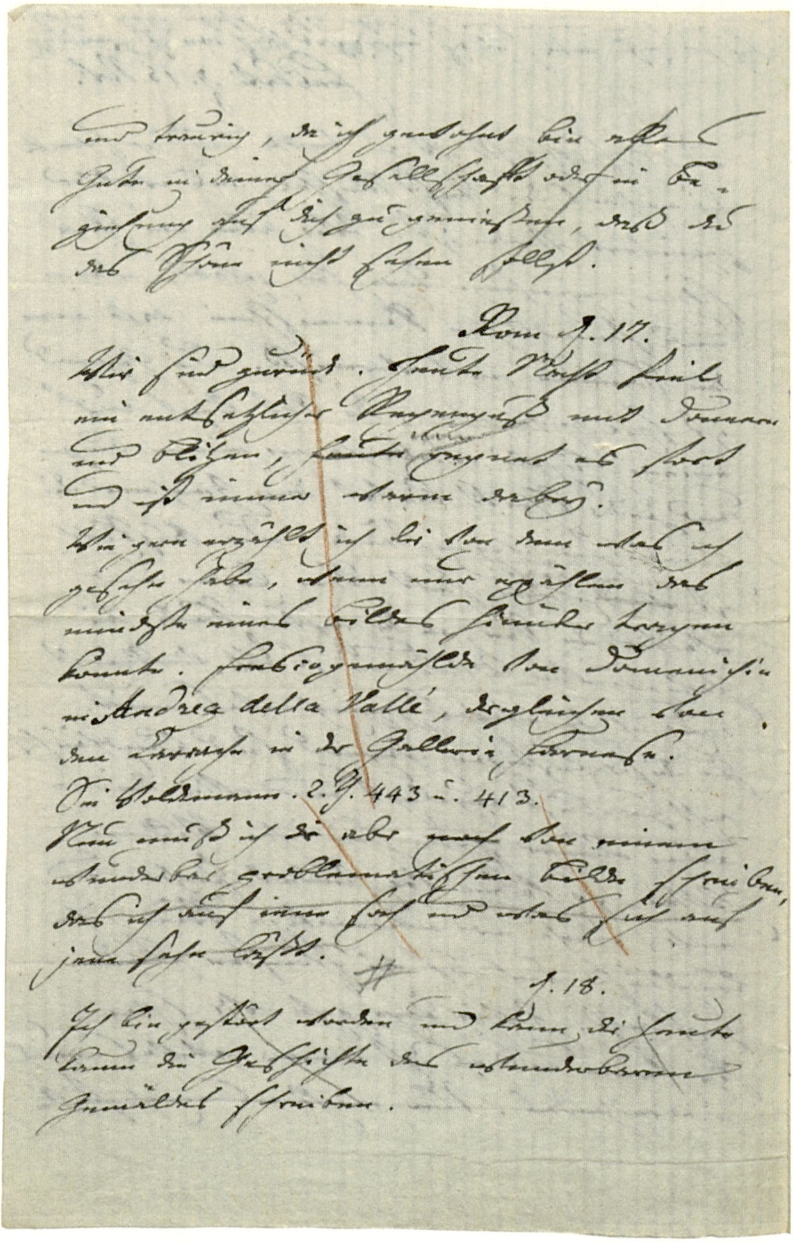

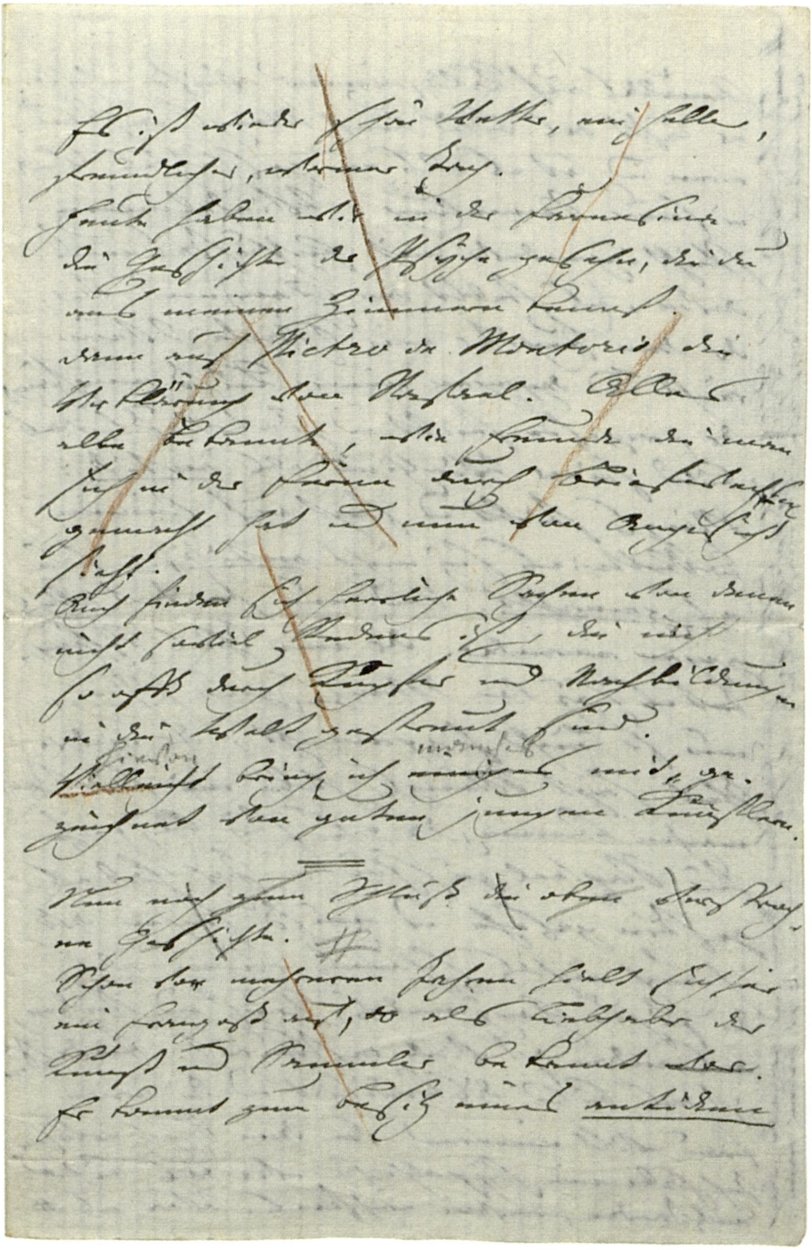

Kat. 10
Charlotte von Stein

Brief an Carl Ludwig von Knebel, 31. Juli–7. August 1780

Doppelblatt, 2 ½ Seiten beschrieben, gezeigt S. 3: »[Ich hab das Ende von Jaque le fataliste gelesen, er ahmt gar zu] sehr des Tristrams Zweydeutigkeiten nach; ich glaube daß es eher ein Buch vor Männer als vor Frauens ist, weil erstere mehr in Gemeinschafft solcher Begebenheiten sind; wen ich's aber auf der Seite von Kunst des Autors betrachte, so hat so ein ungelehrtes trocknes düstres Wesen als ich, freilich kein Fleck an dem es recht anschlagen kan; wie ich das Buch zuthat hohlte ich gleich meinen lieben Antonin, und da wurde mir wohl, und folgt allemahl drauf der Gedancke an Sie; Es möge Ihnen auch wohl seyn! Ich freu mich der sich wickelnden Zeit, die in den Kneul der Vergangenheit zwar manches Liebe zuwickelt, doch aber an den selben Faden auch abwesende Freunde wieder herbey zieht. Leben Sie wohl. / Von Stein.«
Klassik Stiftung Weimar, Goethe- und Schiller-Archiv, GSA 54/274,1, Bl. 8f.

Carl Ludwig von Knebel, ehemaliger Offizier in preußischen Diensten, Dichter und Übersetzer, kam 1774 als Erzieher des Prinzen Constantin nach Weimar. Mit der Frau des herzoglichen Oberstallmeisters Charlotte von Stein verband ihn schon bald eine besondere Beziehung, getragen von gegenseitiger Sympathie, gemeinsamen Interessen sowie der Freundschaft zu Goethe. Im Knebel-Nachlass sind mehr als 547 Briefe Charlotte von Steins überliefert. Vor allem die frühen Briefe sind Fortsetzung und Ersatz ihrer vertrauten Gespräche im Tiefurter und Weimarer Freundeskreis. Als Knebel Anfang Juni 1780 zu einer Reise in die Schweiz aufbrach, ließ ihn Charlotte von Stein durch briefliche Tagebücher am Leben in Weimar teilnehmen. Im hier gezeigten Brief berichtet sie dem Freund unter anderem über eine Lesung von Goethes Einakter *Die Vögel*, die Lektüre von Diderots *Jacques le fataliste* und auswärtige Besucher wie den Schweizer Physiker und Schriftsteller Pierre Prévost. »Frau von Stein ist diejenige hier unter allen, von der ich am meisten Nahrung für mein Leben ziehe«, schrieb Knebel im April 1788 seiner Schwester Henriette. Trotz gelegentlicher Schwankungen hielt die Freundschaft zu Knebel bis zum Ende ihres Lebens. Nur wenige Wochen vor ihrem Tod schrieb Charlotte von Stein im Dezember 1826 ein letztes Mal an den Seelenfreund. ER

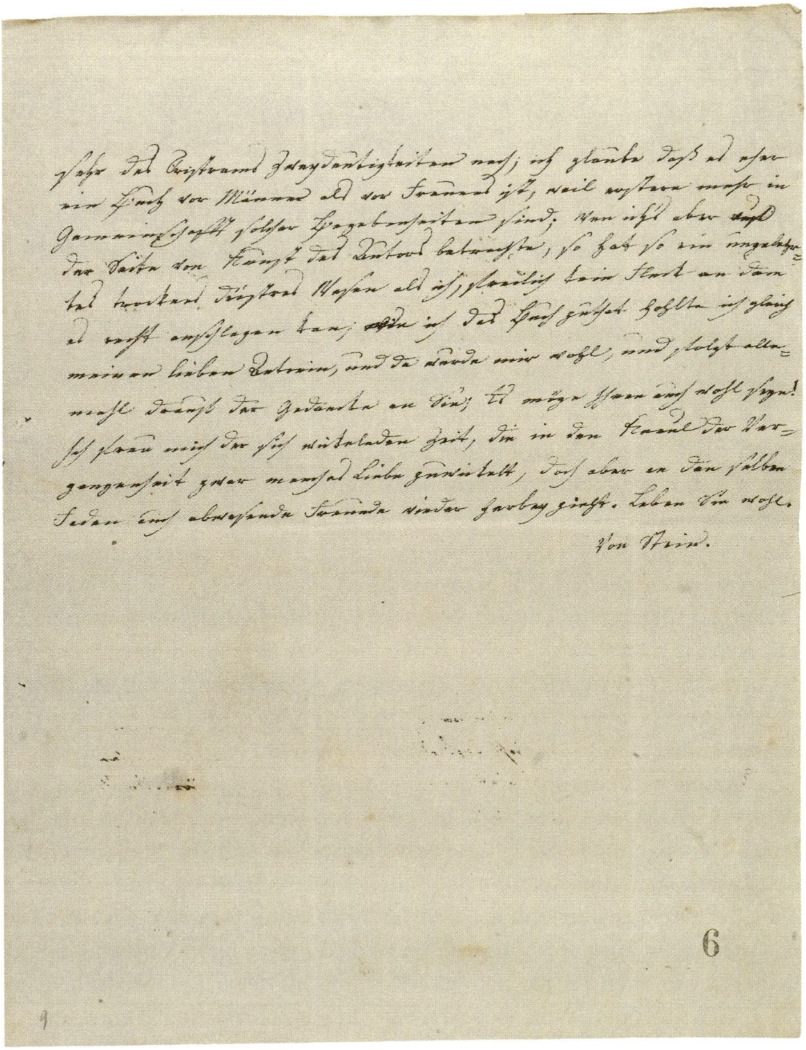
sehr das [illegible] Zweydeutigkeiten nach; ich glaube daß es eher ein Buch vor Männer als vor Frauen ist, weil erstere mehr in Gemeinschafft solcher Begebenheiten sind; wenn ich aber auch die Seite vom Kunst des Autors betrachte, so hat es ein ungelehr= tes trockenes düsteres Wesen als ich freylich kein [illegible] an dem es recht anschlagen kan; [illegible] ich das Buch zuschloß holte ich gleich meinen lieben [illegible], und da wurde mir wohl; und folgt alle= mahl darauf der Gedanke an Sie; Es möge Ihnen auch wohl seyn! Ich freue mich der sich nähernden Zeit, die in den Kreiß der Ver= gangenheit zwar manches Liebe [illegible], doch aber an denselben [illegible] auch abwesende Freunde wieder herbey zieht. Leben Sie wohl.

von Stein.

6

Kat. 11
Charlotte von Stein

Brief an Friedrich von Stein, 22.–24. Februar 1800

2 Blätter (ursprünglich Doppelblatt), 4 Seiten beschrieben, schwarze und rote Tinte, gezeigt S. 3: »[...] Da bey uns alles theuer ist, so muß man auch auf alles wirthschafften deßwegen die neue Art wie ich Dir schreibe, auch erspare ich Dir etwas Postgeld dadurch, und wen Dir meine Episteln nicht gänzlich intereßant wären so kosten sie nur halb so viel [...].«
Klassik Stiftung Weimar, Goethe- und Schiller-Archiv, GSA 122/103, St. 1

Nach seiner 1795 erfolgten Übersiedlung nach Breslau wurde Charlotte von Steins jüngster Sohn Friedrich zu einem ihrer wichtigsten Briefpartner. »Du bist mein einziger Freund mit dem ich mit offnen Hertzen reden kann«, bekannte sie am 28. Juni 1798. In ihren oft tagebuchartigen Briefen werden Alltagsthemen und persönliche Erlebnisse, aber auch Literatur und Zeitgeschehen behandelt.

Der auf ungewöhnliche Art beschriebene Brief Charlotte von Steins ist einer von etwa 330 im Goethe- und Schiller-Archiv überlieferten Briefen an ihren Sohn Friedrich. Die bemerkenswerte Form der Beschriftung wählte die Verfasserin nicht etwa, um vertrauliche Botschaften vor den Augen unberufener Leser zu schützen. Vielmehr standen ökonomische Erwägungen – die Einsparung des teuren Briefpapiers und Portos – im Vordergrund. Aus den Jahren 1800 bis 1802 sind weitere neun Briefe überliefert, die eine ähnliche Gestaltung aufweisen. Charlotte von Stein beschrieb den Briefbogen zunächst in gewöhnlicher Schreibrichtung mit schwarzer Tinte, drehte anschließend das Blatt um 90 Grad und setzte den Brief mit andersfarbiger Tinte fort. Die Nachteile dieser effizienten Verwendung des Papiers lagen auch für die Schreiberin selbst auf der Hand. So schließt sie ihren Brief mit den Worten: »Wen nur meine Schrift nicht Deine Augen fatiquirt.« AS

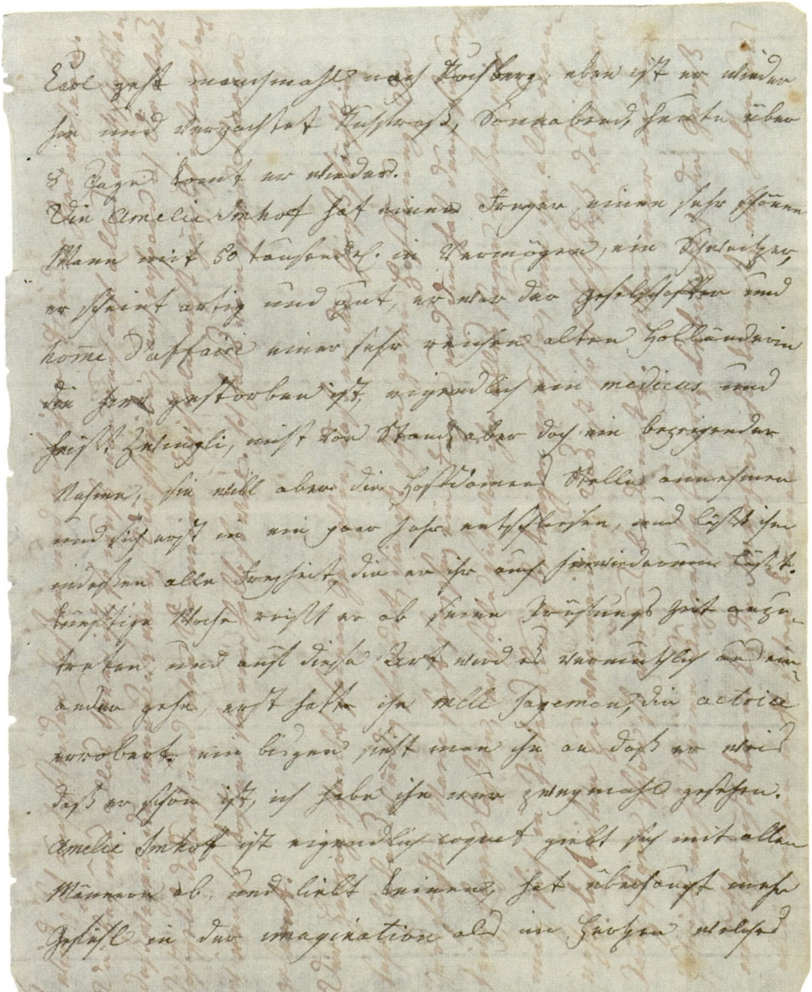

Kat. 12
Charlotte von Stein

Brief an Charlotte Schiller, 24.–26. Mai 1798

Doppelblatt, 4 Seiten beschrieben, gezeigt S. 3: »Wen Kämpfers Reisen Schillern intereßirt hätten, so könte er sie ja länger behalten, die Herzogin giebt sie ihn gern, weil sie ihr gefallen haben hat sie mir sie besonders für ihm gegeben; Sie gehen mit der Dido um wie man mit einen einzigen Kind zu thun pflegt machen ihr viel weis und halten ihr die Fehler zu gut daß Sie sie immer noch lesen mögen wie Sie mir schreiben; so sehr michs freut daß sie Schillern gefält, so kan ich mich doch nicht entschliesen sie drucken zu laßen, wen mir die angefangen Comedie glücken solte, so könte [ich mich eher dazu entschliesen.]«
Klassik Stiftung Weimar, Goethe- und Schiller-Archiv, GSA 83/1856,3, Bl. 89f.

»Adieu mein Liebes; wo sie nicht sind finde ich mich immer allein«, schrieb Charlotte von Stein am 10. August 1802 an Charlotte Schiller geb. von Lengefeld (1766–1826). Die Frauen, zwischen denen ein Altersunterschied von mehr als 20 Jahren lag, verband eine lebenslange Freundschaft. Neben persönlichen Begegnungen in Rudolstadt, Kochberg, Weimar und Jena spielte dabei der briefliche Kontakt eine große Rolle. Im Goethe- und Schiller-Archiv sind etwa 165 Briefe Charlotte von Steins an Charlotte Schiller aus den Jahren 1783 bis 1825 überliefert, die Einblick in die von Offenheit und Empathie getragene Beziehung gewähren. »Niemand kann besser Ihre Leiden fühlen als ich, denn mir war dieses Geschäfte auch auf eine schwere Art auferlegt«, tröstete Charlotte von Stein Ende Mai 1796 ihre junge Freundin, die ihr zweites Kind erwartete. An Schillers körperlichen Leiden nahm Charlotte von Stein »innigsten Antheil«, verbarg aber auch den eigenen Kummer nicht, der ihr nach dem Bruch mit Goethe »manchesmal wie eine Krankheit« auf der Seele lag. Wie der hier gezeigte Brief vom Mai 1798 belegt, bildet neben dem persönlich-privaten Austausch besonders die Literatur eines der gemeinsamen Themen. An der Entstehung ihrer Dramen ließ Charlotte von Stein die Freundin als kritische Leserin teilhaben, die Briefe an sie wurden seit Mitte der 1790er Jahre zum Medium der literarischen Selbstverständigung. GP/ER

26t May

Wenn [illegible] diesen Schillern
interessirt hätten, so könte er
sie ja länger behalten, die Her-
zogin giebt sie ihm gern, weil
sie ihr gefallen haben hat sie
nemt sie besonders für ihn gege-
ben; Sie gehen mit der Dido um
wie man mit einen einzigen
Kind zu thun pflegt ~~und~~ machen
ihr viel weis und halten ihr die
Fehler zu gut daß Sie sie imer
noch lesen mögen wie Sie mir
schreiben; so sehr mich's freut daß
sie Schillern gefält, so kan ich mich
doch nicht entschließen sie drucken
zu lassen, wenn wir die vorgeschlagene
Comedie glücken sollten, so könten

Kat. 13
Charlotte von Stein

Rino. Ein Schauspiel in drey Abtheilungen

Reinschrift von Louise von Göchhausens Hand mit eigenhändigen Ergänzungen, 4 Blatt, gezeigt Titelblatt: »Rino / Ein Schauspiel in drey Abtheilungen. / 1776. / von Frau von Stein«
Klassik Stiftung Weimar, Goethe- und Schiller-Archiv, GSA 122/3a

Rino entstand im Frühsommer 1776 und ist Charlotte von Steins früheste literarische Arbeit. Die lange Zeit verschollene Handschrift konnte 2017 für das Goethe- und Schiller-Archiv erworben werden.

In den 1770er Jahren kursierten am Weimarer Hof sogenannte »Matinees«, Dialoge in Knittelversen voller ironischer, mitunter boshafter Anspielungen auf die Hofgesellschaft, wobei auch die herzogliche Familie nicht verschont blieb. Durch Figurenkonstellation und Personenverzeichnis weist *Rino* unverkennbar Züge einer solchen Personalsatire auf. Der Titelheld ist nach dem Barden aus Ossians *Songs of Selma* benannt, die Goethe übersetzt und in den *Werther* aufgenommen hatte. Selbstironisch verspottet die Autorin den blinden weiblichen Enthusiasmus für Rino, im Stück der Verfasser des *Werther*, und die naive Gleichsetzung von Dichter und literarischer Figur, ebenso aber auch die Launenhaftigkeit und ›Koketterie‹ Rinos, über den sie ihr Alter Ego Gerthrude sagen lässt:

> Doch treibt ihn immer Liebe fort
> Ein neuer Gegenstand an jedem neuen Ort.
> Die schönern Augen sind gleich sein Orden
> Vor die muß er manch treues Herz ermorden;
> So ist er gar nicht herr von sich,
> Der arme Mensch, er dauert mich.

Ob das Stück tatsächlich aufgeführt wurde, ist nicht bekannt, das Personenverzeichnis verweist darauf, dass es zumindest eine Lesung mit verteilten Rollen gegeben haben könnte. Auch Goethe hat das Stück gelesen und erkannte sich in der Titelfigur, zeigte sich aber keineswegs verärgert: »Für Ihre Matinees danck ich herzlich, ich habe mich herzlich drüber gefreut, ich bin weidlich geschunden, und doch freut mich s dass es nicht so ist«, schrieb er am 24. Juni 1776 an die Verfasserin. ER

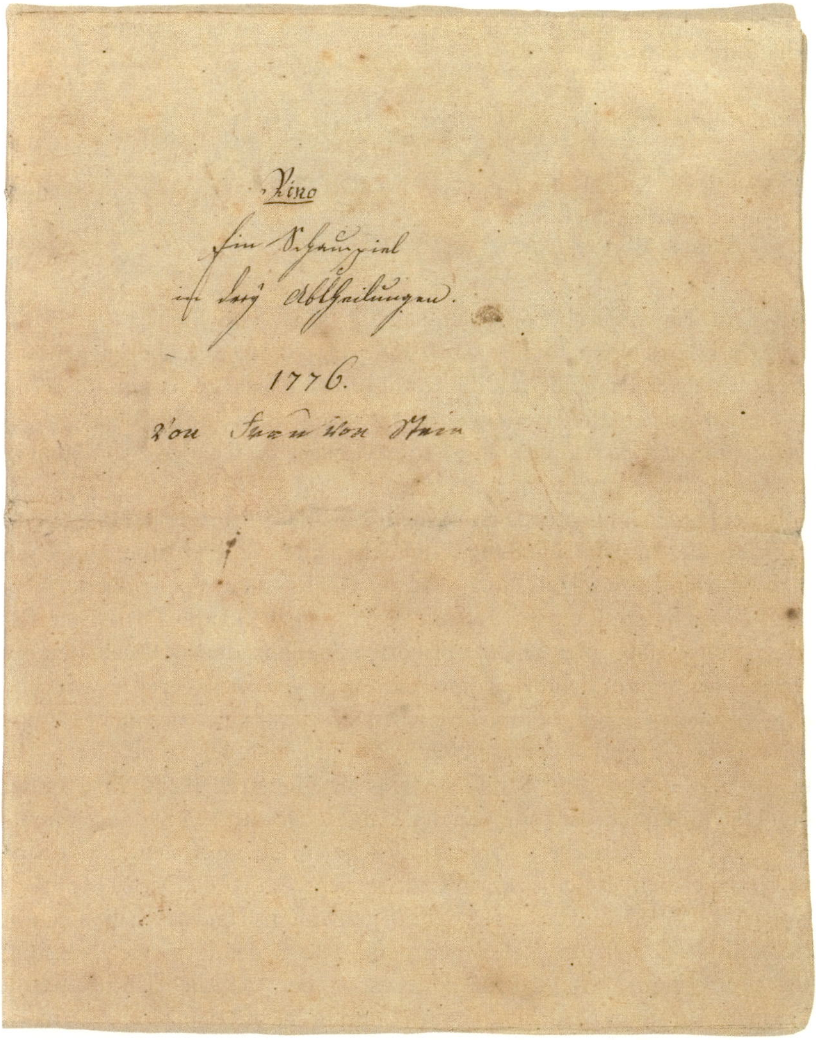
Rino
Ein Schauspiel
in drey Abtheilungen.
1776.
von Frau von Stein

Kat. 14
Charlotte von Stein

Dido, ein Trauerspiel in 5. Aufzügen

Reinschrift von Schreiberhand mit eigenhändiger Ergänzung, 46 Blatt, gezeigt Bl. 4 mit eingelegtem Papierstreifen
Klassik Stiftung Weimar, Goethe- und Schiller-Archiv, GSA 122/4

Mit dem Trauerspiel *Dido* vollendete Charlotte von Stein 1794/95 ihr erstes größeres dramatisches Werk. Die Handlung der überwiegend in Prosa verfassten Tragödie um die Königin von Karthago basiert auf der in Justins *Epitoma* überlieferten, in der Rezeptionsgeschichte des Dido-Stoffes wenig präsenten Variante. Einige Motive übernahm Charlotte von Stein in markanten Transformationen aus Vergils *Aeneis*.

In der Figur des Dichters Ogon, einem von drei Gelehrten am Hofe Didos, karikiert die Autorin auf wenig schmeichelhafte Weise Goethe. Lange sah man deshalb das Stück als einen Akt der Rachsucht aus persönlicher Verletztheit nach dem Ende ihrer engen Beziehung zu Goethe. Diese Betrachtung ignoriert Stimmen wie die Friedrich Schillers, die auf Qualitäten des Dramas hinweisen: Schiller nannte das Stück *»poetisch«*, »weil es wirklich eine productive Kraft, nehmlich eine Macht beweißt, sein eigenes Empfinden zum Gegenstand eines heitern und ruhigen Spiels zu machen [...].« In der im Goethe- und Schiller-Archiv überlieferten Reinschrift findet sich eine größere Ergänzung von der Hand Charlotte von Steins: zweieinhalb auf einen eingelegten Papierstreifen geschriebene Zeilen, durch Einweisungszeichen als Teil einer an Dido gerichteten Rede Ogons kenntlich gemacht: »die Originale dieser schön gemahlten Trauben, haben schon längst ihren Saft in die Kelter gegeben.« Die folgende Regieanweisung »declamirt« kann als Indiz dafür aufgefasst werden, dass die nächsten Worte Ogons (»Auf süsses Mädchen! erwache und bring uns den Morgentrank in einem weiten Becher! und leide nicht, daß die reichen thracischen Weine länger gehäuft werden.«) ein Zitat sind. Es stammt aus den *Mu'allakat*, der ältesten Sammlung altarabischer Dichtung aus vorislamischer Zeit. AL

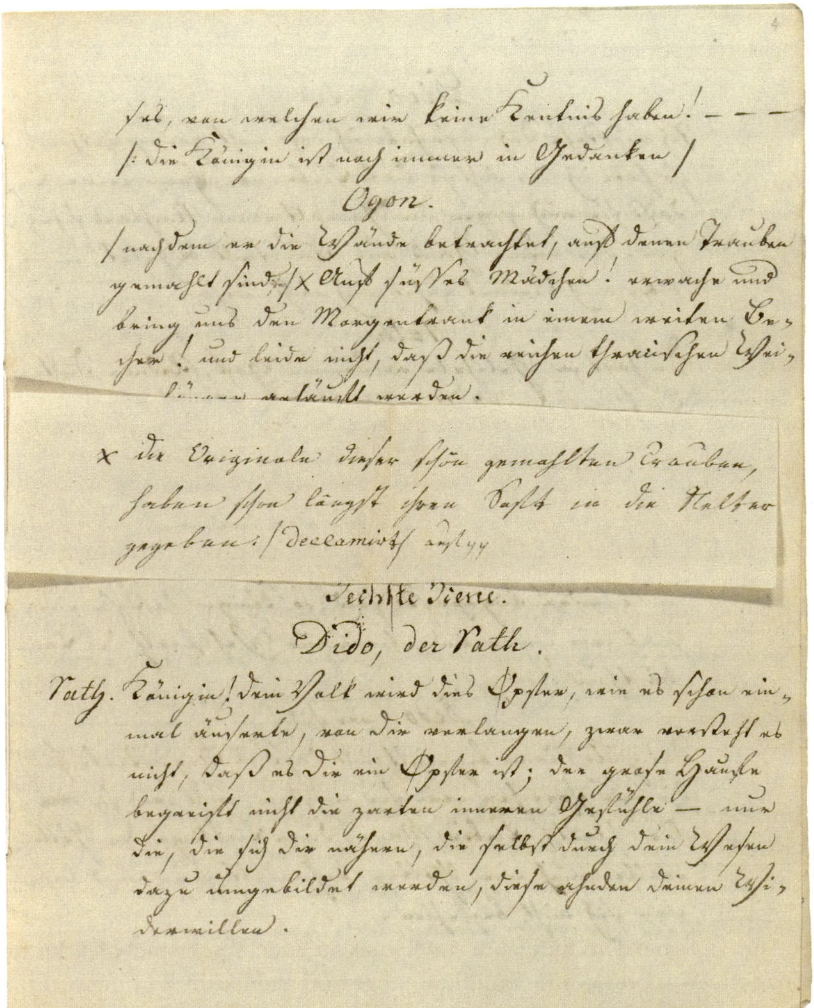
fel, von welchen wir keine Kenntniß haben! — — —
/: die Königin ist noch immer in Gedanken /

Ogon.

/ nachdem er die Wände betrachtet, auf denen Trauben gemahlt sind :/ x Auf süßes Mädchen! erwache und bring uns den Morgentrank in einem weiten Becher! und leide nicht, daß die reifen thracischen Weinbäume entlaubt werden.

x die Originale dieser schön gemahlten Trauben, haben schon längst ihren Saft in die Kelter gegeben. /: declamirt :/ aufs 44

Sechste Scene.

Dido, der Rath.

Rath. Königin! dein Volk wird dein Opfer, wie es schon einmal äußerte, von dir verlangen, zwar versteht es nicht, daß es dir ein Opfer ist; der große Haufe begreift nicht die zarten innern Gefühle — nur die, die sich dir nähern, die selbst durch dein Wesen dazu umgebildet werden, diese ehren deinen Widerwillen.

Kat. 15
Charlotte von Stein

Neues Freiheits-System oder die Verschwörung gegen die Liebe

Reinschrift von Schreiberhand, 68 Blatt, gezeigt eigenhändige Ergänzung auf blauem Papier zur Szene V/16: »*Theodore* liebste Cousine warum machten sie mir den ein Geheimniß aus der Geschichte ihres Hertzens? / *Menonda* weil ein Mädgen den untreuen Freund, so wie das treu gestorbene Hündchen, nur im stillen beweinen darf. / *Avelos* können Sie mit meinen von langen Leiden gedrückten Hertz noch glücklich seyn? / *Menonda* muß ich ihnen nicht dieselbe Frage erwiedern: / *Avelos* und sie vergeben mir meine Leichtgläubigkeit? ach! aus alzugroser Empfindlichkeit erzeigt / *Menonda* mir selbst will ich es aber nie verzeihen, gruben wir uns nicht beyde aus einer Quelle zwey Arme zum Nord, und Südpol, aus einander!«
Klassik Stiftung Weimar, Goethe- und Schiller-Archiv, GSA 122/5

»Genug ich schreibe eine Comedie, den je älter man wird je lustiger muß man sich das Leben laßen vorkommen; Ich glaube beynahe sie wird nicht schlecht«, teilte Charlotte von Stein am 28. Juni 1798 ihrem Sohn Friedrich mit. Vermutlich arbeitete sie zu dieser Zeit an einem Lustspiel mit dem Titel *Neues Freiheits-System oder die Verschwörung gegen die Liebe*. Das Stück ist eine der seltenen Komödien aus dem Weimar der klassischen Zeit, das Elemente der italienischen Typenkomödie, der Commedia dell'arte, mit dem moralischen Erziehungskonzept der Aufklärung verbindet. Es enthält Anspielungen auf die Französische Revolution ebenso wie auf die zeitgenössische Literatur und Wissenschaft. Wohl nicht zufällig trägt der komische Held den Nachnamen des berühmten schwedischen Naturforschers Carl von Linné.

Anders als bei dem fünf Jahre zuvor entstandenen Trauerspiel *Dido* hoffte Charlotte von Stein, ihre Komödie möge »ins Publikum kommen«. Eine Veröffentlichung kam aber zu ihren Lebzeiten nicht zustande. Erstmals gedruckt wurde das Stück 1867, allerdings mit erheblichen Eingriffen des Herausgebers Felix von Stein, eines Urenkels der Autorin. In seiner Bearbeitung wurde das Stück im März 1874 zum ersten Mal am Rudolstädter Hoftheater aufgeführt. LD/ER

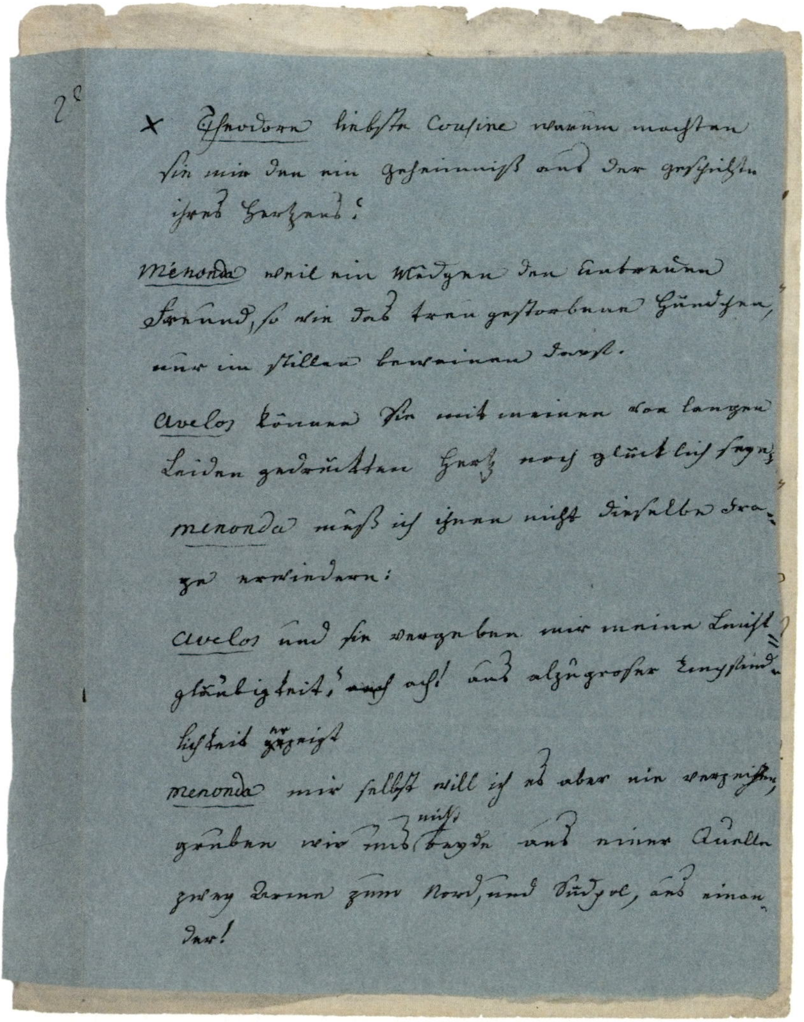

2c

× Theodore liebste Cousine warum machten sie mir den ein Geheimniß aus der Geschichte ihres Herzens?

Menonda weil ein Mädgen den entbrannten Freund, so wie das treu gestorbene Hündchen, nur im stillen beweinen darf.

Avelos können sie mit meinem von langem Leiden gedrückten Herz noch glücklich seyn?

Menonda muß ich ihnen nicht dieselbe Frage zu erwiedern:

Avelos und sie vergeben mir meine Leichtgläubigkeit, ~~auch~~ ach! und alzugroße Empfindlichkeit erzeigt

Menonda mir selbst will ich es aber nie vergessen, graben wir uns nicht beyde und einer Quelle zwey Bäume zum Nord, und Südpol, aus einander!

Kat. 16
Charlotte von Stein

Die zwey Emilien. Drama in vier Aufzügen. Nach dem Englischen.

Tübingen: Cotta 1803
Klassik Stiftung Weimar, Herzogin Anna Amalia Bibliothek, Sign. Dd 3:891 b

Charlotte von Steins Schauspiel *Die zwey Emilien* ist die Bearbeitung eines 1798 erschienenen Romans der englischen Schriftstellerin Sophia Lee. Wie in der Vorlage sucht auch im Drama die Waise und Hochstaplerin Emilie Fitzallen die Grafentochter Emilie Arden um ihre Erbschaft zu bringen und ihr den Ehemann abspenstig zu machen. Im Unterschied zum Roman jedoch ist Charlotte von Steins Stück tragikomisch. Nach ihrer Entlarvung erweist sich Emilie Fitzallen weniger als böse Rivalin denn als frühe Feministin, die die Legitimität ihres Handelns verteidigt: »Mein Betrug war gerechte Rache. – Ja, es bleibt wahr und gewiß. Nie standen die Frauen an ihrem gehörigen Platze, weder nach der Ordnung der Natur, noch nach dem Vertrag der gesellschaftlichen Einrichtung. Was der einen gelingt, stürzt die andere herab. Vorzügliche Eigenschaften schaden ihnen oft, oft nutzen ihnen ihre Fehler und tragen sie aus einer unbekannten Sphäre zu einer höhern Rolle empor. Einmal sind wir alles und bald darauf nichts – Aber ich habe eine Männerseele und will auf keine Art Fesseln tragen.«

Das Stück, von dem keine Handschrift überliefert ist, wurde erstmals 1803 anonym bei Johann Friedrich Cotta in Tübingen gedruckt. Wie aus der Korrespondenz des Verlegers hervorgeht, hatte Friedrich Schiller den Erstdruck vermittelt. Ohne Schillers Mitwirkung, doch unter seinem Namen erschienen *Die zwey Emilien* 1805 erneut, eine bemerkenswerte Zuschreibung, die für die literarische Qualität des Stückes spricht. Die im Roman enthaltenen Gedichte nahm Karl Goedeke noch 1871 in die *Historisch-kritische Ausgabe* von *Schillers sämmtlichen Schriften* auf, darunter auch das Gedicht *Der Klosterbruder*, mit dem Charlotte von Steins Drama schließt.

GP/ER

Die zwey Emilien

Drama in vier Aufzügen.

Nach dem Englischen.

Tübingen,
in der J. G. Cotta'schen Buchhandlung
1803.

Kat. 17
Johann Gottfried Herder

Epigramm zum Geburtstag Charlotte von Steins, 1784

Reinschrift von Johann Gottfried Herders Hand, Blatt mit gedruckter Bordüre, 1 Seite beschrieben; vgl. Transkription S. 340.
Freies Deutsches Hochstift, Frankfurt am Main, Hs-8379

Johann Wolfgang von Goethe

Studie nach Spinoza, 1788/89

Konzept von Charlotte von Steins Hand, 3 Doppelblätter, gezeigt S. 1: »Der Begriff vom Daseyn und der Volkomenheit ist ein und eben derselbe, wen wir diesen Begriff so weit verfolgen als es uns möglich ist so sagen wir daß wir uns das Unendliche dencken. / Das Unendliche aber oder die volständige Existens kan von uns nicht gedacht werden. / Wir können nur Dinge dencken die entweder beschränckt sind oder die sich unßre Seele beschränckt […]«
Klassik Stiftung Weimar, Goethe- und Schiller-Archiv, GSA 26/LIX,18a,2

»Gestern Abend war ich nur wider Willen fleisig und las noch zuletzt in unserm Heiligen und dachte an dich«, so Goethe an Charlotte von Stein am 28. Dezember 1784. Spinozas *Opera posthuma* (Amsterdam 1677) hatte Herder wenige Tage zuvor geschickt – als »Freundesgeschenk« zu Charlottes 42. Geburtstag und als kostbare Gabe für Goethe zum Weihnachtsfest. Im beiliegenden Epigramm benennt er den doppelten Anlass und deutet zugleich die Vereinbarkeit von Christentum und Spinozismus an.

Die lateinische Werkausgabe, die den Text der *Ethica* enthielt, war hoch willkommen. Zuvor hatten sich Charlotte von Stein und Goethe mit Johann Lorenz Schmidts deutscher Übersetzung der *Sittenlehre widerleget von dem berühmten Weltweisen unserer Zeit Herrn Christian Wolf* (Frankfurt/Main, Leipzig 1744) begnügen müssen. Die intensive Auseinandersetzung mit dem Hauptwerk des niederländischen Philosophen seit Herbst 1784 steht in Verbindung mit dem in Deutschland breit geführten Streit über den Pantheismus Spinozas, in dem Goethe Herders Position teilte. Das Interesse an Philosophie und Naturwissenschaft verband Charlotte von Stein und Goethe noch in der Zeit nach der italienischen Reise. Im Winter 1788/89 war sie es, der Goethe seine Gedanken über die Grenzen menschlicher Erkenntnis in die Feder diktierte. Der philosophische Text erschien posthum unter dem Titel *Studie nach Spinoza*. JE

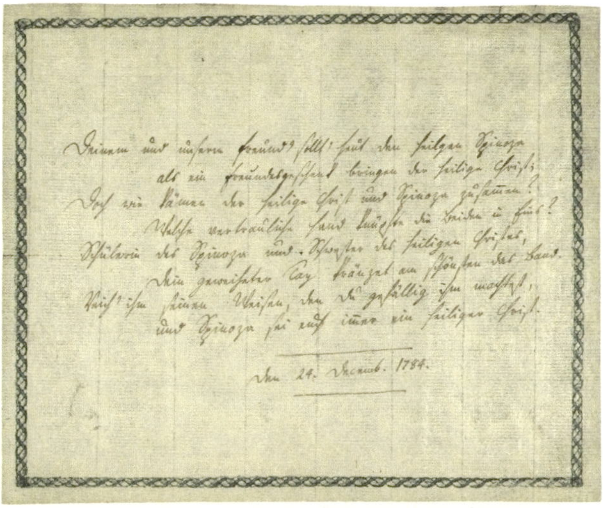

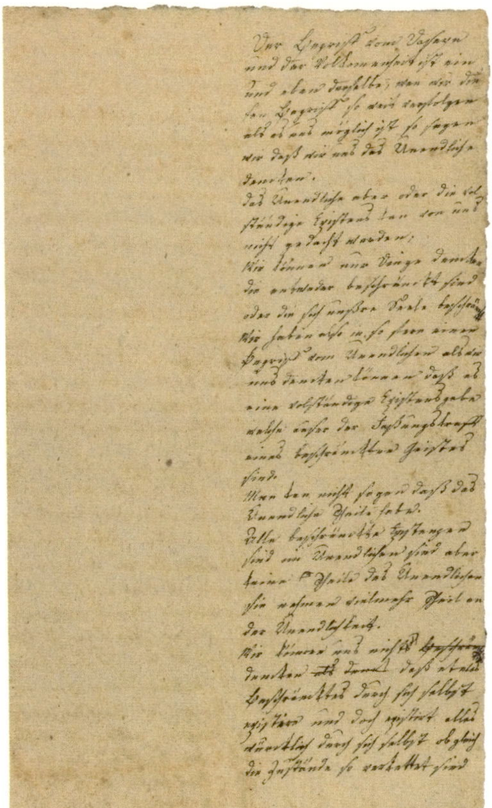

Kat. 18
Christoph Adam Carl von Imhoff

Charlotte von Stein

Um 1775, Armband aus dunklem Seidensamt mit gefasster, verglaster Miniaturmalerei auf Elfenbein, 41 × 24 mm (Medaillon)
Klassik Stiftung Weimar, Museen, Inv.-Nr. KGe/00647

Johanna Dorothea (Dora) Stock

Charlotte von Stein

Um 1790, Silberstift auf gekreidetem Papier, grau laviert mit Weißhöhung, 90 × 75 mm
Deutsches Literaturarchiv Marbach, Inv.-Nr. 6422

Eine Unbekannte blieb Charlotte von Stein für ihre Nachwelt nicht zuletzt deshalb, weil sich ihr kein repräsentatives bildliches Zeugnis gesichert zuschreiben ließ. Neben einigen Silhouetten haben sich nur wenige, zumeist kleinformatige Bildnisse erhalten. Zu diesen zählt eine als Gouache-Malerei auf Elfenbein ausgeführte Miniatur von der Hand ihres künstlerisch begabten Schwagers Carl von Imhoff. Dieser fertigte als Pendant auch ein Porträt von Charlottes Schwester, seiner Gattin Louise, an. Die Medaillons wurden als Armband getragen und dokumentierten die vertraute Nähe beider Schwestern.

Wohl anlässlich eines Aufenthalts in Weimar schuf die mit den Familien Schiller und Körner befreundete Dresdener Zeichnerin Dora Stock um 1790 ein weiteres, nicht weniger reizvolles Bildnis. Es zeigt Charlotte von Stein im strengen Profil, mit schmalen Lippen und den von Zeitgenossen wie Johann Georg Zimmermann beschriebenen charakteristischen großen dunklen Augen. Das Besondere ihrer Erscheinung hob Friedrich Schiller schon 1787 hervor: »Schön kann sie nie gewesen seyn aber ihr Gesicht hat einen sanften Ernst und eine ganz eigene Offenheit. Ein gesunder Verstand, Gefühl und Wahrheit ligen in ihrem Wesen.« Im Rahmen ihrer zeichnerischen Bemühungen wandte sich schließlich auch Charlotte von Stein ihrer Physiognomie zu: Auf Bitten Knebels fertigte sie im Winter 1790/91 ein – nicht überliefertes – Selbstbildnis an, dessen Übersendung sie mit der ihr eigenen geistvollen Ironie kommentierte: »Mein Bildgen für Sie ist beynahe ferdig aber ähnlich sieht mirs nicht, […] Sie wißen ja meine Züge und ich werde wie ich hoffe Ihnen dadurch nicht unbekant werden.« AR

Kat. 19
Friedrich von Stein (?)

Haus der Familie von Stein in Weimar

Um 1824, Feder und Pinsel in Grau, laviert, 132 × 195 mm, frühere Bezeichnung unten links: »Erinnerung aus Weimar am 21. November 1824«
Klassik Stiftung Weimar, Museen, Inv.-Nr. KHz/02153

Charlotte von Stein

Brief an Friedrich von Stein, 6. Juli 1811

2 Blatt, 4 Seiten beschrieben, gezeigt S. 1: »Daß Du weißt lieber Fritz wo ich bin; hier um das Schlackenbad zu brauchen den ich bin recht müde und Lebenssat und kan mir gar keine angenehme Vorstellung von der Welt mehr machen, Ungern habe ich in Weimar meine Wohnung verlaßen wo vor meinen Hauß die orangenBäume in voller Blüthe standen als ich fortging, aber ich muste mir wieder Stärcke zum Lebensgenuß holen […].«
Klassik Stiftung Weimar, Goethe- und Schiller-Archiv, GSA 122/109

Nach seiner Heirat 1764 wohnte der herzogliche Stallmeister Josias von Stein mit seiner jungen Frau Charlotte zunächst im Landschaftskollegienhaus in der Teichgasse. Wohl auf Wunsch des Herzogs Carl August zog er im November 1777 in die unmittelbare Nähe des Fürstenhauses. Die Familie fand ihr neues Domizil in dem 1773 im spätbarocken Stil als Husarenstall errichteten Stiedenvorwerk an der Ackerwand, dessen erstes Obergeschoss zu zwei Wohnungen umgebaut wurde. Goethe nahm als Freund der Familie an diesen Arbeiten regen Anteil. In dem weiterhin als Stallung genutzten Untergeschoss wurden 1794 zunächst Gesellschaftsräume und 1804 schließlich eine griechische Kapelle für die Erbprinzessin Maria Pawlowna eingerichtet. Das Gebäude lag am »Welschen Garten« mit seinen Obst- und Gemüsegärten, die nach 1785 in einen englischen Landschaftspark umgewandelt wurden. Fast 50 Jahre, bis zu ihrem Tode 1827, wohnte Charlotte von Stein an diesem Ort. Er diente ihr gleichermaßen als gesellschaftlicher Treffpunkt wie als privates Refugium. Neben Schloss Kochberg bildete das Haus an der Ackerwand den Mittelpunkt des Steinschen Familienlebens. Der künstlerisch begabte Sohn nahm 1824 eine Ansicht dieses Ensembles auf, die er seiner Cousine Louise von Kloch geb. von Imhoff schenkte.

AR/YP

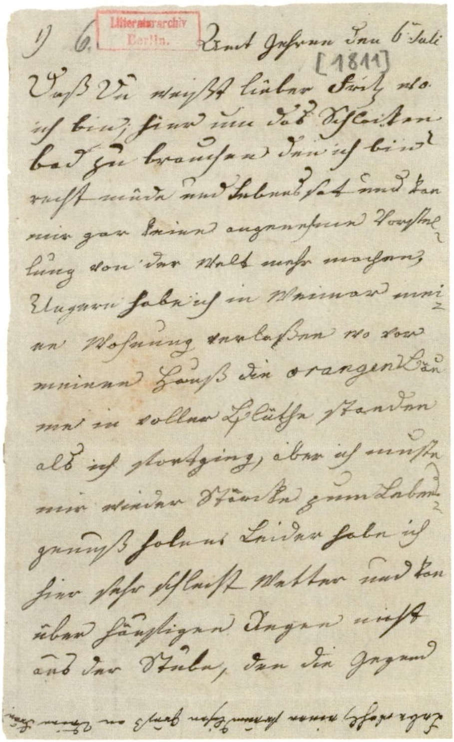
Litteraturarchiv
Berlin.
[1811]

Kat. 20
Charlotte von Stein

Brief an Carl Ludwig von Knebel, 6. April 1825

Doppelblatt, 2 Seiten beschrieben, gezeigt S. 1: »Verehrtester Freund! / Mit zitternder Hand versuche ich ein paar Zeilen an Sie, um mich für die Herzstärckende poetische Zeilen zu bedancken, Sie sind glücklich von der Natur ausgestattet indem das Gefühl mit den Verstand einen Weg geht, möge es Ihnen immer so bleiben, mir ist's dunckler um mich geworden, und bin durch mein völliges Taubsein und beständige Kopffschmerzen in die Hölle versetzt wovon ich schon vor 50 Jahre bewiesen las daß es diese Welt sey.«
Klassik Stiftung Weimar, Goethe- und Schiller-Archiv, GSA 54/274,11, St. 35

Carl Ludwig von Knebel

Beim Grabe der Frau von Stein. Im Jahre 1827 den 6. Januar

Druck, 1 Blatt, Abb. S. 436.
Klassik Stiftung Weimar, Goethe- und Schiller-Archiv, GSA 122/15a

Zeitlebens anfällig für Krankheiten, litt Charlotte von Stein gegen Ende ihres Lebens unter »beständige[n] Kopffschmerzen«, war nahezu taub, fast erblindet und konnte das Bett kaum noch verlassen. Zu den wenigen Altersfreunden gehörte Goethe, zu dem es nach 1801 zu einer allmählichen Wiederannäherung gekommen war. In seinem letzten Brief an die Freundin vom 29. August 1826 bedankt er sich für ihren Geburtstagsglückwunsch: »Neigung aber und Liebe unmittelbar nachbarlich-angeschlossen lebender, durch so viele Zeiten sich erhalten zu sehen, ist das allerhöchste was dem Menschen gewährt seyn kann.«

Bis in die letzten Lebensjahre blieb Charlotte von Stein auch mit dem in Jena lebenden Carl Ludwig von Knebel eng verbunden. Der Brief an ihn vom 6. April 1825, geschrieben im Krankenbett und mit »zitternder Hand«, ist eines der intimsten und erschütterndsten Zeugnisse aus der letzten Lebensphase Charlotte von Steins. Sie starb zwei Jahre später, kurz nach ihrem 84. Geburtstag. Knebel war es auch, der einen poetischen Nachruf für »Frau von Stein« verfasste, den er im Verlag von Friedrich Frommann drucken ließ und an Freunde in Weimar und Jena sandte.

ER/AM

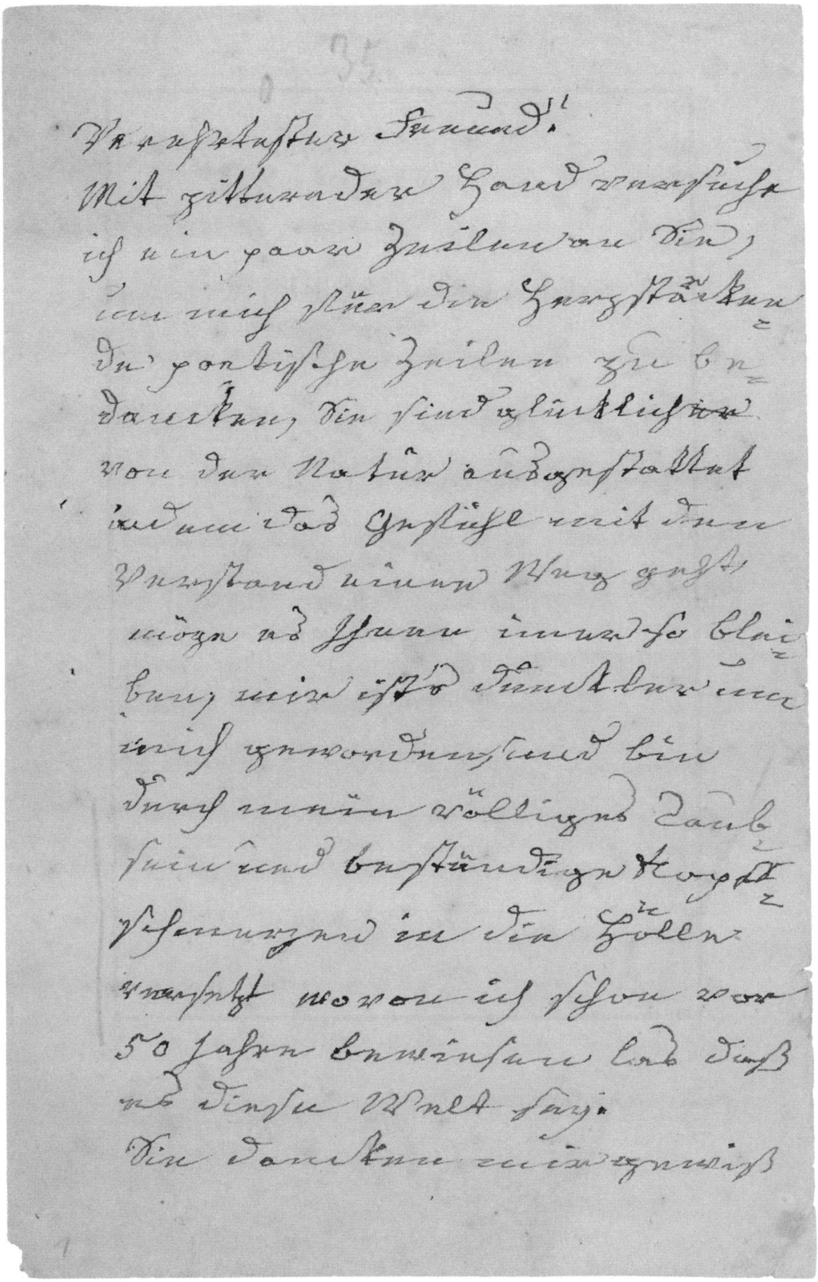

Verehrtester Freund!
Mit zitternder Hand versuche
ich ein paar Zeilen an Dich,
um mich für die herzstärken-
den poetischen Zeilen zu be-
danken, die sind glücklichste
von der Natur ausgestattet
indem das Gefühl mit dem
Verstand einen Weg geht.
möge es Ihnen immer so blei-
ben, wie es für dankbar an
mich geworden, und bin
durch meine völlige Taub-
heit und beständigen Kopf-
schmerzen in die Hölle
versetzt wovon ich schon vor
50 Jahren bewunsen hab dass
es diese Welt sey.
Ein danken ewig gewiß

BEIM GRABE

DER

FRAU von STEIN.

IM JAHRE 1827 DEN 6. JANUAR.

Schlafe sanft, du fromme Hülle
    Eines Geist's, der Leben gab!
Treuer Freundschaft Segensfülle
    Senkt mit dir sich in das Grab.

Könnten Seelen sich erwecken,
    Seelen, die der deinen gleich,
Auf der Erde weiten Decken
    Blühte schon ein Himmelreich.

Lebe wohl, du süsse Seele!
    Deiner Freundschaft holdes Bild
Schläft nicht in des Grabes Höhle,
    Lebt in uns, mit Dank erfüllt.

K.

Verzeichnisse

Schriftarten, Abkürzungen und Zeichen in Texten Charlotte von Steins

recte	Text Charlotte von Steins
S p e r r u n g	Hervorhebung
S p e r r u n g	doppelte Hervorhebung
grotesk	lateinische Schrift
S p e r r u n g	Hervorhebung in lateinischer Schrift
kursiv	Editortext
×××	unlesbare Buchstaben
[abc]	Zusätze des Editors im edierten Text
⌈abcd⌉	über der Zeile ergänzt
⌊abcd⌋	unter der Zeile ergänzt
|abcd|	in der Zeile ergänzt
⌈abcd⌈	am rechten Rand ergänzt
⌉abcd⌉	am linken Rand ergänzt
~~abcd~~	gestrichen oder getilgt
↓abcd↓	am unteren Rand ergänzt
↑abcd↑	am oberen Rand ergänzt
~~abcd~~ efgh	gestrichen und ersetzt (Sofortkorrektur)
abcd ~~efgh~~ ijkl	ersatzlos gestrichen (Tilgung)
/	Seitenwechsel in der Handschrift
pp	lat. perge perge (fahre fort, fahre fort) oder pergite (fahret fort); im Sinn von ›usw.‹
ℓ	Abbrechungszeichen
dℓ	Pfennig (»denarius«)
gℓ, gl	Groschen
rℓ	Reichsthaler
℔	Pfund

Allgemeine Abkürzungen, Zeichen und Siglen

Anm.	Anmerkung
Bd., Bde.	Band, Bände
bes.	besonders
Bl.	Blatt
H	Handschrift
Hrsg., hrsg.	Herausgeber, herausgegeben
N. F.	Neue Folge
Nr.	Nummer
o. S.	ohne Seitenzählung
r	recto (Blattvorderseite)
S.	Seite
Sign.	Signatur
Slg.	Sammlung
Sp.	Spalte
T., Tle.	Teil, Tome (Band), Teile
v	verso (Blattrückseite)
/	Absatzzeichen
|	Verswechsel
FDH	Freies Deutsches Hochstift, Frankfurt am Main
GSA	Goethe- und Schiller-Archiv
KSW	Klassik Stiftung Weimar
LATh – HStA Weimar	Landesarchiv Thüringen – Hauptstaatsarchiv Weimar
LATh – StA Rudolstadt	Landesarchiv Thüringen – Staatsarchiv Rudolstadt
BuG	Goethe: Begegnungen und Gespräche. Begründet von Ernst Grumach und Renate Grumach. Hrsg. von Renate Grumach. Bd. 1 ff. Berlin, New York 1965 ff. – Bd. 1: 1749–1776. Hrsg. von Ernst Grumach und Renate Grumach (1965); Bd. 2: 1777–1785. Hrsg. von Ernst Grumach und Renate Grumach (1966).
Corpus	Corpus der Goethezeichnungen. Bearbeitet von Gerhard Femmel. 7 Bde. Leipzig 1958–1973. – Bd. 1:

	Nr. 1–318: Von den Anfängen bis zur italienischen Reise 1786 (1958); Bd. VIB: Nr. 1–285: Zeichnungen außerhalb der Goethe-Institute der Nationalen Forschungs- und Gedenkstätten der klassischen deutschen Literatur in Weimar. Nachträge. Berichtigungen zu C. I–VIA. Abschreibungen. Gesamtkonkordanz (1971).
GB	Johann Wolfgang Goethe: Briefe. Historisch-kritische Ausgabe. Im Auftrag der Klassik Stiftung Weimar / Goethe- und Schiller-Archiv hrsg. von Georg Kurscheidt, Norbert Oellers und Elke Richter. Bd. 1 ff. Berlin 2008 ff. – Bd. 1 I–II: 23. Mai 1764–30. Dezember 1772. Text und Kommentar. Hrsg. von Elke Richter und Georg Kurscheidt (2008); Bd. 2 I–II: Anfang 1773–Ende Oktober 1775. Text und Kommentar. Hrsg. von Georg Kurscheidt und Elke Richter (2009); Bd. 3 I–II: 8. November 1775–Ende 1779. Text und Kommentar. Hrsg. von Georg Kurscheidt und Elke Richter unter Mitarbeit von Gerhard Müller und Bettina Zschiedrich (Kommentar) (2014); Bd. 6 I–II: Anfang 1785–3. September 1786. Text und Kommentar. Hrsg. von Volker Giel unter Mitarbeit von Susanne Fenske und Yvonne Pietsch (Text); unter Mitarbeit von Yvonne Pietsch und Gerhard Müller (Kommentar) (2010); Bd. 7 I–II: 18. September 1786–10. Juni 1788. Text und Kommentar. Hrsg. von Volker Giel unter Mitarbeit von Susanne Fenske und Yvonne Pietsch (Text); unter Mitarbeit von Yvonne Pietsch, Markus Bernauer und Gerhard Müller (Kommentar) (2012); Bd. 8 I–II: 20. Juni 1788–Ende 1790. Hrsg. von Volker Giel und Norbert Oellers unter Mitarbeit von Yvonne Pietsch (Text); unter Mitarbeit von Yvonne Pietsch und Gerhard Müller (Kommentar) (2017).
Grimm	Deutsches Wörterbuch von Jacob und Wilhelm Grimm. 16 Bde. in 32 Teilbänden. Leipzig 1854-1961.
GT	Johann Wolfgang Goethe: Tagebücher. Historisch-kritische Ausgabe. Im Auftrag der Stiftung Weimarer Klassik (ab Bd. 5: Klassik Stiftung Weimar) hrsg. von Jochen Golz unter Mitarbeit von Wolfgang Albrecht, Andreas Döhler und Edith Zehm. Bd. 1 ff. Stuttgart, Weimar 1998 ff. – Bd. I 1–2: 1775–1787. Text und Kommentar. Hrsg. von Wolfgang Albrecht und Andreas Döhler

(1998); Bd. II 1: 1790–1800. Text. Hrsg. von Edith Zehm (2000); Bd. II 2: 1790–1800. Kommentar. Hrsg. von Wolfgang Albrecht und Edith Zehm (2000); Bd. IV 1–2: 1809–1812. Text und Kommentar. Hrsg. von Edith Zehm, Sebastian Mangold und Ariane Ludwig (2008).

GWb — Goethe Wörterbuch. Hrsg. von der Akademie der Wissenschaften der DDR (ab Bd. 3: Berlin-Brandenburgischen Akademie der Wissenschaften), der Akademie der Wissenschaften in Göttingen und der Heidelberger Akademie der Wissenschaften. Bd. 1 ff. Stuttgart, Berlin, Köln 1978 ff.

HB — Johann Gottfried Herder: Briefe. Gesamtausgabe 1763–1803. Unter Leitung von Karl-Heinz Hahn hrsg. von den Nationalen Forschungs- und Gedenkstätten der klassischen deutschen Literatur in Weimar (ab Bd. 10: Hrsg. von der Stiftung Weimarer Klassik; ab Bd. 13: Klassik Stiftung Weimar/Goethe- und Schiller-Archiv. Bearbeitet von Wilhelm Dobbek † und Günter Arnold. Bde. 1–18. Weimar 1977–2016. – Bd. 4: Oktober 1776–August 1783 (1979); Bd. 5: September 1783–August 1788 (1979); Bd. 12: Kommentar zu den Bänden 4–5 (2005).

LA — Goethe: Die Schriften zur Naturwissenschaft. Vollständige mit Erläuterungen versehene Ausgabe. Im Auftrage der Deutschen Akademie der Naturforscher (Leopoldina) zu Halle begründet von Karl Lothar Wolf und Wilhelm Troll. Hrsg. von Dorothea Kuhn und Wolf von Engelhardt. I. Abteilung: Texte. II. Abteilung: Ergänzungen und Erläuterungen. Weimar 1947 ff. – I. Abteilung. Bd. 9: Morphologische Hefte. Bearbeitet von Dorothea Kuhn (1954); Bd. 10: Aufsätze, Fragmente, Studien zur Morphologie. Bearbeitet von Dorothea Kuhn (1964); Bd. 11: Aufsätze, Fragmente, Studien zur Naturwissenschaft im Allgemeinen. Bearbeitet von Dorothea Kuhn und Wolf von Engelhardt (1970). – II. Abteilung. Bd. 1A und 1B: Zur Naturwissenschaft im Allgemeinen. Bearbeitet von Jutta Eckle (2011); Bd. 8A: Zur Geologie und Mineralogie. Von 1806 bis 1820. Ergänzungen und Erläuterungen. Bearbeitet von Wolf von Engelhardt unter Mitwirkung von Dorothea Kuhn (1997); Bd. 9A und 9B: Zur Morphologie. Von den

Anfängen bis 1795. Ergänzungen und Erläuterungen. Bearbeitet von Dorothea Kuhn (1977).

NA Schillers Werke. Nationalausgabe. Begründet von Julius Petersen. Fortgeführt von Lieselotte Blumenthal und Benno von Wiese. Hrsg. im Auftrag der Klassik Stiftung Weimar und des Schiller-Nationalmuseums in Marbach von Norbert Oellers. Bd. 1 ff. Weimar 1943 ff.

RA Briefe an Goethe. Gesamtausgabe in Regestform [Regestausgabe]. Bd. 1–5: Nationale Forschungs- und Gedenkstätten der klassischen deutschen Literatur in Weimar. Goethe- und Schiller-Archiv. Herausgeber: Karl-Heinz Hahn. Redaktor: Irmtraut Schmid. Weimar 1980–1992; Ergänzungsband zu den Bänden 1–5. Hrsg. von der Stiftung Weimarer Klassik / Goethe- und Schiller-Archiv. Bearbeitet von Manfred Koltes unter Mitarbeit von Ulrike Bischof und Sabine Schäfer. Weimar 1995; Bd. 6–9: Hrsg. von der Stiftung Weimarer Klassik / Goethe- und Schiller-Archiv (ab Bd. 8: Klassik Stiftung Weimar). Bearbeitet von Manfred Koltes, Ulrike Bischof und Sabine Schäfer. Weimar 2000–2004, 2011 und 2017. – Bd. 1: 1764–1795. Hrsg. von Karl-Heinz Hahn. Redaktor Irmtraut Schmid (1980).

WA Goethes Werke. Hrsg. im Auftrage der Großherzogin Sophie von Sachsen [Weimarer Ausgabe]. 143 Bde. Weimar 1887–1919. – I. Abtheilung: Goethes Werke. 55 Bde. Weimar 1887–1918; II. Abtheilung: Goethes Naturwissenschaftliche Schriften. 13 Bde. Weimar 1890–1904; III. Abtheilung: Goethes Tagebücher. 15 Bde. Weimar 1887–1919; IV. Abtheilung: Goethes Briefe. 50 Bde. Weimar 1887–1912.

Autorinnen und Autoren

Dr. Héctor Canal (HC)
Sächsische Akademie der Wissenschaften zu Leipzig / Klassik Stiftung Weimar, Goethe- und Schiller-Archiv

Prof. Dr. Linda Dietrick (LD)
University of Winnipeg, Modern Languages and Literatures

Dr. Jutta Eckle (JE)
Klassik Stiftung Weimar, Goethe- und Schiller-Archiv

Dr. Bernhard Fischer
Klassik Stiftung Weimar, Goethe- und Schiller-Archiv

Dr. Stefanie Freyer
Universität Osnabrück, Lehrstuhl für Geschichte der Frühen Neuzeit & Interdisziplinäres Institut für Kulturgeschichte der Frühen Neuzeit

Dr. Volker Giel (VG)
Klassik Stiftung Weimar, Goethe- und Schiller-Archiv

Dr. Ulrike Leuschner
Technische Universität Darmstadt, Institut für Sprach- und Literaturwissenschaft, Forschungsstelle Johann Heinrich Merck

Dr. Ariane Ludwig (AL)
Klassik Stiftung Weimar, Goethe- und Schiller-Archiv

Prof. Dr. Helga Meise
Université de Reims Champagne-Ardenne, Département d'Etudes Germaniques

Dr. Annette Mönnich (AM)
Sächsische Akademie der Wissenschaften zu Leipzig / Klassik Stiftung Weimar, Goethe- und Schiller-Archiv

Prof. Dr. Gaby Pailer (GP)
University of British Columbia Vancouver (Kanada), Department of Central, Eastern and Northern European Studies

Prof. Dr. Jörg Paulus
Bauhaus-Universität Weimar, Fachbereich Medienwissenschaft, Professur für Archiv- und Literaturforschung

Dr. Yvonne Pietsch (YP)
Sächsische Akademie der Wissenschaften zu Leipzig / Klassik Stiftung Weimar, Goethe- und Schiller-Archiv

Dr. Elke Richter (ER)
Klassik Stiftung Weimar, Goethe- und Schiller-Archiv

Dr. Alexander Rosenbaum (AR)
Sächsische Akademie der Wissenschaften zu Leipzig / Klassik Stiftung Weimar, Goethe- und Schiller-Archiv

Anja Stehfest (AS)
Sächsische Akademie der Wissenschaften zu Leipzig / Klassik Stiftung Weimar, Goethe- und Schiller-Archiv

Abbildungsnachweise

S. 24, Abb. 1: Johann Wolfgang Goethe an Charlotte von Stein, 7. Januar 1776, GSA 29/486,I.

S. 26, Abb. 2: Johann Wolfgang Goethe an Charlotte von Stein, 28. Januar 1776, GSA 29/486,I.

S. 27, Abb. 3: Charlotte von Stein an Johann Georg Zimmermann, 6. März 1776, FDH, Hs-7182.

S. 30, Abb. 4: Johann Wolfgang Goethe, Stützerbacher Grund, August 1776, Bleistift und Pinsel in Grau, 442 × 595 mm, KSW, Museen, Inv.-Nr. GGz/1930.

S. 31, Abb. 5: Johann Wolfgang Goethe, Höhle am Hermannstein, August 1776, schwarze Kreide, grau laviert, 420 × 590 mm, KSW, Museen, Inv.-Nr. GGz/0947.

S. 34, Abb. 6: Johann Wolfgang Goethe an Charlotte von Stein, 6. Dezember 1777, GSA 29/486,I.

S. 40, Abb. 7: Johann Wolfgang Goethe an Charlotte von Stein, 6. März 1779, GSA 29/486,I.

S. 65, Abb. 1: Charlotte von Stein, »Ihr Gedancken fliehet mich« (Gedicht), Seite 1, Reinschrift, GSA 122/2.

S. 66, Abb. 2: Charlotte von Stein, »Ihr Gedancken fliehet mich« (Gedicht), Seite 2, Reinschrift, GSA 122/2.

S. 75–82: »Rino. Ein Schauspiel in drey Abtheilungen. 1776. von Frau von Stein«, GSA 122/3a.

S. 98, Abb. 1: »Die zwey Emilien. Ein Drama in vier Aufzügen. Nach dem Englischen von Friedrich Schiller«, Titelblatt aus »Neueste deutsche Schaubühne für 1805. Dritter Band«, Privatbesitz (Gaby Pailer).

S. 99, Abb. 2: Inhaltsverzeichnis aus »Neueste deutsche Schaubühne für 1805. Dritter Band«, Privatbesitz (Gaby Pailer).

S. 100–104, Abb. 3: Charlotte von Stein »Die zwey Emilien« (1803): Auftritte und Figuren (Gaby Pailer)

S. 145–147, Abb. 1–3: Charlotte von Stein an Carl Ludwig von Knebel, 11. September 1824, Stadtarchiv Hannover, Sammlung Culemann, Signatur: 2140.

S. 259, Abb. 1: Charlotte von Stein an Charlotte von Schiller, 20. April 1803, GSA 83/1856,4, Bl. 8.

S. 267, Abb. 1: Hochzeitsanzeige von Josias und Charlotte von Stein; Weimarische Wöchentliche Frag- und Anzeigen auf das Jahr 1764, Num. 25, Sonnabend, den 12. Mai 1764, S. 102, Thüringer Universitäts- und Landesbibliothek Jena, Signatur: 4 Hist.lit.XVI,15:1764, S. 102.

S. 269, Abb. 2: Eheberedung zwischen Gottlob Ernst Josias Friedrich von Stein und Charlotte Ernestine Albertine von Schardt, 17. Mai 1764, LATh – StA Rudolstadt, Archiv Großkochberg Nr. F 717.

S. 277, Abb. 3: Nachricht über die Beerdigung von Gottlobe Constantine Louise Friederike von Stein; Weimarische Wöchentliche Frag- und Anzeigen auf das Jahr 1766, Num. 70, Sonnabend, den 30. August 1766, S. 283, Thüringer Universitäts- und Landesbibliothek Jena, Signatur: 4 Hist. lit.XVI,15:1766, S. 283.

S. 287, Abb. 4: Martin Gottlieb Klauer, Proportionsskizze zum Standbild von Friedrich von Stein, um 1778, Bleistift, 187 × 112 mm, KSW, Museen, Inv.-Nr. Gr-2017/2204.1.

S. 296, Abb. 1: Gottlob August Liebe nach Georg Melchior Kraus, »Madame Brandes als Ariadne«, 1775, Kupferstich, 88 × 54 mm (Bildgröße), in: Theaterkalender auf das Jahr 1776, KSW, Herzogin Anna Amalia Bibliothek, A 545 2 (1776).

S. 298, Abb. 2: Unbekannt, Garten mit Teich und Blick auf Hausfassade, undatiert, Feder mit Sepia, 110 × 141 mm (Bildgröße), KSW, Museen, Inv.-Nr. GGz/2341.

S. 300, Abb. 3: Matthaeus Merian, »Embser Bad«, um 1655, Kupferstich, 320 × 200 mm, KSW, Herzogin Anna Amalia Bibliothek, Kt 700-133 B.

S. 303, Abb. 4: Unbekannt, Vignette zum Kapitel »Ueber Schattenrisse«, um 1776, Kupferstich, 85 × 123 mm (Plattenabdruck), in: Johann Caspar Lavater: Physiognomische Fragmente, zur Beförderung der Menschenkenntniß und Menschenliebe, Bd. 2, Leipzig und Winterthur 1776, S. 93, KSW, Herzogin Anna Amalia Bibliothek, N gr 15.503 (b).

S. 305, Abb. 5: Henry William Bunbury, »The First Interview of Werter and Charlotte« (Werther holt Lotte zum Ball ab), 1782, Radierung, Punktiermanier, 356 × 345 mm (Blattgröße), 314 mm (Darstellung im Durchmesser), Frankfurter Goethe-Haus / Freies Deutsches Hochstift, Inv.-Nr. III-01384.

S. 307, Abb. 6: Charlotte von Stein, Charlotte Schiller, um 1790, Silberstift, 108 × 84 mm (oval), Deutsches Literaturarchiv Marbach, 6423.

S. 311, Abb. 7: Charlotte von Stein (?), Selbstbildnis (?), um 1887, Fotografie, KSW, Museen, Inv.-Nr. KPh/6316.

S. 314, Abb. 8: Georg Melchior Kraus, »Je suis C« (Charlotte von Stein ?), 1787, Öl auf Leinwand, 85,7 × 69,4 cm (oval), Frankfurter Goethe-Museum, Inv.-Nr. 1999-12, Foto: © David Hall - ARTOTHEK.

S. 328, Abb. 1: Unbekannt, Silhouette von Goethe und Friedrich von Stein, in: Johann Caspar Lavater, Essai sur la Physiognomonie, Bd. 3 (1783), mit handschriftlicher Notiz Lavaters, Österreichische Nationalbibliothek Wien, LAV XI/110/2733.

S. 334, Abb. 2: Unbekannt, Silhouette der Charlotte von Stein, in: Johann Caspar Lavater: Physiognomische Fragmente, zur Beförderung der Menschenkenntniß und Menschenliebe, Bd. 3 (1777), S. 314, Kupferstich, 113 × 174 mm (Plattenabdruck), KSW, Herzogin Anna Amalia Bibliothek, N gr 16478 (a).

S. 341, Abb. 1: Johann Gottfried Herder, »Deinem und unserm Freund' sollt' heut den heilgen Spinoza« (Epigramm), Konzept, Staatsbibliothek zu Berlin – Preußischer Kulturbesitz, Signatur: Nachl. Herder XVIII, 424.

S. 342, Abb. 2: B[enedictus] D[e] Spinoza, »Opera posthuma, quorum series post praefationem exhibetur«. [Amsterdam] 1677, KSW, Herzogin Anna Amalia Bibliothek, Da 3:41, Foto: Hannes Bertram.

Danksagung

Die Herausgeber erfuhren Hilfe und Unterstützung von vielen Seiten. Unser besonderer Dank gilt Wolfgang Ritschel für die bewährt sorgfältige Redaktion des Sammelbandes. Dr. Annette Mönnich danken wir für die Transkription der im Anhang gedruckten Briefe Charlotte von Steins. Für die restauratorische Betreuung der Handschriften sowie die gestalterische wie fachliche Unterstützung bei der Einrichtung der Ausstellung danken wir Susanne Busch und Maria Günther. Freundlich unterstützt haben uns die Kolleginnen der Abteilung Medienbearbeitung und -benutzung des Goethe- und Schiller-Archivs, besonders Karin Ellermann, Elfie Gräfe, Barbara Hampe, Dr. Silke Henke, Evelyn Liepsch und Andrea Trommsdorf, ebenso die Kolleginnen und Kollegen der Fotothek der Klassik Stiftung Weimar. Herzlich bedanken möchten wir uns bei Dr. G. (Frankfurt a. M.), der unsere Arbeit in großzügiger Weise fördert. Für Hilfe bei der Auswahl und Bereitstellung der Exponate der Ausstellung sowie für wissenschaftliche Auskünfte danken wir Prof. Dr. Anne Bohnenkamp-Renken und Bettina Zimmermann vom Freien Deutschen Hochstift / Frankfurter Goethe-Museum, Dr. Sabine Fischer vom Deutschen Literaturarchiv Marbach sowie den Kolleginnen und Kollegen der Klassik Stiftung Weimar, namentlich Viola Geyersbach, Dr. Katharina Krügel, Margarete Oppel und Dr. Bettina Werche (Museen) sowie Ingrid Arnhold (Herzogin Anna Amalia Bibliothek). Für die großzügige Bereitstellung von Handschriften danken wir den Mitarbeiterinnen und Mitarbeitern des Landesarchivs Thüringen – Hauptstaatsarchiv Weimar und Staatsarchiv Rudolstadt, der Handschriftenabteilung der Universitätsbibliothek Leipzig und dem Stadtarchiv Hannover. Für die große Unterstützung bei der Drucklegung und die sorgfältige Betreuung des Manuskripts danken wir unserem Lektor Peter Heyl, der Herstellerin Kerstin Protz und dem Verlag De Gruyter.